KB264701

吳越春秋

趙　曄 撰輯
朴 光 敏 譯註

景仁文化社

책 머리에

≪吳越春秋≫는 벌써 우리나라에 소개되었어야 할 중요한 史書다.

그러나 經書 중심의 우리 學風으로 인해 史類에 속하는 本書는 書名조차 별로 알려지지 않았었다.

필자가 ≪吳越春秋≫에 흥미를 갖게 된 것은 오래전 丹齋 申采浩 선생의 ≪朝鮮上古史≫를 읽을 때였다. <夫婁의 西行>편에 언급된 ≪吳越春秋≫ <越王無余外傳>의 '玄夷蒼水使者'라는 내용을 매우 뜻 깊게 읽으며, 우리 國祖[檀帝]와 관련된 史實이 事實이라면 참으로 중요한 책이라는 생각이 들었다.

1994년 3월, 여러 해 별러오던 ≪吳越春秋≫의 飜譯을 시작했지만 典故나 자료의 부족으로 因한 어려움이 많았다. 그러나 이 책에 실린 古代史에 빠져든 필자는 한 순간도 이 책을 손에서 놓지 못했고, 새로운 史實에 접근해 갈 때마다 놀라움과 讚歎을 禁할 수 없었다. 지금까지 다른 史書를 통해 단편적으로만 전해져 온 史實이 고스란히 담겨 있었고, 중국 史書들이 갖는 中華史觀에서 벗어나 史實 그대로 기록된 내용들은 歎聲을 자아내기에 충분했다.

≪吳越春秋≫는 史書이면서도 極的 反轉이 거듭되는 소설적 재미까지 곁들여 이 책에 대한 흥미를 더한다. 국가의 경영 戰略을 담고 있는 수준 높은 政治學 指針書요, 兵法書이기도 하다. 인간의 愛憎애증과 忍耐인내의 限界를 적나라하게 보여주는 ≪吳越春秋≫와 같은 敎訓書는 다시없을 것이다.

≪吳越春秋≫는 吳나라와 越나라의 史實을 통해 堯·舜 時代부터 春秋時代까지의 일들을 어느 史書보다 事實的으로 전하고 있다.

禹가 治水 과정에서 '玄夷의 蒼水使者'로부터 '金簡靑玉의 神書'를 전해 받은 사실은 지금까지 他書에 전해져 온, "國祖께서 朝貢하기 위해 太子 夫婁부루를 途山에 보내 禹를 만나고 오게 했다."는 通說을 일축하고 '夫婁 太子께서 通水之理의 科學的 理論을 전하고자 禹를 만나고 왔다.'는 史實의 蓋然性개연성을 전하고 있다.

죽음의 위기를 탈출해 끝내 아비와 형의 원수를 갚는 伍子胥오자서의 行迹은 통쾌하고 흥미진진한 소설 그 자체라고 할 수 있다. 文武에 두루 뛰어났고, 易術에 탁월한 識見을 가졌으면서도 先王에 대한 情理 때문에 차마 夫差를 떠나지 못하고 죽음을 당한 오자서의 일생은 안타까움과 함께, 인간의 愛憎은 결국 자신까지 죽음으로 몰아넣고 만다는 日常의 진리를 말해준다.

功을 이룬 후, 함께 물러나자는 范蠡범려의 충고를 듣지 않고 남아 있다가 끝내 죽음을 당한 文種의 이야기는 또 다른 측은함과 함께 절대 권력의 冷酷냉혹함을 다시 한 번 생각하게 한다. 문종과는 대조적으로 자기 君主로 하여금 霸業패업을 이루게 한 후 미련 없이 물러나 타고난 일생을 무사히 마친 孫武[孫子]와 범려의 이야기는 오늘을 사는 우리에게도 時空을 초월한 眞理의 메시지를 전하고 있다.

그밖에 反轉반전에 反轉을 거듭하는 吳·越의 戰役은 現代戰에서도 보기드문 長期的 國家戰略과 다양한 戰術을 보여주고 있다. 越나라와의 싸움에서 부상을 당해 죽은 祖父 闔閭합려의 遺言을 잊지 않고 섶나무 위에 누워 자며 三年 만에 越나라를 깨뜨리고 원수를 갚아 '臥薪와신'의 故事를 만들어낸 吳王 夫差부차, 夫差에게 敗하여 臣奴가 되어 吳나라에 入臣해 夫差의 똥까지 맛보며 부차를 섬긴 句踐의 이야기는 榮辱영욕의 極극과 極을 보여준다. 三年 만에 오나라에서 풀려나 문 앞에 쓸개를 매달아 두고 들고 날 때마다 쓸개를 맛보아 '嘗膽상담'의 故事를 만들어 내며 二十餘年을 切齒銘骨절치명골해 끝내 吳나라를 滅멸하고 부차를 죽여 원수를 갚는 越王 구천의 克己的 意志는 얼마나 무서운가.

자신의 執權집권 과정에서 신세를 진 伍子胥오자서가 부담스러워 어린 아이 투정부리듯 忠臣의 諫言간언을 뿌리치고 伯嚭백비의 讒言참언에 귀기울이는 夫差의 苦惱고뇌, 多感한 마음에 伯嚭백비의 妖孽요얼을 뿌리치지 못하고 句踐을 풀어주었다가 끝내 나라가 망하고 자신마저 죽음을 당하는 夫差의 일생은 미움보다는 오히려 惻隱측은함마저 느끼게 한다.

　필자는 ≪千字文 古典散策≫을 집필하는 과정에서 '毛施淑姿모시숙자 工
嚬姸笑공빈연소'의 주인공인 西施가 조선여인이라는 端初를 얻었고, ≪吳越
春秋≫를 집필하는 동안 몇 가지 자료를 통해 서시가 朝鮮 여인임을 다시
한 번 확인하였다. 東洋史 數千年 동안 美人은 수없이 많지만 宅號택호에
선생을 뜻하는 '子'를 붙여 불려진 여인은 '西子' 밖에 없다. 서시의 고운
마음씨에 빠진 필자는 2천 5백년 여의 間隙간극을 넘어 마치 곁에 있는 것
처럼 애틋한 마음을 갖게 되었다. 全羅北道 沃溝郡옥구군 羅浦面나포면 西浦
里 元西浦에 가면 서시가 낳고 자라서 애달프게 서쪽으로 떠나간 아름다
운 錦江 河口와 西海岸 浦口가 있다.

　1995년 8월, 飜譯을 끝내고 補完 작업에 매달린지도 여러해가 지났다.
그 동안 譯註와 參考資料 補完을 위해 ≪春秋左傳≫과 ≪史記≫, ≪國
語≫, ≪書傳≫, ≪詩傳≫, ≪禮記≫, ≪皇極一元圖≫ 등 여러 자료를
다시 對照하였다.

　譯註 補完 작업을 끝내면서도 脫稿하는 마음 한 가운데 아쉬움과 미
련이 남는 것은 飜譯번역과정에서 흠뻑 情이 든 이 책에 대한 남다른 愛
情 때문인 것 같다. 望文生義의 謬를 범한 곳은 없는지 두려움이 앞서지
만 마냥 미룰 수만도 없어 부족한 부분은 追後 補訂을 期約하고자 한다.
이 책을 통해 우리 上古史 연구에 한 轉機가 마련될 수 있다면 諸賢의
叱正을 받는 것도 필자로서는 큰 榮光일 것이다.
　東洋古典 출판의 어려운 여건에서도 欣然히 本書의 출판을 맡아준 景
仁文化社에 고마운 마음을 전한다.

紀元 四三三六年 癸未 陽曆 十月 吉日
廣州 洛誦齋에서 朴光敏 謹識

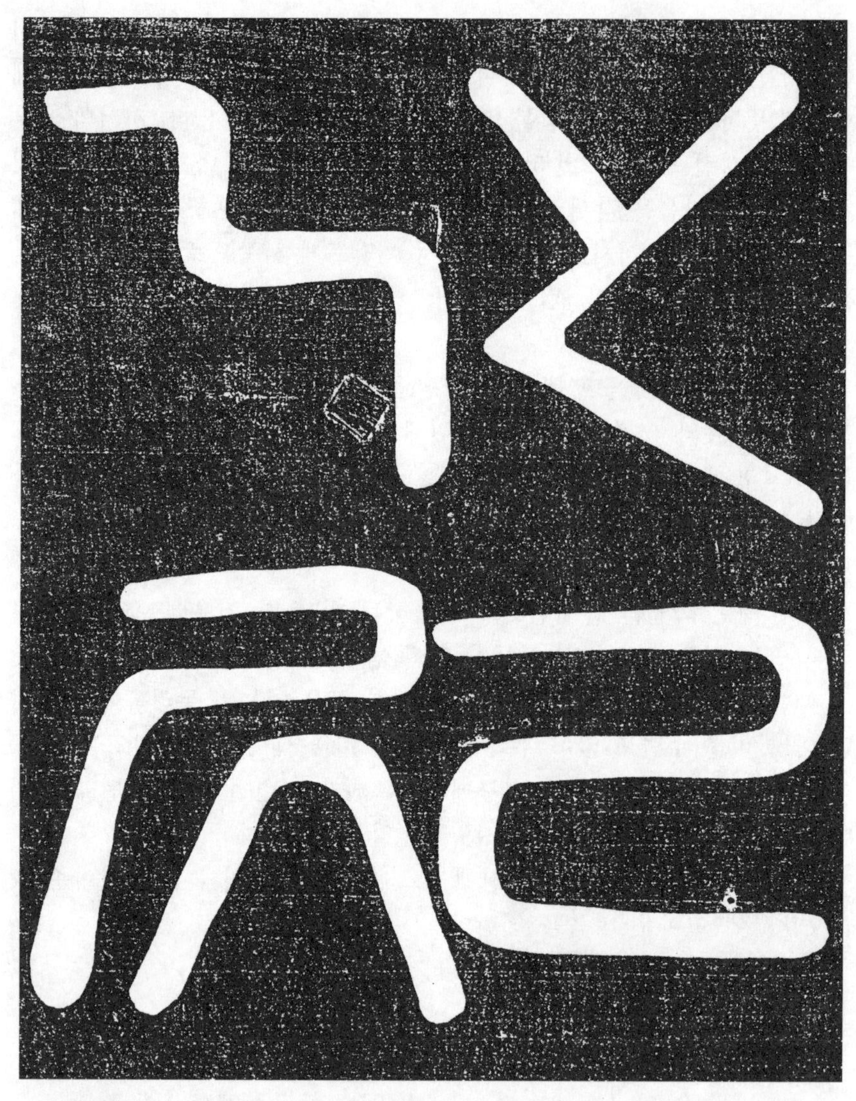

神誌篆 1(海東歷代名家筆譜－1926年 白斗鏞) ＊〈越王無余外傳第六〉

神誌篆 2(海東歷代名家筆譜－1926年 白斗鏞) *〈越王無余外傳第六〉

神誌篆 3(海東歷代名家筆譜－1926年 白斗鏞) *〈越王無余外傳第六〉

神誌篆 4(海東歷代名家筆譜－1926年 白斗鏞) *〈越王無余外傳第六〉

夏禹篆 1(萬古名筆錄－1859年　朴文會) *〈越王無余外傳第六〉

夏禹篆 2(萬古名筆錄-1859年 朴文會) *〈越王無余外傳第六〉

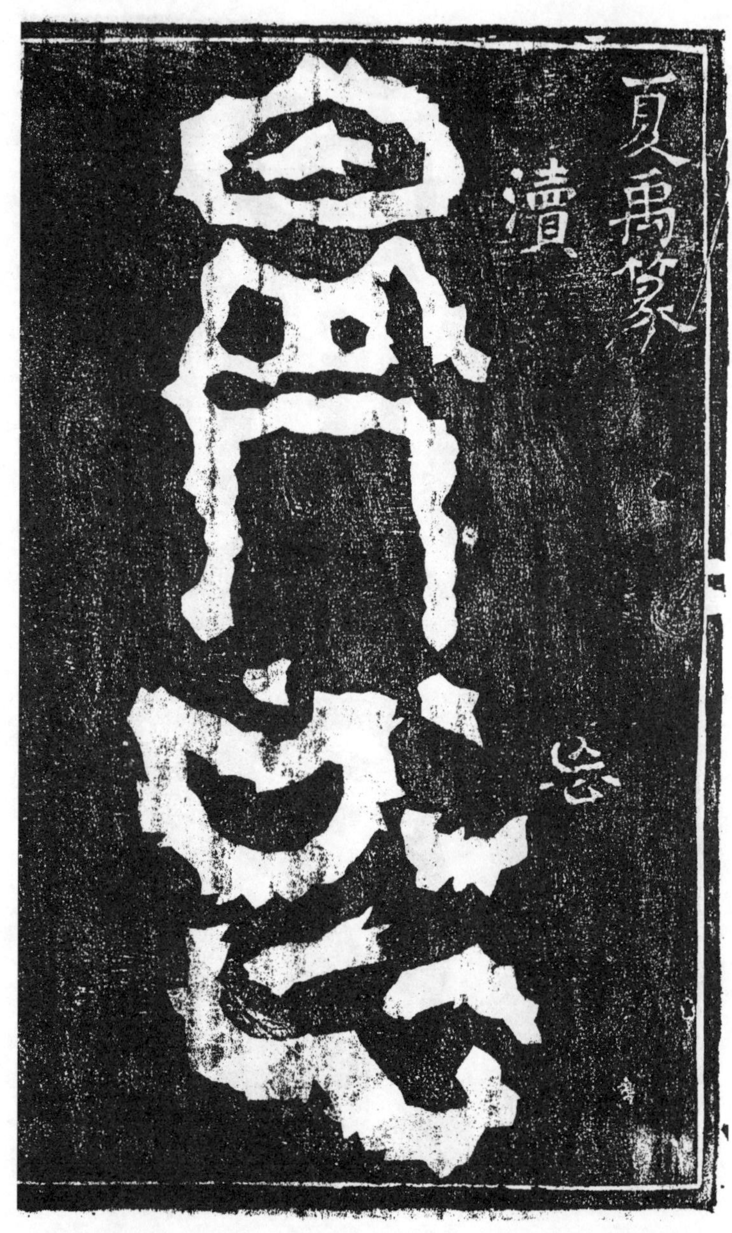

夏禹篆 3(萬古名筆錄－1859年 朴文會)＊〈越王無余外傳第六〉

夏禹篆 4(萬古名筆錄—1859年 朴文會) *〈越王無余外傳第六〉

箕子手筆 1(海東歷代名家筆譜－1926年 白斗鏞) ＊〈越王無余外傳第六〉

箕子手筆 2(海東歷代名家筆譜－1926年 白斗鏞) ＊〈越王無余外傳第六〉

如

箕子手筆 3(海東歷代名家筆譜－1926年 白斗鏞）＊〈越王無余外傳第六〉

箕子手筆 4(海東歷代名家筆譜－1926年 白斗鏞) *〈越王無余外傳第六〉

夏禹書, 蒼頡書, 孔夫子書, 史籒書(萬古名筆錄－1859年 朴文會)

*〈越王無余外傳第六〉

越王無余外傳 第六 관련 古文字 資料 解題

나는 누구인가.

우리는 누구인가.

朝鮮人은 누구인가.

내가 누구이며, 우리가 누구이며, 朝鮮人이 누구인가를 考究하는데 있어서 필자가 할 수 있는 일은 거의 없는 것 같다. 그럼에도 스스로의 魯鈍함을 무릅쓰고 朝鮮의 古代史, 특히 文字에 관심을 갖는 것은 文字를 통한 過去와 現在의 交感이 우리 古代史 復元의 실마리가 될 수 있다고 생각하기 때문이다.

필자는 漢字에 대해 특별한 愛情을 가지고 있다. 漢字는 古代 東洋의 유일한 共用文字일 뿐 아니라 漢字가 우리 祖上의 創制文字라는 확신을 가지고 있기 때문이다. 世宗께서도 訓民正音을 創制하시면서 漢字의 反切을 본떠 그 音韻 체계를 만들었다는 점에서 訓民正音과 漢字의 相補관계는 아무리 강조해도 지나치지 않다. 初聲과 中聲, 終聲을 모아서 하나의 音을 나타내는 訓民正音의 音節合字 形式은 첫 글자에서 初聲을 취하고 두 번째 글자에서 中聲과 終聲을 취해 하나의 音을 나타내는 漢字의 反切 音 표기 방식을 취한 것이다.

그러나 漢字가 우리 祖上의 創制 文字라는 필자의 생각은 個人的 私見일 뿐 이를 立證할 아무런 典故가 없었다. 그러던 차에 丹齋 申采浩 先生의 『朝鮮上古史』에서 『吳越春秋』의 단편적인 내용을 접한 것이 벌써 오래전 일이요, 그 후 여러 해가 지나 비로소 『吳越春秋』 譯註를 出刊하게 되었다.

이 책의 譯註를 끝내고도 상당히 여러 해 동안 자료를 찾고 내용을 補

完을 계속하였다. 다행히 필자의 福이 있어 여기 보이는 귀중한 畵報 자료들이 필자의 품에 찾아들었다. 특히 白斗鏞 선생의 先考 때부터 2代에 걸친 數十年의 수집 과정을 거쳐 西紀 1926년에야 간행된 『海東歷代名家筆譜』 原本을 처음 구입하여 神誌篆을 접했을 때 필자의 感歎과 編者인 白斗鏞 선생에 대한 고마움은 참으로 컸다. 그 얼마 후 『三一神誥』原本과 『百濟舊都 南漢祕史』가 필자의 품에 안겨 와서 "漢字도 아니고 梵字도 아닌 글자가 적혀 있다."는 平壤 法首橋 古碑의 기록과 역시 같은 모양의 글자가 적힌 陶器가 日帝 侵奪期에 京畿道 廣州 고골에서 출토되었다는 기록을 확인하였다.

얼마 후 1859년에 朴文會 선생이 編纂한 『萬古 名筆錄』이 필자의 품에 안겨왔는데 여기 수록된 蒼頡의 古篆이 우리 國祖의 史官인 神誌氏의 神誌篆과 같은 모양임을 확인하고 필자가 느낀 기쁨은 이루 형언할 수조차 없다.

"禹가 扶婁 太子에게서 받은 金簡 靑玉의 글자를 보고 治水에 성공했다"는 本書의 내용만도 놀라운데 『萬古 名筆錄』에 '禹篆'까지 수록되어 있으니 이는 우리 古代史 자료에 목말라 하던 사람들의 福이 아닐까 한다.

여기 수록된 畵報들에 대해 眞僞의 논란이 있을 수도 있음을 잘 안다. 그러나 자신이 처음 대하는 것, 자신이 알지 못하는 것이라고 해서 否定만 하려드는 것은 참으로 속 좁은 偏見이라 하지 않을 수 없다. 새로운 자료가 있다면 겸허하게 받아들여 硏究에 臨하는 것이 학문하는 이의 바른 자세라고 생각한다.

이 자료들은 우리 古代 文字에 대한 실마리를 풀어줄 수 있을 것으로 확신한다.

아래는 神誌篆과 蒼頡書를 對照해본 결과이니 독자들께서도 직접 비교해 보기 바란다.

蒼頡書 첫 번째와 세 번째 글자는 '神誌篆 1의 오른쪽 위'에 있는 글자와 같다.
蒼頡書 두 번째 글자는 '神誌篆 1의 오른쪽 아래'에 있는 글자와 같다.

蒼頡書 네 번째 글자는 '神誌篆 1의 왼쪽 위'에 있는 글자와 같다.
蒼頡書 다섯 번째 글자는 '神誌篆 1의 왼쪽 아래'에 있는 글자와 같다.
蒼頡書 여섯 번째 글자는 '神誌篆 2의 오른쪽 위'에 있는 글자와 같다.
蒼頡書 일곱 번째 글자는 '神誌篆 2의 오른쪽 아래'에 있는 글자와 같다.
蒼頡書 여덟 번째 글자는 '神誌篆 3의 오른쪽 아래'에 있는 글자와 같다.
蒼頡書 아홉 번째 글자는 '神誌篆 2의 왼쪽 아래'에 있는 글자와 같다.

일러두기

1. 本書는 西紀 1919년 上海 涵芬樓함분루에서 影印한 四部叢刊本을 底本으로 하였으며, 漢魏叢書本한위총서본과 對照해 校勘교감하였다. 四部叢刊本은 元 成宗 年間인 大德 十年(1306)에 初版本 활자가 만들어졌는데, 四部叢刊本은 明 孝宗 年間인 弘治 十四년(1501)에 重刊된 酈璠광번刻本을 影印한 것이다.

2. 불가피한 경우가 아니면 意譯을 피하고 原文에 충실하게 直譯하여 정확한 史實에 충실하고자 하였다.

3. 分章은 한 事實을 기준 하여 나누고 일련번호를 붙였다. 문장이 긴 경우는 문단 단위로 나눈 경우도 있다. 譯註에는 人名·地名·字義·史實·年代 등을 모두 포함하였다.

4. 原文의 對話體는 " "로, 對話體 안의 引用은 ' '으로 표기하였으며, 書名은 ≪ ≫로, 篇名은 < >으로 표기하였다.

5. 原文의 誤字·脫字는 譯註에서 다루었고 原文에서는 四部叢刊本을 그대로 옮겼다. ≪春秋左傳≫·≪史記≫·≪說苑≫·≪六韜≫·≪孫子兵法≫·≪國語≫ 등 여러 관련 자료의 原文을 참고자료로 실어 ≪吳越春秋≫ 原文과 比較할 수 있게 하였다.

6. 六卷의 내용 중 禹의 治水에 언급된 '玄夷蒼水使者'와 '內美釜山州愼之功'의 부분은 古代 우리 國祖께서 중국과 交流하신 실마리를 보여주고 있다. 본문 아래에 [補充資料]로써 譯註者 견해를 밝혔다.

7. 人名·地名은 反復되더라도 各卷마다 1回씩 譯註를 넣었다.

8. 譯文과 譯註文은 國漢混用을 원칙으로 하였으며, "陝西섬서", "伍貝오운", "顧廣圻고광은", "說客세객", "鬻薪육신" 등 誤讀의 염려가 있는 漢字語와 僻字벽자에는 한글 音을 작은 글씨로 竝記 하였다.

目 次

- 책머리에
- 화보 : 越王無余外傳 第六
- 越王無余外傳 第六 관련 古文字 資料 解題
- 일러두기

吳越春秋 吳太伯傳 第一

[1-01] 吳之前君太伯者,≪論語≫作泰伯. 后稷1)之苗裔2)也. 后稷其母, 台氏3)之女姜嫄,≪韓詩-章句≫: "姜姓嫄字." ≪說文≫: "邰炎帝之後, 姜姓封邰國." ≪晋語≫曰: "黃帝以姬水成, 炎帝以姜水成, 故黃帝爲姬, 炎帝爲姜." 是姜者, 炎帝之姓. ≪史記≫嫄作原, 台作邰. 邰國在京兆武功縣所治釐城. ≪漢-地理志≫作斄與邰同. 爲帝嚳4)元妃.5) 年少未孕, 出游於野, 見大人跡而觀之, 中心歡然, 喜其形像, 因履而踐之. 身動, 意若爲人所感. 後姙娠, 恐被淫泆6)之禍, 遂祭祀以求, 謂無子, 履上帝之跡,≪詩-生民篇≫ 所謂 "履帝武." 是也. 天猶令有之. 姜嫄怪而棄于阨狹之巷,7) 牛馬過者折8) 折疑當作辟.易而避之;≪詩≫云: "誕置之隘巷, 牛羊腓字之." 復棄于林中, 適會伐木之人多;≪詩≫云: "誕置之平林, 會伐平林." 復置于澤中氷上, 衆鳥以羽覆之.9)≪詩≫云: "誕置之寒氷, 鳥覆翼之." 后稷遂得不死. 姜嫄以爲神, 收而養之, 長因名棄. 爲兒時好種樹,樹亦種也. 禾黍桑麻五穀, 相去聲五土之宜, 靑赤黃黑, 陵陸地.水高下, 粢稷黍禾藁麥豆稻, 各得其理. 堯遭洪水, 人民泛濫, 遂遂宜當作逐.高而居. 堯聘棄, 使敎民山居, 隨地造區, 硏窮也.營種之術. 三年餘, 行人無飢乏之色.

---

1) [后稷] 周나라 始祖.
2) [苗裔묘예] 아득한 후손.
3) [台氏] 台 땅의 제후. 지금의 陝西省섬서성 武功縣무공현. 처음에는 炎帝 神農氏의 후손인 姜氏를 封했는데 후에 后稷을 그 땅에 봉했다. ≪史記≫에, "舜封棄於邰"라고 하였다.
4) [帝嚳제곡] 古代의 帝王인 高辛氏. 黃帝황제, 顓頊전욱, 帝嚳제곡, 帝堯제요, 帝舜제순 등 五帝 중의 한 사람.
5) [元妃] 帝嚳제곡에게는 모두 네 사람의 부인이 있었다. 첫째는 台氏의 딸 姜嫄인데 周나라 始祖가 된 棄기를 낳았고, 둘째는 有娀유융씨의 딸 簡狄간적인데 商나라 始祖가 된 契설을 낳았으며, 셋째 부인은 陳丰진봉씨의 딸 慶都경도인데 堯요임금을 낳았고, 넷째는 娵訾추자씨의 딸인 常儀상의인데 堯임금보다 먼저 임금이 되었던 摯지를 낳았다고 한다. 그러나 他說에는 帝嚳의 부인은 簡狄, 慶都, 常儀라고도 했다.
6) [淫泆음질] 正道를 벗어난 행실.
7) [阨狹之巷애협지항] 좁고 험한 거리.
8) [折易] 오던 길을 되돌아가거나 길을 바꾸어 돌아서 감.
9) [鳥以羽覆之조이우부지] 새들이 날개로 덮어 줌. '覆'는 '엎어진다.'는 뜻일 때는 '복'으로 읽고, '덮는다.'는 뜻일 때는 '부'로 읽는다.

乃拜棄爲農師, 封之台, 號爲后稷, 姓姬氏.

后稷就國[10]爲諸侯, 卒. 子不窋立,《帝王世紀》: "后稷納姞氏生不窋."《括地志》曰: "不窋故城在慶州弘化縣[11]南三里." 遭夏[12]氏世衰失官, 奔戎狄之間. 其孫公劉,[13]《周本紀》: "不窋卒子鞠立　鞠卒子公劉立." 公劉慈仁, 行不履生草, 運車以避葭葦,[14] 公劉避夏桀[15]於戎狄,[16] 變易風俗, 民化其政. 公劉卒, 子慶節立. 其後八世, 而得古公亶甫.[17]慶節子皇僕, 皇僕子差不,[18] 差不子毀隃.《世本》隃作楡. 毀隃子公非, 公非子高圉, 高圉子亞圉.《世本》作亞圉雲都. 皇甫謐曰: "雲都亞圉字." 亞圉子公叔祖類, 公叔祖類子古公亶甫.《毛詩》《史記》: 甫皆作父, 甫父通. 自慶節是爲八世. 脩公劉, 后稷之業, 積德行義, 爲狄人所慕. 薰鬻[19]戎姤[20]而伐之,薰鬻《孟子》作獯鬻,《史記》作薰育,《漢-匈奴傳》作葷粥, 音同. 古公事之以犬馬牛羊, 其伐不止. 事以皮幣金玉重寶, 而亦伐之不止. 古公問: "何所欲?" 曰: "欲其土地." 古公曰:

---

10) [就國] 封받은 땅의 諸侯에 오름.

11) [弘化縣] 本書 漢魏叢書本에는 '弘化縣'을 '宏化縣'이라 했는데 清 高宗(乾隆帝－西紀 1736~1795)의 諱 '弘歷'의 '弘'을 避諱하고자 한 것이다. 清 張之洞이 撰한 《輶軒語》＜敬避字＞에, "高宗純高皇帝廟諱, 論語, 人能國道, 用宏字恭代"라고 하였다.

12) [夏] 《皇極一元圖》에 의하면 夏나라는 西紀前 2209년부터 西紀前 1766년까지 약 433年餘 계속되었다.

13) [公劉공유] 古公亶甫의 中始祖로 推仰되는 賢人. 朝鮮朝 英祖 五十년에 간행된 《皇極一元圖》 夏后 桀 二十二年條(西紀前 1797年)에, "公劉遷于豳"이라하여 "公劉가 豳빈 땅으로 옮겨갔다"고 기록해 있다.

14) [葭葦가위] 어린 갈대를 葭가, 성장한 갈대는 蘆로, 衰한 갈대를 葦위라고 한다. 발이나 삿갓, 삿자리 등을 만들고 펄프 원료로도 쓰인다. 뿌리는 蘆根이라하여 약재로 쓰인다.

15) [夏桀하걸] 夏나라 末王 桀. 姓은 姒氏사씨, 이름은 履癸이규. 妹喜말희에 빠져 政事를 돌보지 않아 나라가 망했다고 한다.

16) [戎狄융적] 古代 중국 西北 지방에 살던 邊方族. 戎은 西쪽 지방에 살던 민족, 狄은 北方에 살던 민족. 西戎北狄이라고도 한다.

17) [古公亶甫고공단보] 周나라 文王의 祖父. 막내아들 季歷에게서 태어난 孫子 昌에게 聖瑞가 있는 것을 보고, 長子 太伯을 廢하고 季歷에게 後嗣를 잇게 하여 손자 昌이 周나라 王業을 일으키게 했다.

18) [差弗노불] '差'를 '배'라고도 읽는다.

19) [薰鬻훈육] 匈奴의 한 종족.

20) [戎姤융구] 무력에 의해 침벌 당함. '姤'는 만나는 것.

“君子不以養害害所養,[21]≪孟子≫曰: “君子不以其所以養人者害人.” 國所以亡也. 而爲身害, 吾所不居也.” 古公乃杖策去邠, 踰梁山[22]而處岐周,[23]徐廣曰: “新平漆縣東北有豳亭.” 杜預云: “豳在新平漆縣東北.” ≪索隱≫曰: “豳卽邠也.” 又徐廣曰: “岐山在扶風美陽西北, 其南有周原.” 顏師古曰: “梁山在夏陽, 岐山在美陽. 卽今岐州岐山縣箭括嶺也.” 曰: “彼君與我何異?” 邠人父子兄弟相帥, 負老携幼, 揭釜甑[24]而歸古公. 居三月成城郭, 一年成邑, 二年成都, 而民五倍其初.

◇　◇　◇　◇

　　吳나라 始祖 太伯은 后稷후직의 아득한 後孫이다. 후직의 어머니는 台氏의 딸 姜嫄이다.

　　강원은 帝嚳제곡의 元妃가 되었으나 나이가 어려서 아직 잉태하지 못했는데 어느 날 들녘에 놀러 나갔다가 大人의 발자국을 보게 되었다. 그 형상을 보자 마음 한 가운데 알 수 없는 喜悅의 感興이 일어나 그 발자국을 밟았다. 강원이 그 큰 발자국에 자신의 발자국을 맞추자 몸이 떨리면서 마음에 남자를 대한 것 같은 感興을 받았는데 그 후 강원은 아기를 배게 되었다.

　　姜嫄은, 淫泆음질의 禍를 입을까 두려워 上帝께 제사를 지내 자식을 낳지 않게 해 달라고 빌면서 상제의 발자국을 밟았다. 그러나 하늘은 오히려 강원씨로 하여금 아기를 낳게 하였는데 강원은 이를 괴이하게 여겨 짐승이 들끓는 험한 거리에다 아기를 버렸다.

　　그런데 지나다니는 소와 말들이 오던 길을 돌아가거나 길을 바꿔 아기를 밟지 않고 피해 다녔다. 다시 데려다 숲 속에 버렸는데 나무꾼이

---

21) [君子不以養害害所養] 君子는 해가 되는 것을 기름으로써 자기가 기르는 바를 해치지 않음. 養害는 토지, 所養은 백성.
22) [梁山] 지금의 陝西省섬서성 乾縣건현 서북쪽.
23) [岐周] 周나라가 發興한 곳. 지금의 陝西省 岐山縣 동북쪽.
24) [釜甑부증] 釜는 가마솥. 甑은 시루. 각종 살림살이.

데려다 보호했다. 다시 데려다 연못의 얼음 위에 버리니 새들이 모여들어 날개깃으로 덮어 주었다. 후직이 마침내 죽지 않으니 그 어머니 강원은 이를 神靈하게 여겨 다시 데려다 길렀는데 후직이 長成하게 되자 후직을 버렸던 緣由로 이름을 棄기라고 했다.

棄는 어려서부터 여러 가지 씨앗 심기를 좋아해서 벼와 기장, 뽕, 麻마 등을 심었는데 五穀이 모두 五土의 토질에 알맞았다. 靑, 赤, 黃, 黑 등 각기 다른 땅과, 언덕이나 물가의 높고 낮음 등 땅의 생김생김에 따라 찰기장[粢], 피[稷], 기장[黍], 토란[蕷], 보리[麥], 콩[豆], 벼[稻] 등 여러 곡식을 심었는데 땅의 특성에 맞춰 각기 이치에 알맞게 농사를 지을 줄 알았다.

堯요임금 때 큰 홍수를 만나 온 나라 안에 홍수가 泛濫범람하여 백성들은 높은 곳을 찾아 올라가 살았다. 요임금은 기를 招聘초빙하여 홍수를 피해 살고 있는 백성들을 가르치게 했다. 기는 땅의 생김생김에 따라 區域을 나누고 토질에 맞게 농사짓는 법을 연구하며 가르치기 三年餘만에, 백성 중에는 가난하여 굶주리는 사람의 기색을 볼 수 없게 되었다. 이에 요임금은 기를 農師에 임명했다. 舜순임금은 기를 台태 땅에 封하고 호를 后稷후직이라 했으며, 姬희姓을 주었다.

后稷후직이 台國태국의 제후가 되어 나라를 다스리다 죽으니 그 아들 不窋부줄이 뒤를 이었다. 후직의 후손들은 夏나라 세상을 만나 運이 衰微쇠미해지면서 관직을 잃게 되자 狄人적인의 땅으로 도망하여 그 후손인 公劉공유에 이르렀다. 공유는 心性이 어질고 자애로워 걸음을 걸을 때도 살아 있는 풀을 밟지 않았으며, 수레를 몰 때에도 살아있는 갈대풀을 피해 다녔다. 公劉는 夏나라 桀王걸왕의 暴政을 피해 융적의 땅으로 가서 풍속을 바꾸고, 백성들을 敎化하는데 힘썼다.

공유가 죽자 그 아들 慶節경절이 대를 잇고 그 후 八世에 이르러 古公亶甫고공단보가 태어났다. 고공단보는 后稷과 公劉의 업적을 공경하며 융적의 땅에서 德 쌓기를 힘쓰고 義를 행하여 狄人들의 欽慕흠모하는 바 되었다.

이 때 薰鬻훈육과 匈奴흉노의 侵伐을 받게 되었다. 古公亶甫는 개와 말,

소, 양 등 여러 가축을 바쳐 흉노를 섬겼으나 흉노의 침입은 끊이지 않았다. 고공단보는 다시 좋은 가죽과 비단, 金玉 등의 보물을 바쳐 匈奴를 섬겼으나 그래도 흉노의 침입은 그치지 않았다. 고공단보는 흉노의 왕에게 물었다.

"가축을 바쳐도 싫다하고 金玉과 좋은 가죽, 비단을 바쳐도 싫다하니 그대가 바라는 것은 무엇인가?"

흉노의 왕이 대답했다.

"우리가 바라는 것은 너의 土地다."

고공단보가 말했다.

"君子는 기르는 바[百姓]를 해쳐가면서까지 害되는 것[土地]을 기르지 않는 것이다. 기르는 바를 해치는 것은 나라가 망하는 까닭이다. 토지를 위해 백성을 해치는 곳이라면 내가 살 곳이 아니다."

하고는 말채찍을 들어 공유 때부터 살아온 邠빈 땅을 떠나 梁山을 넘어 岐周기주에 와서 살게 되었다. 古公亶甫는 邠을 떠나면서 백성들에게 말했다.

"凶奴의 왕과 내가 무엇이 다른가? 그러니 흉노의 왕을 잘 섬기라."

그러나 邠의 백성들은 父子와 兄弟가 서로 거느리고 따르며, 노인은 업고 어린아이는 손을 잡아끌며, 솥은 머리에 이고 시루를 손에 든 채 고공단보가 사는 곳으로 따라오니 기주에 와서 산지 석 달 만에 城郭을 완성하고 一年만에 邑을 이루었으며 二年만에 都邑을 이루어 처음 岐周에 왔을 때보다 백성이 다섯 배나 늘어났다.

◆ 참 고

1. ≪史記 – 周本紀≫

周后稷名棄, 其母有邰氏女, 曰姜原. 姜原爲帝嚳元妃, 姜原出野, 見巨人跡, 心忻然說, 欲踐之. 踐之身動如孕者. 居期而生子, 以爲不祥, 棄之隘巷, 馬牛過者皆辟不踐. 徙置之林中, 適會山林多人. 遷之, 而棄渠中冰上, 飛鳥以其翼, 覆薦之. 姜原以爲神, 遂收養長之. 初欲棄之, 因名曰棄. 棄爲兒時, 屹如巨人之志. 其游戲, 好種樹麻菽. 美及爲成人, 遂好耕農, 相地之宜, 宜穀者稼穡焉, 民皆法則之. 堯聞之, 擧棄爲農師, 天下得其利, 有功. 舜帝曰: “棄黎民始飢, 爾后稷播時百穀.” 封棄於邰, 號曰后稷, 別姓姬氏. 后稷之興, 在陶唐虞夏之際, 皆有令德.

后稷卒, 子不窋立. 不窋末年, 夏后氏政衰, 去稷不務, 不窋以失其官, 而犇戎狄之間. 不窋卒, 子鞠立. 鞠卒, 子公劉立. 公劉雖戎狄之間, 復脩后稷之業, 務耕種, 行地宜, 自漆沮度渭, 取材用, 行者有資, 居者有畜積, 民賴其慶. 百姓懷之, 多徙而保歸焉. 周道之興自此時, 故詩人歌樂思其德. 公劉卒, 子慶節立, 國於豳. 慶節卒, 子皇僕立. 皇僕卒, 子差弗立. 差弗卒, 子毀隃立. 毀隃卒, 子公非立. 公非卒, 子高圉立. 高圉卒, 子亞圉立. 亞圉卒, 子公叔祖類立. 公叔祖類卒, 子古公亶甫立. 古公亶甫復脩后稷公劉之業, 積德行義, 國人皆戴之. 薰鬻戎狄攻之, 欲得財物, 予之, 已復攻, 欲得地與民. 民皆怒欲戰. 古公曰: “有民立君, 將以利之. 今戎狄所爲攻戰, 殺人父子而君之, 予不忍爲.” 乃與私屬遂去豳, 度漆沮, 踰梁山止於岐下. 豳人擧國扶老攜弱, 皆復歸古公於岐下. 及他旁國聞古公仁, 亦多歸之. 於是古公乃貶戎狄之俗, 而營築城郭室屋, 而邑別居之. 作五官有司. 民皆歌樂之, 頌其德.

2. ≪孔子家語 – 好生篇≫

孔子曰: “能治國家之如此雖欲侮之, 豈可得乎? 周自后稷積行累功, 以有爵土; 公劉重之以仁; 及至大王亶甫, 敦君德讓, 其樹根置本, 備豫遠矣. 初大王都邠, 翟人侵之, 事之以皮幣, 不得免焉; 徹之以珠玉, 不得免焉; 於是屬耆老而告之, ‘所欲吾土地, 吾聞之, 君子不以所養而害人. 二三子何患乎無君?’ 遂獨與大姜去之. 踰梁山, 邑於岐山之下. 邠人曰: ‘仁人之君, 不可失也.’ 從之如歸市焉. 天之與周, 民之去殷久矣. 若此而不能天下, 未之有也. 武庚惡能侮?’ 郜詩曰: ‘執轡如組, 兩驂如儛.’”

3. ≪孟子-梁惠王下≫

滕文公問曰: “滕小國也. 竭力以事大國, 則不得免焉, 如之何則可?” 孟子對曰: “昔者, 太王居邠, 狄人侵之, 事之以皮幣, 不得免焉. 事之以犬馬, 不得免焉. 事之以珠玉, 不得免焉. 乃屬其耆老而告之曰: ‘狄人之所欲者, 吾土地也. 吾聞之也, 君子不以其所以養人者害人. 二三子何患乎無君? 我將去之. 去邠踰梁山, 邑于岐山之下居焉. 邠人曰: ‘仁人也, 不可失也.’ 從之者, 如歸市. 或曰: ‘世守也, 非身之所能爲也, 效死勿去.’ 君請擇於斯二者.”

◇　◇　◇　◇

[1-02] 古公三子, 長曰太伯,[25] 次曰仲雍[26], 雍一名吳仲,≪史記≫作虞仲. 少曰季歷.[27]太姜生少子季歷, 歷卽王季也. 季歷娶妻太任氏,音泰壬. ≪詩-大明篇≫: “摯仲氏任.” ≪毛氏箋≫: “摯國任姓, 仲中女也.” ≪史記≫作太任. ≪列女傳≫: “太任摯任氏之

---

25) [太伯] 古公亶甫의 맏아들. 조카인 昌에게 聖瑞가 있어 父王이 막내인 季에게 後嗣후사를 잇게 하려는 것을 알고 멀리 荊蠻형만으로 달아나 그곳에서 살았다. 原文의 내용으로 보아 아들이 없었던 것으로 보인다.

26) [仲雍] 古公亶甫의 둘째 아들. 형인 太伯이 荊蠻형만으로 달아나자 형을 따라 함께 달아났는데 태백이 죽자 그 뒤를 이었으며 이후 吳나라는 仲雍의 자손이 代를 이었다. ≪史記-周本紀≫에는 ‘吳仲’을 ‘虞仲’이라 했다. ‘吳’와 ‘虞’는 古音이 같다.

27) [季歷] 古公亶甫의 막내아들. 孫子인 發(武王)이 天子가 된 후 王季라고 追尊 되었다.

中女." 生子昌,28) 昌有聖瑞,《尙書緯－帝命驗》曰: "季秋之月甲子, 赤爵銜丹29)書入于酆, 止于昌戶." 其書云云, 此盖聖瑞, 丹書文多不載. 古公知昌聖, 欲傳國以及昌. 曰: "興王業者其在昌乎." 因更名曰季歷. 太伯仲雍望風知30)指, 曰: "歷者適也." 知古公欲以國及昌. 古公病, 二人託名採藥於衡山,31)南岳. 遂之荊蠻,32) 斷髮文身,33) 爲夷狄之服,34) 示不可用. 古公卒, 太伯仲雍歸赴喪畢, 還荊蠻, 國民君而事之, 自號爲勾吳.35)《漢－地理志》: "太伯奔荊蠻, 號曰勾吳." 顏師古註: "夷俗語發聲猶越爲于越也." 吳人或問: "何像36)像疑當作據.而爲勾吳?" 太伯曰: "吾以伯

---

28) [昌] 周나라 創業의 기틀을 다진 文王의 이름. 姓은 姬. 西紀前 1143년 殷나라 紂王주왕에 의해 羑里유리에 있는 獄에 갇혔는데 이 때 周易을 演述했다고 함. 儒家의 聖賢으로 推仰된다.

29) [赤爵銜丹書] 붉은 색으로 써서 功臣에게 주는 誓文서문. 이로써 子孫의 罪를 免해주기도 하였다. 《大戴禮－武王踐阼》에 다음과 같은 기록이 있다. '武王이 尙父상보를 불러 물었다. 黃帝와 顓頊창힐의 道가 남아 있는가? 상보가 대답했다. 丹書에 있습니다.(武王召尙父而問焉曰: 黃帝顓頊道存焉乎? 尙父曰: 在丹書.)' 《庾信－赤帝雲門舞》에 '붉은 새가 丹書를 물고 날아가 맞이했다.(赤雀丹書飛送迎.)'는 기록이 있다.

30) [風知] 諷刺풍자로써 알게 함.

31) [衡山형산] 五嶽 중의 南嶽. 지금의 湖南省에 있다. 盧文弨노문초는, "衡山 또한 烏程오정에 있는 것이 맞다(盧文弨曰, 此衡山亦當在烏程.)."고 했다. 烏는 吳와 같고 程은 地境이다.

32) [荊蠻형만] 古代 揚子江 流域에 살던 南方族. 吳·越 등이 이에 속함.

33) [斷髮文身] 머리를 박박 깎고 온 몸에 무늬를 새기는 것. 《史記－吳太伯世家》 應劭응소 注에, "南方 사람들은 항상 물 속에 들어가 물고기를 잡으며 살기 때문에 머리카락을 자르고 몸에 文身을 하여 용을 그렸으므로 傷害를 입지 않았다(應劭曰: 常在水中, 故斷其髮, 文其身, 以象龍子, 故不見傷害.)."고 하였다.

34) [夷狄之服] 夷는 東方의 東夷族, 狄은 北方 민족. 漢字 訓대로라면 <夷狄의 옷>이지만 여기서는 <夷狄의 풍습>이라는 뜻으로 쓰였다.

35) [句吳] 太伯에게는 뒤를 이을 자식이 없었으므로 아우인 吳仲의 이름을 따서 '吳'라 한 것. 《史記－周本紀》에는 '吳仲'을 '虞仲'이라 했는데, '吳'와 '虞'는 古音이 같다. '勾'는 發語辭다. 李睟光의 《芝峰類說》에 "생각해 보건대 월왕 句踐의 句는 蠻族 풍속의 發語辭이니 吳를 일러 句吳라고 하는 것과 같다."고 하였다.

36) [何像] 《楚辭－懷辭》에, '愿志之有像'이라 했는데 注에, '像, 法也'라고 했

長居國, 絶嗣者37)也. 其當有封者吳仲也. 故自號勾吳. 非其方乎?” 荊蠻義
之, 從而歸之者千有餘家. 共立以爲勾吳, 數年之間, 民人殷富.38) 遭殷之末
世衰, 中國侯王數用兵, 恐及於荊蠻. 故太伯起城, 周三里二百步, 外郭三百
餘里, 在西北隅, 名曰故吳.太伯所都謂之吳城, 在梅里平墟, 今無錫縣境. 人民皆耕田
其中. 古公病將卒, 令季歷讓國於太伯, 而三讓不受. 故云: “太伯三以天下
讓.39)” 於是季歷蒞政,40) 脩先王之業, 守仁義之道. 季歷卒, 子昌立, 號曰西
伯.按≪孔叢子≫: “羊容問子思曰: 周自后稷封爲王者, 之後至太王王季文王, 此爲諸侯, 奚得爲
西伯號? 子思曰: 吾聞諸子夏, 曰: 殷帝乙之時, 王季以九命作伯於西, 受圭瓚41)秬鬯42)之賜, 故

　다. 徐乃昌의 ≪吳越春秋札記≫에 ‘何所依倣也.’라고 했다.
37) [絶嗣者절사자] 자식이 없어 後嗣를 잇지 못하게 된 사람. 앞 章에 고공단보가
　　長子를 제외시킨 것은 昌이 현명했던 탓도 있지만 太伯에게 자식이 없었던
　　것도 한 이유로 보인다. 또 太伯이 죽은 후 仲雍의 후손이 뒤를 이은 것으로
　　보아 태백에게는 자식이 없었던 것으로 보인다.
38) [殷富은부] 富가 넉넉하게 불어남.
39) [三以天下讓] ≪史記－吳太伯世家≫ 注에, “≪正義≫에, 江熙가 이르기를,
　　‘太伯의 막내 동생 季歷에게서 文王 昌이 태어났는데 聖德이 있었다. 太伯은
　　반드시 조카가 天下를 갖게 될 것을 알았다. 그래서 季歷에게 父王의 뒤를 잇
　　게 하기 위해 太王의 병을 핑계로 吳越에 藥草를 캐러간다고 떠나서 돌아오
　　지 않았다. 太王이 죽자 季歷을 君位에 나아가게 하여 天下를 한 번 양보했
　　다; 季歷이 죽자 다시 조카인 文王을 君位에 나아가게 하여 두 번 天下를 양
　　보했다; 文王이 죽자 武王을 君位에 나아가게 하여 세 번 天下를 양보했다.’
　　고 하였다. 또 ≪釋云≫에는, ‘太王의 병을 핑계삼아 藥草를 캐러가서 父王
　　이 살아계실 때 섬기지 않는 禮로써 天下를 한 번 양보했고; 太王이 죽었는데
　　도 돌아오지 않고 季歷으로 하여금 喪主가 되게 하여 맏이인 자신이 葬事지
　　내지 않는 禮로써 두 번째 天下를 양보했으며; 斷髮과 文身으로 代를 잇지
　　못할 사람임을 보여 季歷으로 하여금 祖上의 제사를 받들게 하여 자신은 祭
　　祀를 지내지 않는 禮로써 세 번째 天下를 양보했다.’고 하였다. (≪正義≫曰:
　　江熙云: 太伯少弟季歷生文王昌有聖德. 太伯知其必有天下, 故欲傳國於季歷,
　　以太王病託, 採藥於吳越不反, 太王薨而季歷立, 一讓也; 季歷薨而文王立, 二
　　讓也; 文王薨而武王立, 遂有天下三讓也.” 又≪釋云≫: “太王病託采藥, 生不
　　事之以禮, 一讓也; 太王薨而不反, 使季歷主喪, 不葬之禮, 二讓也; 斷髮文身,
　　示不可用, 使季歷主祭祀, 不祭之以禮, 三讓也.)”
40) [蒞政이정] 王位에 나아가 政事에 臨하는 것.
41) [圭瓚] 宗廟의 제사에 쓰는 옥으로 만든 술잔.

文王因之得專征伐. 此諸侯爲伯, 猶召公分陝, 謂之召伯也.” 遵公劉, 古公之術, 業於養老, 天下歸之. 西伯致太平, 伯夷自海濱而往. 西伯卒, 太子發立,發武王名. 任周召43)周公旦召公奭. 而伐殷.44) 天下已安, 乃稱王, 追謚古公爲太王, 追封太伯於吳. 太伯祖卒, 葬於梅里平墟.卽太伯故城之地. 劉昭云: “無錫縣東皇山有太伯冢, 去墓十里舊宅, 其井猶存.” ≪皇覽≫云: “太伯墓在吳縣北梅里聚.” 二說不同, 此云平墟, 當以劉說爲正.

仲雍立, 是爲吳仲雍. 仲雍卒, 子季簡, 簡子叔達, 達子周章, 章子熊, 熊子遂, 遂子柯相, 相子彊鳩夷, 夷子餘喬疑吾, 吾子柯廬, 廬子周繇, 繇子屈羽, 羽子夷吾, 吾子禽處, 處子專, 專子頗高, 高子, 句畢立.≪史記-世家≫熊子遂作熊遂, 喬作橋, 廬作盧, 專作轉. 譙周, ≪古史考≫作柯轉, 畢作卑. 是時, 晋獻公45)滅

---

42) [秬鬯酒거창주] 검은 기장쌀에 生薑생강科의 多年草인 鬱金草울금초를 섞어 만든 술인데 神께 바치는 芳香酒로도 쓴다. ≪禮記-王制≫에 다음과 같은 기록이 있다. “天子로 부터 圭瓚을 下賜 받은 뒤라야 秬鬯酒를 만들 수 있다.’고 했는데 天子께 九命을 받은 후라야 圭瓚을 下賜받을 수 있었다. ≪韓詩外傳≫에, ‘제후에게 德이 있으면 天子는 상을 내리는데 처음에는 수레와 말을 상으로 내리고, 두 번째는 衣服을 내리며, 세 번째는 근위병을 둘 수 있는 虎賁호분, 네 번째는 악기, 다섯 번째는 집 안에 계단을 만들 수 있는 納陛납폐, 여섯 번째는 대문을 붉게 칠할 수 있는 朱戶, 일곱 번째는 붉은 활과 화살, 여덟 번째는 제후의 儀仗인 斧鉞부월[도끼], 아홉 번째는 鬱金草로 담근 秬鬯酒거창주다.(諸侯之有德, 天子錫之. 一錫車馬, 再錫衣服, 三錫虎賁, 四錫樂器, 五錫納陛, 六錫朱戶, 七錫弓矢, 八錫斧鉞, 九錫秬鬯.)”

43) [周召] 周公 姬旦과 召公 姬奭. 후에 魯나라에 封해진 周公과 燕나라에 봉해진 召公.

44) [殷은] 湯 임금이 세운 나라. 처음에는 商이라고 했으나 西紀前 1413年頃 二十二代 盤庚반경임금 때 殷 땅으로 遷都천도한 후부터 殷이라고 하였다.

45) [獻公헌공] 春秋時代 晋나라 군주. 거짓으로 虞나라 길을 빌려 虢괵나라를 滅한 후 虞나라까지 쳐서 滅했는 데 ≪千字文≫에는 이를 가리켜 ‘假道滅虢’이라 하였다. 獻公은 뒤늦게 驪姬여희를 사랑해 아들 奚齊해제를 낳자 太子 申生을 廢하고 해제를 태자로 세웠다. 이 일로 태자 신생은 자결하고 신생의 異腹 兄 重耳는 다른 나라로 달아나 떠돌아다니다가, 獻公의 뒤를 이은 異腹 이복 동생 해제마저 죽음을 당하고, 夷吾가 왕위에 올랐다가 죽자 晉나라에 돌아와 왕위에 올랐고 春秋五覇 중의 한 사람이 되었다.
周 武王은 殷을 쳐서 멸하고 天子의 자리에 오르자 祖父 王季에게 왕위를 양보하고 荊蠻으로 물러났던 從祖父 太伯과 仲翁의 후손을 찾다가 周章을 찾게

周北虞, 虞公⁴⁶⁾以開晋之伐虢氏. 卑子去齊, 齊子壽夢立,夢≪左傳≫莫公切. ≪史記≫正義同. 而吳益彊稱王. 凡從太伯至壽夢之世, 與中國時通朝會, 而國斯霸焉.

❖　❖　❖　❖

古公亶甫에게는 세 아들이 있었는데 맏아들은 太伯이고, 둘째는 仲雍중옹이라 하는데 一名 吳仲이라고도 했으며, 막내는 季歷계력이라 했다. 歷은 太任氏를 처로 맞아들여 昌을 낳았는데 昌에게는 어려서부터 聖瑞가 있었다.

天子의 王業을 일으키고자 하던 고공단보는 손자 昌에게 聖瑞가 있음을 보고 나라를 전하여 昌에게 물려주고자 하여 말했다.

"王業을 일으킬 聖瑞는 昌에게 있을진져."

그래서 막내아들의 이름을 季歷이라고 고쳐 불렀다. 태백과 중옹은 고공단보가 가리키는 諷意를 알고 말했다.

"歷이 嫡嗣子다."

太伯과 仲翁은 고공단보가 昌에게 나라를 전하고자 하는 것을 알고는 父王이 병들자 衡山형산에서 약초를 캔다는 핑계로 荊蠻형만으로 가서 그곳 풍습대로 머리를 자르고 몸에 文身을 새겨 夷蠻이만의 습속을 따르며 중국의 禮法을 어겨서 適長子로서 쓰일 수 없음을 보였다.

되었다. 이 때 주장은 이미 吳나라의 군주가 되어 있었으므로 주장의 동생인 虞仲우중을 데려다 周나라 북쪽의 夏나라 도읍지에 封하여 다스리게 하니 이것이 虞나라다. 그래서 본문에 晋 獻公이 虞나라 滅한 일을 쓴 것이다.
46) [虞公우공] 虞나라 군주. 晋진나라가 虢괵을 친다는 명분으로 길을 빌려 줄 것을 청하자 名馬와 寶玉에 눈이 먼 虞公은 宮之己의 간곡한 만류에도 불구하고 晋나라에 길을 내주고 말았다. 虢을 滅한 晋나라는 돌아가는 길에 虞까지 쳐서 멸하고 虞公과 大夫 井伯을 잡아 秦진나라로 시집가는 穆姬목희의 媵臣잉신이 되어 따라가게 했다. 여기서 '脣亡齒寒'이라는 故事가 생겨났다.

고공단보가 죽자 태백과 중옹은 급히 돌아와서 아버지의 服喪을 마치고 다시 형만으로 돌아가니 형만의 백성들은 太伯을 君長으로 섬겼는데 스스로 號를 勾吳라고 했다. 吳나라 사람들이 혹 묻기를,

"君께서는 어떤 緣由로 스스로 勾吳라 하십니까?"

하면 태백은 다음과 같이 대답했다.

"나는 나라의 嫡嗣子이나 뒤를 이을 아들이 없어 마땅히 내 아우 吳仲이 封해질 것이오. 그런 까닭에 스스로 號를 勾吳라 하는 것이니 마땅한 일이 아니겠소?"

太伯이 荊蠻형만에서 義를 행하니 태백을 따르면서 歸命해 오는 자가 千餘家에 이르렀다. 태백을 따르는 사람들이 함께 태백을 세워 勾吳라 하니 數年之間에 백성들의 살림도 殷富은부해 졌다. 殷은나라 末期에 이르러 은나라가 衰微쇠미해지자 중국의 여러 제후들이 정세를 살피며 군사를 일으키기 시작했는데 형만의 땅에까지 그 두려움이 미치게 되었다. 그래서 太伯도 城을 쌓았는데 城 둘레는 三里 二百步요, 地境 외곽은 삼백여리에 이르렀다. 吳城은 서북 귀퉁이에 있고 이름을 故吳라고 했다.

그런 가운데 백성들은 모두 논밭을 갈고 농사를 지으며 살았다.

古公亶甫고공단보는 병이 들어 죽게 되자, 季歷계력으로 하여금 太伯에게 나라를 양보하게 했다. 季歷은 세 번이나 太伯에게 왕위를 양보했으나 태백은 세 번 모두 사양했다. 그래서 전해오기를, '태백이 세 번씩이나 천하를 사양했다'고 하는 것이다. 이에 계력이 君位에 나아가 先王의 業을 잇게 되었다. 계력은 군주의 자리에 나아가 仁義之道를 행하기에 힘썼다. 계력이 죽으니 비로소 그 아들 昌이 대를 이었는데 號를 西伯이라 했다.

西伯은 先祖인 公劉의 仁慈함과 古公亶甫의 遺業유업을 이어 어진 정치를 베풀고 賢者를 성심껏 禮遇예우하니, 천하의 인심은 모두 서백에게 돌아오고 나라는 태평하게 다스려졌다. 멀리 東海濱의 孤竹國 公子 伯夷와 叔齊도 서백이 어진 이를 성심껏 모신다는 말을 듣고 찾아왔다.

서백이 죽으니 그의 아들 發이 왕위를 이었는데 이가 武王이다. 무왕은 동생 姬旦희단과 異腹이복동생 姬奭희석을 任用하여 殷은나라 紂王주왕을

정벌했다. 천하가 안정된 후 비로소 王이라 칭하고 古公亶甫에게 太王의 諡號시호를 올리고, 祖父 季는 王季라 했으며, 從祖父 太伯을 吳나라 太伯으로 追封추봉했다. 太伯이 늙어 죽으니 梅里平墟에 장사지냈다.

太伯이 죽자 仲雍중옹이 대를 이었는데 이를 吳仲雍이라 했다. 중옹이 죽자 그 아들 季簡계간이 代를 이었고, 간의 아들은 叔達이며, 달의 아들은 周章이고, 장의 아들은 熊이며, 웅의 아들은 遂수이고, 수의 아들은 柯相가상이며, 相의 아들은 彊鳩夷강구이이고, 夷의 아들은 餘喬疑吾여교의오이며, 여교의오의 아들은 柯廬가려이고, 가려의 아들은 周繇주요이며, 주요의 아들은 屈羽이고, 굴우의 아들은 夷吾이며, 이오의 아들은 禽處이고, 금처의 아들은 專이며, 전의 아들은 頗高파고이고, 파고의 아들은 句畢구필이니 吳나라 先代 世譜는 이렇게 이어져 구필이 대를 이었는데 句畢을 句卑구비라고도 했다.

이때 晉진 獻公헌공은 周나라 북쪽에 있는 虞우나라 군주에게 거짓으로 길을 빌려 虢國괵국을 정벌하고, 돌아가는 길에 虞까지 쳐서 滅했다.

句卑의 아들은 去齊이고 거제의 아들은 壽夢인데 수몽이 代를 이었다. 이때부터 오나라는 나라의 疆域강역을 넓히고 稱王하기 시작했는데 太伯에서 나라를 전하여 수몽 때에 이르러 中國과 통해 오가기 시작했으며 중국의 제후와 覇權패권을 다투게 되었다.

◈ 참　고

1. ≪史記─周本紀≫

古公有長子曰太伯, 次曰虞仲. 太姜生少子季歷, 季歷娶太任, 皆賢婦人. 生昌, 有聖德. 古公曰: "我世當有興者, 其在昌乎?" 長子太伯虞仲知古公立季歷以傳昌, 乃二人亡如荊蠻, 文身斷髮, 以讓季歷. 古公卒, 季歷立, 是爲公季. 公季脩古公遺道, 篤於行義, 諸侯順之. 公季卒, 子昌立, 是爲西伯. 西伯曰文王, 遵后稷公劉之業, 則古公公季之法, 篤仁敬老慈少禮下賢者,

日中不暇食以待士，士以此多歸之. 伯夷叔齊在孤竹，聞西伯善養老，盍往
歸之. 太顚閎夭散宜生鬻子 辛甲大夫之徒皆往歸之.

2. ≪史記－周本紀≫ 正義

≪尙書緯－帝命驗≫云: "季秋之月甲子，赤爵銜丹書入于酆，止于昌戶.
其書云: '敬勝怠者吉，怠勝敬者滅. 義勝欲者從，欲勝義者凶. 凡事不强則
枉，不敬則不正. 枉者廢滅，敬者萬世. 以仁得之，以仁守之，其量百世. 以
不仁得之，以仁守之，其量十世. 以不仁得之，不仁守之，不及其世.' 此蓋聖
瑞."

3. ≪史記－吳太伯世家≫

吳太伯，太伯弟仲雍，王季歷之兄也. 季歷賢而有聖子昌，太王欲立季歷
以及昌. 於是太伯仲雍二人乃犇荊蠻，文身斷髮，示不可用，以避季歷. 季歷
果立，是爲王季，而昌爲文王. 太伯之犇荊蠻，自號句吳. 荊蠻義之從，而歸
之千餘家，立爲吳太伯. 太伯卒無子，弟仲雍立，是爲吳仲雍. 仲雍卒子季簡
立，季簡卒子叔達立，叔達卒子周章立. 是時周武王克殷，求太伯仲雍之後，
得周章已君吳，因而封之. 乃封周章弟虞仲於周之北，故夏虛，是爲虞仲，列
爲諸侯. 周章卒子熊遂立，熊遂卒子柯相立，柯相卒子彊鳩夷立，彊鳩夷卒
子餘橋疑吾立，餘橋疑吾卒子柯盧立，柯盧卒子周繇立，周繇卒子屈羽立，
屈羽卒子夷吾立，夷吾卒子禽處立，禽處卒子轉立，轉卒子頗高立，頗高卒
子句卑立. 是時晉獻公滅周北虞公，以開晉伐虢也. 句卑卒子去齊立，去齊
卒子壽夢立. 壽夢立而吳始益大稱王.

4. ≪史記－吳太伯世家≫ 注

此言自號句吳，吳名起於太伯，明以前未有吳號. 地在楚越之界，故稱荊
蠻. 顏師古註，漢書以吳言，句者夷之發聲猶言於越耳.

5. 《史記 - 吳太伯世家》　正義

吳國號也. 太伯居梅里, 在常州無錫, 去東南六十里. 至十九世孫壽夢, 居之號句吳. 壽夢卒諸樊南徙吳. 至二十一代孫光使子齊築, 闔閭城都之, 今蘇州也.

6. 《春秋左傳 - 僖公　五年》

晋侯復假道於虞, 以伐虢. 宮之奇諫曰: "虢虞之表也. 虢亡虞必從之, 晋不可啓, 寇不可翫. 一之謂甚, 其可再乎? 諺所謂, 輔車相依, 脣亡齒寒者, 其虞虢之謂也." 公曰: "晋吾宗也, 豈害我哉?" 對曰: "太伯虞仲, 太王之昭也, 太伯不從, 是以不嗣. 虢仲虢叔, 王季之穆也, 爲文王卿士, 勳在王室, 藏於盟府. 將虢是滅, 何愛於虞? 且虞能親於桓莊乎? 其愛之也, 桓莊之族, 何罪而以爲戮? 不唯偪乎? 親以寵偪, 猶尙害之, 況以國乎?" 公曰: "吾享祀豊絜, 神必據我." 對曰: "臣聞之, 鬼神非人實親, 惟德是依. 故周書曰: '皇天無親, 惟德是輔.' 又曰: '黍稷非馨, 明德惟馨' 又曰: '民不易物, 惟德繄物.' 如是則非德民不和, 神不享矣. 神所馮依, 將在德矣. 若晋取虞, 而明德以薦馨香, 神其吐之乎?" 弗聽, 許晋使. 宮之奇以其族行. 曰: "虞不臘矣. 在此行也, 晋不更擧矣." 冬十二月丙子朔, 晋滅虢, 虢公醜奔京師. 師還, 館于虞, 遂襲虞滅之, 執虞公及其大夫井伯, 以媵秦穆姬.

◆ 참고자료

古公亶甫는 殷을 쳐서 滅하고 天子의 王業을 일으킬 마음을 가지고 있었다. 그러나 맏아들인 太伯과 둘째인 仲雍은 신하로서 임금을 치는 것은 부당하다 하여 아버지의 뜻에 따르지 않으려 하였고 막내인 季歷만이 아버지의 뜻에 따르고자 하였다. 그래서 고공단보는 막내인 계력에게 代를 잇게 하고 싶어했는데 이같은 아버지의 뜻을 알게 된 태백과 중옹은 荊蠻형만으로 달아나 그 곳 풍습을 따르며 온 몸에 문신을 새겨 適長子로서의 자격을 스스로 버리고 그곳에 살게 된 것이다. 후에 武王이 殷을 멸하고 天子가 됨으로써 비로소 吳 太伯에 追封되었다.

≪論語－太伯篇≫ 集註에 다음 기록이 있다.

"大王태왕은 商[殷]의 政事가 날이 갈수록 衰해 가는 것을 보고 商을 圖謀할 뜻이 있었다. 태백은 오직 君臣間의 義를 끊게 될 것을 마음 속에 헤아려 아버지의 뜻을 거스르지는 않았으나 따르지도 않았으니 두 사람이 각기 행한 것은 그 마음의 道理다. 생각건대 聖人[孔子]께서 일찍이 한 번도 이에 대해 언급하지 않으신 것은, 태백의 마음은 伯夷와 叔齊가 武王의 말고삐를 당기며 신하로서 임금을 치는 것의 부당함을 諫한 일과 같은 天地의 벼리요, 태왕의 마음은 무왕이 孟津을 건너던 마음과 같은 것이니, 古今의 義가 통하는 두 경우에서 마땅한 것을 보고 道를 얻어, 두 가지를 함께 행하면서도 善(德)과 서로 어그러지지 않았기 때문이다.(大王見商政日衰, 是以有翦商之志. 太伯惟知君臣之義, 截然, 不可犯, 是以不從. 二者, 各行其心之所, 安聖人未嘗說, 一邊不是 太伯之心, 卽夷齊扣馬之心, 天地常經也, 大王之心, 卽武王孟津之心, 古今之通義也, 於二者中須見得道, 竝行而不相悖乃善.)"

吳越春秋 吳王壽夢傳 第二

◇　◇　◇　◇

[2-01] 壽夢1)元年,≪史記索隱≫曰: "自壽夢已下, 始有其年." 朝周, 適楚, 觀諸侯禮樂. 魯成公2)會於鍾離.3) 鍾離之會, 吳始與中國接, 事見≪春秋－魯成公十五年≫, 以≪史記－年表≫考之, 是爲壽夢十五年, 此以爲元年何也? 鍾離古塗山氏之國. 漢置鍾離縣, 屬九江, 今屬濠州. 深問周公4)禮樂, 成公悉爲陳, 前王之禮樂, 因爲詠歌, 三代之風. 壽夢曰: "孤在夷蠻, 徒以椎髻5)爲俗, 豈有斯之服哉!" 因歎而去曰: "於乎哉! 禮也."

二年, 楚之亡大夫申公巫臣字靈也適吳. 以爲行人,6) 教吳射御, 導之伐楚. 見≪左傳－成公七年≫: 按巫臣怨楚子反而奔晋, 自晋請使吳, 教吳用兵叛楚. 使其子狐庸爲吳行人, 非巫臣爲行人也. 行人, 掌國賓客之禮, 籍以待四方之使. 楚莊王怒, 使子反將去聲敗吳師. 二國從7)斯結讐. 於是吳始通中國, 而與諸侯爲敵. 蠻夷屬楚者, 吳盡取之, 始大. 通吳於上國.

五年伐楚敗子反.

十六年楚恭≪左傳≫作共.王怨, 吳爲巫臣伐之也. 乃擧兵伐吳, 至衡山而還. 見≪左傳－襄公三年≫: "楚克鳩玆, 至于衡山." 杜預曰: "衡山在吳興烏程縣南." 楚歸三日, 吳人伐楚取駕, 此不書.

十七年, 壽夢以巫臣子狐庸爲相, 任以國政.

二十五年, 壽夢病將卒. 有子四人, 長曰諸樊,8) 次曰餘祭,9) 祭, 側界切. 次曰

---

1) [壽夢] 吳나라 君主.
2) [成公] 春秋時代 魯나라 君主. 在位 18년(西紀前 590～573).
3) [鍾離] 春秋時代 楚나라 地名. 옛날 塗山氏의 나라.
4) [周公] 姬旦. 文王의 넷째 아들이며 武王의 아우. 儒家의 聖賢. 武王이 天子의 자리에 오른지 二년만에 죽자 어린 誦이 天子가 되었다. 이에 叔父인 周公이 攝政했는 데 조카가 長成한 후 다시 신하의 자리로 돌아갔다.
5) [椎髻추계] 머리를 뒤로 땋아 묶는 것.
6) [行人] 나라를 찾아오는 外賓 접대 등 外事를 맡은 周代의 官名. 大行人과 小行人이 있다.
7) [從] 自와 仝.
8) [諸樊저번] 壽夢의 맏아들. 在位 13년(西紀前 560～西紀前 548). 1923년 啓文社에서 간행한 한글본 ≪오즈셔실긔≫에는 '져번'이라고 해 있다.
9) [餘祭여제] 수몽의 둘째 아들. 在位 17년(西紀前 547～531).

餘昧,[10]昧, 莫葛切. 次曰季札.[11] 季札賢, 壽夢欲立之. 季札讓曰: "禮有舊制, 奈何廢前王之禮, 而行父子之私乎?" 壽夢乃命諸樊曰: "我欲傳國及季札, 爾無忘寡人之言." 諸樊曰: "周之太王知西伯之聖, 廢長立少, 王之道興. 今欲授國於札, 臣誠耕於野." 王曰: "昔周行之,[12] 德加於四海. 今汝於區區之國[13]荊蠻之鄕, 奚能成天子之業乎? 且今子不忘前人之言, 必授國以次及于季札." 諸樊曰: "敢不如命?" 壽夢卒見≪春秋－襄公十二年≫: "秋九月吳子乘卒." 左傳書, 壽夢卒. 杜預曰: "壽夢, 吳子之號." 諸樊以適適通作嫡, 正出也. 長攝行事, 當國政.

◇　◇　◇　◇

　　吳王 壽夢 元年에 周나라 天子께 朝貢했으며 楚나라 恭王과 만났다. 수몽은 天子의 조정에서 여러 제후들의 禮樂을 구경했다. 후에 魯나라 成公과 鍾離에서 만났는데 수몽이 성공에게 周公의 예악에 대해 자세히 물으니 성공은 前王 시대의 禮樂을 詠歌로 삼는 것은 夏, 殷, 周 三代의 풍습이라고 자세히 설명해주었다.

　　수몽이 말했다.

　　"寡人이 다스리는 夷蠻 사람들은 머리를 땋아 묶는 것으로 풍습을 삼기는 하지만 어찌 이런 禮樂의 풍습이 있겠습니까?"

　　수몽은 다시 한 번 감탄해 돌아가며 말했다.

---

10) [餘昧여말] 수몽의 셋째 아들. 在位 4년(西紀前 530～西紀前 527).

11) [季札계찰] 수몽의 막내아들. 네 형제 중 가장 현명하여 수몽은 막내에게 왕위를 전하고자 했으나 固辭하여 끝내 군주자리에 나아가지 않았다. 延陵연릉으로 달아나 그 곳에서 살았으므로 延陵季子연릉계자라고도 한다. 鄭나라 子產, 齊나라 晏子 등과 교류했다.

12) [昔周之行] 周나라가 發興할 때 太伯이 아우인 季歷에게 嫡嗣子의 자리를 양보한 故事.

13) [區區之國] 아주 작은 나라.

"오호! 훌륭할진져 禮樂이여!"

吳王 수몽 2년, 楚나라 大夫로서 申 땅을 다스리던 申公 屈巫臣굴무신이 晉나라에 망명했다가 오나라에 왔다. 오나라는 굴무신으로 行人을 삼아 군사들에게 활쏘는 법과 戰車 모는 법 등을 가르쳐 초나라를 치게 했다. 이에 楚 莊王은 노해서 子反으로 하여금 군사를 거느리고 오나라를 치게 했으나 오나라 군대에게 패했다.

이 일로 해서 두 나라는 원수를 맺게 되었고 오나라는 이 때부터 中國과 통하여 제후들과 覇權패권을 다투게 되었다.

壽夢 5年 吳나라가 초나라를 쳤으나 子反에게 패했다.

수몽 16年 초 恭王은 오나라가 굴무신을 위하는 것을 원망하여 오나라를 쳤다. 초나라는 군사를 일으켜 오나라를 쳐서 衡山까지 진격했다가 돌아갔다.

수몽 17년 수몽은 굴무신의 아들 狐庸호용으로 相國을 삼고 나랏일을 맡겼다.

수몽 25年 수몽이 병들어 죽게 되었다.

수몽에게는 네 아들이 있었는데 큰 아들은 이름을 諸樊저번이라 하고, 둘째 아들은 餘祭라하며, 세째 아들은 餘昧여말이라 하고, 네째 아들은 季札이라고 하는데 네 아들 중 계찰이 가장 현명하여 수몽은 막내인 계찰에게 왕위를 물려주고 싶어했다.

그러나 계찰은 왕위를 사양하며 말했다.

"長子에게 父王의 뒤를 잇게 하는 禮는 옛날부터 전해오는 오랜 제도인데 어찌 前王 때부터 전해오는 예를 父子之間의 私事로운 情으로 廢할 수 있겠습니까?"

壽夢은 맏 아들 諸樊을 불러 命했다.

"나는 막내인 季札에게 왕위를 물려주고자 한다. 너는 부디 寡人의 말을 잊지 말라."

저번이 말했다.

"옛날 周 太王께서는 손자인 西伯[文王]에게 聖德이 있음을 보시고 長子를 廢하고 막내인 季歷에게 왕위를 잇게 하여 天子의 王業을 일으키셨습니다. 이제 아버님께서 계찰에게 왕위를 잇게 하고 싶어 하시니 臣은 삼가 들에 나가 쟁기를 잡고 밭을 갈며 농사를 짓고자 합니다."

수몽이 말했다.

"옛날 古公亶甫고공단보의 뜻을 받들어 太伯, 仲雍, 季歷이 서로 왕위를 양보했던 德은 四海에까지 더해져서 周나라는 天子의 王業을 이룰 수 있었다. 우리들은 荊蠻형만의 땅에서 작으나마 나라의 터를 잡았으나 이로써 어찌 천자의 왕업을 일으킬 수 있겠느냐? 너는 나의 말을 잊지 말고 동생들에게 차례로 왕위를 전해 반드시 季札이 吳나라를 잇게 하라."

저번은 다시 대답했다.

"어찌 감히 命을 따르지 않겠습니까?"

壽夢은 遺言을 남긴 후 죽었다.

壽夢이 죽으니 諸樊저번이 嫡長子로서 攝政섭정이 되어 나라를 다스리게 되었다.

◈ 참 고

1. ≪春秋左傳 – 成公 十五年≫

十一月, 會吳于鍾離, 始通吳也.

2. ≪春秋左傳 – 隱公 五年≫

九月, 考仲子之宮, 將萬焉, 公問羽數於衆仲. 對曰: "天子用八, 諸侯用六, 大夫四, 士二. 夫舞所以節八音而行八風, 故自八以下." 公從之. 於是初獻六羽, 始用六佾也.

3. ≪春秋左傳 – 宣公 九年, 十年≫

陳靈公與孔寧儀行父通於夏姬, 皆衷衵服以戲于朝. 泄冶諫曰: "公卿宣淫,民無效焉? 且聞不令, 君其納之." 公曰: "吾能改矣." 公告二子, 二子請殺之, 公弗禁, 隧殺泄冶. 陳靈公與孔寧儀行父飲酒於夏氏. 公謂行父曰: "徵舒似汝." 對曰: "亦似君." 徵舒病之. 公出, 自其廐, 射而殺之, 二子奔楚.

　冬, 楚子爲陳夏氏亂故伐陳. 謂陳人, "無動. 將討於小西氏." 隧入陳, 殺夏徵舒 轘諸栗門, 因縣陳. 陳侯在晉. 申叔時使於齊反, 復命而退. 王使讓之曰: "夏徵舒爲不道殺其君, 寡人以諸侯討而戮之. 諸侯縣公皆慶寡人, 汝獨不慶寡人, 何故?" 對曰: "猶可辭乎?" 王曰: "可哉!" 曰: "夏徵舒殺其君, 其罪大矣. 討而戮之, 君之義也. 抑人亦有言曰: '牽牛以蹊人之田, 而田主奪之牛.' 牽牛以蹊者, 信有罪矣. 而奪之牛, 罪其重矣. 諸侯之從楚也, 曰: '討有罪也.' 今縣陳, 貪其富也. 以討召諸侯, 而以貪歸之, 無乃不可乎?" 王曰: "善哉! 吾未之聞也. 反之可乎?" 對曰: "可哉! 吾儕小人, 所謂取諸其懷, 而與之也." 乃復封陳, 鄉取一人焉以歸, 謂之夏州.

　楚之討陳夏氏也, 莊王欲納夏姬. 申公巫臣曰: "不可. 君召諸侯以討罪也, 今納夏姬, 貪其色也. 貪色爲淫, 淫爲大罰. 周書曰: '明德愼罰.' 文王所以造周也. 明德, 務崇之之謂也. 愼罰, 務去之之謂也. 若興諸侯以取大罰, 非愼之也. 君其圖之. 王乃止. 子反欲取之. 巫臣曰: "是不祥人也. 是夭子蠻, 殺御叔, 殺靈公, 戮夏南, 出孔儀, 喪陳國, 何不祥如是? 人生實難, 其有不獲死乎? 天下多美婦人, 何必是?" 子反乃止. 王以予連尹襄老, 襄老死於邲. 不獲其尸, 其子黑要烝焉. 巫臣使道焉曰: "歸. 吾聘女." 又使自鄭召之曰: "尸可得也, 必來逆之." 姬以告王, 王問諸巫臣. 對曰: "其信. 知罃之父, 成公之嬖也. 而中行伯之季弟也. 新佐中軍, 而善鄭皇戌, 甚愛此子. 其必因鄭而歸王子與襄老之尸, 求之, 鄭人懼於邲之役, 而欲求媚於晉, 其必許之. 王遣夏姬歸. 將行, 謂送者曰: "不得尸, 吾不反矣."

　屈巫臣聘諸鄭, 鄭伯許之. 及共王卽位, 將爲陽橋之役, 使屈巫聘于齊, 且告師期. 巫臣盡室以行. 申叔跪從其父. 將適郢. 遇之曰: "異哉! 夫子有三軍之懼, 而又有桑中之喜, 宜將竊妻以逃者也." 及鄭, 使介反幣, 而以夏姬行. 將奔齊, 齊師新敗. 曰: "吾不處不勝之國." 遂奔晉, 而因邲至, 以臣於晉, 晉人使爲邢大夫. 子反請以重幣錮之, 王曰: "止. 其自爲謀也, 則過矣. 其爲吾先君謀也, 忠也. 忠社稷之固也, 所蓋多矣. 且彼若能利國家, 雖重幣晉將可乎? 若無益於晉, 晉將棄之, 何勞錮焉?"

　楚圍宋之役, 師還, 子重請取禦申呂以爲賞田, 王許之. 申公巫臣曰: "不可. 此申呂所以邑也, 是以爲賦以御北方. 若取之是無申呂也, 晉鄭必至于漢." 王乃止. 子重是以怨巫臣. 子反欲取夏姬, 巫臣止之, 遂取以行, 子反亦怨之. 及共王卽位, 子重子反殺巫臣之族, 子閻子蕩及淸尹弗忌及襄老之子黑要, 而分其室. 子重取子閻之室, 使沈尹與王子罷分子蕩之室, 子反取黑要與淸尹之室.

　巫臣自晉遺二子書曰: "爾以讒慝貪惏事君, 而多殺不辜. 余心使爾罷於奔命以死. 巫臣請使於吳, 晉侯許之. 吳子壽夢說之, 乃通吳于晉. 以兩之一卒適吳, 舍偏兩之一焉. 與其射御敎吳乘車, 敎之戰陳, 敎之叛楚. 寘其子狐庸焉, 使爲行人於吳. 吳始伐楚, 伐巢伐徐, 子重奔命. 馬陵之會, 吳入州來, 子重自鄭奔命. 子重子反於是乎一歲七奔命. 蠻夷屬於楚者, 吳盡取之, 是以始大, 通吳於上國.

4. ≪春秋左傳－襄公　三年≫

　三年春, 楚子重伐吳. 爲簡之師, 克鳩玆至于衡山. 使鄧廖帥組甲三百被練三千, 以侵吳. 吳人要而擊之, 獲鄧廖, 其能免者, 組甲八十被練三百而已. 子重歸, 旣飮至三日, 吳人伐楚取駕. 駕良邑也, 鄧廖亦楚之良也. 君子謂, "子重於是役也, 所獲不如所亡." 楚人以是咎子重, 子重病之, 遂遇心疾而卒.

5. ≪春秋左傳－襄公　三十一年≫

　吳子使屈狐庸聘于晉, 通路也. 趙文子問焉曰: "延州來季子其果立乎? 巢隕諸樊, 閻戕戴吳, 天以啓之, 何如?" 對曰: "不立. 是二王之命也, 非啓季子也. 若天所啓, 其在今嗣君乎! 甚德而度. 德不失民, 度不失事. 民親而事有序. 其天所啓也. 有吳國者, 必此君之子孫, 實終之. 季子守節者也, 雖有國不立."

6. ≪史記－吳太伯世家≫

王壽夢二年, 楚之亡大夫申公巫臣怨楚將子反, 而犇晉自晉使吳, 敎用兵乘車, 令其子爲吳行人. 吳於是始通於中國. 吳伐楚, 十六年楚共王伐吳, 至衡山.

7. ≪春秋左傳－襄公　十二年≫

十二年秋, 吳子壽夢卒. 臨於周廟, 禮也. 凡諸侯之喪, 異姓臨於外, 同姓臨於宗廟, 同宗於祖廟, 同族於禰廟.

8. ≪春秋左傳－襄公　二十五年≫

二十五年, 王壽夢卒. 壽夢有子四人. 長曰:諸樊, 次曰:餘祭, 次曰:餘昧, 次曰:季札. 季札賢, 而壽夢欲立之, 季札讓不可. 於是乃立長子諸樊.

9. ≪春秋經－成公　十三年≫

夏五月, 公自京師遂會, 晉侯齊侯宋公衛侯鄭伯曹伯邾人滕人, 伐秦. 曹伯盧卒于師.

10. ≪春秋左傳－成公　十三年≫

曹人使公子負芻守, 使公子欣時逆曹伯之喪. 秋負芻殺太子, 而自立也. 諸侯乃請討之, 晉人以其役之勞, 請侯他年. 冬葬曹宣公. 旣葬子臧將亡, 國人皆將從之. 成公乃懼告罪, 且請焉乃反, 而致其邑.

11. ≪春秋左傳－成公　十五年≫

十五年春, 會于戚, 討曹成公也. 執而歸諸京師. 書曰, "晉侯執曹伯." 不及其民也. 凡君不道於其民, 諸侯討而執之, 則曰: "某人執某侯." 不然則否. 諸侯將見子臧於王而立之, 子臧辭曰: "前志有之, 曰: '聖達節次守節下失節.' 爲君非吾節也. 雖不能聖, 敢失守乎?" 遂逃奔宋.

◇　◇　◇　◇

[2－02] 吳王諸樊元年,《史記－年表》: 吳諸樊元年, 爲魯襄公十三年. 諸樊在位十三年卒, 是爲襄公二十五年. 此書止載元年事餘皆不書. 已除喪, 讓季札曰: “昔前王未薨之時, 嘗晨昧不安, 吾望其色也, 意在於季札. 又復三朝, 悲吟而命我曰: ‘吾知公子札賢. 欲廢長立少’, 重發言於口. 雖然我心已許之. 然前王不忍行其私計, 以國付我. 我敢不從命乎? 今國者子之國也. 吾願達前王之義.” 季札謝曰: “夫適嫡長當國. 非前王之私, 乃宗廟社稷之制, 豈可變乎?” 諸樊曰: “苟可施於國, 何先王之命有?句 太王改爲季歷, 二伯來入荊蠻, 遂城爲國, 周道就成. 前人誦之, 不絶於口. 而子之所習也.” 札復謝曰: “昔曹公卒,宣公庶存適亡. 嫡亡者, 公子負芻殺太子而自立, 是爲成公. 諸侯與曹人不義而立於國, 子臧14)公子欣時也. 與負芻皆宣公庶子. 聞之, 行吟而歸. 曹君懼, 將立子臧, 子臧去之, 以成曹之道.15)見左傳, 魯成公十五年, 諸侯將見子臧於王而立之. 遂逃奔宋, 明年又自宋盡致, 其邑與卿而不出. 札雖不才, 願附子臧之義, 吾誠避之.” 吳人固立季札. 季札不受, 而耕於野, 吳人舍上聲之. 諸樊驕恣, 輕慢鬼神, 仰天求死.16) 將死, 命弟餘祭曰: “必以國及季札.” 乃封季札於延陵, 號曰延陵季子.延陵季札之采邑也. 漢改延陵爲毗陵縣, 晉爲毗陵郡, 又爲晉陵郡, 今常州也.

餘祭十二年, 楚靈王17)會諸侯伐吳, 圍朱方,18) 誅慶封.19) 慶封數爲吳伺

---

14) [子臧자장] 曹나라 公子 臧. 이름은 欣時흔시. 臧은 嫡公子, 負芻부추는 庶公子였다.

15) [成曹之道] 公子 臧이 이미 君位에 오른 負芻부추를 인정하고 양보함으로써 曹나라가 안정을 얻게 된 것.

16) [仰天求死] 하늘을 바라보며 죽기를 求함. 동생인 季札에게 빨리 왕위를 전하고자 자기를 빨리 죽게 해주기를 하늘에 기원했다.

17) [靈王] 春秋時代 楚나라 군주. 恭王의 아들. 姓은 羋미, 이름은 圍. 在位 12년 (西紀前 540~西紀前 529). 父王인 共王이 죽고 조카 郟敖겹오가 뒤를 이었는데 겹오가 병들어 눕자 鄭나라로 가던 圍는 되돌아와 問病한다는 핑계로 방에 들어가 겹오를 목졸라 죽이고 왕이 되었다. 후에 사냥을 나갔을 때 동생 棄疾기질이 난을 일으키자 돌아오던 길에 스스로 목매어 자결했다.

18) [朱方] 吳나라 地名. 齊나라 慶封이 도망쳐 오자 餘祭는 경봉을 주방 고을에 살게 했다.

祭,_{祭當作際}. 故晉²⁰⁾楚伐之也. 吳王餘祭怒曰: "慶封窮來奔吳, 封之朱方≪左傳－襄公二十八年≫: "慶封奔吳, 吳勾餘予之朱方." 杜預云: "勾餘吳子夷昧也." ≪索隱≫曰: "餘祭以二十九年卒, 則二十八年賜慶封邑, 不得是夷昧, 但勾餘或別是一人." 今按≪春秋≫於明年書閽弑吳子餘祭, 又≪年表≫餘祭四年守閽殺餘祭, 則勾餘非別爲一人矣. ≪世家≫≪年表≫皆在餘祭三年卽襄公二十八年也. ≪年表≫旣云餘祭四年卒. 此乃書十二年何也? 十二十三年皆當删十字, 十七年亦改從四年可也. 朱方吳邑, 秦改丹徒, 今屬鎭江. 以効不恨士也." 卽擧兵伐楚, 取二邑而去.

十三年, 楚怨吳爲慶封, 故伐之, 心恨不解, 伐吳至乾谿.²¹⁾_{在譙國城父縣南, 楚東境}. 吳擊之, 楚師敗走.

十七年, 餘祭卒,²²⁾ 餘昧立. 四年卒, 欲授位季札. 季札讓, 逃去曰: "吾不受位明矣. 昔前君有命, 已附子臧之義. 潔身淸行, 仰高履尙, 惟仁是處. 富貴之於我, 如秋風之過耳." 遂逃歸延陵,²³⁾ 吳人立餘昧子州于,²⁴⁾ 號爲吳王僚²⁵⁾也.

---

19) [慶封] 齊나라 宰相. 齊나라 군주 莊公이 崔杼_{최저}의 妻와 通情하자 崔杼와 共謀하여 莊公을 죽였다. 崔杼는 丞相이 되고 慶封은 左相이 되어 권력을 나누어 가졌으나 후에 최저가 자결해 죽자 권력을 독점했다. 다른 나라로 달아났던 莊公의 신하 盧浦癸_{노포계}와 王何_{왕하}가 경봉의 아들인 慶舍_{경사}를 섬기는 척 하면서 신임을 얻은 후 경사를 찔러 죽이자 魯나라를 거쳐 吳나라로 망명했으나 楚 靈王이 諸侯들을 이끌고 朱方을 쳐서 경봉을 죽였다.

20) [晉_진] 周 成王의 동생 唐叔_{당숙} 虞우가 봉해진 姬姓의 나라. 지금의 山西省 부근. "千字文"에 '桐葉封弟'의 故事가 있다.

21) [乾谿_{간계}] 春秋時代 楚나라와 吳나라의 국경지대.

22) ≪春秋左傳≫이나 ≪史記年表≫에, '餘祭 四年에 越나라 포로가 吳王 餘祭를 죽였다'고 한 것은 잘못이다. 本書와 ≪史記≫ 吳太伯世家 등에 모두 餘祭 十七年에 餘祭가 죽었다고 했다. 이로써 類推해 보면 越나라 포로에게 刺殺_{자살} 당한 이는 在位 四年만에 죽은 餘昧_{여말}이 아닌가 한다.

23) [延陵] 春秋時代 吳나라 地名. 吳나라 賢人 季札이 연릉에 살았으므로 延陵 季子라고 했다. 지금의 常州.

24) [州于] 吳王 僚가 왕이 되기 前의 이름.

25) [王僚] 餘昧의 아들인 吳王 僚. 王僚가 고유명사처럼 되었다. ≪春秋公羊傳≫에는 '以爲壽夢庶子'라고 했다.

◇ ◇ ◇ ◇

諸樊저번 元年, 父王의 服喪복상을 마치자 諸樊은 季札에게 왕위를 사양하며 말했다.

"옛날 부왕께서 아직 돌아가시기 전 새벽녘부터 저녁 어둑할 때까지 부왕께서는 불안해 하셨는데 내가 부왕의 얼굴빛을 바라 뵈니 그것은 계찰에게 뒤를 있게 할 뜻이 계셨기 때문이었다. 또 세 번씩이나 나를 거듭 부르시어 슬픈 음성으로 나에게 命하시기를, '나는 막내인 계찰이 현명한 것을 알고 있다. 그래서 長子인 너를 廢하고 막내인 계찰을 세우고 싶구나.' 라고 무겁게 말씀 하셨다. 나는 마음 속에 이미 父王의 말씀에 따를 것을 결심했는데 부왕께서는 이같은 마음속의 계획을 차마 실행하지 못하고 이 일을 나에게 맡기셨다. 내 어찌 감히 부왕의 명에 따르지 않겠는가? 이제 吳나라는 계찰 너의 것이다. 나는 바라건대 父王의 뜻에 따라 이를 실행하고자 한다."

계찰이 謝讓하여 말했다.

"嫡長子인 맏아들이 뒤를 잇는 것은 당연한 것입니다. 부왕의 뜻은 私事로운 것이니 宗廟社稷의 制度를 어찌 사사로이 바꾸겠습니까?"

저번이 다시 말했다.

"진실로 나라를 위한 것이라면 따르는 것이 옳다. 先王께서 나라를 이으라 하신 遺命유명을 어찌 바꿀 수 있겠는가? 太王께서도 막내인 季歷에게 後嗣후사를 잇게 하셨고 太伯과 仲雍은 荊蠻형만의 땅에 오시어 城을 쌓고 나라를 세우셨다. 이로서 周나라의 王業 또한 이루어 질 수 있었던 것이다. 두 분께서 나라를 사양하여 周나라의 德을 널리 이루게 하시니 옛 사람들의 칭송의 노래는 입에서 끊어진 적이 없었다. 이른 바 이것이 네가 이어야 할 先代의 관습이기도 한 것이다."

季札이 거듭 사양하며 말했다.

"옛날 曹나라 宣公이 죽었을 때 庶子는 왕위에 오르고 嫡長子는 망명했습니다. 조나라 庶公子 負芻부추는 義롭지 않은 방법으로 태자를 죽이고 자신이 군주의 자리에 올랐고 이 소식을 들은 子臧자장은 父王의 屍身을 모시고, 울면서 돌아왔습니다. 다음 해 제후들은 負芻를 쳐서 적장자인 臧을 세우려 하자 부추는 두려워하여 장을 세우고자했으나 子臧은 왕위에 오르지 않고 가버렸고 이로써 曹나라는 평온해질 수 있었습니다. 札은 비록 재주가 없으나 원컨대 조나라 公子 臧장의 義로움을 좇아 삼가 물러나서 살고자 합니다.”

吳人[諸樊]은 계찰을 세울 뜻을 굽히지 않았으나 계찰이 왕위를 받지 않고 들에 나가 논밭을 갈며 농사를 지으니 吳人도 할 수 없이 이를 버려두었다.

저번은 계찰에게 빨리 왕위가 돌아가게 하고자, 교만하고 방자하게 굴며 鬼神도 가벼이 여기고, 하늘을 향해 자기를 빨리 죽게 하여 왕위가 빨리 계찰에게 전해지게 해주기를 기원했다. 저번은 죽음에 이르러 다음 동생인 餘祭에게 命했다.

“吳나라를 필히 계찰에게 전하라.”

저번이 죽고 여제가 왕위에 오르자 延陵연릉 땅을 나누어 계찰을 封하고 延陵季子라고 불렀다.

諸樊저번이 죽고 餘祭여제가 왕위에 올랐는데 여제 12年 楚나라 靈王영왕은 제후를 모아 吳나라를 쳐서 오나라 朱方을 포위하고 오나라에 망명해 있던 齊나라 宰相 慶封경봉의 목을 베었다.

경봉은 제나라에서 도망쳐온 망명자로써 오나라에 머물면서 제나라의 정세를 엿보고 있었기 때문에 晉나라와 초나라가 주동이 되어 이를 친 것이다.

오왕 여제는 노하여 말하기를,

“경봉이 窮乏궁핍한 형세에 몰려 오나라로 도망쳐 왔기에 朱方 고을에 封해서 살게 한 것이다. 오나라가 경봉의 怨讐원수를 갚아주어 경봉이 외로운 亡命恨士가 아니었음을 보여주리라.”

하고는 즉시 군사를 일으켜 초나라를 쳐서 두 고을을 빼앗고 돌아갔다.

여제 13年 초나라는 오나라가 慶封을 위해 초나라를 쳤던 일로 오나라를 원망하는 마음이 풀리지 않아 군사를 일으켜 오나라를 치기위해 乾谿간계에 까지 이르렀으나 오나라 군대가 이를 물리치니 초나라 군대는 국경을 넘지 못하고 敗走했다.

餘祭여제 17年에 여제가 죽고 餘昧여말이 왕위에 올랐다. 여말은 4年만에 죽음에 이르러 季札에게 왕위를 물려주고자 했으나 계찰은 왕위를 사양하여 달아나며 말했다.

"나는 왕위를 받지 않을 것을 분명히 했습니다. 옛날 前王[諸樊]께서도 命이 있어 이미 曹나라 公子 臧장의 義로움을 따를 수 있도록 허락 하셨습니다. 나는 다만 몸을 깨끗이 하고 바른 행실로 높은 하늘을 우러르고 숭상하여 오직 어질게 살고자 할 뿐입니다. 저에게 富貴는 귓가에 스쳐 가는 가을바람과 같을 뿐입니다."

하고는 마침내 도망하여 延陵연릉으로 돌아가니 吳나라 사람들은 여말의 아들 州于를 세워 왕위를 잇게 했는데 吳나라 사람들은 王僚라 하였다.

◈ 참 고

1. ≪春秋左傳－襄公 二十四年≫

吳子諸樊旣除喪, 將立季札. 季札辭曰: "曹宣公之卒也, 諸侯與曹人不義曹君, 將立子臧, 子臧去之, 逐弗爲也, 以成曹君. 君子曰: '能守節.' 君義嗣也, 誰敢奸君? 有國非吾節也. 札雖不才, 願附於子臧, 以無失節.' 固立之, 棄其室而耕, 乃舍之.

2. ≪春秋左傳－襄公 二十五年≫

襄公二十五年十二月, 吳子諸樊伐楚, 以報舟師之役. 門于巢, 巢牛臣曰: "吳王勇而輕, 若啓之, 將親門, 我獲射之必殪. 是君也死, 疆其少安." 從之, 吳子門焉. 牛臣隱於短牆, 以射之.

3. ≪史記－吳太伯世家≫

王諸樊元年, 諸樊已除喪, 讓位季札. 季札謝曰: "曹宣公之卒也, 諸侯與曹人不義曹君, 將立子臧, 子臧去之, 以成曹君. 君子曰: '能守節矣.' 君義

嗣誰敢干君? 有國非吾節也. 札雖不材, 願附於子臧之義." 吳人固立季札,
季札其室, 而耕乃舍之. 秋吳伐楚, 楚敗我師. 四年晉平公初立. 十三年王諸
樊卒. 有命授弟餘祭, 欲傳以次必致國於季札. 而止以稱先王壽夢之意, 且
嘉季札之義, 兄弟皆欲致國, 令以漸至焉. 季札封於延陵, 故號曰延陵季子.

4. ≪春秋左傳－襄公　二十八年≫

齊慶封好田而耆酒, 與慶舍政, 則以其內實遷于盧蒲嫳氏, 易內而飲酒,
數日國遷朝焉. 使諸亡人得賊者以告而反之. 故反盧蒲癸. 癸臣子之, 有寵
妻之. 慶舍之士謂盧蒲癸曰: "男女辨姓, 子不辟宗何也?" 曰: "宗不余辟,
余獨焉辟之? 賦詩斷章, 余取所求焉, 惡識宗乎?" 癸言王何, 而反之, 二人
皆嬖, 使執寢戈, 而先後之. 公膳日雙鷄. 饔人竊更之以鶩, 御者知之, 則去
其肉, 而以其泊饋, 子雅子尾怒. 慶封告盧蒲嫳, 盧蒲嫳曰: "譬之, 如禽獸,
吾寢處之矣." 使析歸父告晏平仲, 平仲曰: "嬰之衆不足用也, 知無能謀也.
言弗敢出, 有盟可也." 子家曰: "子之言云, 又焉用盟?"

　告北郭子車, 子車曰: "人各有以事君, 非佐之所能也." 陳文子謂桓子曰:
"禍將作矣, 吾其何得?" 對曰: "得慶氏之木百車於莊." 文子曰: "可愼守也
已." 盧蒲癸王何卜攻慶氏, 示子之兆曰: "或卜攻讎, 敢獻其兆." 子之曰:
"克見血."

　冬十月, 慶封田于萊, 陳無宇從. 丙辰文子使召之, 請曰: "無宇之母疾病,
請歸." 慶季卜之, 示之兆曰: "死." 奉龜而泣, 乃使歸. 慶嗣聞之曰: "禍將作
矣." 謂子家, "速歸. 禍作必於嘗, 歸猶可及也." 子家不聽, 亦無悛志. 子息
曰: "亡矣. 幸而獲在吳越." 陳無宇濟水, 而戕舟發梁.

　盧浦姜謂癸曰: "有事而不告我, 必不捷矣." 癸告之. 姜曰: "夫子愎, 莫之
止, 將不出, 我請止之. 癸曰: "諾." 十一月乙亥, 嘗于太公之廟, 慶舍涖事,
盧浦姜告之, 且止之. 弗聽, 曰: "誰敢者?" 遂出, 如公也. 麻嬰爲尸, 慶奊爲
上獻. 盧浦癸王何執寢戈, 慶氏以其甲環公宮. 陳氏鮑氏之圉人爲優, 慶氏
之馬善驚, 士皆釋甲束馬, 而飲酒. 且觀優, 至於魚里. 欒高陳鮑之徒, 介慶

氏之甲, 子尾抽桷擊扉三也, 盧浦癸自後刺子之, 王何以戈擊之, 解其左肩, 猶拔廟桷動於甍, 而俎壺投, 殺人後死. 遂殺慶繩麻嬰. 公懼, 鮑國曰: “群臣爲君故也.” 陳須無以公歸, 梲服而如內宮.

慶封歸, 遇告亂者. 丁亥, 伐西門弗克, 還伐北門克之. 入伐內宮弗克, 反陳于嶽, 請戰, 弗許. 遂來奔, 獻車於季武子, 美澤可以鑑. 展莊叔見之曰: “車甚澤人必瘁, 宜其亡也.” 叔孫穆子食慶封, 慶封氾祭, 穆子不說. 使工爲之誦茅鴟, 亦不知. 旣而齊人來讓, 奔吳. 吳句餘予之朱方, 聚其族焉, 而居之, 富於其舊. 子服惠伯謂叔孫曰: “天殆富淫人. 慶封又富矣.” 穆子曰: “善人富謂之賞, 淫人富謂之殃. 天其殃之也, 其將聚而殲旃矣.”

魯昭公四年傳. 秋七月, 楚子以諸侯伐吳. 宋太子鄭伯先歸, 宋華費遂鄭大夫從. 使屈申圍朱方, 八月甲申, 克之, 執齊慶封, 而盡滅其族.

5. ≪春秋左傳－昭公　四年≫

秋七月　楚子以諸侯伐吳. 宋太子鄭伯先歸, 宋華費遂鄭大夫從. 使屈申圍朱方, 八月甲申克之, 執齊慶封. 椒擧曰: “臣聞, 唯無瑕者, 可以戮人. 慶封唯逆命, 是以在此, 其肯從於戮乎? 播於諸侯, 焉用之.” 王弗聽, 負之斧鉞, 以徇於諸侯, 使言曰: “無或如齊慶封弑其君, 弱其孤, 以盟其大夫.” 慶封曰: “無或如楚共王之庶子圍弑其君兄之子麇, 而代之, 以盟諸侯.” 王使速殺之, 遂以諸侯滅賴.

6. ≪春秋左傳－昭公　五年≫

冬十月, 楚子以諸侯及東夷伐吳, 以報棘櫟麻之役. 遠射以繁揚之師會於夏汭, 越大夫常壽過帥師, 會楚子于瑣. 聞吳師出, 遠啓彊帥師從之, 據不設備, 吳人敗諸鵲岸.

7. ≪春秋左傳－昭公　十二年≫

楚子狩于州來, 次于潁尾, 使蕩侯潘子司馬督囂尹午陵尹喜帥師圍徐, 以懼吳. 楚子次于乾谿, 以爲之援.

8. ≪史記－吳太伯世家≫

三年, 齊相慶封有罪, 自齊來犇吳. 吳予慶封朱方之縣, 以爲奉邑, 以女妻之, 富於在齊.

9. ≪史記－吳太伯世家≫

七年, 楚公子圍弑其王來敖, 而代立, 是爲靈王. 十年, 楚靈王會諸侯, 而以伐吳之朱方, 以誅齊慶封. 吳亦攻楚, 取三邑而去. 十一年, 楚伐吳, 至雩婁. 十二年, 楚復來伐, 次於乾溪간계, 楚師敗走.

10. ≪春秋左傳－襄公 二十八年≫

吳人伐越, 獲俘焉以爲閽, 使守舟. 吳子餘祭觀舟, 閽以刀殺之.

11. ≪史記－吳太伯世家≫

十七年, 王餘祭卒. 弟餘昧立. 王餘昧二年, 楚公子棄疾弑其君靈王, 代立焉. 四年, 王餘昧卒. 欲授弟季札, 季札讓逃去. 於是吳人曰: "先王有命, 兄卒弟代, 立必致季子. 季子今逃位則, 王餘昧後立, 今卒其子當代. 乃立王餘昧之子僚爲王.

12. ≪說苑－431篇 14－2≫

吳王壽夢有四子, 長曰:謁, 次曰:餘祭, 次曰:夷昧, 次曰:季札, 號曰:延陵季子. 最賢三兄皆知之. 於是王壽夢薨, 謁以位讓季子. 季子終不肯當, 謁乃爲約曰: "季子賢, 使國及季子, 則吳可以興." 乃兄弟相繼, 飮食必祝曰: "使吾早死, 令國及季子." 謁死, 餘祭立; 餘祭死, 夷昧立; 夷昧死, 次及季子. 季子時使行不在. 庶兄僚曰: "我亦兄也." 乃自立爲吳王. 季子使還, 復事如故. 謁子光曰: "以吾父之意, 則國當歸季子, 以繼嗣之法, 則我適也. 當代之君，僚何爲也？”於是乃使專諸刺僚殺之，以位讓季子. 季子曰：“爾殺吾君，吾受爾國，則吾如爾爲共簒也. 爾殺吾兄，吾又殺汝，則是昆弟父子相殺無已時也.”卒去之延陵，終身不入吳. 君子以其不殺爲仁，以其不取國爲義. 夫不以國私身，捐千乘而不恨，棄尊位而無忿，可以庶幾矣.

吳越春秋 王僚使公子光傳 第三

◇　◇　◇　◇

[3−01] 二年, 王僚[1]使公子光[2]伐楚.[3]見≪左傳−昭公十七年≫, 光諸樊子闔閭也.
以報前來誅慶封[4]也. 吳使敗而亡舟.舟名餘皇 爲楚所獲亦曰餘艎. 光懼因捨,[5] 復
得王舟而還.捨字不通, 疑當作揜, 蓋揜其不備取之以歸. 光欲謀殺王僚, 未有所與合
議, 陰求賢, 乃命善相者爲吳市吏.[6]

五年, 楚之亡臣伍子胥[7]來奔吳.見≪左傳−昭公二十年≫ 伍子胥者楚人也, 名
員. 音云. 員父奢,[8] 兄尙,[9] 其前名曰伍擧.[10]前名當作前人, 擧卽奢之父員之祖. 以

---

1) [王僚] 본 이름은 州于주우인데 왕이 된 후 王僚라고 불렀다. 在位 13년(西紀
   前 526～西紀前 515).
2) [公子 光] 諸樊저번의 아들. 후에 사촌인 왕료를 죽이고 왕이 되었다. 在位 19
   년(西紀前 514～西紀前 495).
3) [楚] 春秋時代와 戰國時代에 걸쳐 揚子江 일대에 興盛했던 나라. 君主의 姓
   은 芈미씨.
4) [慶封] 齊나라 宰相. 군주인 莊公이 崔杼최저의 妻와 通情하자 崔杼와 共謀하
   여 莊公을 죽이고 崔杼는 丞相이 되고 慶封은 左相이 되어 권력을 나누어
   가졌으나 후에 최저가 자결해 죽자 권력을 독점했다. 다른 나라로 달아났던
   莊公의 신하 盧浦癸노포계와 王何왕하가 경봉의 아들 慶舍경사를 섬기는 척 하
   면서 신임을 얻은 후 경사를 찔러 죽이자 魯나라를 거쳐 吳나라로 망명했으
   나 楚 靈王이 諸侯들을 이끌고 朱方을 쳐서 경봉을 죽였다.
5) [捨사] 原文의 '捨'는 '舍'와 같은 뜻. 하룻밤 留宿하다.
6) [吳市吏] 吳城의 尹[長官].
7) [伍子胥오자서] 이름은 員운. 伍奢오사의 아들. 楚나라 사람. 原文에 '員音云'이
   라 했다. 文武에 뛰어났으나 楚 平王이 아버지와 형을 죽이자 宋나라, 鄭나
   라, 陳나라를 거쳐 吳나라로 달아나 闔閭합려를 만났다. 합려가 오왕이 되자
   군사를 이끌고 초나라를 쳐서 아버지와 형의 원수를 갚았다. '日暮路遠倒行
   而逆施之於道', '掘墓屍鞭三百杖' 등의 故事를 남겼다. 후에 오왕 夫差에게
   죽음을 당했다.
8) [伍奢오사] 伍子胥의 아버지. 楚 平王 때 太子 建의 太傅가 되었으나 費無忌
   의 讒訴참소로 큰 아들 伍尙과 함께 평왕에게 죽음을 당했다.
9) [伍尙] 伍奢의 맏아들. 子胥의 형. 楚 平王이 아버지 伍奢오사를 인질로 두 형
   제를 부르자 子胥는 달아나게 하고 홀로 아버지께 달려가 父子가 함께 죽음
   을 당했다.
10) [伍擧오거] 伍子胥의 祖父라고 알려져 있고 徐天祜서천호도 伍員오운의 祖父라

直諫事楚莊王.[11)]　王卽位三年, 不聽國政, 沈湎於酒, 淫於聲色, 左手擁秦姬, 右手抱越女, 身坐鐘鼓[12)]之間, 而令曰: "有敢諫者死." 於是伍擧進諫曰: "有一大鳥集楚國之庭, 三年不飛亦不鳴, 此何鳥也?" 於是莊王曰: "此鳥不飛, 飛則冲天, 不鳴, 鳴則驚人." 伍擧曰: "不飛不鳴, 將爲射者所圖絃矢卒音猝, 忽遽貌, 倉卒也發, 豈得冲天而驚人乎?" 於是莊王棄其秦姬越女, 罷鐘鼓之樂, 用孫叔敖[13)]任以國政.≪史記≫曰: "任伍擧蘇從以政, 國人大說." 遂覇天下威伏諸侯. 莊王卒, 靈王[14)]立. 建章華之臺,杜預曰: "南郡華容縣, 有臺, 在城內." 與登焉. 王曰: "臺美!" 伍擧曰: "臣聞國君服寵以爲美, 安民以爲樂, 克聽[15)]以爲聰. 致遠以爲明. 不聞以土木之崇高, 蟲鏤之刻畵. 金石[16)]之淸音, 絲竹[17)]之淒唳以之爲美. 前莊王爲抱居之臺, 高不過望國氛祲氣也. 大不過容宴

고 했으나 年代를 비교해보면 오자서의 曾祖父로 보는 것이 옳다. 伍參→伍擧→伍鳴→伍奢→伍子胥. 자세한 것은 참고자료 ≪春秋左傳－襄公 二十六年≫條 참조.

11) [楚 莊王] 春秋時代 楚나라의 英明한 군주. 姓은 羋미씨, 이름은 侶려. 春秋五覇의 한 사람. 在位 23년(西紀前 513～西紀前 491).

12) [鐘鼓] 編鐘과 排鼓배고. 편종은 크기와 音階에 따라 각기 다른 16개의 종을 鐘架에 두 줄로 걸어놓은 악기. 배고는 여러 개의 북을 나란히 걸어놓은 악기.

13) [孫叔敖손숙오] 春秋時代 楚나라 賢人. 이름은 蔿敖위오, 字는 孫叔. 당시 兩頭蛇를 보면 죽는다는 俗說이 있었는데 손숙오가 길을 가다가 兩頭蛇를 만났다. 손숙오는 "나는 어차피 너를 보았으니 곧 죽겠거니와 내 너를 죽여 다른 사람이 害를 당하지 않게 하리라"하고는 兩頭蛇를 죽여 '埋蛇陰德'의 故事를 남겼다.

14) [靈王] 春秋時代 楚나라 군주. 恭王의 아들. 이름은 圍. 在位 12년(西紀前 540～西紀前 529). 父王인 共王이 죽고 조카 郟敖겹오가 뒤를 이었는데 겹오가 병들어 눕자 鄭나라로 가던 圍는 되돌아와 問病한다는 핑계로 방에 들어가 겹오를 목졸라 죽이고 왕이 되었다. 후에 사냥을 나갔을 때 동생인 棄疾기질이 난을 일으키자 돌아오던 길에 스스로 목매어 자결했다.

15) [克聽] 諫하는 말을 듣는 것.

16) [金石] 鐘과 磬경. 磬은 玉이나 돌로 만든 打樂器.

17) [絲竹] 絲는 琴瑟과 같은 絃樂器, 竹은 피리·笙簧생황 등 대로 만든 악기. 위의 악기들은 모두 八音을 내는 古代 악기로서 金은 鐘이고, 石은 編磬과 같은 打樂器다. 絲는 거문고와 같은 絃樂器이며, 竹은 피리와 같은 管樂器이고 木은 雅樂의 연주를 알리는 柷축과 종료를 알리는 敔어가 있으며 土는 壎훈이라 하여 여섯 개의 구멍이 뚫린 피리와 같은 용도의 악기다. 匏포는 笙簧과

豆,18) 木不妨守備, 不妨城郭守備之材. 用不煩官府, 民不敗時務,19) 官不易朝常. 今君爲此臺七年, 國人怨焉, 財用盡焉, 年穀敗焉,20) 百姓煩焉, 諸侯忿怨, 卿士訕謗.21) 豈前王之盛, 人君之美者耶? 臣誠愚, 不知所謂也." 靈王卽除工去飾, 不遊於臺. 由是伍氏三世爲楚忠臣.

◇　　◇　　◇　　◇

王僚왕료 2年 왕료는 公子 光으로 하여금 군사를 거느리고 楚나라를 치게 했다. 이것은 전에 초나라가 吳나라를 쳐서 慶封을 죽인 것에 대한 보복이었다. 그러나 오나라 군대는 초나라 군대에 패하여 前王 餘祭여제가 타던 배를 잃어 버렸다. 공자 光은 싸움에 패해 배를 잃어버렸으나 배를 잃어버린 일로 죄를 얻을 것을 두려워하여 다시 돌아와 하룻밤 留宿하며 초나라 군대를 덮쳐 전왕이 타던 배를 찾은 후 돌아왔다.

諸樊저번의 아들인 公子 光은 마음속에 사촌인 王僚를 죽이고 자기가 왕이 될 생각을 가지고 있었다. 아직 더불어 일을 의논 할만한 동지가 없었으므로 몰래 賢者를 찾고 있었는데 마침내 命을 내려 觀相을 잘 보는 이로 하여금 吳城의 市吏시리가 되게 했다.

王僚 5年, 楚나라에서 망명한 伍子胥오자서가 吳나라로 도망쳐 왔다. 오자서는 초나라 사람인데 이름은 員운이다. 운의 아버지는 伍奢오사이고 형은 伍尙오상이다. 그의 조상은 伍擧오거인데 楚 莊王 때에 바른 말로 直諫을 잘 하던 사람이었다.

楚 莊王은 왕위에 오른지 3년이 지나도록 나랏일에는 전혀 관심 없이 술과 女色, 풍악에 빠져 왼쪽에는 秦姬진희를 안고 오른쪽에는 越女를 앉

　　　같은 피리 종류의 악기이며 革은 鼓, 즉 북을 말한다.
18) [宴豆연두] 연회 때 음식을 담는 그릇.
19) [時務] 節氣에 따라 농사를 짓는 것.
20) [年穀敗焉] 해마다 흉년이 들음.
21) [訕謗산방] 헐뜯고 흉봄.

게 하여 鐘鼓 사이에 앉아 풍악을 즐기며 방탕하게 지내고 있었다. 신하들의 諫하는 말도 귀찮게 여겨 문앞에, '감히 諫하는 자가 있으면 죽으리라.'는 懸板까지 써서 붙여 놓았다. 그러나 신하들로써는 왕의 그같은 모습을 지켜만 보고 있을 수가 없었다. 신하 중 바른 말을 잘하는 伍擧는 장왕께 諫하고자 들어가 뵈었다.

"楚나라 정원에 큰 새 한 마리가 날아와 앉았는데 삼년이 지나도록 꼼짝도 하지 않은 채, 울지도 않고 날아오를 생각도 않고 있습니다. 이 새는 대관절 어떤 새이겠습니까?"

莊王이 말했다.

"날지 않는 이 새가 한번 날아오르면 하늘 끝에 닿을 것이요, 울지 않는 이 새가 한번 울면 사람들을 크게 놀라게 할 것이다."

오거가 말했다.

"날지도 않고 울지도 않는 동안, 만약에 한 사냥꾼이 있어 몰래 화살을 쏜다면 倉卒창졸간에 죽고 말 것인데 어찌 沖天충천의 하늘을 얻어 날아오를 수 있겠으며, 어찌 사람을 놀라게 할 수 있겠습니까?"

이 말을 들은 장왕은 당장 秦姬와 越女를 쫓아 버리고, 종과 북을 깨뜨리고 찢어버려 풍악을 廢해버린 후 孫叔敖손숙오를 등용해 나랏일을 맡겼다. 이로서 楚 莊王은 春秋五霸의 한 사람이 되어 그 위엄을 온 천하에 떨칠 수 있었다.

楚 莊王이 왕위에 있은지 23年만에 죽고, 아들인 恭王이 31年 동안 왕위에 있었다. 恭王의 長子인 康王이 뒤를 이어 15年만에 죽자 장자인 郟敖겹오가 왕위에 올랐는데 4年만에 叔父 圍가 겹오를 죽이고 왕위에 오르니 이가 靈王이다. 영왕은 왕위에 오르자 章華臺를 세웠는데 어느 날 장화대에 올라 말했다.

"章華臺가 아름답구나."

伍擧가 말했다.

"臣은 듣기를, 나라의 군주는 寵姬총희와의 사랑을 절제하는 것으로 아름다움을 삼으며, 백성들이 편안한 것을 즐거움으로 삼는다고 합니다. 군주의 잘못을 諫하는 말을 듣는 것으로 聰총을 삼으며, 멀리서 까지도 賢者가 찾아오는 것을 군주의 밝음으로 삼는다 하더이다. 아름다운 樓閣을 짓는 土木工事를 崇高하다 하는 말과, 鏤臺누대에 벌레나 짐승의 모양을 새겨 넣는 것, 金石의 맑은 소리, 거문고와 피리의 슬프게 우는 선율을 군주의 아름다움으로 삼는다는 말을 臣은 듣지 못했나이다.

전에 장왕께서 抱居臺포거대를 쌓으실 때 높이는 지나치지 않게 하여 亡國의 妖氣가 넘보지 못하게 하셨으며, 크고 작은 연회 때에는 음식을 담는 그릇을 크게 만들지 못하게 하셨고, 나무는 城郭성곽 수비재료인 不妨불방을 만드는데 쓰게 했습니다. 이로써 장왕께서는 官俯관부를 번거롭지 않게 하셨으며, 백성들은 나라의 토목공사에 동원되는 일이 없었으므로 철에 맞추어 농사를 지을 수 있어서 가난으로 疲弊피폐한 집이 없었고, 나라의 관리들은 朝廷의 법도를 함부로 바꾸는 일이 없었습니다.

그런데 지금 대왕께서는 7년여에 걸쳐 화려한 장화대를 짓고 계십니다. 나라의 백성들은 군주를 원망하고, 財源은 바닥이 났으며, 해마다 곡식은 흉년이 들어 백성들의 살림은 피폐해 졌습니다. 백성들은 勞役 징발에 번거로움을 당하고, 제후들은 대왕을 원망하며, 나라의 벼슬아치들은 대왕을 헐뜯어 비웃고 있습니다. 이것을 어찌 전왕 때의 盛世와 같다하겠으며 군주의 아름다운 德이라 하겠습니까? 臣은 어리석어 삼가 아뢸 바를 알지 못하겠나이다."

이에 영왕은 즉시 장화대 공사를 중지시키고 화려한 장식들을 없앤 후 다시는 장화대에 올라 흥청거리며 놀지 않았다. 이런 연유로 해서 伍氏 집안은 초나라에서 三代에 걸친 忠臣名門이 되었다.

◈ 참 고

1. ≪春秋左傳－昭公 十七年≫

吳伐楚, 陽匃爲令尹, 卜戰不吉. 司馬子魚曰: "我得上流, 何故不吉? 且楚故, 司馬令龜, 我請改卜. 令曰: "鮒也以其屬死之, 楚師繼之, 尙大克之" 吉. 戰于長岸, 子魚先死, 楚師繼之, 大敗吳師. 獲其乘舟餘皇, 使隨人與後至者守之, 環而塹之及泉, 盈其隧炭, 陳以待命. 吳公子光請於其衆曰:"喪先王之乘舟, 豈唯光之罪? 衆亦有焉. 請藉取之以救死." 衆許之. 使長鬣者三人潛伏於舟側, 曰:"我呼餘皇則對." 師夜從之, 三呼, 皆迭對. 楚人從而殺之, 楚師亂, 吳人大敗之, 取餘皇以歸.

2. ≪史記－吳太伯世家≫

王僚二年, 公子光伐楚. 敗而亡王舟, 光懼襲楚, 復得王舟而還.

3. ≪春秋左傳－襄公 二十六年≫

初, 楚伍參與蔡太師子朝友, 其子伍舉與聲子相善也. 伍舉娶於王子牟, 王子牟爲申公而亡. 楚人曰:"伍舉實送之." 伍舉奔鄭, 將遂奔晉. 聲子將如晉, 相與食, 而言復故. 聲子曰:"子行也, 吾必復子." 及宋向戌將平晉楚, 聲子通使於晉, 還如楚. 令尹子木與之語, 問晉故焉, 且曰:"晉大夫與楚孰賢?" 對曰:"晉卿不如楚, 其大夫則賢, 皆卿材也. 如杞梓皮革自楚往也. 雖楚有材, 晉實用之." 子木曰:"夫獨無族姻乎?" 對曰:"雖有而用楚材實多. 歸生聞之, '善爲國者, 賞不僭, 而刑不濫.' 賞僭, 則懼及淫人, 刑濫, 則懼及善人……. 若敖之亂, 伯賁之子賁皇奔晉, 晉人與之苗, 以爲謀主. 鄢陵之役, 楚晨壓晉軍而陳, 晉將遁矣. 苗賁皇曰:'楚師之良, 在其中軍王族而已. 若塞井夷竈, 成陳以當之, 欒范易行以誘之, 中行二郤必克二穆, 吾及四萃於其王族, 必大敗之.' 晉人從之, 楚師大敗, 王夷師熸, 子反死之, 鄭叛吳興, 楚失諸侯, 則苗賁皇之爲也." 子木曰:"是皆然矣." 聲子曰:"今又有甚於此者. 椒舉娶於申公子牟, 子牟得戾而亡. 君大夫謂椒舉; '女實遣之.' 懼而奔鄭, 引領南望曰:; '庶幾赦余.' 亦弗圖也. 今在晉矣. 晉人將與之縣, 以比叔向. 彼若謀害楚國, 豈不爲患?" 子木懼, 言諸王, 益其祿爵復之. 聲子使椒鳴逆.

4. ≪春秋左傳－昭公元年≫

冬楚公子圍將聘于鄭, 伍舉爲介. 未出竟聞王有疾, 而還伍舉隧聘. 十一月己酉, 公子圍至, 入問王疾, 縊而弑之, 隧殺其二子幕及平夏. 右尹子干出奔晉, 宮廐尹子晳出奔鄭. 殺太宰伯州犁于郟, 葬王於郟, 謂之郟敖.

5. ≪史記－吳太伯世家≫

五年, 楚之亡臣伍子胥來奔, 公子光客之. 公子光者王諸樊之子也. 常以爲吾父兄弟四人, 當傳至季子. 季子卽不受國, 光父先立, 卽不傳季子, 光當立陰納賢士, 欲以襲王僚. 八年, 吳使公子光伐楚, 敗楚師, 迎楚故太子建母於居巢, 以歸因北伐, 敗陳蔡之師. 九年, 公子光伐楚, 拔居巢鍾離.

6. ≪史記－伍子胥傳≫

伍子胥者楚人也. 名員. 員父曰伍奢, 員兄曰伍尙, 其先曰伍舉. 以直諫事楚莊王, 有顯故其後世, 有名於楚.

◇   ◇   ◇   ◇

[3－02] 楚平王[22]有太子名建.[23] 平王以伍奢爲太子太傅, 費無忌[24]≪左

---

22) [平王] 春秋時代 楚나라 군주. 姓은 芉미, 이름은 棄疾기질. 在位 13년(西紀前 528~516). 費無忌의 讒言참언에 빠져 太子를 내쫓고 伍奢와 伍尙을 죽였다. 후에 吳나라로 달아난 伍子胥가 楚나라를 짓밟고 평왕의 무덤을 파헤치고 시체를 꺼내 가죽채찍으로 삼백번이나 후려쳐 죽은 시신이 매질을 당하는 욕을 보았다.

23) [太子 建] 楚 平王의 太子. 어머니인 蔡夫人이 失寵실총하고 자기 아낙으로 시집온 秦나라 공주가 父王의 夫人이 되어 이복 동생 珍을 낳자 비무기의 모함을 받아 정나라로 달아났다. 伍子胥의 말을 듣지 않고 晉나라와 함께 鄭나라를 圖謀하다가 鄭나라 定公과 子産에게 죽음을 당했다.

傳》作無極, 《史記》亦作無忌. 爲少傅. 平王使無忌, 爲太子娶於秦.25) 秦女26)美容, 無忌報平王曰: "秦女天下無雙. 王可自取." 王遂納秦女爲夫人, 而幸愛之生子珍.27) 而更爲太子娶齊女,28) 無忌因去太子而事平王. 深念平王一旦29)卒而太子立, 當害己也乃復讒太子建. 建母蔡氏30)無寵. 乃使太子守城父31)服虔曰: "城父楚北境邑." 杜預曰: "襄城城父縣." 備邊兵. 頃之, 無忌日夜言太子之短, 曰: "太子以秦女之故, 不能無怨望之心, 願王自備. 太子居城父將兵, 外交諸侯, 將入爲亂." 平王乃召伍奢而按問之. 奢知無忌之讒, 因諫之曰: "王獨奈何以讒賊小臣, 而疏骨肉乎?" 無忌承宴32)復言曰: "王今不制, 其事成矣, 王且見擒.33)" 平王大怒, 因囚伍奢, 而使城父司馬奮楊34)往殺太子. 奮楊使人前告 太子. "急去. 不然將誅." 三月太子奔宋.

---

24) [費無忌] 楚 平王의 신하. 太子와 伍奢, 伍尙 등을 讒訴참소해 죽게 했으나 후에 楚나라가 오자서의 侵怒침노를 받게 되자 令尹 子常에게 죽음을 당했다.

25) [秦진] 春秋時代 國名. 非子가 封받은 나라. 姓은 嬴氏영씨.

26) [秦女] 秦나라 공주. 이름은 孟嬴맹영. 楚나라 太子 建에게 시집왔으나 太子를 만나기 前 平王의 王妃가 되어 珍을 낳았다.

27) [珍] 평왕의 아들. 楚 昭王. 在位 27年(西紀前 515~西紀前 489).

28) [齊女] 媵妾잉첩으로 秦진나라 공주를 따라 온 齊나라 계집. 秦나라 공주의 美色에 반한 平王은 費無忌와 짜고 秦나라 공주를 자기 夫人으로 맞아들이고 媵妾 중에서 공주와 비슷한 齊나라 여자를 골라 진나라 공주라 속이고 太子 建의 夫人으로 삼게 했다.

29) [一旦] 어느날 갑자기.

30) [蔡氏] 太子 建의 어머니. 楚 靈王이 蔡채나라를 멸하고 平王이 蔡尹이 되어 蔡 땅을 다스릴 때 만난 여자.

31) [城父성보] 楚나라 地名.

32) [承宴] 멀리서 온 귀한 이를 대접하기 위한 잔치.

33) [見擒견금] 잡히다. 原文의 '見'은 '당하다'라는 被動의 뜻.

34) [奮揚분양] 城父성보의 司馬. 平王이 太子 建을 죽이라고 했으나 분양은 미리 사람을 보내 太子를 달아나게 하고 城父의 군사로 하여금 자기를 묶어 平王 앞에 데려가게 했다. 平王은 자기 命을 어기고 太子를 달아나게 한 행동은 괘씸했으나 그 진실한 마음씨에 그를 용서해 다시 옛 직책인 城父의 司馬로 돌아가게 했다. 《春秋左傳》 昭公 二十年條 참조.

◇　◇　◇　◇

靈王영왕 12年, 동생 棄疾기질이 영왕을 몰아내니 영왕은 밖에서 자결했고 기질이 왕위에 오르니 이가 平王이다. 평왕에게 태자가 있었는데 이름을 建이라고 했다.

平王은 伍子胥오자서의 아비 伍奢오사를 太子의 太傅로 삼고 費無忌를 少傅가 되게 했는데 비무기는 태자의 신임을 받지 못했다. 평왕은 비무기로 하여금 태자 妃를 맞아오는 使臣이 되게 하여 秦진나라에 보냈는데 秦나라 공주는 빼어나게 아름다운 여자였으므로 費無忌는 돌아와서 平王에게 보고하였다.

"秦나라 공주는 천하에 짝이 없는 미인이었습니다. 그러니 대왕께서 맞아들이시는 것이 좋겠습니다."

솔깃해진 평왕은 秦나라 공주를 자기가 맞아들여 부인으로 삼고 깊이 사랑하여 珍이라는 아들을 낳았다.

太子 建에게는 비무기와 짜고 공주를 따라온 媵妾잉첩 중 공주와 비슷한 齊나라 여자를 골라 태자가 모르게 하여 太子妃로 삼게 했는데 이 때문에 비무기는 태자를 떠나 평왕을 섬기게 되었다.

이런 일로 인해 費無忌는 걱정이 많았다. 平王이 어느 날 갑자기 죽으면 太子 建이 왕위에 오르게 되는데 이렇게 되면 秦나라 공주를 평왕의 夫人으로 삼고 공주를 따라온 시녀를 골라 太子妃로 삼게 한 일도 탄로나고 자기도 죽게 될 것이었다.

이에 비무기는 간교한 말로 태자 건을 讒訴참소하기 시작 했다. 태자의 어머니는 平王의 正妃인 蔡夫人이었는데 이 때는 이미 평왕의 寵愛총애를 잃고 있었다. 이에 태자 건은 스승인 伍奢오사와 함께 북쪽 변경의 城父성보로 보내지고 말았다. 太子가 변경에 쫓겨가 있는 동안에도 비무기는 밤낮으로 태자의 단점을 들춰내 참소 하였다.

"태자께서는 먼저 秦나라 공주의 일로 마음속에 대왕을 원망하는 마음이 없을 수 없을 것이니 대왕께서도 스스로 대비하십시오. 태자께서는 성보의 장병들과 밖에 있는 제후들을 끌어들여 亂을 일으킬 것입니다.”

평왕은 태자의 太傅인 伍奢를 불러 물었다

伍奢는 이것이 費無忌의 讒訴로 인한 일인줄 이미 알고 平王께 諫했다.

“대왕께서는 어찌 참소하는 도적의 무리와 아첨하는 소인배의 말만 믿으시고 骨肉之親을 멀리 하려 하십니까?”

비무기는 承宴승연의 자리에서 다시 태자와 오사를 참소 하였다.

“지금 태자를 잡아들이지 않으시면 태자가 도모하는 일이 성사된 뒤에는 대왕께서도 잡히는 몸이 될 것입니다.”

平王은 大怒하여 오사를 잡아 가두고 城父성보의 司馬 奮楊분양을 보내 태자를 죽이게 했다. 분양은 자기보다 먼저 사람을 태자에게 달려가게 하여 이같은 사실을 알리게 했다.

“태자께서는 급히 달아나십시오. 그렇지 않으면 죽게 되실 것입니다.”

3월에 태자는 宋나라로 달아났다.

◆ 참 고

1. ≪春秋左傳－昭公 十九年≫

楚子之在蔡也, 郹陽封人之女奔之, 生太子建. 及卽位, 使伍奢爲之師, 費無極爲少師. 無寵焉, 欲讒諸王曰: “建可室矣.” 王爲之聘於秦, 無極與逆, 勸王取之. 正月, 楚夫人嬴氏至自秦.……

費無極言於楚子曰: “晉之伯也, 邇於諸夏, 而楚僻陋, 故不能與爭. 若大城城父 而寘太子焉, 以通北方, 王收南方, 是得天下也.” 王說從之, 故太子建居于城父.

2. ≪春秋左傳－昭公二十年≫

費無極言於楚子曰: “建與伍奢, 將以方城之外叛. 自以爲猶宋鄭也, 齊晉又交輔之, 將以害楚, 其事集矣." 王信之, 問伍奢. 伍奢對曰: "君一過多矣.
何信於讒?" 王執伍奢, 使城父司馬奮揚殺太子. 未至而使遣之. 三月, 太子
建奔宋. 王召奮揚, 奮揚使城父人執己以至. 王曰: "言出於余口入於爾耳.
誰告建也?" 對曰: "臣告之. 君王命臣曰: '事建如事余.' 臣不佞, 不能苟貳.
奉初以還, 不忍後命, 故遣之. 旣而悔之, 亦無及也已." 王曰: "而敢來何也?"
對曰: "使而失命, 召而不來, 是再奸也. 逃無所入." 王曰: "歸從政如他日."

3. ≪史記－伍子胥傳≫

　楚平王有太子, 名曰建, 使伍奢爲太傅, 費無忌爲少傅, 無忌不忠於太子
建. 平王使無忌爲太子取婦於秦, 秦女好, 無忌馳歸報平王曰: "秦女絶美,
王可自取, 而更爲太子取婦." 平王遂自取秦女, 而絶愛幸之, 生子軫, 更爲
太子取婦. 無忌旣以秦女, 自媚於平王, 因去太子而事平王. 恐一旦平王卒,
而太子立殺己, 乃因讒太子建. 建母蔡女也. 無寵於平王, 平王稍益疏建, 建
使守城父備邊兵. 頃之, 無忌又日夜言太子短於王曰: "太子以秦女之故, 不
能無怨望, 願王少自備也. 自太子居城父, 將兵外交諸侯, 且欲入爲亂矣."
平王乃召其太傅伍奢, 考問之. 伍奢知無忌讒太子, 於平王因曰: "王獨奈何
以讒賊小臣, 疏骨肉之親乎?" 無忌曰: "王今不制, 其事成矣, 王見禽." 於
是平王怒, 囚伍奢而使城父司馬奮揚往殺太子. 行未至, 奮揚使人先告太子,
"太子急去. 不然將誅" 太子建亡奔宋.

4. ≪說苑－112편 4－11≫

　楚平王使奮揚殺太子建, 未至而遣之, 太子奔宋. 王召奮揚, 使城父人執
之以至. 王曰: "言出於予口, 入於爾耳, 誰告建也?" 對曰: "臣告之. 王初命
臣曰: '事建如事余' 臣不佞, 不能貳也. 奉初以還, 故遣之, 已而悔之, 亦無
及也." 王曰: "而敢來, 何也?" 對曰: "使而失命, 召而不來, 是重過也. 逃無
所入." 王乃赦之.

◇　◇　◇　◇

[3-03] 無忌復言平王曰: "伍奢有二子皆賢, 不誅, 且爲楚憂. 可以其父爲質而召之." 王使使謂奢曰: "能致二子則生, 不然則死." 伍奢曰: "臣有二子, 長曰尙, 少曰胥. 尙爲人慈溫仁信, 若聞臣召輒來. 胥爲人少好於文, 長習於武, 文治邦國, 武定天下, 執綱守戾,35) 蒙垢受耻,36) 雖冤不爭, 能成大事, 此前知之士, 安可致耶?" 平王謂伍奢之譽二子, 卽遣使者, 駕駟馬封印綬, 王許召37)子尙子胥. 令曰:38) "賀二子, 父奢以忠臣慈仁, 去難就免. 平王內慙囚繫忠臣, 外愧諸侯之耻, 反遇39)奢爲國相, 封二子爲侯. 尙賜鴻都40)侯, 胥賜蓋41)侯, 相去不遠三百餘里. 奢久囚繫, 憂思二子, 故遣臣來奉進印綬." 尙曰: "父繫三年. 中心切怛.42) 食不甘味, 嘗苦飢渴. 晝夜感思, 憂父不活, 惟父獲免, 何敢貪印綬哉?" 使者曰: "父囚三年, 王今幸赦, 無以賞賜, 封二子爲侯, 一言當至, 何所陳哉?" 尙乃入報子胥曰: "父幸免死, 二子爲侯, 使者在門, 兼封印綬, 汝可見使." 子胥曰: "尙且安坐, 爲兄卦之. 今日甲子, 時加於巳, 支傷日下,43) 氣不相受. 君欺其臣, 父欺其子, 今往方

---

35) [執綱守戾집강수려] 綱은 사람이 지켜야할 근본, 戾는 법도. 근본과 법도를 지키는 것.

36) [蒙垢受耻몽구수치] 부끄러움이나 羞耻를 당함. 蒙은 입다, 당하다의 뜻을 가진 被動詞. 垢는 수치나 부끄러움을 뜻하는 말로 詬와 同.

37) [許召] 속임수로 부름. 原文의 '許'는 '詐'의 誤記. 四部叢刊本에는 '許'로 되어 있으나 淸나라 顧廣圻고광은이 錄影한 宋鈔本에는 '詐'로 訂正했다.

38) [令] 原文의 '令'은 告와 同.

39) [遇] 漢魏叢書本에는 '進'으로 되어 있다.

40) [鴻都홍도] 春秋時代 地名. 詳義 未詳. 東漢의 宮門과 皇室 藏書에 鴻都라는 地名이 있으나 ≪吳越春秋≫와는 無關함.

41) [蓋] 春秋時代 楚나라 地名. 詳義 未詳. 지금의 山東省 沂源縣 東南쪽에 같은 地名이 있었으나 ≪吳越春秋≫와는 無關함.

42) [切怛절달] 슬픔이 지극함.

43) [支傷日下] 支는 巳時인데 巳는 五行의 火에 해당됨. 日은 甲子日인데 甲은 五行의 木이 되므로 木生火로서 木은 불을 낳고, 子는 五行의 水에 속하는데 木 가운데에 水가 있으므로 火, 즉 巳가 甲子에 이르면 火가 傷하는 害를 입어 天地와 陰陽의 氣가 서로 통하지 않게 된다는 말.

死,[44) 何侯之有?" 尙曰: "豈貪於侯? 思見父耳. 一面而別, 雖死而生." 子胥曰: "尙且無往. 父當我活. 楚畏我勇, 勢不敢殺. 兄若誤往, 必死不脫." 尙曰: "父子之愛, 恩從中出. 徼徉相見, 以自濟達.[45)" 於是子胥歎曰: "與父俱誅. 何明於世? 冤讐不除, 耻辱日大. 尙從是往, 我從是決.決當作訣, 別也." 尙泣曰: "吾之生也爲世所笑, 終老地上, 而亦何之? 不能報仇, 畢爲廢物. 汝懷文武, 勇於策謀, 父兄之讎汝可復也. 吾如得返, 是天祐之, 其遂沈埋,[46) 亦吾所喜." 胥曰: "尙且行矣, 吾去不顧. 勿使臨難, 雖悔何追?" 旋泣辭行, 與使俱往. 楚得子尙, 執而囚之, 復遣追捕子胥. 胥乃貫烏還切弓[47)執矢去楚. 楚追之. 見其妻曰: "胥亡矣, 去三百里." 使者追及, 無人之野. 胥乃張弓, 布矢欲害使者, 使者俯伏而走. 胥曰: "報汝平王, 平字當去, 王在安得先稱其謚? 不則當作君王. 下文平王, 則后人追書也. 欲國不滅, 釋吾父兄. 若不爾者, 楚爲墟矣." 使返報平王, 王聞之,卽發大軍, 追子胥, 至江失其所在, 不獲而返. 子胥行至大江. 仰天行哭, 林澤之中, 言: "楚王無道, 殺吾父兄, 願吾因於諸侯以報讎矣." 聞太子建在宋, 胥欲往之. 伍奢初聞子胥之亡曰: "楚之君臣且苦兵矣." 尙至楚, 就父俱戮於市.

◇　◇　◇　◇

費無忌는 다시 平王에게 伍奢오사를 讒訴참소했다.

"伍奢에게는 두 아들이 있는데 모두 賢明합니다. 이들을 죽이지 않는다면 또한 楚나라의 憂患이 될 것입니다. 그 아비를 인질로 하여 부르신다면 오사의 두

---

44) [方死] 함께 죽음을 당함.
45) [濟達] 마음을 전하다. '濟'는 자기 마음을 전하는 것.
46) [沈埋] 죽어서 땅에 묻힘.
47) [貫弓완궁] 활을 멤. 활을 당긴다는 뜻도 있다. 彎과 同義. ≪史記≫ 伍子胥傳에, '貫弓執矢嚮使者'라 했는데 索隱 注에, '貫謂滿張弓也'라고 했다. ≪史記≫ 陳涉世家에는, '士亦不敢貫弓而報怨'이라 했는데 ≪索隱≫에, '貫謂上絃也.'라고 했다. ≪說文通訓定聲≫에, '貫, 叚借爲彎'이라 했다.

아들은 선뜻 올 것입니다."

平王은 伍奢에게 使者를 보내 말했다.

"두 아들을 불러 나에게 오게 한다면 살려줄 것이나 그렇지 않으면 죽으리라."

오사가 말했다.

"臣에게는 두 아들이 있사온데 큰 아이는 尙이라 하고 작은 아이는 胥라 합니다. 尙은 사람됨이 자애롭고 따뜻하며 어질고 믿음이 있으니 만약 臣이 부르면 올 것이나 胥는 어려서부터 학문을 좋아하고 오랫동안 무술을 익혔습니다. 그 학문은 나라를 경영할 만 하고 무예는 천하를 평정할 만 합니다. 그 아이는 性情이 강하게 단련되어 사람의 綱紀와 법도를 굳게 지켜 남에게 수치스러운 모욕과 부끄러운 수모를 받을 지라도 몸을 굽혀 참고 싸우지 않을 것이니 능히 큰일을 이룰 것입니다. 그 아이를 부른다 해도 이번 일의 始末을 먼저 알고 있을 것이니 부른다고 어찌 오게 할 수 있겠습니까?"

平王은 伍奢가 자기의 두 아들을 칭찬하는 말을 듣고 곧 使者를 보내 네 필의 말이 끄는 駟馬와 제후의 印綬인수를 子尙과 子胥에게 보내 속임수로 두 사람을 부르게 했다.

使者는 두 사람에게 달려와 평왕의 詔書조서를 읽으며 말했다.

"두 분이 제후가 된 것을 慶賀하오. 그대들의 아비 奢는 忠臣으로서 그 마음이 자애롭고 인자한 사람이오. 그대들의 아비는 어려움을 벗어나 이미 용서를 받았소. 평왕은 안으로는 충신을 묶어 옥에 가둔 것이 부끄럽고, 밖으로는 제후들의 웃음거리가 될 것을 부끄러이 여겨 이제 오사를 國相으로 삼고 두 분을 제후로 봉하는 印綬를 보내셨소. 尙에게는 鴻都홍도 고을의 侯를 봉하고 胥에게는 蓋개 고을의 侯를 봉하노니 두 고을의 거리는 서로 三百餘里를 넘지 않소. 그대들의 아비 오사는 오랫동안 갇혀 있어 두 분에 대한 근심이 많소. 그래서 臣에게 제후의 印綬를 받들어 올리게 하셨소."

使者가 제후의 印綬를 받들어 올림자 子尙이 말했다.

"臣의 아비가 삼년간이나 갇혀 있어 마음 한 가운데 늘 斷腸의 슬픔이 있습니다. 아비가 잡혀 계시니 저희들은 맛난 음식을 먹어도 그 맛을 모르며 배고픔과 목마름의 고초를 맛보고 있습니다. 저희들은 밤낮으로 아비를 생각하는 슬픔과 걱정에 사는 것 같지 않으며 오직 臣의 아비가 풀려나시기를 바랄 뿐이니 어찌 감히 제후의 印綬인수를 貪탐하겠습니까?"

使者가 말했다.

"그대들의 아비는 삼년간을 갇혀 있었으나 오늘 왕께서는 다행히 그대들의 아비를 풀어주시고, 큰 상을 내려 두 아들을 제후로 삼으셨으니 한 마디로 달려가 이르러야 하겠거늘 무엇을 더 하소연하려하오?"

이에 子尙이 안으로 들어가서 子胥에게 말했다.

"아버지께서 다행히 죽음을 면하시게 되었고 우리들을 제후로 봉하는 왕의 使者가 문 밖에 제후의 印綬를 받들고 서서 너를 만나 보고자 한다."

子胥가 子尙에게 말했다.

"형도 잠시 편히 앉으시오. 형을 위해 점괘를 말하리다. 오늘이 甲子日인데 巳時에 이르면 支神이 日神 아래서 傷하게 되어 天地陰陽의 氣는 서로 통하지 못하고, 甲子 日과 巳時의 때는 서로 氣를 받을 수 없게 될 것이오. 이는 임금은 그 신하를 속이고, 아비는 그 아들을 속이는 卦이니 지금 가면 나란히 죽을 것인데 어찌 제후의 벼슬이 있겠습니까?"

자상이 말했다.

"내 어찌 제후의 벼슬을 貪하겠느냐? 다만 아버지를 뵙고 싶은 생각뿐이다. 한번 뵙고 영영 이별하여 비록 죽는다 해도 이로써 나는 사는 것과 같을 것이다."

子胥가 말했다.

"형도 가지 마오. 아버지는 우리들이 살려낼 수 있소. 楚王은 우리들의 勇猛을 두려워 하니 감히 아버지를 죽이지는 못할 것이오. 형이 만약 잘못 간다면 필연코 죽음을 당하고 빠져 나올 수 없소."

子尙이 말했다.

"아버지와 자식의 사랑은 은혜를 좇는 자식의 행실에서 나오는 것이다. 아버지와 요행히 서로 만나 뵐 수 있다면 이로써 父子之間의 마음을 통해 자식의 도리를 다하려 할 뿐이다."

子胥는 탄식하여 말했다.

"아버지와 아들이 함께 죽는구나. 이 어찌 밝은 세상이라 하겠는가? 원통하게

도 원수를 없애지 못하면 하늘아래 큰 치욕이다. 형은 지금 왕의 使者를 따라 가지만 나는 복수의 길을 떠나겠다."

子尚이 울면서 말했다.

"아버지께서 죽음을 당하시는데 내가 살기 위해 가지 않는다면 세상 사람들의 웃음거리가 될 것이고 세상에서 늙어서 삶을 마친다면 무엇이 있겠느냐? 나는 원수도 갚지 못한 채 廢物이 되어 삶을 마치게 될 것이다. 너는 文武의 학문과 용맹, 策謀를 함께 지녔으니 아버지와 형의 원수를 갚을 수 있을 것이다. 네가 원수를 갚을 수 있다면 나는 너와 함께 살아 돌아온 것과 같을 것이다. 내가 만약 살아서 돌아올 수 있다면 이는 하늘의 도우심일 것이고, 아버지와 함께 죽음을 당해 땅속에 묻힌다 해도 또한 나는 기뻐할 것이다."

子胥는 子尚에게 말했다.

"형은 使者를 따라 가오. 나 또한 한 번 가면 뒤돌아보지 않겠소. 어려움이 닥치지 않기를 바라지만 비록 후회한다 해도 어찌 다시 쫓을 수 있겠소?"

자상은 떠나는 자서를 울면서 보내고 사자와 함께 떠났다.

楚王은 子尚을 잡아다가 옥에 가두고 다시 사자를 보내 子胥자서를 쫓아가 잡게 했다. 이에 자서는 활을 메고 화살을 챙겨 급히 초나라를 떠났다. 초왕의 사자가 쫓아오다가 子胥의 妻를 만났는데 처가 말했다.

"자서는 이미 도망하여 三百里는 갔을 것입니다."

사자는 급히 뒤쫓아 사람이 다니지 않는 벌판에 까지 이르러 자서를 따라 잡을 수 있었다. 자서는 활에 화살을 메겨 楚王의 使者를 해치고자 하니 사자는 급히 몸을 엎드려 달아났다. 자서는 화살을 재어 활을 겨누고 사자에게 말했다.

"가서 너의 왕에게 전해라. 나의 아버지와 형을 풀어준다면 초나라를 滅하지는 않겠다고. 만약 이같이 하지 않고 나의 아버지와 형을 죽인다면 나는 초나라를 廢墟폐허로 만들어 버릴 것이다."

사자가 돌아와서 이 말을 전하니 사자의 말을 들은 平王은 즉시 大軍으로 하여금 자서를 추격하게 했는데 강가에 이르러 자서를 잃어버려 찾을 수 없으므로 자서를 잡지 못하고 그냥 돌아갔다. 자서는 도망쳐 큰 강가에 이르러 하늘을 바라보고 통곡하며 숲과 연못을 향해 외쳤다.

"楚王이 무도하여 나의 아버지와 형을 죽였다. 나는 제후의 힘을 빌어 초왕에게 복수하고 말 것이다."

子胥는 太子 建이 宋나라에 있다는 소문을 듣고 송나라로 가고자 했다. 伍奢오사는 子胥가 도망쳤다는 소문을 듣고 말했다.

"楚나라 군주와 신하들은 자서로 인해 전쟁의 고초를 겪게 될 것이다."

伍尙은 초나라 都城에 이르러 아버지를 뵈었으나 아버지와 함께 저자거리에 끌려 나가 죽음을 당했다.

◈ 참 고

1. ≪春秋左傳 — 昭公二十年≫

無極曰: "奢之子材. 若在吳必憂楚國. 盍也免其父召之? 彼仁必來. 不然將爲患." 王使召之曰: "來吾免而父, 不來吾殺而父." 棠君尙謂其弟員曰: "爾適吳. 我將歸死. 吾知不逮, 我能死爾能報. 聞免父之命, 不可以莫之奔也. 親戚爲戮, 不可以莫之報也. 奔死免父孝也, 度功而行仁也, 擇任而往知也, 知死不辟勇也. 父不可棄, 名不可廢. 爾其勉之, 相從爲愈." 伍尙歸. 奢聞員不來, 曰: "楚君大夫其旰食乎." 楚人皆殺之.

2. ≪史記 — 伍子胥傳≫

無忌言於平王曰: "伍奢有二子皆賢, 不誅且爲楚憂. 可以其父質, 而召之. 不然且爲楚患." 王使使謂伍奢曰: "能致汝二子則生, 不能則死." 伍奢曰: "尙爲人仁呼必來, 員爲人剛戾忍訽, 能成大事, 彼見來之, 幷禽其勢, 必不來." 王不聽, 使人召二子曰: "來吾生汝父, 不來今殺奢也." 伍尙欲往, 員曰: "楚之召我兄弟, 非欲以生我父也. 恐有脫者, 後生患. 故以父爲質, 詐召二子. 二子去則父子俱死, 何益父之死往. 而令讐不得報耳, 不如奔他國. 借

力以雪父之恥. 俱滅無爲也." 伍尙曰: "我知往終, 不能全父命, 然恨父召,
我以來生, 而不往. 後不能雪恥, 終爲天下笑耳. 謂員可去矣. 汝能報殺父之
讐, 我將歸死." 尙旣就執. 使者捕伍胥, 伍胥貫弓執矢嚮使者. 使者不敢進,
伍胥遂亡. 聞太子建之在宋, 往從之. 奢聞子胥之亡也, 曰: "楚國君臣, 且苦
兵矣." 伍尙至楚, 楚幷殺奢與尙也.

◇　◇　◇　◇

[3-04] 伍員奔宋, 道遇申包胥,[48] 謂曰: "楚王殺吾父兄, 爲之奈何?" 申
包胥曰: "於乎! 吾欲敎子報楚, 則爲不忠, 敎子不報, 則爲無親友也. 子其
行矣, 吾不容言." 子胥曰: "吾聞父母之讐, 不與戴天履地, 兄弟之讐, 不與
同域接壤, 朋友之讐, 不與隣鄕共里. 今吾將復楚辜, 以雪父兄之恥." 申包
胥曰: "子能亡之, 吾能存之. 子能危之, 吾能安之." 胥遂奔宋. 宋[49]元公[50]
無信於國, 國人惡之. 大夫華氏[51]謀殺元公, 國人[52]與華氏因作大亂.[53]華氏
華亥華定也. 見≪左傳-昭公二十年≫ 子胥乃與太子建俱奔鄭.[54] 鄭人[55]甚禮之, 太

---

48) [申包胥신포서] 春秋時代 楚나라 大夫. 姓은 公孫. 초나라 왕족인 鬪若敖투약
　　오의 후손인데, 楚 成王 때, 그의 조상 鬪班이 申 땅에 封받아 이로써 氏를
　　삼았으므로 申包胥라고 한다. 伍子胥와는 同門修學 친구. 楚나라가 吳나라
　　의 침략으로 焦土化 되어 存亡岐路에 서자 秦나라에 달려가 宮庭에서 七日
　　七夜를 통곡해 秦나라 군주를 감동시켜 秦나라 군대를 빌어 楚나라를 구했
　　는데 나라가 회복된 후 楚 昭王이 賞勳할 때 사양하고 받지 않았다.
49) [宋] 春秋時代 國名. 지금의 河南省 歸德府. 周 武王이 殷을 멸한 후 殷나라
　　紂王주왕의 庶兄인 微子啓미자계를 봉했음. 君主의 姓은 子氏.
50) [元公] 春秋時代 宋나라 군주. 在位 15年(西紀前 531～西紀前 517).
51) [華氏화씨] 華定, 華亥 등 宋나라의 勢道家.
52) [國人] 華氏와 함께 亂을 일으킨 向寧 등 華氏와 向氏 一族.
53) [大亂] ≪春秋左傳-昭公 二十年≫에 宋나라에 있었던 난리. 華定, 華亥, 向
　　寧 등이 亂을 일으켜 太子를 비롯한 宋나라 公子 多數가 죽었고 華氏, 向氏
　　네 사람들도 많이 죽었다. 후에 華定, 華亥, 向寧 등은 晉나라로 달아났다.
54) [鄭] 國名. 지금의 陝西省섬서성 華縣 부근. 天子인 周나라 宣王의 庶弟 友[桓

子建又適晉.56) 晉頃公57)曰: "太子旣在鄭, 鄭信太子矣. 太子能爲內應而滅
鄭, 卽以鄭封太子." 太子還鄭. 事未成, 會欲私其從者, 從者知其謀, 乃告之
於鄭. 鄭定公與子産58)誅殺太子建. 建有子名勝,59) 伍員與勝奔吳.60) 到昭
關,61) 關吏欲執之, 伍員因詐曰: "上所以索我者, 美珠也. 今我已亡矣, 將
去取之." 關吏因舍_{上聲}之, 與勝行去. 追者在後, 幾不得脫, 至江. 江中有漁
父乘船從下, 方泝水而上. 子胥呼之謂曰: "漁父渡我." 如是者再, 漁父欲渡
之, 適會旁有人窺之, 因而歌曰: "日月昭昭乎侵62)已馳, 與子期乎蘆之漪."

公]를 封한 나라. 군주의 姓은 姬氏.

55) [定公] 鄭나라 군주. 姓은 姬, 이름은 寧. 在位 16年(西紀前 529∼514).

56) [晉] 周나라 초기 成王의 동생 唐叔 虞가 封받은 나라. 지금의 山西省 부근.
　　戰國時代 初期 趙, 魏, 韓 삼국으로 갈려 三晉이라고도 한다.

57) [頃公] 晉나라 군주. 姓은 姬, 이름은 去疾거질. 在位 14年(西紀前 525∼512).

58) [子産] 鄭나라 賢人. 姓名은 公孫 僑교. 鄭나라 成公의 從弟. 자산이 죽었을
　　때 孔子도 눈물을 흘리며 말했다. "그는 옛날의 진실한 사랑을 남긴 사람이
　　었다.(≪左傳－昭公二十年≫ 仲尼聞之, 出涕曰: 古之遺愛也.)"

59) [勝] 白公 勝. 太子 建이 齊나라 여자를 맞이해 낳은 아들. 楚 平王은 太子
　　建을 위해 費無忌로 하여금 秦나라 공주를 太子妃로 맞아오게 했다. 太子妃
　　는 絶色의 美人이었는데 費無忌는 平王을 부추겨 며느리로 시집 온 秦나라
　　공주를 夫人으로 맞아들이게 했다. 平王과 陰謀를 꾸미며 媵妾으로 秦나라 공
　　주를 따라 온 齊나라 여자를 골라 太子를 속이고 太子妃로 맞아들이게 했다.
　　얼마 후 秦나라 공주가 아들을 낳자 平王은 <珍>이라는 이름을 붙여 주었
　　는데 이가 후에 楚 昭王이다. 齊女도 아들을 낳았는데 이가 勝이다. 후에 楚
　　昭王의 아들 惠王은 四寸 兄인 勝을 불러들여 楚나라 鄙 땅을 봉읍으로 주
　　어 살게 했는데 사람들은 勝을 白公이라 불렀다. 후에 아버지의 원수를 갚기
　　위해 鄭나라를 치고자 했으나 叔父인 子西가 鄭나라와 和平을 맺자 子西를
　　죽이고 石乞석걸과 함께 반란을 일으켰다. 惠王은 산 속으로 도망치고 楚나
　　라는 危難에 빠졌으나 葉公섭공이 반란을 진압하자 白公 勝은 산 속으로 도
　　망가 자결하고 石乞도 죽음을 당했다.

60) [吳] 春秋時代 國名. 지금의 江蘇省과 浙江省 일대에 흥성했던 나라. 한 때
　　覇者로 군림했으나 越王 句踐의 음모와 白嚭백비의 妖孼요얼 讒訴참소로 因해
　　越나라에 망했다.

61) [昭關] 春秋時代 楚나라와 吳나라 사이에 있던 關門. 지금의 安徽省안휘성 含
　　山縣함산현 북쪽.

62) [侵] 本書 四庫全書本에는 '侵'을 '寢'이라 했다.

子胥卽止蘆之漪. 漁父又歌曰: "日已夕兮予心憂悲. 月已馳兮何不渡爲, 事
寢急兮當奈何." 子胥入船, 漁父知其意也, 乃渡之千潯[63]潯當作尋, 四尺曰仞, 倍
仞曰尋.之津. 子胥旣渡, 漁父乃視之, 有其飢色. 乃謂曰: "子俟我此樹下, 爲
子取餉." 漁父去後, 子胥疑之, 乃潛身於深葦之中. 有頃父來, 持麥飯鮑魚
羹盎漿. 求之樹下不見, 因歌而呼之曰: "蘆中人! 蘆中人! 豈非窮士乎?" 如
是至再, 子胥乃出蘆中而應. 漁父曰: "吾見子有飢色, 爲子取餉, 子何嫌
哉?" 子胥曰: "性命屬天, 今屬丈人, 豈敢有嫌哉?" 二人飮食畢, 欲去, 胥乃
解百金之劍,[64] 以與漁者, "此吾前君之劍, 中有七星, 價直百金, 以此相答."
漁父曰: "吾聞楚之法令, 得伍胥者, 賜粟五萬石爵執圭,[65] 豈圖取百金之劍
乎.?" 遂辭不受. 謂子胥曰: "子急去勿留, 且爲楚所得." 子胥曰: "請丈人姓
字." 漁父曰: "今日凶凶, 兩賊相逢, 吾所謂渡楚賊也. 兩賊相得, 得形於默,
何用姓字爲? 子爲蘆中人, 吾爲漁丈人, 富貴莫相忘也." 子胥曰: "諾." 旣
去誡漁父曰: "掩子之盎漿, 無令其露." 漁父, "諾." 子胥行數步, 顧視漁者,
已覆船自沈於江水之中矣,[66] 子胥默然, 遂行. 至吳, 疾於中道, 乞食溧
陽.[67]今建康屬邑. 適會女子擊錦[68]於瀨水[69]之上, 筥中有飯. 子胥遇之謂曰:
"夫人可得一餐乎?" 女子曰: "妾獨與母居, 三十未嫁, 飯不可得." 子胥曰:
"夫人賑窮途[70]少飯, 亦何嫌哉?" 女子知非恒人, 遂許之. 發其簞筥飯其盎
漿, 長跪而與之. 子胥再餐而止. 女子曰: "君有遠逝之行, 何不飽而餐之?"
子胥已餐而去, 又謂女子曰: "掩夫人之壺漿, 無令其露." 女子歎曰: "嗟乎!

---

63) [千潯천심] '潯'은 '尋'인데 八尺을 尋이라 한다.

64) [百金之劍] 百金의 값어치가 나가는 검. 晉나라 潼關동관의 會盟에서 秦 哀公
이 明輔[執政者]를 맡았던 伍子胥에게 下賜한 劍.

65) [執圭집규] 令尹에 해당하는 楚나라 최고 官職.

66) [已覆船自沈於江水] 漁父는 伍子胥의 비밀을 지켜주기 위해 스스로 죽음을
택했다. 후에 伍子胥가 鄭나라를 侵伐침벌할 때 漁丈人의 아들이 오자서의
軍幕 앞에 와서 노[楫]를 두드리며 <蘆中歌>를 부르니 오자서는 이 때 어장
인의 恩誼를 기억하고 鄭나라 侵伐을 중단하여 은혜를 갚았다.

67) [溧陽율량] 지금의 江蘇省 溧陽縣.

68) [擊錦격금] 빨래.

69) [瀨水뇌수] 溧水율수.

70) [賑窮途진궁도] 窮塞궁색한 사람을 救恤함.

妾獨與母居三十年, 自守貞明, 不願從適,71) 何宜饋飯而與丈夫, 越虧禮儀?
妾不忍也. 子行矣." 子胥行反顧, 女子已自投於瀨水矣. "於乎! 貞明執操,
其丈夫女哉!"

◇　　◇　　◇　　◇

伍員오운은 宋나라로 도망치는 길에 우연히 齊나라에 使行을 다녀오던
同門修學 친구 申包胥신포서를 만났다. 오운은 친구에게 하소연했다.

"楚王은 나의 아버지와 형을 죽였다. 나는 어찌 하면 좋은가?"

"오호라! 내가 초나라에 복수하려는 너를 가르치고자 하여 초나라에 원수를 갚
게 하면 그것은 초왕에 대한 不忠이 되고, 너를 가르쳐 원수를 갚지 못하게 하면
친구로서 의리가 없는 것이다. 너는 네 갈 길을 가라. 나는 아무 말도 하지 않겠
다."

子胥가 말했다.

"나는 듣기를, 부모의 원수와는 같은 하늘을 이고 살지 않으며 같은 땅을 밟지
않는다고 들었다. 또한 형제의 원수와는 한 고을에서 붙어살지 않으며, 벗의 원수
와는 가까운 동리에서 함께 살지 않는다고 들었다. 나는 지금 떠나지만 반드시 초
나라에 돌아와 원수를 갚고 아버지와 형의 치욕을 씻을 것이다."

신포서가 대답했다.

"너는 文武의 智謀와 勇猛이 뛰어나니 능히 초나라를 망하게 할 수 있을 것이
다. 그리고 나도 능히 초나라를 지켜낼 것이다. 네가 초나라를 위태하게 하면 나
는 초나라를 편안하게 할 것이다."

오자서는 마침내 宋나라로 달아났다.

宋나라 元公은 信義가 없고 대부 華氏와 向氏의 사람들을 싫어했으므
로 華씨들은 원공을 죽일 謀議를 꾸며 나라사람들과 함께 大亂을 일으

---

71) [從適] 시집가는 것.

켰다. 이에 자서와 태자 건은 함께 鄭나라로 도망쳤다.

정나라 定公은 厚한 禮로 태자 건과 자서를 대접했다. 건은 軍糧을 얻기 위해 晉나라로 갔는데 진 頃公은 건에게 은밀히 말했다.

"정나라는 태자를 믿으니 태자께서 정나라로 돌아가 鄭城에서 우리와 內應해 우리가 정나라를 滅한 후 태자를 정나라에 封하면 어떻겠소?"

그래서 건은 다시 정나라로 돌아왔다. 아직 정나라를 圖謀하지 못했는데 어떤 일로 從者의 원망을 사게 되었다. 그는 태자가 晉나라와 모의하는 일을 알고 있었으므로 이를 定公에게 알리니 정공은 令尹 子産과 의논하여 태자 건을 죽여 버렸다.

太子 建에게는 아들이 하나 있었는데 이름을 勝이라고 했다. 건이 죽자 伍員오운은 승과 함께 吳나라로 달아났다. 오자서가 昭關에 이르자 소관의 문지기가 이들을 잡으려 하므로 오자서는 거짓말을 꾸며대 말했다.

"초왕이 나를 찾는 까닭은 내가 가진 寶玉때문이다. 지금 나는 寶玉을 잃어버렸으므로 가서 보옥을 찾아 왕께 바치고자 하는 것이다."

하니 소관의 문지기는 오자서를 풀어 주었다.

伍子胥는 勝과 함께 황급히 달아났다. 그러나 얼마 달아나지 못했는데 또 다시 큰 강가에 다다랐다. 강위에는 어부 한 사람이 배를 저어 내려오다가 마악 강을 거슬러 올라가고 있었다. 오자서는 漁父를 부르며 외쳤다.

"漁丈어장께서는 나를 건너 주시오!"

이같이 두 번을 부르니 漁父는 자서를 보고 건너 줄 마음이 있어 곁으로 배를 저어오며 주변에 사람이 있는지 엿보면서 노래를 불렀다.

日月昭昭乎侵已馳　　석양빛에 해와 달은 물에 잠겨 저무는데
일월소소호침이치

與子期乎蘆之漪　　　그대와 갈대 숲 물가에서 만나려네
여자기호노지의

노래를 듣고 子胥가 곧 갈대숲이 우거진 물가로 달려가 멈추어 서니

어부는 다시 노래를 부르는데,

日月已夕兮予心憂悲　달뜨고 해 저물어 날은 이미 어두운데
일월이석혜여심우비　비통한 내 마음 愁心수심이 가득하네

月已馳兮何不渡爲　달은 이미 서쪽으로 달리는데
월이치혜하불도위　어찌하여 강을 건너지 않나

事寖急兮當奈何　일은 점점 급해 지는데
사침급혜당내하　이제 어찌 할거나?

子胥는 勝과 함께 배 위로 올라탔다. 이에 어부는 자서의 뜻을 알고 千潯천심 넓이나 되는 강을 건너 주었다.

伍子胥를 건너 준 어부가 오자서의 기색을 살피니 몹시 굶주린 기색이 있었다. 어부가 말했다.

"당신은 이 나무 아래서 나를 기다리시오. 당신을 위해 먹을 것을 가져오리다."

어부가 간 후 자서는 의심이 들어 勝을 데리고 갈대 숲에 몸을 숨겼다. 잠깐 사이에 어부가 왔는데 손에는 보리밥과 절인 생선, 국과 마실 물을 동이에 담아 가지고 왔는데 나무 아래서 오자서를 찾다가 보이지 않자 다시 노래를 부르면서 子胥와 勝을 불렀다.

蘆中人蘆中人　갈대 숲 사람 갈대 숲 사람
노중인노중인

豈非窮士乎　그대는 갈 곳 없는 窮士 아닌가
기비궁사호

이와 같이 두 번을 부르니 그제야 자서는 갈대숲에서 대답하며 나왔다. 어부가 말했다.

"나는 그대들의 얼굴에 굶주린 기색이 있기에 그대들을 위해 식사를 가져 왔는데 그대들은 어째서 나를 의심하는가?"

오자서가 대답했다.

62　吳越春秋

“사람의 性命[命運]은 하늘에 속해 있고 지금 저의 命運은 어른께 달려 있사온데 어찌 감히 싫어함이 있겠습니까?”

伍子胥는 勝과 함께 밥을 다 먹고 가려 하면서 허리에 차고 있던 百金의 劍을 풀어 漁父에게 주며 말했다.

“이것은 나의 前王[靈王]께서 下賜하사하신 검이온데 검에는 北斗七星이 새겨져 있습니다. 값으로 친다면 百金의 값어치가 있을 것이니 이것으로 도와주신 恩誼은 의에 보답코자 합니다.”

어부가 말했다.

“내가 들은 소문에, 楚나라 法令에 오자서를 잡는 사람에게는 곡식 오만석과 執圭집규의 爵位작위를 준다고 하는데 그것을 도모할 마음이 있다면 어찌 百金의 검을 취하겠소?”

어부는 마침내 사양하여 받지 않고 자서에게 말했다.

“그대는 급히 가야할 몸이니 여기에 더 머물면 안되오. 또 이곳에 오래 머물러 있으면 楚王에게 잡히는바 될 것이오.”

하며 가기를 재촉하니 자서가 말했다.

“청컨대 어르신네의 姓字를 알고자 합니다.

어부가 타이르며 말한다.

“오늘 日辰일진이 凶凶해 두 도적이 서로 만났소. 당신은 초왕에게 쫓기는 도적이고 나는 초나라의 도적을 건너 준 도적이오. 두 도적이 서로 만났으나 만난 일은 그 형체가 없이 만난 것이니 만나지 않은 것과 같이 해야 할 일이거늘 어찌 姓字가 필요하겠소? 당신은 갈대 속의 사람이고 나는 고기 잡는 늙은이일 뿐이오. 富貴는 공허한 것, 우리 서로 잊읍시다.”

伍子胥가 대답했다.

“그렇게 하겠습니다.”

오자서는 대답하고 가면서 어부에게 당부했다.

“어른께서도 저를 먹이신 물동이와 음식 남은 것을 가리어 남의 눈에 드러나지 않도록 하십시오.”

漁父가 말했다.

"그렇게 하리다."

그런데 자서가 몇 걸음 가다가 뒤를 돌아보니 어부는 이미 배를 뒤집어 버리고 스스로 깊은 강 한 가운데로 몸을 던져 잠겨 버리고 말았다. 자서는 默然묵연히 발걸음을 옮겨 마침내 吳나라에 다달았다.

吳城으로 가는 도중 伍子胥는 병에 걸리기도 하고 밥을 얻어먹기도 하며 溧陽율량에 이르렀다. 마침 瀨水뇌수가에서 빨래를 하고 있는 한 여자를 만났다. 자서는 광주리에 밥이 담겨 있는 것을 보고 여인에게 다가가 말을 건넸다.

"부인께 밥을 한 술 얻어먹을 수 있겠습니까?"

여자가 內外하며 말했다.

"妾은 홀로 어머니를 모시고 살아 온 지 30여세에, 아직 시집가기 전의 몸이니 길에서 만난 남정네에게 밥을 드릴 수는 없습니다."

子胥는 다시 부탁했다.

"부인께서는 길가는 배고픈 사람에게 조금의 밥을 주어 救恤구휼함을 어찌하여 싫어하십니까?"

여자는 그제야 자서를 바라보고는 자서가 보통 사람이 아니라는 것을 알고 마침내 허락했다. 대나무 광주리에서 밥과 물동이를 꺼내어 주고는 공손히 꿇어앉아 시중을 들었다. 子胥와 勝이 한 그릇을 들고 밥 먹기를 그치니 여인은 밥을 더 권하며 말했다.

"큠께서는 먼 길을 가시는데 어찌하여 배불리 잡수시지 않습니까?"

자서는 밥을 다 먹고 몸을 일으켜 가려하면서 여인에게 말했다.

"부인께서는 나를 먹이신 물 항아리와 음식 남은 것을 가려서 남의 눈에 들어나지 않게 하십시오."

여자가 탄식하여 말했다.

"아! 妾은 홀로 어머니를 모시고 살기 30餘年에 스스로 貞節을 밝게 지켜 어떤 이를 만나도 시집가기를 원치 않았는데 어찌하여 밥 한 술 드리는 일로 丈夫와 함께 하여 정절을 넘고 婦道를 무너뜨렸을까요? 첩은 참을 수가 없습니다. 당신은 갈 길을 가소서.”

오자서가 몇 걸음 가다가 뒤돌아보니 여자는 이미 스스로 瀨水의 깊은 물에 스스로 몸을 던진 뒤였다.

“오호라! 貞節을 밝히고 志操를 지켰으니 참으로 女丈夫로다!”

伍子胥는 탄식하며 默然히 떠나갔다.

◈ 참 고

1. ≪春秋左傳 – 定公四年≫

初伍員與申包胥友. 其亡也謂申包胥曰: “我必復楚國.” 申包胥曰: “勉之. 子能復之, 我必能興之.”

2. ≪史記 – 伍子胥傳≫

始伍員與申包胥爲交. 員之亡也謂包胥曰: “我必覆楚.” 包胥曰: “我必存之.”

3. ≪禮記 – 曲禮上≫

父之讎弗與共戴天, 兄弟之讎不反兵, 交遊之讎不同國.

4. ≪孔子家語 – 子貢問≫

子夏問於孔子曰: “居父母之仇如之何?” 孔子曰: “寢苦枕干不仕弗與共天下也. 遇於朝市, 不返兵而鬪.” 曰: “請問居昆弟之仇如之何?” 孔子曰: “仕弗與同國, 御國命而使雖遇之, 弗鬪.” 曰: “請問從父昆弟之仇如之何?” 曰: “不爲魁主人, 能報之, 則執兵而陪其後.” 子夏問, “三年之喪旣卒哭, 金革之事無避, 禮與? 初有司爲之乎?" 孔子曰: "夏后氏之喪三年旣殯而致事; 殷人旣葬而致事; 周人旣卒哭而致事. 記曰: '君子不奪人之親, 亦不奪故也.'" 子夏曰: "金革之事無避者, 非與?" 孔子曰: "吾聞老聃曰: '魯公伯禽有爲之也.' 今以三年之喪從利者, 吾弗知也."

5. ≪春秋左傳－昭公二十年≫

宋元公無信多私, 而惡華向. 華定華亥與向寧謀曰: "亡愈於死先諸." 華亥僞有疾, 以誘群公子. 公子問之, 則執之. 夏六月丙申, 殺公子寅公子御戎公子朱公子固公孫援公孫丁, 拘向勝向行於其廩. 公如華氏請焉, 弗許, 遂劫之. 癸卯取太子欒與母弟辰公子地以爲質, 公亦取華亥之子無慼向寧之子羅華丁之子啓, 與華氏盟以爲質.

宋華向之亂, 公子子城公孫忌樂舍司馬彊向宜向鄭楚建郎甲出奔鄭. 其徒與華氏戰于鬼閻. 敗子城, 子城適晉. 華亥與其妻, 必盟而食所質公子者而後食, 公與夫人每日必適華氏, 食公子而後歸. 華亥患之, 欲歸公子, 向寧曰: "唯不信, 故質其子, 若又歸之, 死無日矣." 公請於華費遂, 將攻華氏. 對曰: "臣不敢愛死? 無乃求去憂而滋長乎? 臣是以懼, 敢不聽命?" 公曰: "子死亡有命. 余不忍其詢."

冬十月, 公殺華向之質而攻之. 戊辰, 華向奔陳, 華登奔吳. 向寧欲殺太子, 華亥曰: "于君而出, 又殺其子, 其誰納我? 且歸之, 有庸." 使小司寇輕以歸曰: "子之齒長矣. 不能事人. 以三公子爲質必免." 公子旣入, 華輕將自門行, 公遽見之, 執其手曰: "余知而無罪也. 入復而所."

6. ≪春秋左傳－哀公十六年≫

楚太子建之遇讒也, 自城父奔宋, 又辟華氏之亂於鄭. 鄭人甚善之, 又適晉, 與晉人謀襲鄭, 乃求復焉, 鄭人復之如初. 晉人使諜於子木, 請行而期焉. 子木暴虐於其私邑, 邑人訴之. 鄭人省之, 得晉諜焉, 遂殺子木.

7. ≪史記 - 伍子胥傳≫

伍胥既至宋, 宋有華氏之亂, 乃與太子建俱奔於鄭. 鄭人甚善之. 太子建又適晉. 晉頃公曰: "太子既善鄭, 鄭信太子, 太子能爲我內應, 而我攻其外, 滅鄭必矣. 滅鄭而封太子. 太子乃還鄭. 事未會, 會自私欲殺其從者. 從者知其謀, 乃告之於鄭. 鄭定公與子產誅殺太子建. 建有子名勝, 伍胥懼乃與勝俱奔, 吳到昭關. 昭關欲執之, 伍胥遂與勝, 獨身步走, 幾不得脫. 追者在後, 至江. 江上有一漁父乘船, 知伍胥之急, 乃渡伍胥. 伍胥既渡解其劍曰: "此劍直百金, 以與父." 父曰: "楚國之法, 得伍胥者, 賜粟五萬石, 爵執珪, 豈徒百金劍邪?" 不受. 伍胥未至吳, 而疾止中道乞食. 至於吳.

8. ≪史記 - 伍子胥傳≫

吳王夫差之時, 楚惠王欲召勝歸楚. 葉公諫曰: "勝好勇而陰求死士, 殆有私乎?" 惠王不聽, 遂召勝, 使居楚之邊邑鄢, 號爲白公. 白公歸楚三年, 而吳誅子胥. 白公勝既歸楚, 怨鄭之殺其父. 乃陰養死士求報鄭. 歸楚五年請伐鄭, 楚令尹子西許之. 兵未發而晉伐鄭, 鄭請救於楚, 楚使子西往救與盟而還. 白公勝怒曰: "非鄭之仇, 乃子西也." 勝自礪劍. 人問曰: "何以爲?" 勝曰: "欲以殺子西." 子西聞之笑曰: "勝如卵耳, 何能爲也?" 其後四歲, 白公勝與石乞襲殺楚令尹子西司馬子綦於朝. 石乞曰: "不殺王不可." 乃劫之王如高府, 石乞從者屈固負楚惠王亡走昭夫人之宮. 葉公聞白公爲亂, 率其國人攻白公, 白公之徒敗亡, 走山中自殺. 而虜石乞, 而問白公尸處, 不言將亨. 石乞曰: "事成爲卿, 不成而亨. 固其職也." 終不肯告其尸處. 遂亨石乞, 而求惠王復立之.

◇　◇　◇　◇

[3-5] 子胥之吳, 乃被髮佯狂,[72] 跣足塗面,[73] 行乞於市. 市人觀, 罔有識者. 翌日,翌明也, 明日. 吳市吏善相者見之曰: "吾之相人多矣, 未嘗見斯人也. 非異國之亡臣乎?" 乃白吳王僚,[74] 具陳其狀. "王宜召之." 王僚曰: "與之俱入." 公子光[75]聞之, 私喜曰: "吾聞楚殺忠臣伍奢, 其子子胥, 勇而且智, 彼必復父之讎, 來入於吳." 陰欲養之. 市吏於是與子胥俱入見王. 王僚怪其狀偉, 身長一丈, 腰十圍,[76] 眉間一尺. 王僚與語三日, 辭無復者. 王曰: "賢人也." 子胥知王好之, 每入語語, 遂有勇壯之氣, 稍道其讎而有切切之色.[77] 王僚知之, 欲爲興師復讎. 公子謀殺王僚, 恐子胥前親於王而害其謀, 因讒伍胥之諫.諫當作謀. "伐楚者非爲吳也, 但欲自復私讎耳, 王無用之." 子胥知公子光欲害王僚. 乃曰: "彼光有內志, 未可說音稅以外事.[78]" 入見王僚曰: "臣聞諸侯不爲匹夫興師用兵於比國." 王僚曰: "何以言之?" 子胥曰: "諸侯專爲政, 非以意, 救急後興師, 今大王踐國[79]制威, 爲匹夫興兵, 其義非也. 臣固不敢如王之命." 吳王乃止. 子胥退耕於野, 求勇士薦之公子光, 欲以自媚,[80] 乃得勇士專諸.[81]《左傳》作鱄設諸. 專諸者堂邑[82]吳地. 《漢-地理志》, 爲臨

---

72) [佯狂양광] 우정[짐짓] 미친 체 함.
73) [跣足塗面선족도면] 정강이가 드러난 맨 발에 얼굴에는 진흙을 잔뜩 묻혀 남이 알아보지 못하게 함.
74) [王僚왕료] 吳나라 군주. 이름은 州于. 在位 13년.
75) [公子 光] 諸樊저번의 아들. 四寸인 王僚를 죽이고 스스로 왕위에 올랐는데 이가 闔閭합려다.
76) [十圍] 圍는 엄지손가락과 집게손가락을 벌린 길이로 둘레를 재는 단위. 《古今韻會擧要-微韻》에, '圍, 一圍五寸. 又 一圍三寸. 一抱謂之圍,'라고 했다.
77) [切切之色절절지색] 간절히 바라는 기색.
78) [說以外事] 밖의 일로써 遊說유세함. 外事는 전쟁, 외교 등.
79) [踐國천국] 군주의 자리에 나아가는 것.
80) [自媚] 歡心을 삼.
81) [專諸전제] 吳나라 勇士. 伍子胥가 專諸를 光에게 薦擧천거했다. 전저는 光을 위해 王僚를 죽이고 자신도 죽음을 당했다. '諸'의 古音은 '저'요, '諸'의 反切은 '章魚切'이다. '專諸'는 固有名詞이므로 '전저'로 읽는 것이 옳다. 1923

淮郡, 堂邑縣. 人也. 伍胥之亡楚如吳時, 遇之於途. 專諸方與人鬪將就敵, 其怒有萬人之氣, 甚不可當, 其妻一呼卽還. 子胥怪而問其狀, "何夫子之怒盛也, 聞一女子之聲而折道,[83] 寧有說乎?" 專諸曰: "子視吾之儀, 寧類愚者[84]也? 何言之鄙也? 夫屈一人之下, 必伸萬人之上." 子胥因相其貌, 碓顙而深目,[85] 虎膺而熊背,[86] 戾[87]於從難, 知其勇士, 陰而結之, 欲以爲用. 遭公子光之有謀也, 而進之公子光.

◇　◇　◇　◇

伍子胥는 길을 재촉하여 吳나라 도읍에 이르렀다.

머리털과 수염은 흩으러진 散髮산발이 되어 온 몸을 덮었고 입은 옷은 다 떨어져서 너덜거렸다. 굶주린 눈빛은 흡사 미친 사람 같았고 신발은 헤어져 맨발이 되었으며 얼굴에는 진흙이 더께처럼 덮인 거지꼴로 저자거리에 乞食을 하러 다녔다. 수많은 市場 사람들이 둘러서서 구경했으나 아무도 자서를 알아보는 이가 없었다. 다음날 觀相을 잘 보는 吳城의 市吏가 자서를 보고 말했다.

"나는 이제껏 많은 사람들의 관상을 보았지만 이같은 사람은 한 번도 본 적이 없다. 이 사람은 다른 나라에서 망명해온 亡臣이 아닌가?"

市吏가 王僚에게 子胥의 形狀을 자세히 아뢰며 말했다.

년 11월 23일 啓文社에서 간행한 ≪오즈셔실긔≫에는 '젼져'라고 해 있다.

82) [堂邑] 본래는 棠邑. 本書에는 吳나라 땅이라 했는데 ≪春秋左傳≫ 에는 楚나라 땅이라고 했다[秋楚子爲庸浦之役 故子囊師于棠以伐吳].

83) [折道] 오던 길로 다시 돌아감.

84) [寧類愚者영류우자] 어찌 어리석은 무리로 생각하는가. 寧은 '어찌'라는 뜻으로 何와 同.

85) [碓顙深目대상심목] 방앗공이 처럼 툭 불거져 나온 이마와 움푹 들어간 눈.

86) [虎膺熊背호응웅배] 가슴은 호랑이 같고 등은 곰과 같음. 偉容이 당당함.

87) [戾於從難] 어려움 속에서도 함께 할 수 있는 사람. 戾는 사나움. 凶猛함.

"그 사람을 왕께서 부르소서."

오왕이 말했다.

"함께 데리고 들어오라."

公子 光은 그 소문을 듣고 마음속으로 가만히 기뻐하기를,

"소문에 들으니, 초나라 平王은 충신 伍奢오사를 죽였는데 그 아들 자서는 勇猛과 智謀가 뛰어나다고 한다. 저 사람은 필시 아버지와 형의 원수를 갚으려 吳나라에 망명해 온 것이다."

하고는 몰래 자서를 자기 사람으로 맞아들일 생각을 품었다.

吳나라 都城의 市吏가 伍子胥를 데리고 들어와 오왕을 뵙게 했다. 王僚가 자서의 모습을 보니 怪異괴이하면서도 당당하고 뛰어난 威風위풍이 있었다. 身長은 一丈[十尺]이나 되었고, 허리둘레는 十圍나 되었으며, 양쪽 눈썹 끝과 끝의 사이는 一尺이나 되었다.

왕료는 자서와 더불어 3日 동안이나 이야기를 했는데 말은 막힘이 없었고 한번 한 말을 되풀이 하지도 않았다. 왕료는 자서를 가리켜 賢人이라고 칭찬했다. 伍子胥는 오왕이 자기를 좋아한다는 것을 알고 매일 같이 오왕께 들어가 이야기를 나누었다. 자서의 말 속에는 씩씩한 勇壯의 氣槪가 있었고, 자기 怨讐에 대해 말할 때는 切切절절한 기색이 나타났다. 왕료는 그같은 자서의 속마음을 알고 자서를 위해 복수의 군사를 일으키고자 했다.

公子 光은 王僚를 죽이고 자기가 吳王이 되고자 하는 생각을 품고 있었다. 그래서 광은 子胥가 왕과 먼저 친해져 왕료를 죽이려는 자기의 謀議를 방해할까 두려워 오자서의 謀策을 讒訴참소했다.

"伍子胥가 楚나라를 치자고 하는 것은 吳나라를 위하는 것이 아닙니다. 단지 돌아가신 자기 아버지와 형의 원수를 갚고자 할 뿐이니 왕께는 쓸모가 없습니다."

오자서는 光이 왕료를 해칠 마음을 품고 있음을 알고 혼자 말했다.

"저 光은 나라 안에 머물러 왕료를 죽이고 자기가 왕이 될 뜻을 가지고 있구나. 지금은 오왕에게 다른 나라를 정벌하는 군사의 일을 가지고 遊說유세할 때가 아니다."

오자서는 왕료에게 들어가 말했다.

"臣은 듣기를, 제후는 匹夫필부를 위해 군사를 일으켜 이웃나라와 겨루지 않는다고 들었습니다."

왕료가 의아해서 물었다.

"무슨 말인가?"

자서가 대답했다.

"제후는 오로지 政事를 바로 하셔야만 합니다. 저의 복수를 위해 군사를 일으키지 마시고 먼저 나라의 급한 일을 처리하신 후 군사를 일으키셔야 합니다. 지금 대왕께서는 왕위에 오르셨으니 나라의 제도와 威儀를 엄히 하실 때입니다. 한낮 필부인 저를 위하여 군사를 일으키는 것은 옳은 일이 아니니 臣은 감히 대왕의 命을 받들 수 없습니다."

이에 오왕은 초나라를 치려던 일을 중지했다.

伍子胥는 물러나와 들에 나가 논밭을 갈고 농사를 지으면서 勇士를 구해 公子 光에게 천거하여 광의 歡心을 사고자 하였다. 前에 오자서는 專諸전저라는 용사를 얻었는데 전저는 吳나라 堂邑 사람이었다.

오자서가 楚나라에서 도망쳐 오나라에 왔을 때 길에서 우연히 전저를 만났다. 그 때 전저는 마악 어떤 사람과 싸우려 하고 있었는데 그 怒氣는 萬人對敵의 氣槪가 있어 감히 당할 수 없었으나 그 妻가 한번 호령하니 즉시 돌아왔다.

자서는 이를 怪異하게 여기면서 그 상황을 물었다.

"선생은 무슨 일로 그렇듯 크게 怒했고, 한 여자의 호령을 듣고 되돌아오시니 이를 어찌 설명할 수 있습니까?"

전저가 대답했다.

"선생은 내 거동만 보고 나를 어찌 어리석은 무리로 여겨 말씀을 어찌 그리 다라웁게[鄙陋]하게 하십니까? 나는 대저 한 사람 앞에서는 몸을 굽히지만 반드시 萬人 위에서 몸을 펼 것입니다."

이에 자서도 그 사람의 생긴 모습을 자세히 보니 이마는 절구공이처

럼 툭 튀어 나왔고 눈은 깊게 움푹 들어갔으며 호랑이 가슴에 곰의 등을
하고 있어 어려움을 당하면 勇猛하게 서로 救해 따를 相이었다. 자서는
그가 勇士라는 것을 알아보고 가만히 義兄弟를 맺어 필요할 때 쓰고자
하였는데 光의 謀議가 있게 되자 전저를 光 앞에 나아가게 했다.

◈ 참　고

1. ≪史記－吳太伯世家≫

五年, 楚之亡臣伍子胥來奔, 公子光客之. 公子光者王諸樊之子也. 常以
爲吾父兄弟四人, 當傳至季子. 季子卽不受國, 光父先立, 卽不傳季子, 光當
立陰納賢士, 欲以襲王僚.

2. ≪春秋左傳－昭公　二十年≫

員如吳, 言伐楚之利於州于. 公子光曰: “是宗爲戮, 而欲反其讎, 不可從
也.” 員曰: “彼將有他志. 余姑爲之求士, 而鄙以待之.” 乃見鱄設諸焉, 而耕
於鄙.

◇　◇　◇　◇

[3－6] 光旣得專諸而禮待之. 公子光曰: “天以夫子輔孤之失根88)也.” 專
諸曰: “前王餘昧卒僚立, 自其分也. 公子何因而欲害之乎?” 光曰: “前君壽
夢89)有子四人, 長曰諸樊90)名遏, ≪史記－索隱≫曰: “遏是其名, 諸樊是其號.”則光之父

---

88) [根] 嫡長子. ≪稱謂錄≫에 “長子, 根嗣”라고 하였다.
89) [壽夢] 吳나라 君主. 吳나라는 수몽 때부터 歷年이 있었다.
90) [諸樊저번] 수몽의 맏아들. 光의 아버지. 在位 13년(西紀前 560～西紀前 548).

也. 次曰餘祭[91), 次曰餘昧,[92) 《春秋》作夷末. 次曰季札,[93) 札之賢也. 將卒, 傳付適長以及季札. 念季札爲使,去聲 亡在諸侯未還. 餘昧卒, 國空, 有立者適長也. 適長之後, 卽光之身也. 今僚何以當代立乎? 吾力弱, 無助於掌事[94)之間, 非用有力徒, 能安[95)吾志? 吾雖代立, 季子東還, 不吾廢也." 專諸曰: "何不使近臣從容[96)言於王側, 陳前王之命以諷其意, 令知國之所歸. 何須私備劍士, 以損先王之德?" 光曰: "僚素貪而恃力, 知進之利, 不覩退讓. 吾故求同憂之士, 欲與之幷力. 惟夫子詮擇言期義也." 專諸曰: "君言甚露乎[97), 於公子何意也?" 光曰: "不也. 此社稷之言也, 小人不能奉行, 惟委命矣." 專諸曰: "願公子命之" 公子光曰: "時未可也." 專諸曰: "凡欲殺人君, 必前求其所好, 吳王何好?" 光曰: "好味." 專諸曰: "何味所甘?" 光曰: "好嗜魚之炙也." 專諸乃去從太湖學炙魚, 三月得其味. 安坐待公子命之.

八年, 僚遣公子伐楚, 大敗楚師, 因迎故太子建母[98)於鄭. 鄭君送建母珠玉簪珥, 欲以解殺建之過. 《左傳-昭公二十三年》: "楚太子建故母在郹, 吳太子諸樊入郹, 取楚夫人與其寶器以歸." 杜預解: "諸樊吳王僚之太子." 按《春秋-襄公二十五年》: "吳子遏伐楚, 門於巢卒." 杜預解: "遏諸樊也." 《傳》: 亦書"吳子諸樊卒." 諸樊之死, 於是三十年矣. 此書云僚遣公子, 當是公子光, 非光之父諸樊也. 諸樊於僚爲世父, 亦不得云王僚太子也. 豈傳與杜解俱誤也?

九年, 吳使光伐楚, 拔居巢[99)鍾離.[100) 《左傳-昭公二十四年》: "吳遂滅巢及鍾離而

---

91) [餘祭] 수몽의 둘째 아들. 在位 17년(西紀前 547~531).
92) [餘昧여말] 壽夢의 셋째 아들. 在位 4년(西紀前 530~西紀前 527).
93) [季札] 수몽의 막내아들. 네 형제 중 가장 현명하여 수몽은 막내 아들에게 왕위를 전하고자 했으나 固辭하여 끝내 군주자리에 나아가지 않았다. 延陵으로 달아나 그 곳에서 살았으므로 延陵季子라고도 한다. 鄭나라 子産, 齊나라 晏子 등과 교류했다.
94) [掌事] 손에 검을 잡는 자객의 일. '事'는 '剚'와 통함.
95) [能安] 어찌하면.
96) [從容] 조용하고 부드럽게 말함.
97) [甚露乎] 모두 드러냄.
98) [太子建 母] 蔡氏夫人. 太子 建이 鄭나라에서 죽음을 당한 후 蔡夫人은 隕운 땅에 있었다고도 하고, 蔡나라로 돌아가 있었다고도 한다. 본문 내용으로 보아 이 때는 鄭나라에 머물고 있었던 것 같다.
99) [居巢거소] 春秋時代 楚나라 地名. 지금의 安徽省 巢縣.
100) [鍾離종리] 春秋時代 楚나라 地名. 지금의 安徽省 鳳陽縣 東北.

還." ≪世家≫所記與此合. 巢今無爲巢縣. 吳所以相攻者, 初楚之邊邑,[101] 胛梁[102]≪史記≫作卑梁.之女, 與吳邊邑處女蠶, 爭界上之桑.≪史記≫曰: "小童爭桑." <伍子書傳>: "兩女子爭桑." 二家相攻, 吳國不勝, 遂更相伐, 減吳之邊邑, 吳怒故伐楚, 取二邑而去.

◇　　◇　　◇　　◇

光은 專諸전저를 얻자 극진한 禮로써 전저를 대우했다. 光이 말했다.

"하늘이 선생으로 하여금 저의 잃어버린 嫡嗣를 돕게 하셨습니다."

전저가 물었다.

"前王이신 餘昧께서 왕위에 오르시고 지금 王僚께서 왕위에 오르신 것은 진실로 그 명분이 있다고 할 수 있는데 公子께서는 어째서 지금의 군주님을 해치고자 하십니까?"

光이 대답했다.

"吳의 前王 壽夢수몽께는 네 아드님이 계셨습니다. 맏아드님은 諸樊저번이신데 光, 즉 나의 아비입니다. 그 다음은 餘祭여제라고 하며 그 다음은 餘昧여말이라 합니다. 그 다음 막내는 季札이라고 하는데 계찰은 매우 현명한 분입니다. 光의 祖父이신 수몽께서는 돌아가시면서 나라를 嫡적長子에게 전하면서 유언하기를, '왕위를 次序대로 전하여 막내인 계찰에게 까지 필히 이어지게 하라'고 하셨습니다. 차례로 왕위를 전해 계찰의 차례가 되자 계찰은 使臣이 되어 왕위를 받지 않고 도망쳐 제후들에게 가 있으면서 돌아오지 않았습니다. 이 같은 때에 전왕인 여말께서 돌아가시니 나라의 군주 자리가 비게 되었으므로 마땅히 嫡長子가 뒤를 이어

---

101) [邊邑변읍] 楚나라와 吳나라 국경마을.

102) [胛梁갑량] 本書에는 楚나라 邊邑의 胛梁氏라 했는 데 ≪史記≫ 伍子胥傳에는 '楚나라 변방에 있는 鍾離라는 고을의 卑氏와 吳나라 변방에 사는 梁氏네가 함께 누에를 쳤는데 두 집 여자들이 뽕나무 밭을 두고 다투어 서로를 공격하게 되었다. 邊邑鍾離與吳邊邑, 卑梁氏俱蠶. 兩女子爭桑相功,'고 했다.

야 하는데 적장자 저번의 後嗣는 바로 光, 이 사람입니다. 그런데 지금 어찌 왕료가 저를 대신해 군주의 자리를 잇는단 말입니까? 나는 힘이 약하고 일을 주도해 도와주는 이도 없으니, 힘있는 이들을 쓰지 않으면 어찌 제 뜻을 얻을 수 있겠습니까? 내가 비록 군주의 자리에 나아간 후 계찰 叔父께서 동쪽의 吳나라에 돌아오신다 해도 나를 廢하지는 않을 것입니다."

專諸전저가 말했다.

"어찌하여 가까운 신하로 하여금 王僚의 곁에서 이같은 말을 완곡히 전하게 하지 않습니까? 前王의 命으로써 그 뜻을 諷刺풍자하여 알게 하면 군주의 자리가 돌아갈 바를 알게 할 수 있을 것인데, 어찌하여 私事로이 劍士들을 모아들여 先王의 德을 망가뜨리려 하십니까?"

光이 대답했다.

"왕료는 그 마음에 貪心이 있어 자기의 힘만 믿고 앞으로 나아가는 이로움은 알지만 불리한 것을 보고 겸손히 사양하여 물러날 줄은 모릅니다. 나는 그래서 같은 걱정을 하는 賢者들을 구해 힘을 모으고자 하는 것입니다. 오직 선생의 현명한 가르침과 義를 기다립니다."

전저가 말했다.

"公子의 心中에 품은 말씀은 모두 드러내셨습니까? 이제 公子께서는 어찌 하시겠습니까?"

光이 말했다.

"아닙니다. 이는 社稷과 관련된 일인즉 小人은 행할 수 없으니 오로지 선생께 命을 맡기고자 합니다."

專諸가 말했다.

"公子의 命을 기다립니다."

光이 말했다.

"아직은 때가 아닙니다."

전저가 말했다.

"무릇 군주를 죽이고자 할 때는 반드시 먼저 그 좋아하는 것을 구해야 합니다.

吳王께서는 어떤 것을 좋아하십니까?”

　광이 대답했다.

　“맛난 음식을 좋아합니다.”

　전저가 말했다.

　“어떤 것이 맛난 것입니까?”

　광이 대답했다.

　“구운 생선을 좋아합니다.”

　전저는 太湖의 물가에 찾아가서 생선굽는 요리방법을 배운지 석달만에 그 맛을 내는 비법을 배워가지고 돌아와서 공자 광의 命을 기다렸다.

　王僚 8年, 吳나라는 公子 光을 보내 楚나라를 쳐서 초나라 군사를 크게 패퇴시켰다. 吳軍이 楚軍을 크게 이길 수 있었던 것은, 초나라 태자였던 建의 어머니가 鄭나라에서 오나라 군대를 인도했기 때문 이었다. 정나라 군주는 건의 어머니에게 구슬과 玉비녀와 귀걸이 등을 보냈는데 이것은 전날 정나라에서 건을 죽인 일로 생긴 감정을 풀고자 함이었다.

　王僚 9年, 吳나라는 公子 光을 보내 楚나라를 쳐서 居巢거소와 鍾離종리를 빼앗았다. 초나라와 오나라가 서로를 공격하게 된 까닭은, 처음에 초나라 변방 고을의 胛梁氏갑량씨와 오나라 변방 고을의 처녀들이 서로 다투었기 때문이었다.

　초나라 변방의 여자들과 오나라 변방 고을의 처녀들이 함께 누에를 쳤는데 뽕나무 밭의 경계를 두고 다툼이 일어났다. 처음에는 두 집이 싸웠는데 오나라 사람이 이기지 못했다. 마침내 두 고을의 싸움이 되어 서로를 쳤는데 초나라가 군사를 일으켜 오나라의 변방 고을을 멸했으므로 오나라가 怒해서 초나라를 쳤고 초나라 땅인 居巢와 鍾離 두 고을을 빼앗고 돌아갔다.

◆ 참 고

1. ≪春秋左傳 – 昭公 二十三年≫

楚太子建母在郹, 召吳人而啓之. 冬十月甲申, 吳太子諸樊入, 取郹楚夫人與其寶器以歸. 楚司馬蔿越追之, 不及將死. 衆曰: “請遂伐吳以徼之.” 蔿越曰: “再敗君師, 死且有罪. 亡君夫人, 不可以莫之死也.” 乃縊於薳澨.

2. ≪春秋左傳 – 昭公 二十四年≫

楚子爲舟師, 以略吳疆. 沈尹戌曰: “此行也, 楚必亡邑. 不撫民而勞之, 吳不動而速之. 吳踵楚, 而疆場無備, 邑能無亡乎?” 越大夫胥犴, 勞王於豫章之汭, 越公子倉, 歸王乘舟, 倉及壽夢帥師從王, 王及圉陽而還. 吳人踵楚而邊人不備, 隧滅巢及鍾離而還.

3. ≪史記 – 吳太伯世家≫

八年, 吳使公子光伐楚, 敗楚師, 迎楚故太子建母於居巢, 以歸因北伐, 敗陳蔡之師. 九年, 公子光伐楚, 拔居巢鍾離. 初楚邊邑卑梁氏之處女與吳邊邑之處女爭桑, 一女家怒相滅. 兩國邊邑長聞之, 怒而相攻, 滅吳之邊邑. 吳王怒, 故遂伐楚取兩都而去. 伍子胥之初犇吳, 說吳王僚, 以伐楚之利. 公子光曰: “胥之父兄爲戮於楚. 欲自報其仇耳. 未見其利.” 於是伍員知光有他志. 乃求勇士專諸見之光, 光喜乃客伍子胥. 子胥退而耕於野, 以待專諸之事.

4. ≪史記 – 伍子胥傳≫

至於吳. 吳王僚方用事公子光爲將, 伍胥乃因公子光以求見吳王. 久之, 楚平王以其邊邑鍾離與吳邊邑卑梁氏俱蠶. 兩女子爭桑, 相攻, 乃大怒, 至於兩國擧兵相伐. 吳使公子光伐楚, 拔其鍾離居巢而歸. 伍子胥說吳王僚曰: “楚可破也. 願復遣公子光.” 公子光謂吳王曰: “彼伍胥父兄爲戮於楚, 而勸王伐楚者, 欲以自報其讎耳. 伐楚未可破也." 伍胥知公子光有內志, 欲殺王而自立, 未可說以外事. 乃進專諸於公子光, 退而與太子建之子勝耕於野.

◇　◇　◇　◇

[3-7] 十二年冬, 楚平王卒.≪左傳-昭公二十六年≫: "九月, 楚平王卒." ≪索隱≫曰: "按≪年表≫及≪左傳≫合在僚十一年." 此書作十二年, 又以秋爲冬皆誤. 伍子胥謂白公勝卽太子建之子. 其後惠王召勝歸楚, 使居邊邑. 服虔曰: "白楚邑名, 大夫皆稱公." 杜預曰: "汝陰褒信縣西南有白亭." 勝奔吳事見前."曰: "平王卒, 吾志不悉矣. 然楚國在, 吾何憂矣?" 白公默然不對, 伍子胥坐泣於室.

十三年≪索隱≫曰: "據表及左氏, 僚止合有十二年事." 今≪史記世家≫乃書云十三年, 此書似承世家之誤.春, 吳欲因楚葬而伐之.≪左傳≫: "吳子欲因楚喪而伐之." ≪世家≫同, 喪作器字. 此書葬字恐是喪字之誤. 使公子蓋餘燭傭≪左傳≫蓋作掩, 傭作庸. 皆王僚母弟.以兵圍楚, 使季札於晉以觀諸侯之變. 楚發兵絶吳後, 吳兵不得還. 於是公子光心動, 伍胥知光之見機也. 乃說光曰: "今吳王伐楚, 二弟將兵未知吉凶. 專諸之事,103) 於斯急矣. 時不再來, 不可失也." 於是公子見專諸曰: "今二弟伐楚, 季子未還. 當此之時, 不求何獲? 時不可失, 且光眞王嗣也." 專諸曰: "僚可殺也. 母老子弱,104) 弟伐楚, 楚絶其後. 方今吳外困於楚, 內無骨鯁之臣,105) 是

---

103) [專諸전저之事] 專諸에게 준비시킨 刺客의 일.

104) [母老子弱] 王僚의 어머니는 늙고 자식은 어린데 蓋餘와 燭傭 두 동생은 전쟁터에 나가 있어 王僚가 의지할 바가 없음. ≪史記-吳太伯世家≫에는 '王僚可殺也. 母老子弱, 而兩公子將兵攻楚, 楚絶其路. 方今吳外困於楚, 而內空無骨鯁之臣, 是無奈我何?-왕료를 죽일 수 있습니다. 그의 어미는 늙었고 자식은 어린데 두 동생은 초나라를 공격하러 갔다가 초나라 군대가 그 退路를 끊었습니다. 바야흐로 오왕은 밖에서는 초나라에 困厄을 당하고, 조정안에는 强骨의 신하가 없으니 나를 어쩌겠습니까?'라고 했는데 服虔복건의 注에는, '母老子弱'은 專諸가 光에게 '자기 어머니는 늙으시고 자식은 어리다고 핑계를 댄 것'이라 했다. 1921년 11월 23일 啓文社에서 간행된 한글본 ≪오즈셔실긔≫에 "공즈의몰숨이올스오나다만늙은어미계시니죽음으

無如我何也?” 四月, 公子光伏甲士於窟室中,《左傳》作堀室,《史記》作窟室. 具酒而請王僚. 僚白其母曰: “公子光爲我具酒, 來請期, 無變悉乎?106)” 母曰: “光心氣快快, 常有愧恨之色, 不可不愼.” 王僚乃被棠鐵之甲107)三重, 使兵衛陳於道, 自宮門至於光家之門. 階席左右皆王僚之親戚, 使坐立侍皆操長戟交軹.108) 酒酣,109) 公子光佯爲足疾, 入窟室裹足,110) 使專諸置魚腸劍111)炙魚中進之. 旣至王僚前, 專諸乃擘炙魚, 因推匕首. 立戟交軹倚專諸胸,戟有枝兵也. 《周禮》: “戟長丈六尺.” 《增韻》: “雙枝爲戟, 單枝爲戈.” 軹, 《說文》: “車輪小穿.” 《周禮》: “大馭祭雨軹,” 注: “軹謂兩轊.” 《詩》詁曰: “車軸之耑, 貫轂者爲軎. 轂末之小穿, 容轄者爲軹.” 此言立戟交軹, 謂戟之立如軹,之交, 倚專諸之胸也. 胸斷臆開, 匕首如故, 以刺王僚貫甲達背. 王僚旣死, 左右共殺專諸, 衆士擾動. 公子光伏甲士, 以攻僚衆盡滅之. 遂自立, 是爲吳王闔閭也. 乃封專諸之子拜爲客卿.112)

로써허락지는못ᄒᆞᄂ이다”라고 해 있다. 《史記-吳太伯世家》 王肅 注에는, ‘王僚의 어머니는 늙고 자식은 어리다(專諸言, 王母老, 子弱也.)’는 뜻이라고 했다. 《史記索隱》에는, ‘王肅의 풀이는 《史記》와 같이 그 이치를 잃지 않았다. 服虔복건과 杜預는 《春秋左傳》의 我爾身也(그대 몸은 나와 같네)라는 구절과, 합려가 王位에 오른 후 전저의 자식을 客卿에 임명했다는 한 구절로써 억지로 풀이했다.’고 했다. 專諸는 光의 계획을 처음부터 알고 光의 일에 가담했으니 勇士인 전저가 일을 눈앞에 두고 새삼 자기 老母와 자식의 핑계를 대지는 않았을 것이다. 이로써 類推해 본다면 《史記-吳太伯世家》 本文과 《史記索隱》의 注가 옳다고 본다.

105) [骨鯁之臣골경지신] 힘이 있는 强骨 신하.

106) [無變悉乎무변실호] 萬曆本에는, ‘變悉’을 ‘變意’라 했고, 馮念祖는 ‘悉’을 ‘意’라 했는 데 盧文弨는 ‘悉猶審也’라고 했다.

107) [棠鐵之甲당이지갑] 棠은 春秋時代 楚國 地名. 棠谿에서 나는 鐵로 만든 갑옷. 棠谿는 철의 産地. 本書 卷十 句踐伐吳外傳에, ‘孔子聞之從弟子奉先王雅琴禮樂奏於越. 越王乃被唐夷之甲, 帶步光之劍, 杖屈盧之矛, 出死士以三百人爲陳, 關下孔子.’라고 했다. 《戰國策》 韓策 一에, ‘韓卒之劍戟, 皆出于冥山, 棠谿, 墨陽.’라고 했다.

108) [長戟交軹장극교지] 긴 창을 수레바퀴살처럼 엇갈리게 하여 森嚴삼엄하게 護衛함.

109) [酣酒감주] 여러 번 거른 맑은 술. 여기서는 “술자리가 무르익다”의 뜻.

110) [裹足과족] 발을 싸매는 것.

111) [魚腸劍] 闔閭는 越나라에서 선물 받은 세 자루 名劍을 가지고 있었는데 그 중 하나가 魚腸劍이다.

季札使還, 至吳, 闔閭以位讓. 季札曰: "苟前君無廢, 社稷以奉, 君也. 吾誰怨乎? 哀死, 待生, 以侯天命. 非我所亂, 立者從之, 是前人之道." 命[113]哭僚墓, 復位而待. 公子蓋餘燭傭二人將兵遇圍於楚者, 聞公子光殺王僚自立, 乃以兵降楚, 楚封之於舒.按≪左傳≫: "淹餘奔徐, 燭庸奔鍾吾. 吳使徐人執掩餘, 鍾吾人執燭庸. 二公子奔楚." 此言以兵降楚與≪傳≫不合. ≪史記≫ 亦云奔楚, <世家>與<伍子胥傳> 皆云降楚. 舒春秋時舒國爲楚所滅. 漢屬廬江郡, 今廬州有舒城縣.

◇　◇　◇　◇

王僚 12年, 겨울에 楚나라 平王이 죽었다. 伍子胥가 勝에게 말했다.

"초나라 평왕이 죽어 원수를 갚고자 하는 나의 뜻은 다할 수 없게 되었습니다. 그러나 원수를 갚을 초나라가 여전히 그대로 있는데 내가 어찌 원수 갚지 못할 일을 근심하겠습니까?"

승은 默然묵연히 대답이 없고 오자서는 방안에 앉아서 울었다.

왕료 13年 봄에 吳나라는 楚나라가 平王의 喪中에 있는 동안 초나라를 치기위하여 公子 蓋餘개여와 燭傭촉용에게 군사를 거느리고 가서 초나라를 포위하게 하고 季札을 晉나라에 보내 제후들의 반응을 살피게 했다. 초나라도 군사를 일으켜 오나라 군대의 뒤를 끊었으므로 오나라 군대는 돌아갈 수 없게 되었다.

이렇게 되자 公子 光은 마음이 움직였는데 伍子胥는 광이 기회를 엿보고 있다는 것을 알고 있었으므로 광을 설득하여 말했다.

"지금 吳王은 楚나라를 치느라 두 동생과 장병들은 모두 出征하여 그 吉凶을 알 수 없습니다. 지금이야말로 專諸전저를 통해 준비해 온 큰일을 급히 서두를 때입니다. 때는 다시 오지 않습니다. 이 때를 잃으면 안됩니다."

---

112) [客卿] 다른 나라 사람에게 주는 卿相의 벼슬. 전저는 오나라 堂邑 사람이므로 여기서는 '전저의 아들을 불러 벼슬을 내렸다'고 보는 것이 옳다.

113) [命] 復命. 使臣으로 다녀왔음을 군주에게 보고하는 것. ≪史記－吳太伯世家≫에 '復命哭僚墓, 復位而待.'라고 하였다.

공자 광은 전저를 보고 말했다.

"지금 왕의 두 동생은 초나라를 치기위해 전쟁터에 나가있고 叔父 季子[季札]는 아직 晉나라에서 돌아오지 않았습니다. 지금이 우리가 기다리던 때입니다. 求하지 않으면 어찌 얻을 수 있겠습니까?. 때를 놓쳐서는 않됩니다. 또 光은 吳나라의 진정한 後嗣입니다."

전저가 말했다.

"王僚를 죽일 수 있습니다. 그의 어머니는 늙었고 자식은 어립니다. 두 동생은 군대를 거느리고 초나라를 치러 나갔으며 초나라는 그 뒤를 끊었습니다. 지금 밖에서는 초나라에 포위되어 곤란함을 당하고 안에는 뼈대있는 강직한 신하가 없으니 나를 어찌할 수 있겠습니까?"

4월에 공자 광은 무장한 甲士들을 지하실에 숨겨놓고 酒筵주연을 준비하여 王僚를 請했다. 료가 그 어머니에게 그 일을 여쭈었다.

"光이 小子를 위해 酒筵을 갖추어 와 주기를 청합니다. 아무 일 없을까요?"

僚의 어머니가 말했다.

"光은 그 마음에 왕이 되지 못한 것을 분하게 여겨 마음속에 怏怏히 원망을 품고 있으며, 愧恨之色이 항상 얼굴에 나타나 있으니 삼가하지 않으면 안될 것이다."

왕료는 옷을 입은 위에 쇠로 만든 갑옷을 세 겹으로 껴입고 자신의 궁전 문에서 光의 집 문 앞에까지 호위병들을 길에 벌려 세웠다. 계단과 좌석 좌우에는 모두 왕료와 가까운 신하들을 앉히고, 옆에 侍立한 侍官들에게 긴 창을 들고 자신의 주위를 수레바퀴살처럼 둘러싸게 하고 光과 함께 술을 마셨다.

光은 거짓으로 발이 아프다는 핑계로 지하실에 들어가 발을 싸매고 專諸전저를 오왕께 보냈다. 전저는 魚腸劍을 생선 내장 속에 감추어 생선을 구운 다음 그것을 받쳐들고 王僚의 앞으로 나아가 바로 앞에 까지 다가갔다.

전저가 구운 생선의 배를 가르고 匕首를 꺼내 들고 일어서니 호위병의 창끝은 모두 전저의 가슴을 향해 겨누어 졌다. 호위병의 창이 전저의 가슴을 찔러 파고드는 것과 동시에 匕首도 왕료의 가슴을 찔러 파고드니 비수는 갑옷을 뚫고 왕료의 배를 뚫고 들어가 등에까지 닿았다.

왕료는 이미 죽고 좌우의 호위병들이 달려들어 전저를 죽였으나 주위에는 큰 소동이 벌어졌다. 공자 광은 숨어 있던 甲士들로 왕료의 호위병을 공격하게 하여 모두 죽였다. 마침내 광이 스스로 왕위에 오르니 이가 곧 吳王 闔閭다.

합려는 군주의 자리에 나아가자 전저의 아들을 客卿으로 삼았다.

叔父 季札이 돌아오자 闔閭합려는 왕위를 계찰에게 양보했는데 계찰이 말했다.

"진실로 先王의 제사를 廢하지 않고 社稷을 받드는 이가 군주다. 내가 누구를 원망하겠는가? 죽음을 슬퍼하고 삶을 기다리는 것은 天命을 살피는 것이다. 나라가 어지러워지는 것은 내가 바라는 바가 아니니, 이미 왕위에 오른 군주를 따르는 것은 전왕께서 말씀하신 遺命이다."

계찰은 왕료에게 復命하고 哭을 하며 왕료의 墓를 다시 손질하여 일으켜 세우고, 다시 자기 자리로 돌아갔다.

公子 蓋餘개여와 燭傭촉용, 吳나라 장병들은 자기들을 포위하고 있는 楚나라 사람들에게 公子 光이 왕료를 죽이고 스스로 왕위에 올랐다는 소문을 듣고 초나라에 항복했다. 초왕은 이들을 舒서 땅에 봉했다.

◈ 참　고

1.≪春秋左傳－昭公二十六年≫

九月, 楚平王卒. 令尹子常欲立子西曰: "太子壬弱, 其母非嫡也. 王子建實聘之. 子西長而好善, 立長則順, 建善則治. 王順國治, 可不務乎?" 子西怒曰: "是亂國而惡君王也. 國有外援, 不可瀆也, 王有嫡嗣, 不可亂也. 敗親速讎, 亂嗣不祥. 我受其名. 賂吾以天下, 吾滋不從也, 楚國何爲? 必殺令尹." 令尹懼, 乃立昭王.

2. ≪春秋左傳－昭公二十七年≫

吳公子光曰: "此時也不可失也." 告鱄設諸曰: "上國有言曰: '不索何獲?' 我王嗣也. 吾欲求之, 事若克, 季子雖至, 不吾廢也." 鱄設諸曰: "王可弒也. 母老子弱, 是無若我何?" 光曰: "我爾身也." 夏四月, 光伏甲於掘室, 而享王. 王使甲坐於道及其門, 門階戶席皆王親也. 來之以鈹, 羞者獻禮改服於門外, 執羞者坐行而入, 執鈹者夾承之, 及體以相授也. 光僞足疾, 入掘室, 鱄設諸寘劍於魚中以進, 抽劍刺王, 鈹交於胸, 隧弒王. 闔廬以其子爲卿.

3. ≪春秋左傳－昭公三十年≫

吳子使徐人執掩餘, 使鍾吾人執燭庸, 二公子奔楚. 楚子大封, 而定其徙, 使監馬尹大心逆吳公子, 使居養, 莠尹然左司馬沈尹戌城之, 取於城父與胡田以與之, 將以害吳也.

4. ≪史記－吳太伯世家≫

十二年冬, 楚平王卒. 十三年春, 吳欲因楚喪而伐之. 使公子蓋餘燭庸, 以兵圍楚之六潛. 使季札於晉, 以觀諸侯之變. 楚發兵絶吳兵後, 吳兵不得還. 於是吳公子光曰: "此時不可失也." 告專諸曰: "不索何獲? 我眞王嗣當立, 吾欲求之. 季子雖至, 不吾廢也." 專諸曰: "王僚可殺也. 母老子弱, 而兩公子將兵攻楚, 楚絶其路. 方今吳外困於楚, 而內空無骨鯁之臣, 是無奈我何?" 光曰: "我身子之身也." 四月丙子, 光伏甲士於窟室, 而謁王僚飮. 王僚使兵陳於道, 自王宮至光之家, 門階戶席皆王僚之親也, 人來持鈹. 公子光詳爲足疾, 入于窟室. 使專諸置七首於炙魚之中, 以進食, 手七首刺王僚, 遂弒王僚. 公子光竟立爲王, 是爲吳王闔廬. 闔廬乃以專諸子爲卿. 季子至曰: "苟先君無廢祀, 民人無廢主, 社稷有奉, 乃吾君也. 吾敢誰怨乎? 哀死事先王, 以待天命. 非我生亂, 立者從之, 先人之道也." 復命哭僚墓, 復位而待. 吳公子燭庸蓋餘二人, 將兵遇圍於楚者, 聞公子光弒王僚自立, 乃以其兵降楚. 楚封之於舒.

5. ≪史記－伍子胥傳≫

　五年而楚平王卒. 初平王所奪太子建秦女生子軫，及平王卒軫竟立爲後，是爲昭王. 吳王僚因楚喪，使二公子將兵往襲楚. 楚發兵絶吳兵之後，不得歸. 吳國內空，而公子光乃令專諸襲刺吳王僚，而自立是爲吳王闔廬.

吳越春秋 闔閭內傳 第四

◇　◇　◇　◇

[4－01] 闔閭1)≪左傳≫作闔廬, ≪史記世家≫同. 元年, 始任賢使能, 施恩行惠, 以
仁義聞於諸侯. 仁未施恩未行, 恐國人不就, 諸侯不信, 乃擧伍子胥2)爲行人,3)
以客禮4)事之, 而與謀國政. 闔閭謂子胥曰: "寡人欲疆國覇王, 何由而可?" 伍
子胥膝進,膝行而進, ≪莊子≫出. 垂淚頓首曰: "臣楚國之亡虜也. 父兄棄損骸骨不
葬, 魂不血食,5) 蒙罪受辱, 來歸命6)於大王, 幸不加戮, 何敢與政事焉?" 闔閭
曰: "非夫子, 寡人不免於繫禦7)之使. 今幸奉一言之敎, 乃至於斯, 何爲中道
生進退耶?" 子胥曰: "臣聞謀議之臣, 何足處於危亡之地? 然憂除事定, 必不
爲君主所親." 闔閭曰: "不然. 寡人非子, 無所盡議, 何得讓乎? 吾國僻遠, 顧
在東南之地, 險阻潤濕, 又有江海之害, 君無守禦, 民無所依, 倉庫不設, 田
疇8)不墾, 爲之奈何?" 子胥良久9)對曰: "臣聞治國之道, 安君理民, 是其上者."
闔閭曰: "安君治民, 其術奈何?" 子胥曰: "凡欲安君治民, 興覇成王, 從近制
遠10)者, 必先立城郭, 設守備, 實倉廩, 治兵庫, 斯則其術也." 闔閭曰: "善. 夫
築城郭, 立倉庫因地制宜, 豈有天氣之數以威隣國者乎?" 子胥曰: "有." 闔閭
曰: "寡人委計於子." 子胥乃使相土嘗水, 象天法地, 造築大城, 周廻四十七里.

---

1) [闔閭] 吳나라 군주. 이름은 光. 諸樊저번의 아들. 四寸인 王僚를 죽이고 군주
   의 자리에 올라 覇者가 되었으나 欈里취리에서 越나라에 패해 후퇴하던 중
   취리에서 7里 떨어진 陘에서 죽었다. 在位 19년(西紀前 515～西紀前 497).
2) [伍子胥] 이름은 貝운. 字는 胥서. 伍奢오사의 아들. 楚나라 사람. 文武에 뛰어
   났으나 楚 平王이 아버지와 형을 죽이자 宋나라, 鄭나라, 陳나라를 거쳐 吳
   나라로 달아나 闔閭를 만났다. 光을 도와 오왕이 되자 군사를 이끌고 초나라
   를 쳐서 아버지와 형의 원수를 갚았다. '日暮路遠倒行而逆施之於道', '掘墓
   屍鞭三百杖' 등의 故事를 남겼다. 후에 오왕 夫差에게 죽음을 당했다.
3) [行人] 나라를 찾아오는 外賓 접대 등 外事를 맡은 周代의 官名. 大行人과
   小行人이 있다.
4) [客禮] 외국에서 온 使臣을 접대하고 外交를 管掌하는 일.
5) [血食] 祭祀.
6) [歸命] 亡命하여 命運을 맡김.
7) [繫禦집어] 잡혀 묶여서 獄에 갗힘.
8) [田疇전주] 밭두둑.
9) [良久] 한참동안 깊이 생각함.
10) [從近制遠] 가까운 곳은 따르게 하고 먼 곳은 제압함.

陸門八以象天八風.11)　水門八以法地12)八聰.13)　築小城, 周十里, 陵門14)三.
不開東面者, 欲以絶越明也.　立閶門者, 以象天門, 通閶闔風也.≪史記－律書≫:
"閶闔風居西方, 閶者倡也, 闔者藏也."　立蛇門者, 以象地戶也.15)已爲地戶.　閶閭欲西破
楚, 楚在西北, 故立閶門以通天氣, 因復名之破楚門.16)　欲東幷大越, 越在東
南, 故立蛇門以制敵國.　吳在辰, 其位龍也, 故小城南門上反羽17)爲兩鯢鱙,18)
以象龍角.　越在巳地, 其位蛇也, 故南大門上有木蛇, 北向首內, 示越屬於吳
也.　城郭以成, 倉庫以具, 闔閭復使子胥, 屈蓋餘燭傭, 習術戰騎射御之巧,19)
未有所用, 請干將20)鑄作名劍二枚.　干將者吳人也, 與歐冶子21)同師俱能爲劍.

---

11) [八風] 東風은 明庶風이요, 東南風은 淸明風이며 南風은 景風이라 하고, 西
南風은 凉風이며 西風은 곧 閶闔風창합풍이며 西北風은 不周風부주풍이라하
고 北風은 廣莫風이고 東北風은 融風융풍이라고 한다.

12) [象天法地] 하늘의 운행을 살피고, 땅의 地勢를 본받음. 象은 察, 法은 倣과 仝.

13) [八聰팔총] ≪太平御覽≫ 卷一百九十三에 ≪吳越春秋≫를 인용하여, '聰'이
라 했는 데 '聰'은 '窻'字라고 했다. 窻은 窓의 本字.

14) [陵門] 高門. ≪越絶書≫ 卷二에, "吳나라 小城의 둘레는 十二里요, 그 아래
넓이 二丈七尺, 높이 四丈七尺의 문이 셋인 데 모두 樓閣이 있다. 그 중 두
門에는 水門을 더했고, 그 중 한 門에는 나무하러 다니는 작은 길을 더 만들
었다. 吳小城, 周十二里. 其下廣二丈七尺, 高四丈七尺. 門三皆有樓, 其二增
水門二, 其一有樓, 一增柴路."고 했다.

15) [地戶지호] 땅 밑으로 드나들게 만든 문. '戶'는 한 쪽으로 여닫는 지게문, 門
은 양쪽으로 여닫을 수 있는 門.

16) [破楚門] 楚나라를 깨뜨리겠다는 의지로 붙인 이름.

17) [反羽] 끝이 위로 젖혀지고 가운데가 움푹하게 생긴 용마루에 얹는 머리 기
와. 孫詒讓은, '反羽는 곧 反宇'라고 했다. ≪釋名－釋宮室≫에, '宇는 羽와
같다'고 했다. ≪論衡－骨相≫에, '孔子는 反羽였다'고 했는데 <講瑞>에,
'反羽는 反宇인 데 새가 날개를 펴서 스스로를 덮는 모양'이라 했다.

18) [鯢鱙예묘] 龍의 한 종류.

19) [習術戰騎射御之巧] 말 타고, 활 쏘며, 戰車 조종술을 익히는 것. 兪樾은, '按
上傳, 蓋餘燭庸已降楚矣. 此傳錯也.'라고 했는데 錯誤는 아니다. 楚나라에
항복해서 舒 땅에 封받은 蓋餘와 燭庸을 屈服시키기 위한 준비로 보는 것이
옳다.

20) [干將] 吳나라 劍匠. 越나라 歐冶子와 한 스승에게 劍匠수업을 받았다. 干將
은 劍이 완성된 후 陽劍에는 자기 이름을 붙여 '干將'이라 했고 陰劍에는 아
내 이름을 붙여 '莫耶'라고 했다.

21) [歐冶子] 춘추시대 越나라 劍匠. 干將과 함께 한 스승에게서 劍匠 수업을 받

越前來獻三枚,[22] 闔閭得而寶之, 以故使劍匠作爲二枚, 一曰干將, 二曰莫耶.
莫耶[23]干將之妻也. 干將作劍, 采五山[24]之鐵精, 六合[25]之金英,[26] 候天伺地,
陰陽同光, 百神臨觀, 天氣下降, 而金鐵之精不銷淪流.[27] 於是干將不知其由.
莫耶曰: "子以善爲劍聞於王, 使子作劍, 三月不成, 其由意乎?" 干將曰: "吾
不知其理也." 莫耶曰: "夫神物之化, 須人而成. 今夫子作劍, 得無得其人而後
成乎." 干將曰: "昔吾師作冶金鐵之類不銷, 夫妻俱入冶爐中, 然後成物. 至今
後世卽山作冶, 麻絰葌服,[28] 然後敢鑄金於山. 今吾作劍不變化者, 其若斯
耶?" 莫耶曰: "師知爍身[29]以成物, 吾何難哉?" 於是干將妻乃斷髮剪爪, 投於
爐中.[30] 使童女童男三百人, 鼓橐裝炭,[31] 金鐵乃濡邃以成劍. 陽曰干將, 陰
曰莫耶. 陽作龜文, 陰作漫理.[32] 干將匿其陽, 出其陰而獻之, 闔閭甚重. 旣得
寶劍, 適會魯使季孫聘於吳, 闔閭使掌劍大夫以莫耶獻之. 季孫拔,[33] 劍之鍔
中缺者, 大如黍米. 歎曰: "美哉! 劍也. 雖上國之師何能加之! 夫劍之成也, 吳

앗다. 越나라에는 步光劍이니 屈盧之矛굴로지과니 하는 劍이나 창의 이름이
자주 등장하데 吳越은 좋은 鐵의 産地였고 劍을 冶金하는 기술이 뛰어났던
것으로 보인다.

22) [三枚] 越나라가 바친 名劍 세 자루. 곧 魚腸劍, 磐郢劍, 湛盧劍.
23) [莫耶막야] 干將의 아내. 간장이 만든 두 자루 名劍 중 陰劍의 이름.
24) [五山] 東 泰山, 西 華山, 南 衡山, 北 恒山, 中央 崇山. 여기서는 天下 名山
　　을 指稱한 것.
25) [六合] 天地와 四方. 宇宙.
26) [金英] 天地四方의 精氣가 서린 銅.
27) [淪流윤류] 녹아서 흘러내림.
28) [麻絰마질葌服간복] '絰'은 喪制가 머리나 허리에 두르는 麻로 만든 띠인데 허
　　리에 두를 때는 香燭을 달았다.
29) [爍身삭신] 몸을 불사름.
30) [投於爐中투어노중] 莫耶의 말에, '대저 神物이라 할 만큼 神靈한 물건이란 사
　　람을 얻어야 만들어질 수 있는 것'이라 했고, '스승님 夫妻도 스스로 용광로
　　에 몸을 살라 名劍을 만드셨는데 제가 어찌 이를 어려워하겠습니까?'라고 했
　　다. 莫耶는 몸을 齋戒재계한 후 용광로에 뛰어들어 남편으로 하여금 名劍을
　　만들게 한 것이다.
31) [鼓橐裝炭고탁장탄] 용광로를 두드리며 炭을 집어넣어 불을 땜.
32) [漫理만리] 물결무늬. '理'는 자국[痕].
33) [季孫拔계손발] ≪北堂書鈔≫에는 '拔' 아래 '視'字가 있는 데 本書에는 빠져
　　있다.

覇, 有缺則亡矣. 我雖好之, 其可受乎!" 不受而去.

　闔閭旣寶莫耶, 復命於國中作金鉤.34) 令曰: "能爲善鉤者, 賞之百金." 吳作鉤者甚衆, 而有人貪王之重賞也, 殺其二子, 以血釁35)通作釁.金, 遂成二鉤, 獻於闔閭, 詣宮門而求賞. 王曰: "爲鉤者衆, 而子獨求賞, 何以異於衆夫子36)之鉤乎?" 作鉤者曰: "吾之作鉤也, 貪而殺二子,37) 釁成二鉤." 王乃擧衆鉤以示之: "何者是也?" 王鉤甚多, 形體相類, 不知其所在. 於是鉤師向鉤而呼二子名: "吳鴻! 扈稽! 我在於此, 王不知汝之神也." 聲絶於口, 兩鉤俱飛, 著父之胸. 吳王大驚曰: "嗟乎! 寡人誠負於子." 乃賞百金, 遂服而不離身.

◇　◇　◇　◇

　闔閭 元年, 처음으로 어진 관리들을 임명하여 나라 일을 보게 하고 백성에게 은혜를 베풀고 살림을 보살피게 했다. 이로써 합려의 어질고 올바른 정치가 제후들에게도 널리 알려지게 되었다.

　처음 합려가 仁義를 베풀기 前, 관리들은 불안하여 벼슬자리에 나아가기를 꺼려했으며 제후들은 합려를 믿지 않았다. 이에 伍子胥를 行人으로 삼아 제후의 使臣을 접대하는 등 客禮를 맡아보게 하고 함께 나라 일을 의논하여 國政을 바르게 하고자 했다.

　闔閭가 伍子胥에게 물었다.

　"과인은 吳나라의 疆域강역을 넓히고 疆國으로 만들어 천하의 覇王이 되고자 합니다. 어찌하면 이같이 될 수 있겠습니까?"

　오자서는 무릎걸음으로 왕 앞에 나아가 두 손을 모으고 눈물을 흘리

---

34) [金鉤] 鉤는 갈고리처럼 생긴 兵器. 金鉤는 잘 만들어진 鉤.
35) [血釁혈흔] 피를 바름. 옛 사람들은 器物을 鑄造할 때 犧牲의 피를 발라 神靈함을 구하고자 했다. 앞 章의 莫耶이야기, 우리나라의 에밀레鐘 이야기 등은 모두 사람을 犧牲으로 器物을 만든 전설이다.
36) [夫子] ≪北唐書鈔≫에는 '夫子'를 '夫人'이라 했다.
37) [貪而殺二子] ≪太平御覽≫ 卷三百五十四에는 '貪王之賞而殺二子'라고 했다.

며 머리를 조아려 대답했다.

"臣은 楚나라에서 망명해온 포로에 불과합니다. 아비와 형은 四肢가 잘려 해골이 버려져 있는 데 葬禮조차 치르지 못했습니다. 그 魂魄은 지금 제사조차 받지 못하고 있습니다. 臣은 초나라에서 죄를 입고 욕을 당해 대왕께 歸命해 왔습니다. 죽음을 당하지 않는 것만도 다행한 일이온데 어찌 감히 대왕과 더불어 政事를 논하겠습니까?"

합려가 간곡히 말했다.

"아닙니다. 선생이 아니었다면 과인은 王僚에게 잡혀 옥에 갇히는 몸이 되어 풀려날 수 없었을 것입니다. 이제 다행히 한 말씀 가르침을 받들어 마침내 왕료를 도모하고 나라를 일으키는 일에 까지 이르렀는데 선생께서는 어찌 이처럼 중도에 억지로 물러난다 하십니까?"

伍子胥가 대답했다.

"臣이 들은 바로는, '謀議之臣이 위험한 땅에 사는 것을 어찌 만족해하겠느냐?'고 하더이다. 그래서 신하된 이는 군주의 근심거리를 없애고 일을 안정시키는 것만으로 군주가 친한 바를 삼지는 않는다고 합니다."

闔閭가 말했다.

"그렇지 않습니다. 과인은 선생이 아니면 마음을 터놓고 일을 의논할 수 없는데 선생께서는 어찌 사양하려고만 하십니까? 우리나라는 멀고 외진 동남쪽에 있어 땅은 험준하고 습할 뿐만 아니라 또한 강과 바다를 끼고 있어 그 害가 큽니다. 군주는 지킬 수 없고 백성은 의지할 바가 없습니다. 倉庫도 설치되어 있지 못하고, 밭두둑은 개간되지 않은 채 버려져 있으니 어찌해야 합니까?"

오자서는 한참을 깊이 생각한 연후에 대답했다.

"臣은 듣기를, 治國之道란 먼저 군주는 편안하고 백성은 이치로서 다스리는 것이라 하였는데 이것이 나라를 다스리는 가장 올바른 방법이라고 하겠습니다."

闔閭가 물었다.

"安君治民이란 어떤 것입니까?"

伍子胥가 대답했다.

"대저 안군치민의 다스림을 펴서 霸業을 일으키고 王業을 이루고자 하신다면 가까운 곳의 제후는 따르게 하시고 먼 곳의 제후는 制壓해야 하는데 반드시 먼저 城郭을 건설하여 수비태세를 튼튼히 갖추며 창고를 가득 채워 군사들을 잘 먹이고 훈련시키는 것이니 이것이 安君理民이라는 것입니다.”

합려가 말했다.

“옳습니다. 대저 성곽을 쌓게 하고 창고를 세우며 토지제도를 만들겠습니다. 어찌해야 하늘의 曆數와 五行의 변화를 헤아려 隣近의 나라들에 威勢를 떨칠 수 있겠습니까?”

오자서가 대답했다.

“할 수 있습니다.”

합려가 말했다.

“좋습니다. 과인은 覇業의 계획을 선생께 맡기고자 합니다.”

伍子胥는 마침내 築城축성을 맡아 地官으로 하여금 地勢와 물의 흐름, 깊이 등 水勢를 살피게 하고, 하늘의 운행을 헤아리며, 땅의 생김생김을 본받아 大城郭대성곽을 축성했다. 성곽의 둘레는 四十七里요, 陸門은 여덟 개로서 하늘의 天氣[날씨, 별자리 관측 등]를 살필 수 있도록 팔방으로 트이게 하여 八風을 받게 했다. 팔풍을 받는 여덟 방향마다 城門을 세워 별자리와 기상, 구름과 풍향을 살피게 함으로서 戰時의 防禦방어와 평시의 농사에 참고하게 했다.

城門마다 水門을 만들었으니 물길을 팔방에 통하게 하여 城內에 물이 들어오고 나가는 흐름을 조정하게 하여 가뭄과 홍수에 대비하도록 했다.

大城郭 안에 다시 小城을 築造하였는데 둘레가 십리요, 陵門이 셋인데 동쪽문은 열지 않았으니 이로써 越나라의 陽氣를 끊고자 함이었다. 소성의 閶門창문[西門]은 天門에 통하게 하여 閶闔風창합풍을 받게 하였는데 天門은 閶門 꼭대기의 탑을 이르는 것이다. 蛇門사문은 땅 속에 집을 짓는 뱀이 드나드는 문이니 땅집 모양으로 만들었다.

闔閭는 서쪽의 楚나라를 깨치고자 하는 마음이 있었는데 초나라는 서북쪽에 있었으므로 小城에 閶門창문을 세우고 天氣를 통하게 했으며 다시 閶門에 이름을 붙여 破楚門이라 했다. 또 동쪽으로는 越나라를 아우르고자 하는 마음이 있었는데 월나라는 동남쪽에 있었다. 그래서 蛇門을 세워 敵國을 제압하려 했다.

吳나라는 辰의 方位로서 龍의 자리에 위치해 있었다. 그래서 小城 南門 꼭대기에 있는 용마루의 머리 기와에 뿔달린 鯢鱙예모[용]의 모습을 새겨 월나라를 굽어보게 했다. 월나라는 巳의 方位로서 뱀의 자리에 위치해 있었다. 그래서 大城郭 남대문 꼭대기에 나무로 뱀의 像을 만들어 北向으로 세워 그 머리가 小城 南門 위의 용을 보고 敬拜하게 했는데 이는 월나라가 오나라의 屬國이 되는 것을 암시하는 것이었다. 이로써 大城郭과 小城郭이 모두 완성되고 창고도 갖추어지게 되었다.

闔閭는 망명해 있는 蓋餘개여와 燭傭촉용을 꺾기 위해 다시 오자서로 하여금 군사들에게 戰術과 말타기, 활쏘기, 전차 모는 법 등을 가르치게 했는데 아직 사용할 무기가 갖추어지지 않아 干將이라는 劍匠에게 청하여 名劍 두 자루를 만들게 했다. 간장은 吳나라 사람으로 越나라의 歐冶子구야자와 함께 한 스승에게서 劍匠 修業을 한 名匠이었다.

전에 월나라는 명검 세 자루를 바쳐온 일이 있었는데 합려는 이 명검들을 얻어 보물로 여겨 아껴왔다. 그래서 劍匠검장으로 하여금 名劍을 만들게 했던 것인데 하나는 干將이라 하고 또 하나는 莫耶막야라 했다. 막야는 간장의 妻다.

간장은 五山의 精氣가 서린 鐵精철정을 캐고, 天地四方 六合의 정기가 서린 구리를 캐서 天氣[氣候]를 살피고 地氣를 엿보아 기후를 살핀 다음 陰陽[日月]이 함께 비치는 시각에 陰陽을 조화시켜 쇠를 녹이고자 했다. 그러나 하늘에서 百神이 내려와 보는데 天氣가 내려가 金鐵之精은 좀체로 녹아 흐르지 않았는데 干將은 그 까닭을 알지 못했다.

그 아내 莫耶가 말했다.

"당신께서 좋은 검을 만드신다는 소문을 왕께서 들으시고 당신으로 하여금 劍을 만들게 하신지 석 달이나 되었는데 아직도 명검을 만들지 못하고 있는 것은 무슨 緣由연유입니까?"

干將이 대답했다.

"나도 그 이유를 자세히 알 수 없소."

막야는 남편에게 말했다.

"대저 神物이라 할 만큼 훌륭한 물건이 만들어지는 것은 반드시 사람으로서 이루어지는 것입니다. 지금 얻어야 할 것을 얻지 못하였으니 그 사람을 얻은 연후에야 名劍을 만들 수 있을 것입니다."

간장이 말했다.

"옛날 나의 스승께서 冶金야금하실 때에도 이같은 일이 있었는데 스승님 부부가 함께 용광로에 몸을 던져 넣은 후에야 쇠를 녹인 일이 있었소. 그 후 지금까지 산에서 쇠를 녹이고 冶金할 때에 나는 스승님 부부를 추모하여 몸에 麻로 만든 띠를 두른 채 제사를 지내고서야 감히 산에서 쇠를 캐고 鑄金주금을 했소. 지금 쇠가 녹아 내리지 않고 있음은 그 때와 같은 연유일까요?"

莫耶는 남편에게 말했다.

"스승님께서도 사람의 몸으로 쇠를 녹여야 할 것을 아시고 용광로에 몸을 불살라 명검을 만드셨는데 妾이 어찌 이를 어려워하겠습니까?"

막야는 머리카락과 손톱, 발톱을 깎아 몸을 貞潔정결히 하여 齋戒재계한 후 용광로에 뛰어들었다. 이에 간장은 童女童男 三百人으로 하여금 용광로를 두드리면서 炭탄을 집어넣고 불을 때게 하니 비로소 쇳물이 녹아내려 간신히 두 자루의 명검을 만들 수 있었다.

이렇게 하여 간장은 雌雄자웅의 명검 두 자루를 만들었는데 陽劍양검인 雄劍웅검에는 干將이라는 이름을 붙이고 거북무늬를 새겼으며, 陰劍음검인 雌劍자검에는 莫耶라는 이름을 붙이고 물결무늬를 새겼다. 간장은 두 자루의 명검 중 雄劍인 干將은 숨기고 雌劍인 莫耶만을 오왕께 바쳤다.

검을 받아본 闔閭합려는 매우 흡족해 하며 寶劍보검을 매우 소중히 여겼다. 때마침 魯나라의 권력자 季孫계손이 使臣이 되어 吳나라에 왔으므로 사람을 시켜 검을 받쳐 들고 莫耶를 계손에게 바치게 하였다. 계손이 검을 빼어보니 칼날에는 기장쌀만한 크기의 흠이 있었다. 계손이 탄식하여 말했다.

"아름다운 검이다. 비록 上國의 劍匠이라도 어찌 이보다 더 잘 만들 수 있겠는가! 참으로 명검이다. 대저 검이 이루어졌으니 오나라는 이로써 覇者패자가 될 것이나 칼날에 흠이 있은 즉 결국 망하게 될 것이다. 훌륭한 검이기는 하지만 내가 어찌 이 명검을 받을 수 있겠는가?"

계손은 검을 받지 않고 돌아갔다.

閭閭합려는 寶劒 莫耶막야를 얻은 후 다시 명을 내려 金鉤금구를 만들게 하였다. 금구를 만드는 자에게는 百金을 상으로 내릴 것이라고 하자 상금을 탐내어 鉤를 만드는 자들이 수 없이 많았다.

왕의 후한 상금을 탐낸 어떤 사람이 두 아들을 죽여 아들의 피를 바른 金을 冶金하여 두 개의 鉤를 완성하여 합려에게 바치고 宮門에 이르러 상을 줄 것을 요구 하였다. 왕이 말했다.

"鉤를 만든 자는 수 없이 많다. 그런데 유독 그대만이 賞을 요구하니 여러 사람이 만든 이 많은 鉤 중에서 그대가 만든 鉤가 다른 사람들의 것보다 특별히 훌륭한 것인지 어떻게 알 수 있겠는가?"

鉤를 만든 자가 말했다.

"제가 만든 鉤는 대왕의 상금을 받기위해 두 아들을 죽여 그 피를 발라 두 개의 구가 만들어진 것입니다."

오왕은 마침내 여러 개의 鉤를 들어 보이며 말했다.

"어떤 것이 그대의 鉤인가?"

여러 개의 구가 서로 비슷한지라 그 자가 만든 鉤가 어떤 것인지 왕은 알 수 없었다. 이에 그 자가 鉤를 향해 두 아들의 이름을 불렀다.

"吳鴻오홍아! 扈稽호계야! 우리들이 여기 있는데 왕께서는 너희들의 神靈함을 모르시는구나."

말이 끝나자마자 두 개의 鉤는 함께 날아가서 그 아비의 가슴에 붙어 버렸다. 오왕은 크게 놀라 말했다.

"슬프다. 과인은 진실로 그대에게 부끄럽구나!"

오왕은 약속한대로 그 자에게 百金의 상을 주었으며 鉤를 옷에 걸고 몸에서 떼어놓지 않았다.

◈ 참　고

1. ≪史記－吳太伯世家≫

王闔廬元年擧伍子胥爲行人, 而與謀國事.

2. ≪史記－伍子胥傳≫

闔廬旣立得志, 乃召伍員以爲行人, 而與謀國事. 楚誅其大臣郤宛伯州犁.
伯州犁之孫伯嚭亡奔吳. 吳亦以嚭爲大夫

◇　　◇　　◇　　◇

[4－02] 六月, 欲用兵, 會楚之白喜38)≪史記≫作伯嚭. 披美切.來奔. 吳王問子
胥曰: “白喜何如人也?” 子胥曰: “白喜者楚白≪左傳≫≪史記≫白俱作伯.州犁39)
之孫. 平王誅州犁. 喜因出奔. 聞臣在吳而來也.” 闔閭曰: “州犁何罪?” 子胥
曰: “白州犁楚之左尹,40) 號曰郤宛41)郤當作郤. 詳此書似以伯州犁郤宛爲一人. 按≪左
傳－昭公元年≫: “楚公子圍殺太宰伯州犁于郟.” ≪春秋－昭公二十七年≫: “楚殺其大夫郤宛.” 自
是二人. 又按徐廣曰: “州犁之子曰郤宛. 郤宛之子曰伯嚭. 宛亦姓伯. 又別氏郤.” ≪吳世家≫曰: “楚
誅伯州犁, 其孫伯嚭奔吳.” 此云伯州犁號郤宛非也.事平王. 平王幸之, 常與盡日
朝42)陟遙切, 旦也.而食, 費無忌望而妬之. 因謂平王曰: ‘王愛幸宛, 一國所知.

---

38) [白喜] 春秋時代 楚나라 사람. 白州犁백주리의 孫子. 本書 外傳에는 ‘白喜’를
‘白嚭백비’라고 했다.
39) [白州犁백주리] 春秋時代 楚나라 大夫. ≪春秋左傳≫ 成公十五年, 그 아비 伯
宗이 晉나라에서 郤氏극씨에게 죽음을 당하자 楚나라로 亡命했다.
40) [左尹] 政丞에 해당되는 楚나라 官職. 令尹, 左尹, 右尹.
41) [郤宛극완] 晉나라에 郤氏극씨가 있었으나 郤극과 같은 姓氏인지는 未詳이다.
　　≪春秋左傳≫ 成公十五年에, ‘晉나라 三郤인 郤錡극기, 郤至극지, 郤犨극주가
　　자기들 일에 방해가 된다하여 伯宗을 모함해 죽이고 그 害가 欒弗忌난불기에
　　게 까지 미치자 伯宗의 아들 伯州犁는 楚나라로 도망쳤다’고 했다.

何不爲酒一至宛家, 以示羣臣於宛之厚?' 平王曰: '善.' 乃具酒於郤宛之舍. 無忌教宛曰: '平王甚毅猛而好兵, 子必前陳兵堂下門庭.' 宛信其言, 因而爲之. 及平王往而大驚曰: '宛何等也?' 無忌曰: '殆且有篡殺43)之憂, 王急去之, 事未可知.' 平王大怒, 遂誅郤宛. 諸侯聞之, 莫不歎息. 喜聞臣在吳, 故來請見之." 闔閭見白喜而問曰: "寡人國僻遠東濱海, 側聞子前人爲楚荊之暴怒, 費無忌之讒口. 不遠吾國而來於斯, 將何以教寡人?" 喜曰: "楚國之失虜, 前人無罪橫被暴誅. 臣聞大王收伍子胥之窮厄, 不遠千里故來歸命, 惟大王賜其死." 闔閭傷之, 以爲大夫, 與謀國事. 吳大夫被離44)承宴, 問子胥曰: "何見而信喜?" 子胥曰: "吾之怨與喜同. 子不聞河上歌乎? '同病相憐同憂相救, 驚翔之鳥相隨而集, 瀨下之水因復俱流.' 胡馬望北風而立, 越鷰向日而熙, 誰不受其所近, 悲其所思者乎?" 被離曰: "君之言外也, 豈有內意以決疑乎?" 子胥曰: "吾不見也." 被離曰: "吾觀喜之爲人, 鷹視虎步,45) 專功擅殺46)之性. 不可親也." 子胥不然其言, 與之俱事吳王.

◇ ◇ ◇ ◇

闔閭합려 元年 6월에 군사를 일으켜 楚나라를 치고자 했는데 때마침 초나라에서 白喜백희가 망명해 왔다.

吳王이 伍子胥에게 물었다.

"백희는 어떤 사람입니까?"

오자서가 대답했다.

---

42) [襲朝습조] 아침마다. 거듭해서.

43) [篡殺찬살] 임금을 죽이고 그 자리를 빼앗음.

44) [被離피리] 吳나라 大夫. 伍子胥와는 마음이 통하는 同志였다. 本書 夫差 內傳에 '吳王謂被離曰: '汝嘗與子胥, 論寡人之短. 乃髡被離而刑之.'라고 하였다.

45) [鷹視虎步응시호보] 매의 날카로운 눈초리와 호랑이 같이 조심스러우면서도 사나운 걸음걸이.

46) [專功擅殺전공천살] 功은 혼자 독차지 하고 제멋대로 사람을 죽임.

"백희는 초나라 白州犁백주리의 손자입니다. 平王이 백주리를 죽였는데 백희는 臣이 오나라에 있다는 소문을 듣고 찾아온 것입니다."

합려가 다시 물었다.

"백주리는 어떤 죄를 저질렀습니까?"

오자서가 대답했다.

"백주리는 초나라의 左尹이었습니다. 號는 郤宛극완이라 하며 평왕을 섬겼는데 평왕은 극완을 몹시 사랑하여 항상 곁에 두고 國事를 의논했습니다. 매일 아침 평왕과 극완이 아침식사를 하는데 費無忌가 이를 엿보고 극완을 疾視질시하여 평왕에게 讒訴참하기를, '왕께서 극완을 사랑하고 아끼심은 초나라 사람 모두가 알고 있습니다. 어찌 한번 극완의 집에 나가 酒宴주연을 열어 극완에 대한 왕의 두터운 신임을 여러 신하에게 보이지 않으십니까?' 평왕이 '좋다'고 하여 극완의 집에서는 왕을 모시고 주연을 열게 되었습니다. 이때 비무기가 극완에게 말하기를, '왕께서는 굳세고 용맹한 군사들을 좋아하십니다. 선생께서는 필히 왕께서 오실 때, 마루아래 정원에서부터 문 앞까지 군사들을 벌려세우고 왕을 맞이하시면 왕께서 좋아하실 것입니다.'라고 했는데 극완은 비무기의 말을 그대로 믿어 堂下에 兵仗器를 든 군사들을 벌려 세우고 초왕을 맞이했습니다. 왕이 극완의 집에 이르러 병장기를 든 군사들을 보고 크게 놀라 말했습니다. '宛완이 어찌 이렇게 하는가?' 비무기가 참소하기를, '위험합니다. 왕을 죽이고 왕위를 빼앗으려는 篡殺찬살의 우려가 있으니 급히 돌아가셔야 합니다. 일이 어찌될지 아직 알 수 없습니다.' 평왕은 大怒하여 마침내 극완을 죽였는데 이 소문을 들은 제후들은 탄식하지 않는 이가 없었습니다. 白喜는 臣이 吳나라에 있다는 소문을 듣고 찾아와서 뵙기를 청한 것입니다."

闔閭는 白喜를 만나보고 물었다.

"과인의 나라는 멀고 외진 동해의 바닷가에 있으나 費無忌가 선생의 祖父를 讒訴참소해 죄 없이 죽인 일을 어렴프시 알고는 있습니다. 먼 길을 마다않고 우리나라를 찾아오셨으니 바라건대 어떤 말씀으로 과인에게 가르침을 주시겠습니까?"

백희가 말했다.

"楚나라의 失政이 심하여 죄 없는 저의 할아버님께서는 비명에 돌아가셨고 저의 一族 또한 참살을 당했습니다. 臣은 대왕께서 伍子胥의 불우하고 어려운 처지를 거두어 주셨다는 소문을 듣고 천리길을 멀다않고 歸命해 목숨을 대왕께 맡기나이다.”

합려는 白喜의 말을 듣고는 마음에 불쌍히 여겨 오나라 大夫가 되게 하여 더불어 國事를 도모하게 했다. 大夫 被離피리가 백희를 위한 承宴의 자리에서 오자서에게 물었다.

“君께서는 백희의 信義를 어떻게 보십니까?”

오자서가 대답했다.

“나의 恨과 백희의 원망은 같은 것이오. 그대는 河上歌를 들어보지 못했소? 그 歌詞를 들어 보시오.

同病相憐　　　　같은 병을 앓는 이는 서로를 불쌍히 여기고
동병상련

同憂相求　　　　같은 근심 있는 이는 서로를 불러 찾네.
동우상구

驚翔之鳥　　　　놀라서 날아오른 새의 무리는
경상지조

相隨而集　　　　서로 따라 날면서 다시 또 모여드네.
상수이집

瀨下之水　　　　아래로 흐르는 瀨水뇌수의 물도
뢰하지수

因復俱流　　　　흩어져 흐르다가 다시 모여 흐르네.
인복구류

북쪽에서 태어난 胡馬는 북풍이 불면 저도 몰래 일어서고, 남쪽의 越나라 제비는 햇빛 비치는 남쪽을 향해 앉지요. 누가 그 가까운 바를 사랑하지 않으며, 그 생각하는 바를 측은히 여기지 않겠소?”

被離피리가 오자서에게 말했다.

“君께서 말씀하신 것은 겉모습일 뿐입니다. 어찌 그 속에 있는 뜻까지 의심을 풀 수 있겠습니까?”

오자서가 대답했다.

"나는 마음속까지는 보지 못하오."

피리가 말했다.

"제가 白喜의 관상을 보건대 사람을 쏘아보는 것은 날카로운 매의 눈빛이며, 걸음걸이는 호랑이의 조심스런 걸음걸이로 鷹視虎步응시호보의 相입니다. 이는 專功擅殺전공천살의 잔인한 성품으로서 功은 혼자서 독차지 하고 사람을 거리낌 없이 죽이는 포악한 성품이니 가까이 해서는 안될 사람입니다."

자서는 피리의 말을 그렇지 않게 여겨 백희와 함께 오왕을 섬겼다.

◆ 참　고

1. ≪春秋左傳－成公 十五年≫

晉三郤害伯宗, 譖而殺之, 及欒弗忌, 伯州犂奔楚. 韓獻子曰: "郤子其不免乎. 善人天地之紀也. 而驟絶之. 不亡何待." 初, 伯宗每朝, 其妻必戒之曰: "盜憎主人, 民惡其上, 子好直言, 必及於難."

2. ≪春秋左傳－昭公二十七年≫

郤宛直而和, 國人說之. 鄢將師爲右領, 與費無極比而惡之. 令尹子常賄而信讒. 無極譖郤宛焉, 謂子常曰: "子惡欲飮子酒." 又謂子惡曰: "令尹欲飮酒於子氏." 子惡曰: "我賤人也, 不足以辱令尹. 令尹將必來辱, 爲惠已甚, 吾無以酬之. 若何?" 無極曰: "令尹好甲兵, 子出之, 吾擇焉." 取五甲五兵曰: "寘諸門. 至令尹, 必觀之. 而從以酬之." 及饗日, 帷諸門左. 無極謂令尹曰: "吾幾禍子. 子惡將爲子不利. 甲在門矣. 子必無往. 且此役也, 吳可以得志, 子惡取賂焉而還, 又誤羣師, 使退其師曰: '乘亂不祥.' 吳乘我喪, 我乘其亂, 不亦可乎?" 令尹使視郤氏, 則有甲焉. 不往, 召鄢將師而告之. 將師退, 遂令攻郤氏, 且燼之. 子惡聞之, 遂自殺也. 國人不說, 令曰: "不燼剋氏, 與之同罪." 或取一編菅焉, 或取一秉杆焉, 國人投之, 遂不爇也. 令尹炮之, 盡滅郤氏之族黨, 殺陽令終與其弟完及佗與晉陳及其子弟.

3. ≪史記－吳太伯世家≫

王闔廬元年擧伍子胥爲行人, 而與謀國事. 楚誅伯州犁, 其孫伯嚭亡奔吳. 吳以爲大夫.

4. ≪史記－伍子胥傳≫

闔廬旣立得志, 乃召伍員以爲行人, 而與謀國事. 楚誅其大臣郤宛伯州犁. 伯州犁之孫伯嚭亡奔吳. 吳亦以嚭爲大夫.

◇　◇　◇　◇

[4－03] 二年, 吳王前旣殺王僚, 又憂慶忌[47]之在隣國,[48] 恐合諸侯來伐. 問子胥曰: "昔專諸之事於寡人厚矣. 今聞公子慶忌有計於諸侯. 吾食不甘味, 臥不安席, 以付於子." 子胥曰: "臣不忠無行, 而與大王圖王僚於私室之中, 今復欲討其子, 恐非皇天之意." 闔閭曰: "昔武王[49]討紂,[50] 而後殺武庚,[51]

---

47) [慶忌경기] 吳나라 公子. 왕료의 동생인지 아들인지는 분명치 않다. 要離에게 죽음을 당했다.
48) [隣國인국] 이 때 慶忌는 衛나라로 亡命해 있었다. ≪莊子≫ 山木篇에 "北宮奢爲衛靈公 賦斂以爲鐘 爲壇乎郭門之外 三月而成上下之縣 王子慶忌見而問焉 曰子何術之設 奢曰一之間 無敢設也"라고 하였다.
49) [武王] 周 文王의 아들. 이름은 發. 周나라 王業을 일으켰으나 天子가 된지 2년 만에 죽었다.
50) [紂주] 殷나라 마지막 임금. 이름은 履癸이규.
51) [武庚무경] 殷나라 紂王주왕의 아들. 殷나라가 망한 후 周나라 武王은 紂王의 아들인 武庚을 殷 땅에 封해 殷나라 백성을 慰撫위무하고자 했으나 武庚은 武王이 죽은 후 武王의 동생인 管叔관숙, 蔡叔채숙 등과 함께 군사를 일으켜 殷 王朝를 다시 일으키고자 했다. 周公은 몸소 東征에 나서 3년 만에 겨우

周人無怨色. 今若斯議, 何及天乎?52)” 子胥曰: “臣事君王, 將遂吳統, 又何懼焉? 臣之所厚其人者細人也, 願從於謀.” 吳王曰: “吾之憂也, 其敵有萬人之力, 豈細人之所能謀乎?” 子胥曰: “其細人53)之謀事, 而有萬人之力也.” 王曰: “其爲何誰? 子以言之.” 子胥曰: “姓要平聲名離.54) 臣昔嘗見曾折辱壯士椒丘訢55)也.” 王曰: “辱之奈何?” 子胥曰: “椒丘訢者東海上人也. 爲齊王使於吳, 過淮津, 欲飲馬於津, 津吏曰: ‘水中有神, 見馬卽出, 以害其馬. 君勿飲也.’ 訢曰: ‘壯士所當,56) 何神敢干?’ 乃使從者飲馬於津, 水神果取其馬, 馬沒. 椒丘訢大怒, 袒裼57)持劍, 入水求神決戰, 連日乃出, 眇其一目. 遂之吳, 會於友人之喪. 訢恃其與水水字下當有神字戰之勇也, 於友人之喪席而輕傲於士大夫, 言辭不遜, 有陵人之氣. 要離與之對坐, 合坐不忍其溢於力也. 時要離乃挫訢曰: ‘吾聞勇士之鬪也, 與日戰不移表,58) 與神鬼戰者不旋踵,59) 與人戰者不達聲,60) 生往死還, 不受其辱. 今子與神鬪於水, 亡馬失御, 又受

東夷의 騷擾소요를 진압할 수 있었다. 武庚과 管叔은 죽음을 당하고, 蔡叔은 귀양을 갔다. 周公은 孔子의 祖上인 微子啓미자계를 대신 殷 땅에 봉했는데 이것이 春秋時代 宋나라다.

52) [何及天乎] 어찌 하늘의 뜻에 반하는 것이겠는가. 孫詒讓 注에는, ‘何及天乎’의 ‘及’을 ‘反’으로 본다’고 했다.

53) [細人] 몸이 아주 작고 가늘은 사람. 혹은 쓸모 없는 사람.

54) [要離요리] 春秋時代 刺客. 要離는 慶忌를 죽인 후 자신도 자결했다.

55) [椒丘訢초구흔] 春秋時代 齊나라 壯士. 漢魏叢書本에도 같다. 萬曆本에는 ‘椒丘訴’라고 했다.

56) [所當] ≪荀子≫ 正名篇 注에, ‘當’은 ‘主’라 했는 데 等于說등우열은, ‘所當은 所有와 같다’고 했다.

57) [袒裼단석] 웃통을 벗어부침.

58) [與日戰者不移表] 목숨을 아끼지 않는 용사는 지는 해마저 붙들어 놓고 끝까지 싸운다는 말. 宋 王翰의 <古長城吟>에 “爲君一行摧萬人 壯士揮戈回白日 單于濺血汗朱輪－임금을 위해 한 번 가서 萬人을 꺾도다. 장사가 창을 한 번 휘둘러 해를 돌리니, 선우의 피 철철 흘러 朱輪을 물들이네.”라고 했는데 注에 “昔, 魯陽公與韓戰 日暮援戈而揮之 日爲反三舍－옛날 魯 陽公이 韓나라와 싸울 때 날이 저물자 창을 끌어당겨 한 번 휘두르니 지던 해가 三舍나 되돌아 왔다.”고 하였다. 一舍는 三十里.

59) [旋踵선종] 발꿈치를 돌리다. 후퇴하다.

60) [不達聲] 시끄럽게 떠들며 큰소리치지 않음.

眇目之病, 形殘名勇, 勇士所恥. 不卽喪命於敵, 而戀其生, 猶傲色於我哉!' 於是椒丘訢卒於卒音猝, 於字疑當作被.詰責, 恨怒並發, 暝卽往攻要離. 於是要離 席闌至舍, 誡其妻曰: '我辱勇士椒丘訢於大家之喪, 餘恨蔚蔚當作鬱.恚,61) 暝必來也, 愼無閉吾門.' 至夜椒丘訢果往, 見其門不閉, 登其堂不關, 入其室不守, 放髮僵臥62)無所懼. 訢乃手劒而掔要離曰: '子有當死之過者三, 子知之乎?' 離曰: '不知.' 訢曰: '子辱我於大家之衆, 一死也; 歸不關閉, 二死也; 臥不守御, 三死也. 子有三死之過, 欲無得怨.' 要離曰: '吾無三死之過, 子有三不肖之愧, 子知之乎?' 訢曰: '不知.' 要離曰: '吾辱子於千人之衆, 子無敢報, 一不肖也; 入門不咳登堂無聲,63) 二不肖也; 前拔子劒手挫掔64)吾頭, 乃敢大言, 三不肖也. 子有三不肖而威於我, 豈不鄙哉?' 於是椒丘訢投劒而歎曰: '吾之勇也, 人莫敢眥占者,65)占疑當作覘. 離乃加吾之上, 此天下壯士也.' 臣聞要離若斯, 誠以聞矣." 吳王曰: "願承宴而待焉."

◇　◇　◇　◇

闔閭 2년, 오왕은 전에 王僚를 죽인 일로, 衛나라에 도망가 있는 公子 慶忌경기로 인해 근심이 많았다. 또 경기와 제후들이 합세하여 吳나라를 칠 것을 두려워하여 伍子胥에게 물었다.

"옛날 專諸전저로 하여금 왕료를 죽이게 한 일로 과인은 선생께 厚恩후은을 입었습니다. 지금 듣기로 왕료의 공자 경기는 여러 제후의 힘을 빌어 복수를 계획하고 있다고 합니다. 나는 경기로 인해 맛난 음식을 대해도 그 맛을 잃었으며 잠자리에 누워도 불안하기 짝이 없습니다. 선생께 경기를 도모하는 일을 부탁드

---

61) [餘恨蔚恚여한울에] 몹시 화가 난 채 풀리지 않고 남아 있음.
62) [放髮僵臥방발강와] 머리를 풀어헤치고 뻣뻣하게 드러누워 있음.
63) [登堂無聲등당무성] 마루에 오르면서도 사람의 기척을 하지 않다. 옛 사람들은 방에 들 때는 반드시 큰 기침으로 인기척을 했다.
64) [挫掔좌졸] 겨누다.
65) [占者] 엿보는 사람.

리고자 합니다.”

오자서가 말했다.

“臣이 不忠하여 行하지 못했습니다. 대왕과 함께 왕료를 대왕의 私邸로 불러들여 죽였는데 지금 다시 그 아들을 討滅토멸코자 하는 것은 두렵건대 하늘의 뜻이 아닙니다.”

합려가 말했다.

“옛날 周나라 武王이 殷은나라 紂王주왕을 討滅한 후 周公은 그 아들 武庚무경을 토멸해 죽였지만 주나라 사람들은 무왕과 주공을 원망하는 기색이 없었습니다. 지금 이와 같이 결행한다해서 어찌 하늘의 뜻을 어기는 것이겠습니까?”

伍子胥가 말했다.

“臣은 대왕을 섬겨 장차 吳나라의 霸業을 도모하고자 하는데, 또 무엇을 새삼 두려워하겠습니까? 臣이 도타웁게 사귀어 온 한 사람이 있는데 그 사람은 細人입니다. 바라건대 그에게 지금 圖謀하는 일을 맡기도록 하여 주십시오.”

오왕이 걱정스레 말했다.

“나는 걱정스럽습니다. 그 敵[慶忌]은 萬人의 힘을 합친 것과 같은 힘을 지니고 있습니다. 그런데 어찌 細人이 萬人之力의 慶忌를 도모할 수 있겠습니까?”

오자서가 말했다.

“그 작고 보잘 것 없는 사람이 도모하는 일이야말로 萬人之力을 지니고 있습니다.”

오왕이 의아해서 말했다.

“그 사람은 어떤 사람이며 누구인지 말씀해 주시기 바랍니다.”

오자서가 말했다.

“姓은 要이며 이름은 離입니다. 臣이 옛날에 일찍이 만난 적이 있으며 일찍이 辱壯士욕장사 椒丘訢초구흔을 꺾은 적이 있었습니다.”

吳王이 말했다.

“辱壯士라는 것은 무슨 말씀입니까?”

伍子胥는 要離에 대한 내용을 자세히 설명했다.

"椒丘訢은 동해가에 살던 사람입니다. 齊王의 使臣이 되어 吳나라 淮水회수의 나루터를 지날 때 말에게 물을 먹이고자 했습니다. 그런데 나루터의 관리가 말했지요. '이 淮水의 물속에는 水神이 있는 데 말을 보면 물 밖으로 나와서 그 말을 잡아먹습니다. 君께서는 말에게 물을 먹이지 마십시오.' 초구흔이 말하기를, '壯士가 가진 것을 水神 따위가 감히 어쩌겠는가?'하고는 종자를 보내 말에게 물을 먹이게 했습니다. 그러자 과연 淮水의 神이 나타나서 그 말을 끌고 들어가는지라 말은 그만 물속으로 빠져들어가고 말았습니다. 초구흔은 크게 노하여 웃통을 벗어 부치고 劍을 잡고 물속으로 쫓아 들어가 수신과 싸움을 청해 이틀을 연이어 싸운 끝에 물 밖으로 나왔는데 한 쪽 눈을 잃어 애꾸눈이 되었습니다. 초구흔은 吳나라에 와서 친구의 집에 問喪을 갔는데 水神과 싸운 勇將의 氣槪기개를 믿고 친구를 問喪하는 자리임에도 불구하고 거기 모인 士大夫들을 우습게 여기고 傲慢오만하게 떠들어대며 그 言辭 또한 불손하여 여러 사람을 능멸 하고자 했습니다. 마침 要離가 그 자리에 함께 있었는데 초구흔이 힘을 과시하는 것을 참지 못하고 마침내 창피를 주어 말했지요. '내가 들은 바, 勇士의 싸움이란 기우는 해마저 붙들어 놓고 용감히 싸우며, 神鬼와 싸우는 이는 발꿈치를 돌려 물러서지 않으며, 사람과 싸우는 이는 큰 소리를 치지 않는다고 한다. 살아서 나가 죽어서 돌아올지언정 용사는 辱을 참지 않는데 지금 그대는 水神과 싸워 물 속에 그대의 말과 마부를 잃었고, 또 한 쪽 눈을 잃어 애꾸의 병을 얻었다. 처참한 몰골에 껍데기뿐인 虛名은 勇士가 부끄러이 여기는 바이거늘, 그대는 적 앞에서는 죽지도 못하고 그 生을 戀戀해 돌아온 주제에 내 앞에서 그 오만한 氣色을 들어내는가?' 초구흔은 창졸간에 이렇게 詰責힐책을 당하자 마침내 원한과 분노가 함께 폭발하여 날이 어두워지면 요리의 집으로 가서 공격하고자 했습니다. 要離는 자리에 앉아 있다가 날이 저물어 집에 돌아와 그 妻에게 말하기를, '大家의 問喪 자리에서 나에게 辱을 당한 壯士 椒丘訢초구흔은 아직도 忿이 남아 있으면서 몹시 화를 내고 갔으니 어두워지면 반드시 다시 올 것이오. 삼가하여 우리집 문을 닫지 마오.'라고 했는데 밤이 되자 과연 초구흔은 요리의 집으로 갔습니다. 그런데 요리의 집에 이르러 보니 그 문은 닫지도 않았고, 마루에 오르려니 빗장도 걸어 잠그지 않았으며, 방에 들어 가려하니 그 방은 지키지도 않은 채 요리는 머리카락을 풀어헤쳐 뻣뻣해진 채 누워서는 도무지 두려워하는 기색이 없었습니다. 초구흔은 마침내 손에 검을 빼어들어 요리를 겨누고 말하기를, '너는 지금 죽어야할 세 가지 잘못이 있는데 그것을 아는가?' 요리가 대답했습니다. '알지 못하노라.' 초구흔이 말했습니다. '너는 大家의 여러 사람이 모인 자리에서 나에게 모욕을 주었으니 그것이 첫 번째 죽어야 하는 이유요, 집에 돌아와서는 문의 빗장을 걸어 잠그지 않았으니 그것이 죽어야 하는 두 번째 이유이며, 드러누워 지키지 않았으니 그것이 네가 죽어야 하는 세 번째 잘못이다. 너에게 세 번 죽어야할 잘못이 있으니 죽더라도 나를 원망치 말아라.' 그러자 要離가 말했습니다. '나에게는 죽어야할 잘못이 없노라. 너야말로 세 가지 못난 부끄러움이 있으니 너는 그것을 아는가?' 椒丘訢이 말했지요. '알지 못하노라.' 요리가 말했습니다. '나는 너에게 千名이나 되는 여러 사람 앞에서 모욕을 주었는데 너는 감히 그 자리에서 보복을 하지 못했으니 그것이 첫 번째 못난 것이요, 門에 들어오면서 헛기침을 하지 않고 마루에 오르면서도 사람 기척을 내지 않았으니 그것이 두 번째 못난 짓이며, 먼저 너의 검을 뽑아 손에 잡고 나의 머리를 겨누고 나서야 감히 큰 소리로 말했으니 이것이 너의 세 번째 못난 것이다. 너는 세 가지 못난 것으로 나를 위협하려하니 어찌 鄙陋비루하지 않은가?' 초구흔은 검을 던져버리고 탄식하기를, '나의 勇力은 사람들 중에 감히 엿보는 자가 없었는데 요리는 나보다 더한 勇壯의 기개를 갖추었으니 이 사람이야말로 천하의 용사다' 라고 했습니다. 臣이 들은 요리는 이와 같아오니 삼가 보고들은 바를 모두 말씀드렸습니다."

吳王이 호기심을 드러내며 말했다.

"바라건대 宴會연회를 열고 기다리겠습니다."

◇　◇　◇　◇

[4-04] 子胥乃見要離曰: "吳王聞子高義, 惟一臨之." 乃與子胥見吳王. 王曰: "子何爲者?" 要離曰: "臣國東千里之人. 臣細小無力, 迎風則僵,66) 負風則伏,67) 大王有命, 臣敢不盡力?" 吳王心非子胥進此人, 良久默然68)不

---

66) [迎風則僵영풍즉와] 맞바람을 받으면 자빠짐.
67) [負風則伏부풍즉복] 등 뒤에 바람을 받으면 앞으로 엎어짐.
68) [良久默然양구묵연] 오랫동안 말이 없음.

言. 要離卽進曰: "大王患慶忌乎? 臣能殺之." 王曰: "慶忌之勇世所聞也. 筋骨果勁, 萬人莫當, 走追奔獸, 手接飛鳥, 骨騰肉飛, 柎膝數百里. 吾嘗追之於江, 馴馬馳不及, 射之闇接, 矢不可中. 今子之力不如也." 要離曰: "王有意焉, 臣能殺之." 王曰: "慶忌明智之人, 歸窮於諸侯, 不下諸侯之士." 要離曰: "臣聞安其妻子之樂, 不盡事君之義, 非忠也. 懷家室69)之愛, 而不除君之患者, 非義也. 臣詐以負罪出奔, 願王戮臣妻子, 斷臣右手, 慶忌必信臣矣." 王曰: "諾." 要離乃詐得罪, 出奔. 吳王乃取其妻子, 焚棄於市. 要離乃奔諸侯而行怨言, 以無罪聞於天下. 遂如衛,70) 求見慶忌. 見曰: "闔閭無道, 王子所知, 今戮吾妻子, 焚之於市, 無罪見誅. 吳國之事, 吾知其情, 願因王子之勇, 闔閭可得也. 何不與我東之於吳?" 慶忌信其謀. 後三月, 揀練71)士卒, 遂之吳. 將渡江於中流, 要離力微, 坐與與當作於上風, 因風勢以矛鉤72)其冠, 順風而刺慶忌. 慶忌顧而揮之, 三摔其頭於水中, 乃加於膝上: "嘻嘻哉73)! 天下之勇士也. 乃敢加兵刃於我!" 左右欲殺之, 慶忌止之曰: "此是天下勇士, 豈可一日而殺天下勇士二人哉!" 乃誡左右曰: "可令環吳, 以旌其忠.74)" 於是慶忌死. 要離渡至江陵, 愍然不行. 從者曰: "君何不行?" 要離曰: "殺吾妻子以事其君, 非仁也. 爲新君而殺故君之子, 非義也. 重其死不貴無義, 今吾貪生棄行,75) 非義也. 夫人76)有三惡以立於世, 吾何面目以視天下之士?" 言訖,77) 遂投身於江, 未絶, 從者出之. 要離曰: "吾寧能不死乎?" 從者曰: "君且勿死, 以俟爵祿.78)" 要離乃自斷手足, 伏劍而死.

---

69) [家室] 夫人 또는 妾.
70) [衛] 周 武王의 동생인 康叔이 封받은 나라. 지금의 直隸省직례성과 河南省일대.
71) [揀練간련] 가려 뽑아서 훈련시킴.
72) [矛鉤모구] 矛는 창, 鉤는 갈고리처럼 생긴 兵仗器인데 原文의 내용으로 보아
    여기서는 요리의 잘린 오른쪽 팔에 걸어 쓰던 義手用 갈고리가 아닌가 한다.
73) [嘻嘻哉] 호탕하게 웃음. 스스로 만족하게 웃음.
74) [旌其忠정기충] 그 忠을 밝힘.
75) [棄行] (自決을)행하지 못함.
76) [夫人] 대저 사람으로서. 夫는 發語辭로서 대저, 무릇 등의 뜻.
77) [言訖언흘] 말을 끝마침.
78) [俟爵祿사작록] 높은 벼슬과 많은 祿俸이 기다림.

◇　◇　◇　◇

伍子胥는 要離요리를 만나 말했다.

"오왕께서는 선생의 높은 義氣를 듣고 오직 한번 왕림해 주시기를 기다리고 계십니다."

요리는 오자서와 함께 오왕을 만나보게 되었는데 오왕이 말했다.

"선생은 어떤 분입니까?"

요리가 대답했다.

"臣은 나라의 동쪽 千里나 떨어진 곳에 사는 사람입니다. 신의 몸은 가늘고 작으며 힘도 없습니다. 바람을 앞으로 받으면 자빠지고 바람을 등에 받으면 엎어집니다. 그러나 대왕의 命이 있으면 감히 힘을 다하지 않겠습니까?"

吳王은 要離가 마음에 들지 않자 伍子胥가 이런 사람을 소개한 것에 마음이 언짢아 한참 동안 깊은 생각에 잠겨 말이 없는데 요리가 나서서 말했다.

"대왕께서는 慶忌를 걱정하십니까? 臣은 능히 죽일 수 있습니다."

왕이 시무룩하게 말했다.

"경기의 勇壯스러움은 세상의 소문대로 입니다. 筋肉근육과 뼈는 단단하여 萬사람의 힘으로도 당하지 못합니다. 달릴 때는 달아나는 짐승을 쫓아가서 손으로 붙잡을 수 있고 날아올라서는 날으는 새를 손으로 잡기도 합니다. 그는 뼈로 뛰어오르고 근육으로 날아오릅니다. 무릎으로 뗏목에 의지해서 數百里를 갈 수 있습니다. 내가 일찍이 그를 추격하여 江을 따라 네 匹의 말을 바꾸어 타며 쫓았지만 미치지 못했습니다. 가까이 다가가서 활을 쏘았지만 화살로도 맞추지 못했습니다. 지금 선생의 힘으로는 어찌할 수 없습니다."

요리가 말했다.

"대왕의 뜻이라면 신은 능히 경기를 죽일 수 있습니다."

吳王이 말했다.

"慶忌는 지혜가 밝은 사람입니다. 지금은 窮하여 제후들에게 몸을 의탁하고 있지만 제후의 아래에 있는 용사가 아닙니다."

要離가 대답했다.

"신은 들으니, 편안히 그 妻子의 안락을 생각하여 군주를 섬기는데 義로써 힘을 다하지 않는 것은 忠이 아니며, 사랑하는 妻을 생각하여 군주의 걱정거리를 없애지 않는 것은 義가 아니라고 하더이다. 臣은 거짓으로 罪를 지고 달아나겠습니다. 바라건대 대왕께서는 신의 妻子를 죽이시고 臣의 오른쪽 팔을 자르신다면 慶忌는 필연코 臣을 믿을 것입니다."

오왕이 이를 허락하자 요리는 마침내 거짓으로 죄를 얻어 달아나게 되었다. 오왕은 마침내 그의 妻子를 잡아다가 죽이고 저자거리에서 불태워 버렸다. 요리는 마침내 도망하여 제후들에게 오왕을 원망하며 돌아다녔으므로 요리의 無罪는 天下의 제후들에게 알려지게 되었다.

要離는 마침내 衛나라에 가서 慶忌에게 만나기를 請했다. 요리는 경기를 만나자 말했다.

"闔閭합려가 무도한 것은 王子께서도 아시는 바와 같습니다. 이제 저의 妻子는 합려에게 屠戮도륙 당해 저자거리에서 불태워졌지만 無罪임이 밝혀졌습니다. 吳나라의 情勢를 저는 소상히 알고 있습니다. 바라건대 이같은 情報와 왕자님의 勇壯한 힘이라면 합려를 잡을 수 있습니다. 어째서 저와 함께 동쪽의 오나라를 圖謀하려 하지 않습니까?"

요리의 말을 들은 경기는 요리의 謀議를 믿어 석 달 동안 군사들을 가려뽑아 훈련시킨 다음 마침내 오나라를 향해 떠났다.

배가 江의 중간에 다달았을 때 힘이 약한 要離는 바람이 센 곳으로 慶忌를 옮겨 앉게 하여 바람을 받게 했다. 바람을 이용해 矛鉤로 경기의 冠을 걸어 당기며 거센 바람을 등지고 창끝으로 힘껏 慶忌를 찔렀다. 경기는 요리를 돌아보고 그 머리를 잡아 세 번이나 물 속에 처박았다가 무릎 위에 올려놓고 호탕하게 웃으며 말했다.

"허허허! 천하의 용사로다. 감히 여러 군사들이 둘러선 가운데서 나를 찌르다니!"

좌우의 병사들이 요리를 죽이고자 하니 경기는 이를 말리며 말했다.

"이 사람은 천하의 용사다. 어찌 하루 동안에 천하용사가 두 사람 모두 죽겠는가?"

경기는 좌우의 군사들에게 명령하여 말했다.

"그로 하여금 吳나라에 돌아가 그 장한 忠義를 밝히게 하라."

요리를 죽이지 말라는 遺言을 남기고 경기는 죽었다.

要離가 강을 건넌 후 강 언덕에 처량하게 서서 가지 않자 從者가 말했다.

"君께서는 어찌 가지 않으십니까?"

요리가 말했다.

"나는 나의 妻子를 죽임으로써 군주를 섬겼으니 이것은 仁이 아니다. 새 군주를 위해 前君의 아들을 죽였으니 이는 義가 아니다. 거듭 죽어야 할 사람이, 貴하지도 않고 義로움도 없으면서 살기를 貪해 죽음을 행하지 못한다면 이것은 義로움이 아니다. 대저 사람으로서 이 세 가지 惡行으로 세상에 알려진다면, 무슨 面目으로 천하의 志士들을 대할 수 있겠는가?"

말을 마치고는 마침내 물 속으로 뛰어들었으나 죽지 않았다. 從者가 뛰어들어 물 속에서 救해주자 요리는 탄식했다.

"나는 어찌 죽을 수조차 없단 말인가?"

從者가 만류했다.

"君께서 죽지 않으시면 높은 벼슬과 爵祿작록이 기다리고 있습니다."

요리는 마침내 스스로 팔과 다리를 자르고 검 위에 엎어져 죽었다.

◈ 참 고

1. ≪春秋左傳 － 哀公 二十年≫

吳公子慶忌驟諫吳子曰: "不改必亡." 弗聽. 出居于艾. 遂適楚, 聞越將伐吳. 冬, 請歸平越, 遂歸, 欲除不忠者, 以說于越. 吳人殺之.

2. ≪說苑－364篇 12－4≫

秦王以五百里地易鄢陵, 鄢陵君辭而不受, 使唐且謝秦王. 秦王曰: “秦破韓滅魏, 鄢陵君獨以五十里地存者, 吾豈畏其威哉? 吾多其義耳. 今寡人以十倍之地易之, 鄢陵君辭而不受, 是輕寡人也.” 唐且避席對曰: “非如此也. 夫不以利害爲趣者, 鄢陵也. 夫鄢陵君受地於先君, 而守之. 雖復千里不得當. 豈獨五百里哉?” 秦王忿然作色怒曰: “公亦曾見天子之怒乎?” 唐且曰: “王臣未曾見也.” 秦王曰: “天子一怒, 伏尸百萬, 流血千里.” 唐且曰: “大王亦嘗見未布衣韋帶之士怒乎?” 秦王曰: “布衣韋帶之士怒也, 解冠徒跣, 以頭頓地耳, 何難知者?” 唐且曰: “此乃匹夫愚人之怒耳, 非布衣韋帶之士怒也. 夫專諸刺王僚, 彗星襲月, 奔星晝出; 要離刺王子慶忌, 蒼隼擊於臺上; 聶政刺韓王之季父, 白虹貫日. 此三人皆夫布衣韋帶之士怒矣. 與臣將四士, 含怒未發, 揺厲天下. 無怒卽已, 一怒伏尸一人, 流血五步.” 卽案匕首起視秦王曰: “今將是矣.” 秦王變色長跪曰: “先生就坐, 寡人喻矣. 秦破韓滅魏, 鄢陵獨以五十里地存者, 使用先生之故耳.”

◇　◇　◇　◇

[4－05] 三年, 吳將欲伐楚, 未行. 伍子胥白喜相謂曰: “吾等爲王養士, 畫其策謀, 有利於國, 而王故伐楚, 出其令, 託而無興師之意, 奈何?” 有頃, 吳王問子胥白喜曰: “寡人欲出兵, 於二子何如?” 子胥白喜對曰: “臣願用命.” 吳王內計二子, 皆怨楚, 深恐以兵往, 破滅而已. 登臺向南風而嘯, 有頃而嘆, 羣臣莫有曉王意者. 子胥深知王之不定, 乃薦孫子[79]於王. 孫子者, 名

---

79) [孫子] 姓은 孫, 이름은 武. 本書에는, ‘吳나라 사람’이라 했는 데 ≪史記－孫子吳起傳≫에는, ‘齊나라 사람’이라 했다. ≪漢書－藝文志≫에는, ‘吳나라 孫子兵法은 八十二篇’이라 했다. 1972년 山東省 沂漢墓기한묘에서 ≪孫子兵法≫ 竹簡 二百餘枚가 出土되었는 데 지금 전해지고 있는 十三篇외에 <吳問>, <四變> 등의 佚文일문이 남아 있었다.

武, 吳人也. 善爲兵法, 辟隱深居,80) 世人莫知其能. 胥乃明知鑒辯,81) 知孫子可以折衝銷敵. 乃一旦與吳王論兵, 七薦孫子. 吳王曰: "子胥託言進士, 欲以自納." 而召孫子, 問以兵法.82) 每陳一篇, 王不知口之稱善, 其意大悅.

問曰: "兵法寧可以小試耶?" 孫子曰: "可! 可以小試於後宮之女." 王曰: "諾." 孫子曰: "得大王寵姬二人, 以爲軍隊長, 各將一隊." 令三百人皆被甲兜鍪,83) 操劍盾84)竪尹切, 兵器, 所以蔽身.而立. 告以軍法, 隨鼓進退, 左右廻旋, 使知其禁. 乃令曰: "一鼓皆振, 二鼓操進, 三鼓爲戰形." 於是宮女皆掩口而笑. 孫子乃親自操枹擊鼓, 三令五申,85) 其笑如故. 孫子顧視諸女連笑不止, 孫子大怒, 兩目忽張,86) 聲如駭虎,87) 髮上衝冠,88) 項旁絶纓,89) 顧謂執法曰: "取鈇鑕.90)鈇, 斧也, 鑕, 徹椹." 孫子曰: "約束不明, 申令不信, 將之罪也. 既以約束, 三令五申, 卒不却行, 士之過也. 軍法如何?" 執法曰: "斬!" 武乃令斬隊長二人, 卽吳王之寵姬也. 吳王登臺觀望, 正見斬二愛姬, 馳使去聲下之令曰: "寡人已知將軍用兵矣. 寡人非此二姬, 食不甘味, 宜勿斬之." 孫子

---

80) [辟隱深居벽은심거] 깊고 외진 곳에 숨어 지냄. ≪태평어람≫에는 辟을 僻이라 했다.

81) [乃明知鑒辯내명지감변] 밝고 명철한 지혜로 孫子의 慧智를 분별해 알아보다. 乃는 固와 同. 鑒은 鑑과 同. 辯은 辨과 同.

82) [孫子兵法] 총 十三篇으로 구성되어 있다. 第一篇은 始計篇, 二篇은 作戰篇, 三篇은 謀攻篇, 四篇은 軍形篇, 五篇은 兵勢篇, 六篇은 虛實篇, 七篇은 軍爭篇, 八篇은 九變篇, 九篇은 行軍篇, 十篇은 地形篇, 十一篇은 九地篇, 十二篇은 火攻篇, 十三篇은 用間篇이다. 특히 ≪孫子兵法≫ 地形篇의 "적을 알고 자기를 알면 승리해도 위태롭지 않고, 地利와 天時를 안다면 승리를 온전히 지켜낼 수 있다. 知彼知己勝乃不殆, 知地知天勝乃可全."고 한 말은 지금까지도 자주 인용되는 유명한 警句다.

83) [被甲兜鍪피갑두무] 갑옷을 입고 투구를 씀. 무장을 갖춤.

84) [劍盾검순] 劍과 방패.

85) [三令五申] 세 가지 명령을 다섯 번 반복해서 알려주다. 申은 여러번 반복하는 것.

86) [兩目忽張양목홀장] 두 눈이 찢어질 듯 화가 남. 눈꼬리가 치켜 올라감.

87) [駭虎해호] 놀라서 화가 난 호랑이.

88) [髮上衝冠발상충관] 머리카락이 곤두서서 관이 들먹거림.

89) [項旁絶纓항방절영] 목에 맨 갓끈이 끊어지다.

90) [鈇鑕부질] 도끼와 모탕. '모탕'은 장작을 팰 때 밑에 받치는 나무 바탕.

曰: "臣旣已受命爲將, 將法在軍, 君雖有令, 臣不受之.91)" 孫子復撝鼓92)
之, 當左右進退, 廻旋規矩,93) 不敢瞬目, 二隊寂然, 無敢顧者. 於是乃報吳
王曰: "兵已整齊, 願王觀之. 惟所欲用, 使赴水火, 猶無難矣, 而可以定天
下." 吳王忽然不悅曰: "寡人知子善用兵, 雖可以覇, 然而無所施也. 將軍罷
兵就舍,94) 寡人不願." 孫子曰: "王徒好其言而不用其實." 子胥諫曰: "臣聞
兵者凶事, 不可空試. 故爲兵者, 誅伐不行, 兵道不明. 今大王虔心思士,95)
欲興兵戈以誅暴楚, 以覇天下而威諸侯. 非孫武之將, 而誰能涉淮踰泗,96)
越千里而戰者乎?" 於是吳王大悅, 因鳴鼓會軍, 集而攻楚. 孫子爲將, 拔舒,
殺吳亡將二公子蓋餘燭傭. 謀欲入郢,楚都. 楚文王始自丹陽徙都郢, 卽江陵之紀南城也.
孫武曰: "民勞, 未可恃也."

　楚聞, 吳使孫子伍子胥白喜爲將, 楚國苦之. 羣臣皆怨, 咸言費無忌讒殺
伍奢白州犂, 而吳侵境, 不絶於寇, 楚國羣臣有一朝之患. 於是司馬成97)乃
謂子常98)曰: "太傅伍奢, 左尹白州犂, 邦人莫知其罪, 君與王99)謀誅之, 流
謗100)於國, 至于今日, 其言不絶, 誠惑之. 蓋聞, 仁者殺人以掩謗者, 猶弗爲
也. 今子殺人以興謗於國, 不亦異乎! 夫費無忌楚之讒口, 民莫知其過. 今無
辜殺三賢士,伍奢白州犂與郤宛而三. 以結怨於吳. 內傷忠臣之心, 外爲隣國所笑.
且郤郤伍之家出奔於吳, 吳新有伍貝白喜秉威銳志, 結讐於楚, 故彊敵之兵
日駭. 楚國有事, 子卽危矣. 夫智者除讒以自安, 愚者受佞以自亡. 今子受

---

91) [君雖有令臣不受之] 비록 군주의 令이 있을지라도 신은 받들 수 없습니다.
　　≪孫子兵法≫, ≪六韜≫, ≪周亞夫傳≫ 등에 같은 말이 있다.
92) [復撝鼓복휘고] 다시 북채를 휘두르다. 撝는 揮와 仝.
93) [規矩규구] 법도. 規는 걸음[步]쇠=콤파스, 矩는 曲尺[直角尺].
94) [就舍] 宿舍에 가서 쉼.
95) [虔心思士건심사사] 경건한 마음으로 賢士를 생각함.
96) [涉淮踰泗섭회유사] 淮水를 건너고 泗水를 넘다. 淮水와 泗水는 모두 江이름.
97) [司馬成] 司馬는 兵馬를 관장하는 장관. 당시 司馬成은 左司馬였다. ≪春秋
　　左傳≫ 昭公 二十七年條에, '左司馬沈尹戌'이라 했고, ≪春秋左傳≫ 昭公
　　十九年條 杜預 注에, '戌, 莊王之曾孫也. 葉公諸梁父也.'라고 했다. ≪呂氏
　　春秋≫ 高誘 注에, '沈尹戌, 莊王之孫, 沈諸梁葉公子高之父也.'라고 했다.
98) [子常] 春秋時代 楚나라 令尹. 이름은 囊瓦낭와. 字는 常.
99) [君與王] 당신과 平王.
100) [流謗유방] 비방하는 말이 떠돌아 다님.

讒, 國以危矣." 子常曰: "是囊[101]之罪也, 敢不圖之?" 九月, 子常與昭王[102] 共誅費無忌, 遂滅其族, 國人乃謗止.

◇   ◇   ◇   ◇

闔閭 3年, 吳王은 장차 楚나라를 칠 생각을 가지고 있었으나 아직 軍事를 일으키지 않았다. 伍子胥오자서와 白喜백희가 서로 말했다.

"우리는 오왕을 위해 군대를 기르고 謀策을 세워 오나라를 이롭게 했는데 오왕은 짐짓 초나라를 치기위해 令을 내리고서도 실제로는 군대를 일으킬 뜻이 없으니 어찌하면 좋겠는가?"

얼마 안되어 오왕은 伍子胥와 白喜를 불러 물었다.

"과인은 軍事를 일으켜 出兵하고자 하는데 두 분의 생각은 어떻습니까?"

오자서와 백희가 대답했다.

"臣들은 出兵을 기다리고 있습니다."

오왕은 마음 속으로, 두 사람이 모두 초나라에 대해 깊은 怨恨을 품고 있으므로 吳나라 군사를 이끌고 가면 초나라를 짓밟아 破滅파멸시킨 후 그 곳에 남아 돌아오지 않을 것을 깊이 걱정하였다. 오왕이 樓臺누대에 올라 南風을 쐬이며 한숨을 쉬고 나서 잠시 후 嘆息하니 여러 신하들은 아무도 오왕의 뜻을 깨닫는 이가 없었다. 오자서는 마음 속 깊이, 오왕이 출병을 결정하지 못하는 까닭을 알았다.

그래서 孫子를 吳王에게 推薦했는데 손자의 이름은 武라 하며 吳나라 사람이었다. 兵法에 能했으나 깊은 곳에 숨어 살아 세상 사람들은 손자의 能力을 알지 못했다. 伍子胥는 이같은 손자의 知識과 능력을 明哲하

---

101) [囊낭] 囊瓦. 子常.
102) [楚 昭王] 楚나라 군주. 姓은 羋미, 이름은 珍. 平王이 秦나라 공주를 맞아들 여 낳은 아들. 在位 27年(西紀前 515~西紀前 489).

게 알아보아 손자가 능히 敵을 막아내고 공격하여 擊破격파할 수 있음을 알고 있었다. 그래서 어느날 아침 吳王과 더불어 兵事를 論하다가 일곱 번이나 손자를 推薦하였다. 오왕은 짐작하여 혼자 말했다.

"子胥가 이 사람을 이렇게 추천하는 것은 이로써 자기 스스로를 쓰이게 하고자 하는 것이다."

오왕은 손자를 불러 兵法에 관해 물었는데 孫子가 陣法을 설명할 때마다 이제껏 왕이 알지 못하던 훌륭한 병법들이었으므로 손자를 칭찬하며 마음속으로 크게 기뻐했다.

吳王이 孫子에게 물었다.

"선생의 兵法이 어떤지 간단한 시험을 보여줄 수 있겠습니까?"

손자가 대답했다.

"좋습니다. 後宮에 있는 여자들로도 시험을 할 수 있습니다."

오왕이 말했다.

"좋습니다."

손자가 말했다.

"대왕의 寵姬총희 두 사람으로 軍隊長군대장을 삼아 두 隊列을 편성하여 一隊씩 지휘하게 하겠습니다."

令을 내려 후궁에 있는 삼백명의 여자들에게 모두 갑옷을 입히고 투구를 쓰게 한 다음 검을 잡고 방패를 들게 하여 兵仗器로 무장시켜 세웠다. 그런 후 여자들에게 軍法을 일러 주었다. 북소리에 따라 앞으로 나아가고 뒤로 물러서며 좌우로 도는 법 등을 알려 주고, 軍法이 금하는 것을 알게 했다. 令을 내려 말했다.

"첫 번째 북소리가 울리면 떨쳐 일어나 달려와서 隊伍를 정돈하고, 두 번째 북소리가 울리면 칼을 잡고 앞으로 나아가며, 세 번째 북소리가 울리면 전투대형을 갖추라."

命을 전달했으나 여자들은 모두 입을 가리고 웃기만 했다.

孫子는 命令을 전달한 후 친히 북채를 잡고 북을 두드려 위의 세 가지

令을 다섯 번이나 반복했으나 여자들은 여전히 웃기만 했다. 손자가 돌아보는데도 여자들의 웃음은 그치지 않았다. 손자는 大怒하여 눈꼬리가 찢어져 올라가고 목소리는 성난 호랑이와 같았으며 머리카락이 곤두서서 쓰고 있던 冠이 들썩거려 관끈마저 끊어져 버렸다.

軍法을 시행하는 執法官집법관을 돌아보고 命했다.

"鈇鑕[도끼와 모탕]을 준비하라."

손자가 말했다.

"約束[命令]이 명확하지 못해 이랬다저랬다하여 명령이 不信 받는 것은 將帥장수의 죄다. 그러나 이미 분명한 약속이 전달되었고 세 가지 令을 다섯 번이나 반복했는데도 兵卒들이 따르지 않는 것은 隊長의 잘못이다. 이 경우 軍法은 어떠한가?"

執法官이 대답했다.

"斬하는 것입니다."

손무는 마침내 두 隊長을 "斬하라."는 令을 내렸는데 이 두 여자는 오왕이 가장 사랑하는 寵姬였다. 吳王은 관망대에 올라 孫子의 用兵하는 모습을 바라보고 있었는데 바로 눈앞에서 자기가 사랑하는 두 愛姬가 斬刑을 당해 죽게 되자 급히 使者를 달려가게 하여 令을 내려 말했다.

"과인은 이미 將軍께서 용병을 잘 하신다는 것을 보아 알았습니다. 과인은 이 두 여자가 아니면 음식을 먹어도 그 맛을 모를 정도이니 斬하지는 마시기 바랍니다."

손자가 대답했다.

"臣은 이미 命을 받아 장군이 되었습니다. 장수가 軍陣에서 軍法을 시행 중이니 비록 대왕의 令이 있으시더라도 臣은 받들 수 없습니다."

손자는 군법에 따라 두 여자를 斬한 후 다시 북채를 휘둘러 북을 치니 좌우로 돌고 앞으로 나아가며 뒤로 물러남에 한 치의 틀림도 없이 節度가 있었으며 감히 눈 한번 깜짝이지 않고 寂然적연하여 뒤돌아보는 자도 없었다.

손자는 오왕에게 보고하여 말했다.

"병사들은 이미 整齊정제되었으니 원컨대 왕께서 직접 보시기 바랍니다. 병사들은 오직 왕께 쓰이기를 바라는 바, 물과 불 속이라도 어려워하지 않고 뛰어들게 할 수 있으니 이로써 천하를 平定할 수 있습니다."

吳王은 忽然홀연히 기뻐하지 않고 말했다.

"과인은 선생께서 用兵을 잘 하시는 것은 알았습니다. 그러나 비록 천하의 霸王이 된다해도 베풀 곳이 없습니다. 將軍은 그만 軍隊를 解散하고 宿舍에 나가 쉬도록 하십시오. 과인은 내려가 보기를 원치 않습니다."

孫子는 탄식하며 말했다.

"오왕은 헛되이 말로만 병법을 좋아할 뿐 그 병법을 받아들여 쓸 줄은 모르는구나."

伍子胥가 오왕께 나서서 諫했다.

"臣은 듣기를, 軍事에 관한 일은 凶事라 하여 거짓 시험을 해서는 안 된다고 하더이다. 그런 까닭에 잘못하는 자를 꾸짖어 벌주지 않으면 兵道가 흐려지는 법입니다. 지금 대왕께서는 마음을 敬虔경건히 하셔서 어질고 현명한 선비를 구해 霸業을 일으킬 것을 생각하소서. 兵戈병과[軍事]를 일으켜 橫暴횡포한 楚나라를 꾸짖고 霸王으로서 천하의 제후들에게 위엄을 보이셔야 합니다. 孫武가 아니면 장차 누가 능히 淮水회수를 건너고 泗水를 건너, 千里戰役을 치러낼 수 있겠습니까?"

이에 오왕은 크게 깨닫고 기뻐하여 북을 울리고 軍事를 일으켜 초나라를 쳤다. 손무를 장군으로 임명하여 초나라의 舒서 땅을 빼앗고 초나라에 망명하여 舒 땅에 封해진 吳나라의 두 公子 蓋餘개여와 燭傭촉용을 죽였다. 오왕이 楚의 都城 郢에까지 진격하려 하니 孫武가 말했다.

"백성들이 피로해 있으니 아직은 기다릴 때입니다."

楚나라 사람들은 吳나라가 孫子와 伍子胥, 白喜를 將軍으로 삼아 舒서 땅을 빼앗았다는 소문을 듣고 온 나라가 걱정에 빠졌다. 여러 신하들은 모두 원망하는 말로 費無忌를 힐뜯었다. 비무기의 讒訴참소로 伍奢오사와 白州犂백주리를 죽여 오나라의 침입을 받게 되었으면서도 원망은 紛紛분분하여 그치지 않았다. 초나라의 君臣이 하루아침에 근심에 휩싸이게 되자 司馬成이 令尹 子常에게 말했다.

"太傅 伍奢오사와 左尹 白州犁백주리는 나라 사람들 중 그 죄를 아는 이가 없었는데도 君께서 왕과 함께 謀議하여 충신들을 죽였으므로 나라 안에는 이를 誹謗비방하는 말들이 떠돌아 지금까지도 비방이 없어지지 않고 있으니 진실로 迷惑미혹스럽습니다. '어진 사람은 사람을 죽여서 남의 誹謗을 막을 수 있다 해도 오히려 그렇게 하지 않는다'고 하는 데 지금 당신은 어진 사람들을 죽여 나라안에 비방을 불러일으키고 있으니 비무기와 다를 바가 없지 않은가요? 대저 비무기가 죄없는 사람들을 讒口참구해 죽게 한 것은 백성들 중에 그 죄를 모르는 사람이 없습니다. 이제 허물없는 세 사람의 賢者를 죽임으로써 오나라와 원수를 맺게 되었습니다. 안으로는 충신들의 마음을 상하게 하고 밖으로는 가까운 나라들에게 웃음거리가 되었습니다. 또 郤氏극씨[白氏]와 伍氏네 사람들은 吳나라로 달아나, 伍員오운과 白喜백희는 吳나라 兵權을 잡고 오로지 한 뜻으로 초나라에 대한 복수의 결의를 다지고 있으며, 敵國인 오나라 군대는 나날이 疆[强]해지고 있습니다. 초나라에 전쟁이 일어난다면 당신도 위험해질 것입니다. 대저 지혜롭게 처신하여 讒訴참소하는 자를 없애버린다면 이로서 걱정거리를 없애는 것이 될 것이나 어리석은 자의 아첨을 받아들인다면 이로서 초나라는 亡하게 될 것입니다. 지금 당신은 讒訴를 받고 있으며 나라는 위태롭습니다."

子常이 말했다.

"이는 모두 囊낭[囊瓦] 나의 죄인데 감히 國賊을 圖謀하지 않겠습니까?"

9月에 자상은 昭王과 함께 共謀해 비무기를 죽이고 그 일족을 滅하니 이에 나라 사람들의 비방이 그쳤다.

◆ 참 고

1. ≪孫子兵法-謀攻篇≫

故知勝有五. 知可以戰與不可以戰者勝, 識衆寡之用者勝, 上下同欲者勝, 以虞待不虞者勝, 將能而君不御者勝. 此五者知勝之道也. 故曰: "知彼知己百戰不殆, 不知彼而知己一勝一負, 不知彼不知己每戰必殆."

2. ≪孫子兵法－九變篇≫

凡用兵之法, 高陵勿向, 背丘勿逆, 佯北勿從, 銳卒勿攻, 餌兵勿食, 歸師勿遏, 圍師必闕, 窮寇勿逼, 絕地勿留. 途有所不由, 軍有所不擊, 城有所不攻, 地有所不爭, 君命有不受. 故將通於九變之利者, 知用兵矣. 將不通於九變之利者, 雖知地形, 不能得地之利矣. 治兵不知九變之術者, 雖知五利, 不能得人之用矣.

3. ≪史記－吳太伯世家≫

三年, 吳王闔廬與子胥伯嚭將兵伐楚, 拔舒殺吳亡將二公子. 光謀欲入郢, 將軍孫武曰: “民勞未可. 待之.”

4. ≪史記－孫武列傳≫

出宮中美女得百八十人. 孫子分爲二隊, 以王之寵姬二人各爲隊長. 皆令持戟令之曰: “汝知而心與左右手背乎.” 婦人曰: “知之.” 孫子曰: “前則視心, 左視右手, 右視右手, 後卽視背.” 婦人曰: “諾” 約束旣布, 乃設鈇鉞, 卽三令五申之. 於是鼓之, 婦人大笑. 孫子曰: “約束不明, 申令不熟, 將之罪也.” 復三令五申, 而鼓之左, 婦人復大笑. 孫子曰: “約束不明, 申令不熟, 將之罪也. 旣已明而不如法者, 吏士之罪也.” 乃欲斬左右隊長. 吳王從臺上觀, 見且斬愛姬. 大駭趣使使下令曰: “寡人已知, 將軍能用兵矣. 寡人非此二姬, 食不甘味. 願勿斬也.” 孫子曰: “臣旣已受命爲將. 將在軍, 君命有所不受.” 遂斬隊長. 二人以徇用, 其次爲隊長. 於是復鼓之, 婦人左右前後, 跪起皆中, 規矩繩墨, 無敢出聲.

5. ≪史記－伍子胥傳≫

前王僚所遣二公子將兵伐楚者道絕不得歸, 後聞闔廬弒王僚自立, 遂以其兵降楚, 楚封之於舒. 闔廬立三年, 乃興師, 與伍胥伯嚭伐楚拔舒, 遂禽故吳反二將軍, 因欲至郢. 將軍孫武曰: “民勞未可, 且待之.” 乃歸.

6. ≪春秋左傳 - 昭公二十七年≫

楚郤宛之難, 國言未已, 進胙者莫不謗令尹. 沈尹戌言於子常曰: "夫左尹與中廐尹, 莫知其罪, 而子殺之. 以興謗讟, 至于今不已, 戌也惑之, '仁者殺人以掩謗, 猶弗爲也.' 今吾子殺人以興謗, 而不圖, 不亦異乎? 夫無極楚之讒人也, 民莫不知. 去朝吳, 出蔡侯朱, 喪太子建, 殺連尹奢, 屛王之耳目, 使不聰明. 不然, 平王之溫惠共儉, 有過成莊, 無不及焉. 所以不獲諸侯, 邇無極也. 今又殺三不辜, 以興大謗, 幾及子矣, 子而不圖, 將焉用之. 夫鄢將師矯子之命, 以滅三族. 國之良也, 而不慭位. 吳有新君, 疆場日駭. 楚國若有大事, 子其危哉. 知者除讒以自安也, 今子愛讒以自危也. 甚矣其惑也." 子常曰: "敢不良圖?" 九月己未, 子常殺費無極與鄢將師, 盡滅其族, 以說于國, 謗言乃止.

◇　◇　◇　◇

[4-06] 吳王有女滕玉, 因謀伐楚, 與夫人及女會, 蒸魚,[103] 王前嘗半而與女. 女怒曰: "王食魚辱我, 不忘久生.[104]" 乃自殺. 闔閭痛之,[105] 葬於國西閶門外. 鑿池[106]積土, 文石[107]爲槨,[108] 題湊[109]爲中題湊, 棺木內向也, 金鼎

---

103) [蒸魚증어] 찐 물고기. ≪北唐書鈔≫에는 <蒸魚> 앞에 <食>字가 있다.

104) ≪事類賦≫ 注 卷十八에는, '我'字 아래 '我'字가 중복되어 있고, 四庫全書本에는 '忘'字가 '忍'字로 되어 있다.

105) [痛之] ≪太平御覽≫에는, '痛之甚'이라 되어 있다.

106) [鑿池착지] 연못을 팜. ≪藝文類聚≫에, '鑿地爲池, 積土爲山'이라 했다. ≪越絶書≫ 外傳 記吳地傳에, '闔閭子女冢在閶門外道北, 下方池廣四十八步, 水深二丈五尺, 池廣六十步, 水深丈五寸. 墻出廟路以南, 通姑胥門, 幷周六里.'라고 했다.

107) [文石] 무늬가 있는 돌.

108) [槨곽] 外棺. ≪莊子≫ 天下篇에, '桐棺三村而無槨.'이라 했고, ≪釋名≫ 釋宮室篇에, '郭, 廓也. 廓落在城外也.'라고 했다.

玉杯銀樽110)珠襦111)之寶, 皆以送女. 乃舞白鶴於吳市中, 令萬民隨而觀之,
還112)使男女與鶴俱入羨門,113)　因發機114)以掩之. 殺生以送死, 國人非之.
　　湛盧之劒,115)　惡闔閭之無道也, 乃去而出, 水行如楚. 楚昭王臥而寤, 得
吳王湛盧之劒於牀.　昭王不知其故,　乃召風湖子116)≪越絶≫湖皆作胡.而問曰:
"寡人臥, 覺而得寶劒, 不知其名, 是何劒也?" 風湖子曰: "此謂湛盧之劒."
昭王曰: "何以言之?"　風湖子曰: "臣聞吳王得越所獻寶劒三枚,　一曰魚

---

109) [題湊제주] 墓室 안, 棺과 內槨 둘레에 方形의 잣나무 塊를 쌓아 만든 外槨.
　　사방 10㎝의 方形으로 다듬은 길이 90㎝ 정도의 木塊를 짜 맞추어 얽어가며
　　높이를 3m 가량으로 튼튼히 固定시켜 쌓아 올려 만들었다고 한다. 관련 기
　　록에 따르면 대체로 약 15,000개에서 16,000개 정도의 木塊가 사용되었다고
　　한다. ≪漢語大詞典-題湊≫에는 "上尖下方"이라 했는데 사방의 네 모서리
　　에 안쪽 끝은 뾰족하고 바깥쪽은 方形인 木塊로 쌓는 것을 가리키는 것으로
　　보인다. <透視北京老山漢墓> 기록에 따르면 '根据史料, 漢代有一种葬制,
　　只有天子才能享受, 這就是 "梓宮, 便房, 黃腸題湊", 天子可以把這种待遇賞給
　　寵臣. "黃腸" 就是柏木的黃芯, "題湊" 就是木材的端頭都一致向內. 黃腸題湊
　　像一圈厚木墻在棺椁外圍, 如果站在墓室中向四壁看去, 所見全是方條木的端
　　頭. 這些 "黃腸" 都是90厘米長, 木頭斷面爲 10×10厘米見方. 像碼柴火一樣整
　　整齊齊地碼成一堵墻.　一号墓黃腸題湊木墻高3米, 厚0.9米, 總長約42米多, 共
　　用柏木枋約 15,000多塊, 約合木材 122立方米. 各層黃腸木之間沒有榫卯固定,
　　但堆壘得十分堅固, 項端用壓邊木加固. 老山漢墓發現的黃腸題湊, 木頭斷面
　　也是 10×10厘米, 出土的部分黃腸木長度約爲 90厘米, 大小与大葆台發現的黃
　　腸題湊基本一致.(以上 白話文)'라고 하였다. ≪禮記≫ 檀弓 上篇에, '柏槨以
　　端長六尺'이라 하였고, 注에 '以端, 題湊也, 其方蓋一尺'이라 하였고, 疏에,
　　'槨材竝皆從下累至上, 始爲題湊. 湊, 嚮也. 言, 木之頭相嚮, 而作四阿也.'라고
　　하였다. ≪釋文≫에, '題, 頭也, 湊, 聚也'라고 하였다. ≪史記≫ 滑稽傳골계전
　　優孟條에는, '(優孟)對曰: 臣請彫玉爲棺, 文梓爲槨, 梗楓豫章爲題湊.'이라 하
　　였다.
110) [金鼎玉杯銀樽] 금으로 만든 세발 솥, 옥으로 만든 술잔, 銀 쟁반.
111) [珠襦주유] 구슬로 장식한 저고리.
112) [還환] ≪文選≫ 舞鶴賦무학부에는, '還'을 '遂'라 했다.
113) [羨門연문] 무덤의 입구와 玄室의 門.
114) [發機발기] 開閉 장치의 방아쇠를 당김. 機는 弩노의 發射 장치와 같은 것.
　　本書 外傳 九篇에, '着臂施機設樞'라 했다.
115) [湛盧劒담로검] 春秋時代 越나라 歐冶子가 만든 名劒. '湛'音은 '徒減切'이다.
116) [風湖子풍호자] 春秋時代 名劒 鑑定家.

腸,117)　二曰磐郢,118)　三曰湛盧. 魚腸之劒已用殺吳王僚也, 磐郢以送其死女, 今湛盧入楚也." 昭王曰: "湛盧所以去者何也?" 風湖子曰: "臣聞, 越王元常119)≪左傳≫≪史記≫俱作允常.使歐冶子造劍五枚,120) 以示薛燭,121) 燭對曰: ‘魚腸劒逆理不順, 不可服也, 臣以殺君, 子以殺父.’ 故闔閭以殺王僚. ‘一名磐郢, 亦曰豪曹,122) 不法之物, 無益於人.’ 故以送死. ‘一名湛盧, 五金之英,123) 太陽之精, 寄氣託靈, 出之有神, 服之有威, 可以折衝拒敵. 然人君有逆理之謀, 其劒即出.’ 故去無道以就有道. 今吳王無道, 殺君謀楚, 故湛盧入楚." 昭王曰: "其直幾何?124)" 風湖子曰: "臣聞此劒在越之時, 客有酬其直者, ‘有市之鄕三十, 駿馬千匹, 萬戶之都二, 是其一也. 薛燭對曰: ‘赤菫之山已令令字當作合.無雲, 若耶之溪, 深而莫測,125)若耶溪在會稽縣南二十五里, 溪傍即赤菫山, 一名鑄浦山, 歐冶子鑄劍之所. ≪戰國策≫曰: "涸若耶而取銅, 破菫山而取錫." 張景陽≪七命≫曰: "邪溪之鋋赤山之精," 皆謂此也. 群神上天, 歐冶死矣, 雖傾城量金, 珠玉盈河,126) 猶不能得此寶, 而況有市之鄕, 駿馬千匹, 萬戶之都, 何足言也?’ 昭王大悅, 遂以爲寶.

　闔閭聞楚得湛盧之劍, 因斯發怒, 遂使孫武伍胥白喜伐楚. 子胥陰令宣言於楚曰: "楚用子期127)爲將, 吾即得而殺之, 子常用兵, 吾即去之." 楚聞之, 因用子常退子期. 吳拔六與潛128)二邑.≪左傳－昭公三十一年≫: "吳人侵楚, 伐夷, 侵

---

117) [魚腸] 春秋時代 越나라 歐冶子가 만들었다는 劍名.

118) [磐郢반영] 春秋時代 越나라 歐冶子가 만들었다는 劍名.

119) [元常] 春秋時代 越나라 군주. 元常이 죽자 闔閭합려는 越나라 國喪을 틈타 越을 쳤으나 구천에게 敗해 후퇴하던 중 陘형에서 죽었다.

120) [五枚] 仍以今本에, ‘越王允常聘歐冶子作名劍五枚, 三大二小. 一曰純鉤순구, 二曰湛盧, 三曰豪曹, 或曰磐郢, 四曰魚腸, 五曰鉅闕.’이라고 했다. ≪千字文≫에는 "劍號鉅闕"이라 하였다.

121) [薛燭설촉] 春秋時代 越나라 사람. 劍을 잘 鑑定했다고 한다.

122) [豪曹호조] 磐郢劍의 一名.

123) [五金之英] 五金의 英氣. 五金은 金, 銀, 銅, 鐵, 朱錫.

124) [幾何] 얼마?

125) [莫測] 깊어서 깊이를 잴 수 없음.

126) [盈河영해] 강을 가득 채움.

127) [子期] 楚 平王의 아들. 昭王의 兄. 大司馬. 후에 白公 勝이 亂을 일으켰을 때 죽음을 당했다.

128) [六與潛] 春秋時代 楚나라 地名. 지금의 安徽省안휘성 六安縣 北쪽. 潛잠은

潛, 六, 始用子胥之謀." 是爲闔廬四年, <子胥傳>亦合. 今此書以爲三年何也? 六, 古國皐陶之後所
封. 今安豊六安縣是其地. 潛, 在六西南, 今屬安慶, 有潛山潛水. ≪史記≫潛作濳.

◇　　◇　　◇　　◇

吳王에게는 滕玉등옥이라는 딸이 있었는데 딸의 일로 인해 오왕은 더
욱 楚나라 칠 것을 圖謀하게 되었다. 어느 날 오왕은 夫人 및 딸과 함께
찐 생선 요리를 먹는데 왕이 먼저 반을 먹고 나서 나머지 반을 딸에게
주니 딸이 화를 내며 말했다.

"父王께서 먹던 생선으로 나를 욕보이셨으니 내가 살아있는 동안은 오래도록
이 일을 잊지 못할 것입니다."

하고는 마침내 劍으로 목을 찔러 自決하고 말았다.

闔閭합려는 딸의 죽음을 哀痛해 하며 吳城 서쪽 閶門창문 밖에 葬事 지
냈는데 땅을 파서 연못을 만들고 흙을 쌓아 산을 만들었으며, 文石으로
外槨을 삼고, 題湊제주 안쪽에 金으로 만든 세 발 솥과 玉으로 만든 잔,
銀으로 만든 쟁반, 구슬로 장식한 저고리 등 온갖 보물들을 함께 넣어
棺의 덧널을 덮게 했다.

또 吳城안에서부터 白鶴을 앞세워 장례 행열에서 춤을 추게 하고 많
은 백성들이 따라가면서 구경하게 했다. 마침내 돌아가는 男女백성으로
하여금 鶴과 함께 墓地의 羨門연문으로 들어가게 한 후 羨門에 장치된 開
閉裝置를 빼어 딸과 함께 묻어버렸다.

이에 나라 사람들이 모두 합려의 잔인함을 싫어했다.

吳나라에는 옛날 越나라에서 선물한 湛盧담로라는 名劍이 있었는데 闔
閭가 이처럼 無道한 짓을 하자 스스로 오나라를 떠나 물길을 따라 楚나
라로 날아갔다.

安徽省 霍山곽산 南쪽.

소왕은 자리에 누워 자다가 깨어 일어나 平牀평상위에 오왕의 담로검이 놓여있는 것을 보고 이를 얻게 되었으나 그 검의 이름과 담로검이 거기에 놓인 까닭을 알 수 없었다. 이에 風湖子풍호자를 불러 물었다.

"과인이 자리에 누워 있다가 깨어보니 寶劍이 하나 놓여 있어 이를 얻게 되었으나 그 이름을 알 수 없소. 이것은 어떤 검이오?"

풍호자가 대답했다.

"이것은 湛盧담로라는 名劍입니다."

소왕이 물었다.

"담로라니 무슨 말이오?"

풍호자가 말했다.

"臣은 듣기를, 오왕은 越나라에서 바친 세 자루의 명검을 얻었다 합니다. 그 하나는 魚腸劍이라 하고 그 두 번째는 磐郢劍반영검이라 하며 그 세 번째는 湛盧劍담로검이라 하는데, 어장검은 이미 합려가 王僚를 죽이는데 썼고, 반영검으로는 합려의 딸이 자결하여 죽었는데 이제 담로검이 초나라로 들어온 것입니다."

昭王이 말했다.

"湛盧劍이 그 있던 곳을 떠나온 것은 무슨 까닭이오?"

風湖子가 말했다.

"臣이 듣기를, 越王 元常이 歐冶子구야자에게 다섯 자루의 명검을 만들게 하여 劍 鑑定家인 薛燭설촉에게 보여 주었습니다. 설촉이 대답했지요. '魚腸劍은 逆理不順이어서 하늘의 순리를 거역하는 기운이 있으니 服從시켜 따르게 할 수 없습니다. 이 검으로는 신하가 그 임금을 죽이게 될 것이며 자식이 아비를 죽이게 될 것입니다.'라고 했는데 그래서 闔閭가 이 검으로 王僚를 죽이게 된 것입니다. 또 설촉이 말했지요. '磐郢劍은 傲慢오만하여 一名 豪曹호조라고 하는데, 이 劍은 不法之物로서 사람에게 無益무익한 물건입니다.' 그래서 이 검으로 합려의 딸이 죽게된 것입니다. 다시 설촉이 말했지요. '湛盧劍담로검은 金, 銀, 銅, 鐵, 朱錫 등 五金의 英氣와 태양의 精氣로 만들어져 靈驗영험하고 神靈한 기운이 담겨 있어 검을 빼면 神氣가 뻗쳐 범할 수 없는 威稜위릉을 발휘하며, 敵軍과 마주치면 적을 꺾어 물리치는 威力이 있습니다. 임금이 天理를 따르지 않고 옳지 않은 逆理를 圖謀할 때

담로는 즉시 무도한 임금의 나라를 떠나 올바른 天理의 道가 행해지는 곳으로 찾아가는 것입니다.'라고 했는데 지금 오왕은 무도하여, 그 왕을 죽이고 초나라를 치려하므로 湛盧가 초나라를 찾아온 것입니다."

昭王이 물었다.

"湛盧劍의 가치는 얼마나 되오?"

風湖子풍호자가 대답했다.

"신은 듣기를, 이 검이 아직 越나라에 있을 때 한 나그네가 있어 薛燭과 그 價値를 應對한 일이 있었는데 나그네가 말하기를, '이 검은 市가 있는 삼십 개의 고을과 駿馬준마 一千匹, 萬戶之都의 큰 도시 두 개를 모두 합쳐야 이 검의 가치와 바꿀 수 있다'고 했는데 설촉이 대답하기를, '歐冶子가 名劍을 만들기 위해 董山근산의 鐵과 朱錫을 캐느라고 산을 파헤쳐 놓아 董山은 벌거숭이 山이 되어 구름도 짝하여 모여들지 않으며, 若耶의 냇물은 명검을 만들 구리를 캐느라 마구 파헤쳐 그 깊이를 잴 수 없을 만큼 물이 깊어졌습니다. 여러 神들은 모두 하늘로 올라가 버리고 구야자는 이미 죽었으니, 비록 城을 기울일 만큼 많은 量의 金과, 강을 채울 만큼 많은 珠玉이 있다해도 이같은 보물은 다시 얻을 수 없을 것인 데, 하물며 市가 있는 삼십 개의 고을과, 千匹의 駿馬, 萬戶之都 두 개를 합친 것 정도로야 어찌 만족하다하겠습니까?'라고 했습니다."

소왕은 크게 기뻐하여 담로검을 보물로 소중히 여기게 되었다.

楚나라에서 湛盧劍담로검을 얻었다는 소문을 들은 闔閭는 크게 노하여 孫武와 伍子胥, 白喜를 보내 초나라를 치게 했다. 오자서는 몰래 초나라를 향해 소문내서 말했다.

"초나라가 子期를 將軍으로 임용한다면 나는 즉시 자기를 죽여버릴 것이고, 子常을 장군으로 임명해 出兵한다면 즉시 돌아갈 것이다."

이 소문을 들은 초나라는 子常을 장군으로 임명하고 子期를 물러나게 했다. 吳나라는 이 싸움에서 六과 潛잠 두 고을을 빼앗았다.

◆ 참 고

1. 仍以今本譯出(顧觀光對此有校正)

臣聞越王允常聘歐冶子作名劍五枚, 三大二小. 一曰純鉤, 二曰湛盧, 三曰豪曹, 或曰磐郢, 四曰魚腸, 五曰鉅闕. 秦客薛燭善相劍, 王取豪曹示之. 薛燭曰: "非寶劍也. 夫寶劍, 五色幷見, 今豪曹, 五色默然無華, 已殞其光, 亡其神, 此劍不登斬而辱, 則墮于欽中矣." 王曰: "寡人置劍竹盧之上, 過而墮之, 斷金獸之頸, 欽濡其刃, 吾以爲利也." 而服不舍. 王復取鉅闕示之. 薛燭曰: "非寶劍也. 夫寶劍, 金錫和同, 氣如云烟. 今其光離矣." 王復取魚腸示之. 薛燭曰: "夫寶劍者, 金精從理, 至本不逆, 鍔中生光, 從文不起. 今魚腸倒本從末, 逆理之劍也. 服此者, 臣弑其君, 子弑其父." 王取純鉤示之. 薛燭瞿然而望之曰: "光乎! 如湖陽之華, 沈沈如芙蓉始生于湖. 觀其文, 如列星之行; 觀其光, 如水之溢于塘; 觀其斷割, 嚴如鑮石之芒; 觀其色, 渙如冰將釋見日之光. 此純鉤也者?" 王曰: "是也. 客有買此劍者, 有市之鄉三十, 駿馬千匹, 萬戶之都二, 其可與乎?" 薛燭曰: "不可. 臣聞王之初造此劍, 赤堇之山破而出錫, 若耶之溪涸而出銅. 吉日良時, 雨師洒道, 雷公鼓橐, 蛟龍捧爐, 天帝裝炭, 太一下視, 天精下降. 于是歐冶子因天地之精, 悉其伎巧, 造爲此劍. 吉者宜王, 凶者可以遺人. 凶者尙值萬金, 况純鉤者耶?" 取湛盧示之. 薛燭曰: "善者! 銜金鐵之英, 吐銀錫之精, 寄氣托靈, 有游出之神. 服此劍者, 可以折沖伐敵, 人君有逆謀, 則去之他國." 允常乃以魚腸湛盧豪曹獻吳王僚.

◇　　◇　　◇　　◇

[4-07] 五年, 吳王以越[129)]不從伐楚, 南伐越. 越王元常曰: "吳不信前日之盟, 棄貢賜之國,[130)] 而滅其交親." 闔閭不然其言, 遂伐, 破檇里.[131)]≪左傳

－昭公三十二年≫: 吳伐越, 始用師於越也." 是爲闔廬五年. 杜預解: "自此之前, 雖强事小爭, 未嘗用大兵." 檇里≪左傳≫≪史記≫俱作檇李, 檇音醉. 杜預曰: "吳郡嘉興縣南有檇李城."

六年, 楚昭王使公子囊瓦按≪左傳≫, 楚公子貞字子囊, 其孫名瓦, 字子常. 此當言公孫, 不得云公子也.伐吳, 報潛六之役. 吳使伍胥孫武擊之, 圍於豫章.[132]豫章地名也, 在江夏之間. 杜預曰: "豫章漢東江北地名." 孔頻達曰: "≪漢書－地理志≫: 豫章, 郡名, 在江南. 此則在北者土地之名." 按宋武帝討劉毅, 遣王鎭惡先襲至豫章口. 豫章口去江陵城二十里. 乃知春秋之豫章, 非今隆興郡名之豫章也. 吳王曰: "吾欲乘[133]危入楚都而破其郢,[134] 不得入郢, 二子何功?" 於是圍楚師於豫章, 大破之. 遂圍巢,[135] 克之, 獲楚公子繁,[136]守巢大夫.以歸爲質.見≪左傳－定公二年≫. ＜索隱＞曰: "當爲闔廬七年." ≪史－年表≫＜世家＞皆書之六年, 此書似亦因以爲據.

九年, 吳王謂子胥孫武曰: "始子言郢不可入, 今果何如?" 二將曰: "夫戰, 借勝以成其威, 非常勝之道." 吳王曰: "何謂也?" 二將曰: "楚之爲兵, 天下彊敵也. 今臣與之爭鋒十亡一存, 而王入郢者, 天也. 臣不敢必." 吳王曰: "吾欲復擊楚, 奈何而有功?" 伍胥孫武曰: "囊瓦者, 貪而多過於諸侯, 而唐蔡怨之. 王必伐, 得唐蔡.[137]" "何怨?" 二將曰: "昔蔡昭公[138]朝於楚, 有美裘[139]二枚, 善珮[140]二枚, 各以一枚獻之昭王. 王服之以臨朝, 昭公自服一

---

129) [越] 春秋時代에 지금의 浙江省일대에 興盛했던 나라. 本書 外傳에 의하면 越나라는 禹임금의 後裔라고 한다.

130) [貢賜之國공사지국] 朝貢하고 恩賜를 내리는 宗主國과 屬國의 관계.

131) [檇里취리] 春秋時代 越나라 地名. ≪越絶書≫에는 浙江省 嘉興縣이라 했다.

132) [豫章] 春秋時代 地名. 지금의 江夏之間.

133) [乘] 틈타다.

134) [郢영] 春秋時代 楚나라 都城. 지금의 湖北省 江陵縣 北쪽.

135) [巢소] 春秋時代 楚나라 地名. 지금의 安徽省 巢縣.

136) [繁번] 楚나라 公子. 巢 땅의 尹.

137) [唐·蔡] 春秋時代 國名. 唐나라 군주의 姓氏는 姬氏. 지금의 湖北省 隨縣 서북쪽 唐縣鎭. 西紀前 505年 楚나라에 망함. 蔡나라 군주의 姓氏는 姬氏. 지금의 河南省 上蔡縣.

138) [蔡 昭公] 이름은 申. 在位 28年(西紀前 518～西紀前 491).

139) [美裘미구] 여우의 겨드랑이털로 만든 최고급 갖옷. ≪史記≫ 孟嘗君傳에, '孟嘗君使人抵昭王幸姬求解. 幸姬曰: 妾願得君狐白裘'라고 했는 데 韋昭의 注에, '以狐之白毛爲裘, 謂集狐掖之毛, 言美而難得者.'라고 했다.

140) [善珮선패] '珮'字 아래 '二枚'라고 한 것으로 보아 좋은 珮玉으로 본다.

枚. 子常欲之, 昭公不與. 子常三年留之不使歸國. 唐成公[141]朝楚, 有二文馬,[142]二馬, 名肅爽, 駿馬也, 爽音霜亦曰驌驦. 子常欲之, 公不與, 亦三年止之. 唐成成當作人.相與謀, 從成公從者請馬, 以贖成公. 飮從者酒, 醉之, 竊馬而獻子常, 常乃遣成公歸國. 羣臣誹謗曰: '君以一馬之故, 三年自囚, 願賞竊馬之功.' 於是成公常思報楚, 君臣未嘗絶口. 蔡人聞之, 固請獻裘珮於子常, 蔡侯得歸. 如晋告訴, 以子元[143]與太子質,[144]≪左傳≫云: "以其子元與大夫之子爲質." 者是 而請伐楚, 故曰: 得唐蔡而可伐楚." 吳王於是使, 使謂唐蔡曰: "楚爲無道, 虐殺忠良, 侵食諸侯, 困辱二君. 寡人欲擧兵伐楚, 願二君有謀." 唐侯≪左傳≫作蔡侯.使其子乾爲質於吳. 三國合謀伐楚.

◇　◇　◇　◇

闔閭 5년, 吳王은 越나라가 楚나라를 칠 때 오나라를 따르지 않은 것을 원망하여 남쪽으로 월나라를 쳤다. 월왕 元常이 말했다.

"오나라가 前日에 맺은 맹세를 믿지 않고, 貢賜之國의 관계를 버리는 것은 그 交親을 滅하는 것이다."

그러나 초나라 칠 때의 서운함이 남아 있던 합려는 그 말을 듣지 않고 마침내 월나라를 쳐서 檇里취리에서 월나라 군대를 깨뜨렸다.

吳王 6년, 楚 昭王은 公子 囊瓦낭와[子常]로 하여금 吳나라를 치게 했는데 이는 전에 오나라가 潛잠과 六 두 고을을 빼앗은데 대한 보복이었다. 오나라는 伍子胥와 孫武를 將軍으로 삼아 楚軍을 쳐서 물리치고 豫章까지 포위해 버렸다.

---

141) [唐 成公] 春秋時代 唐나라 군주. ≪春秋左傳≫ 定公三年에, '唐成公如楚, 有兩肅爽馬'라고 했다.
142) [文馬] 보드랍고 붉은 갈기에 얼룩 斑點반점이 있는 名馬. ≪春秋左傳≫ 宣公 二年에, '宋人以兵車百乘, 文馬百駟以贖華元于鄭.'이라 했다.
143) [子元] 춘추시대 蔡나라 公子.
144) [太子 質] 춘추시대 蔡나라 太子.

오왕이 말했다.

"나는 초나라의 위기를 틈타 楚都 郢영까지 깨뜨리고자 합니다. 吳軍이 郢에 들어가지 못하면 두 분께 무슨 功이 있겠습니까?"

이에 오나라 군대는 초나라 군사를 豫章에서 포위하여 크게 깨뜨리고 마침내 巢소까지 포위하여 이겼으며 巢 땅을 다스리던 公子 繁을 사로잡아 돌아와서 인질로 삼았다.

오왕 9년, 왕은 오자서와 손무에게 말했다.

"처음에 두 분께서는 楚都 郢영에 들어갈 수 없다고 하셨는데 지금은 과연 어떻습니까?"

두 장수가 대답했다.

"대저 전쟁이란 승리를 빌어 그 威名위명을 이루고 적을 굴복시키는 것인데 전쟁에서의 승리란 늘 있는 道가 아닙니다."

吳王이 말했다.

"그것은 무슨 말씀입니까?"

두 將帥장수가 함께 대답했다.

"楚나라 군대는 천하의 彊敵강적입니다. 臣들이 함께 싸운다 해도 열번을 패하고 한번을 이길 수 있을 것입니다. 대왕께서 郢에 들어가시는 것은 하늘의 뜻에 달린 것이니 臣들은 감히 반드시 그렇다고 말할 수 없습니다."

오왕이 말했다.

"나는 다시 초나라를 치고자 하는데 그러면 어찌해야 초나라를 이길 수 있겠습니까?"

伍子胥와 孫武가 함께 대답했다.

"楚의 公子 囊瓦낭와는 탐욕이 많아 제후들에게 많은 잘못을 저질렀으며 唐당나라와 蔡채나라 군주의 원망을 받고 있습니다. 대왕께서 반드시 초나라를 치고자 하신다면 唐과 蔡 두 나라를 얻으셔야 합니다."

"唐과 蔡 두 나라는 囊瓦에게 어떤 원한이 있습니까?"

두 장수가 말했다.

"옛날 채나라 昭公이 楚나라에 갔을 때 여우가죽으로 만든 두 개의 아름다운 털옷과 값진 珮玉패옥 두 개를 가지고 갔었는데 그 중 털옷 한 벌과 패옥 한 개를 초나라 昭王에게 바쳤습니다. 초나라 소왕이 선물 받은 털옷을 입고 朝廷에 나오고, 나머지한 벌은 채나라 소공이 입었는데 子常[囊瓦]도 털옷을 얻고 싶어 했으나 채나라 소공이 주지 않았습니다. 그러자 자상은 채나라 소공을 三年간이나 抑留억류하여 돌아가지 못하게 했습니다. 또 唐나라 成公이 초나라에 갔을 때도 천하의 名馬인 文馬 두 匹을 가지고 갔었는데 자상이 갖고 싶어 했으나 주지 않았습니다. 자상은 당나라 성공도 三年간이나 돌아갈 수 없게 붙들어 두었습니다. 이에 당나라 사람들이 서로 함께 謀議하여 성공의 시중을 드는 從者에게서 준마를 얻어 자상에게 바치고 성공과 바꾸고자 하였습니다. 이에 성공의 종자를 請해 술을 마시게 하고 종자가 취한 사이 말을 훔쳐 자상에게 바치니 자상이 成公을 보내주어 唐나라로 돌아올 수 있었습니다. 당나라의 여러 신하들이 君主를 비방하여 말하기를 '한 나라의 군주로서 일개 말 한 마리 때문에 三年간이나 잡혀 있었습니다. 원컨대 말을 훔쳐 군주님을 돌아오시도록 功을 세운 사람들에게 賞을 주소서.'라고 했습니다. 이 일로 성공은 항상 초나라에 報復할 생각을 가지고 있는데 君臣간에 초나라에 대해 보복하자고 하는 말이 한 번도 끊어진 적이 없습니다. 채나라 사람들도 이 소문을 듣고 군주인 소공에게 간곡히 청하여 털옷과 珮玉패옥을 자상에게 바치고 채나라 군주도 겨우 귀국할 수 있었습니다. 그리하여 蔡侯는 이 일을 晉나라에 알리고 公子 元과 太子를 인질로 보내 함께 초나라를 칠 것을 청했는데 晉나라는 이에 응하지 않았습니다. 그러므로 당나라와 채나라를 설득하면 초나라를 칠 수 있다고 아뢰는 것입니다."

吳王은 唐나라와 蔡나라에 使臣을 보내 말했다.

"楚나라는 無道하여 충신들을 죽이고 제후의 나라를 침입하여 땅을 빼앗고 있습니다. 이로 인해 두 분 군주께서는 초나라에 잡혀 욕을 당하셨습니다. 과인은 군사를 일으켜 초나라를 치고자 하는데 두 분 군주와 함께 초나라를 도모했으면 합니다."

唐나라 군주는 그 아들 乾을 吳나라에 보내 인질로 삼고 吳·蔡·唐 三國이 연합하여 초나라를 치게 되었다.

◆ 참　고

1. ≪春秋左傳－昭公三十年≫

三十年, 吳子問於伍員曰: "初而言伐楚, 余知其可也. 而恐其使余往也, 又惡人之有余之功也. 今余將自有之矣, 伐楚何如?" 對曰: "楚執政者衆而乖, 莫適任患. 若爲三師以肆焉, 一師至則歸, 彼歸則出, 楚必道敝. 亟肆以罷之, 多方以誤之, 旣罷而後以三軍繼之, 必大克之." 闔廬從之, 楚於是乎始病.

2. ≪春秋左傳－昭公三十一年≫

三十一年, 秋吳人侵楚, 伐夷, 侵潛六. 楚沈尹戌帥師救潛. 吳師還, 楚師遷潛於南岡而還. 吳師圍弦, 左司馬戌右司馬稽帥師, 及豫章, 吳師還. 始用子胥之謀也

3. ≪春秋左傳－昭公三十二年≫

夏吳伐越, 始用師於越也. 史墨曰: "不及四十年, 越其有吳乎, 越得歲而吳伐之, 必受其凶."

4.≪春秋左傳－定公二年≫

秋, 楚囊瓦伐吳, 師于豫章. 吳人見舟于豫章, 而潛師于巢. 冬十月, 吳軍楚師于豫章, 敗之, 遂圍巢, 克之, 獲楚公子繁.

5. ≪春秋左傳－定公三年≫

蔡昭侯爲兩佩與兩裘, 以如楚, 獻一佩一裘於昭王. 昭王服之, 子常欲之, 弗與, 三年止之. 唐成公如楚, 有兩肅爽馬, 子常欲之, 弗與, 亦三年止之. 唐人或與謀, 請代先從者, 許之. 飮先從者酒, 醉之, 竊馬而獻之子常, 子常歸唐侯. 自拘於司敗曰: "君以弄馬之故, 隱君身, 棄國家." 群臣請, 相夫人以償馬, 以如之. 弢亭왈, "寡人之過也. 二三者無辱." 皆賞之. 蔡人聞之, 固

請, 而獻佩于子常. 子常朝見蔡侯之徒, 命有司曰: “蔡君之久也, 官不共也. 明日禮不畢, 將死.” 蔡侯歸, 乃漢執玉而沈曰: “余所有濟漢而南者, 有若大小.” 蔡侯如晉, 以其子元與其大夫之子爲質焉, 而請伐楚.

6. ≪史記－吳太伯世家≫

四年, 伐楚, 取六與灊.

五年, 伐越敗之.

六年, 楚使子常囊瓦伐吳, 迎而擊之, 大敗楚軍. 於豫章取楚之居巢而還. 九年吳王闔廬謂伍子胥孫武曰: “始子之言, 郢未可入. 今果如何?” 二子對曰: “楚將子常貪而唐蔡皆怨之. 王必欲大伐, 必得唐蔡乃可.” 闔廬從之. 悉興師, 與唐蔡西伐楚.

7. ≪史記－伍子胥傳≫

闔廬立三年, 乃興師, 與伍胥伯嚭伐楚拔舒, 遂禽故吳反二將軍, 因欲至郢. 將軍孫武曰: “民勞未可, 且待之.” 乃歸. 四年, 吳伐楚取六與潛. 五年伐越敗之. 六年楚昭王使公子囊瓦將兵伐吳, 吳使伍員迎擊大破楚軍於豫章, 取楚之居巢. 九年王闔廬謂子胥孫武曰: “始子言郢未可入. 今果何如?” 二子對曰: “楚將囊瓦貪, 而唐蔡皆怨之. 王必欲大伐之, 必先得唐蔡乃可.” 闔廬聽之. 悉興師與唐蔡伐楚, 與楚夾漢水, 而陳吳王之.

◇　◇　◇　◇

[4－08] 舍兵¹⁴⁵⁾兵當作舟. 吳乘舟從淮來, 過蔡而舍之. 於淮汭,¹⁴⁶⁾　自豫章¹⁴⁷⁾與楚

---

145) [舍兵사병] 배를 정박시킴. ≪春秋左傳－定公四年≫條에, ‘舍舟于淮汭’라고 했다.

146) [淮汭회예] 淮水의 물이 합쳐 지는 곳. 淮水는 河南省 桐柏山에서 發源하여

夾漢水[148]爲陣.漢水源出武都沮縣, 經襄陽至江夏陽安縣入江. 今漢陽, 古江夏也. 子常遂濟漢而陣, 自小別山至於大別山,杜預曰: "二別在江夏界." ≪元和郡縣志≫: "小別山在漢陽縣." <禹貢>: "至干大別." 今漢陽縣北有大別山. ≪地志≫≪水經≫云: "在安豊"者非. 三不利, 自知不可進, 欲奔亡. 史皇[149]曰: "今子常無故與王共殺忠臣三人, 天禍來下, 王之所致." 子常不應. 十月, 楚二師陣於柏擧,柏擧, 楚地. 闔閭之弟夫槩[150]晨起請於闔閭曰: "子常不仁, 貪而少恩, 其臣下莫有死志. 追之必破矣." 闔閭不許. 夫槩曰: "所謂臣行其志不待命者, 其謂此也." 遂以其部五千人擊子常. 大敗, 走奔鄭,[151] 楚師大亂. 吳師乘之, 遂破楚衆. 楚人未濟漢, 會楚人食, 吳因奔而擊破之雍澨,[152]≪左傳≫作雍滋. 五戰徑至於郢.

王追追當作迫於吳寇, 出固將亡,[153] 與妹季芈,[154]綿婢切, 楚姓, 平王女也. 出河灉河水出崑崙. 灉與雎同. 杜預曰: "雎水出新城昌魏縣, 東南至枝江縣入江." 是楚王西走也. 按≪水經≫: "雎水出梁郡鄢縣." 酈道元註: "雎水出陳留縣西蒗蕩渠." 三說各不同.之間, 楚大夫尹

安徽省안휘성과 江蘇省을 거쳐 黃河로 흘러든다. 汭는 두 갈래 물길이 한 곳으로 합쳐드는 곳. ≪方言≫에, '荊吳淮汭之間'이라 했다.

147) [豫章예장] 春秋時代 地名. 지금의 江夏之間.

148) [漢水] 陝西省섬서성 寧羌縣영강현 北쪽의 嶓冢山파총산에서 發源하는 데 처음에는 漾水양수라 하고, 沔縣면현을 지나면서는 沔水라 하며, 褒水포수를 받아들인 후부터 漢水라 하는 데 漢陽에 이르러 長江으로 흘러든다.

149) [史皇] 楚나라 大夫. 令尹 子常에게 싸울 것을 주장했으나 子常이 鄭나라로 달아나자 戰車를 몰고 끝까지 싸우다 戰死했다.

150) [夫槩부개] 闔閭의 동생. ≪史記－伍子胥傳≫에는, '槩音 古賚뢰反'이라하여 '부개는 音이 부괴'라고 했다. 전쟁을 틈타 몰래 吳나라에 돌아가 스스로 왕이 되었으나 闔閭가 楚나라의 포위를 풀고 夫槩를 공격하자 초나라로 달아나 棠溪당계에 封해졌다.

151) [鄭] 지금의 陝西省섬서성 華縣 부근. 天子인 周나라 宣王의 庶弟 友[桓公]를 封한 나라. 군주의 姓은 姬氏.

152) [雍澨옹체] 楚나라 漢水의 支流. 湖北省 京山縣에서 發源하여 東쪽으로 흘러 漢水縣에서 漢水로 흘러든다. ≪春秋左傳≫에는 '雍滋옹서'라고 했다.

153) [出固將亡] 盧文弨 注에, '固는 國의 誤記로 본다'고 했다. 一說에, 固는 故로 보고 將을 且로 보아 '故且'라고도 한다. ≪古書盧字集解≫에, '固將'은 '故且'와 같다고 했다.

154) [季芈계미] 楚 昭王의 누이동생. ≪春秋左傳－定公四年≫에, '季芈계미, 名卑我.'라고 했다. 反切音은 綿婢切.

固[155]與王同舟而去. 吳師遂入郢, 求昭王. 王涉濉濟江, 入于雲中.楚有雲夢澤,
≪左傳≫載: "令尹子文之生, 邞夫人棄諸夢中." 言夢而不及雲. 今此雲中. 言雲而不及夢. 是二澤明
矣. ≪漢陽圖經≫: "雲在江之北, 夢在江之南." 暮宿, 羣盜攻之, 以戈擊王頭, 大夫尹
固≪左傳≫作王孫由于.隱王, 以背受之中肩. 王懼奔鄖.[156]音云. 江陵有鄖城. 楚昭王時
鄖公所築, 今松滋也. 大夫鍾建負季芊[157]以從. 鄖公辛[158]得昭王, 大喜欲還之.
其弟懷[159]怒曰: "昭王是我讎也." 欲殺之, 謂其兄辛曰: "昔平王[160]殺我父,
吾殺其子, 不亦可乎?" 辛曰: "君討其臣, 敢讎之者? 夫乘人之禍, 非仁也;
滅宗廢祀,[161] 非孝也; 動無令名, 非智也." 懷怒不解. 辛陰與其季弟巢以王
奔隨.[162] 吳兵逐之, 謂隨君曰: "周之子孫在漢水上者, 楚滅之. 謂天報其禍,
加罰於楚, 君何寶之?寶當作保. 周室何罪, 而隱其賊? 能出昭王, 卽重惠也."
隨君卜昭王與吳王, 不吉. 乃辭吳王曰: "今隨之僻小, 密近於楚, 楚實存我,
有盟至今未改, 若今有難去聲而棄之, 今且安靜楚, 敢不聽命?" 吳師多其
辭,[163] 乃退. 是時, 大夫子期雖與昭王俱亡, 陰與吳師爲市, 欲出昭王. 王聞
之, 得免, 卽割子期心,[164] 以與隨君盟而去.

---

155) [尹固] 楚나라 大夫.

156) [鄖운] 春秋時代 楚나라 地名.

157) [鍾建負季芊종건부계미] 楚나라 大夫. 鍾建이 季芊를 업었던 일로 인해 망명
    에서 돌아 온 후 季芊와 婚姻했다.

158) [鄖公 辛] 鄖 땅의 尹[장관]. 鬪成然투성연의 아들. ≪春秋左傳≫ 昭公十四年
    에, '楚平王元年九月, 平王殺鬪成然, 使鬪辛居鄖.'이라 했다. 鬪氏는 楚나
    라 군주에게서 갈라져 나간 姓氏다.

159) [懷회] 鬪懷. 鬪辛의 동생.

160) [平王] 春秋時代 楚나라 군주. 姓은 芊미, 이름은 棄疾기질. 在位 13년(西紀
    前 528~516). 費無忌의 讒言에 빠져 太子를 내쫓고 伍奢와 伍尙을 죽였다.
    후에 吳나라로 달아난 伍子胥가 楚나라를 짓밟고 평왕의 무덤을 파헤쳐 평
    왕의 시체를 꺼내 가죽채찍으로 삼백번이나 후려쳐 죽은 시신이 매질을 당
    하는 욕을 보았다.

161) [滅宗廢祀멸종폐사] 宗廟를 滅하고 祭祀를 廢하게 함.

162) [隨] 姬姓으로서 周室의 한 나라였으나 春秋時代에는 楚나라의 附庸國[房
    子國]이었다. 지금의 湖北省 隨縣 南쪽.

163) [多其辭] 칭찬하는 말. 多其는 善과 비슷한 뜻. ≪說苑≫ 364篇 12-4에 '秦
    王以五百里地易鄢陵, 鄢陵君辭而不受, 使唐且謝秦王. 秦王曰: 秦破韓滅魏,
    鄢陵君獨以五十里地存者, 吾豈畏其威哉? 吾多其義耳….'라고 하였다.

◇　◇　◇　◇

　吳·蔡·唐 연합군은 淮汭회예에 배를 碇泊정박시키고 豫章에서부터 陸
路로 漢水에 이르러 楚軍과 對峙대치하여 陣을 쳤다. 초나라 장군 子常은
마침내 漢水를 건너 小別山에서부터 大別山까지 陣을 치고 세 나라 연합
군과 세 번을 싸웠으나 모두 불리하여 스스로 나아갈 수 없음을 알고 달
아나려 했다.

　史皇이 말했다.

　"令尹[子常]께서 까닭 없이 왕과 공모해 죄 없는 충신을 세 사람이나 죽였으니,
지금 하늘의 禍가 내리는 것은 군주님으로 인한 것입니다."

　子常은 史皇의 말에 대답하지 않았다. 十月시월에 楚軍의 두 부대는 柏
擧백거에 陣을 쳤다. 闔閭합려의 동생 夫槩부개는 새벽 일찍 일어나서 합려
에게 請했다.

　"자상은 어질지 못하고 탐욕이 많으며 은혜를 베푸는데는 인색하여 그 신하들
은 그를 위하여 죽을 뜻이 없습니다. 쫓아가 공격하면 틀림없이 격파할 수 있습니
다."

　합려가 허락하지 않으니 부개는 말했다.

　"이른 바 신하된 者가 바른 뜻을 行하는데 군주의 命을 기다리지 않는다는 것
은 이런 경우를 두고 이른 것이다."

　부개는 마침내 그가 거느린 군사 오천명을 거느리고 자상이 거느린
초군을 공격했다. 자상은 크게 敗하여 鄭나라로 달아나고 초나라 군사들
은 큰 혼란에 빠졌다. 오나라 군대는 이 틈을 타서 공격하여 초군을 크
게 이겼으므로 초나라 군사는 漢水를 건너지 못하고 죽은 군사들이 많
았다.

---

164) [子期] 楚나라 大夫. 昭王의 異腹兄. 당시는 大司馬였다. 惠王이 즉위한 후
　　　令尹이 되었으나 太子 建의 아들인 白公 勝의 난리에 白公에게 죽음을 당
　　　했다.

간신히 漢水를 건너지 못한 楚軍이 모여 밥을 먹고 있을 때 吳나라 군대는 달아나는 楚軍을 공격하여 雍澨용체까지 깨뜨리고, 다섯 번을 싸운 끝에 破竹之勢로 초나라 都城 郢영에 들이닥쳤다.

초나라 昭王소왕은 吳軍을 두려워하여 누이동생 季羋계미와 함께 도망하여 宮城을 나와 물길을 타고 濉水수수로 달아났다. 大夫 尹固가 왕과 함께 같은 배를 타고 갔다. 오나라 군대가 마침내 영에 들어와 소왕을 찾기 시작했는데 소왕은 濉水를 건너고 長江을 건너 雲中[雲夢澤]이라는 湖水로 달아났다.

날이 저물어 소왕 일행이 露宿노숙하는데 도적 떼가 나타나 창으로 왕의 머리를 공격하는지라 대부 윤고가 왕을 감싸고 등으로 도적 떼의 창 끝을 막으려다가 창 끝에 어깨를 다쳤다. 왕은 두려워하며 鄖운 땅으로 달아났는데 대부 鍾建이 계미를 등에 업고 따랐다.

鄖 땅을 다스리는 장관은 鬪辛투신인데 鄖公은 昭王을 만나자 크게 기뻐하여 왕을 돌려보내 주고자 하였으나 운공의 동생 鬪懷투회는 怒하여 말했다.

"소왕은 우리 원수다."

투회는 소왕을 죽이려하여 그 兄 辛에게 말했다.

"옛날 平王이 우리 아버지를 죽였으니 우리가 그 아들을 죽이는 것 또한 옳지 않소?"

신이 말했다.

"군주가 신하를 죽였다하여 감히 원수로 삼을 수 있겠는가? 대저 사람이 禍를 당한 것을 틈타 이를 치는 것은 어진 바가 아니며; 남의 宗孫을 滅하여 祭祀를 廢하게 하는 것은 孝가 아니고; 함부로 행동하여 이름을 더럽히는 것은 지혜로운 일이 아니다."

그러나 懷는 憤怒를 풀지 않았다.

鄖公 鬪辛은 몰래 막내 동생 巢소와 함께 왕을 모시고 隨수나라로 도망쳤다.

吳軍은 隨수나라까지 쫓아와서 수나라 군주에게 요구했다.

"周나라 子孫으로서 漢水가에 살던 姬姓희성의 나라들은 楚나라가 모두 滅멸했습니다. 지금 초왕이 쫓기는 것은 하늘이 초나라에 應報를 내리시고 禍를 더하여 罰 주시는 것입니다. 그런데 어찌하여 수나라 군주께서는 초왕을 保護하고 계십니까? 주나라 왕실의 자손으로서 오나라와 같이 姬姓을 가진 군주께서는 무슨 죄가 있어 도적 같은 초왕을 숨겨주어 화를 입으려 하십니까? 초나라 昭王을 오나라에 내어 주신다면 친척간인 수나라와 오나라 모두에게 큰 은혜를 베푸는 일이 될 것입니다."

隨나라 군주는 점을 쳐보았는데 소왕을 오왕에게 넘겨주는 것은 불길하다는 점괘가 나왔다. 수나라 군주는 吳王에게 거절하여 말했다.

"지금까지 수나라는 외지고 좁은 곳에 楚나라와 가깝게 붙어 있었는데 초나라는 우리를 잘 보호해 주었습니다. 우리 수나라는 초나라와 同盟을 맺어 지금까지 고치지 않았습니다. 만약 지금 어려움이 있다하여 이를 버린다면 이제 다시 楚나라가 安靜되면 감히 명을 쫓지 않을 수 있겠습니까?"

오나라 군사들은 수나라 군주가 완곡히 사양하는 것을 듣고 마침내 돌아갔다.

이 때 大夫 子期는 비록 昭王과 함께 달아나 있었으나 몰래 吳軍과 거래하여, 楚王과 모습이 비슷한 自己를 楚王으로 꾸며 吳軍을 속이고 昭王을 도망가게 하고자 했다. 소왕도 이 소문을 들었는데 吳軍이 포위를 풀고 물러가자 즉시 子期의(衷心을 기려) 가슴 살갗을 갈라 그 피로써 犧牲을 삼아 隨나라 군주와 盟約을 맺고 돌아갔다.

◈ 참　고

1. ≪春秋左傳－定公四年≫

楚自昭王卽位無歲不有吳師.　蔡侯因之,　以其子乾與其大夫之子爲質於吳.　冬, 蔡侯吳子唐侯伐楚, 舍舟于淮汭, 自豫章與楚來漢.　左司馬戌謂子常曰: "子沿漢而與之上下.　我悉方城外, 以毀其舟, 還塞大隧直轅冥阨.　子濟漢而伐之, 我自後擊之, 必大敗之. 旣謀而行. 武城黑謂子常曰: "吳用木也, 我用革也, 不可久也, 不如速戰." 史皇謂子常, "楚人惡子, 而好司馬. 若司馬毀吳舟于淮, 塞城口而入, 是獨克吳也, 子必速戰. 不然, 不免." 乃濟漢而陳, 子小別至于大別三戰. 子常知不可, 欲奔. 史皇曰: "安求其事, 難而逃之, 將何所入. 子必死之, 初罪必盡說." 十一月庚午, 二師陣于柏擧. 闔廬之弟夫槩王, 晨請於闔廬曰: "楚囊瓦不仁, 其臣莫有死志, 先伐之, 其卒必奔. 而後大師繼之必克." 弗許. 夫槩王曰: "所謂臣義而行, '不待命者.' 其此之謂也. 今日我死, 楚可入也." 以其屬五千, 先擊子常之卒, 子常之卒奔, 楚師亂, 吳師大敗之. 子常奔鄭, 史皇以其乘廣死. 吳從楚師, 及淸發. 將擊之, 夫槩王曰: "因獸猶鬪, 況人乎? 若知不免而致死, 必敗我. 若使先濟者知免, 後者慕之, 蔑有鬪心矣, 半濟而後可擊也." 從之, 又敗之. 楚人爲食, 吳人及之, 奔. 食而從之, 敗諸雍澨, 五戰及郢. 已卯, 楚子取其妹季羋畀我以出, 涉睢鍼尹固與王同舟. 王使執隧象以奔吳師. 庚辰, 吳入郢, 以班處宮. 子山處令尹之宮, 夫槩王欲攻之, 懼而去之, 夫槩王入之. 左司馬戌及息而還, 敗吳師于雍澨, 傷. 初司馬臣闔廬. 故耻爲禽焉, 謂其臣曰: "誰能免吾首." 吳句卑曰: "臣賤, 可乎?" 司馬曰: "我實失子. 可哉!" 三戰皆傷, 曰: "吾不可用也已." 句卑布裳, 剄而裹之, 藏其身, 而以其首免. 楚子涉睢, 濟江, 入雲中. 王寢盜攻之, 以戈擊王. 王孫由于以背受之, 中肩. 王奔郧, 鍾建負季羋以從, 由于徐蘇而從. 郧公辛之弟懷將弒王曰: "平王殺吾父, 我殺其子, 不亦可乎?" 辛曰: "君討臣誰敢讎之? 君命天也. 若死天命, 將誰讎? 詩曰: '柔亦不茹, 剛亦不吐, 不侮矜寡, 不畏彊禦.' 唯仁者能之. 違彊陵弱, 非勇也. 乘人之約, 非仁也. 動無令名, 非知也. 必犯是, 余將殺女." 鬪辛與其弟巢, 以王奔隨. 吳人從之, 謂隨人曰: "周之子孫在漢川者, 楚實盡之. 天誘其衷, 致罰於楚, 而君又竄之. 周室何罪? 君若顧報周室, 施及寡人, 以獎天衷, 君之惠也. 漢陽之田, 君實有之." 楚子在公宮之北, 吳人在其南. 子期似王, 逃王而己爲王曰: "以我與之, 王必免." 隨人卜與之, 不吉. 乃辭吳… 鑢金初宦於子期氏, 實與隨人要言. 王使見, 辭曰: "不敢以約爲利." 王割子期之心,以與隨人盟.

2. ≪史記－吳太伯世家≫

至於漢水, 楚亦發兵拒吳, 來水陣. 吳王闔廬弟夫槩欲戰, 闔廬弗許. 夫槩曰: "王已屬臣兵, 兵以利爲上, 尙何待焉?" 遂以其部五千人襲冒楚, 楚兵大敗走, 於是吳王遂縱兵追之. 比至郢五戰, 楚五敗. 楚昭王亡出郢, 奔鄖. 鄖公弟欲弑昭王, 昭王與鄖公奔隨. 而吳兵遂入郢.

3. ≪史記－伍子胥傳≫

與楚夾漢水而陳. 吳王之弟夫槩將兵請從, 王不聽, 遂以其屬五千人擊. 楚將子常子常敗走奔鄭. 於是吳乘勝, 而戰五戰, 遂至郢. 己卯楚昭王出奔, 庚辰吳王入郢. 昭王出亡入雲夢, 盜擊王, 王走鄖. 鄖公弟懷曰: "平王殺我父, 我殺其子不亦可乎?" 鄖公恐其弟殺王, 與王奔隨. 吳兵圍隨謂隨人曰: "周之子孫在漢川者楚盡滅之." 隨人欲殺王, 王子綦匿王, 己自爲王以當之. 隨人卜, 與王於吳不吉, 乃謝吳不與王.

4. ≪說苑－472篇 15－21≫

吳王闔廬與荊人戰於柏擧, 大勝之. 至於郢郊, 五敗荊人, 闔廬之臣, 五人進諫曰: "夫深入遠報, 非王之利也. 王其返乎?" 五將鍥頭, 闔廬未之應, 五人之頭, 墜於馬前. 闔廬懼, 召伍子胥而問焉. 子胥曰: "五臣者懼也. 夫五敗之人者, 其懼甚矣. 王姑少進." 遂入郢, 南之江, 北之方城, 方三千里, 皆服於吳矣.

◇　◇　◇　◇

[4－09] 吳王入郢, 止留. 伍胥以不得昭王, 乃掘平王[165]之墓, 出其屍, 鞭之三百. 左足踐腹, 右手抉其目,[166] 誚之曰: "誰使汝用讒諛之口? 殺我父

兄, 豈不冤哉!" 卽令闔閭妻昭王夫人,[167]　伍胥孫武白喜亦妻,　子常司馬成之妻, 以辱楚之君臣也.　遂引軍擊鄭.　鄭定公[168]前殺太子建,[169]　而困迫子胥. 自此鄭定公大懼,_{按太子建之死乃定公時, 吳師入郢則獻公時, 此亦云定公誤.} 乃令國中曰: "有能還吳軍者, 吾與分國而治." 漁者之子應募曰: "臣能還之, 不用尺兵斗糧,[170]　得一橈_{音饒小楫}而行歌道中, 卽還矣." 公乃與漁者之子橈.　子胥軍將至, 當道扣橈而歌曰: "蘆中人![171]"　如是再.　子胥聞之, 愕然大驚曰: "何等謂?" 與語: "公爲何誰矣?" 曰: "漁父者子.　吾國君懼怖, 令於國: '有能還吳軍者, 與之分國而治.　臣念前人與君相逢於途, 今從君乞鄭之國." 子胥歎曰: "悲哉! 吾蒙子前人之恩, 自致於此, 上天蒼蒼, 豈敢忘也?" 於是乃釋鄭國, 還軍守楚, 求昭王所在日急.

　　申包胥[172]亡在山中, 聞之, 乃使人謂子胥曰: "子之報讎, 其以甚乎! 子故

---

165) [平王] 春秋時代 楚나라 군주. 姓은 羋미, 이름은 棄疾기질. 在位 13년(西紀前 528~516). 費無忌의 讒言에 빠져 太子를 내쫓고 伍奢와 伍尙을 죽였다.

166) [右手抉目우수결목] 죽은지 여러 해가 지났는데 平王의 시체가 그대로 있었던 것은 평왕을 장사지낼 때 돌 관에 水銀을 채워 시체가 썩지 않게 했기 때문이다.

167) [昭王夫人] 이 때 昭王의 夫人은 미쳐 피난을 가지 못했다. 徐天祐 注에, '令尹 子文이 楚王의 夫人을 버리고 배에 태우지 않았다. 앞에 "令尹子文之生邠夫人棄諸."라고 하였다. 昭王의 母后도 미쳐 피난을 가지 못했는데 ≪烈女傳≫에는, '闔閭가 昭王의 어머니인 秦나라 공주를 첩으로 삼으려 하자 毅然의연하게 闔閭를 설득하여 절개를 지켰다.'고 하였다.

168) [定公] 定公이라 한 것은 著者 趙曄의 錯誤인 것 같다. 현재 일반적으로 알려진 年表가 잘못된 것이 아니라면, 吳나라가 侵伐했을 때 太子 建을 죽인 定公은 죽은 지 8년이 지났고, 그 아들 獻公헌공이 군주의 자리에 있을 때다.

169) [太子 建] 楚 平王의 太子. 어머니인 蔡夫人이 失寵하고 자기 아낙으로 시집온 秦나라 공주가 父王의 夫人이 되어 이복동생 珍을 낳자 비무기의 모함을 받아 정나라로 달아났으나 晉나라와 함께 鄭나라를 圖謀하다가 鄭나라 定公과 子産에게 죽음을 당했다. 白公 勝은 建의 아들.

170) [尺兵斗糧척병두량] 한 尺의 무기와 한 말의 곡식. 小量의 戰爭物資.

171) [蘆中人] 伍子胥가 도망칠 때 오자서를 도와 준 漁丈人이 부른 노래.

172) [申包胥] 春秋時代 楚나라 大夫. 姓은 公孫인데 申 땅에 봉해졌으므로 申包胥라고 한다. 伍子胥와는 同門修學한 친구. 楚나라가 吳나라의 침략으로 焦土化 되어 存亡岐路에 서자 秦나라에 달려가 宮庭에서 七日七夜를 통곡

平王之臣, 北面事之, 今於僇屍之辱, 豈道之極乎?” 子胥曰: “爲我謝申包胥
曰: ‘日暮路遠, 倒行而逆施之於道也.[173]’” 申包胥知不可, 乃之於秦[174]求
救楚. 晝馳夜趨, 足踵蹠[175]踵足後. 蹠之石切, 足下也.劈, 裂裳裹膝, 鶴倚哭於秦
庭, 七日七夜, 口不絶聲. 秦桓公[176]按申包胥求救乃秦哀公時, 此云桓公誤.素沈湎,
不恤國事. 申包胥哭已, 歌曰: “吳爲無道, 封大也.豕長蛇,[177] 以食上國,[178]
欲有天下, 政從楚起. 寡君出在草澤, 使來告急.” 如此七日, 桓公桓當作哀.大

해 秦나라 군주를 감동시켜 秦나라 군대를 빌어 楚나라를 구했는데 나라가
회복된 후 楚 昭王이 動功을 줄 때 사양하고 받지 않았다.

173) [日暮路遠일모로원, 倒行而逆施之於道也도행이역시지어도야] 날은 저물고 갈 길
　　은 멀어 일을 거꾸로 행하면서 常道를 거슬러 시행하노라.

174) [秦] 周나라 孝王 때 伯益의 자손인 非子가 封받은 나라. 군주의 姓氏는 嬴
　　氏영씨. 처음에는 지금의 甘肅省감숙성 淸水縣 秦邑진읍에 封받았는 데 周 平
　　王이 洛邑으로 東遷동천할 때 이를 호위한 공로로 西紀前 771년 陝西省섬서
　　성 서부지역을 맡아 정식 제후가 됨. 戰國時代인 西紀前 221년 始皇帝 26년
　　秦은 처음으로 중국을 통일하고 中央執權的 국가체제를 갖추었다.

175) [踵蹠종척] 발 뒤꿈치.

176) [桓公] 春秋時代 秦나라 군주. 吳나라가 楚나라 郢에 들어간 것은 秦 哀公
　　31년인데, 여기서 桓公이라 한 것은 趙曄의 착오이거나 기존의 年代算定이
　　잘못된 것이다. 그런데 ‘鄭나라 定公’이나 ‘秦나라 桓公’ ‘越王 句踐과 孔子
　　의 만남’처럼 年代 차이가 종종 보이는 것으로 보아 吳越春秋의 史實 年代
　　가 반드시 틀렸다고 斷定할 수만은 없지 않을까 한다.

177) [封豕長蛇봉시장사] 큰 돼지와 큰 뱀. ≪春秋左傳≫ 昭公 二十八年條에, 옛
　　날 仍氏잉씨라는 諸侯가 딸을 낳았는데 머리가 새까맣고 심히 아름다워 그
　　빛을 거울에 비칠 만 했다. 이름은 玄妻현처라고 했는 데 舜순임금의 樂師長
　　夔기가 그 여자를 아내로 맞이하여 伯封을 낳았다. 그 아이는 돼지 같은 마
　　음을 가져 貪慾이 끝이 없고 不平과 無禮하기가 끝이 없어서 그를 封豕라
　　고 불렀다. 후에 有窮國유궁국의 后羿가 그를 멸망시켜 夔는 제사를 받을 수
　　없게 되었다. ‘有昔顓黑而甚美, 光可以鑑, 名曰:玄妻. 樂正后夔取之, 生伯
　　封, 實有豕心, 貪惏無饜, 忿纇無期, 謂之封豕, 有窮后羿滅之, 夔是以不祀.’
　　라고 했다.

178) [上國] 中原의 諸侯. 중국인들은 통상 天子와 同姓인 姬氏의 나라들을 중심
　　으로 자리 잡은 中原의 나라외에는 모두 업신여기는 경향이 있다. 吳・越
　　도 변방의 나라라하여 업신여기고 자기들 스스로를 가리켜 上國이라 한 것
　　이다.

驚: "楚有賢臣如是, 吳猶欲滅之. 寡人無臣若斯者, 其亡無日[179]矣." 爲賦無衣之詩[180]曰: "豈曰無衣, 與子同袍. 王于興師, 與子同仇." 包胥曰: "臣聞戾德[181] ≪左傳≫ ≪國語≫皆作夷德·無厭.　王不憂隣國壃場之患,[182]　逮吳之未定, 王其取分扶問切焉, 若楚遂亡, 於秦何利? 則亦亡君之土也. 願王以神靈存之, 世以事王." 秦伯使辭焉曰: "寡人聞命矣, 子且就館, 將圖而告." 包胥曰: "寡君[183]今在草野, 未獲所伏, 臣何敢卽安?" 復立於庭, 倚牆而哭, 日夜不絶聲, 水不入口.　秦伯爲之垂涕,[184]　卽出師而送之.

◇　　◇　　◇　　◇

吳王과 오나라 군대는 楚나라 都城인 郢영에 들어와 머물고 있었다. 伍子胥는 昭王을 잡지 못하게 되자 자기 아버지와 형을 죽인 平王의 묘를 파헤쳐 그 시체를 꺼내 가죽채찍으로 三百번을 후려치고 왼쪽발로 평왕의 배를 밟고 오른손으로 그 눈을 빼어들고 꾸짖어 말했다.

"누가 너로 하여금 아첨하고 讒訴참소하는 자를 任用케 하였느냐? 네가 나의 아버지와 형을 죽였으니 내 어찌 원통하지 않겠는가?"

吳軍은 미처 도망가지 못하고 잡힌 昭王의 夫人을 闔閭합려의 妻[妾]로 삼게 하고 오자서, 孫武, 白喜 등도 子常과 司馬成 등 초나라 君臣의 妻妾들을 취해 妾으로 삼아 초나라 군신의 처첩들은 모두 辱을 당했다.

伍子胥는 마침내 군대를 이끌고 鄭나라로 쳐들어갔다.

정나라 군주 定公은 前에 오자서와 함께 정나라로 망명했던 太子 建을 죽이고 오자서를 逼迫핍박한 일이 있었으므로 크게 두려워하여 나라

---

179) [亡無日] 며칠 안에. 얼마 안가.
180) [無衣詩] ≪詩經≫ 唐風의 篇名.
181) [戾德여덕] 오랑캐의 性情. 夷德.
182) [壃場之患강장지환] 전쟁 등 國境의 근심거리. 壃은 疆과 同.
183) [寡君과군] 남의 나라 군주 앞에서 자기나라 군주를 겸손하게 일컫는 呼稱.
184) [垂涕수체] 눈물이 어림.

안에 令을 내려 말했다.

"오나라 군대로 하여금 그냥 돌아가게 할 수 있는 자가 있다면 내 그와 더불어 나라의 절반을 나누어 함께 정나라를 다스리겠다."

옛날 오자서가 도망칠 때 자서를 건너주었던 漁丈의 아들이 鄭나라에서 피난 와 있다가 나서서 말했다.

"臣은 一尺의 무기나 한 말[斗]의 식량도 쓰지 않고 吳軍을 돌아가게 할 수 있습니다. 臣이 작은 노[삿대] 하나를 얻어들고 노래를 부르며 길거리를 돌아다니면 吳軍은 그냥 돌아갈 것입니다."

정공은 이상히 생각하면서도 橈요[노] 하나를 구해 漁父의 아들에게 주었다. 어부의 아들은 삿대를 들고 伍子胥의 軍幕군막 앞으로 가서 삿대를 두드리며 노래를 불렀다.

蘆中人蘆中人　　갈대 속 사람 갈대 속 사람
노중인노중인

豈非窮士乎　　　그대는 어찌 갈데없는 窮士가 아니랴
기비궁사호

하면서 그의 아버지가 오자서를 구해줄 때 부르던 "蘆中歌"를 재차 부르니 오자서는 안에 있다가 그 노래 소리를 듣고 愕然악연히 놀라 말했다.

"무엇을 이르는 것인가!"

漁丈人의 아들과 더불어 말했다.

"公은 어떤 사람이며 누구십니까?"

"저는 지난날 그 漁父의 아들입니다. 우리 鄭나라 군주께서는 伍君을 몹시 두려워하여 나라안에 영을 내려 '吳軍을 그냥 물러가게 할 수 있는 자가 있다면 나라의 절반을 나누어 함께 다스리겠다.'고 하셨습니다. 臣은 저의 先親과 伍君께서 옛날에 만나신 일을 생각하여 지금 君을 찾아와 정나라를 구해주시기를 求乞하나이다."

伍子胥는 惆然추연히 탄식하여 말했다.

"슬프다! 선생의 先考께서 나를 숨겨주신 은혜를 입어 나는 오늘 여기에 이같은 모습으로 있을 수 있게 되었습니다. 위로 하늘이 蒼蒼하여 푸르고 푸른데 어찌 감히 선생의 先考께서 내게 베풀어주신 은혜를 잊겠습니까?"

오자서는 마침내 정나라에 대한 포위를 풀고 돌아가 楚나라에 머물러 昭王이 있는 곳을 날마다 급히 찾고 있었다.

이때 申包胥는 산 속으로 도망가 있었는데 오자서의 소문을 듣고 사람을 보내 말했다.

"그대의 복수는 어찌 그리도 심한가? 그대는 옛날 平王의 신하로서 北面하여 평왕을 섬겼는데 지금 그 시체를 파내어 辱보이고 있으니 그 방법이 어찌 그리도 혹독한가?"

오자서가 말했다.

"나의 말을 신포서에게 전해라. '날은 저무는데 갈 길은 멀어, 거꾸로 常道를 거슬러 시행하고 있노라.[日暮路遠 倒行而逆施之於道也]'"

申包胥는 伍子胥를 말릴 수 없음을 알고 秦진나라에 구원을 청하기 위해 급히 달려갔다. 낮에는 달리고 밤에도 길을 재촉하여 밤낮으로 달려가니 발꿈치는 쪼개지고 발바닥이 갈라져서 치마를 찢어 발바닥과 정강이를 싸매어 마치 鶴의 다리처럼 奇異기이한 모습으로 진나라 朝庭에서 칠일 낮 칠일 밤을 哭하니, 七晝夜칠주야를 입에서 哭하는 소리가 끊어지지 않았다. 秦나라 桓公은 평소 酒色에 빠져 國事를 돌보지 않았다. 신포서는 哭을 하면서 읊조려 말했다.

吳爲無道 오위무도	吳나라는 無道해
封豕長蛇 봉시장사	큰 돼지 긴 뱀처럼
以食上國 이식상국	上國[중국]을 먹어 삼켜
欲有天下 욕유천하	천하를 가지려 하네
政從楚起 정종초기	빌미는 초나라에서 일어나

寡君出在草澤　　우리 군주님 草澤초택에 몸을 피해
과군출재초택

使來告急　　臣을 보내 위급함을 알리시네
사래고급

　신포서가 七日 동안을 이처럼 哭하고 嘆息탄식하며 秦진나라 군주에게 초나라를 구해줄 것을 청원하니 환공은 크게 놀라 말했다.

　"초나라에 이같은 賢臣이 있는데도 오히려 오나라가 이를 滅하고자 하는데 과인에게는 이같은 신하조차 없으니, 만약 우리 秦나라에 이같은 일이 있었다면 며칠 안에 나라가 망하게 되었을 것이다."

　환공은 ≪詩經≫ 無衣篇을 노래했다.

豈曰無衣　　어찌 옷이 없으리
기왈무의

與子同袍　　그대와 한 옷을 입으려네
여자동포

王于興師　　王의 군사 일으킴은
왕우흥사

與子同仇　　우리 함께 怨讎원수를 치려는 것
여자동구

　申包胥가 말했다.

　"臣이 들은 바, 오랑캐의 욕심은 끝이 없는데, 대왕께서 이웃나라 강토의 환란을 걱정해주지 않으시니, 초나라의 환란은 곧 秦진나라 疆土강토에 미치게 될 것입니다. 지금 吳나라는 아직 楚나라를 모두 평정하지는 못했으니 왕께서 초나라를 도우신다면 그 땅을 나누어 取하실 수 있습니다. 만약 초나라가 망한다면 秦나라에 무슨 이익이 되겠습니까? 秦나라 역시 망하여 亡君之土가 될 것입니다. 원컨대 대왕의 神靈하신 도움으로 초나라를 보존할 수 있게 된다면 초나라는 대대로 秦나라를 받들어 섬길 것입니다."

　秦伯은 거절하여 말했다.

　"과인은 그대가 전하는 초나라 군주의 말을 들었으니 그대는 그만 客館에 나가 쉬도록 하오. 대책을 세운 다음 알려드리리다."

신포서가 눈물을 흘리며 말했다.

"우리 대왕께서는 지금 草澤에 계시어 엎드릴 곳조차 얻지 못하고 계시는데 臣이 어찌 감히 편히 쉴 수 있겠습니까?"

신포서는 다시 일어서서 궁정의 담장에 기대어 哭하니 밤낮으로 그 우는 소리가 끊어지지 않았고 입에는 물 한 모금도 마시지 않았다. 신포서의 忠節에 감동한 秦伯은 눈에 눈물이 어리어 즉시 軍事를 일으켜 초나라를 救하기로 했다.

◈ 참　고

1. ≪春秋左傳 – 定公四年≫

及昭王在隨, 申包胥如秦, 乞師曰: "吳爲封豕長蛇, 以荐食上國, 虐始於楚. 寡君失守社稷, 越在草莽, 使下臣告急曰: '夷德無厭, 若鄰於君, 疆場之患也. 逮吳之未定, 君其取分焉. 若楚之遂亡, 君之土也. 若以君靈撫之, 世以事君.'" 秦伯使辭焉曰: "寡人聞命矣. 子姑就館. 將圖而告." 對曰: "寡君越在草莽, 未獲所伏, 下臣何敢卽安?" 立依於庭牆而哭, 日夜不絶聲, 勺飲不入口七日. 秦哀公爲之賦無依, 九頓首而坐. 秦師乃出.

2. ≪史記 – 吳太伯世家≫

而吳兵遂入郢. 子胥伯嚭鞭平王之尸, 以報父讎.

3. ≪史記 – 伍子胥傳≫

始伍員與申包胥爲交. 員之亡也, 謂申包胥曰: "我必存之." 及吳兵入郢, 伍子胥求昭王, 不得乃掘平王墓出其尸, 鞭之三百然後已. 申包胥亡於山中, 使人謂子胥曰: "子之報讎其以甚乎? 吾聞之人衆者勝天, 天定亦能破人. 今子故平王之臣, 親北面而事之, 今至於僇死人此, 豈其無天道之極乎?" 伍子胥曰: "爲我謝申包胥曰: '吾日暮途遠, 吾故倒行而逆施之.'" 於是申包胥走秦告急求救於秦. 秦不許, 包胥立於秦廷, 晝夜哭, 七日七夜不絶聲. 秦哀公憐之曰: "楚雖無道, 有臣若是, 可無存乎." 乃遣車五百乘救楚擊吳.

4. ≪說苑-441篇 [14-12]≫

子胥將之吳, 辭其友申包胥曰: "後三年, 楚不亡, 吾不見子矣." 申包胥曰: "子其勉之. 吾未可以助子, 助子是伐宗廟也; 止子是無以爲友. 雖然, 子亡之, 我存之. 於是乎觀, 楚一存一亡也" 後三年, 吳師伐楚, 昭王出走. 申包胥不受命, 西見秦伯曰: "吳無道, 兵强人衆, 將征天下, 始於楚. 寡君出走, 居雲夢, 使下臣告急." 哀公曰: "諾. 固將圖之." 申包胥不罷朝, 立於秦庭, 晝夜哭, 七日七夜不絶聲. 哀公曰: "有臣如此, 可不救乎?" 興師救楚, 吳人聞之引兵而還. 昭王反, 復欲封申包胥, 申包胥辭曰: "救亡, 非爲名也, 功成受賜, 是賣勇也." 辭不受, 遂退隱, 終身不見. 詩云, '凡民有喪, 匍匐救之.'

5. ≪新序-節士 卷七의 11≫

申包胥者, 楚人也. 吳敗楚兵於柏擧, 遂入郢. 昭王出亡在隨, 申包胥不受命, 而赴於秦乞師曰: "吳爲無道, 行封豕長蛇, 蠶食天下, 從上國, 始於楚. 寡君失社稷, 越在草莽, 使下臣告急曰: '吳, 夷狄也. 夷狄之無厭, 滅楚則西與君接境, 若鄰於君, 疆場之患也. 逮吳之未定, 君其圖之. 若得君之靈, 存撫楚國, 世以事君.'" 秦伯使辭焉曰: "寡君聞命矣. 子其就館. 將圖而告子." 對曰: "寡君越在草莽, 未獲所休, 下臣何敢卽安?" 倚於庭牆而哭, 日夜不絶聲, 水漿下入口, 七日七夜. 秦哀公爲賦無依之詩, 言兵今出, 申包胥九頓首而坐. 秦哀公曰: "楚有臣若此而亡, 吾無臣若此, 吾亡無日矣." 於是乃秦師乃出. 申包胥以秦師至楚, 秦大夫子滿子虎帥車五百乘. 子滿曰: "吾未知吳道." 使楚人先與吳人戰而會之, 大敗吳師. 吳師旣退, 昭王復國, 而賞始於包胥, 包胥曰: "輔君安國, 非爲身也; 救急除害, 非爲名也; 功成而受賞, 是賣勇也. 君旣定, 又何求焉?" 遂逃賞, 終身不見. 君子曰: "申子之不受命赴

秦, 忠矣. 七日七夜不絶聲, 厚矣. 不受賞, 不伐矣. 然賞所以勸善也. 辭賞
亦非賞法也."

❖ ❖ ❖ ❖

[4-10] 十年, 秦師未出. 越王元常[185]恨闔閭破之檇里,[186] 興兵伐吳. 吳
在楚, 越盜掩襲之.≪左傳−定公五年≫: "越入吳, 吳在楚也."

六月, 申包胥以[187]秦師至. 秦使公子子蒲子虎[188]率車五百乘,[189] 救楚擊
吳. 二子曰: "吾未知吳道.[190]" 使楚師前與吳戰, 而卽會[191]之, 大敗夫槩.卽
會之≪左傳≫作自稷會之. 稷楚地也. ≪史記≫亦云: "敗吳於稷." 七月, 楚司馬子成, 秦公
子子蒲與吳王相守, 私以間兵伐唐, 滅之.唐從吳伐楚故. 子胥久留楚求昭王, 不
去. 夫槩師敗却退. 九月, 潛歸, 自立爲吳王. 闔閭聞之, 乃釋楚師, 欲殺夫
槩. 奔楚, 昭王封夫槩於棠溪.[192]≪左傳≫≪史記≫棠俱作堂. 司馬彪曰: "汝南有堂谿亭."
應劭曰: "堂谿本房子國." 闔閭遂歸.

子胥孫武白喜留, 與楚師於淮澨,[193] 秦師又敗吳師. 楚子期將焚吳軍, 子
西[194]曰: "吾國父兄身戰暴骨[195]草野焉, 不收, 又焚之, 其可乎?" 期曰: "亡

---

185) [元常] 春秋時代 越나라 군주.
186) [檇里쥐리] 春秋時代 越나라 地名.
187) [以] ≪古書虛字集解≫에는 '以'를 '與'와 같다고 했다.
188) [子浦·子虎] 모두 秦나라 公子.
189) [乘승] 一乘은 駟馬로 구성되는 데 甲士 三人과 步卒 七十二人이 뒤따른다.
    ≪春秋左傳−隱公元年≫條에, '繕甲兵, 具卒乘.'이라 했는 데 杜預 注에,
    '步曰卒, 車曰乘'이라 했다. ≪莊子≫ 列禦寇篇에, '王悅之, 益車百乘.'이라
    했는데 成玄英 疏에, '乘駟馬也.'라고 했다.
190) [吳道] 吳나라 戰法.
191) [卽會] 楚나라 地名.
192) [棠溪] 楚나라 地名. 古代 鐵의 産地. ≪戰國策≫ 韓策 一에, '韓卒之劍戟,
    皆出于冥山, 棠谿, 墨陽.'이라고 했다.
193) [淮澨회서] ≪春秋左傳≫에는, '雍澨옹서'라고 했다.
194) [子西] 이름은 申. 楚 平王의 庶子. 昭王이 죽은 후 令尹이 되었으나 白公의

國失衆, 存沒所在, 又何殺生以愛死? 死如有知, 必將乘煙起而助我. 如其無知, 何惜草中之骨? 而亡吳國?" 遂焚而戰, 吳師大敗. 子胥等相謂曰: "彼楚雖敗我餘兵, 未有所損我者." 孫武曰: "吾以吳干戈西破楚, 逐昭王而屠荊,[196)]平王墓, 割戮其屍,[197)] 亦已足矣." 子胥曰: "自覇王已[198)]來, 未有人臣報讎如此者也. 行去矣!"

◇　◇　◇　◇

吳王 10年, 秦나라 군대가 아직 출병하기 전에 越王 元常은 闔閭합려가 檇里취리에서 越나라를 깨친 것을 恨하여 군사를 일으켜 오나라를 쳤다. 이 때 오나라 군대는 초나라에 머물고 있었으므로 월나라는 몰래 오나라를 掩襲엄습할 수 있었다.

六月에 申包胥가 請한 秦나라 군대가 왔다. 秦나라는 公子 子浦와 子虎로 하여금 戰車 五百乘과 군사를 거느리게 하여 초나라를 救하기 위해 오나라를 치게 했다.

秦나라 두 公子가 말했다.

"우리들은 아직 吳軍의 戰法을 알지 못합니다."

이에 楚軍이 앞에 서서 함께 오군과 卽會에서 싸웠는데 오나라 夫槩부개가 크게 패했다. 七月에 초나라 司馬 子成과 秦나라 公子 子浦가 오왕과 마주보고 대치해 있었는데 몰래 군사를 나누어 오나라와 함께 초나라를 치고 있는 唐나라를 쳐서 滅했다. 伍子胥는 오랫동안 초나라에 머물고 있으면서 昭王을 찾느라 돌아가지 않고 있었다.

　亂에 죽음을 당했다.
195) [暴骨폭골] 햇빛과 風雨를 맞으며 나딩구는 해골.
196) [屠荊도형] 楚나라를 무찌르다. '荊'은 楚나라의 딴이름. 秦 始皇帝의 父王 子楚의 '楚'를 避諱하고자하여 荊이라 했다고 함.
197) [戮其屍] 시체를 욕보임.
198) [已이] 四庫全書本에는 '已'를 '以'라 했다.

夫槩는 秦나라 군사에게 패하여 후퇴하면서 九月에 몰래 吳나라로 돌아가 스스로 왕위에 올랐다. 闔閭는 동생 부개가 吳王이 되었다는 소문을 듣고 楚나라 군대와 대치하고 있던 군사를 풀어 부개를 공격하여 죽이고자 했다. 이에 부개는 초나라로 달아났는데 昭王은 부개를 棠溪에 封했다. 闔閭는 마침내 吳나라로 돌아갔다.

伍子胥와 孫武, 白喜는 남아서 楚軍과 淮滋회서에서 대치하고 있었는데 秦나라 군대는 또 다시 오나라 군대를 쳐서 패배시켰다. 초나라 公子 子期는 吳軍을 향해 불을 질러 火攻을 하고자 하는데 子西가 말했다.

"우리 초나라 父兄의 몸둥이는 전쟁에서 죽어 비바람을 맞는 暴骨이 되어 이곳 草野에 굴러다니고, 아직 거두어 주지도 못하고 있는데 또 불을 질러 해골마저 태운다면 옳은 일이겠는가?"

子期가 말했다.

"이미 초나라는 망하고 백성은 흩어져 存沒之間에 있을 곳이 없는데 어찌 죽은 이들의 해골을 아까워하여 산 사람들을 또 죽이겠는가? 죽은 이들에게도 앎이 있다면 반드시 불타오르는 연기를 타고 일어나 우리를 도울 것이며, 죽은 이에게 앎이 없다면 어찌 초야에 딩구는 해골을 아까워하겠는가? 나는 火攻으로써 吳軍을 물리칠 것이다."

子期는 마침내 불을 질러 火攻으로 오군을 공격하니 吳軍은 크게 敗했다. 伍子胥, 孫武, 白喜 등은 서로 말했다.

"저 楚나라에 비록 패하기는 했지만 우리에게는 남은 군대가 있으니 우리가 잃은 바는 없다."

孫武가 말했다.

"우리는 吳나라의 干戈로 서쪽의 楚나라를 깨치고 昭王을 쫓아냈다. 초나라를 짓밟고 平王墓를 파헤쳐 그 시체를 斬屍참시했으니 이 또한 족한 일이다."

오자서가 말했다.

"이제부터 오나라는 覇王의 시대가 온 것이다. 人臣으로서 이같이 원수를 갚은 사람은 아직 없었으니 이제 撤軍해서 돌아가도 될 것이다."

吳軍은 오나라로 돌아갔다.

◆ 참　고

1. ≪春秋左傳－定公五年≫

申包胥以秦師至. 秦子蒲子虎帥車五百乘, 以救楚. 子蒲曰: "吾未知吳道." 使楚人先與吳人戰, 而自稷會之, 大敗夫槩王于沂. 吳人獲薳射於柏舉, 其子帥奔徒, 以從子西, 敗吳師於軍祥. 秋七月, 子期子蒲滅唐. 九月, 夫槩王歸, 自立也. 以與王戰而敗, 奔楚, 爲堂谿氏. 吳師敗楚師于雍澨, 秦師又敗吳師, 吳師居麇. 子期將焚之, 子西曰: "父兄親暴骨焉, 不能收, 又焚之, 不可." 子期曰: "國亡矣. 死者若有知也, 可以歆舊祀. 豈憚焚之?" 焚之而又戰, 吳師敗. 又戰于公壻之谿, 吳師大敗, 吳子及乃歸.

2. ≪史記－吳太伯世家≫

十年春, 越聞吳王之在郢, 國空乃伐吳, 吳使別兵擊越. 楚告急秦. 秦遣兵救楚擊吳, 吳師敗. 闔廬弟夫槩見秦越交敗吳. 吳王留楚不去, 夫槩亡歸吳, 而自立爲吳王. 闔廬聞之, 乃引兵歸攻夫槩. 夫槩敗奔楚, 楚昭王乃得, 以九月復入郢, 而封夫槩於堂谿, 爲堂谿氏.

3. ≪史記－伍子胥傳≫

秦遣車五百乘救楚擊吳, 六月敗吳兵於稷. 會吳王久留楚, 求昭王, 闔廬弟夫概乃亡歸, 自立爲王. 闔廬聞之, 乃釋楚而歸, 擊其弟夫概. 夫概敗走遂奔楚, 楚昭王見吳有內亂, 乃復入郢, 封夫概於堂谿, 爲堂谿氏.

◇　　◇　　◇　　◇

[4-11] 吳軍去後, 昭王反國.[199]徐天祜曰: 楚何其多亡臣也? 析公, 雍子, 子靈, 賁皇, 奔晋, 迭爲謀主, 楚是以有繞角, 靡角, 巢, 鄢陵之敗. 伍擧之奔鄭也, 將遂奔晋, 賴聲子有言益其爵祿而反之, 子孫復仕於楚, 由是世爲忠臣. 其後伍奢, 伍尙卒困讒口, 無罪而父子就戮. 此子胥之出亡, 所以報楚入郢, 讐其舊君而甘心焉. 是擧也, 隨與鄭亦與有憂, 而唐卒受禍. 微申包胥以秦師至, 楚何以能國? ≪詩≫云: “讒人罔極, 交亂四國.” 其是之謂歟! 聽言者可以監矣. 樂師扈子[200]非[201]荊王信讒佞,[202] 殺伍奢[203]白州犁,[204] 而寇不絶於境, 至乃掘平王墓戮屍, 姦喜,[205] 以辱楚君臣, 又傷昭王困迫, 幾爲天下大鄙,[206] 然已愧矣. 乃援琴爲楚作窮劫[207]劫疑當作岋.之曲. 以暢暢當作傷.君之迫危之暢達[208]之暢達當作而暢達之.也. 其詞曰: “王耶王耶何乖烈,[209]烈疑當作劣. 不顧宗廟聽讒孽.[210] 任用無忌多所殺, 誅夷[211]白氏族幾滅. 二子東奔適吳越,[212] 吳王哀痛助忉怛.[213] 垂涕[214]擧兵將西伐, 伍胥白喜孫武決. 三戰破郢王奔發, 留兵縱騎

---

199) [反國] 反은 返과 同義.
200) [扈子] 春秋時代 楚나라 樂師.
201) [非] 責하다.
202) [讒佞참녕] 간사스럽고 망녕된 말.
203) [伍奢오사] 伍子胥의 아버지. 楚 平王 때 太子 建의 太傅가 되었으나 費無忌의 讒訴로 큰 아들 伍尙과 함께 평왕에게 죽음을 당했다.
204) [白州犁백주리] 春秋時代 楚나라 大夫. ≪春秋左傳－成公十五年≫條에, “그 아비 伯宗이 晉나라에서 죽음을 당하자 楚나라로 亡命했다.”고 하였다.
205) [戮屍姦喜육시간희] 죽은 屍身에 참형을 가하고 妻妾들을 辱보임. 盧文弨 注에는 ‘姦喜’를 ‘姦妻’라고 했다.
206) [大鄙대비] 천하의 웃음거리가 되다.
207) [窮劫] 困迫한 것. 窮은 困厄. 劫은 迫厄. ≪淮南子－精神訓≫에, ‘不可劫以死生’이라 했는 데 注에, ‘劫, 迫也’라고 했다.
208) [暢達] 남김없이 드러남.
209) [乖烈괴열] 乖敗괴패하여 망가진 모습.
210) [讒孽참얼] 남을 참소하는 妖孽요얼의 말.
211) [誅夷] 죽이고 滅함. 夷는 滅과 同義.
212) [奔適吳越] 달아나 오나라로 달려가다. 適은 往과 同. 越은 말을 잇는 語助辭.
213) [忉怛도달] 근심하고 슬퍼함.
214) [垂涕수체] 눈물이 어림.

虜荆闕.215)　楚荆骸骨遭發掘,　鞭辱腐屍216)耻難雪.　幾危宗廟社稷滅,　嚴
王217)何罪國幾絶. 卿士悽愴民惻悢,218)音戾. 懷悢悲貌. 吳軍雖去怖不歇. 願王
更隱撫忠節, 勿爲讒口能謗褻.” 昭王垂涕, 深知琴曲之情, 扈子遂不復鼓矣.

◇　　◇　　◇　　◇

吳軍이 돌아간 후 昭王은 겨우 楚나라로 돌아왔다.

樂師 扈子호자는 荆王형왕[楚 平王]을 叱責질책하며 荆王이 費無忌의 讒訴참
소와 아첨을 믿어 伍奢오사와 白州犂백주리를 죽인 일과, 吳軍을 두려워하
여 국경을 지키지 못한 일, 평왕의 墓가 파헤쳐져 斬屍참시 당한 일, 초나
라 君臣의 夫人들이 吳軍의 妻妾이 되어 희롱을 당하고 辱을 본 일, 소왕
이 도망하며 盜賊떼를 만나 다치고 逼迫핍박 당해 천하의 웃음거리가 된
부끄러운 일들을 “窮劫之曲궁겁지곡”으로 만들어 거문고를 타며 노래했다.
窮劫之曲에는, 초나라 君臣이 다치고 쫓기며 핍박을 당한 일들이 숨김없
이 들어났는데 그 歌詞는 다음과 같다.

王耶王耶何乖烈　　왕이시여 왕이시여 어찌 그리 乖敗괴패했나
왕야왕야하괴열

不顧宗廟聽讒孽　　讒孽참얼 들어 생긴 재앙 종묘조차 돌아보지 못 했네
불고종묘청참얼

任用無忌多所殺　　讒口奸臣참구간신 無忌무기 任用임용 忠臣賢士
임용무기다소살　　다 죽였네

---

215) [荆闕형궐] 楚나라 궁궐.
216) [鞭辱腐屍편욕부시] 썩은 시체를 채찍으로 때려 욕보임.
217) [嚴王] 楚 莊王. 宗廟가 毁破훼파되어 先代王의 位牌가 욕을 당한 것. 嚴은
　　 본래 芈姓미성에서 나왔다. 그 先祖는 楚 莊王의 支孫인데 莊氏로 姓을 삼
　　 았다. 漢나라 莊忌, 莊忌의 아들 莊助, 後漢 莊光 등이 있는 데 後漢 明帝의
　　 이름인 ‘莊’字를 避諱하고자 姓氏를 ‘嚴’으로 바꾸었다.
218) [惻悢측려] 슬퍼하고 서러워 함.

誅夷白氏族幾滅
주이백씨족기멸
　　죄 없는 伍氏 白氏 얼마를 멸했는가

二子東奔適吳越
이자동분적오월
　　子胥 白喜 달아나서 吳나라로 달려가니

吳王哀痛助切怛
오왕애통조도달
　　오왕도 哀痛하여 슬픔을 나누었네

垂涕擧兵將西伐
수체거병장서벌
　　눈물 뿌려 擧兵거병하니 西쪽 荊楚형초 치렴일세.

伍胥白喜孫武決
오서백희손무결
　　伍胥 白喜 孫武 三將 결의 굳게 맹서했네

三戰破郢王奔發
삼전파영왕분발
　　세 번 싸워 郢영에 오니 楚王 바삐 달아났네.

留兵縱騎虜荊闕
유병종기로형궐
　　吳軍 세찬 말굽아래 백성은 포로 되고 궁궐은 짓
밟혔네.

楚荊骸骨遭發掘
초형해골조발굴
　　荊楚는 焦土초토되고 先王 해골 파헤쳐져

鞭辱腐屍耻難雪
편욕부시치난설
　　채찍아래 썩은 시체 눈 속에 나딩구네.

幾危宗廟社稷滅
기위종묘사직멸
　　宗廟社稷 흔들려 毁滅危機훼멸위기 몇 번인가.

嚴王何罪國幾絶
엄왕하죄국기절
　　先代 嚴王 무슨 허물 나라는 얼마를 끊겼었나.

卿士悽愴民惻悷
경사처창민측려
　　公卿大夫 구슬프고 백성눈물 흩뿌리네.

吳軍雖去怖不歇
오군수거포불헐
　　吳軍 비록 떠났어도 두려움은 남았어라.

願王更隱撫忠節
원왕갱은무충절
　　바라건대 우리 대왕 忠節志士 어루만져

勿爲讒口能謗褻
물위참구능방설
　　讒口奸臣참구간신 더러운 말 다시 任用 마옵소서.

　　거문고가 彈奏탄주되는 동안 소왕은 거문고의 구슬픈 곡조와 情恨에 눈물을 흘리며 울었다. 扈子호자는 이내 거문고 彈奏를 끝내고 다시 거문고를 타지 않았다.

◇　◇　◇　◇

[4-12]　子胥等過溧陽219)瀨水220)之上, 乃長太息曰: “吾嘗饑於此, 乞食於一女子. 女子餉我, 遂投水而亡. 將欲報以百金, 而不知其家.” 乃投金水中而去. 有頃,221) 一老嫗222)行哭而來, 人問曰: “何哭之悲?” 嫗曰: “吾有女子守居三十不嫁. 往年擊綿223)於此, 遇一窮途君子而輒飯224)之, 而恐事泄,225) 自投於瀨水. 今聞伍君來, 不得其償, 自傷虛事, 是故悲耳.” 人曰: “子胥欲報百金, 不知其家, 投金水中而去矣.” 嫗遂取金而歸.

子胥歸吳. 吳王聞三師226)將至, 治魚爲鱠. 將到之日, 過時不至, 魚臭. 須臾,227) 子胥至, 闔閭出鱠而食, 不知其臭. 王復重爲之, 其味如故. 吳人作鱠者, 自闔閭之造也.228) 諸將旣從還楚, 因更名閶門229)曰破楚門.

復謀伐齊. 齊子230)使女爲質於吳, 吳王因爲太子波231)聘齊女.232)齊景公女.

---

219) [溧陽율량] 地名. 지금의 江蘇省 溧陽縣.
220) [瀨水뇌수] 地名. 溧水.
221) [有頃] 잠시 후. 얼마 후.
222) [嫗구] 늙은 여자. 할미.
223) [擊錦격금] 빨래.
224) [輒飯첩반] 문득 밥을 먹여 주다. 갑자기.
225) [而恐事泄이공사설] 일이 漏泄누설될 것을 두려워하여.
226) [三師] 子胥, 白喜, 孫武 등 세 장수와 그들이 거느린 군사. 四庫全書本에는 '三師'를 '三帥'라고 했다.
227) [須臾수유] 잠시 후.
228) [造] 처음. 始와 仝.
229) [閶門] 閶闔門. 吳나라 都城 서쪽 城門.
230) [齊子] 景公. 漢魏叢書本에는 '齊侯'라고 했다. 在位 58年(西紀前 547~西紀前 490).
231) [波] 闔閭의 아들로 당시 太子.
232) [齊女] 齊나라 公主. ≪孟子≫: 離婁 上에 齊 景公이 울면서 그 딸을 오나

≪孟子≫所謂 "涕出而女於吳" 卽此也. 女少思齊, 日夜號泣,233) 因乃爲病. 闔閭乃起北門, 名曰望齊門, 令女往遊其上. 女思不止, 病日益甚, 乃至殂落.234) 女曰: "令死者有知, 必葬我於虞山235)之巔,≪寰宇記≫: "常熟虞山有齊女冢." 以望齊國." 闔閭傷之, 正如其言, 乃葬虞山之巔.

是時, 太子亦病而死. 闔閭謀擇諸公子可立者, 未有定計. 波太子詳下文, 則夫差爲太子波之子. 此太子下當又有子字.夫差236)日夜告於伍胥曰: "王欲立太子, 非我而誰當立? 此計在君耳." 伍子胥曰: "太子未有定, 我入則決矣." 闔閭有頃237)召子胥, 謀立太子. 子胥曰: "臣聞祀廢於絶後, 興於有嗣. 今太子不祿,238) 早失侍御, 今王欲立太子者, 莫大乎波秦239)秦字疑衍之子夫差." 闔閭

라에 보냈다는 내용이 있다.(孟子曰: "天下有道, 小德役大德, 小賢役大賢. 天下無道, 小役大, 弱役强. 斯二者天也. 順天者存, 逆天者亡." 齊景公曰: "旣不能令, 又不受命, 是絶物也." 涕出而女於吳.)

233) [日夜號泣일야호읍] 밤낮으로 소리내 통곡함.
234) [殂落조락] 일찍 죽음.
235) [虞山우산] ≪太平寰宇記≫에, '常熟 虞山에 齊女塚이 있다.'고 했다.
236) [夫差부차] 春秋時代 吳나라 군주. 闔閭의 孫子. ≪春秋左傳≫과 ≪史記≫에는 합려의 아들이라 했다. 在位 23年(西紀前 497~西紀前 475). 伍子胥의 반대를 뿌리치고 白喜의 妖孽요얼을 받아들여 越王을 살려주었으나 후에 吳나라는 越王 句踐에게 망하고 부차도 죽음을 당했다.
夫差가 闔閭의 아들인가, 孫子인가에 대해서는 諸說이 있다. 淸의 兪樾은 이르기를 "徐氏以夫差爲太子波之子, 則闔閭之孫也. 而左傳載夫差使人謂己曰: '夫差, 而忘越王之殺而父乎?' ≪史記世家≫作闔廬之言曰: '爾而忘句踐殺汝父乎?' 兩文不同, 然皆足徵夫差闔閭子非孫也. 徐注非是. 此云 '波太子夫差' 下云 '波秦之子夫差' 蓋衍之字. 波秦子卽波太子也. 惟是時聘齊女之太子波已卒, 而此復言波太子, 殊不可曉. 疑波字乃次字之誤. 蓋夫差是太子波之弟, 故謂之次太子, 實卽次子耳. 曰次太子乃吳俗尊之之稱也"라고 하여 夫差가 波태자의 아들이 아니라고 하였다. 그러나 伍子胥의 말 중에 '父死子代經之明文－아비가 죽어 자식이 代를 잇는 것은 經典의 文에도 밝혀있다'는 구절이 있으니 이로써 보면 夫差는 闔閭의 孫子로 보는 것이 옳다고 본다. ≪史記≫나 ≪春秋左傳≫의 기록은 中原 外의 歷史는 邊方을 오랑캐時 했던 視角에서 기록된 것으로써 변방의 傳聞을 기초했을 것인즉, 吳나라 春秋나 俗傳을 모아 기록한 本書의 내용이 옳다고 생각한다.
237) [有頃] 얼마 후.
238) [不祿早失] 태자가 일찍 죽어 王을 모실 수 없게 되었다는 말. 不祿은 古代

曰: "夫_{夫下當有差字}愚而不仁, 恐不能奉統於吳國." 子胥曰: "夫差信以愛人, 端於守節, 敦於禮義, 父死子代, 經之明文." 闔閭曰: "寡人從子." 立夫差爲太子, 使太子屯兵守楚留止. 自治宮室, 立射臺於安里, 華池在平昌, 南城宮在長樂≪越絶≫曰: "射臺二, 一在華池昌里, 一在安陽里. 南宮在長樂里." 按華池南城宮, 舊傳皆在長州縣境. 闔閭出入游臥, 秋冬治於城中, 春夏治於城外. 治姑蘇之臺,[240]在吳縣西南三十里, 有姑蘇山亦名姑胥. 且食鮑山,≪越絶≫作組山. 晝游蘇臺. 射於鷗陂, 馳於游臺. 興樂石城,在吳縣東北, 吳之離宮. 越王獻西子於且 走犬長洲.有走狗塘, 田獵之地也. 斯且闔閭之覇時. 於是太子定, 因伐楚, 破師拔番.[241]音婆. 秦爲鄱陽縣, 屬九江郡, 今饒州也. 徐天祐曰: 吳楚世爲仇敵. 吳自伐巢以至取番, 大小二十餘戰. 楚子重, 子反一歲七奔命, 而昭王卽位, 無歲不有吳師, 則亡臣伍員, 伯嚭爲之也. 其間鼇厄棘櫟麻五邑之役, 與庸浦皐舟鵲岸房鍾州來雞艾之戰, 此書畧而不載云. 楚懼吳兵復往, 乃去郢, 徙于鄀若.[242]鄀若字誤當作都. 按≪左傳－定公六年≫: "吳太子終纍敗楚舟師, 楚子期又以陵師敗於繁陽. 於是乎遷郢於鄀." ≪史－世家≫ "闔閭十一年, 吳太子夫差伐楚取番. 楚恐而去郢徙鄀." 十一年卽定公六年. 杜預曰: "終纍闔閭子夫差兄." ≪史≫以爲夫差. <索隱>謂名異而一人耳. 此書又以爲太子定伐楚拔番, 而不著其年, 未詳孰是. 鄀音若. 服虔曰: "楚邑今襄陽也." 當此之時, 吳以子胥白喜孫武之謀, 西破彊楚, 北威齊[243]晋,[244] 南伐於越.[245]≪左傳－定公十四年≫: "吳伐越, 句踐大敗之, 闔閭傷將指, 還卒於陘." ≪史－世家≫<年表> 皆記之闔閭十九年, 與≪傳≫合. 此書但云南伐於越, 而略其事, 何也?

　　제후나 대부 등의 죽음을 이르는 말. ≪禮記≫ 曲禮下篇에, '天子死曰崩, 諸侯曰薨, 大夫曰卒, 士曰不祿, 庶人曰死'라고 했고, 또 '壽考曰卒, 短折曰不祿.'이라 했다.
239) [波秦파진] 太子의 이름. 합려가 부상을 당한 전쟁에서 戰死했다.
240) [姑蘇之臺] 闔閭가 지은 姑蘇山의 樓閣. 후에 夫差가 改築하여 높이가 三百丈이요, 넓이는 八十四丈이었다고 한다. 元나라 薩都剌살도자의 "登姑蘇臺" 詩 二에 '姑蘇臺上一尊酒, 落日昏鴉無限悲'라고 하였다.
241) [番파] 番는 音이 婆와 같은데 秦나라 때에는 鄱陽縣이라 했으며 九江縣에 屬했고 지금의 饒州다.
242) [鄀若위약] 春秋時代 楚나라 地名.
243) [齊] 周나라 初期 姜呂尙이 封받은 나라. 지금의 山東省.
244) [晉] 周나라 成王의 동생인 唐叔 虞가 封받은 나라. 君主는 姬姓. 지금의 山西省일대.
245) [越] 지금의 浙江省절강성일대에 興盛했던 나라. 本書 外傳에 의하면 越나라는 禹임금의 後裔라고 한다.

◇   ◇   ◇   ◇

伍子胥는 吳나라로 돌아가는 길에, 옛날 여인에게 밥을 얻어먹은 적이 있는 溧陽율량의 瀨水뇌수 가를 지나게 되자 길게 한숨을 쉬고 탄식하며 말했다.

"나는 일찍이 도망자가 되어 굶주린 채 이곳을 지난 적이 있었는데 한 여인에게 밥을 구걸한 일이 있었다. 여인은 나에게 밥을 먹여주고 마침내 스스로 물속에 뛰어들어 죽었다. 장차 百金으로 여인에게 은혜를 갚고자 했는데 그 여인의 집을 알지 못하니 어쩔 수가 없구나!"

하고는 瀨水뇌수의 물 속에 百金을 던져 넣고 돌아갔다.

얼마 후 한 할미가 哭을 하며 다가왔다. 어떤 사람이 물었다.

"어째서 그리도 슬프게 哭을 하십니까?"

할미가 말했다.

"내게 딸이 하나 있었는데 나이 서른 살이 되도록 시집을 가지 않았습니다. 그런데 몇 년 전 이곳에서 빨래를 하던 중 우연히 困窮한 君子를 만나 밥을 먹여주었는데 일이 누설될 것을 두려워하여 스스로 瀨水에 몸을 던져 죽었습니다. 이제 들으니 그 때 밥을 얻어먹었던 伍君께서 오신다는 소문을 듣고 달려 왔으나 그 賞을 받지 못해 딸의 죽음이 헛된 것이 되었기로 이렇게 울뿐입니다."

그 사람이 말했다.

"伍君께서는 百金으로 따님의 은혜를 갚고자 했으나 그 집을 알 수 없어 瀨水의 물 속에 百金을 던져 넣고 갔습니다."

죽은 여인의 늙은 어미는 마침내 百金을 얻어 돌아갔다.

伍子胥와 吳나라 군대는 모두 오나라에 돌아왔다.

吳王은 세 將帥장수와 군사들이 돌아온다는 소식을 듣고 생선을 다듬어 鱠회를 떠서 먹이려고 했는데 도착한다는 날, 때가 지나도 세 장수가 到着하지 않아 생선에서는 냄새가 났다. 얼마 후 오자서가 도착했는데 생선회에서 나는 냄새를 알지 못했다. 오왕은 다시 생선회를 떠서 내왔으나 그 맛은 여전히 똑 같았다. 오나라 사람이 생선회를 먹기 시작한 것은 闔閭합려 때부터였다. 여러 장수와 군사들도 모두 楚나라에서 돌아왔다. 합려는 吳城의 西門인 閶門창문의 이름을 바꿔 破楚門파초문이라 했다.

합려는 다시 군사를 일으켜 齊나라를 치고자했다. 제나라 景公은 두려워하여 급히 화친을 청하며 그 딸을 오나라에 인질로 보냈는데 吳王은 太子 波에게 齊나라 公主를 妻로 맞아들이게 했다. 제나라 공주는 아직 나이가 어려 친정인 제나라를 그리워하며 밤낮으로 소리내 울다가 병이 들고 말았다. 闔閭는 吳城에 北門을 세워 望齊門이라 이름지어주고 제나라 공주로 하여금 자주 그 위에서 놀게 하여 주었으나 공주의 제나라 그리는 마음은 돌릴 수 없었다.

병이 나날이 깊어져 殂落조락하게 되자 공주는 유언했다.

"죽은 사람으로 하여금 앎이 있게 하여, 반드시 나를 虞山우산 꼭대기에 葬事지내 죽은 후에라도 제나라를 바라볼 수 있게 해 주십시오."

공주가 죽자 합려는 공주를 측은히 여겨 그 유언대로 우산 꼭대기에 장사지내 주었다.

이 때 태자 또한 병이 들어 죽었다. 태자가 죽자 합려는 여러 公子들 중에서 태자를 세우고자 하였으나 아직 누구를 定해 波太子를 잇게 할 지는 定하지 않고 있었다. 夫差부차는 밤낮으로 伍子胥를 찾아와 懇請간청하여 말했다.

"오왕께서 태자를 세우려 하시는데 내가 아니면 누구를 세우겠습니까? 저의 계책은 오직 伍君께 달려 있을 뿐입니다."

오자서가 말했다.

"아직 태자는 정해지지 않았습니다. 왕께서 저를 부르시어 제가 들어가 의논하게 되면 바로 결정될 것입니다."

얼마 후 합려는 오자서를 불러 태자 擁立옹립을 의논했다. 오자서가 말했다.

"신은 듣기를, 後嗣후사가 끊어지게 되어 祭祀를 廢하게 되면 맏아들을 세워 뒤를 잇게 한다고 하나이다. 이제 태자께서는 不祿부실하여 대왕을 모실 수 없게 되었으니 지금 새로 태자를 세우고자 하심에, 波秦 태자의 아들 부차만한 사람이 없습니다."

합려가 대답했다.

"부차는 성품이 어리석고 어질지 않아서 걱정입니다. 오나라 宗廟社稷을 받들어 나가지 못할까 두렵습니다."

오자서가 말했다.

"부차는 信義로서 사람을 아끼고 단정한 몸가짐으로 법도를 지키며 예의가 두텁습니다. 아비가 죽으면 그 아들로 代를 잇게 하는 것은 經典의 明文에도 기록되어 있습니다."

합려가 말했다.

"과인은 선생의 의견을 좇으리다."

합려는 부차를 태자로 세운 후 부차로 하여금 군대를 거느리고 오나라가 점령한 초나라 땅에 屯兵하여 楚나라를 지키게 했다.

합려 스스로는 宮室에 머물러 나라를 다스리며 安里의 華池에 射臺를 세웠는데 安里는 平昌에 있다. 또 하나의 射臺는 南城宮에 세웠는데 남성궁은 長樂里에 있다.

합려는 편안히 누운 채로 城門을 드나들며 봄과 여름에는 城 밖에서 나라를 다스리고 가을과 겨울에는 성 안에서 머물며 姑蘇臺고소대에서 나라를 다스렸다. 아침은 鮔山저산에서 먹고 낮에는 활을 쏘아 갈매기와 물새를 잡으며 말을 타고 산비탈을 달리기도 했다. 합려는 樂石城에서 흥을 돋우기도 하고, 長州에서 말을 달리고 개를 풀어놓아 사냥을 하기도 하니 합려가 覇王이 되어 威猛위맹을 떨칠 때 吳城의 흥청거림은 이와 같았다.

夫差는 태자로 정해지자 楚나라를 쳐서 楚軍을 깨치고 番파 땅을 빼앗았다. 초나라는 吳軍이 다시 쳐들어 올 것을 두려워하여 郢영에서 蒍若위약으로 都城을 옮겼다.

이 당시 오나라는 伍子胥와 白喜, 孫武 등의 智謀를 힘입어 서쪽으로는 초나라 疆域강역을 깨치고 북으로는 齊나라와 晉나라를 위협했으며 남으로는 越나라를 쳐서 위협했다.

◈ 참　고

1. ≪春秋左傳－定公八年≫

四月己丑, 吳太子終纍敗楚舟師, 獲潘子臣小惟子及大夫七人. 楚國大惕, 懼亡. 子期又以陵師敗于繁揚. 令尹子西喜曰: "乃令可爲矣." 於是乎遷郢於鄀, 而改紀其政, 以定楚國.

2. ≪春秋左傳－定公十四年≫

吳伐越, 越子句踐禦之, 陣于槜李. 句踐患吳之整也, 使死士再禽焉不動. 使罪人三行屬劍於勁 而辭曰: "二君有治, 臣奸旗鼓, 不敏於君之行前. 不敢逃刑敢歸死." 遂自剄也. 師屬之目, 越子因而伐之, 大敗之. 靈姑浮以戈擊闔廬, 闔廬傷將指, 取其一屨. 還卒於陘, 去槜李七里.

3. ≪史記－吳太伯世家≫

十一年, 吳王使太子夫差伐楚, 取番. 楚恐而去郢, 徙鄀. 十五年, 孔子相魯. 十九年夏, 吳伐越. 越王句踐迎擊之槜李. 越使死士挑戰, 三行造吳師呼自剄, 吳師觀之, 越因伐吳, 敗之姑蘇. 傷吳王闔廬指, 軍却七里吳王病傷而死. 闔廬使立太子夫差謂曰: "爾而忘句踐殺汝父乎." 對曰: "不敢三年乃報越."

4. ≪史記－吳太伯世家≫

後二歲, 闔廬使太子夫差將兵伐楚, 取番. 楚懼吳復大來, 乃郢徙於鄀. 當是時吳以伍子胥孫武之謀, 西破彊楚, 北威晉齊, 南服月人. 其後四年, 孔子相魯. 後五年伐越. 越王句踐迎擊, 敗吳於姑蘇. 傷闔廬指, 軍郤闔廬病創, 將死太子夫差曰: "爾忘句踐殺爾父乎." 對曰: "不敢忘" 是夕闔廬死.

5. ≪史記－越王句踐世家≫

允常之時與吳王闔廬, 而相怨伐. 允常子句踐立, 是爲越王元年. 吳王聞允常死, 乃興師伐越. 越王句踐使死士挑戰, 三行至吳, 陳呼而自刭, 吳師觀之, 越因襲擊吳師, 吳師敗於檇李, 射傷吳王闔廬. 闔廬且死, 告其子夫差曰:"必毋忘越." 三年句踐聞吳王夫差日夜勒兵, 且以報越. 越欲先吳未發往伐之. 范蠡諫曰:"不可. 臣聞兵者凶器也, 戰者逆德也, 爭者事之末也. 陰謀逆德, 好用凶器, 試身於所末. 上帝禁之, 行者不利." 越王曰:"吾已決之矣." 遂興師. 吳王聞之, 悉發精兵, 擊越敗之夫椒.

6. ≪說苑－291篇 9－20≫

吳以伍子胥孫武之謀, 西破彊楚, 北威齊晉, 南伐越. 越王句踐迎擊之, 敗吳於姑蘇, 傷闔廬指. 軍却, 闔廬謂太子夫差曰:"爾忘句踐殺而父乎?" 夫差對曰:"不敢." 是夕闔廬死. 夫差既立爲王, 以伯嚭爲太宰, 習戰射, 三年伐越, 敗於夫湫. 越王句踐乃以兵五千人棲於會稽山上. 使大夫種, 厚幣遺吳太宰嚭, 以請和, 委國爲臣妾. 吳王將許之, 伍子胥諫曰:"越王爲人能辛苦. 今不滅後必悔之." 吳王不聽, 用太宰嚭計, 與越平.

吳越春秋 夫差內傳 第五

◇ ◇ ◇ ◇

[5－01] 十一年, 夫差[1]<檀弓>註: 夫音扶, 差初皆切. ≪穀梁≫註 同.北伐齊,[2] 齊使大夫高氏[3]當是高無平, 時將上軍.謝吳師曰: “齊孤立於國. 倉庫空虛, 民人離散. 齊以吳爲彊輔, 今未往告急, 而吳見[4]伐. 請伏國人於郊, 不敢陳戰爭之辭, 惟吳哀齊之不濫也.” 吳師卽還.≪左傳－哀公九年≫ “吳子使來儆師伐齊.” 十年: “吳子使來復儆師.” 是爲夫差十年, 十一年也. 此二年方謀伐齊, 而此書於十一年云: “夫差北伐齊.” 十二年云: “夫差復北伐齊.” 是二年間吳再伐齊也, 與≪傳≫不合. 豈十一年吳嘗伐齊, 齊謝吳師, 不敢戰, 至明年復伐, 乃有艾陵之戰耶?

十二年, 夫差復北伐齊.≪左傳－哀公十一年≫: 公會吳子伐齊, 是爲夫差十二年, 與此書合. ≪史－世家≫ 乃書之夫差十一年, 誤也. 越王聞之, 率衆以朝於吳. 而以重寶厚獻太宰嚭.[5] 嚭喜, 受越之賂, 受信越殊甚, 日夜爲言於吳王. 王信用嚭之計, 伍胥[6]大懼曰: “是棄吾也.[7]” 乃進諫曰: “越在心腹之病, 不前除其疾, 今信浮辭僞詐而貪齊. 破齊譬由磐石之田, 無立其苗也. 願王釋齊而前越. 不然, 悔之無及.” 吳王不聽, 使子胥使於齊, 通期戰之會. 子胥謂其子曰: “我數諫

---

1) [夫差부차] 春秋時代 吳나라 군주. 闔閭의 孫子. ≪春秋左傳≫과 ≪史記≫에는 합려의 아들이라 했다. 在位 23年(西紀前 497～西紀前 475). 伍子胥의 반대를 뿌리치고 白嚭의 妖孼요얼을 받아들여 越王을 살려주었으나 후에 吳나라는 越王에게 망하고 부차도 죽음을 당했다.
2) [齊] 周나라 初期 姜呂尙이 封받은 나라. 지금의 山東省일대.
3) [高氏] 高無平.
4) [見伐] 정벌을 당함. ‘見’은 被動形
5) [太宰 嚭비] 白嚭. 春秋時代 楚나라 사람. 白州犁의 孫子. 伯州犁는 晉나라에서 楚나라로 망명했다. ≪史記≫에는 白喜를 伯嚭라 했다. 本書 闔閭內傳에서는 白嚭를 白喜라 했는 데 夫差內傳부터는 白嚭라고 했다. 本書 外傳에서는 모두 白嚭라고 했다.
6) [伍子胥] 이름은 員운. 字는 胥서. 楚나라 사람. 文武에 뛰어났으나 楚 平王이 아버지와 형을 죽이자 宋나라, 鄭나라, 陳나라를 거쳐 吳나라로 달아나 闔閭를 만났다. 합려를 도와 합려가 오왕이 되자 군사를 이끌고 초나라를 쳐서 아버지와 형의 원수를 갚았다. ‘日暮路遠倒行而逆施之於道’, ‘掘墓屍鞭三百杖’ 등의 故事를 남겼다. 후에 오왕 夫差에게 죽음을 당했다.
7) [是棄吾也] ≪史記－吳太伯世家≫에는 ‘是棄吳也’라 했고, 盧文弨는 ‘吾疑吳’라 했다. ≪春秋左傳≫ 哀公 十一年條에는 ‘是豢吳也夫’라고 했다.

王, 王不我用, 今見吳之亡矣. 汝與吾俱亡, 亡無爲也.” 乃屬其子於齊鮑氏
而還[8]鮑氏鮑牧也, 屬其子改姓爲王孫氏, 辱以避吳禍.

太宰嚭旣與子胥有隙, 因讒之曰: “子胥爲彊暴力諫, 願王少[9]厚焉.” 王
曰: “寡人之知.” 未興師, 會魯使子貢[10]聘於吳.

十三年, 齊大夫陳成恒[11]欲弑簡公,[12] 陰憚高國鮑晏[13]鮑叔牙晏嬰. 故前興
兵伐魯. 魯君憂之, 孔子[14]患之, 召門人而謂之曰: “諸侯有相伐者, 丘常恥

---

 8) [鮑氏而還포씨이환] 鮑, 國, 慶, 崔, 東郭, 晏, 盧 등의 姓氏는 모두 齊나라 君主
　　의 姓인 姜氏에서 갈라진 姓氏. 이 때 鮑氏는 鮑牧이다.
 9) [少] ‘少 밟을 달’의 誤가 아닌가 한다. ‘밟다·하지 않다’의 뜻이 있다.
10) [子貢] 이름은 端木賜. 衛나라 사람. 孔子의 제자 중 가장 言辯이 뛰어났고
　　理財에 밝았다. 孔子보다 31세 손아래다.
11) [陳成恒] 이름은 恒이고 成은 諡號시호. 陳나라에서 망명한 陳 公子 嬀完규완
　　의 후손. 陳나라 君主의 姓氏는 嬀氏규씨인데 西紀前 672년 嬀完이 齊나라로
　　망명한 후부터 故國名인 陳으로 姓을 삼았다. ≪史記－子貢傳≫에 陳成恒
　　을 田常이라한 것은 漢 文帝의 이름 ‘恒’을 避諱하고자 한 것. 원래 嬀氏규씨
　　는 舜임금의 후예인데 周나라 文王 때 그 후손인 胡公이 문왕의 딸 大姬태희
　　에게 장가들어 옛날 伏羲 임금의 땅이었던 陳에 봉해졌다. 그 후 魯나라 莊
　　公 二十二年, 嬀完규완이 사촌인 宣公의 禍를 피해 齊나라로 달아나 桓公의
　　신하가 된 후 嬀姓을 바꿔 이 때부터 제나라에 망명한 嬀氏규씨는 陳氏라 부
　　르게 되었다. 후에 齊나라 康公 十九年인 西紀前 391년, 그 후손인 陳和는
　　濁澤탁택에서 魏 文侯와 만나 자신이 齊나라 군주가 될 수 있게 도와 줄 것을
　　청했고 魏 文侯는 이를 天子께 稟申품신했다. 天子가 이를 허락하자 陳和가
　　齊나라 군주가 되어 이 때부터 齊나라 군주는 姜氏에서 陳氏로 바뀌게 되었
　　다. 그런데 陳氏를 田氏라 부르게 된 것은 古音에 陳과 田이 같기 때문에 假
　　借하여 田氏라 부르게 된 것이다. ≪墨子－號令≫篇에, ‘各立其表, 城上應
　　之, 候出越陳表’라고 했는데 孫詒讓손이양의 ≪墨子閒詁≫에, ‘襍守篇잡수편
　　에는 陳表를 田表라고 했다. 田과 陳은 옛날 音이 서로 가까워 글자를 通用
　　했다. 陳表는 郭 바깥을 나타낸 것이다.(孫詒讓閒詁, 陳表, 襍守篇作, 田表.
　　田陳古音相近, 字通. 田表謂郭外之表也.)’라고 했다.
12) [簡公] 春秋時代 齊나라 군주. 이름은 壬. 在位 4년(西紀前 484～西紀前
　　481).
13) [高國鮑晏] 齊나라 勢道家인 高氏, 國氏, 鮑氏, 晏氏. 군주와 같은 姓氏로 모
　　두 姜氏에서 갈라진 支姓이다. 崔氏와 東郭氏 또한 姜姓에서 갈라졌다.
14) [孔子] 姓은 孔, 이름은 丘. 字는 仲尼. 魯나라 사람. 아버지 叔梁紇숙량흘과 어
　　머니 顏徵在안징재 사이에 태어남. 그 先祖 微子啓미자계는 殷나라 왕족으로 姓

之. 夫魯父母之國也, 丘墓在焉. 今齊將伐之, 子無意一出耶?” 子路[15]辭出,
孔子止之. 子張[16]子石[17]請行, 孔子不許. 子貢辭出, 孔子遣之.

◇　◇　◇　◇

夫差 十一年 吳나라는 북쪽의 齊나라를 쳤다.

제나라는 大夫 高氏를 보내 오나라 군사에게 하소연해 말했다.

“제나라는 고립되어 있는 작은 나라입니다. 창고는 비어있고 백성은 어렵게 흩어져 있습니다. 제나라는 오나라의 강함을 힘입어 의지해 왔는데 지금까지 어려움을 오나라에 알리지 않음으로서 오나라의 정벌을 당하게 되었습니다. 청하건대 제나라의 온 백성은 모두 城 밖에 나와 엎드려 감히 전쟁을 벌이자는 말을 입 밖에 내지 않고, 제나라가 분수를 넘지 않으려는 것을 오나라가 가엾이 여겨 주기를 바라고 있습니다.”

하며 하소연하니 오나라 군대는 그대로 돌아갔다.

은 子氏다. 宋나라에 봉해졌는데 六世 煬公熙양공희 때 조카 厲公여공에게 죽음을 당했다. 煬公熙의 아들이 弗父何불보하인 데 이가 孔子의 直系 조상이다. 그 後孫인 孔父嘉공보가 때 宋나라 전쟁에 휘말리자 그 아들 子木金父자목금보는 魯나라로 옮겨와 孔氏로 姓을 삼고 살게 되었는데 이가 孔子의 5代祖다. 공자의 아버지 叔梁紇은 키가 十尺에 무예와 힘이 뛰어났다고 하는 데 孔子 또한 키가 九尺 六寸이고 머리가 움푹하게 들어가 이름을 됴라 했다고 한다. ≪孔子家語≫에, ‘키는 9尺 6寸이나 되고, 눈두덩이 평평하며, 꼬리가 긴 눈에 툭 불거진 이마를 지녔다.’고 했다. 壽는 73歲(西紀前 551～西紀前 479)인데 公羊傳과 穀梁傳곡량전에는 西紀前 552년에 태어난 것으로 되어 있다.

15) [子路] 孔子의 제자. 이름은 仲由, 字는 子路. 卞邑변읍 사람. 성품이 곧고 급했으며 勇力을 좋아했다. 衛나라에서 벼슬을 했으나 西紀前 480년 太子[莊公]의 亂離에 태자에게 대항하다가 죽음을 당했다.

16) [子張] 孔子의 제자. 이름은 顓孫師전손사, 字는 子張. 陳나라 사람. 孔子보다 48歲 손아래.

17) [子石] 孔子의 제자. 이름은 公孫龍, 字는 子石. 衛나라 사람. 孔子보다 53歲 손아래.

부차 12년 吳나라는 다시 북쪽의 齊나라를 쳤다.

越王 句踐이 소문을 듣고 자기나라 군사들을 거느리고 와서 朝貢했다. 월왕은 오나라 太宰 白嚭백비에게 진귀한 보물과 뇌물을 많이 바쳤는데 백비는 월나라가 주는 뇌물을 좋아라고 받았다. 이런 일들로 인해 백비는 남달리 월나라를 믿고 아끼게 되었는데 백비가 밤낮으로 오왕에게 월왕을 칭찬하니 오왕은 제나라를 치자고 하는 白嚭의 계략을 신임하게 되었다. 伍子胥는 크게 놀라 말하기를,

"이것은 우리 오나라를 망치는 것이다."

하고는 吳王에게 敢然히 諫했다.

"吳나라에 있어서 越나라는 가슴과 뱃속에 든 병과 같습니다. 그 병을 먼저 없애지 아니하고 지금 떠도는 거짓된 말들을 믿으시어 대왕께서는 齊나라를 貪탐하여 깨뜨리고자 하십니다. 제나라는 磐石之田반석지전과 같은 땅으로서 그것을 얻는다 해도 곡식을 심어 자라게 할 수 없는 쓸모 없는 땅입니다. 바라건대 왕께서는 제나라 치려는 계획을 포기하시고 먼저 월나라를 도모하도록 하십시오. 그렇지 않으면 훗날 후회함이 미치지 않을 수 없습니다."

오자서는 간곡히 諫했으나 오왕은 오자서의 말을 듣지 않고 오자서를 제나라에 사신으로 보내 싸움하는 期限을 알리게 했다. 오자서는 그 아들에게 말했다.

"나는 여러 번 오왕께 諫했는데도 오왕께서는 나의 말을 받아들이지 않는구나. 이제 헤아려보건대 오나라는 망할 것이고 이렇게 되면 너와 나도 함께 죽게 될 것인데 너마저 오나라와 함께 죽게 할 수는 없다."

오자서는 아들을 데리고 제나라에 가서 鮑氏포씨에게 맡기고 돌아왔다.

太宰 白嚭는 이 때 伍子胥와 사이가 나빠져 있던 까닭에 吳王에게 오자서를 讒訴참소하여 말했다.

"자서는 强暴강포하여 힘으로 諫하니 대왕께서는 가까이 하지 마소서."

오왕이 말했다.

"과인도 알고 있소."

오나라가 軍事를 일으키기 前에 魯나라에서 孔子의 제자 子貢이 사신
이 되어 오나라에 왔다.

오왕 夫差 13년 제나라 大夫 陳成恒진성항이 군주인 簡公을 죽이려 했
으나 마음속으로는 勢道家인 高氏, 國氏, 鮑氏, 晏氏 등을 꺼려하여 먼저
군사를 일으켜 노나라를 치려했다. 이로 인해 노나라 哀公은 근심에 휩
싸이게 되었는데 孔子 또한 몹시 근심하였다. 이에 門下의 제자들을 불
러모아 말했다.

"제후들이 서로 치고 싸우는 것을 丘구[孔子]는 항상 부끄럽게 여기노라. 대저 노
나라는 부모의 나라로서 노나라 언덕에는 조상의 무덤이 흩어져 있다. 지금 제나
라는 노나라를 치려하는데 너희들 중 누가 한번 나서볼 뜻은 없는가?"

처음에 子路가 나서기를 청했는데 孔子는 허락하지 않았다. 다시 子張
과 子石이 가겠다고 나섰으나 공자는 모두 허락하지 않았다. 子貢이 나
서보겠다고 청하니 공자는 비로소 허락했다.

◈ 참 고

1. ≪春秋左傳 – 哀公 十一年≫

吳將伐齊, 越子率其衆, 以朝焉, 王及列士皆有饋賂. 吳人皆喜, 唯子胥懼
曰: "是豢吳夫." 諫曰: "越在我心腹之疾也. 壤地同而有欲於我. 夫其柔服,
求濟其欲也, 不如早從事焉. 得志於齊, 猶獲石田也, 無所用之. 越不爲沼,
吳其泯矣. 使醫除疾, 而曰: '必遺類焉者.' 未之有也. 盤庚之誥曰: '其有顚
越不共, 則劓殄, 無遺育, 無俾易種于玆邑.' 是商所以興也. 今君易之, 將以
求大, 不亦難乎?" 弗聽. 使於齊, 屬其子於鮑氏, 爲王孫氏. 反役王聞之, 使
賜屬鏤以死. 將死曰: "樹吾墓檟. 檟可材也. 吳其亡乎. 三年其始弱矣. 盈必
毀, 天之道也."

2. ≪史記－伍子胥傳≫

其後五年, 而吳王聞齊景公死而大臣爭寵, 新君弱. 乃興師北伐齊. 伍子胥諫曰: "勾踐食不重味, 弔死問疾, 且欲有所用之也. 此人不死, 必爲吳患. 今吳之有越, 猶人之有腹心疾也. 王不先越, 而乃務齊, 不亦謬乎?" 吳王不聽伐齊, 大敗齊師於艾陵. 遂滅鄒魯之君, 以歸益疏子胥之謀. 其後四年, 吳王將北伐齊, 越王勾踐用子貢之謀, 乃率其衆以助吳. 而重寶以獻遺太宰嚭. 太宰嚭旣數受越賂, 其愛信越殊甚. 日夜爲言於吳王, 吳王信用嚭之計. 伍子胥諫曰: "夫越腹心之病. 今信其浮辭詐僞, 而貪齊, 破齊譬猶石田無所用之. 且盤庚之誥曰: '有顚越不恭, 劓殄滅之. 俾無遺育, 無使易種于茲邑.' 此商之所以興. 願王釋齊而先越. 若不然, 後將悔之無及而." 吳王不聽, 使子胥於齊. 子胥臨行謂其子曰: "吾數諫王, 王不用吾. 今見吳之亡矣. 汝與吳俱亡無益也." 乃屬其子於齊鮑牧, 而還報吳. 吳太宰嚭旣與子胥有隙. 因讒曰: "子胥爲人剛暴少恩, 猜賊其怨望, 恐爲深禍也. 前日王欲伐齊, 子胥以爲不可, 王卒伐之, 而有大功. 子胥恥其計謀不用, 乃反怨望而. 今王又復伐齊, 子胥專愎彊諫, 沮毀用事. 徒幸吳之敗, 以自勝其計謀耳. 今王自行悉國中武力, 以伐齊. 而子胥諫不用, 因輟謝詳病不行. 王不可不備, 此其禍不難. 且嚭使人微伺之, 其使於齊也, 乃屬其子於齊之鮑氏. 夫爲人臣, 內不得意. 外倚諸侯自, 以爲先王之謀臣. 今不見用, 常鞅鞅怨望. 願王早圖之." 吳王曰: "微子之言, 吾亦疑之."

3. ≪史記－吳太伯世家≫

七年, 吳王夫差聞齊景公死, 而大臣爭寵, 新君弱, 乃興師北伐齊. 子胥諫曰: "越王句踐食不重味, 衣不重采, 弔死問疾. 且欲有所用其衆, 此人不死, 必爲吳患. 今越在腹心疾, 而王不先, 而務齊不亦謬乎?" 吳王不聽, 遂北伐齊, 敗齊師於艾陵, 至繒.

十年, 因伐齊而歸.

十一年, 復北伐齊. 越王句踐率其衆, 以朝吳厚獻遺之. 吳王喜, 唯子胥懼

曰: “是棄吳也.” 諫曰: “越在腹心. 今得忘於齊, 猶石田無所用. 且盤庚之
誥, 有顛越勿遺, 商之以興.” 吳王不聽, 使子胥於齊. 子胥屬其子於齊鮑氏,
還報吳王. 吳王聞之大怒, 賜子胥屬鏤之劍以死.

4. ≪史記≫ 越王句踐世家

　居二年, 吳王將伐齊. 子胥諫曰: “未可. 臣聞句踐食不重味, 與百姓同苦
樂. 此人不死必爲國患. 吳有越腹心之疾, 齊與吳疥癬也. 願王釋齊先越.”
吳王弗聽. 遂伐齊敗之艾陵, 虜齊高國以歸. 讓子胥. 子胥曰: “王毋喜.” 王
怒, 子胥欲自殺, 王聞而止.

5. ≪國語－吳語≫

　吳王夫差旣許越成, 乃大戒師徒, 將以伐齊. 申胥進諫曰: “昔天以越賜
吳, 而王不受, 夫天命有反. 今越王句踐恐懼, 而改其謀舍其愆令, 輕其征
賦, 施民所善, 去民所惡. 身自約也, 裕其衆庶, 其民殷衆, 以多甲兵. 越之
在吳, 猶人之有腹心之疾也. 夫越王之不忘敗吳於其心也. 戚然服士, 以伺
吾閒. 今王非越是圖, 而齊魯以爲憂. 夫齊魯譬諸疾疥癬也. 豈能涉江淮, 而
與我爭此地哉? 將必越實有吳土. 王其盍亦鑑於人, 無鑑於水. 昔楚靈王不
君, 其臣箴諫以不入, 乃築臺於章華之上. 闕爲石郭, 陂漢以象帝舜. 罷弊楚
國以閒陳蔡, 不修方城之內, 踰諸夏而圖東國. 三歲於沮汾, 以服吳越. 其民
不忍饑勞之殃, 三軍叛王於乾谿. 王親獨行, 屛營彷徨於山林之中. 三日乃
見其涓人疇. 王呼之, 曰: ‘余不食三日矣.’ 疇趨而進王枕其股以寢於地, 王
寐, 疇枕王以璞而去之. 王覺而無見也, 乃匍匐將入於棘闈, 棘闈不納. 乃入
芋尹申亥氏焉. 王縊, 申亥負王以歸而土埋之其室. 此志也, 豈遽忘於諸侯
之耳乎? 今王旣變鮌禹之功, 而高高下下, 以罷民於姑蘇. 天奪吾食, 都鄙
荐饑. 今王將很天而伐齊. 夫吳民離矣, 體有所傾, 譬如羣獸, 然一个負矢,
將百羣皆奔, 王其無方收也. 越人必來襲我, 王雖悔之, 其猶有及乎?” 王弗
聽. 十二年遂伐齊, 齊人與戰於艾陵, 齊師敗績, 吳人有功.

6. ≪春秋左傳－莊公 二十二年≫*陳成恒 先代 관련 기록

廿二年春, 陳人殺其太子御寇, 陳公子完與顓孫奔齊, 顓孫自齊來奔. 齊
侯使敬仲爲卿. 辭曰: "羈旅之臣, 幸若獲宥, 及於寬政, 赦其不閑於敎訓, 而
免於罪戾, 弛於負擔, 君之惠也. 所獲多矣, 敢辱高位以速官謗. 請以死告.
詩云, '翹翹車乘, 招我以弓. 豈不欲往, 畏我友朋.'" 使爲工正. 飲桓公酒,
樂. 公曰: "以火繼之." 辭曰: "臣卜其晝, 未卜其夜, 不敢." 君子曰: "酒以
成禮, 不繼以淫, 義也, 以君成禮, 不納於淫, 仁也.

7. ≪史記－仲尼弟子傳 子貢篇≫

田常欲作亂於齊, 憚高國鮑晏, 故移其兵欲以伐魯. 孔子聞之謂門弟子曰:
"夫魯墳墓所處父母之國. 國危如此, 二三子何爲莫出?" 子路請出, 孔子止
之. 子張子石請行, 孔子弗許. 子貢請行, 孔子許之.

8. ≪孔子家語－屈節解≫

孔子在衛, 聞齊國田常將欲爲亂. 而憚鮑晏, 因欲移其兵以伐魯. 孔子會
諸弟子而告之曰: "魯父母之國, 不可不救, 不忍視其受敵. 今吾欲屈節於田
常以救魯, 二三子誰爲使?" 於是子路請往焉, 孔子弗許. 子張請往, 又弗許.
子石請往, 又弗許. 三子退謂子貢曰: "今夫子欲屈節以救父母之國, 吾二人
請使而不獲往, 此則吾子用辯之時也. 吾子盍請行焉." 子貢請使, 夫子許之.

9. ≪說苑－291篇 9－20≫

其後五年, 吳王聞齊景公死, 而大臣爭寵, 新君弱, 乃興師北伐齊. 子胥諫
曰: "不可. 句踐食不重味, 弔死問疾. 且能用人其, 此人不死, 必爲吳患. 今
越腹心之疾, 齊猶疥癬耳. 而王不先越, 乃務伐齊, 不亦謬乎?" 吳王不聽,
伐齊, 大敗齊師於艾陵, 遂與鄒魯之君會, 以歸益疎子胥之言. 其後四年, 吳
將復北伐齊, 越王句踐用子貢之謀, 乃率其衆以助吳, 而重寶以獻遺太宰嚭.
太宰嚭旣數受越賂, 其愛信越殊甚, 日夜爲言於吳王, 王信用嚭之計. 伍子

胥諫曰: "夫越, 腹心之疾, 今信其誘辭僞詐而貪齊, 譬猶石田, 無所用之. 盤庚曰: '古人有顚越不恭.' 是商所以興也. 願王釋齊而先越. 不然, 將悔之無及也已.' 吳王不聽, 使子胥於齊. 子胥謂其子曰: "吾諫王, 王不我用. 吾今見吳之滅矣, 女與吳俱亡無爲也." 乃屬其子於齊鮑氏.

◇　◇　◇　◇

[5-02]　子貢北之齊見成恒,≪史記-子貢傳≫作田常. 因謂曰: "夫魯者難伐之國, 而君伐過矣." 成恒曰: "魯何難伐也?" 子貢曰: "其城薄以卑, 其池狹以淺, 其君愚而不仁, 大臣無用, 士惡甲兵, 不可與戰, 君不若伐吳. 夫吳城厚而崇, 池廣以深, 甲堅士選, 器飽[18]弩勁,[19] 又使明大夫守之, 此易邦也." 成恒忿然作色曰: "子之所難, 人之所易, 子之所易, 人之所難, 而以敎恒, 何也?" 子貢曰: "臣聞君三封而三不成者, 大臣有所不聽者也. 今君又欲破魯以廣齊, 隳[20]魯以自尊, 而君功不與焉. 是君上驕,≪越絕≫ 驕字下有主心二字, 爲是 <子貢傳>同. 下恣羣臣, 而求以成大事難矣. 且夫上驕則犯,<子貢傳>犯作恣者是. 臣驕則爭, 此君上於王有遽,≪越絕≫及<子貢傳>皆王作主, 遽作郤. 郤與隙同. 而下與大臣交爭. 如此則君立於齊, 危於累卵.[21] 故曰: '不如伐吳.' 且吳王剛猛而毅, 能行其令, 百姓習於戰守, 明於法禁, 齊遇爲擒必矣. 今君悉四境之中,[22] 出大臣以環[23]之, 人民外死, 大臣內空, 是君上無疆敵之臣,[24] 下無黔

---

18) [器飽기포] 重器 또는 寶器. ≪史記-仲尼弟子傳≫에, '甲堅以新, 士選以飽, 重器精兵, 盡在其中'이라 했다. 孫詒讓은, '器飽는 말이 되지 않는다. 器飾기식이라고 보는 것이 옳다. 飽와 飾은 글자 모양이 비슷해서 생긴 誤記'라고 했다.
19) [弩勁노경] 강한 쇠뇌.
20) [隳휴] 무너뜨리다.
21) [累卵누란] 계란을 쌓아 놓은 것 처럼 위태함.
22) [四境之中] 四庫全書本에는 '中'이 '甲'으로 되어 있다.
23) [環] 孫詒讓손이양은 '環'을 '擐'이라 했다. ≪春秋左傳≫ 成公 二年條에, '擐甲執兵'이라 했는 데 杜預의 注에, '擐은 貫과 같다'고 했다.
24) [疆敵之臣] 강하게 맞설만한 신하. 政敵.

首之士,25) 孤主制齊者君也." 陳恒曰: "善. 雖然, 吾兵已在魯之城下矣. 吾
去之吳, 大臣將有疑我之心, 爲之奈何?" 子貢曰: "君按兵無伐, 請爲君南見
吳王, 請之救魯, 而伐齊, 君因以兵迎之." 陳恒許諾.

　　子貢南見吳王, 謂吳王曰: "臣聞之, 王者不絶世, 而霸者無彊敵. 千鈞26)
之重, 加銖27)而移. 今萬乘之齊, 而私千乘之魯, 而與吳爭彊, 臣竊爲君恐焉.
且夫救魯顯名也, 伐齊大利也. 義存亡魯,≪越絶≫: 義字下有在字, 害字上有勇在二字
爲是. 害暴齊而威彊晉, 則王不疑也." 吳王曰: "善. 雖然, 吾嘗與越戰, 捿之
會稽28)入臣29)於吳, 不卽誅之. 三年使歸. 夫越君賢主, 苦身勞力, 夜以接
日,30) 內飾其政, 外事諸侯, 必將有報我之心. 子待我伐越而聽子." 子貢曰:
"不可. 夫越之彊不過於魯, 吳之彊不過於齊. 主以伐越而不聽臣, 齊亦已私
魯矣. 且畏小越而惡彊齊, 不勇也. 見小利而忘大害, 不智也. 臣聞仁人不因
居≪越絶≫因居作因厄.以廣其德,　智者不棄時以舉其功,　王者不絶世以立其義.
且夫畏越如此, 臣誠東見越王, 使出師以從下吏." 吳王大悅.

◇　　◇　　◇　　◇

　　子貢은 먼저 북쪽으로 가서 齊나라 陳成恒에게 말했다.

　　"대저 魯나라는 치기 어려운 나라인데 大夫께서 노나라를 치려함은 잘못입니
다."

　　진성항이 말했다.

　　"노나라를 치는 것이 어째서 어렵다는 것이오?"

---

25) [黔首之士거수지사] 일반 백성. 벼슬하지 않은 선비.
26) [千鈞] 춘추시대의 무게 단위. 一鈞은 三十斤의 무게. 千鈞은 三萬斤.
27) [銖] 한 냥의 二十四分之一. 하잘 것 없이 가벼운 것의 비유.
28) [捿之會稽서지회계] 捿는 '살다'의 뜻. 棲와 同 ≪國語－越語 上≫에는, '越王
　　句踐棲于會稽之上'이라 했는 注에, '산에 사는 것을 棲라 한다'고 했다.
29) [入臣] 奴僕이 되어 남의 나라에 들어감. 臣은 僕과 同.
30) [夜以接日] 밤낮으로.

자공이 말했다.

"노나라는 그 城壁성벽이 얇고 낮으며 그 땅은 작고 물도 얕습니다. 그 군주는 어리석고 어질지 못하며 大臣들은 쓸모가 없습니다. 군사들은 전쟁[甲兵]을 싫어하여 더불어 싸울 상대가 되지 못하니 대부께는 吳나라를 치는 것만 못하다는 것입니다. 대저 오나라는 城郭이 두텁고 튼튼하며 높습니다. 물은 넓고 깊으며, 무기는 튼튼하고, 무장한 병사들은 精銳로 가려 뽑았으며, 창고는 가득차고, 쇠뇌[弩]와 무기는 강하고 날카롭습니다. 또 훌륭한 장수와 현명한 대부들이 굳게 지키니 이같은 나라야말로 치기 쉬운 나라입니다."

진성항은 벌컥 화를 내고 얼굴을 붉히며 말했다.

"선생이 어렵다고 하는 바는 세상 사람들이 쉽다고 여기는 바이며 선생이 쉽다고 하는 바는 세상 사람들이 어렵다고 여기는 바이니 이로서 나를 가르치려 함은 무슨 까닭이오?"

자공이 말했다.

"臣은 듣기를, 대부께서는 세 번이나 君으로 封해지고자 했으나 세번 다 이루지 못했다고 합니다. 이는 大臣들 중에 君의 명을 듣지 않는 이들이 있기 때문일 것입니다. 지금 군께서는 또 노나라를 깨뜨려서 제나라를 넓히고자 하십니다. 노나라를 무너뜨린 다음 군께서는 스스로를 높이려 하실 것이니 군께서는 공을 제나라 군주님께 드리려하지 않을 것입니다. 이렇게 되면 위로는 군주님께 교만해지고, 아래로는 여러 신하들에게 방자하게 될 것이니 이로서 큰 일이 이루어지기를 바라기는 어려운 것입니다. 윗사람이 驕慢교만해지면 멋대로 常道를 범하게 되고, 아래의 신하가 교만해지면 남과 다투게 될 것입니다. 이렇게 되면 위로는 군주와 間隙간극이 생길 것이며, 아래로는 대신들과 서로 다투게 될 것이니 군께서 제나라에서 뜻을 세우는 것은 마치 계란을 쌓아놓은 것처럼 위태하게 될 것입니다. 그래서 노나라를 치는 것이 吳나라를 치는 것만 못하다는 것입니다. 또 오왕은 강하고 용맹하며 굳세어서 백성에게 전쟁과 수비를 익히게 하고 밝은 정치로 法令을 엄히 하여 제나라 군대를 만나면 반드시 포로로 잡을 것입니다. 이제 군께서 오나라와 싸우게 되면 제나라 군주님은 신하들을 사방의 국경에 내보내 지키게 할 것이니 백성[軍士]들은 밖에서 죽을 것이며 대신들은 나라밖을 지키느라 朝廷은 텅 비게 되어 朝廷 안에서 大夫의 위에는 대적할만한 실력을 가진 대신이 없으며, 아래로는 君을 비방할 선비들이 없어질 것이니 군주는 고립되고 제나라는 군께서 마음대로 하실 수 있게 될 것입니다.”

진성항이 말했다.

“옳은 말씀입니다. 그러나 비록 그렇더라도 우리 齊나라 군대는 이미 魯나라 城아래 이르러 있습니다. 내가 다시 군대를 돌려 吳나라를 치게 한다면 여러 대신들과 장수들이 내 마음을 의심하게 될 것이니 어찌하면 좋겠소?”

자공이 말했다.

“君께서는 군대를 그대로 눌러있게 하여 魯나라를 치지 말고 기다리게 하십시오. 군께 청하건대 저는 남쪽으로 가서 吳王을 만나 노나라를 구해주도록 청하여 오나라로 하여금 제나라를 치도록 하겠습니다. 군께서는 이 때 오나라 군대를 맞아 싸우면 될 것입니다.”

陳成恒이 허락하자 子貢은 남쪽으로 가서 오왕을 만났다.

자공은 吳王에게 말했다.

“臣은 듣기를, 천하의 王者는 남의 後嗣를 끊지 않는다고 하며, 覇者는 천하에 彊敵강적이 없다고 합니다. 千鈞의 무거운 것도 一銖의 무게를 더하면 저울눈이 기울게 됩니다. 지금 齊나라는 萬乘만승의 나라로서 千乘의 魯나라를 服屬시켜 吳나라와 힘을 겨루려고 합니다. 신은 대왕을 위해 이 점을 두려워하는 바입니다. 또한 노나라를 구하는 것은 오나라의 名望을 나타내는 것이며, 제나라를 치는 것은 오나라에 크게 利로운 일입니다. 義로움은 망해가는 노나라를 구하는데 있고, 勇은 제나라와 같이 橫暴횡포한 나라의 害를 제거하는데 있습니다. 제나라를 쳐서 橫暴한 害를 제거하시면 彊國[强國]인 晉나라에 까지도 위엄을 떨칠 수 있으니 대왕께서는 의심하실 바가 아닙니다.”

오왕이 말했다.

“좋소. 그러나 비록 그렇더라도 나는 일찍이 越나라와 會稽山에서 싸워 越王은 오나라에 들어와 신하노릇을 했는데 나는 월왕을 죽이지 않고 삼년만에 돌아가게 하였소. 대저 월왕은 현명한 군주요. 밤낮으로 그 고통을 참아내며 노력하여 안으로는 그 政事를 바르게 하고 밖으로는 제후들을 섬겨 마음을 얻고 있으니 이는 필시 장차 오나라에 대해 복수하려고 하는 것이니 나는 이를 근심하는 것이라오. 선생께서 내가 월나라를 칠 때까지 기다려주시면 월나라를 친 후에 선생의 말씀을 들으리다.”

자공이 말했다.

"그렇지 않습니다. 越나라의 힘이란 魯나라보다 강할 것이 없고 吳나라의 힘도 齊나라보다 강할 것이 없는데 대왕께서 신의 말을 듣지 않으시고 월나라를 치시는 동안이면 제나라 역시 이미 노나라를 服屬시키고 말 것입니다. 또 작은 월나라가 두려워 강한 제나라를 꺼리는 것은 용기라 할 수 없습니다. 작은 이익을 보느라 큰 害를 잊으심은 지혜라 할 수 없습니다. 신은 듣기를, 어진 이는 남의 困厄을 이용하여 자기의 德을 넓히려하지 않으며, 지혜로운 이는 적당한 때를 버리지 않음으로써 그 공을 세우고, 천하의 王者는 남의 後嗣를 끊지 않음으로써 그 義를 세운다고 합니다. 또 대왕께서 이처럼 월나라를 두려워 하시니 신은 삼가 동쪽으로 가서 월왕을 만나 出師[出兵]케 하여 월왕으로 하여금 오나라의 下吏가 되어 대왕을 따르게 하겠습니다."

오왕은 크게 기뻐하여 자공의 使行을 허락했다.

◈ 참 고

1. ≪史記－仲尼弟子傳 子貢篇≫

遂行至齊說田常曰: "君之伐魯過矣. 夫魯難伐之國. 其城薄以卑, 其地狹以泄, 其君愚而不仁, 大臣僞而無用, 其士民又惡甲兵之事. 此不可與戰, 君不如伐吳. 夫吳城高以厚, 地廣以深甲堅以新士選以飽, 重器精兵盡在其中. 又使明大夫守之, 此易伐也. 田常忿然作色曰: "子之所難, 人之所易; 子之所易, 人之所難. 而以敎常何也?" 子貢曰: "臣聞之, 憂在內者攻彊, 憂在外者攻弱, 今君憂在內. 吾聞君三封, 而三不成者大臣有不聽者也. 今君破魯以廣齊, 戰勝以驕主, 破國以尊臣, 而君之功不與焉, 則交日疎於主. 是君上驕主心, 下恣羣臣, 求以成大事難矣. 夫上驕則恣臣, 驕則爭, 是君上與主有郤, 下與大臣交爭也. 如此則君之立於齊危矣. 故曰: '不如伐吳' 伐吳不勝, 民人外死, 大臣內空, 是君上無彊臣之敵, 下無民人之過, 孤主制齊者, 唯君也." 田常曰: "善. 雖然吾兵業已加魯矣. 去而之吳, 大臣疑我, 奈何?" 子貢曰: "君按兵無伐. 臣請往使, 吳王令之救魯以伐齊, 君因以兵迎之." 田常許之使. 子貢南見吳王說曰: "臣聞之, 王者不絶世, 霸者無彊敵. 千鈞之重加銖兩而移. 今以萬乘之齊, 而私千乘之魯與吳爭彊. 竊爲王危之. 且夫救魯顯名也; 伐齊大利也. 以無泗上諸侯. 誅暴齊以服彊晉, 利莫大焉. 名存亡魯, 實困彊齊. 智者不疑也." 吳王曰: "善. 雖然吾嘗與越戰, 棲之會稽, 越王苦身養士, 有報我心. 子待我伐越, 而請子." 子貢曰: "越之勁不過魯, 吳之彊不過齊. 王置齊而伐越, 則齊已平魯矣. 且王方以存亡繼絶爲名. 夫伐小越而畏彊齊, 非勇也. 夫勇者不避難; 仁者不窮約; 智者不失時; 王者不絶世, 以立其義. 今存越示諸侯以仁, 救魯伐齊, 威加晉國. 諸侯必相率, 而朝於吳, 霸業成矣. 且王必惡越, 臣請東見越王令出兵以從, 此實空越, 名從諸侯以伐也." 吳王大說, 乃使子貢之越.

2. ≪孔子家語－屈節解≫

逐如齊說田常曰: "今子欲收功於魯, 實難, 不若移兵於吳, 則易." 田常不悅. 子貢曰: "夫憂在內者攻强, 憂在外者攻弱. 吾聞子三封而三不成. 是則大臣不聽令. 戰勝以驕主, 破國以尊臣, 而子之功不與焉. 則交日疏於主, 而與大臣爭, 如此, 則子之位危矣. 田常曰: "善然. 兵業已加魯矣. 不可更, 如何?" 子貢曰: "緩師. 吾請救於吳, 令救魯而伐齊, 子因以兵迎之." 田常許諾.

子貢逐南說吳王曰: "王者不滅國, 霸者無强敵, 千鈞之重, 加銖兩而移. 今以齊國而私千乘之魯, 與吳爭强甚爲王患之. 且夫救魯以顯名, 以撫泗上諸侯, 誅暴齊以服晉, 利莫大焉. 名存亡魯, 實困强齊, 智者不疑." 吳王曰: "善然! 吳常困越, 越王今苦身養士, 有報吳之心. 子待我伐越, 然後乃可." 子貢曰: "越之勁不過魯, 吳之强不過齊. 而王置齊而伐越, 則齊以私魯矣. 王方以存亡繼絶之名, 棄强齊而伐小越, 非勇也. 勇者不避難, 仁者不窮約, 智者不失時, 義者不絶世. 今存越示天下以仁, 救魯伐齊, 威加晉國, 諸侯必相率而朝, 霸業盛矣. 且王必惡越, 臣請見越君, 令出兵以從. 此則實害越, 而名從諸侯以伐齊." 吳王悅, 乃遣子貢之越.

◇　◇　◇　◇

[5-03]　子貢東見越王, 王聞之, 除道郊迎, 身御至舍, 問曰："此僻狹之國,[31] 蠻夷[32]之民, 大夫何索然若[33]不辱乃至於此?" 子貢曰："君處[34]故來. 處字不通, ≪越絶≫作弔君故來. 與下文弔字相應." 越王句踐再拜稽首[35]曰："孤聞禍與福爲隣, 今大夫之弔, 孤之福矣. 孤敢不問其說?" 子貢曰："臣今者見吳王, 告以救魯而伐齊, 其心畏越. 且夫無報人之志, 而使人疑之拙也. 有報人之意, 而使人知之殆也. 事未發而聞之[36] <子貢傳>聞之作先聞者是.者危也. 三者擧事之大忌也." 越王再拜曰："孤少失前人,[37] 內不自量, 與吳人戰, 軍敗身辱, 遁逃[38]上接會稽, 下守海濱[39]唯魚鼈見矣.[40]≪國語≫作是見. 今大夫辱弔而身見之, 又發玉聲以敎孤, 孤賴天之賜也, 敢不承敎?[41]" 子貢曰："臣聞明主任人不失其能, 直士擧賢不容於世. 故臨財分利則使仁; 涉患犯難則使勇;

---

31) [僻狹之國벽협지국] 외지고 작은 나라.
32) [蠻夷만이] 古代 중국 南方民族의 總稱.
33) [然若] 이와 같이. 如此와 同義.
34) [君處故來] '處'는 '弔'와 仝義.
35) [再拜稽首재배계수] 두 번 절하여 머리를 땅에 대다. 九拜 중 最上의 敬拜. 稽는 머리를 땅에 댄 후 다시 땅에 대고 있는 것으로 자기 집에 머물러 달라는 뜻을 표하는 것. 두 번째 '頓首'는 머리를 땅에 한 번 대는 것. 세 번째 '空首'는 머리를 조아리되 머리가 땅에 닿지 않고 손 위에 만 닿게 하는 것. 네 번째 '振動'은 양 손을 서로 부딪히는 것. 다섯 번째 '吉拜'는 절한 후 이마를 땅에 대는 것. 여섯 번째 '凶拜'는 이마를 땅에 댄 후 절하는 것. 일곱 번째 '奇拜'는 절을 한 번 하는 것. 여덟 번째 '褒拜'는 연속해서 두 번 절하는 것. 아홉 번째 '肅拜'는 머리를 낮추고 손을 양 손을 모아 쥐고 허리를 숙여 예를 표하는 것.
36) [事未發而聞之] 아직 일을 시작하지도 않았으면서 남에게 알게 하는 것.
37) [前人] 祖上이나 先王을 일컷는 말.
38) [遁逃둔조] 달아나서 숨다.
39) [海濱해빈] 바닷가.
40) [魚鼈見矣어별견의] 물고기와 자라를 보다. 여기서 '魚鼈'은 모든 물고기를 가리키는 말로 물고기 밥이나 주는 노예의 신세를 말한 것.
41) [承敎] 가르침을 받들다.

用智圖國則使賢；正天下定諸侯則使聖. 兵强而不能其威勢；在上位而不能
施其政令於下者；其君幾乎難矣?42)　臣竊43)自擇可與成功而至王者，惟幾
乎?惟幾乎≪越絶≫作其惟臣幾乎. 今吳王有伐齊晋之志，君無愛重器44)以喜其心，
無惡卑辭45)以盡其禮. 而伐齊，齊必戰. 不勝君之福也. 彼戰而勝，必以其兵
臨晋. 騎士銳兵弊乎齊，重寶車騎羽毛46)盡乎晋，則君制其餘矣." 越王再拜
曰: "昔者，吳王分其民之衆以殘吾國，殺敗吾民，鄙吾百姓. 夷吾宗廟,47)
國爲墟棘,48)　身爲魚鼈.≪國語≫鼈下有餌字. 孤之怨吳，深於骨髓，而孤之事吳，
如子之畏父，弟之敬兄. 此孤之死言49)也. 今大夫有賜，故孤敢以報情.≪越絶
≫作以疑請者是. 孤身不安重席，口不嘗厚味，目不視美色，耳不聽雅音，旣已三
年矣. 焦脣乾舌,50)　苦身勞力，上事羣臣，下養百姓，願一與吳交戰於天下平
原之野，正身臂51)≪越絶≫作整襟交臂.而奮吳，越之士繼踵連死,52)　肝腦塗地53)
者，孤之願也. 思之三年，不可得也. 今內量吾國不足以傷吳，外事諸侯而不
能也.　願空國棄羣臣，變容貌易姓名，　執箕帚54)養牛馬以事之.　孤雖知要
領55)不屬，手足異處，四肢布陳，爲鄕邑笑，孤之意出焉. 今大夫有賜，存亡
國，擧≪國語≫擧作興.死人，孤賴天賜，敢不待令乎?" 子貢曰: "夫吳王爲人貪
功名而不知利害." 越王愯然避位.56)　子貢曰: "臣觀吳王爲數戰伐，士卒不

---

42) [其君幾乎難矣] 그 군주는 얼마나 어렵겠습니까?
43) [竊] 살피다. '察'과 소義. "荀子" 哀公篇에, '竊其有益與其無益'이라 하였다.
44) [重器] 많은 보물과 무기.
45) [無惡卑辭무오비사] 싫어함을 감추고 자기를 낮춤.
46) [車騎羽毛] 戰車와 騎馬兵, 활과 화살 등 무기. 羽毛는 제후의 儀裝용 장식
　　깃털. 여기서는 활과 화살.
47) [夷吾宗廟이오종묘] 종묘를 허물다. '夷'는 허물어 平地로 만들다.
48) [墟棘허극] 궁궐이 허물어진 터에 자라는 가시나무.
49) [死言] 죽음으로 盟誓함.
50) [焦脣乾舌초순간설] 입술이 타고 혀가 마름.
51) [正身臂정신비] 몸가짐을 바르게하여.
52) [繼踵連死계종연사] 발뒤꿈치가 서로 닿을 만큼 죽음을 무릅쓰고 뒤를 이어 나
　　가 죽음.
53) [肝腦途地간뇌도지] 간과 뇌가 땅에 발라지다. 짓이겨지다.
54) [箕帚기추] 箕는 키 또는 쓰레받기, 帚는 빗자루. 월왕이 오나라에 入臣하여
　　겪었던 노예 생활을 말한 것.
55) [要領] 목과 허리. 要는 腰와 소. 領은 목[項]과 소.

恩57), ≪國語≫恩作息. 大臣內引,58) 讒人益衆. 夫子胥爲人精誠, 中廉外明而知時, 不以身死隱君之過, 正言以忠君, 直行以爲國, 其身死而不聽.59) 太宰嚭爲人智而愚彊而弱, 巧言利辭60)以內其身, 善爲詭詐61)以事其君, 知其前而不知其後, 順君之過以安其私, 是殘國傷君之佞臣也." 越王大悅. 子貢去, 越王送之金百鎰,62) 寶劍一, 良馬<子貢傳>馬作矛.二, 子貢不受.

至吳, 謂吳王曰: "臣以下吏之言告於越王, 越王大恐曰: '昔者孤身63)不幸, 少失前人, 內不自量, 抵罪於吳. 軍敗身辱, 逋逃64)出走, 棲于會稽,65) 國爲墟莽,66) 身爲魚鱉.≪越絕≫鱉下有餌字. 賴大王之賜, 使得奉俎豆,67) 修祭祀,68) 死且不敢忘,69) 何謀之敢?' 其志甚恐, 將使使者來謝於王." 子貢館五日, 越使果來, 曰: "東海役臣70)句踐之使者臣種,71) 敢修下吏, 少聞於左右; '昔孤不幸少失前人, 內不自量, 抵罪上國, 軍敗身辱, 逋逃會稽. 賴王賜得

---

56) [慵然避位조연피위] 겸손하게 낮은 자리로 피해 앉다.
57) [不恩] 쉬지 못함. ≪史記≫ 仲尼弟子傳 子貢篇에는 不恩을 不忍이라 했다.
58) [內引] 안에서 물러남. 引은 引退와 仝義.
59) [不聽] 남의 충고를 듣지 않음.
60) [利辭] 이익으로 꼬득이는 달콤한 말.
61) [善爲詭詐선위궤사] 詭辯과 거짓말을 잘 만들어 냄.
62) [百鎰백일] 金을 헤아리는 무게 단위. 一鎰은 스물넉냥.
63) [孤身] 孤臣과 仝義. 附庸國이나 屬國인 小國 군주가 大國 군주의 비위를 맞추기 위해 자신을 낮춘 말.
64) [逋逃포도] 죄를 범하고 도망침. 逋는 달아나는 것. 逃는 원치 않는 일이나 벼슬, 사람 등을 피하는 것.
65) [會稽회계] 原名은 茅山. 浙江省 紹興縣 동남쪽. 越王 句踐이 吳王 夫差에게 패한 후 五千군사를 거느리고 會稽山에서 抗戰했으나 패하여 포로가 되었다. 途山·釜山·宛委山 등으로도 불렸는데 ≪史記≫에는 苗山이라 했다.
66) [墟莽허망] 廢墟에 풀이 우거지다.
67) [俎豆조두] 祭祀때 음식을 담아 올리는 그릇.
68) [祭祀] 祭는 地神께 올리는 것, 祀는 天神께 올리는 것, 享은 祖上께 올리는 것이다.
69) [死且不敢忘] 顧廣圻고광은이 錄影녹영한 宋鈔本에는 '死且不敢忘' 앞에 '大王賜' 세 글자가 있는 데 本 四部總刊本에는 빠져 있다.
70) [役臣] 附庸國부용국 군주가 大國 군주에게 자신을 낮추어 부르는 말.
71) [種] 大夫 文種. 楚나라 南陽의 관리. 후에 越王 句踐을 섬겨 會稽之耻를 씻게 하고 霸業을 이루게 했으나 句踐의 꺼려함을 받아 죽음을 당했다.

奉祭祀, 死且不忘. 今竊聞大王興大義, 誅彊救弱, 因暴齊而撫周室, 故使賤臣以奉前王所藏甲72)二十領,73) 屈盧之矛,74) 步光之劒,75) 以賀君吏. 若將遂大義. 弊邑76)雖小, 請悉四方之內士卒三千人以從下吏,77) 請躬被堅執銳,78) 以前受矢石, 君臣死無所恨矣.'" 吳王大悅, 乃召子貢曰: "越使果來, 請出士卒三千, 其君從之, 與寡人伐齊可乎?" 子貢曰: "不可. 夫空人之國, 悉人之衆, 又從其君, 不仁也. 受幣許其師, 辭其君, 卽可." 吳王許諾. 子貢去晋, 見定公79)曰: "臣聞慮不預定, 不可以應卒, 兵不預辨, 不可以勝敵. 今吳齊將戰, 戰而不勝, 越亂之必矣. 與戰而勝, 必以其兵臨晋, 君爲之奈何?80)" 定公曰: "何以待之?" 子貢曰: "修兵伏卒81)<子貢傳>伏作休.以待之." 晋君許之. 子貢返魯.

◇　◇　◇　◇

子貢이 越王을 만나고자 동쪽으로 가니 월왕은 길을 깨끗이 쓸고 城밖에까지 마중을 나와 몸소 수레를 몰고 宿舍까지 안내한 다음 말했다.

"외지고 좁은 蠻夷만이의 나라에 大夫께서는 무엇을 가르치고자 이 먼 곳까지 욕되다 않고 찾아 오셨습니까?"

---

72) [藏甲장갑] 소중히 간직해온 갑옷.
73) [領] 옷깃을 세는 단위.
74) [屈盧之矛굴로지모] 屈盧 땅에서 나는 날카로운 창. 屈盧는 地名. ≪越絶書≫ 吳王占夢篇에는 '越王撫步光之劍, 杖屈盧之弓.'이라 했다.
75) [步光之劒] 화려한 무늬가 새겨진 春秋時代 名劍. ≪越絶書≫ 吳王占夢篇에는 '越王撫步光之劍, 杖屈盧之弓, 瞋目謂范蠡曰: 子何不早圖之乎?'라고 했다. 曹植의 七啓에, '步光之劒, 華藻繁縟화조번욕.'이라 했다.
76) [弊邑폐읍] 다른 나라 군주 앞에서 자기 나라를 겸손하게 이르는 말.
77) [下吏하리] 지위가 낮은 신하. 자기를 貶해서 겸손하게 일컫는 말.
78) [被堅執銳피견집예] 갑옷을 입고 무기를 잡음.
79) [定公] 姓은 姬氏, 이름은 午. 在位 37년(西紀前 511~西紀前 475)
80) [奈何] 어찌하시겠습니까.
81) [修兵伏卒] 군대를 훈련만 시킨 채 사용하지 않고 대비함.

자공이 말했다.

"대왕을 위로하고자 왔습니다."

句踐은 두 번 절하여 머리를 땅에 대며 말했다.

"저는 듣기를, 禍와 福은 가까이 있다고 들었는데 지금 대부께서 저를 위로하심은 저의 복이라 하겠습니다. 저는 감히 가르침의 말씀을 묻지 않을 수 없습니다."

자공이 말했다.

"신은 지금 吳王을 만나서 魯나라를 구하고 齊나라 칠 것을 勸하고 왔는데 오왕은 그 마음에 월나라를 두려워하고 있었습니다. 대저 復讎할 사람이 복수할 뜻도 없으면서 남으로 하여금 의심하게 하는 것은 어리석은 일이며, 복수할 사람이 복수할 뜻이 있으면서 남으로 하여금 이것을 알게 하는 것은 위태로운 일입니다. 아직 일을 시작하지도 않았으면서 소문부터 내는 자는 위험해지는 것입니다. 이세 가지는 일을 도모하는 사람이 크게 경계해야하는 것입니다."

越王은 다시 두 번 절하고 말했다.

"저는 젊어서 父王을 잃어 안으로는 스스로를 헤아리지 못하고 吳나라와 싸워 군대는 패하고 몸은 욕을 당해 會稽山 꼭대기로 도망쳐야 했으며, 항복하고 내려와서는 포로가 되어 바닷가에서 물고기와 자라를 벗하며 지내야 했습니다. 지금 대부께서 辱을 무릅쓰고 저를 위로하시며 몸소 찾아오셔서 낭낭한 玉音으로 저에게 가르침을 주시니, 이는 하늘의 가르침을 힘입는 것인데 어찌 감히 가르침을 받들지 않겠습니까?"

子貢이 말했다.

"신은 듣기를, 현명한 군주는 사람을 쓸 때 그 능력을 잃지 않게 하며, 곧은 선비와 어진 선비를 등용하여 세상에 묻혀 살게 하지 않는다고 합니다. 그래서 財物을 對하여 이익과 祿俸을 나눌 때는 어진 이를 쓰며; 犯하기 어려운 危難에 부딪치면 용맹한 이를 쓰고; 지혜를 써서 나라를 圖謀할 때는 현명한 이를 쓰며; 천하를 바루고 제후를 平定하는 데는 聖人을 쓰는 것입니다. 군대는 강하면서도 그 위세를 能히 行使하지 못하며, 윗자리에 있으면서 그 아랫사람에게 政令을 베풀지 못하면 그 군주는 얼마나 어렵겠습니까? 臣과 더불어 가만히 손잡고 王者의 길을 도모하는 것이 어떻습니까? 지금 吳王은 齊나라와 晉나라를 칠 뜻이 있으니 대왕께서는 많은 보물과 무기를 아끼지 말고 오나라에 보내 오왕의 마음을 기쁘게 하십시오. 마음 속의 미워함을 감추고 몸을 굽혀 禮를 다하십시오. 그러면 오왕은 제나라를 칠 것이고, 제나라도 반드시 이에 맞서 싸울 것입니다. 오왕이 제나라와 싸워 이기지 못한다면 그것은 대왕의 福이며, 오왕이 이긴다면 반드시 군대를 돌려 晉나라로 쳐들어 갈 것입니다. 오나라 군대의 말과 병사, 날카롭던 무기들은 제나라와의 싸움에서 이미 지쳐있을 것인데 오나라는 다시 남은 재물과 戰車와 말과 羽毛[화살]를 晉나라와의 싸움에서 모두 써버리게 될 것입니다. 그리되면 대왕께서는 그 나머지만 제압하시면 오나라를 이길 수 있을 것입니다.”

越王은 다시 두번 절하고 말했다.

“옛날 吳王은 그 군대를 일으켜 越나라를 짓밟아 우리 백성을 죽이고 疲弊피폐하게 했으며 우리 백성을 업신여겼습니다. 월나라의 宗廟를 허물고 廢墟폐허로 만들어 저의 몸은 물고기 밥이나 주는 신세가 되어야 했습니다. 오나라에 대한 저의 원한은 뼈 속까지 깊이 스며 있습니다. 저는 오나라 섬기기를 마치 아들이 아비를 두려워하는 것처럼 하고 있으며, 동생이 형을 존경하는 것처럼 해 왔습니다. 이는 제 죽음의 맹서입니다. 지금 대부께서 하늘의 가르침을 제게 내리시니 저는 감히 저의 實情을 말씀드리고자 합니다. 그동안 저의 몸은 편안한 자리에 앉지도 않고, 입에는 맛난 음식도 먹지 않았으며, 눈으로는 아리따운 미인도 쳐다보지 않았고, 귀는 아름다운 음악도 듣지 않기를 4년을 하루같이 해 왔습니다. 입술은 마르고 혀는 고통스러웠으며 몸은 괴로움을 겪었습니다. 위로는 신하들을 섬기고 아래로는 백성 기르기를 힘써 오직 오나라와 더불어 천하의 平原之野에서 한번 싸우고자 하는 一念입니다. 몸가짐을 바로하고 오나라를 奮擊분격하여 월나라 군사들이 죽음으로 뒤를 잇고, 간과 뇌를 땅에 발라 죽는다 하여도 오나라와 한번 싸워 원수를 갚는 것이 저의 소원입니다. 이렇게 생각하며 4년을 별러왔으나 아직 원수를 갚을 수 없습니다. 지금 안으로 월나라의 힘을 헤아려 보건대 오나라와 싸워 이길 힘이 부족하고, 밖으로는 제후들을 끌어들일 수 없습니다. 지난날 저는 나라를 비우고 여러 신하를 버려둔 채, 천한 용모로 변하여 姓名마저 바꾸고, 빗자루와 쓰레받기를 들고 말똥을 치워 牛馬를 기르며 吳王을 섬겼습니다. 저는 비록 머리와 몸둥이가 붙어있지 않게 되고, 四肢가 사방에 널려 천하의 웃음거리가 될 것을 안다 해도 제 결심을 決行할 것입니다. 이제 대부께서 내리는 가르침은 망해 가는 나라를 구하고, 죽어 가는 사람을 붙들어 일으키는 말씀이니, 저는 하늘의 도움을 힘입게 되었는데 감히 슈을 기다리지 않겠습니까?”

子貢이 말했다.

"대저 吳王의 사람됨은 功名을 貪하여 이로움과 해로움을 알지 못합니다."

越王은 겸손히 자리를 옮겨 낮은 자리에 앉았다. 子貢이 말했다.

"신이 보건대 吳王은 연이은 戰伐로 군사들은 쉬지 못하고 쓸 만한 대신들은 벼슬을 물러나, 아첨꾼만 나날이 늘어가고 있습니다. 伍子胥는 사람됨이 靜逸정일하고 진실하여 안으로는 淸廉청렴하고 밖으로는 현명하면서 때를 아는 사람입니다. 몸이 죽는다해도 군주의 잘못을 감싸주지 않고, 바른 말로 군주께 忠諫하며, 올곧은 행실로 나라를 위하므로 그 몸이 죽을 것도 돌보지 않습니다. 太宰 白嚭백비는 사람됨이 지혜로운 것 같으면서도 어리석고, 강한 것 같으면서도 약하며, 교묘한 甘言利說로 안으로 자기 몸만 보존하려 합니다. 善한 척하면서 詭辯과 거짓으로써 그 군주를 섬기니, 그 앞은 알 수 있지만 그 뒤는 알 수 없는 사람입니다. 군주의 잘못에 順應하여 자신의 安危만을 꾀하니 이 사람이야말로 나라를 망하게 하고 군주를 상하게 하는 아첨꾼입니다."

월왕은 자공의 말을 듣고 크게 기뻐했다. 자공이 돌아갈 때 월왕은 황금 百鎰백일과 보검 한 자루, 좋은 말 두 필을 주었는데 자공은 받지 않았다.

子貢은 吳나라에 도착하여 吳王에게 말했다.

"臣이 下吏의 말로써 越王에게 전하니 월왕은 크게 두려워하며 말하기를, '옛날 저의 몸이 불행히도 젊어서 父王을 잃어 안으로는 스스로를 헤아리지 못하고 大國인 오나라를 거스르는 죄를 졌습니다. 군대는 패하고 제 몸은 욕을 당해 會稽山 꼭대기로 도망쳐 나라는 廢墟폐허가 되고 궁전 터는 풀밭이 되었습니다. 이 몸은 물고기에게 먹이나주는 신세가 되었건만 오왕의 恩賜를 받아 俎豆조두를 받들고 조상의 제사를 다시 올릴 수 있게 되었으니 죽어도 대왕의 은혜는 감히 잊을 수 없는데 어찌 감히 오나라를 거스르는 陰謀를 꾸미겠습니까?' 하고는 그 뜻이 심히 두려워하며 머지않아 使臣으로 하여금 대왕께 찾아와 말씀을 올리겠다고 했습니다."

자공이 舍館사관으로 돌아가 머물고 있은지 닷새가 되니 과연 越王의 使臣이 오왕을 謁見알현하고 말했다.

"東海 役臣 句踐의 使臣 臣 文種은 좌우에서 들은 바가 적사오나 대왕께 下吏 구천의 말을 전해 올립니다. '옛날, 구천은 불행히도 젊어서 부왕께서 돌아가시어 안으로 스스로의 힘을 헤아리지 못하고 上國인 오나라를 거스르는 죄를 져서 군대는 패하고 몸은 욕을 당해 會稽山 꼭대기로 도망쳤으나 대왕의 恩賜은사를 받아 다시 조상께 제사를 받들어 올릴 수 있게 되었으니 죽어도 그 은혜는 잊을 수 없나이다. 이제 들리는 소문에, 대왕께서는 大義의 군사를 일으켜 彊暴강포한 나라를 꾸짖으시고 약한 나라를 구하기 위해 齊나라를 쳐서 周 왕실을 위로하신다 하오니 구천은 賤臣천신으로 하여금 조상 대대로 간직해오던 갑옷 이십 벌과 함께 屈盧槍굴로창과 步光劍을 보내 出征을 慶賀하오며 월나라 君吏들은 함께 대왕의 大義를 좇고자 하나이다. 弊邑폐읍이 비록 작으나 청컨대 나라안 사방의 士卒 삼천명을 거느리고 下吏인 句踐을 따르게 하여 몸소 갑옷을 입고 창을 굳게 잡고 대왕의 앞에 서서 돌과 화살을 맞으며 君臣이 죽기로 싸우게 하여주신다면 餘恨이 없겠나이다.'"

오왕은 크게 기뻐하여 자공을 불러 물었다.

"월왕이 과연 사신을 보내와서 청하기를, '삼천명의 군사와 그 왕이 寡人과인을 따라 齊나라를 치는데 參戰하겠다'하니 월왕으로 하여금 과인과 함께 제나라를 치게 해도 좋겠소?"

자공이 대답했다.

"그것은 옳지 않습니다. 대저 남의 나라를 비우게 하여 군사를 모으게 하고 그 군주까지 따르게 하는 것은 어질지 않은 것입니다. 월왕이 보내는 幣帛폐백은 받으시고 그 군사는 參戰케 허락하신 후 그 군주의 참전은 사양하심이 옳습니다."

오왕이 허락하자 자공은 오나라를 떠나 晉나라로 가서 晉侯진후 定公을 만나 말했다.

"臣은 듣기를, 미리 걱정되는 바를 생각하여 대비해 놓지 않으면 급한 일이 있을 때 대응할 수 없다고 하며, 군대를 미리 갖추지 않으면 敵에게 이길 수 없다고 합니다. 지금 吳나라와 齊나라는 장차 전쟁을 하려하고 있습니다. 오나라가 이기지 못하면 越나라가 오나라를 어지럽게 할 것입니다. 그러나 오나라가 제나라를 이긴다면 반드시 오나라 군대는 晉나라로 향할 것입니다. 대왕께서는 어찌 하시렵니까?"

정공이 물었다.

"어떻게 준비해야 합니까?"

자공이 말했다.

"군대를 갖추어 훈련시킨 후 쉬게 하면서 기다리십시오."

정공이 이를 허락하자 자공은 魯나라로 돌아갔다.

◆ 참　고

1. ≪史記 - 仲尼弟子傳　子貢篇≫

越王除途郊迎, 身御至舍. 而問曰: "此蠻夷之國, 大夫何以儼然辱而臨之?" 子貢曰: "今者吾說吳王, 以救魯伐齊. 其志欲之. 而畏越曰: '待我伐越, 乃可如此破越必矣.' 且夫無報人之志而令人疑之拙也; 有報人之意使人知之殆也; 事未發而先聞危也. 三者擧事之大患." 句踐頓首再拜曰: "孤嘗不料力, 乃與吳戰, 困於會稽. 痛入於骨髓, 日夜焦脣乾舌, 徒欲與吳王, 接踵而死, 孤之願也." 遂問子貢, 子貢曰: "吳王爲人猛暴, 羣臣不堪, 國家敝於數戰, 士卒弗忽, 百姓怨上, 大臣內變. 子胥以諫死, 太宰嚭用事, 順君之過, 以安其私, 是殘國之治也. 今王誠發士卒, 佐之以徼其志; 重寶以說其心; 卑辭以尊其禮, 其伐齊必也. 彼戰不勝, 王之福矣, 戰勝必以兵臨晉. 臣請北見晉君令共攻之, 弱吳必矣. 銳兵盡於齊, 重甲困於晉, 而王制其敝, 此滅吳必矣." 越王大說許諾, 送子貢金百鎰劍一良矛二, 子貢不受. 遂行報吳王曰: "臣敬以大王之言告越王. 越王大恐曰: '孤不幸少失先人, 內不自量抵罪, 賴大王之賜, 使得奉俎豆, 而脩祭祀, 死不敢忘, 何謀之敢慮?'" 後五日越使大夫種頓首言於吳王曰: "東海役臣孤句踐, 使者臣種敢修下吏, 問於左右, 今竊聞, 大王將興大義, 誅彊救弱, 困暴齊而撫周室. 請悉起境內士卒三千人, 孤請自被堅執銳, 以先受矢石. 因越賤臣種奉先人藏器甲二十領, 鈇屈盧之矛, 步光之劍, 以賀軍吏." 吳王大說, 以告子貢曰: "越王欲身從寡人伐齊, 可乎?" 子貢曰: "不可. 夫空人之國, 悉人之衆, 又從其君不義. 君受其幣, 許其士, 而辭其君." 吳王許諾, 乃謝越王. 於是吳王乃遂發九郡兵伐齊. 子貢因去之晉. 謂晉君曰: "臣聞之, 慮不先定, 不可以應卒. 兵不先辨, 不可以勝敵.

今夫齊與吳將戰, 彼戰而不勝, 越難之必矣. 與齊戰而勝, 必以其兵臨晉." 晉君大恐曰: "爲之奈何?" 子貢曰: "脩兵休卒, 以待之." 晉君許諾, 子貢去而之魯. 吳王果與齊人戰於艾陵, 大破齊師, 獲七將軍之兵. 而不歸果以兵臨晉. 與晉人相遇黃池之上. 吳晉爭彊, 晉人擊大破吳師. 越王聞之, 涉江襲吳, 去城七里而軍. 吳王聞之去晉而歸, 與越戰於五湖, 三戰不勝, 城門不守, 越遂圍王宮, 殺夫差而戮其相. 破吳三年, 東向而覇. 故子貢一出, 存魯亂齊破吳彊晉, 而覇越. 子貢一使, 使勢相破, 十年之中五國各有變.

2. ≪孔子家語 - 屈節解≫

越王郊迎而自爲子貢於曰: "此蠻夷之國, 大夫何足儼然辱而臨之?" 子貢曰: "今者吾說吳王以救魯伐齊. 其志欲之而心畏越, 曰: '待我伐越乃可.' 此則破越必矣. 且無報人之志而令人疑之, 拙矣. 有報人之意, 而使人知之殆矣. 事未發而先聞者, 危矣. 三者擧事之患也." 句踐頓首曰: "孤嘗不料力而興吳難, 受困會稽痛於骨髓, 日夜焦脣乾舌, 徒欲與吳王接踵而死, 孤之願也. 今大夫幸告以利害." 子貢曰: "吳王爲人猛暴, 羣臣不堪國家疲弊, 百姓怨上, 大臣內變, 申胥以諫死, 太宰嚭用事, 此則報吳之時也. 王誠能發卒佐之, 以邀射其志. 而重寶以悅其心, 卑辭以尊其禮, 則其伐齊必矣. 此聖人所謂屈節求其達者也. 彼戰不勝, 王之福; 若勝, 則必以兵臨晉. 臣還北請見晉君, 共攻之, 其弱吳必矣. 銳兵盡於齊, 重甲困於晉, 而王制其弊焉." 越王頓首許諾. 子貢反五日, 越使大夫文種頓首言於吳王曰: "越悉境內之士三千人以事吳." 吳王告子貢曰: "越王欲身從寡人可乎?" 子貢曰: "悉人之衆, 又從其君非義也." 吳王乃受越王卒, 謝留句踐. 遂自發國內之兵以伐齊, 敗之. 子貢遂北見晉君, 令承其弊. 吳晉遂遇於黃池. 越王襲吳之國, 吳王歸與越戰, 滅焉. 孔子曰: "夫其亂齊存魯吾之始願; 若能强晉以弊吳, 使吳亡而越覇者, 賜之說也. 美言傷信, 愼言哉!"

◇　◇　◇　◇

[5-04] 吳王果興九郡[82]之兵, 將與齊戰. 道出胥門,[83] 因過姑胥之臺,[84] 忽晝假寐[85]於姑胥之臺而得夢. 及寤而起, 其心恬然悵焉.[86] 乃命太宰嚭, 告曰: "寡人晝臥有夢, 覺而恬然悵焉. 請占之, 得無所憂哉? 夢入章明宮,[87] 見兩鬲[88]音歷鬲屬蒸而不炊, 兩黑犬嗥以南嗥以北, 兩鋙音吳, 刀名. 鋙鋙山出金作刀, 可切玉.殖吾宮牆, 流水湯湯,[89]音商流貌 越吾宮堂, 後房鼓震簽簽[90]有鍛工,[91] 前園橫生梧桐. 子爲寡人占之." 太宰嚭曰: "美哉! 王之興師伐齊也. 臣聞章者, 德鏘鏘[92]也. 明者, 破敵聲聞, 功朗明也. 兩鬲蒸而不炊者, 大王聖德, 氣有餘也. 兩黑犬嗥以南嗥以北者, 四夷[93]已服, 朝諸侯也. 兩鋙殖宮牆者, 農夫就成, 田夫耕也. 湯湯越宮堂者, 隣國貢獻, 財有餘也. 後房簽簽鼓震有鍛工者, 宮女悅樂, 琴瑟[94]和也. 前園橫生梧桐者, 樂府鼓聲也." 吳

---

82) [九郡] 온 나라 안의 군사.
83) [胥門] 吳城의 城門. 吳城에는 西門이 둘인 데 그 하나는 閶門이고 하나는 胥門이다. ≪越絕書≫에, '胥門外有九曲路, 闔閭造以遊姑胥之臺.'라고 했고, ≪吳地記≫와 ≪吳郡志≫ 卷三에는, '今蘇州城西猶有胥門之稱'이라 했다. 전하는 바에 따르면, '伍子胥의 집 가까운 곳에 있는 門이라서 胥門이라 했다고 한다.
84) [姑胥臺] 姑蘇臺. 합려 때 姑蘇山에 지은 樓臺. 후에 夫差가 改築하여 높이가 三百丈이요, 넓이는 八十四丈이었다고 한다.
85) [假寐가매] 衣冠을 갖춘 채 깜박 잠이 들다. ≪春秋左傳≫ 宣公 二年條에, '坐而假寐'라고 했는 데 注에, '不解衣冠而睡'라고 했다.
86) [恬然悵焉염연창언] 슬픔이 복바쳐 오르는 모양.
87) [章明宮] 吳宮의 하나인 듯.
88) [鬲력] 솥. 음은 <歷>과 같으며 솥의 일종.
89) [湯湯탕탕] 물이 넘쳐 흐르는 모양.
90) [鼓震簽簽고진협협] 북소리가 좁고 길게 찢어질 듯 울림.
91) [鍛工단공] 쇠를 불리는 사람. 대장장이.
92) [鏘鏘장장] 玉이 부딪혀 들리는 맑고 아름다운 소리.
93) [四夷] 사방의 異民族. 東夷·南蠻·西戎·北狄.
94) [琴瑟금슬] 琴은 1絃·5絃·7絃이 있는 거문고, 瑟은 15絃·25絃·50絃이 있는 큰 거문고.

王大悅, 而其心不已. 召王孫駱95)問曰: "寡人忽晝夢, 爲予陳之." 王孫駱曰: "臣鄙淺於道, 不能博大. 今王所夢, 臣不能占. 其有所知者, 東掖門96)亭長, 長城公97)弟≪越絶≫: 長城公弟作越公弟子公孫聖.98) 聖爲人少而好游, 長而好學, 多見博觀, 知鬼神之情狀, 願王問之." 王乃遣王孫駱, 往請公孫聖曰: "吳王晝臥姑胥之臺, 忽然感夢, 覺而悵然, 使子占之, 急詣姑胥之臺." 公孫聖伏地而泣.99) 有頃100)而起, 其妻從旁謂聖曰: "子何性鄙? 希睹人主, 卒得急召, 涕泣如雨.101)" 公孫聖仰天歎曰: "悲哉! 非子所知也. 今日壬午, 時加南方,102) 命屬上天,103) 不得逃亡.104) 非但自哀, 誠傷吳王." 妻曰: "子以道自達於主, 有道當行, 上以諫王, 下以約身. 今聞急召, 憂惑潰亂,105) 非賢人所宜." 公孫聖曰: "愚哉! 女子之言也! 吾受道十年, 隱身避害, 欲紹壽命. 不意卒得急召, 中世自棄, 故悲與子相離耳." 遂去詣姑胥臺. 吳王曰: "寡人將北伐齊魯,106) 道出胥門, 適姑胥之臺, 忽然晝夢, 子爲占之, 其言吉凶."

---

95) [王孫駱왕손락] 春秋時代 吳나라 사람. 당시 吳나라 司馬였다. ≪史記≫ 越王句踐世家에는 公孫雄이라 했고 ≪國語≫에는 王孫雄이라 했다. ≪설원≫ 690 〔17-2〕에는 公孫雒이라 했다.

96) [掖門亭長액문정장] 掖門은 正門 곁에 있는 작은 城門. ≪漢書≫ 高后紀에, '入未央宮掖門'이라 했는 데 注에, '非正門而在兩旁, 若人之臂掖也.'라고 했다. 亭長은 秦·漢時 宮門의 책임자이고 東掖門은 吳城 東門 곁에 있는 掖門.

97) [長城公弟장성공제] 長城公의 동생.

98) [公孫聖] 人名. 본문 내용으로 보아 易에 능했던 賢人.

99) [伏地而泣] 땅에 엎어져 서럽게 욺.

100) [有頃] 잠시. 잠깐.

101) [涕泣如雨체읍여우] 눈물을 비 오듯 쏟으며 서럽게 욺.

102) [時加南方] 해가 정오에 이르면. 남방은 五行의 火. 지금의 11時~13時 頃.

103) [命屬上天] 壬은 五行의 水에 해당하고 午는 五行의 火에 해당된다. 壬午日은 水와 火가 함께 만났는데 여기에 다시 해가 正午에 이르면 支와 時가 만나 火가 합쳐지면 火神이 盛해져서 干인 壬을 범하게 되므로 불길한 징조라 한 것.

104) [不得逃亡부득도망] ≪淮南子≫ 天文訓에, '午爲定, 未爲執, 主陷.'이라 했다. 午時에 이르면 命運이 이미 死地에 빠져 정해졌으니 달아날 수조차 없다는 뜻.

105) [憂惑潰亂우혹궤란] 근심하여 망설여서 어지럽고 혼란해짐. 英明함을 잃음.

106) [北伐齊魯] 四庫全書本에는 '魯'字 앞에 '救'字가 있다.

公孫聖曰: "臣不言, 臣名全,107) 言之, 必死百段108)於王前. 然忠臣不顧其軀." 乃仰天歎曰: "臣聞好船者必溺, 好戰者必亡. 臣好直言, 不顧於命, 願王圖之. 臣聞章者, 戰不勝敗走偉偟109)也. 明者, 去昭昭就冥冥也. 入門見鬵蒸而不炊者, 大王不得火食也. 兩黑犬皞以南皞以北者, 黑者陰也, 北者匿也. 兩鋏殖宮牆者, 越軍入吳國, 伐宗廟, 掘社稷也. 流水湯湯越宮堂者, 宮空虛也. 後房鼓震篋篋者, 坐太息也. 前園橫生梧桐者, 梧桐心空, 不爲用器, 但爲盲僮110)≪越絶≫盲作甬, 僮作當者是.與死人俱葬也. 願大王按兵修德, 無伐於齊, 則可銷也. 遣下吏太宰嚭, 王孫駱解冠幘,111) 肉袒112)徒跣,113)稽首謝於句踐, 國可安存也, 身可不死矣." 吳王聞之, 索然114)作怒, 乃曰: "吾天之所生, 神之所使." 顧力士石番115)以鐵鎚116)擊殺之. 聖乃仰頭向天而言曰: "吁嗟,117) 天知吾之冤乎! 忠而獲罪, 身死無辜. 以葬我以爲直者, 不如相隨爲柱,118) 提我至深山, 後世相屬爲聲響.119)" 於是吳王乃使門人提之蒸丘,一名蒸山又名陽山, 在吳縣西北三十里. "豺狼120)食汝肉, 野火燒汝骨, 東風數至,

---

107) [臣名全] 名은 命과 仝. 臣의 몸도 保全할 수 있습니다.
108) [百段] 몸이 여럿으로 나누어짐. 屠戮도륙질 당해 죽는 것.
109) [偉偟장황] 놀라고 두려워 함. 당황함.
110) [盲僮맹동] 눈먼 허수아비. ≪禮記≫ 檀弓 下에, '明器는 神明을 이르는 것이다. 塗車도거와 芻靈추령은 예로부터 있었으니 明器의 道다. 孔子께서 이르시기를, 옛날 芻靈을 殉葬순장한 자는 어질고, 지금 나무 인형을 殉葬순장하는 자는 어질지 않다. 나무 인형은 마치 사람을 殉葬하는 것과 같지 않은가. 其曰明器神明之也. 塗車芻靈自古有之, 明器之道也. 孔子謂爲芻靈者善, 謂爲俑者不仁. 不殆於用人乎哉.'라고 하였다. 塗車는 夏나라 때 진흙으로 만든 순장용 수레, 芻靈은 殷나라 때 풀로 만든 순장용 허수아비.
111) [冠幘관책] 머리에 쓰는 관과 건.
112) [肉袒육단] 웃통을 벗어부쳐 알몸을 드러내고 사죄함.
113) [徒跣도선] 맨발로 달려감.
114) [索然색연] 노하여 얼굴빛이 변함.
115) [石番] 人名. 吳나라 力士.
116) [鐵鎚철추] 쇠망치.
117) [吁嗟우차] 發語辭. '아! 아!'.
118) [相隨爲柱상수위주] 거문고의 設柱가 서로 따라서 음률을 냄. 柱는 거문고의 絃을 버팅겨 주는 設柱. 오리발처럼 생겼다하여 '오리발'이라고도 함.
119) [聲響] 소리가 울려퍼짐. 후세에 명예가 전해짐.

飛揚汝骸, 骨肉糜爛,[121) 何能爲聲響哉?" 太宰嚭趨進曰: "賀大王喜, 災已
滅矣. 因擧行觴,[122) 兵可以行." 吳王乃使太宰嚭爲右校,[123) 司馬王孫駱爲
左校,[124) 乃從句踐之士伐齊.

◇　◇　◇　◇

吳王은 과연 九郡의 군사를 일으켜 齊나라를 치고자 했다. 길을 떠나
胥門서문을 나와 姑胥臺고서대를 지나는데 갑자기 낮이 어두워져서 고서대
에서 쉬는 동안 잠깐 잠이 들어 꿈을 꾸게 되었다. 꿈에서 깨어 일어나니
그 마음에 恬然염연히 슬픔이 일어나는지라 太宰 白嚭백비를 불러 말했다.

"과인이 낮잠 든 사이 꿈을 꾸었는데 깨어보니 恬然염연히 슬퍼지는구려. 占을
쳐서 근심되는 바는 없는지 알아보시오. 꿈에 章明宮에 들어가 보니 두 개의 솥에
불도 때지 않았는데 김이 나고 있었소. 두 마리 검정개가 있는 데 한 마리는 남쪽
을 향해 짖고 한 마리는 북쪽을 향해 짖고 있었소. 두 자루 鋙鋙劍곤오검이 나의 궁
전 담장에 날아와 꽂혔으며, 또 물이 湯湯탕탕하게 흘러들어 나의 궁전 마루까지
물이 넘쳐흘렀소. 後宮의 방에서는 북소리가 찢어지게 울리는데 대장장이가 서
있었으며, 궁전 앞 정원에는 오동나무가 가로누워 자라고 있었소. 그대는 과인을
위해 점을 쳐서 풀어보기 바라오."

태재 백비가 말했다.

"대왕께서 군사를 일으켜 齊나라를 치는데 좋은 징조를 알리는 꿈입니다. 臣이
듣건대, 章은 德이 鏘鏘장장히 울려 퍼지는 아름다운 소리이며, 明은 敵인 齊나라
를 깨치고 그 功이 널리 알려져 밝고 朗朗하게 빛나는 것입니다. 두 솥에 불도 때

---

120) [豺狼시랑] 승냥이와 이리.
121) [糜爛미란] 불에 타서 썩어 문드러짐.
122) [行觴행상] 술을 걸러서 山川에 부려 前途를 비는 儀式. 술잔을 돌리는 傳杯
　　　와 술을 권하는 敬酒를 가리키는 것이라고도 한다.
123) [右校] 右軍 장수.
124) [左校] 左軍 장수.

지 않았는데 김이 올라오는 것은 대왕께 聖德이 있어 그 기운이 넘쳐 올라오는 것이며, 검정개 두 마리가 있어 한 마리는 남쪽을 향해 짓고 한 마리는 북쪽을 향해 짖어대는 것은 사방의 異民族이 이미 굴복되어 제후들이 조공을 바치는 모습이며, 두 자루 銀鎤劒이 궁전의 담장에 날아와 꽂히는 것은 농부가 밭을 일구어 농사를 짓는 것이며, 물이 湯湯하게 흘러넘치는 것은 주변의 여러 나라들이 조공을 바쳐와서 재물이 남아도는 것입니다. 後房에서 북소리가 찢어질듯 울리고 대장장이가 서 있는 것은 궁녀들이 거문고와 비파를 타며 즐겁게 노는 것이며, 宮廷의 정원에 오동나무가 가로누워 자라는 것은 樂府의 북소리가 울리는 것입니다.”

백비의 말을 들은 吳王은 크게 기뻐했으나 그 마음의 슬픔은 여전히 가셔지지 않았다. 吳王은 司馬 王孫駱왕손락을 불러서 물었다.

“과인이 낮잠을 자던 중 꿈을 꾸었는데 그대가 풀어보도록 하라.”

왕손락이 말했다.

“신의 학문은 鄙淺비천하고 아는 것이 넓지 못하오니 지금 왕께서 꾸신 꿈을 신은 점칠 수 없나이다. 그것을 알 수 있는 자는 東掖門동액문 亭長 長城公의 아우 公孫聖 뿐입니다. 공손성은 젊어서는 유람하기를 좋아했으며 나이 들어서는 학문을 좋아하여 보고들은 것이 많고 식견이 넓습니다. 능히 귀신의 일도 알고 있다 하오니 대왕께서는 불러 물으소서.”

오왕은 곧 왕손락을 보내니 왕손락은 달려가 공손성을 청해 말했다.

“오왕께서는 낮에 고서대에 누워 계시다가 홀연히 낮잠에 감응되시어 꿈을 꾸시었는데 꿈에서 깨어보니 悵然창연히 슬픔이 일어나는지라 선생께 점을 쳐 보고자하여 고서대에서 선생이 급히 와 주기를 기다리고 계십니다.”

왕손락의 말을 들은 공손성은 갑자기 땅에 업드려 痛哭을 하는 것이었다. 잠시 후 공손성이 일어나니 그 妻가 곁에서 말했다.

“당신은 어찌 그리도 성품이 鄙陋비루하십니까? 대왕께서 급히 당신을 불러 만나기를 바라시는데 어찌하여 눈물만 비오듯 쏟고 계십니까?”

공손성은 하늘을 우러러 탄식하여 말했다.

“슬프다! 이는 당신이 알바가 아니오. 오늘 壬午日 정오에 이르면 나의 命運은 위로 하늘에 속해 도망칠 수조차 없소. 단지 내 스스로에게도 슬픈 일일 뿐 아니라 삼가 오왕께서도 죽게 될 것이오.”

그 妻가 말했다.

“당신의 道로써 왕께 이르게 하십시오. 道가 있으니 마땅히 행하여 위로는 왕께 위험을 諫하고 아래로는 당신의 몸을 지키도록 하십시오. 지금 왕께서 급히 부르시는데 근심하거나 潰亂궤란해 지는 것은 賢人으로서 마땅한 바가 아닙니다.”

공손성이 탄식하며 말했다.

“어리석구나 여자의 말이여! 내가 道를 깨우친지 10년에 몸을 숨겨온 것은 몸에 닥치는 害를 피하여 타고난 壽命을 이어가고자 함이었는데, 이제 뜻하지 않게 갑작스런 부르심을 받았으니 나의 일생을 중도에 버리게 되고, 이제 당신과도 영영 서로 헤어지게 되어 슬퍼할 뿐이라오.”

공손성은 마침내 집을 떠나 姑胥臺에 도착했다. 오왕이 물었다.

“과인은 장차 北伐에 나서서 齊나라와 魯나라를 치려고 길을 나서 胥門을 나와 고서대를 지나는데 갑자기 날이 어두워져 고서대에 잠시 쉬다가 잠이 들어 꿈을 꾸었다. 그대는 점을 쳐서 吉凶을 말해보라.”

공손성이 말했다.

“신이 진실을 말씀드리지 않으면 命을 보전할 것이고 말씀드린다면 신의 몸은 반드시 대왕 앞에서 갈기갈기 屠戮도륙질 당해 죽게 될 것입니다. 그러나 충신은 자기 한 몸을 돌보지 않는 것이라 하오니 신은 거짓없이 아뢰겠습니다.”

公孫聖은 하늘을 바라보고 탄식하여 말했다.

“신은 듣기를, 배 타기를 좋아하는 사람은 반드시 물에 빠지고 싸움을 좋아하는 자는 반드시 죽는다고 합니다. 臣은 바른 말 하기를 좋아하니 신의 목숨을 돌아보지 않고 대왕께 諫하겠습니다. 신이 듣건대, 章은 偉장과 같으니 싸워서 이기지 못하는 것입니다. 敗走하여 偉偟장황히 어쩔 줄 몰라하는 것을 뜻합니다. 明은 흅이 冥명과 같으니 밝게 빛나던 것이 사라지고 어두움이 몰려오는 것입니다. 문에 들어오면서 보신 바 두 솥에서 불도 때지 않았는데 김이 올라오는 것은 대왕께서 장차 불에 익힌 음식을 먹지 못하게 됨을 보신 것입니다. 두 마리 검정개가 한 마리는 남쪽을 향해 짖고 한 마리는 북쪽을 향해 짖는 것은, 黑은 陰을 의미하고 北은 숨는 것을 가리킨 것이니 이는 대왕께서 밝은 곳에서 어두운 곳으로 숨게 되는 것을 가리키는 것입니다. 두 자루 錕鋙劍곤오검이 궁전의 담장에 날아와 꽂히는 것은 월나라 군대가 오나라에 쳐들어 와서 宗廟를 허물고 社稷사직을 파헤치는 것입니다. 흐르는 물이 탕탕하게 오나라 궁전의 마루까지 차오르는 것은 궁전을 텅 빈 廢墟로 만드는 것입니다. 궁전의 後宮에서 북소리가 찢어질듯 울리는 것은 큰 탄식소리를 뜻합니다. 宮殿 앞뜰에 梧桐나무가 가로누워 자라는 것은, 오동나무는 가운데가 비어서 器具[武器, 皿器]를 만드는데는 쓸모가 없어 단지 눈 먼 허수아비를 만들어 죽은 자를 장사지낼 때 죽은 사람과 함께 殉葬순장 하는데 쓰이는 것이니 대왕의 죽음을 뜻합니다. 원컨대 대왕께서는 일으킨 軍師를 눌러 앉히시어 德을 닦으시고 齊나라를 치지 않으신다면 꿈에서 보신 厄運을 풀어낼 수 있습니다. 太宰 白噽백비를 下吏하리로 삼아 월나라에 보내시고 왕손락으로 하여금 머리에 쓴 幘巾책건과 冠을 벗어놓고 웃통을 벗어부친 채 맨발로 달려가 월왕 句踐에게 머리를 조아려 사죄하게 하면 나라를 편안히 보존할 수 있으며 대왕의 몸도 죽지 않을 것입니다.”

오왕은 공손성의 말을 듣자 얼굴색을 붉히며 怒하여 말했다.

“나는 하늘이 내시고 神께서 보내신 使者다.”

오왕은 장사 石番을 돌아보고 鐵鎚철추[쇠망치]로 공손성을 쳐죽이게 했다. 공손성은 머리를 쳐들고 하늘을 향해 탄식하여 말했다.

“오호라! 슬프다. 하늘은 나의 冤痛원통함을 아시는가? 忠으로써 죄를 얻어 無辜무고로써 죽는구나. 내가 바른 말을 한 것으로 나를 葬事지내니, 나의 直諫을 거문고의 設柱로 삼아 서로 따르게 하는 것만 못할 것이다. 나를 깊은 산중에 끌어다 버린다해도 後世에 서로 이어지는 聲響이 될 것이다.”

오왕은 신하들로 하여금 공손성을 죽여서 蒸山증산에 끌어다 버리게 하고 비웃어 말했다.

“이리와 늑대가 너의 살을 뜯어먹을 것이며, 들불이 너의 뼈를 태우고 해마다 東風이 불어올 때면 불에 타서 재가 된 너의 몸을 휘말아 올리고 뼈와 살을 문지를 것이니 어찌 너의 聲響이 전해질 수 있겠느냐?”

공손성을 죽이고 나자 태재 백비가 빠르게 나서서 말했다.

“대왕께 慶賀드립니다. 災殃재앙은 이미 消滅되었습니다. 술을 쳐서 山川에 뿌리고 祭를 올려 軍事를 행하도록 하십시오.”

오왕은 太宰 백비를 右軍將帥로 삼고 司馬 왕손락을 左軍將帥로 삼은 다음 월왕이 보낸 삼천의 군사들을 따르게 하여 齊나라를 쳤다.

◇　　◇　　◇　　◇

[5-05] 伍子胥聞之諫曰: “臣聞興十萬之衆, 奉師千里, 百姓之費, 國家之出, 日數千金,125) 不念士民之死, 而爭一日之勝, 臣以爲126)危國亡身之甚. 且與賊居, 不知其禍, 外復求怨, 徼幸他國, 猶治救痼古禾切, 疽瘡也疥,127) 而棄心腹之疾, 發當死矣. 痼疥皮膚之疾, 不足患也. 今齊陵遲128)千里之外, 更歷楚趙129)之界, 齊爲疾其疥耳. 越之爲病, 乃心腹也. 不發則傷, 動則有死. 願大王定越而後圖齊. 臣之言決矣, 敢不盡忠? 臣今年老, 耳目不聰,130) 以狂惑之心,131) 無能益國. 竊觀金匱第八,132) 其可傷也.133)” 吳王曰: “何

---

125) [日數千金] ≪孫子兵法≫ 用間篇에, ‘대저 군대를 十萬이나 동원하여 千里나 되는 먼 곳에 遠征한다면 백성들의 비용과 나라의 奉供은 매일 千金을 소모해야 하며, 온 나라가 소동하게 되고 軍糧과 보급품을 운반하느라 길에서 지쳐버려서 生業을 얻지 못하게 되는 자가 70萬家나 된다. 이렇게 서로 數年을 지키는 것은 이로써 전쟁에서 단 번의 승리를 얻고자 하는 것이다. 凡興師十萬, 出兵千里, 百姓之費, 公家之奉, 日費千金. 內外騷動, 怠於道路, 不得操事者七十萬. 相守數年, 以爭一日之勝.’이라고 했다.

126) [以爲] 생각하건대

127) [痼疥과개] 부스럼 병과 옴 병.

128) [陵遲능지] 멀고 먼 육지 길.

129) [楚趙] 春秋時代 楚나라 地名. ≪方言≫에, ‘其杠과 南楚 사이를 趙라 한다. 其杠南楚之間謂之趙’고 했다.

130) [耳目不聰] 눈과 귀가 밝지 못함.

131) [狂惑之心] 정신이 흐릿하여 分辨力이 없어짐.

132) [金匱第八] ≪六壬十二經≫ 第5권 兵占篇 第8의 ‘水陸吉凶’을 말하는 것이 아닌가 한다. 兵占은 총 五十項으로 나뉘어 있는데 兵革에 관한 일을 점쳐 이로써 국가의 전쟁에 관한 吉凶을 예견했다고 한다. 혹 ≪黃帝金匱經≫이라는 책이라고 하는 이도 있는데 이 책에 대한 자료는 확인할 수 없다. 다만 ≪六壬書≫에 말하기를, “古書 ≪黃帝龍首經≫에 이르기를, ‘黃帝는 아들

謂也?” 子胥曰: “今年七月辛亥[134]平旦,[135]　大王以首事,[136]　辛,[137]　歲位[138]也, 亥, [139]陰前之辰[140]也. 合壬子, 歲前[141]合也. 利以行武,[142] 武決

三兄弟를 불러, ‘나는 옛날 玄女로부터 六壬神課를 전해 받았는데 傳義는 ≪六壬十二經≫ 및 口傳으로 전해받은 三十六用法이 있다. 이것을 너희들에게 전하고자 하노니 이를 修得하여 안으로는 修身하고 밖으로는 선정을 베풀어 백성을 다스리라. 만약 賢人이 아니면 깊이 감추어 누설치 말 것이며 만약 이를 수득치 못할 경우에는 名山三泉의 아래에 묻고 망녕되이 남에게 누설치 말라.’ 李在南 著, 明文堂 刊 ≪六壬正斷≫ 第一章, 六壬神課, 總論.”라고 했는 바 중국의 학자들은 이를 황제금궤경이라 이름한 것이 아닌가 한다. ≪抱朴子≫에, ‘黃帝는 동쪽의 靑丘國에 이르러 風山을 지나던 중 紫府선생을 만나 ≪三皇內文≫을 받았다.’고 했다. 혹 九宮法의 第八門인 生門을 傷하게 된다는 말인가 여겨지기도 한다. 구궁법에는 休, 死, 傷, 杜 [閉], 中宮, 開, 驚, 生, 景 [德] 등 아홉 개의 문이 있다.

133) [其可傷也] 도모하시는 일을 망치게 된다는 뜻. 혹 九宮의 아홉문 중 제 八門인 生門을 말하는 것이 아닌가 한다. 九宮에는 아홉개의 門이 있는데 그 첫번째는 休門, 두 번째는 死門, 세 번째는 傷門, 네 번째는 杜門[閉門], 다섯번째는 中宮, 여섯 번째는 開門, 일곱 번째는 驚門, 여덟 번째는 生門, 아홉번째는 景門[德門]이라 한다. 여기서 여덟 번째의 生門을 犯하게 되면 사람이 죽거나 傷한다.

134) [辛亥] 七月 중의 辛亥日.

135) [平旦] 아침. 寅時, 즉 해가 떠오르기 前 새벽 3/5시.

136) [首事] 일을 시작함.

137) [辛] 十干의 辛日.

138) [歲位] 歲星[木星]. 여기서는 해마다 그 별이 머무는 일정한 자리.

139) [亥] 十二支의 亥日. 二十四方位의 亥方. 正北에서 서쪽으로 三十度 정도 기운 곳부터 十五度 정도의 범위.

140) [陰前之辰] 六壬占에 의하면 陽建은 夏至 前으로써 順, 즉 왼쪽에서 오른쪽으로 돌고, 陰建은 夏至 後로써 逆으로 돌게 되는데 이로서 점을 쳐서 吉凶을 판단한다. 여기서 十干의 辛은 酉로서 西方에 있으며 十二支의 亥는 正北方인 子의 앞에 있다. 十干의 壬은 五行의 水로서 북방의 자리에 있고 子 또한 五行의 水로서 북방의 자리에 있다. 그래서 辛이 움직여 亥와 만나는 때가 바로 壬子 앞의 歲前이 된다.

陽建	子	丑	寅	卯	辰	巳	午	未	申	酉	戌	亥
陰建	子	亥	戌	酉	申	未	午	巳	辰	卯	寅	丑
配月	11	12	1	2	3	4	5	6	7	8	9	10

141) [歲前] ≪六壬大全≫에 의하면, ‘二十八宿를 말하는 것으로써 가을이 되면

勝矣. 然德143)在合, 斗擊丑.144) 丑, 辛之本145)也, 大吉, 146)爲白虎147)而臨. 辛, 功曹, 148)爲太常149)所臨. 亥, 大吉, 得辛爲九醜,150) 又與白虎幷重.151) 有人若以此首事, 前雖小勝, 後必大敗, 天地行殃, 禍不久矣." 吳王不聽.

　　遂九月使太宰嚭伐齊, 軍臨北郊, 吳王謂嚭曰: "行矣. 無忘有功, 無赦有罪. 愛民養士, 視如赤子.152) 與智者謀, 與仁者友." 太宰嚭受命, 遂行. 吳王

西方의 七宿칠수를 歲位라 하고, 北方의 七宿를 歲前이라 하며, 東方의 七宿를 歲對라 하고, 南方의 七宿를 歲後라 한다'고 했다. 十干의 辛은 庚과 서로 짝하여 西方에 위치하며 五行으로는 金에 해당된다.

142) [行武] 兵革[전쟁]의 일을 行하다.

143) [德] 歲神 안에 있는 德神. 위험을 救하고 약한 자를 돕는 것을 主宰함.

144) [丑] 十二支의 두 번째. 方位는 東北. 二十四方의 셋째. 五行은 土.

145) [丑辛之本] 丑은 辛의 根本. 丑은 五行의 土이고 辛은 五行의 金에 속한다. 五行相生에서는 土生金이므로 丑은 辛의 근본이 된다.

146) [大吉] ≪六壬四課≫ 중 十二月將의 하나로써 陰曆 十一月에 해와 달이 丑宮[東北]에서 만나는 것. 五行으로는 土에 속함.

147) [白虎] ≪六壬四課≫ 중 十二天將貴神의 하나. 兵禍, 財帛 등을 主로 하여 怪異, 凶惡, 災害 등을 주관하며 凶將에 속한다. 五行은 金에 속함.

148) [功曹] ≪六壬四課≫ 중 十二月將의 하나로써 陰曆 十月에 해와 달이 寅宮[東北]에서 만나는 것. 五行으로는 木에 속함.

149) [太常] ≪六壬四課≫ 중 十二天將貴神의 하나. 禮樂穀帛, 즉 예악과 主食酒食, 婚禮를 주관하며 吉將에 속한다. 五行은 土에 속함.

150) [九醜] 六壬占法의 하나로서 十干의 <乙, 戊, 己, 辛, 壬> 등 五干과 十二支의 <子, 午, 卯, 酉>의 四支를 九라 한다. 五干이 丑을 만나 四支에 임하면 凶禍의 징조라하여 九醜라 한다. 즉, 용맹함을 잊는 勇醜[忘], 뜻을 변절하는 意醜[變], 다스림에 어지러운 治醜[亂], 튼튼한 것을 약하게 하는 固醜[轉], 간사하여 신의를 져버리는 信醜[奸], 겸양의 덕을 버리는 讓醜[殘], 행함에 있어 완고한 行醜[頑], 함부로 피를 뿌리게 하는 仁醜[釁흔].

151) [白虎幷重] 辛과 白虎는 모두 五行의 金이고, 丑과 大吉은 모두 五行의 土다. 여기서 말하는 바는 土生金으로써 陽建과 陰建이 六壬의 四課를 번갈아 운행시켜 九醜와 白虎幷重의 형국이 되어 土는 金을 낳아 힘이 쇠하게 되고, 金은 土를 얻어 盛하게 된다는 것을 말했다. 이 말은 本書 句踐陰謀外傳에서 越나라가 吳나라로부터 쌀을 빌려다 백성을 救恤하고 갚을 때는 낟알을 솥에 쪄서 보내는 속임수와, 궁실을 지을 목재와 미녀 등을 보내 오나라의 국력을 빼앗는 것으로 입증된다.

152) [赤子] 어린아이.

召大夫被離153)問曰: "汝常與子胥同心合志, 幷慮一謀, 寡人興師伐齊, 子胥獨何言焉?" 被離曰: "子胥欲盡誠於前王. 自謂, '老狂,154) 耳目不聰, 不知當世之所行, 無益吳國.'" 王遂伐齊. 齊與吳戰於艾陵155)齊地之上, 齊師敗績.156) 吳王旣勝, 乃使行人157)成好158)於齊曰: "吳王聞齊有沒水之慮, 帥軍來觀. 而齊興師蒲草,159) 吳不知所安集, 設陣爲備, 不意頗傷160)齊師. 願結和親而去." 齊王曰: "寡人處此北邊, 無出境之謀. 今吳乃濟江淮, 踰千里而來我壞土, 戮我衆庶. 賴上帝哀存, 國猶不至顚隕.161) 王今讓以和親, 敢不如命?" 吳齊遂盟而去.

❖　❖　❖　❖

伍子胥는 이 소문을 듣고 달려와 오왕께 諫했다.

"臣이 들으니. 십만의 군사를 일으켜 千里 길에 犒饋호궤하기 위해 백성들에게 費用을 물려 매일 數千金을 지출하면서, 군사와 백성의 죽음을 생각지 않고, 이로써 하루의 승리를 다투신다 하니, 신은 이로써 나라가 위태하게 되고 몸을 망칠까 저어하나이다. 하물며 안으로는 도적 같은 佞臣과 더불어 어울리면서 그 禍가 일어나는 것도 모르고, 나라 밖에서는 원망을 사면서 행운을 바라시니, 이는 피부에

---

153) [被離] 春秋時代 吳나라 大夫. 伍子胥와는 마음이 통하는 同志였다. 本書 夫差 內傳에 '吳王謂被離曰: <汝嘗與子胥, 論寡人之短.> 乃髡被離而刑之.'라고 했다.
154) [老狂] 늙어서 마음이 혼미해짐.
155) [艾陵애릉] 春秋時代 齊나라 地名.
156) [敗績] 여러 번 敗하다.
157) [行人] 외교를 맡은 大夫. ≪國語—吳語≫에, '당시 齊侯에게 간 吳나라 行人은 奚斯해사다. 行人是吳大夫奚斯.'라고 하였다.
158) [成好] 和親을 맺게 하다.
159) [蒲草포초] 돗자리를 짜는데 쓰이는 키 큰 부들초.
160) [不意頗傷불의파상] 뜻 하지 않게 자못 傷하게 하다.
161) [顚隕전운] 뒤집어져서 망하게 됨.

난 부스럼만 치료하고 배속 깊이 든 心腹之疾을 버려두는 것과 같습니다. 가슴과 배에 든 병은 발작하면 손 쓸 사이 없이 죽게 되지만 옴이나 부스럼처럼 피부 겉에 난 병은 당장 걱정할 병은 아닙니다. 지금 제나라는 험한 육지 길로 천리밖에 있어 楚나라의 趙 땅을 지나야 하는데 제나라는 피부의 옴과 같을 뿐입니다. 越나라야말로 吳나라에는 가슴과 배에 든 병과 같으니, 발작하지 않는다 해도 몸을 상하게 할 것이며 발작하면 죽게 될 것입니다. 바라건대 대왕께서는 먼저 월나라를 평정하신 후에 제나라를 도모하소서. 臣의 말대로 결행하소서. 臣이 감히 충성을 다하지 않겠습니까? 신은 이제 늙어 눈과 귀도 밝지 못하니, 어리석고 어두운 狂惑之心은 나라에 도움이 되지 못하오나, 가만히 《金匱》 第八을 살펴보니 지금 도모하는(兵革=軍事의) 일을 傷한다고 하더이다.”

오왕이 의아해서 물었다.

“무슨 말씀이오?”

오자서가 말했다.

“금년 七月 辛亥日 새벽에 대왕께서 兵革의 일을 일으키심에, 辛은 歲의 자리이고 亥는 陰前의 때입니다. 辛과 亥는 壬子에서 만나니 歲前에 합쳐지게 됩니다. 利로써 武事를 행하니 이길 것입니다. 그러나 德神이 만난 곳에 北斗가 丑을 치게 되는데 丑은 辛의 근본입니다. 이렇게 되면 丑의 자리에 있는 大吉은 白虎의 핍박을 받고, 辛은 功曹로서 太常의 핍박을 받으며, 亥는 大吉하여 辛을 얻어 九醜구추가 됩니다. 辛과 백호는 모두 重하니, 사람이 만약 이로써 일을 시작한다면 처음에는 비록 작게 승리할 수 있을 것이나 후에는 반드시 크게 패할 것이니 천지가 災殃을 내려 머지않아 그 禍가 이르게 될 것입니다.”

오자서는 간곡히 諫했으나 吳王은 듣지 않았다.

마침내 九月에 太宰 白嚭백비를 보내 齊나라를 치게 했다. 吳軍이 제나라 城郭 밖에 이르자 吳王은 백비에게 명했다.

“軍事를 행하라. 功이 있으면 잊지 말고, 죄가 있다면 용서치 말라. 병사를 사랑으로 기르고 통솔하여 어린아이 돌보듯 하라. 지혜로운 이와 의논하고 어진 이를 가까이 하라.”

태재 백비는 명을 받들고 마침내 군사를 거느려 떠났다. 백비가 떠난 후 오왕은 대부 被離피리를 불러 물었다.

"그대는 항상 子胥와 같은 뜻을 가지고 있었다. 과인이 齊나라를 치는 것에 대해 자서는 홀로 있을 때 어떤 말을 하더냐?"

피리가 말했다.

"자서는 前王을 모셨던 마음으로 忠誠을 다하고자 하나, 스스로 이르기를, '이제 나는 늙어 눈과 귀도 어두운데 요즘 세상의 행해지는 바는 알 수가 없으니 吳나라를 위해 아무런 도움이 되지 못하는구나.'라고 하더이다."

吳王은 마침내 齊나라를 쳐서 제나라와 오나라는 제나라 땅 艾陵애릉에서 싸웠는데 제나라 군대가 여러 번 패했다. 오왕은 싸움에서 이기자 行人을 제나라에 보내 講和를 맺고자 하는 뜻을 전하게 하여 제나라 군주에게 말했다.

"오왕은 들으니, 제나라에 홍수의 근심이 있다 하기로 군사를 거느리고 와서 보고자 했습니다. 그런데 제나라는 군사를 일으켜 부들초 속에 매복시켰다가 공격을 했습니다. 오나라는 안전하게 모일 곳을 알지 못해 陣을 벌여 방어하던 중 뜻하지 않게 제나라 군사를 상하게 했습니다. 바라건대 이제 오나라는 제나라와 더불어 화친을 맺은 후 돌아가고자 합니다."

제나라 군주가 말했다.

"과인이 사는 이곳 북쪽 변경에서는 軍師를 일으켜 出境할 뜻이 없었는데, 이제 오나라는 長江과 淮水를 건너 천리 먼 길을 넘어와서 제나라의 백성과 군사들을 傷하게 했습니다. 上帝께서 가엾이 여기심을 힘입어 다행히 나라가 망하지는 않게 되었습니다. 오왕께서 이제 그만 사양하여 화친을 맺고자하신다면 제나라가 어찌 감히 대왕의 명에 따르지 않겠습니까?"

이리하여 오나라와 제나라는 마침내 同盟을 맺고 오왕은 돌아갔다.

◆ 참 고

1. ≪淮南子－天文訓≫

數從甲子時, 子[辰, 卽十二支]母[日, 卽 十干]相求. 所合之處爲合. 十日
十二辰. 周六十日, 凡八合.

2. ≪孫子兵法－地形篇≫

視卒如嬰兒, 故可與之赴深谿. 視卒如愛子, 故可與之俱死. 厚而不能使,
愛而不能令, 亂而不能治, 譬如驕子, 不可用也.

3. ≪春秋左傳－哀公 十一年≫

甲戌, 戰於艾陵, 展如敗高子, 國子敗胥門巢. 王卒助之, 大敗齊師, 獲國
書公孫夏閭丘明陳書東郭書, 革車八百乘, 甲首三千, 以獻于公. 將戰吳子
呼叔孫曰: “而事何也?” 對曰: “從司馬.” 王賜之甲劍鈹曰: “奉爾君事, 敬
無廢命.” 叔孫未能對, 衛賜進曰: “州仇奉甲從君.” 而拜. 公使太史固歸國
子之元, 寘之新篋, 褽之以玄纁, 加組帶焉, 寘書于其上曰: “天若不識不衷,
何以使下國?”

4. ≪國語－吳語≫

吳王夫差旣勝齊人於艾陵, 乃使行人奚斯釋言於齊, 曰: “寡人帥師不腆,
吳國之役, 遵汶之上, 不敢左右唯好之故, 今大夫國子興其衆庶, 以犯獵吳
國之師徒. 天若不知有罪, 則何以使下國勝?” 吳王還自伐齊.

◇　◇　◇　◇

[5-06] 吳王還, 乃讓子胥曰: "吾前王履德,[162] 明達於上帝, 垂功用力, 爲子西結彊讐於楚. 今前王譬若農夫之艾[163]與刈同. ≪漢書-項羽傳≫: 斬將艾旗. 賈誼≪策≫, 若艾草菅, 竝音刈.殺四方蓬蒿,[164] 以立名于荊蠻,[165] 斯亦大夫之力. 今大夫昏耄[166]而不自安, 生變起詐,[167] 怨惡[168]而出, 出則罪吾士衆, 亂吾法度, 欲以妖孼[169]挫衄[170]吾師. 賴天降哀[171]齊師受服, 寡人豈敢自歸其功? 乃前王之遺德, 神靈之祐福也. 若子於吳則何力焉?" 伍子胥攘臂[172]大怒, 釋劍而對曰: "昔吾前王, 有不庭之臣,[173] 以能遂疑計,[174] 不陷於大難. 今王播棄, 所患外不憂, 此孤僮之謀,[175] 非覇王之事. 天所未棄, 必趨其小喜, 而近其大憂. 王若覺寤, 吳國世世存焉. 若不覺寤,[176] 吳國之命斯促矣. 貝不忍稱疾辟易,[177] 乃見王之爲擒. 貝誠前死, 掛<子胥傳>作抉.吾目於門, 以觀吳國之喪." 吳王不聽, 坐於殿上,[178] 獨見四人向庭相背而倚. 王怪而視之, 羣臣問曰: "王何所見?" 王曰: "吾見四人相背而倚, 聞人言則四分走

---

162) [履德] 몸소 실천하여 남긴 德.
163) [艾] 제와 소. 풀을 베다.
164) [蓬蒿봉호] 쑥대풀.
165) [荊蠻형만] 古代 중국 남방의 異民族을 일컫던 말.
166) [昏耄혼모] 늙어서 정신이 혼미해 짐.
167) [生變起詐] 마음이 변해 거짓됨이 일어남.
168) [怨惡원오] 원망함과 미워함.
169) [妖孼요얼] 요사스럽고 불길한 말.
170) [挫衄좌뉵] 꺽다.
171) [降哀강애] '降衷'의 誤記. ≪國語-吳語≫에는 '降衷'이라 했다. 하늘이 사람에게 내려주는 德化. '降福'과 仝義.
172) [攘臂양비] 양팔의 소매를 걷어 부침.
173) [不庭之臣부정지신] 왕의 말에 順服하지 않는 신하.
174) [疑計의계] 잘못이 없는지 다시 한 번 계책을 검토함.
175) [孤僮之謀고동지모] 배운 것 없는 어린아이가 꾸미는 계책. 圓熟하지 못한 이가 꾸미는 어리석은 謀策.
176) [覺寤] 깨닫다.
177) [辟易벽역] 외진 곳으로 물러남.
178) [殿上] 왕이 앉는 자리.

矣." 子胥曰: "如王言, 將失衆矣." 吳王怒曰: "子言不祥." 子胥曰: "非惟不祥, 王亦亡矣." 後五日, 吳王復坐殿上, 望見兩人相對, 北向人[179]殺南向人.[180] 王問羣臣, "見乎?" 曰: "無所見." 子胥曰: "王何見?" 王曰: "前日所見四人, 今日又見二人相對, 北向人殺南向人." 子胥曰: "臣聞四人走, 叛也. 北向殺南向, 臣殺君也." 王不應.

　吳王置酒文臺[181]之上, 羣臣悉在, 太宰嚭執政,[182] 越王侍坐, 子胥在焉. 王曰: "寡人聞之, 君不賤有功之臣, 父不憎有力之子. 今太宰嚭爲寡人有功, 吾將爵之上賞. 越王慈仁忠信, 以孝事於寡人, 吾將復增其國, 以還助伐之功. 於衆大夫如何?" 羣臣賀曰: "大王躬行至德, 虛心養士, 羣臣竝進, 見難爭死, 名號顯著, 威震四海, 有功蒙賞, 亡國復存, 霸功王事, 咸被羣臣." 於是子胥據地垂涕[183]曰: "於乎哀哉! 遭此默然,[184] 忠臣掩口. 讒夫在側, 政敗道壞, 諂諛[185]無極. 邪說僞辭,[186] 以曲爲直. 舍讒攻忠, 將滅吳國. 宗廟旣夷,[187] 社稷不食.[188] 城郭丘墟, 殿生荊棘.[189]" 吳王大怒曰: "老臣多詐, 爲吳妖孽.[190] 乃欲專權擅威,[191] 獨傾吳國. 寡人以前王之故, 未忍行法,[192] 今退自計,[193] 無沮吳謀." 子胥曰: "今臣不忠不信, 不得爲前王之臣. 臣不敢愛身, 恐吳國之亡矣. 昔者桀[194]殺關龍逢,[195] 紂[196]殺王子比干,[197] 今大

---

179) [北向人] 人臣. 北向은 신하의 자리.
180) [南向人] 임금. 南向은 임금의 자리.
181) [酒文臺] 戰役을 끝내고 將卒을 위로하기 위해 베푸는 酒宴.
182) [執政] 일의 책임을 맡아 봄.
183) [據地涕泣거지체읍] 땅을 치며 슬피 욺.
184) [遭此默然조차묵연] 벼슬아치들도 말하지 못함.
185) [諂諛첨유] 阿諂아첨의 말.
186) [邪說僞辭사설위사] 요사스런 浪言과 거짓된 말.
187) [旣夷기이] 宗廟가 허물어짐. 夷는 사방이 평평해질 만큼 허물어져 망가짐.
188) [不食] 제사를 받지 못하게 됨.
189) [荊棘형극] 폐허가 되어 가시나무와 잡목이 우거짐.
190) [妖孽요얼] 요사스럽고 불길함.
191) [擅威천위] 멋대로 권세를 휘두름.
192) [未忍行法] 아직 법을 행하지 않음. 法은 죽음의 형벌.
193) [自計] 스스로를 헤아려 근신함.
194) [桀걸] 古代 夏나라의 마지막 임금.
195) [關龍逢관룡봉] 古代 夏나라의 충신.

王誅臣, 參於桀紂. 大王勉之, 臣請辭矣." 子胥歸, 謂被離198)曰: "吾貫弓接
矢199)於鄭200)楚之界, 越渡江淮,201) 自致於斯. 前王聽從202)吾計, 破楚見凌
之讎, 欲報前王之恩, 而至於此, 吾非自惜, 禍將及汝." 被離曰: "未諫不
聽,203) 自殺何益? 何如亡乎?" 子胥曰: "亡臣安往?" 吳王聞子胥之怨恨也,
乃使人賜屬鏤之劍.204)屬鏤劍名. 鏤, 力俱切, 又, 力侯切. 子胥受劍, 徒跣205)褰
裳206)下堂, 中庭仰天呼怨曰: "吾始爲汝父忠臣, 立吳, 設謀破楚, 南服勁越,
威加諸侯, 有覇王之功. 今汝不用吾言, 反賜我劍. 吾今日死, 吳宮爲墟, 庭
生蔓草,207) 越人掘汝社稷. 安忘我乎? 昔前王不欲立汝, 我以死爭之, 卒得
汝之願, 公子多怨於我. 我徒有功於吳, 今乃忘我定國之恩, 反賜我死, 豈不
謬哉?" 吳王聞之大怒曰: "汝不忠信. 爲寡人使齊, 託汝子於齊鮑氏, 有我外
之心. 急令自栽. 孤不使汝得有所見." 子胥把劍仰天嘆曰: "自我死後, 後世
必以我爲忠. 上配夏殷208)之世, 亦得與龍逢比干爲友." 遂伏劍而死.≪左傳－
哀公十一年≫: "吳王賜子胥屬鏤以死." 是爲夫差十二年, 此書載其事於十三年, 或者子胥十二年使

---

196) [紂주] 古代 殷나라의 마지막 임금.
197) [比干] 殷나라의 충신. 紂王주왕의 叔父.
198) [被離피리] 吳나라 大夫. 伍子胥와는 마음이 통하는 同志였다. 本書 夫差 內
　　傳에 '吳王謂被離曰: 汝嘗與子胥, 論寡人之短. 乃髠被離而刑之.'라고 했다.
199) [貫弓接矢만궁접시] 활에 화살을 메겨 가득히 당김.
200) [鄭] 春秋時代 國名. 지금의 陝西省섬서성 華縣화현 부근. 天子인 周나라 宣
　　王의 庶弟 友[桓公]를 封한 나라. 군주의 姓은 姬氏.
201) [越渡江淮] 長江을 넘고 淮水를 건넘.
202) [聽從] 들어서 좇다.
203) [未諫不聽] 未는 將來. ≪荀子≫ 正論篇에, '且徵其未也'라고 했는 데 注에,
　　'未, 謂將來'라고했다.
204) [屬鏤劍촉루검] 屬은 鐲과 仝. 春秋時代 劍名. 本書 句踐伐吳外傳에, '越王遂
　　賜文種屬盧之劍'이라 했다.
205) [徒跣도선] 맨발.
206) [褰裳건상] 치마를 걷다.
207) [蔓草만초] 칡넝쿨과 잡초.
208) [夏殷] 夏나라는 禹임금이 세운 나라로서 西紀前 2209～西紀前 1766년까지
　　약 433년 계속되었다. 殷나라는 湯임금이 세운 나라로서 처음에는 商이라
　　했으나 西紀前 1413年경 二十二代 盤庚반경임금 때 殷 땅으로 遷都천도한
　　후부터 殷이라고 하였다.

齊, 十三年反役, 左氏連書之耳. 吳王乃取子胥屍, 盛以鴟夷之器,209) <子胥傳>: "盛以鴟夷革." 應劭曰: "取馬革爲鴟夷, 鴟夷榼形." 投之於江中, 言曰: "胥汝一死之後, 何能有知?" 卽斷其頭, 置高樓上謂之曰: "日月炙汝肉, 飄風210)飄汝眼, 炎光211)燒汝骨, 魚鼈212)食汝肉, 汝骨變形灰, 有何所見?" 乃棄其軀, 投之江中. 子胥因隨流揚波,213) 依潮來往, 蕩激崩岸. 於是吳王謂被離曰: "汝嘗與子胥論寡人之短." 乃髡214)被離而刑之.

◇　◇　◇　◇

吳王은 齊나라에서 돌아오자 伍子胥를 꾸짖어 말했다.

"우리 前王[闔閭]께서 몸소 실천하신 履德은 上帝께 이르러 功을 드리웠소. 선생을 위해 서쪽으로 강한 楚나라와 원수를 맺었소. 이제 전왕을 비유하면, 농부가 사방에 우거진 쑥대풀을 베어 내고 荊蠻형만의 땅에 이름을 세우셨으니 이 또한 大夫의 힘이라 할 만 하오. 그런데 이제 大夫는 昏耄혼모하여 몸은 늙고 정신은 혼미하면서 스스로 만족하지 않고, 마음 속에 거짓됨이 일어나 원망과 미움을 밖으로 내보이니 이는 우리 백성과 군사들에게 죄를 짓는 것이며, 吳나라의 법도를 어지럽히는 것이오. 또한 불길한 妖孼요얼의 말로써 出征하는 나의 군사를 꺾으려 하였으나, 다행히 하늘이 가엾이 여김을 힘입어 제나라의 항복을 받았으니 과인이 어찌 감히 스스로에게 공을 돌릴 수 있겠소? 이는 전왕의 遺德이시며 神靈의 도우신 福이라 할 것이니 이번 出征에 선생 같은 이가 오나라에 있어 무슨 힘이 되었소?"

하면서 오자서를 嘲弄조롱했다. 오자서는 양 팔의 소매를 걷어 부치고 크

---

209) [鴟夷之器치이지기] 술을 담는 부대. ≪國語－吳語≫ 注에는 '鴟夷치이'를 '革囊혁낭'이라 했다.
210) [飄風표풍] 회오리 바람.
211) [炎光] 뜨거운 햇빛.
212) [魚鼈어별] 물고기와 자라.
213) [揚波] 물결과 파도.
214) [髡곤] 머리를 깎는 형벌.

게 怒하여 佩劍패검을 풀어놓고 말했다.

"옛날 우리 前王께서는 신하로서 왕의 말씀에 順服하지 않는 不庭之臣부정지신이 있으면 마침내 계획하시던 바를 다시 검토하여 큰 어려움에 빠지신 일이 없었습니다. 그런데 지금 대왕께서는 진정으로 걱정하실 바는 밖으로 던져 버리고 근심하지 않으시니, 이는 철없는 어린아이나 圖謀할 바로써 霸王패왕이 圖謀할 일이 아닙니다. 하늘이 아직 오나라를 버리지 않으셨으나 작은 즐거움을 좇아 반드시 큰 근심이 뒤따르게 될 것입니다. 왕께서 만약 이를 깨달으신다면 吳나라는 世世토록 나라를 보존할 수 있을 것이나, 만약 이를 깨닫지 못하신다면 오나라의 殘命을 재촉할 것입니다. 저 貝운은 차마 병을 칭하고 물러나지 못해, 마침내 대왕께서 월왕에게 잡히는 것을 보게 되었습니다. 貝운은 삼가 먼저 죽을 것이나 제가 죽은 뒤 제 눈을 빼서 吳城의 높은 곳에 걸어두시면 월나라가 쳐들어와서 오나라를 망하게 하는 것을 볼 것입니다."

오왕은 듣지 않고 殿上에 올라가 앉았다. 그런데 자리에 앉아서 보니 네 사람이 宮庭을 향해 각기 등을 돌린 채 기대어 서 있는 모습이 왕의 눈에만 보이는 것이었다. 吳王이 이를 怪異괴이하게 보고 있으려니 여러 신하들이 물었다.

"대왕께서는 무엇을 보셨습니까?"

오왕이 말했다.

"내가 보니 궁정 뜰에 네 사람이 서로 등을 돌린 채 기대어 서 있었는데 말을 물어보고자 하니 각기 사방으로 달아나 버렸소."

伍子胥가 나서서 말했다.

"대왕께서 말씀하신 바처럼 이는 장차 백성이 흩어져 나라가 망하게 되는 것을 보여주는 것입니다."

오왕이 노해서 말했다.

"그대의 말은 祥瑞상서롭지 못하오."

오자서가 대답했다.

"상서롭지 못한 것이 아니니 왕께서는 살피소서. 장차 왕께서도 죽게 될 것입니다."

닷새 후 오왕이 다시 殿上에 앉아 바라보니 두 사람이 서로 마주보고 서 있었는데 북쪽을 바라보고 서 있는 사람이 남쪽을 바라보고 서 있는 사람을 죽이는 것이었다. 吳王이 여러 신하들에게 이같은 광경을 보지 못했느냐고 물었다.

"그대들은 보았는가?"

"臣들은 본 바가 없습니다."

伍子胥가 물었다.

"대왕께서는 무엇을 보셨습니까?"

오왕이 대답했다.

"전날 본 바는 네 사람이었는데 오늘은 또 보니 두 사람이 서로 마주보고 서서 北向人이 南向人을 죽였소."

오자서가 말했다.

"臣이 듣기로 前日에 네 사람이 달아나는 것은 謀叛모반하여 달아나는 것입니다. 오늘 두 사람이 서로 마주보고 서서 北向人이 南向人을 죽인 것은 신하가 군주를 죽이는 것입니다."

齊나라를 깨뜨리고 돌아온 후 吳王이 酒文臺를 설치하고 酒宴을 벌였는데 여러 신하들이 모두 모였다. 太宰 白嚭백비가 執政하였고 越王이 곁에 모시고 앉았으며 伍子胥도 그 자리에 있었다. 술자리가 무르익자 오왕이 말했다.

"과인이 들으니, 군주에게 功이 있는 신하는 賤천하게 버려두지 않으며, 아비를 위해 애쓰는 아들은 미워하지 않는다고 하오. 이제 태재 백비는 과인을 위해 功을 세웠으니 나는 장차 그의 벼슬을 높여주고 상을 내리고자 하오. 월왕은 사랑과 어진 마음에서 우러나오는 忠과 信으로 孝를 다해 과인을 섬겨 제나라를 치는 과인을 도왔으니 나는 장차 그 나라를 더해주어 제나라를 칠 때 세운 功을 돌려주고자 하는데 여러 大夫들의 생각은 어떠하오?"

여러 신하들이 저마다 慶賀하여 말했다.

"대왕께서 몸소 德을 행하시어 마음을 비워 선비를 기르시니 여러 신하들은 모두 함께 어려운 일을 보면 죽음을 무릅쓰고 앞다투어 나설 것입니다. 대왕의 聖名이 밝게 드러나 威名은 이미 四海에 떨쳤습니다. 공있는 신하에게 일일이 賞을 내리시며 망한 나라를 다시 일으켜 보존시키셨습니다. 覇功을 이루어 여러 신하들에게 골고루 恩惠를 입히셨습니다."

伍子胥는 땅에 업드려 눈물을 쏟으며 말했다.

"오호라, 슬프다! 벼슬아치들은 말을 하지 못하고 忠臣은 입을 가리며, 아첨하는 讒夫참부들만 왕의 곁에 있으니, 政事는 망가지고 道는 허물어져 아첨은 끝이 없구나. 나라를 망치는 사악한 詭說궤설과 거짓된 간신배의 말이 정직한 忠臣의 말을 꺽으며, 讒訴참소를 받아들여 충신을 내쫓으니 머지않아 吳나라는 망할 것이다. 宗廟는 허물어지고 社稷은 망가져 祭祀조차 받지 못할 것이다. 오나라의 城郭은 廢墟의 언덕이 되고 오나라 宮殿에는 가시덤불이 우거질 것이다."

吳王은 大怒대로하여 말했다.

"老臣의 거짓됨이 심하구나. 요사스럽고 불길한 妖孽요얼로 오나라를 혼자서 멋대로 하려하여 홀로 오나라를 기울게 하는 도다. 과인은 前王때의 옛 정 때문에 아직 法을 집행하지 않으니 당장 돌아가 謹身하여 오나라가 圖謀하는 바를 막지 않도록 하라."

오자서가 말했다.

"臣이 不忠不信하였다면 前王의 신하가 될 수 없었을 것입니다. 신이 감히 몸을 아끼는 것이 아니라 다만 오나라가 망할 것을 두려워하는 것입니다. 옛날 夏나라 桀王걸왕은 충신 關龍逢관룡봉을 죽였으며 殷나라 紂王주왕은 숙부 比干을 죽였는데 지금 대왕께서 신을 죽이신다면 걸왕이나 주왕의 橫暴횡포함과 같은 것입니다. 대왕께서는 근면하게 힘쓰소서. 신은 물러가기를 청하나이다."

伍子胥는 집으로 돌아와서 被離피리에게 말했다.

"나는 활에 살을 매긴 채 楚 平王의 使者에게 화살을 겨누고 鄭나라로 도망하여 초나라 국경을 넘고 長江과 淮水를 건너 吳나라에 와서 前王을 만났소. 전왕께서는 나의 計策을 따르시어 초나라를 깨뜨리고 나로 하여금 怨讐를 凌蔑능멸해 갚을 수 있게 해 주시었소. 나는 이같은 전왕의 恩誼은의를 갚고자 하나 일이 이 지경에 이르렀으니 내 어찌 슬프지 않겠소? 禍는 머지않아 그대에게도 미치겠구려."

하며 嘆息탄식하니 被離피리가 말했다.

"앞으로도 諫言은 듣지 않을 것인데, 스스로 죽는다면 무슨 이익이 있겠습니까? 달아나는 것이 어떻습니까?"

오자서가 말했다.

"母國에서 달아났던 亡臣이 어디로 가겠는가?"

오왕은 오자서의 원망하는 말을 듣고 使者를 보내 屬鏤劍촉루검을 내렸다. 오자서는 검을 받아들고 옷자락을 걷어올린 다음 맨발로 마당에 내려서서 하늘을 바라보며 탄식하여 말했다.

"나는 네 아비[波 太子]의 忠臣이었다. 오나라를 일으켜 세웠으며, 策謀를 세워 초나라를 깨뜨리고, 남쪽으로는 匕首같이 오나라를 겨누고 있는 越나라를 굴복시켜 제후들에게 威嚴을 더하게 했다. 오나라가 覇王이 됨에 나의 功이 있었거늘, 지금 너는 나의 말을 받아들이지 않고 나에게 죽음을 내리니, 나는 오늘 죽거니와 오나라 宮殿은 廢墟가 되고 너의 궁전 뜰에는 가시넝쿨과 잡초가 우거지게 될 것이다. 월나라 사람이 너의 社稷을 파헤칠 것이니 네가 어찌 나를 잊을 수 있겠느냐? 옛날 前王께서는 너를 太子로 세울 뜻이 없으셨는데 나는 죽음을 무릅쓰고 諫하여 생각지도 못했던 너의 소원을 이룰 수 있게 해 주었으므로 오나라의 여러 公子들은 모두 나를 怨望하였다. 나는 오직 오나라에 공이 있을 뿐이어늘 이제 너는 定國之恩을 잊은채 나에게 죽음을 내리니 어찌 네가 죽지 않을 수 있겠느냐?"

오자서의 말을 전해들은 夫差는 크게 怒하여 말했다.

"너는 忠臣이 아니다. 과인의 使臣이 되어 齊나라에 가면서 너의 아들을 제나라 鮑氏포씨에게 맡기고 왔다. 몸은 나의 신하로 있으면서 마음은 밖에 있었더니라. 빨리 自決케 하라. 내가 너를 사신으로 보내지 않았다면 너의 뜻한 바를 얻을 수 있었겠는가?"

오자서는 검을 잡고서 하늘을 바라보며 嘆息하여 말했다.

"내가 죽으면 後世에 반드시 충신이라 하여 옛날 夏나라 關龍逢, 殷나라 比干과 나란히 불리워 친구가 될 것이다."

하고는 마침내 검위에 엎으러져 죽었다. 오왕은 오자서의 屍身을 가져다 말가죽으로 만든 술부대에 담아서 강물에 던져 버리며 말했다.

"자서 네가 한 번 죽은 후에야 어찌 앎이 알겠느냐?"

오왕은 오자서의 머리를 잘라 높은 城門위에 매달아놓고 말했다.

 "해와 달이 너의 살을 뜨겁게 굽고 회오리바람이 너의 눈을 세차게 날릴 것이며 불타는 炎天의 햇빛이 너의 뼈를 태우고 물고기와 자라가 너의 살을 먹어치우며 너의 뼈는 변하여 재처럼 되어버릴 것이니 어찌 보는 바가 있겠느냐?"

하고는 그 몸둥이를 강물에 던져 버렸는데 오자서의 屍身은 흐르는 물결에 떠밀리며 왔다갔다하다가 물가로 밀려나와 江岸에 부딪혀 강둑을 허물기도 했다. 오왕은 被離피리를 꾸짖어 말했다.

 "너는 일찍이 오자서와 더불어 과인의 허물을 論하였다."

하고는 피리에게 머리를 깎는 髠刑곤형을 내렸다.

◈ 참 고

1. ≪國語－吳語≫

 吳王還自伐齊, 乃訊申胥曰: "昔吾先王, 體德明聖達於上帝. 譬如農夫作耦, 以刈殺四方之蓬蒿, 以立名於荊. 此則大夫之力也. 今大夫老而又不自安恬逸, 而處以念惡. 出則罪吾衆, 撓亂百度, 以妖孽吳國. 今天降衷于吳, 齊師受服, 孤敢自多? 先王之鐘鼓, 寔式靈之. 敢告于大夫." 申胥釋劍而對曰: "昔吾先王, 世有輔弼之臣, 以能遂疑計惡, 以不陷於大難. 今王播棄黎老, 而近孩童焉. 此謀曰: '余令而不違.' 夫不違乃違也, 夫不違亡之階也. 夫天之所棄, 必驟近其小喜, 以遠其大憂. 王若不得志於齊, 而以覺寐王心, 而吳國猶世. 吾先君得之也, 必有以取之. 其亡之也, 亦有以棄之. 用能援持盈以沒, 而驟救傾以時. 今王無以取之, 而天祿亟至. 是吳命之短也. 員不忍稱疾辟易, 以見王之親爲越之擒也. 員請先死." 遂自殺. 將死曰: "以懸吾目於東門, 以見越之入吳國之亡也." 王慍曰: "不使大夫得有見也." 乃使取申胥之尸, 盛以鴟夷, 而投之於江.

2.《史記－吳太伯世家》

十年, 因伐齊而歸. 十一年, 復北伐齊. 越王句踐率其衆, 以朝吳厚獻遺之. 吳王喜, 唯子胥懼曰: "是棄吳也." 諫曰: "越在腹心. 今得忘於齊, 猶石田無厭用. 且盤庚之誥, 有顛越勿遺, 商之以興." 吳王不聽, 使子胥於齊. 子胥屬其子於齊鮑氏, 還報吳王. 吳王聞之大怒, 賜子胥屬鏤之劍以死. 將死曰: "樹吾墓上, 以梓令可爲器. 抉吾眼置之吳東門, 以觀越之滅吳也.

3.《史記－越王句踐世家》

太宰嚭聞之, 乃數與子胥爭越. 讒因讒子胥曰: "伍員貌忠, 而實忍人. 其父兄不顧, 安能顧王. 王前欲伐齊, 員彊諫已, 而有功用, 是反怨王. 王不備伍員, 員必爲亂." 與逢同共謀讒之王. 王始不從, 乃使子胥於齊, 聞其託子於鮑氏. 王乃大怒曰: "伍員果欺寡人欲反, 使人賜子胥屬鏤劍, 以自殺." 子胥大笑曰: "我令而父霸, 我又立若. 若初欲分吳國半予我, 我不受已. 今若反以讒, 誅我嗟乎! 嗟乎! 一人固不能獨立." 報使者曰: "必取吾眼, 置吳東門, 以觀越兵入也." 於是吳任嚭政.

4.《史記－伍子胥傳》

乃使使賜伍子胥屬鏤之劍. 曰: "子以此死." 伍子胥仰天歎曰: "嗟乎! 讒臣嚭爲亂矣. 王乃反誅我. 我令若父霸, 自若未立時, 諸公子爭立, 我以死爭之於先王, 幾不得立? 若既得立, 欲分吳國與我, 我顧不敢望也. 然今若聽諛臣言以殺長者." 乃告其舍人曰: "必樹吾墓上以梓, 令可以爲器. 而抉吾眼縣吳東門之上, 以觀越寇之入滅吳也." 乃自剄死. 吳王聞之大怒, 乃取子胥尸盛以鴟夷革, 浮之江中. 吳人憐之, 爲立祠於江上, 因命曰:胥山.

5.《說苑－291篇 9－20》

太宰嚭既與子胥有隙, 因讒曰: "子胥爲人剛暴少恩, 其怨望猜賊爲禍也. 深恨前日王欲伐齊, 子胥以爲不可, 王卒伐之, 而有大功, 子胥計謀不用, 乃反怨望, 今王又復伐齊, 子胥專愎彊諫, 沮毁用事, 徼幸吳之敗, 以自勝計謀耳. 今王自行, 悉國中武力以伐齊, 而子胥諫不用, 因輒佯病不行, 王不可不備, 此起禍不難, 且臣使人微伺之. 其使齊也, 乃屬其子於鮑氏. 夫人臣內不得意, 外交諸侯, 自以先王謀臣. 今不用, 常怏怏, 願王早圖之.” 吳王曰: “微子之言, 吾亦疑之.” 乃使使賜子胥屬鏤之劍曰: “子以此死.” 子胥曰: “嗟乎! 讒臣宰嚭爲亂, 王願反誅我. 我令若父霸, 又若立時, 諸弟子爭立, 我以死爭之於先王, 幾不得立, 若旣立, 欲分吳國與我, 我願不敢當. 然若之何聽讒臣殺長者?” 乃告舍人曰: “必樹吾墓上以梓, 令可以爲器; 而抉吾眼著之吳東門, 以觀越寇之滅吳也.” 乃自刺殺. 吳王聞之, 大怒, 乃取子胥尸, 盛以鴟夷革, 浮之江中. 吳人憐之, 乃爲立祠於江上, 因名曰:胥山. 後十餘年, 越襲吳, 吳王還與戰不勝, 使大夫行成於越, 不許. 吳王將死曰: “吾以不用雌胥之言, 至於此. 令死者無知則已; 死者有知, 吾何面目以見子胥也?” 遂蒙絮覆面而自刎.

◇　◇　◇　◇

[5-07] 王孫駱聞之不朝. 王召而問曰: “子何非寡人而不朝乎?” 駱曰: “臣恐耳.” 曰: “子以我殺子胥爲重乎?” 駱曰: “大王氣高, 子胥位下, 王誅之. 臣命何異於子胥? 臣以是恐也.” 王曰: “非聽宰嚭以殺子胥. 胥圖寡人也.” 駱曰: “臣聞人君者, 必有敢諫之臣. 在上位者, 必有敢言之交. 夫子胥先王之老臣也, 不忠不信, 不得爲前王臣.215)” 吳王中心恨然,216) 悔殺子胥, “豈非宰嚭之讒子胥?” 而欲殺之. 駱曰: “不可. 王若殺嚭, 此爲二子胥也.” 於是不誅.

---

215) [不不忠不信不不得爲前王臣] 불충하여 믿음이 없었으면 前王의 신하가 될 수는 없었음.
216) [恨然여연] 슬프고 서러워 짐.

十四年, 夫差旣殺子胥, 連年不熟,[217] 民多怨恨. 吳王復伐齊, 闕^{闕義與掘}
同. ≪左傳≫闕地及泉是也, ≪國語－解≫闕穿也爲闌溝[218]於商[219]魯之間, 北屬蘄, ≪
國語≫作沂者是.西屬濟.[220] 欲與魯晋合攻於黃池[221]之上. 恐羣臣復諫, 乃令
國中曰: "寡人伐齊, 有敢諫者死." 太子友[222]知子胥忠而不用, 太宰嚭佞而
專政, 欲切言之, 恐罹尤也, 乃以諷諫[223]激於王. 淸旦[224]懷丸持彈, 從後園
而來, 衣袷^{袷當作洽, 沾也.}履濡,[225] 王怪而問之曰: "子何爲袷衣濡履, 體如斯
也?" 太子友曰: "適游後園, 聞秋蜩[226]之聲, 往而觀之. 夫秋蟬登高樹, 飮
淸露, 隨風撟撓,[227] 長吟悲鳴, 自以爲安, 不知螳蜋[228]超枝緣條, 曳腰聳距,
而稷其形. 夫螳蜋翕心[229]而進, 志在有利, 不知黃雀[230]盈綠林, 徘徊枝陰,
蹤蹠微進,[231] 欲啄螳蜋. 夫黃雀但知伺螳蜋之有味, 不知臣挾彈危擲,[232]
蹭蹬[233]飛丸而集其背. 今臣但慮心, 志在黃雀, 夫知空埳[234]其旁, 闇忽埳
中, 陷於深井. 臣故袷體濡履, 幾爲大王取笑." 王曰: "天下之愚莫過於斯.
但貪前利, 不覩后患." 太子曰: "天下之愚, 復有甚者. 魯承周公[235]之末, 有

---

217) [連年不熟연년불숙] 해마다 곡식이 여물지 않다. 흉년이 들다.
218) [闌溝난구] 古代 吳王이 판 運河.
219) [商] 宋나라. 宋나라는 商나라의 후예인 微子啓미자계가 封받은 나라인 까닭
     에 春秋時代에는 宋나라를 가리켜 商이라고도 했다. 君主는 '子'姓
220) [濟] 濟水. 河南 濟源縣에서 發源하여 동쪽으로 흐르다가 山東에 이르러 黃
     河와 합쳐져 바다로 흘러든다.
221) [黃池] 宋나라 地名. 지금의 河南省 封丘縣. 濟水와 닿아 있다.
222) [太子 友] 당시 吳나라 太子.
223) [諷諫풍간] 풍자하여 간접적으로 諫함.
224) [淸旦청단] 맑은 날 아침.
225) [衣袷履濡의겹리유] 옷깃과 신발을 적심. 袷은 洽흡과 같은 듯.
226) [秋蜩추조] 매미.
227) [撟撓휘요] 찢어질듯 날카롭고 긴 비명.
228) [螳蜋당랑] 사마귀, 버마재비.
229) [翕心흡심] 몸과 마음이 앞으로 나아가는 데만 쏠림.
230) [黃雀황작] 꾀꼬리.
231) [蹤蹠微進섭월미진] 새가 두 다리를 모으고 살며시 날아 듦.
232) [危擲위척] 危는 高와 同. 높이 던지다.
233) [蹭蹬충등] 비틀거리는 모양. 여기서는 탄환이 어지럽게 날아가는 모양.
234) [空埳공감] 빈 구덩이.
235) [周公] 周 文王의 아들. 武王의 동생. 이름은 姬旦. 武王이 天子가 된지 2년

孔子[236]之敎, 守仁抱德, 無欲於隣國, 而齊擧兵伐之, 不愛民命, 惟有所獲.
夫齊徒擧而伐魯, 不知吳悉境內之士, 盡府庫[237]之財, 暴師千里而攻之. 夫
吳徒知踰境征伐非吾之國, 不知越王將選死士,[238] 　出三江之口,三江一說松江,
錢塘, 浦陽江也. ≪吳郡賦－註≫: "松江下七十里分流, 東北入海者爲婁江, 東南流者爲東江, 併
松江爲三江." 今其地今亦名三江口, 卽范蠡乘舟所出之地. 入五湖之中,五湖一說, 貢湖, 游湖,
胥湖, 梅梁湖, 金鼎湖也. 韋昭曰: "胥湖, 蠡湖, 洮湖, 滆湖, 就太湖而五." 虞翻云: "太湖之水, 通
五道, 謂之五湖." 屠我吳國, 滅我吳宮. 天下之危, 莫過於斯也." 吳王不聽太子
之諫, 遂北伐齊.

◇　　◇　　◇　　◇

　王孫駱왕손락은 伍子胥가 죽음을 당하고 被離가 髡刑곤형을 당한 소문을
듣고 朝廷에 나가지 않았다. 吳王은 왕손락을 불러 물었다.

　"그대는 과인에게 무슨 잘못이 있기에 朝會에도 나오지 않는가?"

　왕손락이 대답했다.

　　만에 죽고 어린 조카 誦이 天子의 자리에 오르자 조카를 대신해 攝政하여
　　나라의 기틀을 바로잡았으며 誦이 長成하자 攝政의 자리를 물러나 신하의
　　자리로 돌아갔다.
236) [孔子] 姓은 孔, 이름은 丘. 字는 仲尼. 魯나라 사람. 그 先祖 微子啓는 殷나
　　라 왕족으로 姓은 子氏다. 宋나라에 봉해졌는 데 六代 煬公熙 때에 조카인
　　厲公에게 죽음을 당했다. 煬公熙의 아들이 弗父何인 데 이가 孔子의 直系
　　조상이다. 그 後孫인 孔父嘉공보가 때 宋나라 전쟁에 휘말리자 그 아들 子木
　　金父는 魯나라로 옮겨와 孔氏로 姓을 삼고 살게 되었는 데 자목금보가 孔
　　子의 5代祖다. 그 아버지 叔梁紇숙량흘은 키가 十尺에 무예와 힘이 뛰어났다
　　고 하는 데 孔子 또한 키가 九尺 六寸이고 머리가 움푹하게 들어가 이름을
　　丘라 했다고 한다. 壽는 73歲(西紀前 551 ~ 西紀前 479)인 데 公羊傳과 穀梁
　　傳에는 西紀前 552년에 태어난 것으로 되어 있다.
237) [府庫] 나라의 창고.
238) [死士] 죽음을 각오한 군사.

"臣은 두려울 뿐입니다."

오왕이 말했다.

"그대는 내가 자서를 죽인 것을 두려워하는가?"

왕손락이 말했다.

"大王의 氣稟기품은 높으시고 자서는 낮은 지위에 있었는데 대왕께서는 그를 죽이셨습니다. 臣의 목숨도 자서와 무엇이 다르겠습니까? 신은 이것을 두려워하는 것입니다."

오왕이 말했다.

"太宰 白嚭백비의 말을 듣고 자서를 죽인 것이 아니다. 자서는 과인을 圖謀하려 했다."

왕손락이 말했다.

"신은 듣기를, 어지신 군주에게는 반드시 감히 諫하는 신하가 있다고 들었습니다. 옛 聖君들을 살펴보건대 감히 諫하는 신하들을 가까이 했던 것입니다. 대저 자서는 先王의 老臣이었습니다. 자서가 不忠하여 신의가 없었다면 前王의 신하가 될 수 없었을 것입니다."

오왕은 마음속에 悵然여연히 슬픔이 일어나 자서 죽인 것을 후회했다.

"태재 백비의 讒訴참소가 아니었다면 어찌 자서를 죽였겠는가?"

하며 백비를 죽이려 하니 왕손락이 말했다.

"안됩니다. 왕께서 만약 백비를 죽이신다면 이는 자서를 두 번 죽이시는 것입니다."

이에 백비를 죽이지 않았다.

吳王 14년 夫差부차가 伍子胥를 죽인 이후 해마다 흉년이 들어 곡식이 여물지 않자 백성들이 모두 왕을 원망했다. 오왕은 다시 서둘러 齊나라를 치기위해 깊은 運河를 파서 商魯之間에 통하게 했는데 북쪽으로는 蘄기에 속하고 서쪽으로는 濟水에 속했다. 오왕은 魯나라, 晉나라 군사와 黃池에서 만나 함께 제나라를 치고자 했다. 여러 신하들이 北伐의 위험을 諫할 것을 염려하여 오왕은 나라 안에 영을 내려 말했다.

"과인이 제나라를 치는데 감히 諫하는 자가 있으면 죽으리라."

라고 하니 이후에는 감히 아무도 간하지 못했다.

太子 友는 오자서가 忠臣이면서도 쓰이지 못한 것과 太宰 白嚭백비가 아첨으로 나라 정치를 마음대로 하는 것을 알고 있었다. 그래서 적당한 말로 왕께 간하고자 했으나 더욱 두려운 마음이 들었다. 그래서 諷刺풍자의 말로 간하여 왕께 알리고자 했다. 어느 맑은 날 아침에 태자는 둥근 彈丸을 가지고 後園을 따라 뛰어 다녔는데 겉옷과 신발이 흠뻑 젖어 있었다. 吳王이 이를 보고 괴이하게 여겨 물었다.

"너는 어찌하여 옷과 신발이 온통 젖은 채 이같이 뛰어다니고 있느냐?"

태자가 대답했다.

"제가 마침 후원을 거닐고 있었는데 매미 소리가 들려오는지라 달려와 보니 매미란 놈이 높은 나무 위에서 맑은 이슬을 마시고 있었습니다. 그런데 바람소리를 따라 찢어 질 듯한 구슬픈 비명소리가 길게 들려왔습니다. 매미는 스스로 안전하다고 여겼으나 곁에 있는 가지의 나뭇잎새 위에서 螳螂당랑이란 놈이 빠르게 달겨드는 것을 알지 못한 것이었습니다. 사마귀란 놈은 눈앞의 이익을 살펴 앞으로 나아가는데만 마음이 쏠려 푸른 숲 속에 黃雀황작이란 놈이 날개를 가득 펴고 날아드는 것을 알지 못했습니다. 황작이란 놈은 나뭇가지를 배회하며 다리를 모으고 가볍게 날아들어 사마귀를 쪼아먹고자 하였는데 꾀꼬리는 사마귀가 맛있다는 것만 생각하여 臣이 가만히 다가가서 높이 겨냥해 던진 彈丸이 그 뒤에 어지럽게 날아들어 그 등을 맞출 것을 알지 못했습니다. 臣은 단지 마음을 빼앗겨 꾀꼬리를 살피는 데만 정신이 팔려 제 곁에 빈 함정이 있는 것을 알지 못했습니다. 갑자기 어두운 함정에 빠지고 보니 깊은 우물이었습니다. 그래서 신은 옷과 신발이 온통 젖은 것을 들켜 대왕께 웃음거리가 되었나이다."

오왕이 말했다.

"천하의 患難환란이란 어느새 다가올지 알 수 없는 것이다. 단지 눈앞의 이익을 貪탐하여 바로 뒤에 닥쳐오는 환란을 보지 못하는 것이다."

태자가 말했다.

"천하의 근심은 더 깊은 곳에 있습니다. 周公이 封해진 魯나라 백성의 後裔후예

중에 孔子라는 이의 가르침이 있는 데 어진 것을 지키고 덕을 끌어안아서 가까운 나라를 차지하려하지 말라고 했습니다. 그런데 齊나라는 자주 군사를 일으켜 백성의 생명을 아끼지 않습니다. 대저 제나라는 군사를 일으켜 노나라를 쳐서 얻게 될 이익에만 정신이 팔려 오나라가 나라 안의 군대를 모두 동원하고 나라 안의 창고에 쌓인 재물을 모두 써가며 千里나 되는 험한 길을 넘어 제나라를 칠 것을 모르고 있습니다. 대저 오나라가 국경을 넘어 제나라를 정벌한다해도 제나라를 오나라로 할 수는 없습니다. 越王은 죽기를 각오한 軍士들을 가려 뽑아 三江 입구로 나와서 五湖로 들어와 우리 오나라를 屠戮도륙질 할 터인데 오나라는 이를 알지 못하고 있습니다. 천하의 危殆위태한 일로써 이보다 더 급한 일은 없습니다.”

태자는 간곡히 諫했으나 오왕은 태자의 간하는 말을 듣지 않고 마침내 北伐軍을 일으켜 제나라를 쳤다.

◆ 참　고

1. ≪史記－伍子胥傳≫

吳王旣誅伍子胥, 遂伐齊. 齊鮑氏殺其君悼公, 而立陽生. 吳王欲討其賊, 不勝而去. 其後二年, 吳王召魯衛之君, 會之橐皐. 其明年, 因北大會諸侯於黃池, 以令周室.

2. ≪國語－吳語≫

吳王夫差旣殺申胥, 不稔於歲, 乃起師北征. 闕爲深溝, 通於商魯之間. 北屬之沂, 西屬之濟, 以會晉公午於黃池.

◇　◇　◇　◇

[5-08]　越王聞吳王伐齊, 使范蠡[239]洩庸[240]率師屯海通江, 以絶吳路.
敗太子友於始熊夷,_{始當作姑.} ≪國語≫: "敗王子又於姑熊夷." 韋昭解: "姑熊夷吳郊也." 通
江淮[241]轉襲吳, 遂入吳國, 燒姑胥臺,[242]　徙其大舟.[243] 卽餘皇舟也. 吳敗齊師
於艾陵[244]之上, 還師臨晉, 與定公爭長.[245]　未合, 邊候,[246]　吳王夫差大懼,
合諸侯謀曰: "吾道遼遠,[247]　無會前進孰利?" 王孫駱曰: "不如前進, 則執諸
侯之柄, 以求其志. 請王屬士, 以明其令, 勸之以高位, 辱之以不從, 令各盡
其死." 夫差昏秣馬食,_{音飼} 士,[248]　服兵被甲, 勒馬[249]銜枚,[250]　出火於造, 闇

---

239) [范蠡범려] 春秋時代 越나라 大夫. 字는 小伯. 楚나라 南陽사람. ≪呂氏春秋≫
　　高誘의 풀이에는 三戶사람이라 했다. 句踐이 吳나라와의 전쟁을 시작할 때
　　이를 말렸으나 越나라가 敗하자 越王과 함께 포로가 되어 吳나라 臣僕이 되
　　어 奴隷 생활을 했다. 三年 만에 풀려나 越나라에 돌아오자 君臣이 함께 切
　　齒銘骨하여 20여년 만에 吳나라를 滅하고 원수를 갚았다. 吳나라와의 싸움에
　　서 이긴 후 范蠡는 相國이 되어 돌아왔으나 더 욕심내지 않고 五湖로 들어가
　　서 三江口로 빠져나와 제나라로 가서 鴟夷子皮피이자피라고 이름을 바꾼 후
　　몸을 숨겨 바닷가에서 농사를 지으며 數十萬金을 모았다. 齊나라에서 그 현
　　명함을 알고 相國으로 삼자 재산을 친구와 마을 사람들에게 모두 나누어주
　　고 다시 몸을 숨겨 宋나라 陶 땅으로 가서 자리를 잡았는데 이 곳에서도 장
　　사를 잘해 엄청난 재산을 모았고 사람들은 그를 陶朱公이라 불렀다. 적당한
　　때 물러나지 않고 있다가 죽음을 당한 文種과 對照的이다.
240) [洩庸설용] 춘추시대 越나라 大夫. 曳庸예용이라고도 한다. ≪國語-吳語≫
　　와 ≪春秋左傳≫ 哀公 二十六年條에는, 舌庸설용이라 했다.
241) [通江淮] ≪國語-吳語≫에는, '越王句踐乃率中軍泝江'이라 했는 데 韋昭
　　注에, '江은 吳江을 말한다. 혹 淮라고 하는 경우가 있으나 이는 誤記다. 江,
　　吳江. 或有淮, 誤.'라고 했다.
242) [姑胥臺고서대] 姑蘇臺. 합려 때 姑蘇山에 지은 樓臺. 후에 夫差가 改築하여
　　높이가 三百丈이요, 넓이는 八十四丈이었다고 한다.
243) [大舟] 前王이 타던 배 이름. 餘皇.
244) [艾陵애릉] 春秋時代 齊나라 地名.
245) [爭長] 覇者의 자리를 다툼.
246) [邊候변후] 국경에서 일어난 變亂의 情報.
247) [遼遠요원] 멀고 멈.

行而進. 吳師皆文犀,251) 長盾扁諸之劍闔閭既鑄成干將莫耶二劍, 餘鑄得三千, 竝號扁諸之劍, 方陣而行. 中校之軍皆白裳, 白旄, 素甲, 素羽之矰,252)短矢. 韋昭曰矢名. 望之若荼.253)≪周禮≫: "望而眡之, 欲其荼白也." 註: "韋革遠眡之, 當如茅莠之色." ≪詩≫: "有女如荼." 箋: "荼英荼也." 孔氏曰: "荼是茅草秀出之穗, 英是白貌." 王親秉鉞, 戴旗254)以陣而立. 左軍皆赤裳, 赤旄, 丹甲, 朱羽之矰,255) 望之若火. 右軍皆玄裳, 玄輿, 黑甲, 烏羽之矰,256) 望之如墨. 帶甲三萬六千, 鷄鳴257)而定陣, 去晋軍一里. 天尙未明, 王乃親鳴金鼓, 三軍譁吟, 以振其旅, 其聲動天徙地. 晋大驚不出, 反距堅壘.258) 乃令童褐請軍,≪國語≫作童褐請事. 童褐晋大夫司馬演也. 請問也. 曰: "兩軍邊≪國語≫作偃.兵接好, 日中無期. 今大國越次而造弊邑259)之軍壘, 敢請辭故."≪國語≫辭作亂, 謂失期亂次之故. 吳王親對曰: "天子有命, 周室卑弱, 約諸侯貢獻, 莫入王府, 上帝鬼神而不可以告無, 姬姓之所振懼, 遣使來告, 冠蓋不絶於道.260) 始周依負於晋, 故忽於夷狄.261) 會晋今反叛如斯, 吾

---

248) [秣馬食士말마사사] 말에게 꼴을 먹이고 군사에게 밥을 먹임. '食'은 '밥'이라는 뜻이므로 音은 '사'다. ≪論語≫ 雍也篇에 '一簞食일단사一瓢飮일표음一한 광주리 밥과 한 동이 물'이라 하였다.

249) [勒馬늑마] 말에게 재갈을 물림.

250) [銜枚함매] 병사들 입에 막대를 물게 하여 떠들지 못하도록 함. 우리나라 무당이 쓰는 '하무'라는 말도 '銜枚'에서 비롯된 것으로 보인다.

251) [文犀문서] 얼룩배기 무소.

252) [白裳白旄素甲之矰백상백모소갑지증] 치마와 머리, 갑옷, 활과 화살 등을 모두 흰 색으로 치장함.

253) [望之若荼망지약다] 흰 띠풀처럼 보이게 함.

254) [秉鉞戴旗병월대기] 왕이 친히 儀仗用 도끼를 들고 깃발을 세워 지휘함.

255) [赤裳赤旄丹甲朱羽之矰적상적모단갑주우지증] 치마와 머리, 갑옷과 무기를 모두 붉게 꾸밈.

256) [玄裳玄輿黑甲烏羽之矰현상현여흑갑오우지증] 치마와 수레, 갑옷과 무기를 모두 검게 꾸밈.

257) [鷄鳴계명] 첫 닭이 우는 時刻. 첫 새벽.

258) [反距堅壘반거견루] 다시 보루를 튼튼히 함.

259) [弊邑폐읍] 남의 나라 군주 앞에서 자기 나라를 겸손하게 일컫는 말.

260) [冠蓋不絶於道관개불절어도] 수레의 덮개가 길에서 끊어지지 않다. 使臣의 왕래가 끊임없이 이어지는 것.

261) [夷狄이적] 東夷와 狄族. 中原의 姬姓 이외의 변방족속.

是以蒲服就君,262) ≪史記－范雎傳≫: "膝行蒲服." ≪詩≫: "匍匐救之." <檀弓>作夫服, 其義
皆同, 言盡力也. 不肯長弟,263) 徒以爭彊. 孤進不敢去, 君不命長, 爲諸侯笑. 孤
之事君決決字疑衍在今日, 其不得事君命命字當作亦在今日矣. 敢煩使者往來,
孤躬親聽命於藩籬之外.264)" 童褐將還, 吳王躅左足,265)與褐決矣. 及報, 與
諸侯大夫列坐於晋定公前. 旣以通命, 乃告趙軮266)曰: "臣觀吳王之色, 類
有大憂, 小則嬖妾267)嫡子死, 否則吳國有難, 大則越人入, 不得還也. 其意
有愁毒之憂,268) 進退輕難, 不可與戰. 主君269)宜許之以前期, 無以爭行而
危國也. 然不可徒許,270) 必明其信." 趙軮許諾, 入謁定公曰: "姬姓於周, 吳

---

262) [蒲服就君포복취군] 힘을 다해 군주에게 나아감.
263) [不肯長弟불긍장제] 王室의 爵位로써 盟主를 定하는 것을 기뻐하지 않음.
264) [藩籬之外번리지외] 울타리 밖. 國境 부근의 邊境.
265) [躅左足섭좌족] 결별의 표시. ≪國語－吳語≫에, "동갈이 돌아가려 함에 오
    왕은 左畸좌기[左軍]를 불러, 少司馬 玆與와 죄수 5인을 잡아다가 왕 앞에 앉
    게 했는데 모두 나아와 말하기를 '저희들은 客 앞에 스스로 自剄자경해 이로
    써 客禮에 보답하겠습니다.(董褐將還, 王稱左畸曰, 攝少司馬玆與王士五人,
    坐於王前, 乃皆進曰: 剄於客前以酬客)'하고는 모두 自剄하였다."고 했다.
    注에는 "前에 오나라가 월나라를 칠 때 구천이 罪囚들로 하여금 自剄케 한
    것을 부차가 본 뜬 것"이라고 하였다. 이로써 決死의 의지를 보인 후 부차
    는 동갈을 보낸 것이다. ≪春秋左傳≫ 桓公 八年條에, '楚나라 사람들은 오
    른쪽보다 왼쪽을 높이 여기니 초나라 군주는 반드시 左軍 陣營에 있을 것
    입니다. 楚人上左, 君必左.'라고 했는데 당시 왼쪽 발이나 오른쪽 발을 드는
    것은 軍陣에서 의사를 표시하는 수단이었던 것으로 보인다. 또 '踊'이라 하
    여 喪禮에서 哭을 하며 몇 번을 뛰어 예를 표시한다고 했다. ≪禮記－檀弓
    下≫에, '가슴을 치고 뛰는 것은 슬픔의 지극함이다. 가슴을 치고 뛰는 횟수
    를 제한하는 것은 슬픔을 절제하여 무분별함에 빠지지 않게 하려는 것이다.
    辟踊哀之至也. 有算爲之節文也.'라고 했는데 모두가 신체를 사용한 意思
    표현 수단이었음을 알 수 있다.
266) [趙軮조앙] 春秋時代 晋나라 大夫인 趙簡子. 趙軮의 아들 代에 晉나라가 趙,
    魏, 韓으로 三分되자 그의 封邑은 그의 姓을 따서 趙나라라고 불렀다.
267) [嬖妾폐첩] 고임을 받는 愛妾.
268) [愁毒之憂수독지우] 마음 속 근심이 더욱 마음을 猛烈하게 하여 함부로 대적
    하기 어려움.
269) [主君] 趙簡子. 당시에는 家臣을 거느릴 수 있었다. 童褐은 晉나라 大夫이
    면서 趙簡子의 家臣이었던 듯.

爲先, 老[271]可長, 以盡國禮." 定公許諾, 命童褐復命. 於是, 吳王愧晋之義, 乃退幕而會. 二國君臣竝在, 吳王稱公前,≪國語≫前字下有歃字. 晋侯次之, 羣臣畢盟.

　吳旣長晋而還, 未踰於黃池. 越聞吳王久留未歸, 乃悉士衆將踰章山,[272] 章山, 卽<禹貢>所謂內方, 在江夏郡竟, 陵縣東北. 今荊門, 長林縣. 濟三江, 而欲伐之. 吳又恐齊宋之爲害,[273] 乃命王孫駱告勞于周曰: "昔楚不承供貢, 辟遠兄弟之國. 吳前君闔閭[274]不忍其惡, 帶劍挺鈹,[275] 與楚昭王[276]相逐於中原. 天舍其忠≪國語≫作衷, 楚師敗績.[277] 　今齊不賢≪國語≫作鑿.於楚, 又不恭王命, 以遠辟[278]兄弟之國. 夫差不忍其惡, 被甲帶劍, 徑至艾陵, 天福於吳, 齊師還鋒[279]而退. 夫差豈敢自多其功? 是文武之德[280]所祐助. 時歸吳, 不熟[281]於

---

270) [徒許도허] 거짓으로 허락함. ≪國語－吳語≫에, '徒는 空과 같다'고 하였다.

271) [吳爲先] 吳 太伯이 周나라 王季의 맏형이었으므로 이를 가리킨 것.

272) [章山] 春秋時代 地名. 지금의 北鍾祥縣 南西쪽 漢水부근. ≪書經≫ 禹貢 傳에 '內方, 大別, 二山名, 在荊州. 漢所經.'이라 했다.

273) [齊宋之爲害] ≪國語－吳語≫에, "吳王은 會盟을 마친 후 越나라가 章山을 넘었다는 소식을 들었다. 오왕은 齊나라와 宋나라가 돌아가는 吳軍에게 害를 입힐 것을 두려워하여 王孫駱을 선봉으로 勇獲용획과 함께 徒師[步卒]를 거느리게 하여 宋나라 過賓이 되게 했다. 왕손락은 송나라를 지나면서 송나라 北郭을 불살라 宋軍으로 하여금 수비에 급급해 감히 밖으로 나오지 못하게 하면서 지나갔다. 吳王旣會, 越聞愈章. 恐齊宋之爲已害也, 乃命王孫駱先與勇獲帥徒師, 以爲過賓於宋. 以焚其北郭焉, 而過之."고 하였다.

274) [闔閭합려] 春秋時代 吳나라 군주. 이름은 光. 諸樊저번의 아들. 四寸인 王僚를 죽이고 군주의 자리에 올라 覇者가 되었으나 檇里취리에서 越나라에 패해 후퇴하던 중 7里를 후퇴하여 陘형에서 죽었다. 在位 19년(西紀前 515~西紀前 497). 徐天祐 注, '≪春秋左傳≫에는, 闔閭를 闔廬라고 했고 ≪史記 世家≫에도 같다. 左傳作闔廬, 史記世家同.'

275) [帶劍挺鈹대검연피] 칼을 차고 창을 잡음.

276) [楚 昭王] 楚나라 군주. 姓은 羋, 이름은 珍. 平王이 秦나라 공주를 맞아들여 낳은 아들. 在位 27年(西紀前 515~西紀前 489).

277) [敗積패적] 여러 번 패하다. 패배시키다.

278) [辟遠벽원] 멀고 외진 곳. 여기서는 부차 스스로 吳나라를 가리킨 것.

279) [還鋒환봉] 무기를 거두고 물러감.

280) [文武之德문무지덕] 周나라 始祖인 文王과 武王의 德.

281) [不熟불숙] 곡식이 여물지 않다.

歲, 遂緣江泝淮,282)緣當作沿, 順流而下泝, 逆流而上. 開溝深水, 出於商魯之間, 而歸告於天子執事." 周王283)答曰: "伯父284)令子來乎, 盟國一人則依矣, 余實嘉之. 伯父若能輔余一人, 則兼受永福, 周室何憂焉?" 乃賜弓弩285)王阼以增號謚.286)已上所記與≪國語≫大同小異. 惟太子友之諫≪國語≫不載. 吳王還歸自池, 池字上當有黃字. 息民散兵.

❖   ❖   ❖   ❖

越王은 吳나라 군대가 齊나라를 치기 위해 떠났다는 소문을 듣고 范蠡범려와 洩庸설용으로 하여금 군사를 거느리고 바다에 주둔하게 하여 강을 장악하고 吳나라의 길목을 끊었다. 오나라 太子 友와 始熊夷시웅이에서 싸워 이겼는데, 長江과 淮水를 넘나들며 吳軍을 습격하고 마침내 오나라에 처들어와 姑胥臺고서대를 불태우고 오왕이 타던 큰배를 빼앗았다.

艾陵애릉에서 제나라 군대를 크게 이긴 오나라는 돌아가는 길에 晉나라로 군사를 돌려 定公과 盟主의 자리를 정하고자 했다. 아직 맹주를 정하지 못했는데 월나라가 오나라를 침입하여 오나라가 패했다는 소식을 들었다. 夫差는 크게 놀라고 두려워하여 諸侯[諸將]들을 모아놓고 의논했다.

"우리의 돌아갈 길은 멀다. 會盟의 약속을 버리고 돌아가는 것과 晉나라와 會

---

282) [緣江泝淮연강소회] 長江과 淮水를 잇는 운하를 파다. 緣은 徹과 소. ≪國語－吳語≫에, "저는 長江을 따라 淮水를 거슬러 올라 깊은 운하를 파서 商魯之間으로 出師했으며, 이로써 姬姓 형제의 나라에까지 통하게 했습니다. 余沿江泝淮闕溝深水, 出於商魯之間, 以徹於兄弟之國"라고 하였다.

283) [周王] 당시 天子인 周나라 敬王. 周나라는 西紀前 1122년, 지금의 陝西省 岐山 아래서 勃興한 나라인데 后稷, 公劉, 古公亶甫, 文王 등을 거쳐 武王 때에 비로소 王業을 이루었다.

284) [伯父] 天子가 同姓의 제후를 칭할 때 부르는 일상적인 호칭으로 이 경우 '큰 아버지'라는 뜻과는 다르다.

285) [弓弩궁노] 天子가 제후에게 下賜하는 붉은 칠을 한 활.

286) [增號謚증호익] 諸侯의 名號를 높여 줌. '謚'은 '諡'와 소.

盟을 갖는 것 중 어느 쪽이 유리하겠는가?"

王孫駱이 대답했다.

"만나지 않고 돌아가는 것은 앞으로 나아가서 회맹을 갖는 것만 못합니다. 盟主가 되면 제후들을 휘어잡아 (우리가 바라는)뜻을 이룰 수 있습니다. 청컨대 대왕께서 전체 군사를 모아 令을 분명히 하십시오. 높은 지위를 약속하여 권하고, 따르지 않는 군사들은 刑辱으로 다스려 각기 죽음으로서 힘을 다해 싸우게 하십시오"

오왕은 날이 어두워지자 말에게 여물을 먹이고 군사들도 배불리 밥을 먹인 다음 군사들에게 갑옷을 입히고 말에게 재갈을 물려 變裝변장한 후 가만히 앞으로 나아가게 했다. 吳軍은 무소[물소] 가죽으로 만든 갑옷과 긴 방패, 扁諸劍편저검으로 무장하고 方陣을 만들면서 앞으로 나아갔다.

오왕은 군대를 三隊로 나누어 中軍은 모두 흰 옷에 흰 깃발, 흰 갑옷을 입고 짧은 화살에 흰 깃을 장식하여 온통 희게 보이도록 했다. 오왕은 친히 斧鉞부월을 잡고 왕의 旗를 陣 앞에 벌려 세웠다.

左軍은 모두 붉은 옷에 붉은 깃발, 붉은 甲冑갑주를 입고 짧은 화살에 붉은 깃털을 장식하여 온통 붉게 보이도록 했다.

右軍은 모두 검은 옷에 검은 깃발, 검은 갑옷을 입고 짧은 화살에 검은 깃을 장식하여 온통 검게 보이도록 했다.

밤새 갑옷을 입고 무장한 병사 삼만육천명이 벌려서서 첫 닭이 울 때쯤 陣을 모두 완료했는데 晉나라 군대와 불과 1리의 거리였다. 하늘이 아직 덜 밝았을 때 오왕이 친히 북을 울려 좌군, 우군, 중군의 三軍이 일제히 함성을 질러 온 陣中에 떨치게 하니 그 소리는 하늘을 진동시키고 땅을 옮길 수 있을 만큼 우렁차서 晉軍진군은 크게 놀라 밖으로 나오지도 못한 채 거듭 保壘보루를 튼튼히 쌓아 방어할 뿐이었다. 晉軍은 대부 童褐동갈을 보내 오왕에게 묻게 하였다.

"兩軍은 무기를 내려놓고 오늘 중에는 만날 약속을 하지 않았습니다. 그런데 이제 大國인 오나라는 아무런 기별없이 晉軍의 보루 앞에 陣營을 벌이시니 감히 그 緣由를 여쭈어 보고자 합니다."

오왕은 친히 대답했다.

"天子의 命이 있으나 周나라 왕실이 약해 제후들은 약속한 貢物을 바치지 않아 주나라 왕실은 上帝와 조상의 귀신께 祭祀조차 받들어 올릴 수 없게 되었소. 이에 姬姓의 本家인 周室은 두려움에 떨며, 오나라에 使者를 보내 이를 알리게 하시니, 천자의 사자가 연이어 오나라를 향해 달려 오는 冠蓋관개가 길에서 끊긴 적이 없었소. 周室이 天子의 王業을 일으킨 이래 周室은 晋나라를 믿고 의지하여 夷狄의 나라들을 근심하지 않을 수 있었소. 그런데 晋나라가 지금 周室을 背叛하는 까닭에 나는 이처럼 업드려 天子께 달려 온 것이니 王室의 爵位작위로 盟主 定함을 즐겨하지 않고 군대로서 爭覇하고자 하오. 나는 나아갈 뿐 감히 되돌아가지 않을 것이니 천자께 命號를 얻지 못하면 천하 제후의 웃음거리가 될 것이오. 晋君과 한번 싸워 盟主로서 천자를 섬기는 것은 오늘의 싸움에 달렸으며, 命號를 얻지 못하는 것 또한 오늘의 싸움에 달려 있으니 감히 使者를 왕래시키는 것이 번거로워 내가 몸소 천자의 명을 받들고자 晋나라 邊境에 이른 것이오."

童褐이 돌아가려 하니 오왕은 왼 쪽 발을 동갈의 왼발에 대고서 동갈과 결별의 표시를 해 보였다. 동갈은 제후와 大夫들이 벌여 앉아 있는 가운데 定公께 다녀왔음을 服命한 후 趙鞅[趙簡子]에게 보고했다.

"臣이 보건대 吳王의 얼굴에는 큰 걱정이 있는 듯 했습니다. 작게는 嬖妾폐첩이나 태자가 죽었든지, 다음으로는 오나라에 반란이 일어났거나, 크게는 越나라가 쳐들어 왔을 것이니 돌아가지 않을 수 없을 것입니다. 지금 吳軍은 그 마음에 毒氣를 품고 있어 진퇴를 가볍게 하지 않을 것이니, 사나워진 오군과 싸우면 안됩니다. 主君께서는 오왕이 먼저 歃血삽혈하게 하심이 마땅할 것입니다. 쓸데없이 싸우는 것으로 나라를 위태함에 빠지지 않게 하십시오. 그러나 거짓 會盟은 불가하며 반드시 그 信義를 밝혀야 합니다."

조앙은 이를 허락하고 정공에게 들어가서 말했다.

"周室의 나라 중 오나라는 太伯의 나라이니 먼저 盟主가 되게 하여 長子로서 예를 다하게 함이 옳겠습니다."

晋 定公이 허락했다.

동갈은 다시 명을 받아 정공의 명을 오왕에게 전하니 오왕은 정공의 義로움에 부끄러워하며 군대를 뒤로 물리고 두 나라가 서로 會盟 儀式

을 갖게 되었다. 두 나라 신하들이 모두 모인 자리에서 오왕은 公이라 불리우며 먼저 揷血삽혈하고 그 다음 晉侯도 歃血 의식을 행했다. 두 나라의 모든 신하들도 次序에 따라 會盟 儀式을 마쳤다.

吳王은 맹주가 된 후 돌아오는 길에 아직 黃池를 건너지 않았는데, 越나라는 오왕이 오랫동안 머물러 돌아오지 않고 있다는 소식을 들었다. 월왕은 모든 군사를 동원해 章山을 넘고 三江을 건너 돌아오는 吳나라 군대를 치고자 했다. 吳王은 齊나라와 宋나라가 吳軍에게 害를 입힐 것을 두려워해, 마침내 왕손락에게 命하여 天子께 出征의 功勞를 아뢰게 했다.

"옛날 楚나라는 周室에 貢物을 바치지 않고 兄弟의 나라를 멀리하였습니다. 이에 吳나라 前君 闔閭합려는 차마 초나라의 악함을 참지 못하여 칼을 차고 창을 잡아 楚 昭王과 대부들을 中原에서 쫓아냈습니다. 하늘도 합려의 충성스러움을 버리지 않아 초나라 군대는 여러 번 敗하였습니다. 지금 齊나라는 초나라보다도 현명하지 못해 또 다시 천자의 명을 받들지 않았습니다. 이에 오나라 夫差는 제나라의 악함을 참을 수 없어 무소 갑옷에 劍을 차고 지름길로 艾陵애릉에 이르렀습니다. 하늘이 오나라를 도우신 福으로 제나라 군대는 무기를 거두어 물러갔습니다. 夫差가 어찌 감히 많은 功을 세웠다 하겠습니까? 이는 文王과 武王의 遺德이 돌아가는 때를 도우신 바라 하겠습니다. 吳軍은 아직 한 해의 곡식이 여물지 않았을 때 長江을 따라 淮水회수를 거슬러 깊은 운하를 열어 商魯之間으로 出師하였는데 이제 돌아가게 되었음을 天子의 執事께 아뢰나이다."

天子는 왕손락에게 대답했다.

"伯父가 그대로 하여금 내게 와서 알리게 하였는가. 盟主가 있으면 의지할 만하겠거니와 나는 실로 嘉賞히 여기노라. 백부가 이와 같이 周室을 도우면 오랫동안 함께 福祿을 받을 것이니 周室이 무엇을 걱정하겠는가?"

天子는 붉은 활과 화살을 下賜하고 오왕의 名號를 公으로 높여 주었다. 오왕은 黃池에서 돌아와 백성들을 쉬게 하고 北伐軍을 해산했다.

◆ 참　고

1. ≪春秋左傳－哀公 十三年≫

六月丙子, 越子伐吳. 爲二隊疇無餘謳陽自南方先及郊. 吳太子友王子地王孫彌庸壽於姚自泓上觀之. 彌庸見姑蔑之旗曰: "吾父之旗也. 不可以見讎而不殺也." 太子曰: "戰而不克, 將亡國, 請待之." 彌庸不可. 屬徒五千, 王子地助之. 乙酉, 戰, 彌庸獲疇無餘, 地獲謳陽. 越子至, 王子地守. 丙戌復戰, 大敗吳師, 獲太子友王孫彌庸壽於姚. 丁亥入吳. 吳人告敗于王, 王惡其聞也, 自剄七人於幕下.

秋七月辛丑, 盟. 吳晉爭先, 吳人曰: "於周室我爲長." 晉人曰: "於姬姓我爲伯." 趙鞅呼司馬寅曰: "日旰矣. 大事未成, 二臣之罪也. 建鼓整列, 二臣死之, 長幼必可知也." 對曰: "請姑視之." 反曰: "肉食者無墨, 今吳王有墨. 國勝乎? 太子死乎? 且夷德輕不忍久, 請少待之." 乃先晉人.

2. ≪史記－吳太伯世家≫

十四年春, 吳王北會諸侯於黃池. 欲霸中國, 以全周室. 六月戊子越王句踐伐吳, 乙酉越五千人與吳戰, 丙戌虜吳太子友, 丁亥入吳. 吳人告敗於王夫差. 夫差惡其聞也, 吳王怒斬七人於幕下. 七月辛丑, 吳王與晉定公爭長, 吳王曰: "於周室我爲長." 晉定公曰: "於姬姓我爲伯." 趙鞅怒將伐吳, 乃長晉定公盟與晉. 別欲伐宋. 太宰嚭曰: "可勝而不能居也." 乃引兵歸國. 國亡. 太子內室, 王居外久, 士皆罷敝. 於是乃使厚幣, 以與越平.

3. ≪史記－越王句踐世家≫

居三年句踐召范蠡曰: "吳已殺子胥, 導諛者衆, 可乎?" 對曰: "未可. 至明年春, 吳王北會諸侯於黃池. 吳國精兵從王, 惟獨老弱與太子留守." 句踐復問范蠡, 蠡曰: "可矣." 乃發習流二千, 士四萬人, 君子六千人, 諸御千人伐吳. 吳師敗, 遂殺吳太子. 吳告急於王. 王方會諸侯于黃池, 懼天下聞之, 乃秘之. 吳王已盟黃池, 乃使人厚禮以請成越. 越自度亦未能滅吳, 乃與吳平.

4. ≪史記－伍子胥傳≫

越王勾踐襲殺吳太子, 破吳兵. 吳王聞之, 乃歸, 使使厚幣與越平.

5. ≪國語－吳語≫

於是越王句踐乃命范蠡后庸, 率師沿海泝淮以絕吳路, 敗王子友於姑熊夷. 越王句踐乃率中軍泝江, 以襲吳入其郛, 焚其姑蘇, 徙其大舟. 吳晉爭長未成, 邊遽乃至, 以越亂告. 吳王懼乃合大夫而謀曰: "越爲不道背其齊盟. 今吾道路脩遠, 無會而歸與會而先晉孰利?" 王孫雒曰: "夫危事不齒. 雒敢先對, 二者莫利, 無會而歸, 越聞章矣. 民懼而走, 遠無正就. 齊宋徐夷曰: '吳旣敗矣.' 將夾溝而刭我, 我無生命矣. 會而先晉, 晉旣執諸侯之柄以臨我, 將成其志以見天子. 吾須之不能, 去之不忍. 若越聞愈章, 吾民恐叛, 必會而先之." 王乃步就王孫雒曰: "先之圖之, 將若之何?" 王孫雒曰: "王其無疑. 吾道路悠遠, 必無有二命焉, 可以濟事." 王孫雒進顧揖諸大夫曰: "危事不可以爲安, 死事不可以爲生. 則無爲貴智矣. 民以惡死而欲貴富, 以長沒也. 與我同, 雖然彼近其國有遷. 我絕慮無遷, 彼豈能與我行此危事也哉? 事君勇謀, 於此用之. 今夕必挑戰以廣民心, 請王勵士, 以奮其朋勢, 勸之以高位, 重畜備刑戮, 以辱其不勵者. 令各輕其死. 彼將不戰而先我. 我旣執諸侯之柄, 以歲之不穫也, 無有誅焉, 而先罷之, 諸侯必說. 旣而皆入其地王安挺志. 一日惕一日留, 以安步王志, 必設以此民也. 封於江淮之間, 乃能至於吳." 王許諾. 吳王昏乃戒令秣馬食士, 夜中乃令服兵擐甲. 係馬舌出火竈. 陳士卒百人, 以爲徹行百行, 行頭皆官師, 擁鐸拱稽, 建肥胡奉文犀之渠; 十行一嬖大夫, 建旌提鼓, 挾經秉枹; 十旌一將軍, 載常建鼓, 挾經秉枹. 萬人以爲方陣. 皆白裳白旂素甲白羽之矰, 望之如荼, 王親秉鉞載白旗, 以中陳而立; 左軍亦如之. 皆赤裳赤旆丹甲朱羽之矰, 望之如火; 右軍亦如之. 皆玄

裳玄旗黑甲烏羽之矰，望之如墨．爲帶甲三萬以勢攻，雞鳴乃定．既陳去晉
軍一里．昧明王乃秉枹親就鳴鐘鼓，丁寧錞于振鐸，勇怯盡應三軍皆譁釦以
振旅．其聲動天地．晉師大駭不出，周軍飾壘．乃令董褐請事曰：“兩君偃兵
接好，日中爲期．今大國越錄，而造於弊邑之軍壘．敢請亂故？”吳王親對之
曰：“天子有命，周室卑約，貢獻莫入，上帝鬼神而不可以告．無姬姓之振也，
徒遽來告孤，日夜相繼，匍匐就君．今非王室不平安是憂，億負晉衆庶不式
諸戎狄楚秦，將不長第以力征一二兄弟之國．孤欲守吾先君之班爵，進則不
敢，退則不可．今會日薄矣．恐事之不集，以爲諸侯笑．孤之事君在今日，不
得事君亦在今日．爲使者之無遠也，孤用親聽命於藩籬之外．”董褐將還，王
稱左畸曰：“攝小司馬茲與王士五人，”坐於王前，乃皆進曰：“劋於客前以酬
客．”董褐既致命，乃告趙鞅曰：“臣觀吳王之色，類有大憂．小則嬖妾嫡子死，
不則國有大難．大則越入吳，將毒不可與戰．主其許之先，無以待危，然而不
可徒許也．”趙鞅許諾．晉乃令董褐復命曰：“寡君未敢觀兵身見．使褐復命
曰：‘囊君之言，周室既卑，諸侯大夫失禮於天子．’請貞於陽卜，收文武之諸
侯．孤以下密邇於天子，無所逃罪．訊讓日至曰：‘昔吳伯父不失春秋，必率
諸侯以顧在余一人．今伯父有蠻荊之虞，禮世用命孤禮佐周公，以見我一二
兄弟之國．以休君憂．’今君掩王東海，以淫名聞於天子．君有短垣而自踰之，
況蠻荊則何有於周室？夫命圭有命‘固曰：吳伯不曰：吳王．’諸侯是以敢辭．
夫諸侯無二君而周無二王．君若無卑天子，以干其不祥而曰：吳公．孤敢不順
從君命長弟許諾．”吳王許諾，乃退就幕而會．吳公先歃，晉侯亞之．

　吳王既會，越聞踰章．恐齊宋之爲已害也．乃命王孫雒，先與勇獲帥徒師，
以爲過賓於宋，以焚其北郛焉，而過之．吳王夫差既退于黃池，乃王孫雒苟
告勞于周曰：“昔者楚人爲不道，不共承王事，以遠我一二兄弟之國．吾先君
闔廬不貰不忍，被甲帶劍，挺鈹搢鐸，以與楚昭王，毒逐於中原柏舉．天舍其
衷，楚師敗績，王去其國，遂至于郢，王總其百執事．以奉其社稷之祭，其父
子昆弟不相能．夫槩王作亂，是以復歸于吳．今齊侯壬不鑒于楚，又不承共
王命，以遠我一二兄弟之國．夫差不貰不忍，被甲帶劍，挺鈹搢鐸，遵汶伐

博. 簦笠相望於艾陵. 天舍其衷, 齊師還. 夫老豈敢自多文武寔舍其衷? 歸不稔於歲. 余송江沂淮闕溝深水, 出於商魯之間, 以徹於兄弟之國. 夫差克有成事, 敢使苟告於下執事.” 周王答曰: “苟伯父令女來明紹享余一人, 若余嘉之. 昔周室逢天之降禍遭民之不祥. 余心豈忘憂恤. 不唯下土之不康靖. 今伯父曰: ‘戮力同德.’ 伯父若能然, 余一人兼受而介福. 伯父多歷年, 以沒元身. 伯父秉德已侈大哉.”

◇　◇　◇　◇

[5-09] 二十年, 越王興師伐吳, 吳與越戰於檇李.287) 吳師大敗, 軍散死者, 不可勝計. 越追破吳, 吳王困急,288) 使王孫駱稽首289)請成,290) 如越之來也. 越王對曰: “昔天以越賜吳, 吳不受也. 今天以吳賜越, 其可逆乎? 吾請獻勾甬291)東之地,勾, 句章. 甬, 甬江. 東, 東境也. 杜預曰: “甬東會稽句章縣, 東海中洲也.” 今鄞縣境, 句音勾. 吾與君爲二君乎?” 吳王曰: “吾之在周, 禮前王一飯,292) 如越

---

287) [檇李취리] 春秋時代 越나라와 吳나라 국경 부근 地名. 前에 闔閭는 檇李에서 越王과 싸웠으나 엄지발가락에 큰 부상을 입고 七里를 후퇴한 陘형에서 죽었다.

288) [困急곤급] 다급하고 困迫곤박함.

289) [稽首계수] 절하여 머리를 땅에 대다. 九拜 중 最上의 敬拜. 稽는 머리를 땅에 댄 후 다시 땅에 대고 있는 것으로 자기 집에 머물러 달라는 뜻을 표하는 것. 두 번째 ‘頓首’는 머리를 땅에 한 번 대는 것. 세 번째 ‘空首’는 머리를 조아리되 머리가 땅에 닿지 않고 손 위에 만 닿게 하는 것. 네 번째 ‘振動’은 양 손을 서로 부딪히는 것. 다섯 번째 ‘吉拜’는 절한 후 이마를 땅에 대는 것. 여섯 번째 ‘凶拜’는 이마를 땅에 댄 후 절하는 것. 일곱 번째 ‘奇拜’는 절을 한 번 하는 것. 여덟 번째 ‘襃拜포배’는 연속해서 두 번 절하는 것. 아홉 번째 ‘肅拜’는 머리를 낮추고 손을 양손을 모아 쥐고 허리를 숙여 예를 표하는 것.

290) [請成] 和平을 청함.

291) [勾甬구용] 春秋時代 吳國 地名.

292) [禮前王一飯] 周室 제후의 儀禮로서 前王에 대한 작은 예나마 갖춰 달라는

王不忘周室之義，而使爲附邑,[293]　亦寡人之願也.　行人[294]請成列國之義,
惟君王有意焉.” 大夫種[295]曰: “吳爲無道, 今幸擒之, 願王制其命.” 越王曰:
“吾將殘汝社稷, 夷汝宗廟.” 吳王默然.[296]　請成七反, 越王不聽.

　二十三年十月, 越王復伐吳.魯哀公十二年十七年, 越一再伐吳, 二十年越圍吳, 皆夫差十
四年, 十八年, 二十一年事, 此書不載. ≪史≫於夫差二十年, 書越復伐吳, 乃哀公十九年也. ≪傳≫
止云侵楚誤吳. 杜預解: “誤吳使不爲備.” 初無伐吳事. 此云越復伐吳卽哀公二十二年, ≪傳≫書越滅
吳之歲也. 吳國困不戰, 士卒分散, 城門不守, 遂屠吳.[297]　吳王率羣臣遁去,[298]
晝馳夜走, 三日三夕, 達於秦餘杭山.卽陽山別名. 腦中愁憂, 目視茫茫,[299]　行步
猖狂,[300]　腹餒口飢,[301]　顧得生稻而食之, 伏地而飲水. 顧左右曰: “此何名
也?” 對曰: “是生稻也.” 吳王曰: “是公孫聖所言, ‘不得火食, 走偟偟[302]也.’”
王孫駱曰: “飽食而去, 前有胥山,[303]在吳縣西四十里. <子胥傳>云: “吳王取子胥屍浮之
江中, 吳人憐之, 爲立祠於江上, 因名曰:胥山.” ≪寰宇記≫亦同. 西坂中可以匿止.” 王行,
有頃[304]因得生瓜已熟, 吳王掇而食之. 謂左右曰: “何冬而生瓜? 近道人不食
何也?” 左右曰: “謂糞種之物,[305]　人不食也.” 吳王曰: “何謂糞種?” 左右曰:
“盛夏之時, 人食生瓜, 起居[306]道傍, 子復生,[307]　秋霜惡之, 故不食.” 吳王歎

　　뜻으로 본다.
293) [附邑] 附庸國부용국. 房子國.
294) [行人] 외교나 客禮를 맞은 大夫.
295) [大夫 種] 文種. 楚나라 南陽의 관리. 후에 越王 句踐을 섬겨 會稽之耻를 씻
　　게하고 霸業을 이루게 했다. 越王이 吳나라를 깨친 후 越나라에 돌아오자
　　범려는 물러나면서 文種에게도 함께 물러날 것을 제안했으나 文種은 范蠡
　　범려의 말을 믿지 않고 월왕 곁에 있다가 죽음을 당했다.
296) [默然묵연] 근심스레 말이 없는 것.
297) [屠吳도오] 吳나라가 亡함. ‘屠도’는 ‘亡’과 同.
298) [遁去둔거] 달아나 숨다.
299) [茫茫] 당황하여 정신이 아득하고 아무것도 눈에 보이지 않음.
300) [猖狂] 미친듯이 허둥대는 모양.
301) [腹餒口飢복뇌구기] 배는 굶주리고 입에는 아무 것도 먹지 못함.
302) [偟偟장황] 놀라고 두려워 함. 당황함.
303) [胥山서산] 春秋時代 吳나라 地名.
304) [有頃유경] 잠시 후.
305) [糞種之物분종지물] 똥에서 싹이 나서 열매를 맺은 식물.
306) [起居] 똥을 눔.
307) [子復生] 씨가 떨어져 다시 싹이 남.

曰: “子胥所謂旦食者也.” 謂太宰嚭曰: “吾戮公孫聖投胥山之巓,308) 吾以畏責天下之懟, 吾足不能進, 心不能往.” 太宰嚭曰: “死與生, 敗與成, 故有309)避乎?” 王曰: “然! 曾無所知乎? 子試前呼之, 聖在當卽有應.” 吳王止秦餘杭山, 呼曰: “公孫聖!” 三反呼, 聖從山中應曰: “公孫聖!” 三呼三應. 吳王仰天呼曰: “寡人豈可返乎? 寡人世世得聖也.”得字下當有事字. ≪越絶≫云: “今寡人得邦, 聖世世相事.” 須臾310)越兵至, 三圍吳. 范蠡在中行,311) 左手提鼓, 右手操枹而鼓之. 吳王書其矢而射種312)蠡之軍, 辭曰: “吾聞狡兔以死, 良犬就烹,313) 敵國如滅, 謀臣必亡. 今吳病矣, 大夫何慮乎?” 大夫種相國蠡急而攻. 大夫種書矢射之, 曰: “上天蒼蒼, 若存若亡. 越君句踐314)下臣種敢言之, 昔天以越賜吳, 吳不肯受, 是天所反. 句踐敬天而功, 旣得返國, 今上天報越之功, 敬而受之, 不敢忘也. 且吳有大過六, 以至於亡, 王知之乎? 有忠臣伍子胥忠諫而身死, 大過一也. 公孫聖直說而無功, 大過二也. 太宰嚭愚而佞言, 輕而讒諛, 妄語恣口, 聽而用之, 大過三也. 夫齊晋無返逆行, 無僭侈之過, 而吳伐二國, 辱君臣, 毀社稷, 大過四也. 且吳與越同音共律,315) 上合星宿,316) 下共一理,317)

---

308) [胥山之巓서산지전] 胥山 꼭대기. 앞에 ‘公孫聖을 죽여 蒸丘증구에 내다 버렸다’고 했다.

309) [故有] ≪古書虛字集解≫에, ‘故는 固와 통하고 有는 能과 같다’고 했다.

310) [須臾수유] 잠시 후. 곧.

311) [中行] 中軍. 行은 軍과 同義.

312) [種] 文種. 楚나라 南陽의 관리. 후에 越王 句踐을 섬겨 會稽之恥를 씻게하고 霸業을 이루게 했으나 句踐의 꺼림을 받아 죽음을 당했다.

313) [狡兔以死良犬就烹교토이사양견취팽] 빠른 토끼가 죽고 나면 잘 달리는 사냥개도 필요가 없어져서 삶기게 됨. 本書 句踐伐吳外傳에는, ‘狡兔已盡良犬就烹’이라 했고, ≪史記≫ 淮陰侯傳에는, ‘狡兔死 良狗烹’이라 했다.

314) [句踐구천] 春秋時代 越나라 군주. 吳王 夫差에게 패해 會稽山에서 抗戰했으나 결국 포로가 되어 吳나라에 들어가 노예가 되었는데 병든 夫差의 똥까지 맛보며 마음을 얻어 돌아올 수 있었다. 그 후 겉으로는 吳王을 섬기는 척하면서 복수를 준비해 20여년 만에 夫差를 죽이고 吳나라를 멸해 원수를 갚았다.

315) [同音共律] 같은 言語와 비슷한 習俗. 五音, 宮[中], 商[西], 角[東], 徵[南], 羽[北]. 六律, 黃鍾, 太族, 姑洗, 蕤賓, 夷則, 無射.

316) [上合星宿상합성수] 하늘의 별자리가 한 자리에 있음. 성수는 五星과 二十八宿. 五星, 歲星[木星]・熒星[火星]・塡星[土星]・太白星[金星]・辰星[水星].

而吳侵伐, 大過五也. 昔越親戕吳之前王, 罪莫大焉, 而幸伐之, 不從天命而棄其仇, 後爲大患, 大過六也.徐天祐曰: 夫差惑於宰嚭之言, 忘父之讐釋, 越不誅爲不孝. 然在越則幸矣. 越欲責吳, 若曰囚辱吾君與君夫人, 使蓋芻養馬給水除糞. 猶爲有辭今而曰越之罪莫大焉, 而以吳赦越爲大過. 種也無乃失辭乎. 越王謹上刻318)靑天, 敢不如命?" 大夫種謂越君曰: "中冬319)氣定, 天將殺戮. 不行天殺, 反受其殃." 越王敬拜曰: "諾. 今圖吳王, 將爲何如?" 大夫種曰: "君被五勝之衣,320) 帶步光之劍,321) 仗屈盧之矛,322) 瞋目323)大言以執之." 越王曰: "諾." 乃如大夫種辭吳王曰: "誠以今日聞命." 言有頃,324) 吳王不自殺, 越王復使謂曰: "何王之忍辱厚恥也. 世無萬歲之君, 死生一也. 今子尙有遺榮, 何必使吾師衆加刃於王?" 吳王仍未肯自殺. 句踐謂種蠡曰: "二子何不誅之?" 種蠡曰: "臣, 人臣之位, 不敢加誅於人主. 願王急而命之, 天誅當行, 不可久留." 越王復瞋目怒曰: "死者人之所惡. 惡者無罪於天, 不負於人. 今君抱六過之罪, 不知愧辱而欲求生, 豈不鄙哉?" 吳王乃太息, 四顧而望言曰: "諾." 乃引劍而伏之死. 越王謂太宰嚭曰: "子爲臣不忠無信, 亡國滅君." 乃誅嚭幷妻子.<吳世家>曰: "越王滅吳誅太宰嚭." <越世家>亦曰: "越王乃葬吳王而誅太宰嚭." 此書又云: "幷誅其妻子." 則吳王之自殺也. 嚭亦同時就誅矣. 徐天祐曰: 愚按, 越滅吳之後二年, 是爲哀公二十四年.325) 公如越將妻, 公而多與之地, 季孫懼使

二十八宿, 東方 角, 亢, 氏, 房, 心, 尾, 箕; 北方 斗, 牛, 女, 虛, 危, 室, 壁; 西方 奎, 數, 胃, 昴, 華, 觜, 參; 南方 井, 鬼, 柳, 星, 張, 翼, 軫. ≪淮南子≫ 天文訓 星部地名篇에, '角·亢－鄭; 氏·房·心－宋; 尾·箕－燕; 斗·牽牛－越; 須女－吳.'라고 했다.

317) [下共一理] 땅의 이치가 같음. 山川, 氣候, 강 등의 地理를 共有함.
318) [上刻] 해가 떠서 中天에 이름.
319) [中冬] 陰曆 11월.
320) [五勝之衣] 五行相剋의 무늬를 그린 옷.
321) [步光之劍] 화려한 무늬가 새겨진 春秋時代 名劍. ≪越絶書≫ 吳王占夢篇에는 '越王撫步光之劍, 杖屈盧之弓, 瞋目謂范蠡曰: 子何不早圖之乎?.'라고 했다. 曹植의 七啓에, '步光之劍, 華藻繁縟.'이라 했다.
322) [屈盧之矛굴로지모] 屈盧 땅에서 나는 날카로운 창. 屈盧는 地名. ≪越絶書≫ 吳王占夢篇에는 '越王撫步光之劍, 杖屈盧之弓.'이라 했다.
323) [瞋目진목] 눈을 부릅떠 威嚴을 세움.
324) [有頃유경] 잠시 후.
325) 徐天祐 注에 말한 ≪春秋左傳≫ 哀公 二十四年條, 魯나라 季孫氏에게 뇌물을 받은 嚭는 左傳의 年代 착오이거나 吳王의 신하 白嚭와는 다른 사람

因太宰嚭, 而納賂焉, 乃止. 然則吳之亡也. 嚭逐而越夫固無羔也. 《史－世家》及此書所載何其與左氏相戾也? 且嚭貪而佞至於亡國喪君, 死有餘戮, 越人既生之, 又從而信任之, 豈以其實嘗私越, 而不以其不忠爲罪耶? 漢丁公之戮, 可以敎天下之爲人臣者, 越於是乎失刑矣.

　吳王臨欲伏劍, 顧謂左右曰: "吾生既愬, 死亦愧矣. 使死者有知, 吾羞前君地下, 不忍覩忠臣伍子胥及公孫聖. 使其無知, 吾負於生. 死必連縶《國語》組字上有結字組以罩326)吾目, 恐其不蔽, 願復重羅繡327)三幅, 以爲掩明. 生不昭我, 死勿見我形. 吾何可哉!" 越王乃葬吳王以禮, 於秦餘杭山328)卑猶.329) 《越絶》曰: "夫差塚在猶亭西卑猶位, 近太湖, 去縣十七里." 《索隱》曰: "猶亭亭名, 卑猶位三字共爲地名." 《吳地記》曰: "餘杭山一名卑猶山." 是也. 越王使軍士集于我戎之功,330) 人一隔《越絶》隔作累.土以葬之, 宰嚭亦葬卑猶之旁.《越絶》言宰嚭之死者五, 曰: 擒夫差殺太宰嚭, 逢同與其妻子. 曰: 殺夫差而戮其相, 曰: 殺太宰嚭戮其妻子. 曰: 擒夫差而戮太宰嚭與

이 아닌가 한다. 哀公이 越나라로 달아난 것이 左傳의 기록보다 훨씬 이른 것인가. 그렇다면 句踐伐吳外傳에 '孔子가 越王 句踐을 찾아갔다.'는 것도 근거 없는 기록이라고 보기 어려울 것이다. 《春秋左傳》에는 각기 다른 사람임에도 같은 이름으로 쓰여진 경우가 많고 年代도 절대적인 것이라고 하기 어렵다. 徐天祐는 《越絶書》가 子貢의 親述이 아니라고 했다. 일부는 漢나라 袁康의 著述이라 보는 說도 있는데 《越絶書》는 역시 子貢의 作으로 보는 것이 옳다고 본다. 子貢이 남긴 글에 後人의 加筆이 있었다고 보는 것이 합당할 것이다. 徐天祐는 《越絶書》가 子貢이 지은 것이 아니라는 이유로 '子貢一出, 存魯亂齊破吳强晋覇越是也.'의 文章을 例로 들고 있는 데 이는 《孔子家語》 屈節解篇에 실린 孔子의 말이다. 孔子는 子貢을 보내 魯나라의 危機를 救한 후 다음과 같이 칭찬했다. '대저 齊나라를 어지럽히고 魯나라를 救하는 것이 내 처음의 願이었다. 이와 같이 晋나라를 강하게 하고 吳나라를 弊亡시키며, 吳나라를 亡하게 하면서 越나라를 覇者가 되게 한 것은 子貢의 善說때문이었다. 이처럼 듣기 좋은 말이란 믿음을 상하게 하는 법이니 조심할진져! 듣기좋은 말이여! 夫其亂齊, 存魯吾之始願; 若能强晋以弊吳, 使吳亡而越覇者, 賜之說也. 美言傷信, 愼言哉!'

326) [縶組以罩벽조이죄] 대[竹]를 이용해 그물처럼 짠 가리개로 눈앞을 가림.
327) [羅繡나수] 繡놓은 비단.
328) [秦餘杭山진여항산] 春秋時代 吳나라 山名. 前出.
329) [卑猶비유] 春秋時代 吳나라 地名.
330) [我戎之功아융지공] '我'는 '殺'의 古字. 《書經－泰誓》에, '我伐用張'이라 했는데 朱子 注에 '武王威武奮揚, 侵彼紂之疆界, 取其殘賊, 殺伐之功, 因以長大.'라고 했고, 《孟子－滕文公下》에, '殺伐用張'이라 했다.

其妻子. 又曰: 三臺者, 嚭妻子死所也. 常疑≪越絶書≫非子貢作, 特後人托名耳. 何以知其非子貢作? ≪越絶－內傳≫: 於說陳成恒之事終之曰: '子貢一出, 存魯亂齊破吳强晋霸越'是也. 斯言也, 乃後之人多其功, 是非子貢之言也. 且他文亦不類, 或者所載, 未必盡實. 宰嚭得保首領以沒, 蓋幸而免, 前旣備論之矣. 此書謂'亦葬卑猶之旁.' 豈其後嚭死於越而返葬於吳耶? 然吳時≪諸家墓≫ 如巫臣要離干將之類皆具載, ≪圖志≫獨不及宰嚭塚何也?

◇　　◇　　◇　　◇

吳王 夫差 20년 越王 句踐구천은 軍師를 일으켜 吳나라를 쳤다. 오나라도 군사를 일으켜 두 나라는 槜李취리에서 싸웠는데 오나라 군사가 크게 패했다. 오나라 군사들은 죽고 흩어져서 승리할 길이 없었다. 월나라 군대는 吳軍을 깨뜨리고 추격하여 오왕은 困急곤급하게 되었으므로 王孫駱을 사신으로 보내 머리를 숙여 和平을 청하게 하니 왕손락은 越軍 진영으로 갔다. 월왕이 말했다.

"옛날 하늘이 월나라를 오나라에 주었으나 오나라가 받지 않았소. 지금은 하늘이 오나라를 월나라에 주는 것이니 하늘이 주시는 것을 거스를 수 있겠소? 나는 吳王에게 句甬구용 동쪽 땅을 주어 살게 하고자 하오. 나와 오왕이 (어찌)두 군주가 될 수 있겠소?"

오왕이 대답했다.

"과인이 周室 제후의 자리에 있을 때 천자의 앞에서는 盟主로서의 禮를 먼저 받았으니, 월왕께서 周室에서의 義를 잊지 않고, 吳나라를 越나라의 附庸國부용국으로 삼는 것은 과인 또한 바라는 바입니다. 行人을 보내 화평을 청하는 것은 列國의 義[禮]이니, 오직 군왕의 너그러운 뜻을 청합니다."

월의 대부 文種이 말했다.

"吳王은 無道합니다. 지금 다행히 사로잡게 되었으니, 원컨대 대왕께서는 명을 내리소서."

월왕이 말했다.

"나는 너의 社稷을 멸하고 宗廟를 허물어뜨릴 것이다."

오왕은 默然히 말이 없었다. 오왕은 일곱번이나 使者를 보내 거듭 화평을 청했으나 월왕은 듣지 않았다.

吳王 夫差 23년, 越王은 다시 吳나라를 쳤다. 오나라는 困逼곤핍하여 싸울 수조차 없었다. 士卒은 뿔뿔히 흩어져서 城門조차 지킬 수 없었다. 오나라는 마침내 망해서 오왕은 여러 신하들을 거느리고 도망쳐 달아났다. 3일 낮 3일 밤을 낮에는 뛰고 밤에도 달려 秦餘杭山진여항산에 도착했다. 오왕의 머리 속에는 근심과 걱정이 가득차서 눈앞은 茫茫망망하여 아득하기만 했고 걸음걸이는 猖狂창광하여 마치 미친 사람 같았다. 腹餒口饑복뇌구기하여 며칠을 입에 먹은 것이 없어 입에서는 口臭가 나고 배는 굶주려서 견딜 수 없었다. 주위를 돌아보다가 생벼[生稻]를 얻어 생쌀을 먹고는 땅에 업드려 물을 마시고 나서 左右의 신하들을 돌아보며 물었다.

"이 풀의 이름이 무엇인가?"

신하들이 대답했다.

"이것은 생벼입니다."

오왕이 말했다.

"이것이 公孫聖이 말한 바, '敗走하여 偟偟장황히 도망치다가 불에 익힌 음식을 얻어먹지 못한다.'는 것이었구나."

라고 탄식하는데 王孫駱이 말했다.

"배불리 드셨으니 가셔야 합니다. 앞에 胥山서산이 있으니 몸을 숨길만 합니다."

오왕 일행이 그곳으로 가는 동안 오왕은 길가에서 참외넝쿨에 달린 참외 한 개를 얻었는데 그런대로 익어있었다. 吳王이 그것을 주워 먹으면서 좌우의 신하들에게 물었다.

"겨울철에 넝쿨에 달린 참외가 어찌 있는가? 앞에 길 가던 사람들이 있었을 터인데 어째서 따 먹지 않았을까?"

左右의 신하들이 말했다.

"이것은 糞種之物분종지물로써 사람들이 먹지 않는 것입니다."

오왕이 의아해서 물었다.

"분종지물이란 무엇인가?"

좌우의 신하들이 대답했다.

"한 여름철이 되면 사람들은 싱싱한 참외를 먹고 길을 가다가 길섶에 똥을 누는데 똥 속에 섞여 나온 참외씨에 다시 싹이 나고 자라서 과실이 열립니다. 가을철이 되면 서리를 맞아 맛이 좋지 않으므로 사람들이 먹지 않는 것입니다."

오왕은 탄식하여 말했다.

"子胥가 이른 것이 또한 이것을 먹는다는 것이었구나."

오왕이 太宰 白嚭백비에게 말했다.

"나는 公孫聖을 죽여 胥山 꼭대기에 던져버렸다. 조상의 꾸지람이 두렵고 천하의 제후들에게 부끄러워 발길은 앞으로 나아가지 못하고 마음은 돌아갈 수조차 없구나."

太宰 白嚭가 말했다.

"삶과 죽음, 成功과 실패는 진실로 避할 수 있는 것일까요?"

吳王이 말했다.

"그렇구나! 어찌해서 일찍이 아는 바가 없었을꼬? 公孫聖 너를 불러 한 번 시험해 보리라. 공손성이 있다면 지금 즉시 응답이 있을 것이다."

오왕은 秦餘杭山진여항산에 멈추어 서서 큰 소리로 불렀다.

"공손성!"

세번을 부르니 공손성이 산 중에서 응답했다.

"公孫聖!"

공손성이 세 번 부르는 것에 세 번 을 응답하니 오왕은 하늘을 바라보며 탄식했다.

"과인이 어찌 다시 돌이킬 수 있겠는가? 과인이 다시 나라를 찾을 수 있다면 대대로 공손성을 섬길 것이다."

마침내 越나라 군대가 들이닥쳐 吳王이 숨은 곳을 세 겹으로 포위했다. 范蠡범려는 中軍에 머물러 왼손으로 북을 끌며 오른손에는 북채를 잡고 북을 울리며 越軍을 독려했다. 오왕은 書札서찰을 화살에 매달아서 대부 文種과 相國 범려에게 쏘아보내 하소연했다.

"나는 들으니, 재빠르게 달리는 토끼를 잡고 나면 잘 달리는 사냥개는 삶아 죽이고 敵國을 滅하고 나면 智謀 있는 신하는 반드시 죽음을 당한다고 하오. 지금 오나라는 망해가고 있는데 대부께서는 어찌 사냥개처럼 죽음을 당할 것을 걱정하지 않으시오?"

문종과 범려는 급히 오왕을 공격하면서 서찰을 화살에 매달아 쏘아보내 말했다.

"위로 하늘이 푸르고 푸르러 蒼蒼창창한 동안 월나라 君臣은 함께 살고 함께 죽을 것입니다. 월왕 句踐구천의 下臣 種은 오왕께 감히 말씀 올립니다. 옛날 하늘이 월나라를 오나라에 주었는데 오나라는 기쁘게 받지 않았습니다. 이는 하늘의 뜻을 거스르는 것이었습니다. 구천은 하늘을 공경한 공덕으로 다시 월나라에 돌아올 수 있었습니다. 지금은 하늘이 월나라가 하늘을 공경한 공로를 보답하여 오나라를 월나라에 주어 삼가 받게 하시니 감히 옛 일을 잊을 수 없습니다. 또 오왕께서는 죽음에 이른 여섯 가지 큰 잘못을 저지르셨으니 왕께서는 이를 알고 계십니까? 충신 伍子胥는 대왕께 忠諫하다가 몸이 죽었으니 이것이 여섯 가지 큰 잘못 중 첫 번째 잘못이요; 公孫聖은 바른 말로 왕께 諫했는데도 功없이 죽음을 당했으니 이것이 두 번째 잘못이요; 太宰 白嚭백비는 어리석어 가벼운 아첨의 말로 남을 讒訴참소하였는데 요망한 말과 방자한 입에서 나오는 妖言을 듣고 그를 任用하였으니 이것이 세 번째 큰 잘못이요; 대저 齊나라와 晉나라는 천자께 반역을 하지도 않았고 분수에 넘친 사치함도 없었는데 오나라는 이들 두 나라를 쳐서 군주와 신하들을 욕보이고 社稷을 망가뜨렸으니 이것이 네 번째 큰 잘못이며; 또한 오나라와 월나라는 같은 音[言]과 律[法]을 가지고 있으며, 위로 하늘의 별자리도 함께 모여 있고 아래로는 한 이치로 다스려지는 나라이거늘 오나라는 월나라를 侵伐하여 괴롭혔으니 이것이 다섯 번째 큰 잘못이며; 옛날 월나라는 오나라의 前王을 죽게 한 큰 죄가 있는데 다행히 월나라를 쳐서 이겼으면서도 天命을 따르지 않고 前王을 죽인 원수를 죽이지 않아 後患이 되게 하였으니 이것이 여섯 번째 큰 잘못입니다. 월왕은 삼가 해가 중천에 뜨면 감히 하늘의 명을 받들지 않을 수 없습니다."

大夫 文種은 越王에게 말했다.

"中冬(冬至달)의 生氣가 그쳐 하늘이 장차 萬物을 죽일 것인데 지금 天殺을 奉行치 않으면 그 災殃을 다시 돌려 받게 될 것입니다."

越王은 敬拜하고 말했다.

"좋소. 지금 吳王을 죽이려면 어찌해야 하오?"

대부 문종이 말했다.

"대왕께서는 五勝의 옷을 입으시고 步光劍을 차시고 屈盧槍을 잡고서서 눈을 부릅뜨시고 큰 소리로 일을 집행하십시오."

"좋소."

월왕은 대부 문종으로하여금 오왕에게 월왕의 命을 전하게 했다.

"삼가 오왕은 오늘의 天命을 받으시오."

말을 한지 얼마 후 오왕이 자결하지 않자 월왕은 다시 말했다.

"오왕은 어찌하여 辱을 참고 羞恥수치스러움을 더하려 하시오? 세상에 萬歲의 군주는 없소. 죽음이란 일생에 한번 있는 것인데, 지금 그대는 남아있는 영화를 바라고자 하오? 하필 우리 월나라 군사들의 칼을 받아 죽으려 하시오?"

吳王이 여전히 自決하지 않자 句踐은 대부 문종과 相國 범려에게 말했다.

"두 사람은 어찌하여 오왕을 베지 않는가?"

문종과 범려가 함께 대답했다.

"臣들은 人臣의 지위에 있으면서 감히 人君의 자리에 계신 분을 벨 수 없나이다. 원컨대 대왕께서는 급히 天命을 집행하소서. 天誅가 곧 이를 것이니 오래 지체할 수 없나이다."

월왕은 다시 눈을 부릅뜨고 노한 목소리로 말했다.

"죽음이란 사람들이 싫어하는 바이고 죽음을 싫어함은 하늘에 無罪이겠으나 人臣된 사람에게 人君을 죽이는 죄를 지울 수는 없소. 지금 오왕은 여섯 가지 큰 죄가 있는데도 부끄러움을 알지 못하고 辱되게 살기를 求하려 하니 어찌 鄙陋비루하지 않소?”

오왕은 마침내 큰 한숨을 쉬며 사방을 돌아보고 遺言을 말한 후 劍을 끌어 당겨 검 위에 엎으러져 죽었다.

월왕은 태재 백비를 꾸짖어 말했다.

“그대는 신하로서 不忠하고 믿음이 없어 나라를 망하게 하고 군주를 죽게 하였다.”

하고는 백비와 그 妻子를 함께 죽였다.

吳王은 劍위에 엎으러져 죽으면서 左右의 신하들을 돌아보고 말했다.

“나는 살아서도 부끄럽고 죽어서도 또한 부끄럽구나. 죽은 이에게도 앎이 있다면 나는 지하에 계신 前君께 부끄럽고 忠臣 伍子胥와 公孫聖도 차마 볼 수가 없구나. 내가 살아서 지은 죄를 알지 못하도록 내가 죽은 뒤 반드시 한 쌍의 덮치기 그물을 짜서 나의 눈을 가려다오. 아마도 덮치기 그물만으로는 눈을 모두 가릴 수 없을 것이니 바라건대 여러 겹의 비단을 세폭[一幅, 二尺二寸]으로 접어서 나를 덮어다오. 來生에서도 나를 다시 불러 태어나지 못하게 하여 죽은 나의 모습을 보지 않으리라. 아! 나는 어떻게 하나!”

越王은 吳王을 禮로서 葬事장사지내 주고 秦餘杭山진여항산의 卑猶비유에 묻어주었다. 월왕은 군사들을 한 곳에 모이게 하여 사람마다 한 소쿠리씩 흙을 날라다가 죽은 吳나라 군사들을 장사지내 주게 하고, 太宰 白嚭백비도 비유의 오왕 곁에 묻어주었다.

◆참 고

1. ≪國語－吳語≫

吳王懼使人行成曰: “昔不穀先委制於越君, 君告孤請成, 男女服從. 孤無奈越之先君何, 畏天之不祥, 不敢絶祀, 許君成以至于今. 今孤不道, 得罪於君王. 君王以親辱於弊邑, 孤敢請成, 男女服爲臣御.” 越王曰: “昔天以越賜吳, 而吳不受. 今天以吳賜越, 孤敢不聽天之命, 而聽君之令乎?” 乃不許成.
因使人告于吳王曰: “天以吳賜越, 孤不敢不受. 以民生之不長, 王其無死.
民生於地上寓也, 其與幾何? 寡人其達王於甬東, 夫婦三百唯王所安, 以沒
王年.” 夫差辭曰: “天旣降禍於吳國. 不在前後, 當孤之身寔失宗廟社稷. 凡
吳土地人民越旣有之矣. 孤何以視於天下.” 夫差將死, 使人說於子胥曰:
“使死者無知則已矣. 若其有知吾何面目, 以見貟也?” 遂自殺. 越滅吳. 上征
上國, 宋鄭魯衛陳蔡執玉之君, 皆入朝. 夫唯能下其羣臣, 以集其謀故也.

2. 《國語－越語 上》

夫差行成曰: “寡人之師徒, 不足以辱君矣. 請以金玉子女賂君之辱.” 句
踐對曰: 昔天以越予吳, 不受命. 今天以吳予越, 越可以無聽天之命, 而聽君
之令乎? 吾請達王甬句東, 吾與君爲二君乎?” 夫差對曰: “寡人禮先壹飯矣.
君若不忘周室而爲弊邑宸宇, 亦寡人之願也. 君若曰: ‘吾將殘汝社稷滅, 汝
宗廟.’ 寡人請死. 余何面目以視於天下乎? 越君其次也,” 遂滅吳.

3. 《國語－越語 下》

居軍三年, 吳師自潰. 吳王帥其賢良與其重祿, 以上姑蘇. 使王孫雒行成
於越, 曰: “昔者上天降禍於吳, 得罪於會稽. 今王君其圖不穀, 不穀請復會
稽之和.” 王弗忍欲許之. 范蠡進諫曰: “臣聞之, 聖人之功, 時爲之庸. 得時
不成, 天有還形. 天節不遠, 五年復反. 小凶則近, 大凶則遠. 先人有言曰:
“伐柯者, 其則不遠. 今君王不斷, 其忘會稽之事乎?” 王曰: “諾.” 不許. 使
者往而復來, 辭愈卑, 禮愈尊. 王又欲許之. 范蠡諫曰: “孰使我蚤朝, 而晏罷
者非吳乎? 與我爭三江五湖之利者, 非吳也? 夫十年謀之一朝而棄之, 其可
乎? 王姑勿許. 其事將易冀已.” 王曰: “吾欲勿許, 而難對其使者. 子其對
之.” 范蠡乃左提鼓右援枹以應使者曰: “昔者上天降禍於越, 委制於吳, 而
吳不受. 今將反此義以報此禍, 吾王敢無聽天之命. 而聽君王之命乎?” 王孫
雒曰: “子范子, 先人有言曰: 無助天爲虐, 助天爲虐者不祥. 今吳稻蟹不遺

種, 子將助天爲虐, 不忘其不祥乎?" 范蠡曰: "王孫子, 昔吾先君, 固周室之不成子也. 故濱於東海之陂, 黿龜魚鼈之與處, 而蛙黽之與同渚. 余雖靦然而人面哉, 吾猶禽獸也, 又安知是諓諓者乎?" 王孫雒曰: "子范子將助天爲虐, 助天爲虐不祥. 雒請反辭於王." 范蠡曰: "君王已委制於執事之人矣. 子往矣. 無使執事之人得罪於子." 使者辭反. 范蠡不報於王, 擊鼓興師以隨使者, 至於姑蘇之宮. 不傷越民, 遂滅吳.

4. ≪春秋左傳－哀公 二十四年≫

閏月, 公如越, 得太子適郢. 將妻公而多與之地, 公孫有山使告于季孫. 季孫懼, 使因太宰嚭而納賂焉. 乃止.

5. ≪史記－伍子胥傳≫

後九年, 越王勾踐遂滅吳. 殺王夫差, 而誅太宰嚭, 以不忠於其君. 而外受重賂與己比周也. 伍子胥初所與俱亡, 故楚太子建之子勝者在於吳.

6. ≪史記－吳太伯世家≫

十四年春, 吳王北會諸侯於黃池. 欲霸中國, 以全周室. 六月戊子越王句踐伐吳, 乙酉越五千人與吳戰, 丙戌虜吳太子友, 丁亥入吳. 吳人告敗於王夫差. 夫差惡其聞也, 吳王怒斬七人於幕下. 七月辛丑, 吳王與晉定公爭長, 吳王曰: "於周室我爲長." 晉定公曰: "於姬姓我爲伯." 趙鞅怒將伐吳, 乃長晉定公盟與晉. 別欲伐宋. 太宰嚭曰: "可勝而不能居也." 乃引兵歸國. 國亡. 太子內室, 王居外久, 士皆罷敝. 於是乃使厚幣, 以與越平. 十五年, 齊田常殺簡公. 十八年, 越益彊, 越王句踐率兵使伐敗吳師於笠澤, 楚滅陳. 二十年, 越王句踐復伐吳. 二十一年, 遂圍吳, 二十三年十一月丁卯, 越敗吳. 越王句踐欲遷吳王夫差於甬東, 予百家居之. 吳王曰: "孤老矣. 不能事君王也. 吾悔不用子胥之言, 自令陷此." 遂自到死. 越王滅吳誅太宰伯嚭, 以爲不忠而歸.

7. ≪史記－越王句踐世家≫

居三年句踐召范蠡曰: "吳已殺子胥, 導諛者衆, 可乎?" 對曰: "未可. 至明年春, 吳王北會諸侯於黃池. 吳國精兵從王, 惟獨老弱與太子留守." 句踐復問范蠡, 蠡曰: "可矣." 乃發習流二千, 士四萬人, 君子六千人, 諸御千人伐吳. 吳師敗, 遂殺吳太子. 吳告急於王. 王方會諸侯于黃池, 懼天下聞之, 乃秘之. 吳王已盟黃池, 乃使人厚禮以請成越. 越自度亦未能滅吳, 乃與吳平. 其後四年, 越復伐吳. 吳士民罷, 敝輕銳盡, 死於齊晉, 而越大破. 吳困而留圍之三年. 吳師敗越, 遂復棲吳王於姑蘇之山, 吳王使公孫雄, 肉袒膝行, 而前請成越王曰: "孤臣夫差敢布腹心, 異日嘗得罪於會稽, 夫差不敢逆命, 得與君王成以歸. 今君王玉趾, 而誅孤臣, 孤臣惟命, 是聽意者亦欲如會稽之赦, 孤臣之罪乎." 句踐不忍, 欲許之. 范蠡曰: "會稽之事, 天以越賜吳, 吳不取. 今天以吳賜越, 越其可逆天乎? 且夫君王, 蚤朝晏罷, 非爲吳邪? 謀之二十二年, 一旦而棄之可乎? 且夫天與弗取, 反受其咎. 伐柯者其則不遠. 君忘會稽之厄乎?" 句踐曰: "吾欲聽子言, 吾不忍其死者." 范蠡乃鼓進兵曰: "王已屬政於執事. 使者去不者且得罪." 吳使者泣而去. 句踐憐之, 乃使人謂吳王曰: "吾置王甬東, 君百家?" 吳王謝曰: "吾老矣. 不能事君王." 遂自殺, 乃蔽其面曰: "吾無面, 以見子胥也." 越王乃葬吳王, 而誅太宰嚭.

8. ≪說苑－291篇 9－20≫

後十餘年, 越襲吳, 吳王還與戰不勝, 使大夫行成於越, 不許. 吳王將死曰: "吾以不用雌胥之言, 至於此. 令死者無知則已; 死者有知, 吾何面目以見子胥也?" 遂蒙絮覆面而自刎.

吳越春秋 越王無余外傳 第六

◇　◇　◇　◇

[6-01] 越[1]之前君無余[2]者,無余禹之六世孫, 少康之庶子也. 初受封於越. ≪越舊經≫作無徐. 夏禹[3]之末封也. 禹父鯀[4]者, 帝顓頊[5]之後.≪帝王世紀≫曰: "鯀帝顓頊之子, 字熙." ≪連山易≫曰: "鯀封於崇," 故≪國語≫謂之"崇伯鯀." ≪史記≫曰: "鯀之父帝顓頊." ≪世本≫亦以鯀爲顓頊子. ≪漢-律歷志≫則曰: "顓頊五世而生鯀," ≪通鑑外紀≫從之. ≪古史≫曰: "太史公以鯀爲顓頊之子. 其世太迫, 班固以爲五世孫近得之." 此書以爲顓頊之後, 曰後者, 可以通子孫言之也. 鯀娶於有莘氏[6]之女, 名曰女嬉, 年壯未孳, 嬉於砥山,[7] 得薏苡[8]而吞之, 意若爲人所感, 因而姙孕, 剖脅而產高密.[9]≪世本≫曰: "鯀娶有辛氏女, 謂之女志, 是生高密." 宋忠曰: "高密禹所封國." ≪世紀≫曰: "鯀妻脩巳, 見流星貫昴, 夢接意感, 又吞神珠薏苡而生禹, 名文命, 字密." ≪史記≫以文命爲禹之名. 孔安國謂禹爲名. 張晏謂禹爲字. 今竝存之. 家于西羌,[10] 地曰石紐.[11] 石紐在蜀[12]西川也.在茂州石泉縣, 其地有禹廟, 郡人相傳禹以六月六日生. ≪元和郡縣志≫: "禹汝山[13]廣柔人, 生於石紐村." ≪水經≫註: "縣有

---

1) [越] 春秋時代 浙江省절강성일대에 興盛했던 나라. 夏禹氏의 後裔후예라고 함.
2) [無余] 越나라 始祖로 일컬어지는 古代 君主.
3) [夏禹] 古代 苗族인 夏나라 始祖. 이름은 文命. 당시 근심거리였던 洪水를 다스려 堯임금의 신임을 받았고 후에 堯임금에게서 '姒사'姓을 下賜받았다.
4) [鯀곤] 禹의 아버지. 有能했으나 성격이 포악했다고 한다. 堯임금에게 治水의 大業을 委任받았으나 八년 동안이나 성공하지 못했다. 舜이 등용되어 天子의 자리에 나아가 攝政섭정하게 되자 苗族을 규합해 반란을 일으키고자 했으므로 舜은 鯀을 잡아 羽山으로 귀양보낸 후 죽였다.
5) [顓頊전욱] 古代 帝王.
6) [有莘氏유신씨] 古代 諸侯. 지금의 陝西省섬서성 合陽縣 동남쪽. ≪太平寰宇記태평환우기≫에는 夏陽縣이라 했다.
7) [砥山지산] 古代 地名. 砥柱山이라고도 한다. 지금의 河南省 三門峽市 東北쪽. 산에 있는 激流 속에 기둥 같은 돌들이 가지런히 서 있어서 山名이 되었다고 한다. 당시에는 黃河 中流였으나 河道를 정리할 때 폭파하여 훼손되었다.
8) [薏苡의이] 율무 열매 또는 그와 비슷한 열매.
9) [高密] 鯀의 아들. 明나라 宋忠은, '高密은 禹가 封해졌던 나라'라고 했다.
10) [西羌서강] 지금의 티베트. 三苗族.
11) [石紐석뉴] 禹가 태어났다는 곳. 茂州무주 石泉縣석천현. ≪括地志≫에, '茂州 汶川縣石紐山'이라 했다. 지금의 西川 汶川縣.
12) [蜀촉] 蜀郡 益州. 지금의 成都市 및 溫江地區.
13) [汶山] 汶山. 四川省 茂縣 東南쪽에 있다. 漢魏叢書本에는 '汶山'이라고 해

石紐鄉, 禹所生也." 廣柔卽今石泉軍.14)

　帝堯15)之時, 遭洪水滔滔, 天下沈漬,16)　九州17)關塞,18)　四瀆19)壅閉. 帝乃憂中國之不康, 悼黎元20)之罹咎,21) 乃命四嶽,22) 乃擧賢良, 將任治水. 自中國至于條方, 莫薦人, 帝靡所任. 四嶽乃擧鯀而薦之於堯, 帝曰: "鯀負命23)毀族, 不可."≪尙書－堯傳≫作方命圮族. ≪史記－堯本紀≫作負命毀族. ≪正義≫曰: "負音佩, 違也. 鯀性狼戾, 違負敎命, 毀敗善類, 不可用也. 四嶽曰: "等之羣臣, 未有如鯀者." 堯用治水, 受命九載,24) 功不成. 帝怒曰: "朕知不能也." 乃更求之, 得舜.25) 使攝行天子之政, 巡狩.26)　觀鯀之治水無有形狀, 乃殛鯀于羽山.27)≪

　있다.

14) '軍'은 宋代 行政區劃.

15) [帝堯제요] 중국의 古代 帝王. 姓은 伊. ≪史記≫에는 放勳을 堯임금의 이름이라 했는데 書傳을 編纂편찬한 蔡沈은, '放勳은 큰 공훈을 말한다'고 했다. 堯임금은 帝嚳제곡 高辛氏의 아들이라고 한다. 堯의 어머니는 陳鋒氏의 딸 慶都氏인데 붉은 龍에 感應하여 十四개월 만에 堯를 낳았다. 十七歲에 諸侯들의 추대로 天子의 자리에 올랐으며 平陽에 도읍했다. 在位 百年(西紀前 2358년～西紀前 2258년), 壽百十七歲. 처음에 陶와 唐에 封받아 陶唐氏라고도 한다.

16) [沈漬침적] 물에 잠김.

17) [九州] 옛날 禹가 治水에 성공한 후 나라를 아홉 州로 나눈 데서 중국을 九州라 한다. ≪千字文≫에는 '九州禹跡'이라 했다.

18) [關塞알색] 막힘. 홍수로 인해 사방이 다닐 수 없게 된 것.

19) [四瀆사독] 長江, 黃河, 淮水, 濟水.

20) [黎元여원] 黎民여민. 백성.

21) [罹咎이구] 災害로 인한 근심.

22) [四嶽] 중앙 이외의 네 地方을 分掌하던 古代 벼슬이름. 泰山爲東嶽, 華山爲西嶽, 衡山爲南嶽, 恒山爲北嶽. ≪帝王世紀≫에, '命羲和四子, 羲仲, 羲叔, 和仲, 和叔, 分掌四時, 方嶽之職, 故名曰四嶽也.'라고 했다.

23) [負命] 天子의 敎命을 져버림.

24) [九載구재] 九年. 載는 歲와 仝義동의.

25) [舜순] 古代 帝王. 姓은 姚氏요씨, 이름은 重華. 눈동자가 두 개였다고 함. 虞우 땅에서 태어나 虞舜이라고도 하며, 嬀汭규예에서 살아서 嬀로 姓을 삼았는데 孝誠이 지극했다고 한다. 음악에도 뛰어나 南風歌를 지어 부르기도 했다. "南風之薰兮, 可以解吾民之慍兮, 南風之時兮, 可以阜吾民之財兮." ≪孟子≫에는, "舜生於諸馮, 遷於負夏, 卒於鳴條, 東夷之人也."라고 했고, ≪論語≫ 述而篇에는, '孔子는 齊나라에 가서 舜임금의 음악 <韶>를 듣고 감동하여 석 달간이

地志≫: "在東海郡祝其縣南." 今海州, 朐山縣. 鯀投于水, 化爲黃能,[28] 或作熊. 因爲羽淵

之神.≪左傳－昭公七年≫: "晋侯有疾, 夢黃熊入於寢門. 子産曰: 昔堯殛鯀於羽山, 其神化爲黃熊,

以入于羽淵." 杜預解: "熊音雄, 獸名. 亦作能, 如字, 一音奴來切, 三足鼈也." 按≪說文≫及≪字林

≫皆云: "能, 熊屬, 足似鹿." 然則能旣熊屬, 又爲鼈類, 作能者, 勝也. 東海人祭禹廟, 不用熊白及鼈

爲膳. 豈鯀化爲二物乎?.

　舜與四嶽擧鯀之子高密. 四嶽謂禹曰: "舜以治水無功, 擧爾嗣考之勳.[29]"

禹曰: "兪! 小子敢悉考績, 以統天意, 惟委委字下當有任字而已," 禹傷父功不成,

循江泝河,[30]　盡濟甄甄字不通, 疑曁字之誤.淮,[31]　乃勞身焦思,[32] 以行七年, 聞樂

不聽; 過門不入; 冠挂不顧; 履遺不躡; 功未及成, 愁然沈思. 乃案黃帝中經

曆,[33] 蓋聖人所記曰: "在于九山[34] 東南天柱,[35] 號曰宛委.[36]在會稽縣東南十五里,

　　나 고기 맛을 잊었다.'고 했다.

26) [巡狩순수] 天子가 諸侯들이 職分을 다하는가를 보기 위해 천하를 巡行하는 것.
　　≪孟子－梁惠王下≫에, '天子適諸侯曰巡狩, 巡狩者, 巡所守也.'라고 했다.

27) [羽山] 古代 山名. 지금의 江蘇省 贛楡縣공유현.

28) [黃能황능] 세발 자라. 能을 熊이라고도 한다. 南朝 梁任昉양임방의 述異記술이
　　기에, '堯帝가 鯀곤으로 하여금 洪水를 다스리게 했으나 곤은 그 所任을 감당
　　하지 못했다. 요임금은 마침내 羽山에서 곤을 죽였는데 곤은 누런 곰이 되어
　　羽泉으로 들어갔다. 지금도 會稽회계지방에서는 禹임금의 사당에 제사를 지
　　내는데 곰 고기를 쓰지 않는다. 黃能은 곧 黃熊인데 땅에 살 때는 熊이요, 물
　　에 살 때는 能이라고 한다. 堯使鯀治洪水, 不勝其任, 遂誅鯀於羽山, 化爲黃
　　熊, 入於羽泉. 今會稽祭禹廟, 不用熊, 曰黃能卽黃熊也. 陸居曰熊, 水居曰能.'
　　고 하였다.

29) [嗣考之勳사고지훈] 돌아가신 아비의 功業을 이어받음. 四嶽은 天子께 죄를 얻
　　어 죽은 鯤이, 功이 있으면서 억울하게 죽은 것처럼 말하고 있다.

30) [循江泝河순강소하] 長江을 따라 내려가고 黃河를 거슬러 오르며 홍수를 다스
　　리기 위해 애씀.

31) [盡濟甄淮진제견회] 濟水를 수 없이 오르내리고, 淮水의 물길을 살피다. 앞 절
　　에 '循江泝河'라고 했으니 이의 對句다. '甄'은 살피는 것. ≪抱朴子≫ 正郭
　　에, '甄無名之士於草萊, 指未剖之璞於丘園.'이라 했다.

32) [勞身焦思노신초사] 몸은 고단하고 마음은 애가 탐.

33) [黃帝中經曆] 撰者와 年代는 未詳. 다만 ≪抱朴子≫에, "黃帝는 동쪽의 靑丘
　　에 이르러 風山을 지나던 중 紫府자부선생을 뵙고 三皇內文을 받아 이로써
　　여러 신들의 이름을 새겼다.(黃帝東到靑邱, 過風山紫府先生, 受三皇內文, 以
　　刻名萬神."고 하였다.

34) [九山] 會稽山, 泰山, 王屋山, 首山, 太華山, 岐山, 太行山, 羊腸山, 孟門山.

250 吳越春秋

一名玉笥山. 赤帝[37]在闕, 其巖之巓, 承以文玉,[38] 覆以磐石, 其書金簡, 靑玉爲字, 編以白銀,[39] 皆琢其文.[40]" 禹乃東巡登衡嶽,[41] 血白馬以祭, 不幸所求. 禹乃登山, 仰天而嘯. 因夢見赤繡衣男子,[42] 自稱玄夷蒼水使者.[43] "聞帝使

여기서는 固有 山名.

35) [天柱] 하늘 기둥. 즉 높이 솟은 산.

36) [宛委완위] ≪括地志≫에, '石箐山, 一名 玉笥山, 又名宛委山. 卽今會稽山一峰也. 在會稽縣東南十八里.'라고 했는 데 지금의 浙江省 紹興縣이다.

37) [赤帝] 南方의 天帝.

38) [承以文玉] 文彩나는 玉돌로 받쳐 놓음. '承'은 柱礎. 北京大學校圖書館本에는 '文'을 '丈'이라 기록해 있다.

39) [編以白銀] 白銀으로 묶은 책. 종이를 사용하기 전 古代 동양에서는 대쪽을 다듬어 글씨를 쓰고 노끈으로 엮어서 책을 만들었는데 노끈대신 銀으로 엮어 맨 것으로 보인다.

40) [皆琢其文개전기문] ≪說文-玉部≫에, '琢, 圭璧上起兆瑑也'라고 했는데 徐鍇의 ≪說文-繫傳≫ 解字韻譜에, '瑑, 謂起爲壟, 若篆文之形'이라 했다. ≪太平寰宇記태평환우기≫ 卷九十六에, '瑑引文作篆이라 했는데 用大篆的書體寫字'라고 하였다.

41) [衡嶽형악] 會稽山 위에 禹穴이 있으며, 禹井이라고도 한다. 서로 전해오기를, '禹를 위한 金簡玉字가 있던 곳'이라 하며, 一說에는 '禹를 葬事지낸 곳'이라고도 한다. ≪史記-正義≫, ≪漢書-地理志≫, ≪淸一統志≫ 등에 기록이 있다.

42) [繡衣男子수의남자] 五彩의 비단 옷을 입은 남자. ≪說文≫ 糸部에, '繡, 五彩備也'라고 했고, ≪毛傳≫에, '五色備謂之繡'라고 하였다.

43) [玄夷蒼水使者] 北方에서 治水의 理致를 전하기 위해 온 使者. ≪後漢書≫ 東夷傳에, '夷有九種曰 畎夷, 于夷, 方夷, 黃夷, 白夷, 赤夷, 玄夷, 風夷, 陽夷.'라고 했다. '蒼'은 '滄'과 仝. 玄은 北方. 丹齋 申采浩 선생은 ≪朝鮮上古史≫ <夫婁의 西行>篇에서, '玄夷의 蒼水使者는 國祖 檀帝께서 보내신 太子 夫婁'라고 하였다. 실제로 여러 기록들은 國祖께서 太子를 塗山도산에 보내 禹를 만나고 오게 하셨음을 전하고 있는데 本書 몇 句節 뒤의 '內美釜山州愼之功'과 '吾獲覆釜之書 得以除天下之災'의 句節은 모두 禹가 蒼水使者로 부터 金簡靑玉의 神書를 전해 받아 治水에 성공했음을 보여주고 있다. '州愼주신'은 古代 春秋時代에 朝鮮을 가리켜 州愼, 肅愼숙신, 稷愼직신, 息愼식신 등으로 音譯해 불렀던 호칭 중 하나다. ≪神檀實紀-肅愼篇≫에 '唐·虞[堯舜]시대에는 息愼이요, 殷·周시대에는 肅愼이요, 또한 稷愼이라고도 했다.(唐虞曰息愼, 殷周曰肅愼, 亦曰稷愼.)'는 기록이 있다.

文命[44]于斯, 故來候之. 非厥歲月, 將告以期, 無爲戲吟, 故倚歌[45]覆釜之山."
≪輿地志≫: "會稽山有石狀如覆鬴, 謂之覆鬴山, 一名釜山." 鬴亦作釜. ≪史－黃帝本紀≫曰: "合符釜山." ≪索隱≫以爲"合諸侯, 符契圭璋, 而朝之於釜山." 在嬀州懷戎縣北三里, 非此之釜山也. 東顧謂禹曰: "欲得我山神書[46]者, 齋於黃帝[47]巖嶽之下, 三月庚子, 登山發石, 金簡之書存矣." 禹退, 又齋. 三月庚子, 登宛委山, 發金簡之書, 案金簡玉字, 得通水之理. 徐天祐曰: "禹未嘗兩至越. 其至越在會計之時, 非治水時也." ≪禹貢≫記, 南方山川多與今不合, 禹治水時, 未嘗親至南方故也. ≪孟子≫:曰: "禹八年于外." 而≪禹貢≫云作十有三載乃同. 或者以爲比禹治水之年, 通鯀九載言之也. 馬融曰: "禹治水三年而八州平." 是十二年而八州平, 十三年而兗州平. 兗州平, 在舜受終之年, 然則禹之成功不過三四年間耳. 此書謂勞身焦思七年, 功未及成, 及東巡, 登宛委, 發金簡之書, 得通水之理. 使禹之治水七年, 而後得神書, 始知通水之□□已晚乎? 諸若此類, 蓋傳疑尙矣.

◇　◇　◇　◇

　　越나라 前君 無余무여는 夏氏하우씨의 후예로 월 땅에 봉해졌다. 禹의 아비 鯀곤은 帝 顓頊전욱의 후손이다. 곤은 有莘氏유신씨의 딸을 맞아 장가 들었는데 이름을 □修여희라고 했다. 여희는 나이가 삼십이 되어서도 잉태하지 못했는데 砥山지산에서 薏苡의이를 얻어 삼키니 마치 남자를 대한 것 같은 感應이 있었다. 그 뒤로 아기를 뱄는데 달이 차자 옆구리가 갈라져 高密을 낳았다. 여희의 집은 西羌서강인데 地名은 石紐석뉴이며 석뉴는 蜀촉땅 西川이다.

---

44) [文命] 禹의 이름.

45) [倚歌의가] 무엇에 의지해 노래함. 蘇東波의 赤壁賦에 '손에게 퉁소가 있어 이에 맞추어 노래하면서 화답하였다. 客有吹洞簫者 倚歌而和之'라고 하였다. ≪史記≫ 正義에는 ≪吳越春秋≫를 인용하여 "…自稱玄夷蒼水使者, 却倚覆釜之山, 東顧禹謂曰…"이라고 하였다.

46) [神書] 이 세상에서는 좀체로 얻기 어려운 貴한 책.

47) [黃帝] 姓은 公孫氏. 姜水에서 일어난 神農氏와는 同母異父弟. 軒轅헌원 땅에 살았으므로 軒轅氏라고도 한다. 후에 姬水에서 살았으므로 姬로 姓을 삼았다. 중국 민족의 祖宗으로 推仰됨.

堯요임금때 엄청난 홍수에 온 천하가 滔滔도도한 물결에 잠기고 九州 전체가 물로 막혔으며 長江, 黃河, 淮水회수, 濟水제수 등 四瀆사독이 범람하여 세상은 온통 시뻘건 홍수로 막혀 버렸다. 요임금은 백성들이 겪는 근심과 재난을 걱정해 四嶽에게 명하여 현명한 사람을 천거하게 하여 治水의 일을 맡기고자 하였는데 많은 사람이 추천되었으나 所任을 맡길 만한 사람이 없었다. 이에 사악은 鯀곤을 요임금에게 추천하였는데 요임금이 말했다.

"곤은 敎令을 져버리고 사람들을 죽였으니 큰일을 맡길 수 없소."

사악이 말했다.

"여러 신하 중에 鯀과 같은 사람도 求하기 어렵습니다."

요임금도 어쩔 수 없이 곤을 등용하여 治水의 일을 맡겼으나 명을 받은지 九年이 지나도록 곤은 치수의 功을 이루지 못했다.

요임금은 노하여 말했다.

"朕짐은 鯀이 治水의 공을 이루지 못할 것을 알고 있었다."

요임금은 다시 어진 사람을 찾게 하여 舜순을 찾아 天子의 일을 섭정하게 하였다. 순은 순행길에 나서서 곤이 治水를 위해 애쓴 모양을 볼 수 없자 羽山에서 곤을 죽였다. 곤은 죽어서 물속으로 뛰어들어 황색 자라로 변해 羽淵우연의 水神이 되었다.

순은 四嶽과 함께 鯀곤의 아들 高密을 천거했다. 사악은 禹우에게 말했다.

"舜은 治水의 功이 없어 너를 천거하니 너는 죽은 네 아비의 功을 이어 빛나게 하라."

우가 말했다.

"小子는 감히 돌아가신 아버지께서 쌓으신 功績으로써 하늘의 뜻을 살펴 맡겨주신 소임을 다하겠습니다."

우는 아비가 治水의 공을 이루지 못하고 죽은 것을 슬프게 생각하며 長江의 물줄기를 따르고, 黃河를 거슬러 오르며, 濟水를 오르내리고, 淮水를 살피며 勞身焦思노신초사하며 治水에 힘썼다. 몸을 아끼지 않고 마음을 졸이며 뛰어다니기 7년 동안, 아름다운 음악을 듣지 않았고; 집 앞을 지날 때도 집에 들르지 않았으며; 冠은 벗어서 걸어놓은 채 돌아보지 않았고; 신발도 벗어놓은 채 신지 않고 뛰어다녔으나 治水의 공을 이루지 못해 愁然수연히 근심과 걱정에 잠겨 있었다. 그러다가 문득 ≪黃帝中經曆≫을 생각하고 이를 펼쳐보니 聖人의 기록에 이르기를,

"九山 동남쪽에 天柱가 있는데 宛委山완위산이라 한다. 赤帝께서 계신 대궐의 바위 꼭대기에 文玉으로 받치고 磐石으로 덮어놓은 金簡이 있는데 靑玉에 글씨를 새겼고 白銀으로 엮었으며, 그 문자는 모두 篆字로 썼다."

고 하였다. 禹는 곧 동쪽으로 순행하여 衡嶽형악에 올라 白馬의 피로써 제사를 지냈다. 그러나 바라던 바를 찾지 못하자 하늘을 바라보며 愁然수연히 한숨을 쉬며 부르짖다가 홀연히 잠이 들었는데 꿈속에서 五色 수를 놓은 바단 옷을 입은 남자를 만났다. 그는 스스로 玄夷현이의 蒼水使者창수사자라 하면서 말했다.

"帝께서 文命을 이곳에 보내 使役하게 함을 듣고 그대의 형편을 살피노라 아직은 神書를 얻을 수 있는 때가 아니나 그대에게 그 期日을 일러 줄 것이니, 이제 한숨을 쉬지 말라. 후에 오늘을 잊지 말고 覆釜山부부산의 일을 노래하라."

蒼水使者는 東쪽으로 우를 돌아보며 말했다.

"내 산에 있는 神書를 얻으려거든 黃帝山 바위 아래에서 몸을 齋戒재계한 후 三月 庚子日경자일에 산에 올라 돌을 빼어보면 金簡之書가 있을 것이다."

우는 공손히 물러나 산에서 내려왔다.

꿈속에서 蒼水使者가 일러 준대로 산에서 물러나 齋戒한 후 三月 庚子日에 宛委山에 올라 바위를 들춰내고 金簡之書를 찾았는데 우는 이 金簡玉字를 보고 通水之理의 방법을 얻을 수 있었다.

◈ 참 고

1. ≪三一神誥－奉藏記≫

"今按, 古朝鮮記에 曰三百六十六甲子에

帝, 握天符三印하사 將, 雲師와 雨師와 風伯과 雷公하시고 降于, 太白
檀木下하사 開拓山下하며 生育人物하시고 至, 再週甲子之, 戊辰歲上月
三日에 御, 靈宮하사 誕訓, 神誥하시니 時彭虞가 率, 三千團部衆하야 頫
首受之하고 高矢는 探, 靑石於東海濱하고 神誌는 畫, 其石以傳之라하며
後, 朝鮮記에 曰箕子가 聘, 一土山人, 王受兢하사 以, 殷文으로 書, 神誥
于檀木栟하야 而讀之라하니 然則, 神誥가 元有, 石檀二本하야 而世傳이
러니 石本은 藏於扶餘國庫하고 檀本은 爲, 衛氏之有라가 幷失於兵燹하
고 ○○○○○○○○○○○○此本은 乃, 高句麗, 所譯傳이어늘 而我

高考之, 讀而贊之者也라 小子自, 受誥以來로 恒恐失墜하고 又感石檀
二本之, 爲, 世波, 所盪하야 玆奉, 靈寶閣, 御贊珍本하야 移藏于, 太白山,
報本檀, 石室中하야 以爲, 不朽之資云爾로다

大興三年三月十五日藏按渤海太祖贊之至三世文王藏之, 白峯奉, 開而與丹遼書同, 金
靑小異."

2. ≪孟子－滕文公 上≫

"…禹疏九河, 瀹濟漯而注諸海, 決汝漢, 排淮泗而注之江. 然後中國可得
而食也. 當是時也, 禹八年於外, 三過其門而不入."

◇　◇　◇　◇

[6-02] 復返歸嶽, 乘四載[48]陸行乘車, 水行乘船, 泥行乘橇, 山行乘欙, 橇音蕝. 欙, 丘
遙切.以行川, 始於霍山,[49]南嶽衡山, 又名霍山, 泰與岱, 衡與霍, 皆一山二名. 徊集五嶽.
詩云, "信彼南山,[50] 惟禹甸之." 遂巡行四瀆, 與益[51]夔[52]共謀, 行到名山大
澤, 召其神而問之. 山川脈理, 金玉所有, 鳥獸昆蟲之類及八方之民俗, 殊國
異域, 土地里數, 使益疏而記之, 故名之曰≪山海經≫[53].

　禹三十未娶, 行到塗山,[54]≪會稽志≫: "塗山在山陰縣西北四十五里." 蘇鶚≪演義≫:
"塗山有四, 一會稽, 二渝州巴南舊江州, 三濠州, 四當塗縣." 按≪左氏-昭公四年≫傳: "穆有塗山
之會." ≪哀公七年≫傳: "禹合諸侯于塗山." 杜預解竝云: "在壽春東北. 說者曰: 今濠州也. 柳宗元

---

48) [四載] 네 가지 탈 것. 西海岸 개펄에서 漁民들이 조개를 잡을 때 쓰는 썰매
　　는 禹가 治水 할 때 쓰던 모양이 아닐까. 중국에는 西海岸 개펄이 없으니 개
　　펄 썰매는 논농사가 主이고 西海岸 개펄이 펼쳐진 우리나라에서 만들어진
　　것이 아닌지. 蔣光煦의 宋本 "吳越春秋"에는 '乘四載' 앞에 '從三子'가 더
　　있다.
49) [霍山곽산] 南嶽 衡山의 딴 이름.
50) ≪詩經-信南山≫篇.
51) [益] 伯益. 姓은 嬴氏영씨. 秦진나라 始祖. 舜의 신하로서 禹와 함께 治水에 功
　　을 세웠고 ≪山海經≫을 著述했다. 禹가 禪位했으나 苗族이 禹의 아들 啓를
　　세웠으므로 啓와 싸우다가 죽음을 당했다. 西紀 1917년 王國維가 集解한 ≪古
　　本竹書紀年輯校≫에는, '禹殺伯益'이라했다. 古墨齋藏板本 ≪竹書紀年≫ 啓六
　　年條에, '六年伯益薨祠之'라고 했는데 趙紹祖校補에는, '내가 살펴보건대, 晉
　　書 束皙傳속석전에 이르기를, "竹書에, '益이 啓에게 帝位를 讓步했는데 啓가
　　益을 죽였다.'는 두 구절이 있다. 그 때는 竹書가 처음 출토되어 誤謬가 더해
　　지지 않았는데 지금은 두 구절이 없고, 반대로 經傳과 일치하니 後人이 删削
　　한 것이 아닌가 한다.(按晉書束皙傳謂, "竹書有, 益于啓位, 啓殺之" 二語. 其時
　　竹書始出, 紀者當非謬, 增而今本無之. 反與經傳合, 疑爲後人所删.)"고 해 있다.
52) [夔기] 堯임금 때의 樂師.
53) [山海經] 禹와 伯益이 지었다는 書名. 중국을 비롯한 隣近 各處의 풍속과 禽
　　獸금수, 昆蟲곤충, 山川과 그 神들, 각 지방의 거리 등을 기록 하였다. 혹 後人
　　의 假託이라는 說도 있지만, 禹와 伯益이 기록한 册에 後人이 내용을 보충하
　　였다고 보는 것이 옳지 않을까 한다.
54) [塗山도산] 春秋時代 越나라 地名.

≪塗山銘序≫曰: "周穆遐追遺法復會于是山." 然則禹與穆王皆嘗會諸侯於塗山矣, 然非必皆壽春也. 若禹之所娶, 則未詳何地. ≪水經≫註: "江州顯水, 北岸有塗山, 南有夏禹廟, 塗君祠, 廟銘存焉." 常璩庾何雍竝言, 禹娶於此. ≪越絶≫等書乃公禹娶一會稽塗山.55) 應劭曰: "在永興北. 永興, 今蕭山縣也." 又與郡志所載不同. 蓋會稽實禹會侯計功之地, 非所娶之國, 下文兼載白狐九尾之異, 尤爲可矣. 恐時之暮,56) 失其度制,57) 乃辭云: "吾娶也, 必有應矣." 乃有白狐九尾造於禹, 禹曰: "白者, 吾之服58)也. 其九尾者, 王之證也." 塗山之歌曰: "綏綏59)白狐, 九尾厖厖.60) 我家嘉夷,61) 來賓爲王. 成家成室, 我造彼昌. 天人之際, 於玆則行, 明矣哉! 禹因娶塗山, 謂之女嬌, 娶辛壬癸甲.62)≪呂氏春秋≫曰: 禹娶塗山氏女, 不以私害公, 自辛至甲四日, 復往治水. 禹行十月, 女嬌生子啓. 啓生, 不見父, 晝夕呱呱啼泣.63)

禹行, 使大章64)步東西, 竪亥65)度南北,≪淮南子≫: "禹使太章步自東極至于西垂, 竪亥步自南極盡於北垂." 許愼曰: "太章, 竪亥, 善行人, 皆禹臣." 暢八極66)之廣, 旋天地之數. 禹濟江, 67)南省水理, 黃龍負舟, 舟中人怖駭,68) 禹乃啞烏格切. 笑聲. ≪易-震卦≫: "笑言啞啞" 音同.然69)而笑曰: "我受命於天, 竭力以勞萬民. 生, 性也. 死, 命也.70) 爾何爲者?" 顏色不變, 謂舟人曰: "此天所以爲我用." 龍曳尾舍舟

---

55) 漢魏叢書本에는 '越絶等書乃云, 禹娶于會稽塗山'이라고 해 있다.

56) [恐時之暮] 나이를 먹어가다.

57) [度制] 장가들 때.

58) [服] 자기가 다스리게 될 領域. 服은 '區域'의 뜻.

59) [綏綏수수] 수놈이 홀로 짝을 찾아 어슬렁거림.

60) [厖厖방방] 많고 무성한 것.

61) [嘉夷가이] 즐겁고 기쁨. '夷'는 '怡'와 同.

62) [辛壬癸甲] 辛日, 壬日, 癸日, 甲日의 4日.

63) [呱呱啼泣고고제읍] 밤낮 없이 눈물을 흘리며 소리내어 울어댐. 呱呱는 어린아이가 우는 소리.

64) [大章태장] 古代 禹임금의 신하. '大'는 '太'와 仝音.

65) [竪亥수해] 古代 禹임금의 신하.

66) [八極] 天地四方 온 세상. 禹의 발길이 미치지 않은 곳이 없다는 말.

67) [濟江] 長江[揚子江]을 건넘.

68) [怖駭포해] 놀라고 두려워함.

69) [啞然아연] 크게 웃는 모양.

70) [性] 하늘로부터 받은 본래의 稟性품성. ≪論語≫ 陽貨篇에, '性相近也, 習相遠也'라고 했다. ≪荀子≫ 正名篇에, '生之所以然者謂之性'이라 했다. ≪春秋繁露－深察名號≫篇에, '如其生之自然之資, 謂之性'이라 했다. ≪命≫은

而去. 南到計於蒼梧,[71]《檀弓》: "舜葬於蒼梧之野." 《史記》: "舜死於蒼梧之野, 葬於九疑." 今九疑山, 山道州寧遠縣南六十里, 亦名蒼梧山. 而見縛人,[72] 禹拊[73]其背而哭.[74]

하늘로부터 받은 命運. 태어날 때부터 죽음을 맞이할 때까지의 정해진 삶. 《禮記－祭法》篇에, '大凡生於天地之間者皆曰命'이라 했다. 《書經－西伯戡黎篇서백감려편》에, '我生不有命在天'이라 했는 데 孔氏 注에, '言我生有壽命在天'이라 했다.

71) [蒼梧창오] 一名 九嶷山구의산이라고도 한다. 지금의 湖南省 宁遠縣저원현.

72) [縛人박인] 罪囚. 묶여있는 사람.

73) [拊부] 어루만짐.

74) 西曆 1917년 王國維가 輯解한 《古本竹書紀年輯校》에는, '禹殺伯益'이라 하여 禹임금은 伯益에게 천자의 자리를 물려준 것이 아니라 "禹가 伯益을 죽였다."고 했다. 古墨齋藏板本 《竹書紀年》 啓六年條에는, '六年伯益薨祠之'라고 했는데 趙紹祖校補에, "내가 살펴보건대, 晉書 束晳傳에 이르기를, '竹書에, 益이 啓에게 帝位를 讓步했는데 啓가 益을 죽였다.'는 두 구절이 있다. 그 때 竹書는 처음 출현했으니 竹書의 史實은 誤謬가 더해지지 않았는데 지금은 두 구절이 없고, 반대로 經傳과 일치하니 後人이 깎아 없앤 것이 아닌가 한다.(按晉書束晳傳謂, '竹書有, 益于啓位, 啓殺之.' 二語. 其時竹書始出, 紀者, 當非謬增, 而今本無之, 反與經傳合, 疑爲後人所删.)"라고 해 있다. 《檀紀古史》에는, "舜임금이 東夷人인지라 漢族이 舜임금을 꺼려왔는데 蒼梧의 들을 巡行하던 중 漢族의 害를 받아 죽었다."고 하였다. 《古本竹書紀年輯校》나 古墨齋藏板本 趙紹祖校補 《竹書紀年》의 내용처럼 禹나 啓가 伯益을 죽였다면 伯益을 죽여야만 했던 까닭은 무엇일까? 本文의 내용처럼 우가 포승에 묶인 범인을 보고 哭을 할 때 곁에 있던 伯益이 禹에게, "어째서 범인을 보고 그렇게 슬피 우는가?" 하고 이상하다는 듯 물은 것은 어떤 史實을 강하게 示唆시사하는 것은 아닌가? 어쩌면 禹는 舜임금의 죽음을 대하며 자기를 아껴주던 舜임금의 죽음에 슬픔과 동시에 萬感이 교차하며 舜임금에게 죽음을 당한 아비 생각도 났을 것이다. 舜임금을 죽인 범인의 등을 어루만지는 禹의 손길에는 아비에 대한 그리움과 자기도 모르게, 범인에 대한 憐憫연민의 마음이 전해졌던 것은 아닌가? 인류사회에 범죄자는 수 없이 많은데 本書의 著者는 왜 하필 이 대목에서 蒼梧의 들에서 잡힌 범인과, 범인의 등을 어루만지며 哭하는 禹의 일을 기록하여 무엇을 전하고자 했을까? 참고로 伯益은 舜임금의 신하였다. 《孟子－滕文公上》에, "堯임금 당시에도 天下는 오히려 泰平하지 못했습니다. 洪水는 넘쳐흘러 천하를 물에 잠기게 했고, 초목은 무성하게 자라 禽獸가 번성하고 五穀은 여물지 않아 흉년이 들었습니다. 짐승들은 사람을 못살게 굴었고 짐승과 새의 발자국으로 만들어

益曰: “斯人犯法, 自合如此, 哭之何也?” 禹曰: “天下有道, 民不罹辜.[75] 天下無道, 罪及善人. 吾聞, ‘一男不耕, 有受其飢. 一女不桑, 有受其寒.’ 吾爲帝統治水土, 調民安居, 使得其所. 今乃罹法如斯, 此吾得薄, 不能化民證也. 故哭之悲耳.”

於是周行寓內,[76] 東造絶迹,[77] 西延積石,≪地志≫: “在金城郡河關縣西南.” 今鄯州龍支縣界. 南踰赤岸,≪水經≫: “新安縣南白石山名廣陽山. 水曰赤岸水.” 北過寒谷,劉向≪別錄≫: “燕有黍谷, 地美而寒, 不生五穀, 鄒子居之, 吹律而溫氣至.” <左思賦>: “寒谷豊黍, 吹律以煖之.” 徊崑崙,[78]≪崑崙說≫曰: “崑崙之山三級. 下曰樊桐, 一名板松; 中曰玄圃, 一名閬風; 上曰層城, 一名天庭.” ≪地理志≫: “在臨羌西, 卽河源所出.” 察六扈,[79] 脉地理, 名[80]金石. 寫流沙於西隅,≪地理志≫: “流沙在居廷西北.” 杜佑曰: “在沙州西八十里, 其沙隨風流行, 故曰流沙.” 決弱水[81]於北漢.≪地理志≫: “弱水在張掖郡删丹縣.” 柳宗元曰: “水散渙無力, 不能負芥, 投之則委靡墊沒, 及底而後止. 故曰:弱.” 靑泉,[82]赤淵[83]分入洞穴, 通江東流, 至於碣

진 길이 나라 안에 가득했습니다. 堯임금은 오로지 이를 걱정하여 舜임금을 등용하여 이를 다스리게 했고 舜임금은 伯益으로 하여금 불을 관장하게 하여 伯益은 여러 산과 들에 불을 놓아 禽獸금수가 도망쳐 숨게 했습니다.”라고 했다.

75) [罹辜이고] 죄를 짓고 어려움에 빠지는 것.
76) [寓內우내] 온 天下. ‘寓’는 ‘宇’와 同. ≪淮南子≫ 齊俗訓에, ‘往古來今謂之宙, 四方上下謂之宇.’라고 했다.
77) [絶迹] 사람의 발길이 닿지 않은 奧地.
78) [崑崙] 지금의 新疆신강과 西藏서장 사이에 있으며 黃河의 發源地라고도 한다.
79) [六扈육호] 물이름. ‘六’은 ‘玄’의 訛字. 陝西省섬서성 洛南縣 남쪽에 있는 玄扈水. ≪山海經≫ 中山經에, ‘又西三百五十里, 曰讙擧之山, 雒水出焉, 而東北流注玄扈之水, 其中馬賜之物. 此二山者洛閒也.’라고 했는 데 郭璞 注에 ≪河圖≫를 인용하여, ‘蒼頡爲帝, 南巡狩, 登楊虛之山, 臨于玄扈洛汭.’라고 했다.
80) [名] 銘과 同. 古人들은 功業을 金石에다 새겼는데 金石은 鼎정을 말한다. 예부터 전해 오는 말에, ‘岣嶁碑구루비’가 있는 데 세상 사람들이 칭하기를, ‘禹碑’라고 한다. 대개 77字를 새겼으며 글씨는 繆篆무전과 비슷하고, 符篆부전과 비슷하다고도 한다. 碑는 湖南省 衡山縣 密峰에 있었는데 일찍이 잃어버렸다고 한다. 成都 紹興 등에 이를 본 뜬 摹刻모각이 있었다고 한다.
81) [弱水] 지금의 甘肅省감숙성 張掖河장액하 祁連山기연산 아래서 發源하는 물이름. ≪書經≫ 禹貢篇에, ‘導弱水, 至于合黎, 餘波入于流沙.’라고 했다.
82) [靑泉] 古代 물이름. 지금의 江蘇省 南京市 鍾山 서남쪽에서 發源하여 秦 淮河로 흘러들어 九曲을 돌아 흘렀으나 지금은 없어졌다.

石.[84] ≪地志≫: "在北平郡驪戎縣西南." 今平州之南. 疏九河[85]於滑淵, 開五水[86]於東北. 鑿龍門[87] ≪地志≫: "在馮翊夏陽縣." 今河中府龍門縣. 闢伊闕.[88] 在洛陽西南五十里, 禹疏以通水, 兩山相對望之若闕, 伊水歷其間北流, 故曰伊闕. 平易相土, 觀地分州. 殊方各進, 有所納貢. 民去崎嶇[89]歸於中國. 堯曰: "俞! 以固冀於此." 乃號禹曰伯禹, 官曰司空,[90] 賜性姒氏, 領統州伯,[91] 以巡十二部.

◇　◇　◇　◇

禹는 다시 온 천하[五嶽]를 돌며 네 가지 탈 것을 이용해 쉴 틈 없이 일하며 山川을 좇아 뛰어다녔다. 霍山곽산[衡山]에서 시작하여 東嶽 泰山, 西嶽 華山, 北嶽 恒山, 中央 嵩山 등 五嶽을 돌며 홍수를 다스리기 위해 힘썼다.
≪詩經-信南山≫篇에는 다음과 같이 노래했다.

信彼南山 신피남산	첩첩 솟은 저 終南山은
惟禹甸之 유우전지	그 옛날 禹우임금이 다스리던 곳

---

83) [赤淵] 古代 호수 이름. 지금의 江蘇省 句容縣구용현 서남쪽에 있었으나 지금은 이미 말라버렸다.
84) [碣石] 山名. 지금의 河北省 昌黎縣창려현 서북쪽. ≪書經≫ 禹貢篇에, '太行, 恒山, 至于碣石, 入于海.'라고 했다.
85) [九河] 古代 黃河 孟津 북쪽인데 아홉 갈래로 물길이 흘러 九河라고 한다. ≪尙書≫ 禹貢篇에, '九河旣道'라고 했는데 지금의 山東省 德州市 北쪽.
86) [五水] 長江 北岸 支流. 巴水, 蘄水, 希水, 西歸水, 赤亭水.
87) [龍門] 陝西省섬서성 韓城縣한성현과 興山 西河津縣 사이. 一說에는 河南省 洛陽市 남쪽이라고도 한다. ≪尙書≫ 禹貢篇에, '導河積石, 至於龍門.'이라 했다.
88) [伊闕이궐] 지금의 河南省 洛陽市 남쪽 五十里.
89) [崎嶇기구] 험해서 사람이 살기 어려운 곳.
90) [司空사공] 古代 治水와 土木을 담당하는 장관.
91) [統州 伯] 九州 諸侯의 우두머리.

마침내 우는 伯益백익, 夔기와 함께 조심스럽게 四瀆사독을 순행하고 九州의 名山大澤을 돌아다니며 그 곳에 사는 神들을 불러 山川의 脈理맥리를 물어 整理했다. 金·玉이 나는 곳과 새와 짐승, 곤충의 종류와 八方 백성의 풍속, 다른 나라 다른 지역의 토지와 거리 등을 조사하여 백익으로 하여금 이를 정리하여 기록하게 하고 이 책을 ≪山海經≫이라 했다.

治水의 일에 몰두한 禹는 나이 삼십이 되도록 장가를 들지 못한 채 塗山도산에 이르렀다. 곰곰이 생각하니 나이는 먹어 가는데 이미 장가들 때를 놓쳐 버렸는지라 이를 구실삼아 말했다.

"내가 장가들 때는 반드시 前兆가 있을 것이다."

마침내 흰 九尾狐구미호가 있어 禹 앞에 나타나니 우가 말했다.

"흰 것은 나의 옷, 아홉 개 꼬리는 왕의 徵兆징조로다.

塗山歌에 이르기를,

綏綏白狐 수수백호	한 마리 흰 수여우 짝을 찾아 헤매네
九尾厖厖 구미방방	아름다워라 탐스런 아홉꼬리
我家嘉夷 아가가이	즐겁고 편안한 우리 집
來賓爲王 내빈위왕	오신 손님 왕을 삼아
成家成室 성가성실	한 집을 이루어 부부 琴瑟금슬 오손도손
我造彼昌 아조피창	대 잇는 자손은 저처럼 繁盛 하네
天人之際 천인지제	하늘과 사람사이
於玆則行 어자즉행	이대로 따르면 순종하리

라고 하였으니 이것은 징험이 나타남이 분명할진져!"

그리하여 禹는 塗山도산에서 한 아가씨를 만나 塗山氏의 딸에게 장가를 들게 되었는데 도산 아가씨의 이름은 女嬌여교라고 했다. 그러나 장가를 든 우는 신혼의 단꿈도 잠시, 장가들어 辛日, 壬日, 癸日, 甲日 나흘만을 아내와 보내고 다시 治水를 위해 길을 떠나야 했다. 결혼한 지 열 달이 지나자 여교는 아들을 낳고 啓계라는 이름을 지어주었다. 계는 나면서 아비의 얼굴을 볼 수 없었는데, 밤낮으로 소리내 울며 눈물을 흘렸다.

禹는 治水의 일을 행하며 大章태장에게는 東西의 일을 맡기고 竪亥수해에게는 南北의 일을 맡겨 八極에 이르도록 넓은 천지를 통하게 하고 天地의 물이 순리를 따라 흐르도록 했다.

우가 강을 건너 남쪽의 水理를 살피러 가는데 黃龍이 나타나 배를 등에 지고 가는지라 배 안에 탄 사람들이 모두 놀라 두려워하는데 우는 啞然아연히 웃으며 말했다.

"나는 天帝의 명을 받아 온 백성을 위해 힘을 다해 애쓰고 있으니 사는 것은 하늘의 性品에서 받은 것이요 죽는 것은 命運에 달린 것이다. 그대는 어떤 자인가?"

우는 얼굴빛 하나 변하지 않고 배에 탄 사람들에게 말했다.

"이 龍은 하늘이 내게 보내 쓰게 하려는 것이다."

우의 태연자약한 담력에 용은 배를 끌던 꼬리를 풀고 가버렸다.

우가 남쪽을 순행하여 蒼梧창오에 이르러 죄를 짓고 묶인 사람을 보고 그 사람의 등을 어루만지며 哭을 하니 伯益이 말했다.

"이 사람은 법을 어긴 사람인데 이 사람을 만나 이같이 哭을 하는 것은 무슨 까닭입니까?"

우가 대답했다.

"천하에 道가 있으면 백성은 죄를 지어 잡힐 일을 하지 않고, 천하에 도가 없으면 착한 사람도 죄를 짓게 된다고 하오. 내 듣기를, '한 남자가 밭을 갈아 농사를 짓지 않으면 사람들이 그만큼 굶주리게 되고, 한 여자가 누에를 쳐서 실을 뽑지 않으면 그만큼 사람들이 추위에 떨게 된다.'고 하오. 내가 天帝를 위해 治水로 산천을 다스려 백성의 살림을 편안히 보살펴 그 바라는 바를 얻게 하기를 힘썼는데 지금 이같이 법을 어겨 잡히는 자가 있으니 이는 나의 德이 부족하여 백성들을 제대로 敎化시키지 못한 증거요. 그래서 운 것뿐이라오."

禹는 治水를 위해 온 천하를 두루 돌아다녔는데 동쪽으로는 사람들의 발길이 끊어진 絶迹절적에 까지 이르렀고, 서쪽으로는 積石적석까지 통했으며, 南쪽으로는 赤岸적안까지 갔고, 북쪽으로는 寒谷을 지나왔다. 崑崙山을 돌아 六扈육호를 살폈고, 地理의 脉맥을 살피며 각종 金, 銀, 銅 등 金石의 이름을 조사했다. 流沙에서부터 멀고 먼 서쪽 끝까지 이르렀고, 弱水약수를 따라 漢水 북쪽에 이르렀다. 靑泉과 赤淵을 나누어 洞穴로 흘러들게 하여 長江과 통하게 했고, 동쪽으로 흐르게 하여 碣石갈석에까지 이르렀다. 九河를 흐르게 하여 涽淵혼연에 이르게 하고, 東北에서 五水를 열어 龍門을 뚫고 伊闕이궐을 뚫어 물이 흐르게 했다.

땅을 평평하게 하여 서로 통하게 하고 땅의 생김생김을 보아 九州를 나누고 각기 다른 지방의 特産物에 따라 朝貢을 바치게 했다.

백성들을 험한 山俠산협에서 내려오게 하여 살던 곳으로 돌아오게 했다.

堯임금이 말했다.

"그렇다! 이것이 진실로 처음부터 내가 바라던 바였다."

요임금은 우를 伯禹라고 높여 부르게 했으며, 벼슬을 治水와 土木을 담당하는 司空사공에 임명하고 姒姓사성을 주었다.

우는 九州를 統御통어하는 方伯이 되어 12부를 巡守하며 다스렸다.

◇　◇　◇　◇

[6-03] 堯崩, 禹服三年之喪, 如喪考妣,92) 晝哭夜泣, 氣不屬聲.93) 堯禪位94)于舜, 舜薦大禹, 改官司徒,95) 內輔虞96)位, 外行九伯. 舜崩, 禪位命禹,

---

92) [考妣고비] 考는 돌아가신 아버지, 妣는 돌아가신 어머니.
93) [氣不屬聲기불속성] 哭을 하느라 숨소리조차 고르지 못함.
94) [禪位선위] 임금이 살아있으면서 임금의 자리를 다른 이에게 물려 주는 것. 周興嗣 ≪千字文≫에 堯임금과 舜임금의 故事를 가리켜 '推位讓國, 有虞陶唐'

禹服三年, 形體枯槁,[97] 面目黎黑.[98] 讓位均,[99] 退處陽山之南,[100]≪史記≫註
"劉熙曰: 今潁川陽城是也." 陰阿[101]之北. 萬民不附商均, 追就禹之所, 狀若驚鳥
揚天, 駭魚入淵. 晝歌夜吟, 登高號呼曰: "禹棄我, 如何所戴?" 禹三年服畢,
哀民不得已, 卽天子之位. 三載考功,[102] 五年政定. 周行天下, 歸還大越.[103]
登茅山,≪史記≫註 "禹到大越主苗山."≪十道志≫: "會稽山本名茅山一名苗山." 以朝四方
羣臣, 觀示中州諸侯, 防風[104]後至, 斬以示衆, 示天下悉屬禹也. 乃大會計
治國之道, 內美釜山州愼之功,[105]愼當作鎭, 外演聖德以應天心. 遂更名茅山

이라 했다.

95) [司徒] 古代 敎化를 담당한 官名. 舜임금이 天子가 되기 전 司徒의 職任을
　　받았었다.
96) [虞우] 古代 舜임금이 태어난 나라.
97) [枯槁고고] 몸이 말라서 꼴이 형편없음.
98) [黎黑여흑] 얼굴색이 검게 마름.
99) [商均적균] 舜임금의 아들. ≪史記≫와 本書 漢魏叢書本, 四庫全書本, 北京大本
　　등에는 '商均'이라고 했다. ≪國語－楚語≫의 注에, '均, 舜子, 封於商.'이라
　　했고, ≪史記≫ 五帝本紀에는 '舜子商均亦不肖, 舜乃豫荐禹于天.'이라 했다.
100) [陽山之南] 古代 地名. 지금의 河南省 登封縣 東南 三十五里. 山의 남쪽은
　　'陽'이라 하고 산의 북쪽은 '陰'이라 한다. 江의 북쪽은 '陽'이라 하고 남쪽
　　은 '陰'이라 한다. 우리나라 '漢陽'은 漢水의 북쪽이요, 중국의 '洛陽'은 洛
　　水의 북쪽이라는 뜻이다.
101) [陰阿] 외진 산기슭. 阿는 丘와 仝.
102) [三載考功삼재고공] 三年마다 功을 헤아리다. ≪書經≫ 舜典에, '三載考績,
　　三考黜陟, 庶績成熙'라 했고, 周興嗣 ≪千字文≫에 '稅熟貢新, 勸賞黜陟'
　　이라 했다.
103) [大越] 古代 地名. 지금의 會稽지방.
104) [防風] 古代 諸侯의 이름. ≪國語－魯語≫ 下篇 注에, '防風, 汪芒氏之君名
　　也. 汪芒, 長狄之國名也. 封, 封山. 嵎, 嵎山. 今在吳郡永安縣也. 周世其國
　　北遷, 爲長狄也.'라고 했다.
105) [內美釜山州愼之功내미부산주신지공] 마음 속으로는 州愼의 功을 기려. 州愼은
　　肅愼, 息愼, 稷愼, 등과 함께 古代 중국인들이 朝鮮을 音譯해 부르던 호칭.
　　丹齋 申采浩는 ≪朝鮮上古史≫ 夫妻의 西行篇에, '州愼은 支那 春秋時代
　　의 문자에는 매양 朝鮮을 州愼·肅愼·稷愼 혹 息愼으로 역한 바, 州愼은
　　곧 朝鮮을 가리킨 것'이라 했다. 紀元 四二五六年六月卅日(大正十二年,
　　1923. 6. 30)에 金敎默 先生이 編修 再刊한 ≪神檀實記(初版 紀元 四二四七
　　年二月卄日)≫ 12面에 '昔孔子在陳, 有隼集于陳侯之庭而死, 楛矢石砮貫

曰會稽之山.[106] 因傳國政, 休養萬民, 國號曰夏后. 封有功, 爵有德, 惡無細
而不誅, 功無微而不賞. 天下喁喁,[107] 若兒思母子歸父, 而留越. 恐羣臣不
從, 言曰: "吾聞食其實者, 不傷其枝. 飲其水者, 不濁其流. 吾獲覆釜之
書,[108] 得以除天下之災, 令民歸於里閭,[109] 其德彰彰[110]若斯, 豈可忘乎?"
乃納言聽諫, 安民治室. 居[111]靡山, 伐木爲邑,[112] 劃作印, 橫木[113]爲門, 調
權衡,[114] 平斗斛,[115] 造井示民, 以爲法度. 鳳凰[116]棲於樹, 鸞鳥[117]巢於側,
麒麟[118]步於庭, 百鳥佃於澤. 遂已耆艾[119]將老, 歎曰: "吾晏歲年暮, 壽將
盡矣, 止絶斯矣." 命羣臣曰: "吾百歲之後,[120] 葬我會稽之山. 葦椁桐棺,[121]

    之, 其長尺有咫. 陳惠公, 使人問孔子, 曰隼之來遠矣, 此肅愼氏之矢也. 唐虞
日息愼, 殷周曰肅愼, 亦曰稷愼, 漢以後曰挹婁, 元魏曰勿吉, 唐曰靺鞨……'
이라 했다.

106) [會稽之山] 글자대로 풀이하면, '모여서 머리를 숙이는 산'이라는 뜻. 이 산에
    서 神書를 얻은 禹가 후에 이 산에 諸侯들을 불러모아 州愼의 功을 기려 제
    사를 올리고 여러 제후들의 功을 헤아리며, 산 이름을 '會稽'라고 바꾼 것.
107) [喁喁용용] 웃사람의 德을 기리고 우러러 따르는 것.
108) [覆釜之書] 釜山에서 얻은 金簡靑玉의 神書.
109) [里閭이려] 사람이 사는 마을.
110) [彰彰창창] 밝게 드러남.
111) [居] 爲와 仝.
112) [邑] 國都. ≪春秋左傳－莊公二十八年≫: '凡邑, 有宗廟先君之主曰都, 無
    曰邑'라고 하였다.
113) [劃作印, 橫木爲門] '堯鼓舜木(舊唐書 褚亮傳)'의 故事와 관련이 있는 것으
    로 보인다. 堯임금은 북을 걸어두어 백성들이 諫하는 말을 아뢰게 했고 舜
    임금은 箴木을 세워 백성들이 하고자 하는 말을 써서 諫하게 했다. ≪詩－
    陳風≫ 毛傳에 '賦也, 衡門橫木爲門也, 門之深者, 阿塾堂宇…'라고 했다.
114) [權衡권형] 權은 저울추. 衡은 저울대.
115) [平斗斛평두곡] 斗는 한 말. 斛은 十斗. 調와 平은 모두 '조절한다'는 뜻으로
    쓰인 對句이다. 이 때 度量衡을 통일했음을 알 수 있다.
116) [鳳凰] 예로부터 瑞鳥로 일컬어지는 새. 수컷은 鳳이라 하고 암컷은 凰이라
    한다. 聖君의 정치가 행해지면 나타난다고 한다.
117) [鸞鳥란조] 五彩가 섞인 깃털에 五音을 갖춘 鳳凰과 비슷한 새. ≪說文≫에,
    '鸞, 亦神灵之精也. 赤色五彩鷄形, 鳴中五音.'이라 했다.
118) [麒麟기린] 太平聖代를 나타내는 瑞獸. 麒는 수컷, 麟은 암컷. ≪史記索隱≫
    에, '雄曰麒, 雌曰麟. 其狀糜身, 牛尾, 狼蹄, 一角.'이라 했다.
119) [耆艾기애] 늙은 나이. 耆는 六十歲, 艾는 五十歲.

≪墨子≫曰: "禹葬會稽, 衣裘三領, 桐棺三寸." 穿壙[122]七尺, 下無及泉, 墳高三尺, 土階三等. 葬之後, 曰無改畝.[123] 以爲居之者樂, 爲之者苦." 禹崩之後, 衆瑞竝去. 天美禹德, 而勞其功, 使百鳥還爲民田, 大小有差, 進退有行, 一盛一衰, 往來有常.

禹崩, 傳位與益. 益服三年, 思禹未嘗不言. 喪畢, 益避禹之子啓[124]於箕山之陽.[125] ≪史記≫註劉熙曰: "嵩高之北." 諸侯去益而朝啓曰: "吾君帝禹子也." 啓遂卽天子之位, 治國於夏, 遵禹貢之美, 悉九州[126]之土, 以種五穀, 累歲不絶. 啓使使以歲時春秋而祭禹於越, 立宗廟於南山之上.[127]

禹以下六世, 而得帝少康.[128] 少康恐禹祭之絶祀, 乃封其庶子於越, 號曰

---

120) [吾百歲之後] 내가 죽은 후.

121) [葦槨桐棺위곽동관] 갈대로 엮은 槨과 오동나무 棺. 槨은 外棺.

122) [穿壙천광] 壙中을 팜. 壙中은 棺이 들어갈 자리.

123) [葬之後曰無改畝장지후왈무개묘] 顧廣圻고광은이 錄影녹영한 宋鈔本에는 '曰'을 '田'이라 했다. 해마다 제사를 모시기 위해 농사를 짓는 墓에 딸린 밭. ≪越絶書≫에는, '…壇高三尺, 土階三等, 延袤一畝연무일무, 단의 높이는 석자로 하고, 흙은 삼단으로 쌓으며, 墓田의 넓이는 一畝로 하라'고 했는데 이는 墓田을 최소화하여 검소하게 하라는 말. 延袤연무는, '밭두둑의 길이'.

124) [啓계] 禹의 아들. ≪韓非子≫ 外儲說右외저설우 下에, '則載潘壽之言曰: 古者禹死, 將傳天下于益, 啓之人因相與攻益而立啓. 今王信愛子之, 將傳國子之, 太子之人盡怀印인진부인, 爲子之之人無一人在朝廷者. 王不幸棄群臣, 則子之亦益也.'라고 했다.

125) [箕山之陽] 箕山의 남쪽.

126) [九州] 禹임금이 治水를 하면서 중국을 아홉 개 州로 나눈 데서 九州라 부르게 되었다. 梁나라 周興嗣 ≪千字文≫에, '九州禹跡, 百郡秦幷'이라 했다.

127) [南山之上] 終南山. 지금의 浙江省절강성 紹興市소흥시 동남쪽. ≪詩經≫ 信南山篇에, '信彼南山, 維禹甸之유우전지, 畇畇原隰, 曾孫田之, 我彊我理, 南東其畝.'라고 했다.

128) [少康] 夏나라 重興主. 한 때 后羿후예와 寒浞한착에게 빼앗겼던 夏나라를 다시 찾아 禹의 뒤를 이었다. 禹우를 이어 천자의 자리에 나아간 啓계는 農事를 奬勵장려하고 四時[四季]에 따라 우임금의 祭祀를 받들어 올렸다. 在位 9年만인 78歲에 啓가 죽자 계의 아들 太康태강이 천자의 자리에 나아갔는데 매일 같이 사냥에만 열중하였다. 백성들의 怨聲원성은 높아만 갔고 제후들 또한 태강을 못마땅히 여기게 되었다. 재위 29年이 되던 해 태강은 사냥을 나갔다가 夏나라 地境 밖으로 벗어나게 되었는데 평소 태강의 失政을 못마

無余.129) 余始受封, 人民山居, 雖有鳥田之利,130)<地理志>: "山上有禹井, 禹祠. 相傳下有羣鳥耘田也." ≪水經≫註: "鳥爲之耘, 春拔草根, 秋啄其穢." 租貢纔給宗廟祭祀之費. 乃復隨陵131)陸而耕種,132) 或逐禽鹿而給食. 無余質朴, 不設宮室之飾, 從民所居. 春秋祠禹墓於會稽.≪皇覽≫曰: "禹冢在會稽山上." 無余傳世十餘, 末君微劣, 不能自立, 轉從衆庶爲編戶之民.133) 禹祀斷絶, 十有餘歲, 有人生而言語, 其

땅히 여기던 有窮國유궁국의 제후 后羿후예는 黃河에서 태강이 돌아가는 길을 막아서 태강을 쫓아내고 동생인 中康을 천자의 자리에 나아가게 하였다. 后羿는 堯임금때부터 활을 잘 쏘기로 유명했던 신하인데 여기서 말하는 후예는 요임금 때에 활을 잘 쏘았던 후예와는 다른 사람일 것이라고 하는 說도 있다. 그러나 요임금 이후 여러 임금의 재위 年代는 舜임금 50年, 禹임금 10年, 啓 9年, 太康 29年, 中康 13年으로서 모두 111年인데 대체로 지금보다 長壽했던 당시 壽命을 감안하면 요임금 때의 후예가 이 때까지 살아 있었던 것으로 보아도 좋을 것이다. 中康이 誠實하게 나라를 다스리다 13年만에 죽으니 중강의 아들 相이 천자의 자리에 나아갔다. 그러나 이때는 이미 天子의 實權이 有窮國의 后羿후예에게 넘어가 있었으므로 相은 天子로서의 權威도 없었고 뜻대로 政事를 펼치기도 어려웠다. 相은 后羿에게 쫓겨 夏나라의 都邑을 商丘상구로 옮겼는데 相을 商丘로 쫓아낸 后羿도 사냥과 활쏘기에 빠져 政事를 돌보지 않다가 결국 부하인 寒浞한착에게 죽음을 당했다. 相은 한착을 피해 斟灌짐관으로 도망쳤다가 다시 帝邱로 옮겼으나 寒浞은 斟灌짐관의 제후를 滅한 후 相까지 죽였다. 相은 在位 28年만에 죽음을 당했는데 이 때 아기를 姙娠임신하고 있던 相의 妃 有緡氏유민씨는 하수구를 통해 有仍유잉으로 도망쳐 상의 아들인 少康을 낳고 키웠다. 少康은 나이가 차서 22歲의 청년이 되자 有虞氏유우씨의 땅으로 가서 有虞氏의 도움을 받아 寒浞한착을 討滅토멸해 죽이고 다시 夏나라를 일으켜 세웠다. 이 때가 西紀前 2079年경으로 少康이 40歲되던 해이고 相이 죽은 후 41年, 太康이 쫓겨난 지 81年만이었다. 여기 기록한 在位年代는 服喪期間까지 포함하였으며 ≪書經≫과 朝鮮 英祖朝 50年에 徐命膺서명응이 편찬한 ≪皇極一元圖≫ 등의 年代를 참조하였다.

129) [無余] 古代 越나라 始祖. 少康의 아들.
130) [鳥田之利] ≪論衡≫에, '會稽 지방에는 새 떼가 많은데 새 떼가 밭에 내려앉아 새[鳥] 쑥을 쪼아먹는 것이 마치 김을 매는 것처럼 보여서 鳥耕조경이라 하는데 舜田, 禹田이라고도 한다.'고 했다.
131) [隨陵수릉] 땅의 생김생김을 좇아.
132) [耕種경종] 씨를 뿌려 농사를 짓는 것.
133) [編戶之民] 일반 백성.

語曰,134) “鳥禽呼!135)” 嘅喋嘅喋,136) 指天向禹墓曰: “我是無余君之苗末.137) 我方修前君祭祀, 復我禹墓之祀, 爲民請福於天, 以通鬼神之道.” 衆民悅喜, 皆助奉禹祭, 四時致貢. 因共封立, 以承越君之後, 復夏王之祭, 安集鳥田之瑞, 以爲百姓請命. 自後稍有君臣之義, 號曰無壬.138) 壬生無瞫,139) 瞫專心守國, 不失上天之命. 無瞫卒, 或爲夫譚.140) 夫譚生元常.141)元當作允. 常立, 當

---

134) [曰구] 漢魏總書本에는 '日'로 되어 있다.

135) [鳥禽呼조금호] 새들이 지저귀는 말. ≪論語－公冶長篇공야장편≫ 皇侃황간 義疏의소에, "따로 一書가 있어 ≪論釋논석≫이라 한다. ≪論釋≫에 이르기를, 公冶長이 衛나라에서 돌아오는데 두 나라 國境에 이르니 새들이 서로 부르는 소리가 들리는데, '애들아! 淸溪에 가서 죽은 사람고기를 먹자.'고 하였다. 잠시 후 한 할미를 만났는데 길에서 구슬피 哭을 하고 있었다. 공야장이 다가가 물으니, '며칠 前 아이가 집을 나갔는데 지금까지 돌아오지 않고 있습니다. 아마도 죽은 것 같은데 그 있는 곳을 알지 못합니다.' 공야장이 말했다. '조금 前 새들이 서로 부르는 소리를 들으니, 淸溪에 가서 죽은 사람고기를 먹자하는데 아마도 할미의 아이인가 보오.' 할미가 가 본즉 아이를 찾기는 했으나 이미 죽어 있었다. 이에 公冶長을 邑吏읍리에게 告發했다. 邑吏가 公冶長을 잡아 가두고 물었다. '어째서 사람을 죽였는가.' '새들이 서로 부르는 소리를 듣고 알았을 뿐 사람을 죽이지는 않았소.' '당장 시험해 보리라. 만약 정말로 새들의 말을 알아듣고 풀이한다면 풀어 주리라.' 邑吏는 제비새끼를 갈무리하고 공야장에게 말했다. '저 제비들이 무어라하는지 알아맞춰 보시오.' 공야장이 제비들의 지저귀는 소리를 듣고 말했다. '내가 사람들이 먹는 곡식을 훔쳐 먹는 것도 아니고 사람에게 해코지 하는 것도 아닌데 어째서 내 새끼를 훔쳐다 감추는 것이오?' 공야장은 제비들이 하는 말을 邑吏에게 그대로 풀이해 주었고, 그 후에도 멧돼지와 제비의 말을 풀이하게 하는 등 여러 번의 시험을 거친 후에야 풀려날 수 있었다. 別有一書, 名爲論釋. 云, 公冶長從衛還魯. 行至二堺上, 聞鳥相呼, '往淸溪食死人肉.' 須臾見一老嫗, 當道而哭. 冶長問之, 嫗曰: '兒前日出行, 于今不反, 當是已死亡, 不知所在.' 冶長曰: '向聞, 鳥相呼, 往淸溪食肉, 恐是嫗兒也.' 嫗往看卽其兒, 已死, 卽嫗告. 村司問冶長, '何以殺人?' 冶長曰: '解鳥語, 不殺人.' 主曰: '當試之. 若必解鳥語, 便相放也.' 云云. 後又解猪及燕語屢驗, 於是得放."

136) [嘅喋연첩] 새들이 지저귀는 소리.

137) [苗末] 아득히 먼 後孫.

138) [無壬] 古代 越나라 군주.

139) [無瞫무석] 古代 越나라 군주.

140) [夫譚] '譚담'은 '譯석'의 誤記가 아닌가 한다.

吳王壽夢,142) 諸樊,143) 闔閭144)之時. 越之興覇, 自元常矣.≪越世家≫ “二十餘世,
至於允常.” 高氏≪越史≫曰: “夏自少康至桀凡十二世.” 按少康元年壬午至周敬王元年壬午, 凡一千
五百六十一年. 吳之伐越, 見≪春秋-昭公三十二年≫, 敬王十年也, 至是一千五百七十年矣. 越之傳
國至於元常, 何止二十餘世耶?.

◇　◇　◇　◇

　　堯임금이 죽자 禹는 3年동안 喪服을 입고 자신의 부모님께서 돌아가
신 듯 낮에는 슬프게 哭하고 밤에는 눈물을 흘리며 서럽게 흐느껴 울음
소리가 끊어지지 않았다.

　　요임금은 舜에게 禪位선위했는데 순임금은 우를 薦擧천거하여 大禹대우
라 부르게 하고 벼슬을 올려 백성을 가르치고 敎化하는 司徒의 벼슬을
맡겨 안에서는 임금을 돕게 하고 밖으로는 九伯이 되게 하여 여러 제후
를 다스리게 했다.

　　순임금은 죽으면서 우에게 禪位할 것을 命했는데 우는 3년 동안 服喪
하느라 몸은 여위고 말랐으며 얼굴과 눈빛은 검고 生氣가 없었다. 우는
천자의 자리를 순임금의 아들 商均적균에게 양보하고 물러나 陽山 남쪽
에 있는 외진 산기슭에서 살았다. 그러나 백성들은 적균을 따르지 않고
우가 살고 있는 곳으로 좇아왔는데 마치 새들이 한꺼번에 하늘로 날아
오르고 물고기들이 떼 지어 연못에 헤엄치는 것 같았다. 백성들은 낮이
면 노래하고 밤이면 읊조리며 높은 곳에 올라 부르짖었다.

---

141) [元常] 古代 越나라 군주. 句踐의 父王. ≪史記≫에는 允常이라 했다.
142) [壽夢] 吳나라 君主. 吳나라는 수몽 때부터 歷年이 있었다.
143) [諸樊저번] 春秋時代 吳나라 군주. 수몽의 맏아들. 光의 아버지. 在位 13년
　　 (西紀前 560～西紀前 548).
144) [闔閭합려] 春秋時代 吳나라 군주. 이름은 光. 諸樊저번의 아들. 四寸인 王僚
　　 를 죽이고 군주의 자리에 올라 覇者가 되었으나 檇里취리에서 越나라에 패
　　 해 후퇴하던 중 취리에서 7里 떨어진 陘형에서 죽었다. 在位 19년(西紀前
　　 515～西紀前 497).

"伯禹께서 저희들을 버리시면 저희들은 누구를 추대해야 합니까?"

禹는 3년간의 服喪을 마치고 나서 백성들을 불쌍히 여겨 부득이 天子의 자리에 올랐다. 3년 동안의 功을 살펴서 공 있는 신하는 상주고 자리를 높여 주었으며 게으른 신하는 罰벌을 주어 내 쫓았다. 우는 천자의 자리에 오른지 5년 만에 政事가 安定되니 천하를 두루 巡行하여 다시 越땅에 돌아왔다.

茅山모산에 올라 사방의 신하를 朝聘하여 九州의 제후에게 보이는데 防風氏가 늦게 도착했다. 이에 방풍씨를 斬하여 여러 제후에게 보이니 천하의 제후가 모두 우에게 복종하게 되었다.

여러 제후와 크게 會計를 열어 治國之道를 논의했다. 마음속으로는 滄水使者창수사자를 보내 釜山에서 金簡靑玉의 神書를 주어 通水之理를 가르쳐준 州愼의 공을 기리고, 겉으로는 聖德으로써 天心에 보답한다는 것을 나타내기 위해 茅山의 이름을 바꾸어 會稽山회계산이라 불렀다.

천하의 제후를 平定하고나서 바르게 國政을 펴고 백성들을 쉬게 하여 사랑으로 기르며 國號를 夏后라고 불렀다. 공 있는 신하는 제후로 봉하고 德 있는 신하에게는 벼슬을 주었다. 罪가 없거나 가벼운 자는 벌주지 않았고, 공이 없거나 공이 작은 자에게는 상을 주지도 않았다. 천하의 백성들은 禹의 德을 稱頌하여 우러르며 따르니 마치 아이가 어머니를 생각하는 것 같고, 아들이 아비에게 돌아오는 것과 같았다. 우는 자기가 월 땅에 머물러 있으면 여러 신하들이 반대하여 따르지 않을까 두려워하여 말했다.

"나는 들으니, 나무 열매를 먹는 자는 그 가지를 꺾지 않으며, 물을 마시는 자는 그 냇물을 더럽히지 않는다 하오. 나는 復釜山부부산에서 金簡靑玉의 神書를 얻어 천하의 災殃재앙거리였던 洪水의 해를 없애 백성들로 하여금 그 살던 마을에 다시 돌아와 살게 했소. 이곳 월 땅에서 神書를 전해 通水之理의 방법을 일러준 州愼의 德은 彰彰창창히 밝아서 이와 같으니 어찌 그 덕을 잊을 수 있겠소?"

우는 여러 신하와 백성이 諫하는 말을 듣기 위해 安民治室을 만들었다. 나무를 伐木하고 산을 깍아내려 國邑을 만들고, 邑의 印信을 새긴 나무를 가로질러 문으로 삼았다. 저울鍾추와 저울대를 調定하고 斗升두승과 斛곡을 통일하며 井田을 만들어 백성들을 가르치고 이로서 度量衡의 標準으로 삼도록 했다.

禹의 治世가 安定되니 나무에는 鳳凰이 날아오고 곁에는 鸞鳥난조가 날아와 둥지를 틀었다. 宮殿 뜰에는 麒麟기린이 노닐고 못가에는 여러 종류의 새들이 날아와 모이를 쪼며 노래하니 세상은 太平하고 편안했다.

우임금도 마침내 나이 들어 늙으니 嘆息탄식하여 말했다.

"나도 이제 나이가 많으니 머지않아 壽命이 다해 죽게 될 것이다."

우는 여러 신하들에게 命했다.

"내가 죽은 후 나를 會稽山에 葬事지내도록 하라. 덧널[外棺]은 갈대로 엮어 오동나무로 內棺을 만들고 穿壙천광[穴]은 일곱자로 하라. 壙中광중의 깊이는 밑에서 샘이 솟지 않을 만큼만 파고 封墳봉분의 높이는 석자로 하여 三段으로 쌓으라. 葬事 후에는 祭祀제사용 墓田의 불필요한 땅을 최소화하여 검소하게 하고 묘제畝制[墓制]를 고치지 말라. 묘제를 고치지 않으면 죽은 자가 편안할 것이며, 고치면 죽은 자가 편안하지 못할 것이다."

우임금이 죽은 후 여러가지 祥瑞로운 徵兆징조도 함께 떠나버렸다. 다만 하늘은 우임금의 德이 이룬 功勞를 기려 여러 새들은 백성의 民田으로 돌아가 농사짓는 일을 도와 耕種경종145)하게 했다.

사람의 일에는 크고 작은 것의 差異차이가 있고, 나아가고 물러남에는 行함이 있으며, 한 번 盛하면 한 번 衰쇠하니 가고 오는 것은 사람에게 늘 있는 일인 것이다.

禹임금은 죽으면서 天子의 자리를 傳해 伯益에게 물려주었는데 백익은 3년동안 服喪하며 우의 恩惠를 기려 한 번도 말을 하지 않았다. 3년의 복상을 마치자 백익은 우의 아들 啓계를 피해 箕山의 남쪽으로 가서 살았다.

제후들은 백익을 떠나 계를 찾아가서 말했다.

"돌아가신 先帝 禹의 아들이 우리 임금이다."

---

145) 논밭을 갈아 穀食곡식을 심음.

백성들이 계를 추대하니 계는 마침내 천자의 자리에 나아가게 되었다. 계는 夏나라를 다스리며 우임금의 덕을 높이 받들어 기리고 九州[中國]에 모두 五穀을 심어 농사를 짓게 하고 여러 해 동안 후손들에게 나라를 전해 끊어지지 않게 하였다. 계는 使者를 越 땅에 보내 해마다 때가 되면 봄, 여름, 가을, 겨울로 우임금의 祭祀를 받들어 올리게 하고 南山 위에 우임금의 宗廟를 세워 받들게 했다.

禹임금 이후 6世가 지나 少康이 后裔후예와 寒浞한착에게 빼앗겼던 帝位를 다시 찾았다. 소강은 우임금의 제사가 끊어질 것을 두려워하여 그 庶子를 월나라에 封했는데 이름을 無余라고 했다.

무여가 처음 越 땅에 封해졌을 때 사람들은 산에서 살고 있었다. 백성들에게 비록 鳥田[耘田]의 소득은 있었으나 백성들이 바치는 租稅는 겨우 우임금의 宗廟에 祭祀를 받들어 올리기에도 벅찰 정도였다.

무여는 다시 땅의 높고 낮은 생김생김을 따라 밭을 갈고 씨앗을 뿌려 農事를 지으며 가끔 사슴과 짐승들을 잡아서 먹기도 하였다. 무여는 質朴하여 宮室도 짓지 않은 채 사는 곳을 꾸미지도 않고 백성들이 거처하는 곳과 똑 같이 하여 살며 會稽山의 우임금 墓에 제사를 받들었다.

무여가 죽고 10餘世를 傳했는데 대를 이은 後孫이 현명하지 못해 스스로 제후의 자리를 지킬 수 없었으므로 백성들을 따라 평민 속에 섞여 살아가게 되었다.

禹임금의 宗廟에 祭祀가 끊어진지 10餘年이 지난 후 어떤 사람이 태어나면서부터 말을 했다. 그의 말에, '새들을 부르는 소리'가 있었는데, 그는 연신 새처럼 지저귀면서 손으로 하늘을 가리키며 禹임금의 墓를 향해 말했다.

"나는 진정 無余王의 苗裔묘예다. 내가 바야흐로 前君의 宗廟를 封築봉축하여 우리 前君의 제사를 다시 받들고 백성을 위해 하늘에 福을 빌어 이로써 鬼神의 道에 통하게 하겠다."

여러 백성들이 모두 기뻐하며 禹의 祠堂에 제사 올리는 것을 도와 四時[四季]에 맞추어 租稅를 바치고, 그 사람을 세워 越나라 後嗣후사를 잇게 하여 여러 해 동안 끊겼던 우임금의 제사도 받들어 올리게 하니 鳥田의 祥瑞상서로운 일들이 다시 모이고 백성들은 命을 받들어 이 때부터 君臣 간의 義가 있게 되었다.

연첩은 號를 無壬이라 했는데 무임은 無睪무석을 낳았다.

무임이 죽고 무석이 왕위에 나아가자 무석은 오로지 마음을 다해 나라를 지키고 위로 하늘의 天命을 잃지 않았다. 무석이 죽었는데 無睪을 혹 夫譚부담이라고도 했다.

夫譚은 元常을 낳았는데 부담이 죽자 元常이 왕위에 올랐다. 이 때 吳나라는 吳王 壽夢수몽, 諸樊저번, 闔閭합려가 오나라를 다스리던 시절이었는데 越나라가 覇者로서 일어나기 시작한 것은 元常 때부터다.

◈ 참　고

1. ≪莊子－天下篇≫

≪墨子－稱道≫曰: "昔者禹之湮洪水, 決江河而通四夷九州也. 名山三百, 支川三千, 小者無數. 禹親自操橐耜而九雜天下之川. 腓無胈, 脛無毛. 沐甚風, 櫛疾雨, 置萬國. 禹大聖也, 而形勞天下也如此. 使後世之墨者, 多以裘爲衣, 以跂蹻爲服, 日夜不休, 以自若爲極, 曰不能如此, 非禹之道也, 不足爲墨."

2. ≪國語－魯語≫ 下

客曰: "防風何守也?" 仲尼曰: "汪芒氏之君也. 守封, 嵎之山者也, 爲漆姓. 在虞, 夏, 商爲汪芒氏, 于周爲長狄, 今爲大人."

3. ≪史記－孔子世家≫

吳伐越墮會稽, 得骨節專車. 吳使使問仲尼, "骨何者最大?" 仲尼曰: "禹致群神於會稽山. 防風氏後至, 禹殺而戮之. 其節專車, 此爲大矣." 吳客曰: "誰爲神?" 仲尼曰: "山川之神, 足以綱紀天下, 其守爲神, 社稷爲公侯, 皆屬於王者." 客曰: "防風何守?" 仲尼曰: "汪罔氏之君, 守封禺之山. 爲釐姓, 在虞, 夏商爲汪罔, 於周爲長翟, 今謂之大人." 客曰: "人長幾何?" 仲尼曰: "僬僥氏三尺, 短之至也. 長者不過十之數之極也." 於是吳客曰: "善哉! 聖人"

4. ≪史記－越王句踐世家≫

越王句踐其先禹之苗裔. 而夏后帝少康之庶子也, 封於會稽, 以奉守禹之祀. 文身斷髮, 披草萊而邑焉. 後二十餘世至於允常.

吳越春秋　句踐入臣外傳　第七

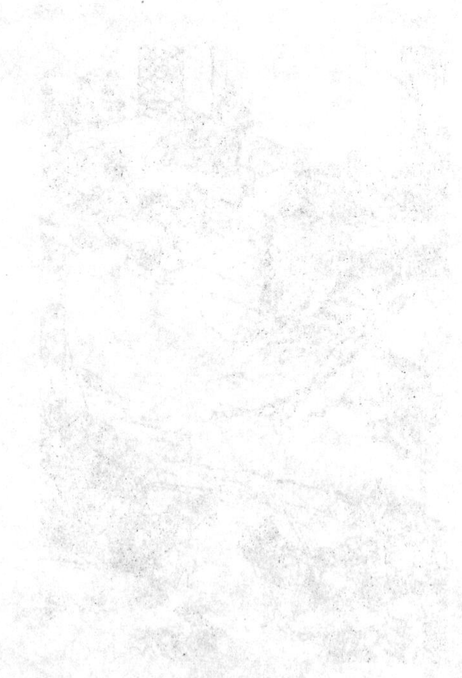

◇　◇　◇　◇

[7－01] 越王句踐¹⁾五年五月, 與大夫種,²⁾ 范蠡³⁾≪呂氏春秋≫ 高誘解, "范蠡楚

---

1) [句踐구천] 春秋時代 越나라 군주. 吳王 夫差부차에게 패해 會稽山회계산에서
   抗戰했으나 결국 吳나라에 끌려가 노예가 되었는데 병든 夫差의 똥까지 맛
   보며 부차를 섬긴 끝에 겨우 살아 돌아올 수 있었다. 그 후 겉으로는 吳王을
   섬기는 척하면서 복수를 준비해 二十여년 만에 夫差를 죽이고 吳나라를 멸
   해 원수를 갚았다.
2) [大夫 種] 大夫 文種. 楚나라 南陽의 官吏. 후에 越王 句踐을 섬겨 會稽之恥
   를 씻게 하고 霸業을 이루게 했으나 句踐의 꺼리는 바 되어 죽음을 당했다.
3) [范蠡범려] 春秋時代 越나라 大夫. 字는 小伯. 楚나라 南陽사람. ≪呂氏春秋≫
   高誘고수의 풀이에는 三戶사람이라 했다. 句踐이 吳나라와의 전쟁을 시작할
   때 범려는 이를 말렸으나 越나라가 敗하자 越王과 함께 포로가 되어 吳나라
   臣僕이 되어 奴隷노예생활을 했다. 三年 만에 풀려나 越나라에 돌아오자 君臣
   이 함께 切齒銘骨하여 二十여년 만에 吳나라를 滅하고 원수를 갚았다. ≪史
   記≫ 越王句踐世家 正義에 다음과 같은 기록이 있다. "≪會稽興錄≫에 이르
   기를, 범려는 字를 少伯이라 하는데 越나라 上將軍이다. 본래 楚나라 宛완고
   을 三戶사람인데 거짓으로 미친 체하며 세상의 俗習을 따르지 않았다. 文種
   이 宛令이 되었을 때 官吏를 보내 찾아뵙고 받들게 하였는데 관리는 돌아와
   서 말했다. '범려는 우리 고을의 미친 사람인데 태어나면서부터 이 병이 있
   었다고 합니다.' 문종이 웃으면서 말했다. '나는 듣기를, 어질고 俊秀한 바탕
   을 지닌 선비는 거짓으로 미친 체하여 諷刺풍자를 품고 있다고 하더라. 속에
   는 홀로 현명함을 지녔으면서도 겉으로는 아직 못하는 척 하는 것이니 이는
   여러분이 굳이 알 바가 아니다.' 문종이 수레를 타고 범려를 찾아가니 범려
   는 문종을 피해버렸다. 후에 문종이 반드시 다시 올 것을 알고 그 兄嫂형수를
   뵙고 말하기를, '오늘은 손님이 올 것이니 衣冠을 한 벌 빌려 주십시오.' 얼마
   후 문종이 당도하니 손을 잡고 談笑하는데 보는 이들도 삼가 敬聽경청했다고
   하였다.(≪史記≫ 越王句踐世家正義, 引會稽興錄云, "范蠡字少伯. 越之上將
   軍也. 本是楚宛三戶人, 佯狂倜儻負俗. 文種爲宛令, 遣吏謁奉, 吏還曰: "范蠡本
   國狂人, 生有此病." 種笑曰: "吾聞士有賢俊之姿, 心有佯狂之譏. 內懷獨見之
   明; 外有不知之毁. 此固非二三子之所知也." 駕車而往, 蠡避之, 後知種之必來.
   謁謂兄嫂曰: "今日有客, 願假衣冠." 有頃種至, 抵掌而談, 旁人觀者, 聳聽之
   矣.)"
   ≪史記≫ 越王句踐世家에, '范蠡는 吳나라와의 싸움에서 이긴 후 相國이 되어

三戶人也, 字少伯. 大夫種, 姓文氏, 字會, 楚之鄒人." 按鄒本邾子之國, 此云楚之鄒人, 蓋鄒爲楚所幷爾. 又太史公《素王妙論》曰: "范蠡本南陽人."《列仙傳》云: "徐人.《索隱》曰: "大夫官, 種名也. 一云, 大夫, 姓, 猶司馬, 司空之比." 今按: 大夫官名. 如以爲姓也, 則大夫逢同, 大夫皐如等, 豈皆其姓耶? 入臣於吳. 羣臣皆送至浙江[4]之上, 臨水祖道,[5] 祖餞行也. 軍陣固陵.[6] 范蠡敎兵城也.《水經》註: "浙江又逕固陵城北, 昔范蠡築城於浙江之濱, 言可以固守謂之固陵. 今之西陵也." 卽今西興. 大夫文種前爲祝, 其詞曰: "皇天祐助, 前沈後揚. 禍爲德根, 憂爲福堂. 威人者滅, 服從者昌. 王雖牽致, 其後無殃. 君臣生離, 感動上皇. 衆夫哀悲, 莫不感傷. 臣請薦脯,[7] 行酒二觴.[8]" 越王仰天太息, 擧杯垂涕,[9] 默無所言. 種復前祝曰: "大王德壽, 無疆無極. 乾坤受靈, 神祗輔翼. 我王厚之, 祉祐[10]在側. 德銷百殃, 利受其福. 去彼吳庭, 來歸越國. 觴酒旣升, 請稱萬歲." 越王曰: "孤承前王餘德, 守國於邊, 幸蒙諸大夫之謀, 遂保前王丘墓.[11] 今遭辱耻, 爲天下笑, 將孤之罪也? 諸大夫之責也? 吾不知其咎, 願二三子[12]論其意." 大夫扶同[13]《史記》作逢同. 曰: "何言之鄙也! 昔湯[14]繫於夏臺,[15]《史－夏紀》"桀曰: 吾悔不遂殺湯於夏臺."《索隱》: "夏臺, 獄名, 夏曰

돌아왔으나 더 욕심내지 않고 五湖로 들어가서 三江口로 빠저나와 齊나라로 가서 鴟夷子皮치이자피라고 이름을 바꾼 후 몸을 숨겨 바닷가에서 농사를 지으며 數十萬金을 모았다. 齊나라에서 그 현명함을 알고 相國으로 삼으로 하자 재산을 친구와 마을 사람들에게 모두 나누어주고 다시 몸을 숨겨 宋나라 陶도 땅으로 가서 자리를 잡았다. 이 곳에서도 장사를 잘해 엄청난 재산을 모았고 사람들은 그를 陶朱公이라 불렀다'고 하였는데 本書에는 그 간 곳을 아는 이가 없다고 하였다. 적당한 때 물러나지 않고 越王 곁에 남아 있다가 죽음을 당한 文種과 對照的이다.

4) [浙江절강] 古代 水名. 강굽이가 많아 浙江이라 했으며 新安江과 蘭溪난계가 합쳐져 東北으로 흐르면서 浙江 또는 桐江, 富春江, 錢塘江전당강 등으로 불린다.

5) [祖道] 먼 여행길에 무사함을 비는 儀式을 行하는 것.

6) [固陵고릉] 古代 월나라 地名.

7) [薦脯천포] 자신의 몸을 안주 삼아 바침.

8) [行酒二觴행주삼상] 두 잔 술을 쳐서 告祀를 지냄.

9) [垂涕수체] 눈물이 어려 앞을 가림.

10) [祉祐지우] 하늘의 신령이 돕는 福.

11) [丘墓구묘] 先王의 墓와 宗廟.

12) [二三子] 여러분. 또는 두 세 사람.

13) [扶同부동] 春秋時代 越나라 大夫.《史記》에는 逢同봉동이라 했다.

均臺. 皇甫謐云, 地在陽翟.” 伊尹16)不離其側. 文王17)囚於石室,18)≪地理志≫: “河內
湯陰有羑里城, 西伯所拘處.” 此云石室, 疑卽所囚之室也. 羑音酉. 太公19)不棄其國. 興衰
在天, 存亡繫於人. 湯改儀而媚於桀,20) 文王服從而幸於紂.21) 夏22)殷23)恃

---

14) [湯] 商나라 始祖. 姓은 子氏, 이름은 履리. 처음에 夏나라 桀王에 의해 夏臺
　　라는 獄에 갇히는 바 되었으나 桀에게 많은 寶玉을 바친 후 풀려났다. 이후
　　伊尹을 등용하여 桀王을 멸하고 王業을 일으켰다. 湯이 임금이 된 후 7년 동
　　안 너무도 심한 가뭄이 들자 卜官복관이 사람을 犧牲희생으로 바쳐서 제사를
　　지내야 한다고 했다. 湯은 '비를 내려달라고 비는 것은 백성을 위한 일인데
　　사람을 바쳐야 비를 오게 할 수 있다면 나를 바치겠소.'하고는 자신의 머리
　　카락과 손톱을 잘라 이를 희생으로 제사를 지내니 비가 내렸다고 한다. 禹의
　　治水와 湯의 故事에서 '九年治水, 七年大旱'이라는 말이 생겨났다. 梁 周興
　　嗣 ≪千字文≫에는 商 湯王과 周 武王의 故事를 가리켜 '弔民伐罪 周發殷
　　湯'이라 했다.
15) [夏臺] 湯임금이 갇혔던 夏나라 監獄. 물을 채운 地下 감옥이라고 한다.
16) [伊尹이윤] 이름은 摯지. 商나라 湯王의 신하. 처음에는 桀王의 요리사였다고
　　하는데 걸왕에게 쓰이지 못하자 有莘氏유신씨의 나라로 물러났다. 有莘氏의
　　딸이 湯에게 시집갈 때 媵臣잉신으로 따라가서 湯에게 등용되어 王業을 도왔
　　다. 후에 湯王의 孫子인 太甲이 放逸방일하여 政事를 돌보지 않자 湯임금의
　　墓가 있는 桐宮에 軟禁하고 억지로 喪服을 입혀 先王의 墓를 돌보며 懺悔참회
　　하게 했다. 僞古文尙書에는 太甲이 3년 만에 뉘우쳐 다시 亳박 땅으로 모셔와
　　伊尹을 卿士로 삼아 善政을 폈다고 했으나 古墨齋藏板本 ≪竹書紀年≫ 太甲
　　七年條에, '王은 몰래 桐宮에서 빠져나와 伊尹을 죽였다. 七年王潛出自桐, 殺
　　伊尹.'고 하였다.
17) [文王] 周나라 始祖. 姓은 姬氏, 이름은 昌. 어질고 효성이 지극했으며 그 德
　　行을 듣고 天下의 諸侯가 率賓하여 왔다.
18) [石室] 지하 감옥.
19) [太公] 姜水에서 일어나 姜으로 姓을 삼았으며 후에 呂려 땅에 封받아 呂로
　　氏를 삼았다. 이름은 尙. 字는 子牙. 俗稱 姜太公이라 한다. 나이 七十이 되
　　도록 뜻을 얻지 못해 朝歌에서 밥장사를 했는데 渭水의 支流인 磻溪반계에서
　　낚시질을 하던 중 周 文王을 만나 王業을 도왔으며 文王이 죽은 후에는 그
　　아들 武王을 도와 殷은을 滅하고 周를 일으켜 세우는 데 功을 세웠다. 후에
　　지금의 山東省 일대인 齊나라에 封해졌다.
20) [桀걸] 夏나라 마지막 王. 姓은 姒氏사씨, 이름은 履癸이규. 용감하고 잘생긴 軒
　　軒丈夫헌헌장부였으나 妹喜말희에 빠져 政事를 돌보지 않았고 연못을 파서 술
　　을 채운 酒池를 만들었다. 桀걸王과 紂주王의 亂行에서 '酒池肉林'이라는 故

力而虐二聖, 兩君屈己以得天道. 故湯王不以窮自傷, 周文不以困爲病." 越王曰: "昔堯[24]任舜,[25] 禹[26]而天下治, 雖有洪水之害, 不爲人灾. 變異不及於民, 豈況於人君乎?" 大夫苦成[27]曰: "不如君王之言. 天有曆數, 德有薄

事가 생겨났다.

21) [紂주] 殷나라 마지막 王. 姓은 子氏, 이름은 辛. 寵姬총희 妲己달기에 빠져 政事를 돌보지 않았으며 충신 比干을 죽였고 商容을 귀양 보냈다. 酒色에 빠져 고기를 숲처럼 달아매 놓고 벌거벗은 채 그 사이를 뛰어 다니며 놀았다고 한다. 周 文王이 民心을 얻는 것을 꺼려하여 文王을 羑里유리의 石室에 가두었으나 文王의 신하들이 珍貴한 여러 寶物을 구해 바치자 文王을 풀어주었다. 후에 文王의 아들 武王에게 죽음을 당하고 殷나라도 망했다.

22) [夏] 古代 國名. 禹가 세운 苗族의 나라.

23) [殷] 古代 國名. 湯이 夏를 멸하고 세운 東夷의 나라. 처음에는 商이라 했으나 22代 盤庚 때인 西紀前 1401년경 殷 땅으로 都邑을 옮긴 후 殷이라 불렀다. 찬란한 문화를 꽃피웠다. 殷墟의 胛骨文이 漢字의 淵源이라는 것은 알려진 바와 같다. ≪中國文藝思潮史略≫(p.32. 1974. 10. 朱維之. 臺北 地平線出版社)에 따르면 "殷이 망하면서 남쪽으로 흘러온 殷의 東夷文化를 楚나라가 이어받아 大成했다.[代表古代南方文化的是東夷族(商殷也屬於這民族－參看林惠祥中國民族史" 和楚民族, 而楚却承接了東夷文化而集其大成.)]"고 하였다.

24) [帝堯] 중국의 古代 帝王. 姓은 伊, 이름은 放勳. ≪史記≫에는 放勳을 堯임금의 이름이라 했는데 書傳을 編纂한 蔡沈은, '放勳은 큰 공훈'이라고 했다. 堯임금은 帝嚳제곡 高辛氏의 아들이다. 그 어머니는 陳鋒氏의 딸 慶都氏인데 붉은 龍에 感應하여 十四개월 만에 堯를 낳았다고 한다. 十七歲에 諸侯들의 추대로 天子의 자리에 올랐으며 平陽에 도읍했다. 在位 百年(西紀前 2358년～西紀前 2258년), 壽百十七歲. 처음에 陶와 唐에 封받아 陶唐氏라고도 한다.

25) [舜] 古代 帝王. 姓은 姚요이름은 重華. 눈동자가 두 개였다 함. 虞 땅에서 태어나 虞舜이라고도 하며 嬀水규수에서 일어나 이로써 氏를 삼았는데 孝誠이 지극했다고 한다. 음악에도 뛰어나 南風歌를 지어 부르기도 했다. '南風之薰兮, 可以解吾民之慍兮, 南風之時兮, 可以阜吾民之財兮.' ≪孟子≫:에는, '舜生於諸馮, 遷於負夏, 卒於鳴條, 東夷之人也.'라고 했고, ≪論語≫ 述而篇에는, '孔子는 齊나라에 가서 舜임금의 韶소를 듣고 감동하여 석 달간이나 고기 맛을 잊었다'고 했다.

26) [禹] 古代 苗族인 夏나라 始祖. 이름은 文命. 당시 온 나라의 근심거리였던 洪水를 다스려 堯임금의 신임을 받아 司空이 되었고 舜임금 때는 司徒가 되었다. 堯임금에게서 '姒姓사성'을 下賜받았다.

厚. 黃帝28)不讓, 堯傳天子. 三王臣殺其君,29) 五霸子弑其父.30) 德有廣狹,
氣有高下. 今之世, 猶人之市, 置貨以設詐, 抱謀以待敵. 不幸陷厄, 求伸而
已. 大王不覽於斯, 而懷喜怒." 越王曰: "任人者不辱身, 自用者危其國. 大
夫皆前圖未然之端,31) 傾敵破讎, 坐招泰山之福. 今寡人守窮若斯, 而云湯,
文困厄後必覇, 何言之違禮儀? 夫君子爭寸陰而棄珠玉.32) 今寡人冀得免於
軍旅之憂, 而復反係獲獲當作於.敵人之手, 身爲僕隷,33) 妻爲僕妾,34) 往而不

---

27) [苦成] 春秋時代 越나라 大夫.
28) [黃帝] 漢族의 祖宗으로 推仰되는 古代 帝王. 姓은 公孫氏. 軒轅헌원 땅에 살았
   다하여 號를 軒轅이라 한다. 후에 姬水에 살았다하여 姬氏라고도 한다. ≪抱
   朴子≫에, '黃帝는 동쪽의 靑丘에 이르러 風山을 지나던 중 紫府자부선생을 뵙
   고 三皇內文을 받아 이로써 여러 신들의 이름을 새겼다. 黃帝東到靑邱, 過風
   山紫府先生, 受三皇內文, 以刻名萬神.'고 했다.
29) [三王臣弑시其君] 三王의 시대에는 신하가 군주를 弑시하는 일이 있었음. ≪史
   記≫ 周 本紀에, '周 武王은 몸소 殷 紂王주왕과 그 寵姬 妲己의 머리를 斬해
   그 머리를 大태백旗에 달았다.'고 했다. ≪史記-太史公自序≫에 "春秋之中弑
   君三十六, 亡國五十二, 諸侯奔走不得保其社稷者不可勝數, 察其所以皆失其本已.
   故易曰: 失之毫釐差以千里. 故曰: 臣弑君子弑父非一旦非一夕也."라고 하였다.
30) [五霸子弑시其父] 五霸의 시대에는 자식이 아비를 弑시하는 일이 있었음. ≪春
   秋左傳≫ 魯 文公 元年(西紀前 626)에, '楚나라 太子 商臣이 太子宮에 배치된
   군사를 동원해 父王인 成王을 포위했다. 成王은 곰발바닥 요리를 먹고 죽게
   해 달라고 사정했지만 商臣은 父王의 請을 들어주지 않았고 成王은 목을 매
   자결했다.'고 하였다.
31) [未然之端] 事端사단이 아직 일어나기 전. 本書 句踐伐吳外傳에, '未萌之端'
   이라 했고, ≪說苑≫ [689] 17-1에, '范蠡去越而易名, 智過去君弟而更姓,
   皆見遠識微, 而仁能去富勢, 以避萌生之禍者也.'라고 했다.
32) [珠玉] ≪說文≫에, '珠, 蚌방之陰精也'라고 했는데, '玉에는 五德이 있다. 潤
   澤하면서 따뜻한 것은 어진 것의 법이고; 潤澤한 表面을 들여다보고 속까지
   알 수 있는 것은 義의 법이요; 그 소리가 울려 멀리까지 은은하게 들리는 것
   은 지혜로운 것의 법이며; 굽히지 않으면서 꺾어지는 것은 勇의 법이요; 날
   카로우면서도 기교를 부리지 않는 것은 깨끗한 것의 법이다. 有五德; 潤澤以
   溫, 仁之方也; 鰓理自外可以知中, 義之方也; 其聲舒揚專以遠聞, 智之方也,
   不橈而折, 勇之方也; 銳廉而不技, 絜之方也.'라고 했다.
33) [僕隷용예] 남에게 매인 奴隷.
34) [僕妾복첩] 물을 깃고 청소 등을 하는 여자 종.

返, 客死敵國. 若魂魄有,_{此下當有知字.}愧於前君. 其無知, 體骨棄損. 何大夫之言, 不合於寡人之意?” 於是大夫種范蠡曰: “聞古人曰: 居不幽, 志不廣, 形不愁, 思不遠. 聖王賢主, 皆遇困厄之難, 蒙不赦之恥, 身拘而名尊, 軀辱而聲榮, 處卑而不以爲惡, 居危而不以爲薄. 五帝德厚, 而³⁵⁾而當作無.窮厄之恨, 然尙有泛濫之憂._{此下疑有闕文} 三守暴困之辱,³⁶⁾ 不離三獄之囚, 涕泣而受冤,³⁷⁾ 行哭而爲隷, 演易作卦,³⁸⁾司馬遷≪書≫西伯拘而演≪周易≫. 天道祐之. 時過於期, 否終則泰. 諸侯竝救王命, 見符³⁹⁾朱鬣, 玄狐,⁴⁰⁾太公≪六韜≫曰: “商王拘周伯昌於羑里, 太公與散宜生以金千鎰求天下珍物, 以免君之罪. 於是得犬戎氏文馬, 豪毛朱鬣, 目如黃金, 名雞斯之乘.” 又≪淮南子≫曰: “散宜生以千金得驪虜之乘, 玄玉百穀, 大貝百朋, 玄豹, 黃熊, 靑犴, 白虎, 文皮千合獻紂, 以免西伯羑里之囚.” 此云玄狐當作玄豹. 輔臣結髮,⁴¹⁾ 折獄破械, 反國修德, 遂討其讎. 擢假海內,⁴²⁾ 若覆手背, 天下宗之, 功垂萬世. 大王屈厄, 臣誠盡謀. 夫截骨之劍, 無削劚之利;⁴³⁾ 陷鐵之矛,⁴⁴⁾ 無分髮之便; 建策之士, 無暴興之說. 今臣遂天文,⁴⁵⁾ 案墜籍,⁴⁶⁾ 二氣共萌, 存亡異處.

---

35) [五帝德厚而] 五帝는 黃帝·顓頊·帝嚳·帝堯·帝舜. 여기서는 五帝 中 舜임금을 말하는 듯. 徐天祜는 ‘而는 無와 같은 뜻’이라고 했다.

36) [三守暴困之辱] 앞에 五帝와 관련된 내용으로 보아 ‘三’字 다음에 ‘王’字가 있는 것이 마땅하지 않은가 한다. ‘三’자를 ‘王’의 譌와字로 보기도 한다. 北京圖書館 所藏本 ≪吳越春秋≫에는 ‘困’을 ‘因’이라고 표기해 있다.

37) [受冤수원] 원통함을 당함. 당시 文王의 맏아들 伯邑考는 인질이 되어 殷나라에 와 있었는데 紂王은 伯邑考를 煮殺자살해 그 肉湯을 文王에게 보내 마시게 했다.

38) [爲隷演易作卦위예연역작괘] 司馬遷은, ‘西伯이 羑里에 갇혔을 때 ≪易≫을 演述하고 六十四爻를 만들었다.(司馬遷書, 西伯拘而演周易.)’고 했다.

39) [見符현부] 祥瑞로운 징조가 나타남. 符는 상서로움.

40) [朱鬣玄狐주렵현호] 붉은 갈기의 名馬와 검은 표범. 本書 漢魏叢書本에는, ‘玄’을 ‘元’이라 했는데 이는 淸나라 康熙帝의 이름인 ‘玄燁’의 ‘玄’을 避諱하고자 함이다.

41) [結髮결발] 婚姻하는 날 밤 男左女右로서 함께 머리를 묶어 서로의 마음을 나타내는 의식. 여기서는 이를 인용하여 太公이나 散宜生 등이 文王을 모신 “한 마음 한 뜻”의 뜻으로 쓰였다.

42) [海內] 중국. 온 天下와 같은 뜻.

43) [無削劚之利삭철지리] 아무리 날카로운 寶劍이라도 물건을 깎고 다듬는 데는 그 편리함이 특별나지 않다는 말.

44) [陷鐵之矛함철지모] 강한 철로 만든 창.

彼興則我辱, 我覇則彼亡. 二國爭道, 未知所就. 君王之危, 天道之數, 何必自傷哉? 夫吉者, 凶之門, 福者, 禍之根. 今大王雖在危困之際, 孰知其非暢達之兆哉?” 大夫計硯47)≪越絶書≫硯作倪. ≪史記－貨殖傳≫ “越王句踐困於會稽之上, 乃用范蠡, 計然.” 註徐廣曰: “計然者范蠡之師也, 名研. 故諺曰: 研桑心筭.” 裴駰案: “≪范子≫曰: 計然者, 葵丘濮上人, 姓辛氏, 字文子, 其先晋國亡公子也. 南游於越, 范蠡師事之. 蔡謨曰: 蠡所著書名計然, 蓋非也. ≪漢書－古今人表≫: 計然列在第四. 倪與研聲相近而相亂耳.”曰: “今君王國於會稽, 窮於入吳, 言悲辭苦, 羣臣泣之, 雖則恨淚之心, 莫不感動. 而君王何爲謾辭譁說, 用而相斯? 臣誠不取.” 越王曰: “寡人將去入吳, 以國累諸侯大夫, 願各自述, 吾將屬焉.48)” 大夫皐如49)曰: “臣聞大夫種忠而善慮, 民親其知, 士樂爲用. 今委國一人, 其道必守. 何順心佛命羣臣?”佛符勿切. 大也. ≪詩≫ 佛時仔肩. 音弼. 註亦作大. 言一人足矣, 何必從心所欲, 大命羣臣也.” 大夫曳庸≪左傳≫作后庸, ≪國語≫作舌庸.曰: “大夫文種者, 國之梁棟,50) 君之爪牙.51) 夫驥不可與匹馳,52) 日月不可竝照, 君王委國於種, 則萬綱千紀無不擧者.” 越王曰: “夫國者, 前王之國. 孤力弱勢劣, 不能遵守社稷, 奉承宗廟. 吾聞父死子代, 君亡臣親. 今事棄諸大夫, 客官53)於吳, 委國歸民, 以付二三子,54) 吾之由也, 亦子之憂也. 君臣同道, 父子共氣, 天性自然. 豈得以在者盡忠, 亡者爲不信乎? 何諸大夫論事一合一離, 令孤懷心不定也? 夫推國任賢, 度功績成者, 君之命也. 奉教順理, 不失分去聲者, 臣之職也. 吾顧諸大夫以其所能,

---

45) [邃天文] 天文을 살피고 窮究하다. ≪漢書≫ 藝文志 集注에, '邃, 猶究也'라고 했다.

46) [案墜籍안추적] 徐乃昌의 ≪吳越春秋札記≫에는 '墜'를 '墜'라 했는 데 '墜'는 '地'의 古字. ≪字彙≫ 土部에, '墜, 古文地字'라고 했다. ≪楚辭≫ 王褒왕포의 九懷에, '天門兮墜戶, 孰由兮賢者?'라고 했다.

47) [計硯] 計硯은 范蠡범려의 스승 計然과는 다른 사람. '計硯은 여러 大夫들중 가장 나이 어리고 官職이 낮았다'고 하였다.

48) [屬焉속언] 焉'은 '囑'과 同.

49) [皐如고여] 春秋時代 越나라 大夫. 후에 文種을 모함에 빠뜨려 죽게 함.

50) [梁棟] 棟梁과 같음. 대들보.

51) [爪牙조아] 손톱과 어금니. 꼭 필요한 신하.

52) [匹馳필치] 짝을 지어 달리게 함.

53) [客官] '官'은 '宦'의 譌字. '宦'은 '僕'과 소.

54) [二三子] 여러분.

而云委質而已. 於乎! 悲哉!” 計硯曰: “君王所陳者, 固其理也. 昔湯入夏, 付國於文祀.[55] 西伯之殷, 委國於二老.[56] 今懷夏將滯,[57] 志在於還. 夫適市之妻敎嗣糞除,[58] 出亡之君勅臣守禦. 子問以事, 臣謀以能. 今君往欲士之所志, 各陳其情, 擧其能者, 議其宜也.” 越王曰: “大夫之論是也. 吾將逝矣, 願願下當有聞字諸君之風.” 大夫種曰: “夫內修封疆之役,[59] 外修耕戰之備,[60] 荒無遺土, 百姓親附, 臣之事也.” 大夫范蠡曰: “輔危主, 存亡國, 不恥屈厄之難, 安守被辱之地, 往而必反, 與君復讎者, 臣之事也.” 大夫苦成曰: “發君之令, 明君之德, 窮與俱厄, 進與俱覇, 統煩理亂, 使民知分,去聲. 臣之事也.” 大夫曳庸曰: “奉令受使, 結和諸侯, 通命達旨, 賂往遺來, 解憂釋患, 使無所疑, 出不忘命, 入不被尤, 臣之事也.” 大夫皓[61]進曰: “一心齊志,[62] 上與等之, 下不違令, 動從君命. 修德履義, 守信溫故, 臨非決疑, 君誤臣諫, 直心不撓, 擧過列平,[63] 不阿親戚, 不私於外, 推身致君, 終始一分, 臣之事也.” 大夫諸稽郢[64]曰: “望敵設陣, 飛矢揚兵, 履腹涉屍, 血流滂滂,[65] 貪進不退, 二師相當, 破敵攻衆, 威凌百邦, 臣之事也.” 大夫皐如曰: “修德行惠, 撫慰百姓, 身臨憂勞, 動輒躬親, 弔死存疾, 救活民命. 蓄陳儲新, 食不二味, 國富民實, 爲君養器,[66] 臣之事也.” 大夫計硯曰: “候天察地, 紀歷陰陽,[67]

---

55) [文祀] 商 湯王의 신하. ≪墨子≫에, ‘湯임금은 伊尹이윤과 仲虺중훼 두 노인에게 나라를 부탁했다.(二老付於國, 伊尹仲虺)’고 했다.

56) [二老] 散宜生과 閎夭굉요.

57) [懷夏將滯회하장체] 盧文弨는 ‘夏’를 ‘憂’의 뜻으로 보았고 孫詒讓은 ‘懷夏’는 ‘還夏답하’가 아닌가 한다고 하였는데 孫詒讓說을 따른다. ≪爾雅－釋言≫에, ‘還’은 ‘逮’와 통한다고 하였고, ≪方言≫에, ‘還’은 ‘迨태’와 통한다고 했다. 蔣光煦의 ≪斠補隅錄 吳越春秋≫에, ‘滯는 遷의 뜻으로 쓰였다’고 했다.

58) [糞除분제] 몸을 닦아 깨끗이 함.

59) [封疆之役봉강지역] 국경안의 일. 內治를 다져 軍備를 튼튼히 하는 것.

60) [耕戰之備경전지비] 밭 갈고 농사지어 앞으로 있을 전쟁에 대비함.

61) [大夫 皓] 春秋時代 越나라 大夫.

62) [齊志] 뜻을 가지런히 함. 한 마음으로 단결함.

63) [列平] 다스림을 公正히 함. ≪廣雅≫ 釋詁에, ‘列, 治也’라고 했다.

64) [諸稽郢제계영] 春秋時代 越나라 大夫. ≪國語－吳語≫에, ‘越王許諾乃命諸稽郢行成於吳’라고 했는데 韋紹 注에 ‘諸稽郢越大夫’라고 했다. ≪史記≫ 越王句踐世家에는 柘稽자계라고 했다.

65) [血流滂滂혈류방방] 피가 철철 넘쳐 흐르는 모양.

觀變參災,[68] 分別妖祥,[69] 日月含色, 五精錯行,[70] 福見之吉, 妖出知凶, 臣之事也." 越王曰: "孤雖入於北國, 爲吳窮虜, 有諸大夫懷德抱術, 各守一分, 以保社稷, 孤何憂焉?" 遂別於浙江[71]之上, 羣臣垂泣,[72] 莫不咸哀.[73] 越王仰天歎曰: "死者, 人之所畏. 若孤之聞死, 其於心胸中曾無怵惕.[74]" 遂登船徑去, 終不返顧.

◇　◇　◇　◇

越王 句踐 5年 5월, 월왕은 大夫 文種, 相國 范蠡범려 등과 함께, 吳나라에 入臣하기 위해 羣臣군신이 모두 浙江절강에서 錢別儀式을 행하며 水神에게 祭祀를 지냈다. 固陵고릉에 軍陣을 벌려 세우고 대부 문종이 먼저 祝願하여 말했다.

"하늘의 上帝께서 도우시어 먼저 잠긴 후 興旺흥왕하게 하소서. 禍화가 변하여 德의 根本이 되게 하시며, 근심은 변하여 福의 집이 되게 하소서. 威壓위압하는 자는 멸망케 하시고, 服從하는 者는 繁昌번창하게 하소서. 우리 대왕께서 비록 지금은 끌려가시더라도 그 후에는 災殃이 없게 하소서. 君臣간에 지금은 생이별 할지라도 上帝께서 感動하사 서로 만나게 하소서. 백성들은 슬픔에 젖어 마음이 傷하지 않은 이가 없나이다. 請건대 臣의 몸을 脯포[고기를 말린 안주]로 드려 두 잔 行酒

---

66) [養器] 무기 등을 갖추어 軍備를 기름.
67) [紀歷陰陽] 하늘의 曆數. ≪書經≫ 洪範篇에, '五紀; 一曰歲, 二曰日, 三曰月, 四曰星辰성신, 五曰曆數'라고 했다.
68) [參災삼재] 水災, 風災, 火災.
69) [妖祥] 妖邪스런 징조와 祥瑞로운 징조.
70) [五精錯行오정착행] 五星(火, 水, 木, 金, 土)이 交行하여 運行하는 것.
71) [浙江절강] 古代 水名. 강굽이가 많아 浙江이라 했으며 新安江과 蘭溪가 합쳐져 東北으로 흐르면서 浙江 또는 桐江, 富春江, 錢塘江 등으로 불린다.
72) [涕泣체읍] 눈물이 쏟아져 흐르는 모양.
73) [咸哀함애] 슬픔을 머금음. 四庫全書本에는, '感哀'라고 했다.
74) [怵惕출척] 두려워하고 근심함.

를 치나이다."

월왕은 하늘을 향해 크게 탄식하며 盞잔을 들어올렸으나 눈물이 앞을 가려 아무런 말도 할 수 없었다. 文種이 다시 축원하여 말했다.

"우리 대왕 德壽가 無疆無極무강무극하소서. 한없이 크고 길어 하늘과 땅의 靈氣를 받으시고 뭇 神靈의 도움이 우리 대왕의 德을 두텁게 하소서. 우리 대왕 곁에서 하늘이 도우시어 백가지 災殃재앙을 消滅소멸케 하시고, 하늘이 내리는 복을 받게 하소서. 萬福이 저 吳나라 宮廷궁정을 떠나 越나라에 돌아오게 하소서. 잔을 쳐서 드리오니 바라건대 萬歲를 부르게 하소서."

越王이 말했다.

"나는 前王께서 남기신 功德을 이어받아 邊方에 있는 나라를 지키며 다행히 여러 대부의 智謀를 힘입어 마침내 前王의 宗廟를 保存해 왔습니다. 그런데 이제 恥辱치욕을 당해 천하의 웃음거리가 되었으니 이것은 나의 허물일까요? 여러 대부의 죄일까요? 나는 이렇게 된 허물을 알지 못하니 여러분께서는 각기 그 마음속의 생각을 말해 보도록 하오."

大夫 扶同이 말했다.

"대왕께서는 어찌 그렇게 스스로 賤하게 낮추어 말씀하십니까? 옛날 湯 임금은 夏나라 桀王걸왕에게 잡혀 夏臺하대의 감옥에 갇혔으나 伊尹이윤은 그 곁을 떠나지 않았으며, 周 文王도 殷나라 紂王주왕에게 잡혀 石室에 갇혔으나 太公은 周나라를 버리지 않았습니다. 나라가 興하고 衰쇠하는 것은 하늘의 정하신 曆數에 있는 것이고, 나라의 存亡은 사람의 노력에 달린 것입니다. 탕임금은 儀表를 바꾸어 걸왕에게 順從하는 척 했고, 문왕도 주왕에게 服從하여 목숨을 지킬 수 있었습니다. 夏나라 桀王걸왕과 殷은나라 紂王주왕은 힘을 믿고 탕왕과 문왕 두 聖人을 虐待학대했지만 두 분 군주께서는 잠시 몸을 숙임으로써 天道를 얻을 수 있었습니다. 그래서 탕왕은 窮僻궁벽함으로써 傷하지 않았으며, 문왕께서는 困逼곤핍함으로써 病을 삼지 않았습니다."

越王이 말했다.

"옛날 堯임금께서는 舜순과 禹우를 任用하여 천하를 다스리니 비록 洪水의 害는 있었으나 人災는 아닙니다. 하늘의 變異변이는 백성에게도 미치지 않았거늘 하물며 人君에게 이겠습니까?"

대부 苦成이 나서서 말했다.

"대왕의 말씀하시는 바는 사실과 같지 않습니다. 하늘에는 曆數[天道]가 있고 德에는 두텁고 얇음이 있습니다. 黃帝는 蚩尤치우와 천하를 다투어 辭讓함이 없었으며, 堯임금은 천자의 자리를 舜에게 禪讓선양했습니다. 三王의 시대에는 신하로써 그 임금을 죽인 일이 있었고, 五覇의 時代에는 자식이 그 아비를 죽인 일도 있었습니다. 德에는 넓고 좁음이 있고 氣勢에는 높고 낮음이 있습니다. 지금 세상에는 오히려 사람들이 저자에 財貨를 쌓아둔 채 서로를 속이고, 갖은 모책을 꾸며 대처하고 있습니다. 불행히 위험에 빠지면 빠져나오려 할 뿐인데 대왕께서는 이런 것을 보지 않으시고 마음에 喜怒를 품고 계십니다."

越王이 말했다.

"군주로서 신하들을 잘 任用해 일을 맡기는 사람은 몸이 辱되지 않으며, 스스로 政事를 멋대로 하는 이는 나라를 危殆위태롭게 한다고 합니다. 대부들께서 變故의 싹이 일어나기 전에 먼저 謀策을 도모하여 적을 기울게 하고 怨讐를 깨치며 태산의 福을 불렀는데, 지금 과인은 이와 같이 窮厄궁액에 빠져 湯王과 文王이 困厄을 당한 후 覇業을 이룬 것을 말하고 있으니 무슨 말로 禮儀를 어기겠습니까? 대저 군자는 寸陰을 다투고 珠玉을 버린다고 합니다. 과인은 군사들을 거느리고 吳軍과 싸워 軍旅의 근심에서 벗어날 수 있기를 바랐으나 지금은 반대로 적의 손에 묶이어 몸은 품을 파는 奴隸노예가 되고 妻는 僕妾복첩[종]이 되어 잡혀가니 돌아오지 못하고 敵國에서 客死하게 되어 만약 魂魄에게도 앎이 있다면 前君께 부끄러울 것이며, 앎이 없다면 해골은 草野에 버려져 나뒹굴게 될 것인데 어찌하여 여러 대부의 말씀은 과인의 뜻과 맞지 않습니까?"

대부 문종과 범려가 말했다.

"옛 사람의 말에, '거처하는 곳이 그윽하지 못하고, 뜻이 넓은 곳을 만나지 못하며, 형체는 근심하지 않고, 생각이 멀리 미치지 못하면 聖王이나 賢明한 군주라도 모두 困厄의 어려움을 만나고, 恥辱을 벗어나지 못한다고 합니다. 성왕과 현명한 군주는 몸은 옥에 갇혀도 이름은 높아지고, 몸은 욕을 당해도 聲望은 더욱 빛나며, 몸은 낮은 곳에 있어도 惡해지지 않으며, 삶은 위험 속에 있어도 德이 薄해지지 않는다.'고 합니다. 五帝께서는 덕이 두터워 몸소 窮厄곤액을 겪지는 않으셨지만 오히려 洪水泛濫홍수범람의 근심이 떠나지 않았습니다. 周 文王은 紂王주왕에게 暴困의 辱을 당해 3년 동안 獄살이의 困厄이 떠나지 않았습니다. 冤痛원통함을 받아 통곡을 하는 노예의 몸이면서도 ≪易≫을 저술하고 卦를 그렸던 것입니다. 하늘이 도와 어려운 때를 넘기고 막힌 것이 뚫리자 문왕은 천하를 얻게 되었습니다. 제후들은 함께 문왕을 救하기 위해 달려왔고, 祥瑞로운 징조로서 朱鷺주렵과 玄狐현호[玄豹]가 나타났으며, 신하들은 婚姻하는 新郎 新婦가 서로 머리를 묶는 것처럼 한 마음 한 뜻이 되어 문왕을 구했습니다. 문왕과 신하들은 周나라에 돌아오자 獄을 부수고 木柵을 깨뜨려 德을 닦고 나라를 더욱 富強하게 하여 마침내 그 怨讎를 討滅하고 海內[中國]의 주인 바꾸기를 손등 뒤집는 것 같이 하여 천하의 宗主國이 되었고 功名을 萬世에 드리운 것입니다. 대왕께서 屈辱굴욕과 困厄을 당하시는 동안에도 신들은 至誠으로 智謀를 다할 것입니다. 대저 뼈를 끊을 수 있는 劍이라도 물건을 깍아 내는 削剟삭철의 편리함은 없고, 철을 뚫을 수 있는 날카로운 창이라도 터럭을 쪼개는 편리함은 없으며, 謀策을 세우는 선비라도 갑자기 일어나는 功業의 기쁨은 없습니다. 지금 신이 天文을 살피며 吳越의 墜籍지적[地籍과 쇠]을 살피니 두 氣가 함께 일어나는데 存亡이 각기 달라, 저 吳나라가 일어나면 우리 越나라가 辱을 당하며, 우리 월나라가 覇業을 이루면 저 오나라가 망하게 될 것입니다. 두 나라의 爭覇는 그 이루어질 바를 아직 알 수 없습니다. 군왕의 危殆로움은 天道로써 헤아리는 것인데 하필이면 스스로의 입으로 스스로의 죽음을 말씀하십니까? 대저 吉한 것은 凶한 것이 들어오는 門이요, 福은 禍의 根源입니다. 지금 대왕께서 비록 困厄의 사이에 있으시나 그 困厄이야 말로 끝내 대왕의 것이 아님을 누가 알 수 있겠으며 그것이 장차 대왕께서 일어나시는 暢達창달의 조짐인 줄 어찌 알겠습니까?”

대부 計硯계연이 나서서 말했다.

“지금 군왕의 나라는 會稽에 있고, 몸은 困辱을 당해 吳나라에 入臣하게 되었으니 말은 슬프고 한 마디 한 마디 言辭언사에는 고통이 배어 있습니다. 여러 신하들이 모두 눈물을 흘리니 비록 모두가 恨스럽고 서러운 마음이나 감동하지 않는 이가 없는데 대왕께서는 어찌 공연한 말씀과 알맹이 없는 말씀으로 君臣간에 서로를 속이게 하십니까? 신은 삼가 대왕의 말씀을 받들지 않겠습니다.”

越王이 말했다.

“과인은 이제 吳나라에 入臣하게 되었으니 여러 제후와 대부들께 나라를 맡기고자 합니다. 바라건대 각기 생각하는 바를 말씀해 주시기 바랍니다. 나는 그 말씀에 따라 각기 일을 맡기고자 합니다.”

大夫 皐如고여가 나서서 말했다.

"臣이 들은 바, 대부 文種은 忠誠스럽고 생각이 깊어 백성들을 사랑하고 지혜로운 선비들을 잘 알아서 기꺼이 등용할 것입니다. 지금 한 사람에게 나라를 맡기면 반드시 그 바른 道를 지킬 것인데 하필 여러 신하들에게 각기 大命을 맡기고자 하십니까?"

대부 曳庸예용이 나서서 말했다.

"대부 文種은 나라의 대들보와 같고 군주의 손톱이나 어금니와 같습니다. 대저 하루에 千里를 달릴 수 있는 千里馬라 하여도 짝을 지어 함께 달리게 할 수는 없으며, 해와 달이 함께 비칠 수도 없습니다. 대왕께서 문종에게 나라를 맡기신다면 만개, 천개의 벼리로 엮은 그물로서 나라를 튼튼하게 할 것이니 문종을 薦擧천거하지 않을 수 없습니다."

越王이 말했다.

"대저 이 나라는 前王께서 傳하신 나라인데 우리나라는 힘이 약하고 勢가 강하지 못해 社稷을 지키지 못하고 宗廟를 받들지 못했습니다. 나는 듣기를, '아비가 죽으면 자식이 代를 잇고 군주가 망하면 신하가 뒤를 잇는다.'고 합니다. 지금 나는 越나라의 정사를 여러 대부들에게 맡기고 오나라에 들어가서 노예로서 稱臣하게 되었으니 이는 나로 말미암은 것이요, 그대들의 근심이기도 합니다. 君臣은 같은 길을 가고 아비와 아들은 같은 氣를 받는 것이 天性이며 자연의 理致입니다. 어찌 살아남은 사람만 충성을 다한다 하겠으며, 죽은 사람이라 하여 믿지 않겠습니까? 어찌하여 여러 대부들의 議論하는 일은 한편으로는 뜻이 같고 한편으로는 각기 다르니 나로 하여금 마음을 정할 수 없게 합니다. 대저 賢明한 신하에게 나라를 맡겨 功績을 이루게 하는 것은 군주의 使命이고, 順理의 가르침을 받들어 理致를 따라 본분을 잃지 않게 하는 것은 신하된 이의 職分이라 할 것입니다. 내가 여러 대부들을 돌아보건대 각기 能한 바대로 所任을 맡도록 하는 것이 좋겠습니다. 오호라! 슬프다."

計硯계연이 말했다.

"대왕께서 말씀하신 바는 진실로 그 理致가 옳습니다. 옛날 商의 湯王은 夏나라 桀王에게 잡혀갈 때 文祀에게 나라를 부탁했고 西伯[文王]은 殷의 紂王주왕에게 잡혀갈 때 나라를 두 노인에게 맡겼습니다. 이제 여름에 이르러 떠나시게 된 것은 돌아오시는 데 뜻이 있습니다. 대저 저자에 가는 안주인[妻]은 집에 남아 있는 맘

아들에게 몸가짐을 깨끗이 할 것을 가르치며, 밖에 나가는 군주는 신하에게 나라를 守禦수어해 줄 것을 敎勅교칙하는 것이니, 집에 남아 있는 아들은 섬길 것을 묻고, 남아서 나라를 지키는 신하는 각기 그 能한 것으로 밖에 나가신 군주를 위해 謀策을 세우는 것입니다. 이제 대왕께서는 여러 대부들의 뜻을 듣고자 하시니 대부들은 각기 뜻한 바대로 말씀을 아뢰어 각기 그 實情에 맞는 자신의 能力을 대왕께 아뢰는 것이 마땅한 일입니다.”

월왕이 말했다.

“大夫의 말씀이 옳습니다. 나는 이제 떠나가거니와 여러 대부들의 말씀을 듣고자 합니다.”

대부 文種이 말했다.

“대저 안으로는 나라의 疆土강토를 지키고, 밖으로는 백성들을 열심히 일하게 하여 훗날 있을 전쟁에 대비하며, 荒蕪地황무지가 된 나라의 땅을 백성들에게 맡겨 농사를 짓게 하고 보살피는 것이 臣의 할 일입니다.”

대부 范蠡범려가 말했다.

“危難에 빠진 대왕을 도와서 망한 나라를 다시 일으키며 屈辱굴욕과 困厄곤액의 어려움 속에서도 부끄럽지 않게 하며, 저 困辱의 땅 吳나라에서 대왕을 안전하게 지켜드리고 반드시 돌아오시게 하여 대왕과 함께 다시 원수를 갚는 것이 신의 할 일입니다.”

대부 苦成이 말했다.

“대왕의 令을 펴고 대왕의 德을 밝게 하며 몸소 困厄을 함께 하고 대왕과 함께 나아가 覇業을 이루며 번거로움을 統禦통어하고 어지러움을 다스려 백성들로 하여금 本分을 알게 하는 것이 신의 할 일입니다.”

대부 曳庸예용이 말했다.

“대왕의 영을 받들어 제후들을 和睦하게 結束시켜 대왕의 令이 고루 전해지게 하여 영을 따라 가게도 하고 오게도 하며, 근심을 풀고 걱정을 없이하여 일을 행함에 의심되는 바가 없게 하고, 나가서는 대왕의 命을 잊지 않고 들어와서는 허물을 입지 않는 것이 신의 할 일입니다.”

대부 皓호가 나서서 말했다.

"한 마음으로 뜻을 같게 하고 위로는 벼슬아치들과 아래로는 백성들에 이르기까지 대왕의 영을 어기지 않게 하며, 대왕의 명을 따라 움직여서 덕을 닦고 義를 행하여 옛 교훈을 익혀 믿음을 지키게 하고, 日常事가 아닌 것을 대하면 의심나는 것을 풀어 해결하며, 신하로서 군주의 잘못을 諫하여 바른 마음을 굽히지 않으며, 잘못이 드러나면 공정하게 다스리며, 나랏일에 親戚친척을 가까이하지 않으며, 밖에서는 私事로움을 없이하고, 몸을 대왕께 맡겨 처음과 나중이 한결같게 하는 것이 신의 할 일입니다."

대부 諸稽郢제계영이 말했다.

"敵을 바라보고 陣을 벌려 세우며 화살을 쏘아 敵兵을 날려 보내고, 쓸어진 兵士의 배를 밟고 屍體를 넘어 피가 비처럼 흐르는 싸움터에서 앞으로 나아갈 뿐 뒤로 물러서지 않으며, 두 나라 軍士가 마주칠 때 敵을 깨뜨리고 敵兵을 무찔러 威猛위맹을 萬邦만방에 떨치게 하는 것이 신의 할 일입니다."

대부 皐如고여가 말했다.

"덕을 닦고 은혜를 베풀어 백성들을 어루만져 위로하며, 몸은 백성들의 근심과 괴로움 속에 함께 하여 움직일 때마다 백성들의 辛苦를 느끼며, 죽은 이를 弔問하고 병든 이를 찾아 살펴 백성의 생명을 救하여 일어나게 하며, 防陣을 새롭게 쌓고 食糧을 備蓄하며 두 가지 이상의 음식을 먹지 않고 節儉을 실천해 나라를 殷富은부하게 하며 백성을 알차게 하여 대왕을 위해 兵器를 제조하고 힘을 기르는 것이 신의 할 일입니다."

대부 計硯계연이 말했다.

"天文을 엿보고 地氣를 살펴서 하늘의 曆數와 陰陽의 理致로 천문의 변화와 災殃을 헤아려 妖氣와 祥瑞로움을 분별하며, 日月이 머금은 色과 五精이 번갈아 운행하는 것으로 福의 徵兆징조가 나타나면 吉한 것을 알리며, 요기가 나타나면 凶한 것을 알리는 것이 신의 할 일입니다."

越王이 말했다.

"내 비록 북쪽의 吳나라에 들어가 몸은 捕虜포로가 되어 어려움을 당하지만 여러 대부들께서 덕을 품고 재주를 안아 각기 한 가지씩의 職分을 지켜 社稷을 保存해 주시겠다하니 무엇을 근심하겠습니까?"

월왕은 마침내 浙江 위에서 離別해 떠나가니 여러 신하들이 모두 눈물을 뿌려 슬퍼하지 않는 이가 없었다. 월왕은 하늘을 바라보며 탄식하여 말했다.

"죽음이란 사람의 두려워하는 바입니다. 만약 내가 죽었다는 所聞을 듣더라도 마음속에 깊이 두려워하거나 근심하지 마오."

월왕은 배에 올라 빠르게 떠나가 다시는 돌아보지 않았다.

◆ 참 고

1. ≪春秋左傳 - 哀公 元年≫

吳王夫差敗越于夫椒, 報檇李也. 遂入越, 越子以甲楯五千, 保于會稽, 使大夫種, 因吳太宰嚭以行成. 吳子將許之, 伍員曰: "不可. 臣聞之, 樹德莫如滋, 去疾莫如盡. 昔有過澆殺斟灌, 以伐斟鄩, 滅夏后相. 后緡方娠, 逃出自竇, 歸于有仍, 生少康焉. 爲仍牧正, 惎澆, 能戒之, 澆使椒求之, 逃奔有虞, 爲之庖正, 以除其害. 虞思於是妻之以二姚, 而邑諸綸. 有田一成, 有衆一旅, 能布其德, 而兆其謀, 以收夏衆, 撫其官職, 使女艾謀澆, 使季杼誘豷, 遂滅過戈, 復禹之績, 祀夏配天, 不失舊物. 今吳不如過, 而越大於少康. 或將豊之, 不亦難乎? 句踐能親而務施, 施不失人, 親不棄勞. 與我同壤, 而世爲仇讎. 於是乎克而弗取, 將又存之, 違天而長寇讎. 後雖悔之, 不可食已, 姬之衰也, 日可俟也. 介在蠻夷, 而長寇讎, 以是求伯, 必不行矣." 弗聽. 退而告人曰: "越十年生聚, 而十年敎訓, 二十年之外, 吳其爲沼乎."

2. ≪史記 - 越王句踐世家≫

三年句踐聞吳王夫差日夜勒兵, 且以報越. 越欲先吳未發往伐之. 范蠡諫曰: "不可. 臣聞兵者凶器也, 戰者逆德也, 爭者事之末也. 陰謀逆德, 好用凶器, 試身於所末. 上帝禁之, 行者不利." 越王曰: "吾已決之矣." 遂興師. 吳王聞之, 悉發精兵, 擊越敗之夫椒. 越王乃以餘兵五千人保棲於會稽. 吳王

追而圍之. 越王謂范蠡曰: "以不聽子, 故之於此. 爲之奈何?" 蠡對曰: "持
蒲者與天, 定傾者與人, 節事者以地. 卑辭厚禮以遺之, 不許而身與之市."
句踐曰: "諾." 乃令大夫種行成於吳. 膝行頓首曰: "君王亡臣句踐使陪臣種
敢告, 下執事句踐請爲臣妻爲妾." 吳王將許之. 子胥言於吳王曰: "天以越
賜吳, 勿許也." 種還以報句踐. 句踐欲殺妻子, 燔寶器, 觸戰以死. 種止句踐
曰: "夫吳太宰嚭貪, 可誘以利. 請間行言之." 於是句踐乃以美女寶器, 令種
間獻於吳王. 種頓首言曰: "願大王赦句踐之罪. 盡入其寶器, 不幸不赦, 句
踐將盡殺其妻子, 燔其寶器, 悉五千人觸戰必有當也." 嚭因說吳王曰: "越
以服爲臣, 若將赦之, 此國之利也." 吳王將許之. 子胥進諫曰: "今不滅越,
後必悔之. 句踐賢君, 種蠡良臣. 若反國將爲亂." 吳王弗聽. 卒赦越, 罷兵而
歸. 句踐之困會稽也, 喟然嘆曰: "吾終於此乎?" 種曰: "湯繫夏臺, 文王囚
羑里, 晉重耳犇翟, 齊小白犇莒. 其卒王覇, 由是觀之. 何遽不爲福乎?" 吳
其赦越, 越王句踐反國. 乃苦身焦思, 置膽於坐, 坐臥即仰膽, 飲食亦嘗膽也
曰: "女忘會稽之恥邪?" 身自耕作夫人自織. 食不加肉衣不重采折, 節下賢
人厚遇賓客, 操貧弔死. 與百姓同其勞, 欲范蠡治國政. 蠡對曰: "兵甲之事,
種不如蠡; 鎮撫國家, 親附百姓, 蠡不如種." 於是國政屬大夫種, 而使范蠡
與大夫柘稽行成爲質於吳.

3. ≪史記－吳太伯世家≫

王夫差元年, 以大夫伯嚭爲太宰, 習戰射常以報越爲忘. 二年, 吳王悉精
兵以伐越, 敗之夫椒, 報姑蘇也. 越王句踐乃以甲兵五千人, 棲於會稽. 使大
夫種因吳太宰嚭而行成, 請委國爲臣妾. 吳王將許之, 伍子胥諫曰: "昔有過
氏殺斟灌, 以伐斟尋滅夏后帝相. 帝相之妃后緡方娠, 逃於有仍而生少康.
少康爲有仍牧正, 有過又欲少康, 少康奔有虞. 有虞思夏德, 於是妻之以二
女, 而邑之於綸. 有田一成有衆一旅, 後遂收夏衆撫其官職. 使人誘之遂滅
有過氏. 復禹之績, 祀夏配天. 今吳不如有過之. 疆而句踐大於少康, 今不因
此而滅之. 又將寬之, 不亦難乎? 且句踐爲人, 能辛苦, 今不滅後必悔之."

吳王不聽聽太宰嚭. 卒許越平與盟而罷.

4. ≪史記－伍子胥傳≫

夫差旣立爲王, 以伯嚭爲太宰習戰射, 二年後伐越, 敗越於夫湫, 越王句踐乃以餘兵五千人, 棲於會稽之上. 使大夫種厚幣遺吳太宰嚭以請和, 求委國爲臣妾. 吳王將許之, 伍子胥諫曰: "越王爲人能辛苦. 今王不滅, 後必悔之." 吳王不聽, 用太宰嚭計, 與越平.

5. ≪國語－吳語≫

吳王夫差起師伐越, 越王句踐起師逆之. 大夫種乃獻謀曰: "夫吳之與越唯天所授, 王其無庸戰. 夫申胥華登簡報吳國之士於甲兵, 而未嘗有所挫也. 夫一人善射, 百夫決拾, 勝未可成也. 夫謀必素見成事焉, 而後履之. 不可以授命, 王不如設戎約辭行成, 以善其民. 以廣侈吳王之心, 吾以卜之於天. 天若棄吳, 必許吾成而不吾足也. 將必寬然有伯諸侯之心焉. 旣罷弊其民, 而天奪之食, 安受其燼, 乃無有命矣." 越王許諾. 乃命諸稽郢行成於吳. 曰: "寡君句踐使下臣郢, 不敢顯然布幣行禮, 敢私告於下執事曰: '昔者越國見禍, 得罪於天王. 天王親趨玉趾, 以必孤句踐, 而又宥赦之. 君王之

於越也, 緊起死人而肉白骨也. 孤不敢忘天災, 其敢忘君王之大賜乎? 今句踐申禍無良, 草鄙之人, 敢忘天王之大德? 而思邊垂之小怨, 以重得罪於下執事. 句踐用帥二三之老, 親委重罪, 頓顙於邊. 今君王不察, 盛怒屬兵, 將殘伐越國, 越國固貢獻之邑也. 君王不以鞭箠使之, 而辱軍士使寇令焉. 句踐請盟, 一介嫡女, 執箕箒以晐姓於王宮. 一介嫡男, 奉槃匜以隨諸御. 春秋貢獻不解於王府, 天王豈辱哉之?' 亦征諸侯之禮也, 夫諺曰: '狐埋之而狐搰之, 是以無成功.' 今天王旣封植越國, 以明聞於天下. 而又刈亡之, 是天王之無成勞也. 雖四方之諸侯, 則何實以事吳? 敢使下臣盡辭. 唯天王秉利度, 義焉." 吳王夫差乃告諸大夫曰: "孤將有大志於齊. 吾將許越成, 而無拂吾慮. 若越旣改, 吾又何求? 若其不改, 反行吾振旅焉." 申胥諫曰: "不可許也. 夫越非實忠

心好吳也． 又非懾畏吳兵甲之彊也． 大夫種勇而善謀， 將還玩吾國於股掌之上， 以得其志． 夫固知君王之蓋威以好勝也． 故婉約其辭， 以從逸王志， 使淫樂， 於諸夏之國以自傷也． 使吾甲兵鈍獘， 民人離落， 而日以憔悴． 然後安受吾． 燼夫越王好， 信以愛民， 四方歸之． 年穀時熟， 日長炎炎． 及吾猶可以戰也． 爲虺弗催， 爲蛇將若何？” 吳王曰： “大夫奚隆於越？ 越曾足以爲大虞乎？ 若無越， 則吾何以春秋曜吾軍士？” 乃許之成， 將盟越王． 又使諸稽郢辭曰： “以盟爲有益乎． 前盟口血未乾， 足以結信矣． 以盟爲無益乎？ 君王舍甲兵之威以臨使之． 而胡重於鬼神而自輕也．” 吳王乃許之荒成， 不盟．

6. 《國語－越語》上

越王句踐棲於會稽之上． 乃號令於三軍曰： “凡我父兄昆弟， 及國子姓， 有能助寡人謀而退吳者， 吾與之共知越國之政．” 大夫種進對曰： “臣聞之賈人， 夏則資皮， 冬則資絺， 旱則資舟， 水則資車， 以待乏之也． 夫雖無四方之憂， 然謀臣與爪牙之士， 不可不養而擇也． 譬如蓑笠， 時雨既至必求之． 今君王既棲於會稽之上， 然後乃求謀臣， 無乃後乎？” 句踐曰： “苟得聞子大夫之言， 何後之有？” 執其手而與之謀， 遂使之行成於吳． 曰： “寡君句踐之無所使， 使其下臣種不敢徹聲聞於天王． 私於下執事曰： ‘寡君之師徒不足以辱君矣．’ 願以金玉子女賂君之辱， 請句踐女女於王， 大夫女於大夫， 士女女於士． 越國之寶器畢從． 寡君帥越國之衆， 以從君之師徒， 唯君左右之． 若以越國之罪爲不可赦也， 將焚宗廟， 係妻孥， 沈金玉於江， 有帶甲五千人， 將以致死， 乃必有偶． 是以帶甲萬人事君也， 無乃卽傷君王之所愛乎？ 與其殺是人也， 寧其得此國也， 其孰利乎？” 夫差將欲聽與之成， 子胥諫曰： “不可． 夫吳之與越也， 仇讎敵戰之國也． 三江環之民無所移． 有吳則無越， 有越則無吳矣． 將不可改於是矣． 員聞之， 陸人居陸， 水人居水． 夫上黨之國， 我攻而勝之， 吾不能居其地， 不能乘其車． 夫越國吾攻而勝之， 吾能居其地， 吾能乘其舟． 此其利也， 不可失也已， 君必滅之． 失此利也， 雖悔之必無及已．” 越人飾美女八人， 納之太宰嚭， 曰： “子苟赦越國之罪， 又有美於此者將進之．” 太宰嚭諫曰： “嚭聞言之, 伐國者, 服之而已. 今已服矣, 又何求焉?" 夫差與之成而去.

7. ≪國語－越語≫下

越王句踐卽位, 三年而欲伐吳. 范蠡進諫曰: "夫國家之事, 有持盈, 有定傾, 有節事." 王曰: "爲三者奈何?" 對曰: "持盈者與天, 定傾者餘人, 節事者與地. 王不問蠡不敢言. 天道盈而不溢, 盛而不驕, 勞而不矜其功. 夫聖人隨時以行, 是謂守時. 天時不作, 弗爲人客. 人事不起, 弗爲之始. 今君王未盈而溢, 未盛而驕, 不勞而矜其功. 天時不作而先爲人客, 人事不起而創爲之始, 此逆於天, 而不和於人. 王若行之, 將妨於國家, 靡王躬身." 王弗聽. 范蠡進諫曰: "夫勇者逆德也, 兵者凶器也, 爭者事之末也. 陰謀逆德, 好用凶器. 始於人者, 人之所卒也. 淫佚之事, 上帝之禁也. 先行此者不利." 王曰: "無是貳言也. 吾已斷之矣." 果興師而伐吳, 戰於五湖. 不勝, 棲於會稽. 王召范蠡而問焉曰: "吾不用子之言, 以至於此, 爲之奈何?" 范蠡對曰: "君王其忘之乎? 持盈者與天, 定傾者與人, 節事者與地." 王曰: "與人奈何?" 對曰: "卑辭尊禮, 玩好女樂, 尊之以名, 如此不已. 又身與之市." 王曰: "諾" 乃令大夫種行成於吳曰: "請士女女於士, 大夫女女於大夫, 隨之以國家之重器." 吳人不許. 大夫種來, 而復往曰: "請委管籥屬國家, 以身隨之, 君王制之." 吳人許諾. 王曰: "蠡爲我守於國." 對曰: "四封之內, 百姓之事, 蠡不如種也. 四封之外, 敵國之制, 立斷之事, 種亦不如蠡也." 王曰: "諾." 令大夫種守於國, 與范蠡入官於吳."

8. ≪史記－周本紀≫

武王持大白旗以麾諸侯, 諸侯畢拜武王, 武王乃揖諸侯, 諸侯畢從. 武王至商國, 商國百姓咸待於郊. 於是武王使羣臣告於商百姓曰: "上天降休!" 商人皆再拜稽首, 武王亦答禮. 遂入至紂死所, 武王自射之, 三發而后下車, 以輕劍擊之, 以黃鉞斬紂頭, 懸大白之旗. 已而至紂之嬖妾二女, 二女皆經自殺, 武王又射三發, 擊以劍, 斬以玄鉞, 懸其頭小白之旗. 武王已乃出復軍.

9. ≪春秋左傳－文公　元年≫

初楚子將以商臣爲太子, 訪諸令尹子上. 子上曰: "君之齒末也, 而又多愛, 黜乃亂也. 楚國之擧, 恒在少者. 且是人也, 蜂目而豺聲, 忍人也, 不可立也. 弗聽. 旣又欲立王子職, 而黜太子商臣. 商臣聞之而未察, 告其師潘崇曰: "若之何而察之?" 潘崇曰: "享江芈而勿敬也." 從之. 江芈怒曰: "呼! 役夫. 宜君王之欲殺汝, 而立職也." 告潘崇曰: "信矣." 潘崇曰: "能事諸乎?" 曰: "不能." "能行乎?" 曰: '不能.' '能行大事乎?' 曰: '能.' 冬十月, 以宮甲圍成王. 王請食熊蹯而死, 弗聽. 丁未, 王縊. 謚之曰:靈, 不瞑, 曰:成乃瞑. 穆王立, 以其爲太子之室與潘崇, 使爲太師, 且掌環列之尹.

◇　◇　◇　◇

[7－02] 越王夫人乃據船哭,75) 顧76)烏鵲啄江渚之蝦, 飛去復來, 因哭而歌之曰: "仰飛鳥兮烏鳶,77)　凌玄虛號78)號當作兮.翩翩.79)　集洲渚兮優恣, 啄蝦80)矯翮81)兮雲間. 任厥此闕一字兮82)往還. 妾無罪兮負地, 有何辜兮譴天. 飈飈凡梵兩音. 馬疾步.獨兮西往, 孰知返兮何年. 心惙惙憂也.≪詩≫ "憂心惙惙."兮若割, 淚泫泫83)胡犬切. 淚流貌兮雙懸.84)" 又哀吟曰: "彼飛鳥兮鳶烏, 已迴翔兮

---

75) [船哭] 四庫全書本에는 '哭'字 앞에 '而'字가 있다.
76) [顧고] 四庫全書本에는 '顧'字 뒤에 '見'字가 있다.
77) [鳶연] 소리개.
78) [凌玄虛號능현허호] 넓고 푸른 하늘을 마음껏 날아다니는 모양. '玄'은 '깊다'는 뜻. 漢魏叢書本에는 '玄'을 '元'이라 하였는데 이는 淸나라 康熙帝의 이름인 '玄燁'을 忌諱한 것이다.
79) [翩翩편편] 새들이 가볍게 날아드는 모양.
80) [啄蝦탁하] 새우를 쪼아 먹음.
81) [矯翮교핵] 새들이 깃을 가즉 세우고 편안히 쉬는 모양.
82) [任厥○兮] ○은 '霄'가 아닌가 한다.
83) [泫泫현현] 눈물이 넘쳐흐르는 모양.
84) [雙懸쌍현] 두 볼에 방울지는 눈물.

翁蘇.85)　心在專兮素蝦,　何居食兮江湖?　徊復翔兮游颺,86)　去復返兮於乎!
始事君兮去家,87)　終我命兮君都.　終來遇兮何幸88),幸當作辜.　離我國兮去吳.89)
妻衣褐兮爲婢,　夫去冕兮爲奴.　歲遙遙兮難極,　寃悲痛兮心惻.　腸千結兮服
膺,90)　於乎哀兮忘食.91)　願我身兮如烏,　身翱翔兮矯翼.　去我國兮心搖,　情憤
惋兮誰識."　越王聞夫人怨歌,　心中內慟,　乃曰:"孤何憂?　吾之六翮92)備矣?"

◇　◇　◇　◇

　越王 夫人이 痛哭하며 돌아보니 까마귀와 까치가 부리로 물가의 새우
를 쪼며 날아갔다가 다시 날아오고 하는지라 통곡하며 노래를 불렀다.

仰飛鳥兮烏鳶　　　날으는 새 바라보네 까마귀와 소리개들
앙 비 조 혜 오 연

凌玄虛號翩翩　　　까마득한 하늘 높이 마음껏 날아도네
릉 원 허 호 편 편

集洲渚兮優恣　　　물가의 모래톱에 떼지어 모여 앉아
집 주 저 혜 우 자

喙蝦矯翮兮雲間　　새우를 쪼며 깃을 가즉 세우고 구름 사이 떼 지어
훼 하 교 핵 혜 운 간　날아 솟네

---

85) [翁蘇흡소] 翁은 합하다. 蘇는 새의 꼬리. 새들이 꼬리를 이어 나는 모양.
86) [遊颺유양] 바람을 타고 노니는 것.
87) [去家] 집을 떠남. 여자가 시집가는 것.
88) [終來遇兮何幸] ≪太平御覽≫ 卷之五百七十一에는 '中年過兮何辜?'라고 해
　　 있다.
89) [去吳] ≪太平御覽≫ 卷之五百七十一에는 '去'를 '入'이라 했다.
90) [服膺] 가슴에 새겨둠. "禮記" 中庸篇에 '得一善, 則拳拳服膺, 而弗失之矣.'
　　 라고 했는데 朱熹集注에 '服, 猶著也. 膺, 胸也. 奉持而著, 心胸之間, 言能守
　　 也.'라고 하였다.
91) [忘食] 음식을 먹는 것조차 잊을 만큼 마음이 感愴감창스러운 것.
92) [六翮육력] 날개쭉지. 六翮은 天子를 상징하는 九鼎과 같이 王業을 이룰 여섯
　　 신하들을 갖추었다는 뜻이 아닌가 한다.

任厥兮往還
오 임 궐 상 혜 왕 환　　새들은 허공에 몸을 맡겨 마음껏 오가는데

妾無罪兮負地
첩 무 죄 혜 부 지　　妾은 죄도 없이 정든 산천 떠나가네

有何辜兮譴天
유 하 고 혜 견 천　　무슨 허물 있기에 하늘은 妾을 꾸짖으시나

飆飆獨兮西往
범 범 독 혜 서 왕　　빠르기도 하여라 서쪽으로 가는 길

孰知返兮何年
숙 지 반 혜 하 년　　돌아올 길 누가 알까 몇 년이 걸릴거나

心惙惙兮若割
심 철 철 혜 약 할　　가슴은 찢어질 듯 슬프고 애달퍼라

淚泫泫兮雙懸
루 현 현 혜 쌍 현　　눈물은 철철흘러 두 뺨 위에 흐르네

월왕 부인은 또 다시 울먹이며 노래했다.

彼飛鳥兮鳶烏
피 비 조 혜 연 오　　저기 나는 물새들 소리개와 까마귀

己廻翔兮翕蘇
기 회 상 혜 흡 소　　빙빙 돌아 나누나 꼬리 따라 노니네

心在專兮素蝦
심 재 전 혜 소 하　　마음은 오직 하나 싱싱한 새우일세

何居食兮江湖
하 거 식 혜 강 호　　어디에 둥지 틀고 江湖에 살아갈까

徊復翔兮游颺
회 복 상 혜 유 양　　빙빙 돌아 다시 나네 바람 타고 노니누나

去復返兮於乎
거 복 반 혜 어 호　　오호라 날아가서 다시 또 날아오네

始事君兮去家
시 사 군 혜 거 가　　처음으로 님을 섬겨 집 떠나 시집와서

終我命兮君都
종 아 명 혜 군 도　　이 몸이 죽기까지 家君을 섬겼는데

終來遇兮何幸
종 래 우 혜 하 행　　마침내 닥쳐온 것 이 무슨 불행인가

離我國兮去吳
리아국혜거오
내 고향 산천 떠나서 吳나라에 잡혀가네

妻衣褐兮爲婢
처의갈혜위비
아내는 베옷 입어 천한 종 婢妾비첩 되고

夫去冕兮爲奴
부거면혜위노
남편은 冕冠면관 벗어 종奴가 되는구나

歲遙遙兮難極
세요요혜난극
세월 아득한데 끝없을 손 艱難간난이여

冤悲痛兮心惻
원비통혜심측
冤痛원통하고 悲痛비통해 마음 더욱 서러웁네

腸千結兮服膺
장천결혜복응
끊는 애 천 갈래 매듭지어 서리서리 가슴 속에
새겨두세

於乎哀兮忘食
어호애혜망식
오호라! 슬픔마저 망연히 잊고지고

願我身兮如鳥
원아신혜여조
바라건대 내 몸도 저 새처럼 날개 돋아

身翺翔兮矯翼
신고상혜교익
깃을 가즉 세우고 빙빙 훨훨 날고 싶네

去我國兮心搖
거아국혜심요
故國 山川 떠나누나 마음 더욱 心亂해라

情憤惋兮誰識
정분완혜수식
情恨 서린 憤한 마음 그 누구라 알아줄까

越王은 夫人이 부르는 애절한 怨望의 노래를 듣고 哀慟해 하며 다짐
했다.

"나에게는 六翮육력이 갖추어졌는데 무엇을 근심하겠는가?"

◇　◇　◇　◇

[7－03] 於是入吳, 見夫差, 稽首再拜稱臣曰: “東海賤臣句踐, 上愧皇天, 下負后土,[93] 不裁[94]功力, 汚辱王之軍士, 抵罪邊境. 大王赦其深辜,[95] 裁加役臣, 使執箕箒.[96] 誠蒙厚恩, 得保須臾之命, 不勝仰感俯愧. 臣句踐叩頭[97]頓首.” 吳王夫差曰: “寡人於子亦過矣. 子不念先君之讎乎?” 越王曰: “臣死則死矣, 惟大王原[98]之.” 伍子胥[99]在旁, 目若熛火, 聲如雷霆, 乃進曰: “夫飛鳥在靑雲之上, 尙欲繳[100]音灼. 生絲縷也.微矢以射之, 豈况近臥於華池, 集於庭廡[101]乎? 今越王放於南山[102]之中, 游於不可存之地, 幸來涉我壤土, 入吾桎梏,[103] 此乃廚宰[104]之成事食也, 豈可失之乎?” 吳王曰: “吾聞誅降殺服, 禍及三世. 吾非愛越而不殺也, 畏皇天之咎, 敎而赦之.” 太宰嚭諫[105]

---

93) [后土] 땅의 생명을 主管하는 土地 神.

94) [不裁부재] 헤아리지 못하다. 裁는 헤아린다는 뜻.

95) [深辜심고] 큰 허물.

96) [箕箒기추] 키와 빗자루. 청소를 하는 것.

97) [叩頭고두] 머리를 땅에 두드림.

98) [原] 용서함.

99) [伍子胥] 姓은 伍, 이름은 員운. 字는 胥서. 伍奢오사의 아들. 楚나라 사람. 文武에 뛰어났으나 楚 平王이 아버지와 형을 죽이자 宋나라, 鄭나라, 陳나라를 거쳐 吳나라로 달아나 闔閭를 만났다. 합려를 도와 합려가 오왕이 되자 군사를 이끌고 초나라를 쳐서 아버지와 형의 원수를 갚았다. ‘日暮路遠倒行而逆施之於道’, ‘掘墓屍鞭三百杖’ 등의 故事를 남겼다. 후에 오왕 夫差에게 죽음을 당했다.

100) [繳작] 작은 화살이나 주살에 매는 가느다란 명주실. 反切은 之若切. 陸機의 ≪文賦≫에 ‘若翰鳥纓繳而墜曾雲之峻’이라 했는데 注에 ‘繳, 生絲縷也, 謂縷繫矰矢, 而以弋射.’라고 하였다.

101) [庭廡정무] 집안에 있는 庭園.

102) [南山] 吳나라 남쪽의 越나라 땅을 상징한 것.

103) [桎梏폐곤] 울짱[울타리]에 갇힘. 木柵 감옥.

104) [廚宰주재] 부엌의 요리사.

105) [太宰 嚭비] 白嚭. 春秋時代 楚나라 사람. 白州犁백주리의 孫子. 伯州犁는 晉나라에서 楚나라로 망명했다. 本書 闔閭內傳에는 ‘白嚭’를 ‘白喜’라고 했는데 夫差內傳부터는 ‘白嚭’라 했고 ≪史記≫에는 伯嚭라 했다.

曰: "子胥明於一時之計, 不通安國之道. 願大王遂其所執, 無拘羣小之口."
夫差遂不誅越王, 令駕車養馬, 秘於宮室之中. 三月, 吳王召越王入見. 越王
伏於前, 范蠡立於後, 吳王謂范蠡曰: "寡人聞貞婦不嫁破亡之家, 仁賢不官
絶滅之國. 今越王無道, 國已將亡, 社稷壞崩, 身死世絶, 爲天下笑. 而子及
主俱爲奴僕, 來歸於吳, 豈不鄙乎! 吾欲赦子之罪, 子能改心自新, 棄越歸吳
乎?" 范蠡對曰: "臣聞亡國之臣不敢語政, 敗軍之將不敢語勇. 臣在越, 不忠
不信. 今越王不奉大王命號, 用兵與大王相持, 至今獲罪, 君臣俱降. 蒙大王
鴻恩, 得君臣相保, 願得入備掃除, 出給趨走, 臣之願也." 此時越王伏地流
涕,106) 自謂遂失范蠡矣. 吳王知范蠡不可得爲臣, 謂曰: "子旣不移其志, 吾
復置子於石室107)之中." 范蠡曰: "臣請如命." 吳王起入宮中, 越王范蠡趨
入石室. 越王服犢鼻,108) 着樵頭,109) 夫人衣無緣之裳,110) 施左關之襦. 夫
斫剉111)養馬, 妻給水, 除糞112)灑掃.113) 三年不慍怒,114) 面無恨色. 吳王登
遠臺, 望見越王及夫人, 范蠡坐於馬糞之旁, 君臣之禮存, 夫婦之儀具. 王顧
謂太宰嚭曰: "彼越王者, 一節之人. 范蠡, 一介之士.115) 雖在窮厄之地, 不
失君臣之禮, 寡人傷之." 太宰嚭曰: "願大王以聖人之心, 哀窮孤之士." 吳
王曰: "爲子赦之."

　後三月, 乃擇吉日而欲赦之. 召太宰嚭謀曰: "越之與吳, 同土連域. 句踐
愚黠,116) 親欲爲賊. 寡人承天之神靈, 前王之遺德, 誅討越寇, 囚之石室. 寡

---

106) [流涕유체] 눈물이 쏟아져 흐름.
107) [石室] 監獄. 古代에는 지하를 파고 돌을 쌓아 감옥을 만들었다.
108) [犢鼻독비] 쇠코잠방이. 농부가 일 할 때 아래에 걸치는 짧은 옷.
109) [樵頭초두] 나무꾼이나 농부가 쓰는 頭巾.
110) [無緣之裳무연지상] 장식 띠가 없는 치마. 緣은 치마 위에 두르는 띠. ≪禮記
　　－玉藻옥조≫篇에, '緣廣寸半'이라 했는데 注에는 '緣, 飾邊也.'라고 했다.
111) [斫剉작좌] 장작을 패는 것.
112) [除糞제분] 淸掃하는 것.
113) [灑掃쇄소] 물을 뿌려 청소 함.
114) [慍怒온노] 화를 냄.
115) [一介之士] 마음이 변치않고 志操가 굳은 선비. ≪孟子≫: 盡心 上篇에, '不
　　以三公易其介'라 했는데 注에, '介, 操也'라고 했고, ≪楚辭≫ 悲回風에,
　　'介眇志之所感兮'라고 했는데 注에, '介, 節也'라고 했다.
116) [愚黠우힐] 약으면서도 어리석음.

人心不忍見, 而欲赦之, 於子奈何?” 太宰嚭曰: “臣聞無德不復, 大王垂仁恩加越, 越豈敢不報哉? 願大王卒意.”117)終其意也. 越王聞之, 召范蠡告之曰: “孤聞於外, 心獨喜之, 又恐其不卒也.” 范蠡曰: “大王安心, 事將有意, 在≪玉門≫第一.118) 今年十二月戊寅之日,119) 時加日出. 戊, 囚日120)也, 寅, 陰後之辰121)也. 合庚辰, 歲後會也. 夫以戊寅日聞喜, 不以其罪罰122)日也. 時加卯而賊戊, 功曹123)爲騰蛇124)而臨戊, 謀利事在靑龍.125) 靑龍在, 勝先126)而臨酉, 死氣也, 而剋寅, 是時剋其日, 用又助之, 所求之事, 上下有憂. 此豈非天網四張, 萬物盡傷者乎? 王何喜焉?” 果子胥諫吳王曰: “昔桀囚湯而不誅, 紂囚文王而不殺, 天道還反, 禍轉成福. 故夏爲湯所誅, 殷爲周所滅.

---

117) [卒意] 뜻을 定함. ≪詩經≫ 邶風패풍 日月에 ‘아버지여 어머니여 나를 길러 주신 은혜 보람도 없게 되었군요. 父兮母兮 畜我不卒’이라 했는데 鄭玄의 풀이에, ‘卒, 終也’라고 하였다.

118) [玉門第一] ≪六壬十二經≫ 중의 한 篇을 말하는 것으로 보임.

119) [戊寅之日] 天干이 戊日이고 十二支가 寅日인 날.

120) [囚日] 정확한 뜻은 未詳이나 日辰에 따라 사람이 조심해 꺼리는 날을 말한 것으로 보인다. ≪欽定協紀辨方書≫ 卷三四 用日法에, ‘日貴旺相得令, 忌休囚之氣, 而日干尤重. …剋月令者囚, 受剋於月令者死, 皆凶’이라 했다.

121) [陰後之辰음후지신] 六壬占에 의하면 陽建은 夏至 前으로써 順, 즉 왼쪽에서 오른쪽으로 돌고, 陰建은 夏至 後로써 逆으로 돌게 되는데 이로써 占을 쳐서 吉凶을 판단한다. 歲位는 壬子로써 壬은 五行의 水이고 북방의 자리에 있으며 子 또한 五行의 水로써 북방의 자리에 있다. 그래서 寅이 움직여 庚辰에서 합쳐지고 歲後에 戊와 만나는 때가 바로 壬子 後의 歲後라고 한다.

陽建	子	丑	寅	卯	辰	巳	午	未	申	酉	戌	亥
陰建	子	亥	戌	酉	申	未	午	巳	辰	卯	寅	丑
配月	11	12	1	2	3	4	5	6	7	8	9	10

122) [不以其罪罰日也] 그 허물로 因해 벌하지 않음.

123) [功曹] ≪六壬四課≫ 중 十二月將의 하나로써 陰曆 10月에 해와 달이 寅宮[東北方]에서 만나는 것. 五行으로는 木에 속함.

124) [騰蛇등사] ≪六壬四課≫ 중 十二貴神의 하나. 風火, 兵刃〔兵事〕, 劫奪겁탈, 災厄재액 등을 주관하며 凶將에 속한다. 五行은 火에 속함.

125) [靑龍] ≪六壬四課≫ 중 十二天將貴神의 하나. 文字, 書籍, 財帛, 官廳, 婚姻, 胎產, 宴會 등을 주관하며 吉將에 속한다. 五行은 木에 속함.

126) [勝先] 12月將의 하나로서 日月이 陰曆 5月에 未宮의 자리에서 서로 만나는 것. 勝光이라고도 한다.

今大王旣囚越君而不行誅, 臣謂大王惑之深也. 得無夏, 殷之患乎?” 吳王遂召越王, 久之不見. 范蠡文種憂而占之曰: “吳王見擒也.” 有頃, 太宰嚭出, 見大夫種范蠡而言越王復拘於石室. 伍子胥復諫吳王曰: “臣聞王者攻敵國, 克之則加以誅, 故後無報復之憂, 遂免子孫之患. 今越王已入石室, 宜早圖之, 後必爲吳之患.” 太宰嚭曰: “昔者齊桓127)割燕所至之地以貺燕128)公,齊桓公, 救燕北伐山戎而還, 燕君送桓公出境, 桓公因割燕所至地予燕. 而齊君獲其美名. 宋襄129)濟河而戰,宋襄公與楚成王戰 于泓, 目夷曰: “及其未濟, 擊之.” 公不聽. 已濟陣成, 宋人擊之, 宋師大敗. 公曰: “君子不困人於阨, 不鼓不成列.” 春秋130)以多其義. 功立而名稱, 軍敗而德存. 今大王誠赦越王, 則功冠於五覇,131) 名越於前古.” 吳王曰: “待吾疾愈. 方爲太宰赦之.”

後一月, 越王出出當作坐.石室, 召范蠡曰: “吳王疾, 三月不愈. 吾聞人臣之道, 主疾, 臣憂. 且吳王遇孤, 恩甚厚矣. 疾之無瘳132), 惟公卜焉.” 范蠡曰:

---

127) [齊桓] 齊나라 桓公. 春秋五覇의 한 사람. 在位 43年(西紀前 685~643). 이름은 小伯. 다른 나라로 망명했다가 돌아올 때 桓公의 배다른 兄 糾규를 섬기던 管仲이 처음에 자기를 죽이려 했으므로 군주의 자리에 오른 후 管仲을 죽이려 했으나 鮑叔牙포숙아의 薦擧천거로 管仲을 등용해 覇業을 이루었으며 五覇의 가장 앞에 불린다.

128) [貺燕황연] 《史記-齊太公世家》의 故事다. 齊 桓公이 燕나라를 구하기 위해 北伐하여 山戎을 치고 돌아오는데 燕나라 군주가 桓公을 국경 밖까지 나와서 歡送했다. 이를 본 桓公은 諸侯가 다른 諸侯를 歡送하기 위해 국경 밖을 나서서 다른 諸侯의 땅을 밟는 것은 禮에 어긋나는 것이니 燕나라 군주로 하여금 禮를 어기게 할 수 없다하여 燕나라 군주가 마중 나왔던 곳을 燕나라에 떼어주고 돌아갔다.(山戎伐燕, 燕告急於齊. 齊桓公救燕, 遂伐山戎, 至於孤竹而還. 燕莊公遂送桓公入齊境. 桓公曰: 非天子, 諸侯相送不出境, 吾不可以無禮於燕. 於是分溝割燕君所至與燕.)

129) [宋襄] 宋나라 襄公. 姓은 子氏, 이름은 玆甫자보. 在位 14년(西紀前 650~637). 泓陽의 싸움에서 ‘宋襄之仁’의 故事를 남겼다. 춘추시대 宋나라는 殷나라 후예이므로 姓이 子씨다.

130) [春秋] 孔子의 《春秋》가 아닌 일반 史書. 《春秋-僖公 二十二年》條에, ‘冬十有一月己巳朔, 宋公及楚人戰于泓, 宋師敗績.’이라 했다.

131) [五覇] 천자로부터 公의 칭호와 붉은 활[丹弓]을 下賜받은 제후의 伯. 齊 桓公, 宋 襄公, 晉 文公, 楚 莊王, 秦 穆公. 또는 宋 襄公이나 秦 穆公 대신 吳王 夫差와 越王 句踐을 넣기도 한다.

“吳王不死, 明矣. 到己巳日, 當瘳. 惟大王留意.” 越王曰: “孤所以窮而不死者, 賴公之策耳. 中復猶豫,[133] 豈孤之志哉! 可與不可, 惟公圖之.” 范蠡曰: “臣竊見吳王眞非人也. 數色角切言成湯之義, 而不行之. 願大王請求問疾, 得見因求其糞而嘗之, 觀其顏色, 當拜賀焉, 言其不死, 以瘳起日期之. 旣言信後, 則大王何憂?” 越王明日謂太宰嚭曰: “囚臣欲一見問疾.” 太宰嚭卽入言於吳王, 王召而見之. 適遇吳王之便,平聲下同 太宰嚭奉溲惡[134]以出,溲, 所九切. 惡, 遏各切. 下同. 溲卽便也, 惡大溲也. 大小便亦曰前後溲. 見≪史－倉公傳≫. 逢戶中, 越王因拜, “請嘗大王之溲, 以決吉凶.” 卽以手取其便與惡而嘗之. 因入曰: “下囚臣句踐賀於大王, 王之疾至己巳日有瘳, 至三月壬申病愈.” 吳王曰: “何以知之?” 越王曰: “下臣嘗事師聞糞者, 順穀味, 逆時氣者死, 順時氣者生. 今者臣竊嘗大王之糞, 其惡味苦且楚酸. 是味也, 應春夏之氣.[135] 臣以是知之.” 吳王大悅曰: “仁人也.” 乃赦越王, 得離其石室, 去就其宮室, 執牧養之事如故. 越王從嘗糞惡之後, 遂病口臭, 范蠡乃令左右皆食岑草,[136] 以亂其氣[137].≪會稽賦≫註: “岑草蕺也, 菜名, 擷之小有臭氣. 凶年民颺其根食之.” ≪會稽志≫: “蕺山在府西北六里, 越王嘗採蕺于此.”

◇　◇　◇　◇

　越王은 吳나라에 도착하여 吳王 夫差 앞에 이마가 땅에 닿도록 두 번 절하고 稱臣칭신하며 말했다.

---

132) [疾之無瘳] ≪太平御覽≫ 卷七百二十八 所引 ≪吳越春秋≫에는 ‘疾’ 앞에 ‘恐’字가 있다.

133) [豫여] 北京大 圖書館本과 古今逸史本, 漢魏叢書本 등에는 ‘豫’로 되어 있다.

134) [溲惡수악] 오줌과 똥. 溲는 오줌, 惡은 똥.

135) [春夏之氣] 春節의 맛은 酸味산미이며 夏節의 맛은 苦味고미요, 陰曆 유월의 마지막 십팔일은 未月이라 하여 그 맛은 甘味라 하며, 秋節의 맛은 辛味신미이고, 冬節의 맛은 鹽味염미라 한다.

136) [岑草잠초] 藥草名.

137) [亂其氣난기기] 냄새로 인해 어지러운 氣를 다스림. 亂은 治와 仝.

"東海의 賤臣천신 句踐구천은 위로는 皇天에 부끄럽고 아래로는 后土께 부끄러울 뿐입니다. 스스로 功力을 헤아리지 못해 대왕의 군사에게 汚辱오욕을 당하고, 邊境변경의 작은 나라로서 大國을 거스르는 죄를 범했는데도 대왕께서는 큰 허물을 용서하여 오나라 役臣이 되게 하여 빗자루와 쓰레받기를 잡게 하셨습니다. 삼가 두터운 은혜를 입어 잠시 동안이나마 목숨을 얻어 보전케 되었으니 대왕의 은혜에 감격하와 엎드려 부끄러움을 이기지 못하고 머리 숙여 頓首謝恩돈수사은 하나이다."

오왕 부차가 말했다.

"과인이 그대를 죽이지 않는 것 또한 잘못이다. 그대는 우리 先王을 죽인 잊을 수 없는 원수가 아닌가?"

월왕이 말했다.

"신은 죽으면 죽을 뿐이오나 오직 대왕의 용서를 비나이다."

곁에 서 있던 伍子胥오자서는, 눈에서 忿怒분노의 불꽃이 튀고, 구름이 부딪혀 雷聲뇌성이 치는 듯, 洪鐘같은 목소리로 썩 나서서 말했다.

"대저 나는 새가 靑雲위에 있어도 繳矢작시를 쏘아 잡고자 하는 법인데, 하물며 날기를 마치고 가까운 華池에 앉아 있거나, 집안의 처마 밑에 있을 때이겠습니까? 지금 越王을 南山에 풀어주어 마음대로 다니도록 놓아주는 것은 안 될 일입니다. 지금 다행히 월왕이 樵困폐곤안에 들어왔으니 그를 죽이는 것은 요리사가 밥을 짓는 것과 같이 손쉬운 일인데 어찌 이 좋은 때를 놓치려 하십니까?"

오왕이 말했다.

"내 들으니 降伏항복한 사람을 죽이고 벌주는 것은 그 禍화가 三代까지 미친다 하오. 내가 월왕을 아끼지 않으면서도 죽이지 않는 것은 하늘의 가르침을 두려워하여 그를 용서하려는 것이오."

太宰태재 白嚭백비가 말했다.

"자서는 一時的 계책에만 밝아서 나라를 편안케 하는 '安國之道'에는 밝지 못합니다. 바라건대 대왕께서 판단하신대로 집행하시고, 紛紛분분한 여러 의견에 괘념치 마옵소서."

오왕 부차는 마침내 월왕을 죽이지 않고 수레를 끄는 말에 멍에를 올리고, 말 기르는 일을 하게 하며 宮室의 비밀한 곳에 있게 했다.

석달 후 吳王이 越王을 불러서 들어가 뵈었다. 월왕은 엎드려 있고 范蠡범려는 뒤에 侍立해 있었는데 오왕이 범려에게 말했다.

"과인은 들으니, 貞潔정결한 여인네는 亡한 집안으로 시집가지 않으며, 賢明하고 어진 선비는 망해서 뒤가 끊어진 나라에서 벼슬을 하지 않는다고 한다. 지금 월왕은 무도하여 이미 나라는 망하고, 社稷은 허물어져 몸은 죽게 되었으며, 代는 끊어지게 되어 천하의 웃음거리가 되었다. 그대와 월왕은 함께 賤천한 奴僕노복이 되어 오나라에 들어와 있으니 어찌 鄙陋비루하지 않은가! 나는 그대의 죄를 용서하고자 하니 그대는 마음을 바꾸고 새롭게 하여 월왕을 버리고 오나라를 섬기는 것이 어떻겠는가?"

범려가 대답했다.

"臣은 듣기를, 망한 나라의 신하는 감히 政事를 論할 수 없으며, 戰爭에 敗한 將帥장수는 감히 勇을 말할 수 없다 하더이다. 신은 월나라의 신하로서 충성과 신망을 다하지 못했습니다. 이제 월왕의 命號를 제대로 받들지 못하여 대왕의 軍師와 用兵을 겨루다가 지금처럼 죄를 얻어 君臣이 함께 항복하였나이다. 대왕의 넓은 恩惠를 입어 君臣이 서로 돕고 있사오니, 바라건대 석실에 들어가 청소를 하고 말먹이는 일에 뛰어다니는 것이 신의 바라는 바입니다."

이 때 월왕은 땅에 엎드린 채 눈물을 쏟으며 이로 말미암아 마침내 범려를 잃게 될 것을 두려워했다. 오왕은 범려를 자기의 신하로 할 수 없음을 알고 말했다.

"그대의 마음을 옮길 수 없으니 다시 그대를 石室에 가두노라."

범려가 말했다.

"신도 석실로 돌아가기를 請하나이다."

오왕은 일어나 宮中으로 들어가고 월왕과 범려는 다시 石室안으로 들어갔다.

越王은 쇠코잠방이를 입고, 머리에는 두건을 썼으며 夫人은 띠도 두르지 못한 치마를 입은 채 곁에서 남편을 도왔다. 남편은 장작을 패며 말을 기르고, 妻는 물을 깃고 말똥을 치우며 물을 뿌려 淸掃하며 지냈다.

이렇게 하기를 3年이나 지나도록 월왕 부부는 화를 내거나 괴로워하지 않았고 얼굴에는 怨望의 氣色을 나타내 보이지 않았다.

어느 날 吳王이 멀리 높은 곳에 올라 바라보니 월왕과 부인, 범려가 함께 말똥을 치우며 오가는데, 말똥을 치우는데도 君臣間의 禮가 있었고 부인에게는 의젓함이 있었다. 오왕은 太宰 白嚭를 돌아보며 말했다.

"저 월왕은 굳은 節操절조를 지닌 사람이고, 범려는 義를 지켜 변치 않는 節槪之士절개지사로다. 비록 몸은 窮厄궁액의 땅에 와 있어도 군신간의 예를 잃지 않고 있으니 과인은 마음이 괴롭구려."

태재 백비가 말했다.

"대왕께서 窮厄에 빠진 사람을 가엾게 여기는 것은 聖人의 마음입니다."

오왕이 말했다.

"너희들을 풀어주리라."

吳王은 석 달 후 吉日을 택해 越王을 풀어주고자 太宰 白嚭백비를 불러 의논했다.

"월나라와 오나라는 같은 땅에 연이어 있고 句踐구천은 약삭빠른 근심거리인지라 나는 친히 월왕을 죽이고자 했던 것이오. 과인은 하늘의 神靈하심을 받들고 前王의 遺德유덕을 이어받아 월나라 盜賊도적을 쳐서 꾸짖고 그를 石室에 가두었던 것인데 과인은 마음이 아파 차마 그대로 볼 수가 없어 풀어주고자 하는데 그대의 생각은 어떠하오?"

태재 백비가 말했다.

"臣은 듣기를, 德이 아니면 사람의 마음을 돌이킬 수 없다고 하나이다. 대왕의 어지신 은혜가 월왕에게 더해지면 월나라가 어찌 감히 은혜를 갚지 않겠습니까? 바라건대 대왕께서는 뜻을 定하소서."

越王은 이 소문을 듣고 范蠡범려를 불러 말했다.

"과인이 밖에서 들은 소문은 한편 기쁘기도 하거니와 또한 成事되지 못할까 두렵기도 하구려."

범려가 말했다.

"대왕께서는 진정하소서. 이 일에는 의심되는 바가 있습니다. 玉門第一을 살피니, 대왕께서 소문을 들으신 것은, 오늘 12월 戊寅日무인일 卯時묘시였습니다. 天干의 戊무는 囚日수일이니 갇혀 있는 사람이 忌避기피하는 날이고, 寅인은 太陰인 子後의 때입니다. 戊寅은 庚辰에 합쳐져 西方의 歲後에서 만나게 됩니다. 대저 戊寅日에 기쁜 소식을 듣게 되면 그 허물로써 벌하지 않으나, 時가 卯묘에 이르면 日辰이 天干인 戊를 치게 되고, 功曹공조는 騰蛇등사가 되어 戊에 임하게 됩니다. 이렇게 되면 利로움을 圖謀하는 일은 靑龍에 있게 되는데, 청룡이 勝光[勝先]에 있게 되어 酉유에 임하면 死氣가 寅을 이기니 이는 時가 그 근본인 日을 이기는 것입니다. 時는 항상 日 안에 있는 것인데 時가 日을 이기는 것은 天道가 거꾸로 되는 것입니다. 더구나 이를 이용해 일을 求하는 바는 上下에 모두 근심이 있게 됩니다. 이는 하늘 그물[天網, 天伐]이 사방에 쳐지는 것인데 어찌 萬物이 모두 傷하지 않겠습니까? 그런데 대왕께서 어찌 기뻐하실 일이겠습니까?"

범려의 말대로 과연 伍子胥가 吳王께 들어와 諫했다.

"옛날 하나라 桀王걸왕은 은나라 湯王탕왕을 가두었으면서도 죽이지 않았고, 殷나라 紂王주왕은 周나라 文王을 가두었으면서도 죽이지 않았으므로 天道가 뒤바뀌어, 탕왕과 문왕은 禍화가 바뀌어 福을 이루게 되었습니다. 그래서 夏나라는 湯에게 망했고, 殷나라는 文王과 그 아들 武王에게 망한 것입니다. 지금 대왕께서는 이미 越王을 가두었으면서도 죽이지 않고 계십니다. 臣은 대왕께 아뢰거니와 대왕께서 迷惑미혹이 깊으시니 어찌 하나라와 은나라의 憂患우환이 없으리라고 할 수 있겠습니까?"

마침내 오왕은 오랫동안 월왕을 만나보지 않았다.

범려는 근심이 되어 점을 쳐보았는데 다음과 같은 占卦가 나왔다.

"오왕을 만나면 죽을 것이다."

얼마 후 太宰 白嚭가 나와서 범려에게 말했다.

"월왕은 다시 石室에 갇히게 될 것이다."

오자서는 다시 오왕에게 諫하여 말했다.

"신은 듣기를, 나라의 군주는 敵國을 攻擊해 이기면 적국의 군주에게 罰을 더하여 그 군주는 물론 一族까지 죽여서 훗날 있을지도 모르는 復讎의 근심을 없이 하고 그 자손으로 因한 근심까지 없앤다 하더이다. 지금 越王은 石室에 갇혀 있으니 마땅히 일찍 죽여서 훗날 반드시 있을 오나라의 근심을 없이 하소서.”

태재 백비가 말했다.

“옛날 齊제나라 桓公은 燕연나라를 救하기 위해 북쪽의 山戎을 쳐서 滅하고 돌아올 때, 산융을 쳐서 얻은 연나라 땅을 연나라 군주에게 돌려주어 五覇의 威名을 얻을 수 있었습니다. 宋나라 襄公은 泓陽의 싸움에서, 강을 건너기 前에 楚나라 成王의 군대를 쳐야 이길 수 있다는 公孫 固와 目夷목이의 말을 듣지 않았고, 초군이 강을 건넌 후에도 초나라 군대가 陣을 벌리기 前에 쳐야 한다는 장수들의 말에 ‘군자는 困厄곤액에 처한 사람을 괴롭히지 않고 진을 벌리지 않은 군대를 상대로 鍾과 북을 울려 싸우지 않는다.’고 하여 초군이 陣을 모두 벌린 후에 싸웠으나 초나라 大軍 앞에 敗하고 말았습니다. ≪春秋≫는 그 義로움을 칭찬했고 功을 치켜 세워 稱頌했으니, 군주는 패했으나 德은 남아 전해지고 있는 것입니다. 지금 대왕께서 삼가 월왕을 용서하신다면 그 功은 五覇의 위에 있게 될 것이며 이름은 월나라에 오랫동안 전해질 것입니다.”

오왕이 말했다.

“내 病이 나을 때를 기다려 太宰를 위해 월왕을 용서해 풀어주리다.”

한 달 후 越王은 石室에 앉아 范蠡범려를 불러 말했다.

“吳王의 病이 석 달 동안이나 낫지 않고 있다는데, 나는 듣기를 人臣의 道에, 군주가 병이 들면 신하의 근심이라 합니다. 또 오왕은 나에게 恩惠가 깊고 두터웠습니다. 그런데 병이 낫지 않고 있다니 公이 점을 쳐 보는 것이 어떻겠습니까?”

범려가 말했다.

“오왕은 분명 죽지 않을 것입니다. 오는 己巳日기사일이 되면 병이 나을 것이니 대왕께서는 조심하셔야 합니다.”

월왕이 말했다.

“내가 이 곳에서 窮厄을 당하면서도 죽지 않는 까닭은 공의 策謀를 힘입고 있을 뿐인데, 中途에 마음을 정하지 못함이 어찌 나의 뜻이겠습니까? 내가 살고 죽는 것은 오직 공의 圖策에 달려 있으니 공이 도모해 주기 바랍니다.”

범려가 말했다.

“臣이 가만히 살펴보건대 오왕은 眞實한 사람이 아닙니다. 오왕의 말을 헤아려 보면 湯王과 같은 義로움이 있으나 그것을 行함은 없습니다. 바라건대 대왕께서는 병문안을 請하여 오왕을 만나시도록 하십시오. 그래서 오왕의 똥을 얻어서 맛본 후, 그 얼굴색을 살피며 절하여 慶賀하시고 죽지 않을 것이라 말씀하십시오. 이로써 병이 나아서 대왕께서 말씀하신 날에 오왕이 일어나게 되어 이미 대왕의 말씀을 믿게 된 후에야 무엇을 걱정하시겠습니까?”

越王은 다음날 太宰 白嚭에게 부탁했다.

“囚臣수신 구천은 오왕을 한 번 뵙고 病을 문안하고자 합니다.”

태재 백비는 곧 오왕께 들어가서 월왕의 말을 전했는데 오왕은 월왕을 불러 만나겠다고 하였다. 마침 오왕이 똥을 누는지라 태재 백비는 똥과 오줌을 받아서 들고 나오다가 門 앞에서 월왕과 만났다. 월왕은 절을 하며 간청했다.

“대왕의 똥을 맛보면 吉凶을 알아볼 수 있습니다.”

구천은 곧 손으로 똥과 오줌을 움켜 맛을 보고 오왕께 들어가 말했다.

“囚臣 구천은 대왕께 慶賀의 말씀을 올리나이다. 대왕의 병은 오는 己巳日이 되면 낫기 시작하여 3月 壬申日이 되면 깨끗이 나으실 것입니다.”

오왕이 물었다.

“어찌 내 병이 나을 것을 아는가?”

월왕이 말했다.

“賤한 臣이 일찍이 맛을 보는 嘗事상사를 배울 때 스승께 듣기를, ‘똥은 穀食곡식의 맛에 順應하는 것인데 똥 맛이 곡식의 節氣를 거스르면 죽고 순응하는 사람은 산다.’고 하나이다. 대저 春節의 맛은 酸味산미이며 夏節의 맛은 苦味고미요, 陰曆 유월의 마지막 십팔일은 未月이라 하여 그 맛은 甘味라 하오며 秋節의 맛은 辛味신미이고, 冬節의 맛은 鹽味염미라 하나이다. 지금 신이 가만히 대왕의 똥을 맛보니 그 똥 맛은 매우 쓰고 楚酸초산과 같이 시었습니다. 이 맛은 봄과 여름의 절기에 順應한 맛이었으므로 신은 이로써 대왕의 병이 나을 것을 알 수 있었나이다.”

오왕은 크게 기뻐하여 말했다.

“참으로 어진 사람이로다.”

이에 월왕을 풀어주어 石室에서 나오게 하고 宮室안에 살면서 말 기르는 일을 하게 했다.

그런데 越王은 吳王의 똥을 맛 본 후에 마침내 입안에서 惡臭가 나는 병에 걸렸다. 이에 范蠡범려는 좌우의 사람들에게 모두 씀草잠초를 먹게 하여 악취를 이겨내게 했다.

[補充資料 十二月將]

◦ [正月 登明] 陽氣가 처음으로 일어나서 萬物을 부르므로 登明이라 하고 亥에 속한다(正月 陽氣始建 呼召萬物 故曰: 登明).
◦ [二月 天魁천괴] 萬物이 뿌리에서 살아나니 天魁라 하며 戌宮에 속한다(二月 物生根魁 故曰: 天魁).
◦ [三月 從魁종괴] 아름다운 잎이 뿌리를 따라 생겨나니 從魁라 하며 酉宮에 속한다(三月 華葉從根而生 故曰: 從魁).
◦ [四月 傳送전송] 陽氣가 盛해져서 전해지지 않는 곳이 없으니 傳送이라 하며 申宮에 속한다(四月 陽極無所傳 故曰: 傳送).
◦ [五月 勝光] 草木이 무성해져서 初生을 벗어나니 勝光 또는 勝先이라 하며 未宮에 속한다(五月草木茂盛 踰於初生 故曰: 勝先).
◦ [六月유월 小吉소길] 萬物이 小盛해지니 小吉이라 하며 午宮에 속한다(六月 萬物小盛 故曰: 小吉).
◦ [七月 太一] 여러가지 百穀이 열매를 맺어 마음껏 여무니 太一 또는 太乙이라 하며 巳宮에 속한다(七月 百穀成實 自能任持 故曰: 太一).
◦ [八月 天岡천강] 가지가 뻗어서 굳게 자라니 天剛 또는 天罡이라 하며 辰宮에 속한다(八月 枝條堅剛 故曰: 天罡천강).
◦ [九月 太衝태충] 나무가 자라서 枝幹(줄기와 가지)이 되니 太衝이라 하며 卯宮에 속한다(九月 木可爲枝幹 故曰: 太衝).

◦ [十月시월 功曹공조] 萬物이 實하게 여물어 수확을 헤아릴 수 있으니 功曹라 하며 寅宮에 속한다(十月　萬物登成　可以會計　故曰: 功曹).

◦ [十一月 大吉] 月建이 子에 있어 君이 그 자리에 돌아가므로 大吉이라 하고 丑宮에 속한다(十一月　月建在子　君復其位　故曰: 大吉).

◦ [十二月 神后신후] 술과 떡을 빚어 禮로써 여러 神靈께 告祀를 지내니 神后라 하며 子宮에 속한다(十二月　爲酒禮以報百神　故曰: 神后).

◆ 참　고

1. ≪春秋左傳－僖公 二十二年≫

楚人伐宋, 以救鄭. 宋公將戰, 大司馬固諫曰: "天之其商久矣, 君將興之, 弗可赦也已." 弗聽. 冬十一月己巳朔, 宋公及楚人戰于泓. 宋人旣成列, 楚人未旣濟. 司馬曰: "彼衆我寡, 及其未旣濟也, 請擊之." 公曰: "不可." 旣濟而未成列, 又以告, 公曰: "未可" 旣陣而後擊之, 宋師敗績, 公傷股, 門官殲焉. 國人皆咎公, 公曰: "君子不重傷, 不禽二毛. 古之爲軍也, 不以阻隘也. 寡人雖亡國之餘, 不鼓不成列."

◇　◇　◇　◇

[7－04] 其後, 吳王如越王期日疾愈, 心念其忠, 臨政之後, 大縱[138]酒於文臺.[139] 吳王出令曰: "今日爲越王陳北面之坐,[140]　羣臣以客禮事之.[141]" 伍

---

138) [大縱대종] '大赦'와 같은 뜻으로 죄인을 풀어준다는 뜻.
139) [文臺문대] 축하하는 술자리. 酒文臺.
140) [北面之坐] 신하의 자리. 奴僕의 신분에서 오왕의 신하가 되는 것을 뜻함.
141) [客禮之事] 제후와 외국에서 온 使臣간에 행하는 賓禮.

子胥趨出, 到舍上, 不御坐. 酒酣,[142] 太宰嚭曰: "異乎! 今日坐者, 各有其詞. 不仁者逃, 其仁者留. 臣聞同聲相和, 同心相求. 今國相剛勇之人, 意者內懟至仁之存也, 而不御坐, 其亦是乎?" 吳王曰: "然." 於是范蠡與越王俱起, 爲吳王壽, 其辭曰: "下臣句踐, 從小臣范蠡, 奉觴上[143]千歲之壽." 辭曰: "皇在上令, 昭下四時, 并心察慈, 仁者大王, 躬親鴻恩, 立義行仁, 九德[144]四塞, 威服羣臣. 於乎休哉! 傳德無極, 上感太陽, 降瑞翼翼, 大王延壽萬歲, 長保吳國. 四海咸承, 諸侯賓服. 觴酒旣升, 永受萬福." 於是吳王大悅.

明日, 伍子胥入諫曰: "昨日大王何見乎? 臣聞內懷虎狼之心, 外執美詞之說, 但爲外情, 以存其身. 豺[145]不可謂廉, 狼[146]不可謂親. 今大王好聽須臾之說, 不慮萬歲之患.[147] 放棄忠直之言, 聽用讒夫之語. 不滅瀝血之仇,[148] 不絶懷毒之怨. 猶縱毛爐炭之上幸其其當作不.焦, 投卵千鈞[149]之下望必全, 豈不殆哉? 臣聞桀登高自知危, 然不知所以自安也, 前據白刃[150]自知死, 而不知所以自存也. 惑者知返, 迷道不遠. 願大王察之." 吳王曰: "寡人有疾三月, 曾不聞相國一言, 是相國之不慈也. 又不進口之所嗜, 心不相思, 是相國之不仁也. 夫爲人臣不仁不慈, 焉於虔切, 何也.能知其忠信者乎? 越王迷惑, 棄守邊之事,[151] 親將其臣民來歸寡人, 是其義也; 躬親爲虜, 妻親爲妾, 不慍寡人, 寡人有疾, 親嘗寡人之溲, 是其慈也; 虛其府庫, 盡其寶幣, 不念舊故,

---

142) [酒酣주감] 술자리가 무르익음.
143) [觴上상상] 잔질하여 술을 올림.
144) [九德] ≪書經≫ 皐陶謨고요모에, '寬而栗, 柔而立, 愿而恭, 亂而敬, 擾而毅, 直而溫, 簡而廉, 剛而塞, 彊而義. 彰厥有常, 吉哉.'라고 했는데 '너그러우면서도 위엄이 있는 것, 부드러우면서도 꿋꿋한 것, 삼가면서도 공손한 것, 다스리면서도 공경하는 것, 고분고분하면서도 굳센 것, 곧으면서도 따뜻한 것, 대범하면서도 염치가 있는 것, 굳건하면서도 충실한 것, 강하면서도 의로운 것이 늘 있어 빛나는 사람은 길하다'고 했다. 亂은 治와 仝義.
145) [豺시] 승냥이.
146) [狼랑] 이리.
147) [萬歲之患만세지환] 쉽게 풀 수 없는 근심거리.
148) [瀝血之仇역혈지구] 반드시 갚아야할 怨讎.
149) [千鈞천균] 三萬斤. 一鈞은 30斤.
150) [白刃백인] 시퍼렇게 날이 선 칼날.
151) [守邊之事] 자기 나라를 다스리고 지키는 일.

是其忠信也. 三者旣立, 以養寡人. 寡人曾聽相國而誅之, 是寡人之不智也,
而爲相國快私意耶! 豈不負皇天乎?” 子胥曰: “何大王之言反也? 夫虎之卑
勢, 將以有擊也; 狸[152]之卑身, 將求所取也. 雉以眩移拘於網, 魚以有悅死
於餌. 且大王初臨政, 負《玉門》之第九,[153] 誠事之敗, 無咎矣. 今年三月
甲戌, 時加鷄鳴.[154] 甲戌,[155] 歲位[156]之會將[157]也. 靑龍在西, 德在土,
刑[158]在金, 時日賊其德[159]也. 知父將有不順之子, 君有逆節之臣. 大王以
越王歸吳爲義, 以飮溲食惡爲慈, 以虛府庫爲仁, 是故爲無愛於人, 其不可
親, 面聽貌觀, 以存其身. 今越王入臣於吳, 是其謀深也. 虛其府庫, 不見恨
色, 是欺我王也. 下飮王之溲者, 是上食王之心也. 下嘗王之惡者, 是上食王
之肝也. ‘大哉![160] 越王之崇吳! 吳將爲所擒也.’ 惟大王留意察之. 臣不敢
逃死以負前王. 一旦社稷丘墟,[161] 宗廟荊棘,[162] 其悔可追乎?” 吳王曰: “相
國置之, 勿復言矣, 寡人不忍復聞.”

　於是遂赦越王歸國, 送於蛇門之外,[163] 羣臣祖道.[164] 吳王曰: “寡人赦君,
使其返國, 必念終始, 王其勉之.” 越王稽首曰: “今大王哀臣孤窮, 使得生全
還國, 與種蠡之徒願死於轂下.[165] 上天蒼蒼, 臣不敢負.” 吳王曰: “於乎! 吾

---

152) [狸리] 삵. 삵괭이.
153) [玉門第九] 未詳. 《六壬十二經》 중의 한 篇을 말하는 것으로 보임.
154) [鷄鳴계명] 丑時. 午前 01:00～03:00
155) [甲戌갑술] 干支의 甲日과 十二支의 戌日이 합쳐진 날.
156) [歲位세위] 歲星[木星]이 머물고 있는 자리.
157) [將] 十二月將 중 三月將인 從魁종괴. 五行의 金에 속하며 方位는 서쪽.
158) [刑] 傷殘상잔을 주재하는 刑戮형륙의 神. 自刑, 互刑, 朋刑 등으로 나눈다. 鷄
　　鳴계명은 丑이라 하는데 丑刑은 戌이고 戌은 金에 속한다. 刑在金이라 했다.
159) [德] 德神. 복을 돕는 신으로 阨厄액을 救하고 약한 것을 돕는 것을 주재하는
　　神. 甲日에는 丑을 써서 사람을 귀하게 하므로 貴人은 土로 한다.
160) [大哉대재] 크구나! 지독하구나! 嘆息語.
161) [丘墟구허] 廢墟폐허.
162) [荊棘형극] 가시덩굴.
163) [蛇門之外사문지외] 吳나라 外城의 南門. 本書 闔閭內傳에, ‘欲東幷大越, 越
　　在東南, 故立蛇門, 以制敵國. 吳在辰, 其位龍也. 故小城南門上, 反羽爲兩鯢
　　鰌, 以象龍角. 越在巳地, 其位蛇也, 故南大門上, 有木蛇北向, 首內示越, 屬
　　於吳也.’라고 했다.
164) [祖道] 먼 여행길에 무사함을 비는 餞別儀式전별의식.

聞君子一言不再，今已行矣，王勉之." 越王再拜跪伏，吳王乃引越王登車，
范蠡執御,166) 遂去. 至三津之上,167) 仰天歎曰: "嗟乎! 孤之屯厄,168) 誰念
復生渡此津也?" 謂范蠡曰: "今三月甲辰, 169)時加日昳,170)徒結功, 日昃也. 梁元
帝≪纂要≫: "日在未曰昳." 孤蒙上天之命，還歸故鄕，得無後患乎?" 范蠡曰: "大
王勿疑，直昳道行.171) 越將有福，吳當有憂." 至浙江之上，望見大越山川重
秀，天地再淸. 王與夫人歎曰: "吾已絶望，永辭萬民. 豈料再還，重復鄕國."
言竟，掩面涕泣闌干.172)≪文選≫註: "闌干, 多貌." 此時萬姓咸歡，羣臣畢賀.

◇　◇　◇　◇

　그 후 오왕은 월왕이 말한대로 己巳日에 病이 깨끗이 나았다.

　오왕은 病床에서 마음속에 월왕의 忠誠스러움을 생각하고 있었는데
병이 나아 다시 政事를 보게 된 후 월왕을 위해 文臺를 설치하고 크게
酒宴주연을 베풀었다. 오왕은 친히 나와서 令을 내려 말햇다.

　"오늘은 월왕을 위하여 北面의 자리를 벌려 세우라. 월왕과 君臣간의 客禮를
행하리라."

　伍子胥는 그 말을 듣고 서둘러 집으로 돌아와서 오왕이 베푸는 宴會
에 나가지 않았다. 잔치가 한참 무르익자 태재 백비가 일어나서 말했다.

　"이상하군요. 오늘 御宴어연에 참석한 이들은 各自 대왕께 祝壽의 말을 아뢰기
로 했는데 어질지 않은 사람은 가버리고 어진 사람만 남았습니다. 신은 듣기를,

---

165) [轂下곡하] 수레바퀴 아래.
166) [執御집어] 수레를 몰다.
167) [三津之上] 三江口.
168) [屯厄둔액] 그동안 겪은 艱難간난.
169) [甲辰갑진] 干支의 甲日과 十二支의 辰日이 합쳐진 날.
170) [日昳일질] 해가 기울다. 昳은 未時[오후 1時~3時].
171) [直昳道行직지도행] 昳는 해를 가리키는 말. 해가 바른 길로 다니는 동안.
172) [闌干난간] 기뻐 어쩔 줄을 모름.

같은 소리는 서로 調和하고, 같은 마음은 서로 찾는다고 하더이다. 지금 相國은 힘과 勇猛을 갖춘 剛勇之人이신데 속으로 부끄러움을 느껴 대왕의 賓禮酒宴빈례주연에 나오지 않았습니다. 그래도 마음속에 부끄러움이 남아있어 이 자리에 나오지 않았으니 또한 옳은 일이겠지요?"

오왕이 말했다.

"그렇소."

范蠡범려와 越王은 함께 일어나 吳王을 위해 祝壽를 올리면서 말했다.

"下臣 句踐구천과, 役臣 구천을 모시는 小臣 범려는 술잔을 받들어 千歲의 祝壽를 대왕께 올리나이다."

皇在上令, 昭下四時 황재상령 소하사시	皇天이 위에 계셔 아래로 四時를 밝히시네
幷心察慈, 仁者大王 병심찰자 인자대왕	한결같은 마음으로 자애롭게 살피시니 어지도다 우리 대왕이시여
躬親鴻恩, 立義行仁 궁친홍은 입의행인	몸소 鴻恩홍은 베푸셔서 義를 세워 行仁하니
九德四塞, 威服羣臣 구덕사색 위복군신	九德은 사방에 가득차고 群臣 함께 威服위복하네
於乎休哉, 傳德無極 오호휴재 전덕무극	오호 아름다워라 그 德은 끝없이 전하시니
上感太陽, 降瑞翼翼 상감태양 항서익익	太陽도 感動하사 밝은 瑞氣 내리시네
大王延壽萬歲, 長保吳國 대왕연수만세 장보오국	대왕의 壽 萬歲까지 늘리시고 吳나라 오래오래 保存케 하옵소서
四海咸承, 諸侯賓服 사해함승 제후빈복	四海의 백성들 대왕을 받들며 사방의 제후들 賓服빈복해 따르소서
觴酒旣升, 永受萬福 상주기승 영수만복	盞잔을 쳐서 올리오니 오래도록 萬福을 받으소서."

오왕은 크게 기뻐하며 술잔을 받았다.

다음날 伍子胥오자서가 들어와 오왕께 諫했다.

"어제 대왕께서는 무엇을 보셨습니까? 臣이 越王의 말을 들으매, 속으로는 호랑이와 늑대의 마음을 품었으면서 겉으로는 아름답고 巧妙한 말로 꾸몄을 따름이니 이는 단지 겉모양을 아름답게 꾸며서 그 몸을 保存하려는 것입니다. 승냥이에게 廉恥염치가 있다 할 수 없으며 이리에게 親함이 있다 할 수 없습니다. 지금 대왕께서는 잠깐 동안의 아첨하는 말을 좋아하여 따르시고 萬歲의 근심을 생각하지 않습니다. 忠誠스럽고 올바른 말은 버리고 아첨하고 讒訴참소하는 말을 듣고 따르며, 반드시 怨讎를 갚겠다고 盟誓한 瀝血之讎역혈지수를 滅하지 않고, 毒한 마음을 품은 원수를 죽이지 않았습니다. 이는 한 오라기 털을 숯불이 이글거리는 화로 위에 놓아둔 채 타지 않기를 바라는 것과 같고, 鷄卵계란을 千鈞천균[三萬斤]의 무게 밑에 놓아두고 온전하기를 바라는 것과 같으니 어찌 危殆하지 않겠습니까? 신은 듣기를, 夏나라 桀王걸왕은 天子의 자리에 올라 그 자리의 위험함은 알았지만 백성을 사랑하는 것이 군주로써 편안할 수 있는 방법임을 알지 못했으며, 시퍼런 칼날에 의하여 죽을 것은 알았지만 백성을 根本으로 삼아 사는 길을 알지 못했습니다. 迷惑미혹됨을 알고서 돌이킬 줄 알면 미혹된 길은 멀지 않습니다. 바라건대 대왕께서는 깊이 살피소서."

吳王이 말했다.

"寡人과인이 病席에 누운지 석달이 되도록 일찍이 相國에게서는 한 마디 문병의 말도 들을 수가 없었소. 이는 상국에게 군주에 대한 사랑이 없음이오. 또한 과인의 입에 맞는 음식을 한 번도 보내온 바 없었으니 이는 마음속에 군주를 생각함이 없는 것이며 상국께서 어질지 못하기 때문이오. 대저 人臣이 되어 어질지 못하고 사랑함이 없다면 어찌 능히 그 忠과 믿음을 안다할 수 있겠소? 越王은 어지럽고 迷惑미혹된 주변 일들을 버리고 몸소 그 신하와 백성들을 데리고 과인에게 歸命해 왔으니 이는 그 義로움이며, 자신의 몸은 몸소 捕虜포로가 되고 그 妻는 몸소 물을 깃고 빨래하는 臣妾이 되었으나 과인에게 한 번도 화를 낸 적이 없었오. 과인이 병이 들었을 때는 몸소 과인의 똥을 맛보고 오줌을 마셨으니 이는 그 慈愛라 할 것이며, 나라의 창고를 비워서 그 보물과 幣帛폐백을 다 쓰고도 옛 故鄕을 생각지 않으니 이는 그 忠과 信이라 할 것이오. 이 세 가지를 내세워 과인을 奉養하는데 과인은 일찍이 상국의 말씀을 따라 월왕을 죽이려 하였으니 이는 과인이 지혜롭지 못했기 때문이었소. 이것이 상국께서 정말로 기뻐하는 것이오? 어찌 皇天을 부끄러워하지 않으시오?"

伍子胥가 말했다.

"대왕의 말씀은 어찌 그리 正道에 어긋나십니까? 대저 호랑이가 낮은 자세로 엎드리면 장차 相對를 공격하려는 것이며, 삵이 몸을 낮추는 것은 장차 求하는 바를 얻고자 하는 것입니다. 꿩을 迷惑미혹케 하여 날아와 그물에 걸리게 하고, 물고기를 기쁘게 誘惑유혹해 죽게 하는 것은 낚시 바늘에 달린 미끼입니다. 하물며 대왕께서 병이 나으시어 처음 國政에 臨하실 때는 ≪玉門≫ 第九를 의지하셨으니 모든 일에 삼가 하여 허물이 없게 하셔야 합니다. 금년 3月 甲戌日 丑時에 첫 닭이 울면 甲과 戌은 歲星의 자리에 있게 되어 三月將인 從魁종괴와 만납니다. 이 날 吉將인 靑龍은 酉[西]의 자리에 있게 되고 德神은 土[中]에서 福을 돕고, 刑神은 金[西]에서 스스로 刑을 행하게 됩니다. 이는 日辰이 貴神의 德을 해치는 것으로써 아비에게는 장차 아비의 뜻을 따르지 않는 不順한 자식이 있게 되고, 군주에게는 임금을 거스르는 逆節之臣역절지신이 있게 될 것입니다. 대왕께서는 越王이 吳나라에 歸命했다 하여 義롭다 하시며, 대왕의 오줌을 마시고 똥을 먹었다하여 慈愛롭다 하시며, 그 나라 府庫를 비운 것을 어질다 하시나 이런 까닭에 월왕은 백성을 사랑하는 마음이 없는 것이며, 가까이 해서는 안 될 사람입니다. 월왕은 溫和한 얼굴과 듣기 좋은 말과 거짓으로 공손한 체 하는 모습을 보여 그 몸을 保存코자 하는 것입니다. 지금 월왕이 오나라에 入臣한 것은 이로써 그 陰謀를 깊게 하고 있는 것입니다. 그 府庫를 비우고도 怨恨의 氣色을 보이지 않는 것은 대왕을 속이는 것이며, 아래로 나온 대왕의 오줌을 마셨으니 이는 위에 있는 대왕의 心臟심장을 마신 것이며, 아래로 나온 대왕의 똥을 맛 본 것은 위에 있는 대왕의 肝을 먹은 것입니다. '至毒하구나! 월왕의 오나라 섬김이여! 오나라는 이로써 장차 망하는 바 되겠구나.' 대왕께서는 留意해 살피소서. 신이 敢히 죽음을 피하지 않는 것은 죽음으로써 前王의 恩誼은의에 보답하고자 함입니다. 하루아침에 오나라 社稷은 허물어져 廢墟의 언덕이 되고 宗廟에 가시덤불이 우거진다면 그 때가서 後悔한들 어찌 옛날로 돌이킬 수 있겠습니까?"

吳王이 말했다.

"相國은 말을 그치고 더 말하지 마시오. 과인은 더 이상 참고 듣지 않겠소."

吳王은 마침내 越王을 풀어주어 歸國하게 했다. 월왕을 蛇門 밖에서 送別하는데 君臣이 모두 모여 道神께 먼 여행길의 무사함을 비는 祖道를 행했다.

오왕이 말했다.

"寡人은 이제 대왕을 용서하여 越나라로 돌아가게 하니 왕께서는 끝까지 처음의 마음을 잃지 말고 힘쓰도록 하시오."

월왕은 머리를 땅에 대고 조아리며 말했다.

"이제 대왕께서 臣의 외롭고 窮僻궁벽함을 가엾게 여기시어 생명을 保全해 越나라로 돌아가게 하시니 臣과 范蠡범려, 文種의 무리들은 대왕을 위해 수레바퀴 밑에 깔려 죽기를 願합니다. 위로 하늘이 蒼蒼창창하여 푸르고 푸른 한 신은 敢히 하늘의 뜻을 거스를 수 없나이다."

오왕이 말했다.

"於乎오호라! 나는 들으니 君子는 한 마디 말을 重히 여겨 다시 어기지 않는다 하오. 이제 떠날 시간이니 대왕은 가서 힘쓰시오."

월왕은 재배하고 엎드려 무릎을 꿇었다. 오왕은 월왕을 일으켜 수레에 오르게 했다. 범려는 수레를 몰아 마침내 吳城을 떠나갔다.

수레가 三津의 나룻터에 이르자 越王은 하늘을 우러러 嘆息했다.

"오호라! 내가 困厄곤액을 당해 吳나라로 入臣해 떠나올 때 다시 살아서 이 나룻터를 건너리라고 누가 생각이나 했겠는가?"

월왕은 범려에게 말했다.

"오늘이 3月 甲辰日입니다. 未時[午後 1-3時]가 되어 해가 기울었는데 내가 天命을 힘입어 故鄕에 돌아가는 길에 다시 또 돌아가지 못하는 後患은 얻지 않겠습니까?"

범려가 말했다.

"대왕께서는 의심하지 마소서. 해가 바른 길로 다니는 한 이제 월나라에는 福이 있을 것이며 오나라에는 憂患이 있을 것입니다."

배가 浙江 위에 이르러 멀리 大越을 바라보니 山川은 疊疊첩첩하여 더욱 아름답고 天地는 새삼 맑고 아름다워 새로워 보였다. 월왕과 夫人은 歎服탄복하며 말했다.

"나는 옛날 絶望 속에 백성들을 이별하여 떠났으니 다시 돌아오리라고 어찌 생각이나 했으리오. 정말 그리운 내 나라에 다시 돌아왔구나!"

　월왕과 부인은 말을 마치자 얼굴을 가리고 눈물을 쏟아 울며 어쩔 줄 모르니 이 때 백성들도 함성을 지르며 기뻐하고 君臣이 모두 慶賀하며 기꺼워하였다.

吳越春秋　句踐歸國外傳　第八

◇　◇　◇　◇

[8-01] 越王句踐¹⁾臣吳至歸越, 句踐七年也.≪國語≫: "句踐與范蠡入臣於吳, 三年, 而吳人遣之." 當魯哀公五年, 是爲句踐七年, 正與此合. 此書於句踐五年書入吳事, 至是歸國, 首尾三年也. 百姓拜之於道, 曰: "君王獨無苦矣. 今王受天之福, 復於越國, 覇王之迹, 自斯而起." 王曰: "寡人不愼天²⁾敎, 無德於民, 今勞萬姓, 擁於岐路, 將何德化以報國人?" 顧謂范蠡曰: "今十有二月己巳之日, 時加禺中,禺, 音隅. 禺中時加巳也. ≪淮南子≫曰: "臻于衡陽, 是謂禺中. 對于昆吾, 是謂正中." 孤欲以此到國, 何如?" 蠡曰: "大王且留,³⁾ 以臣卜日." 於是范蠡⁴⁾進曰: "異哉! 大王之擇日也. 王當疾趨,⁵⁾ 車馳人走." 越王策馬⁶⁾飛輿, 遂復宮闕.

吳封地百里於越, 東至炭瀆,⁷⁾按≪越舊經≫: "炭瀆在會稽縣東六十里." ≪越絶≫曰: "句踐稱炭聚載, 從炭瀆至鍊塘." ≪會稽志≫作灰浦. 西止周宗,⁸⁾ 南造於山,⁹⁾ 北薄於

---

1) [句踐구천] 春秋時代 越나라 군주. 吳王 夫差에게 패해 會稽山에서 抗戰했으나 결국 포로가 되어 吳나라에 들어가 노예가 되었는 데 병든 夫差의 똥까지 맛보며 마음을 얻어 돌아올 수 있었다. 그 후 겉으로는 吳王을 섬기는 척하면서 복수를 준비해 20여년 만에 夫差를 죽이고 吳나라를 멸해 원수를 갚았다.
2) 北京大圖書館本과 古今逸史本, 漢魏叢書本에는 '天'를 '天'이라 했다.
3) [且留차유] 잠시. 잠깐.
4) [范蠡범려] 春秋時代 越나라 大夫. 字는 小伯. 楚나라 南陽사람. ≪呂氏春秋≫ 高誘의 풀이에는 三戶사람이라 했다. 句踐이 吳나라와의 전쟁을 시작할 때 이를 말렸으나 越나라가 敗하자 越王과 함께 포로가 되어 吳나라 臣僕이 되어 奴隷생활을 했다. 三年 만에 풀려나 越나라에 돌아오자 君臣이 함께 切齒銘骨하여 20여년 만에 吳나라를 滅하고 원수를 갚았다. 吳나라와의 싸움에서 이긴 후 范蠡는 相國이 되어 돌아왔으나 더 욕심내지 않고 五湖로 들어가서 三江口로 빠져 나와 제나라로 가서 鴟夷子皮치이자피라고 이름을 바꾼 후 몸을 숨겨 바닷가에서 농사를 지으며 數十萬金을 모았다. 齊나라에서 그 현명함을 알고 相國으로 삼자 재산을 친구와 마을 사람들에게 모두 나누어주고 다시 몸을 숨겨 宋나라 陶 땅으로 가서 자리를 잡았는데 이 곳에서도 장사를 잘해 엄청난 재산을 모았고 사람들은 그를 陶朱公이라 불렀다. 적당한 때 물러나지 않고 있다가 죽음을 당한 文種과 對照的이다.
5) [疾趨질추] 빠르게 달림.
6) [策馬책마] 말에게 채찍을 휘둘러 급히 말을 몸.
7) [炭瀆탄독] 물이름.

海.[10]　越王謂范蠡曰: "孤獲辱連年, 勢足以死, 得相國之策, 再返南鄕.[11] 今欲定國立城, 人民不足, 其功不可以興, 爲之奈何?" 范蠡對曰: "唐虞[12]卜地,[13]　夏[14]殷[15]封國, 古公[16]營城[17]周雒,[18]　威折萬里, 德致八極.[19]　豈直欲破彊敵, 收隣國乎?" 越王曰: "孤不能承前君之制,[20] 修德自守. 亡衆棲於會稽之山,[21]　請命乞恩, 受辱被恥, 囚結吳宮. 幸來歸國, 追以百里之封. 將遵前君之意, 復於會稽之上, 而宜釋吳之地." 范蠡曰: "昔公劉[22]去邰,[23]　而

---

8) [周宗] 朱室이라고도 한다. ≪水經≫注 浙江水篇에, '江水至山陰謂浙江, 江之西岸有朱室塢, 句踐百里之封, 西至朱室謂此也.'라고 하였다. 지금의 紹興市 西邊.

9) [南造于山] 浙江省 諸暨縣제기현 越山鄕 안에 있는 句嵊山구승산. ≪國語－越語≫에는 '南至句无무'라고 했다.

10) [北薄于海북박우해] 지금의 杭州灣항주만.

11) [南鄕] 越나라.

12) [唐虞당우] 堯임금과 舜임금. 堯임금은 처음 陶 땅에 封받았으나 후에 唐에 봉해진 후 임금이 되었다. 舜임금은 虞 땅에서 태어났다.

13) [卜地] 점을 쳐서 길한 땅을 택함.

14) [夏] 古代 國名. 禹가 세운 苗族의 나라.

15) [殷] 古代 國名. 湯이 세운 東夷의 나라. 처음에는 商이라 했으나 二十二代 盤庚 때인 西紀前 1401년경 殷 땅으로 都邑을 옮긴 후 '殷'이라고 한다.

16) [古公] 周나라 文王의 祖父인 古公亶甫고공단보.

17) ≪皇極一元圖－西紀前2681年≫條에, '(黃帝)營城築邑'이라 하였다. ≪史記≫ 周 本紀에는, '於是古公乃貶戎狄之俗, 而營築城郭室屋, 而邑別居之.'라고 했다.

18) [周雒주락] 周公이 築城한 洛陽城. ≪史記≫ 周 本紀에, '營周居于雒邑, 而后去.'라고 했다.

19) [八極] 八方. 온 天下

20) [孤不能承前君之制] ≪水經≫注 浙江水篇에는 本文 앞에, '先君無余, 國在南山之陽, 社稷宗廟, 在湖之南.'의 열여덟字가 있다.

21) [會稽之山] 지금의 浙江省 會稽縣에 있는 산. 句踐이 吳王 夫差와 싸울 때 오천명의 결사대를 이끌고 회계산에서 抗戰했으나 패하여 臣奴가 되어 吳나라에 入臣하였다.

22) [公劉공유] 古公檀甫고공단보의 中始祖로 推仰되는 賢人. 朝鮮朝 英祖 50년에 간행된 ≪皇極一元圖≫ 夏 桀王 二十二年(西紀前 1797)條에, '公劉遷于豳'이라하여 '이 해에 公劉가 豳빈 땅으로 옮겨갔다.'고 기록해 있다.

23) [邰태] 古代 堯임금 때 后稷이 封 받은 땅. 后稷의 어머니 姜嫄氏가 태어난 나라.

德彰於夏, 亶父讓地,[24) 而名發於岐.[25) 今大王欲欲字下當有立字.國樹都,[26) 幷敵國之境, 不處平易以跂切之都, 據四達之地, 將焉於虞切立霸王之業?” 越王曰: “寡人之計未有決定, 欲築城立郭, 分設里閭,[27) 欲委屬於相國.” 於是范蠡乃觀天文, 擬法於紫宮,[28) 築作小城. 周千一百二十二步, 一圓三方. 西北立龍飛翼之樓, 以象天門. 東南伏漏石竇,[29) 以象地戶.[30) 陵門[31)四達, 以象八風.[32) 外郭築城而缺西北, 示服事吳也, 不敢壅塞. 內以取吳,[33) 故缺西北, 而吳不知也. 北向稱臣, 委命吳國. 左右易處,易音亦. 處, 上聲. 不得其位, 明臣屬也. 城旣成, 而怪山自生者, 琅琊[34)東武[35)海中山也. 一夕自來, 故名怪山.卽龜山也, 在府東南二里. 一名飛來, 一名寶林, 一名怪山. ≪越絶≫曰: “龜山, 句踐所起游臺也.” ≪寰宇記≫: “龜山卽琅琊東武山, 一夕移於此.” 范蠡曰: “臣之築城也, 其應天矣. 崑崙之象存焉.” 越王曰: “寡人聞崑崙之山,[36) 乃地之林柱, 上承皇天, 氣吐宇內,[37) 下處后土, 稟受[38)無外, 滋聖[39)生神, 嘔養[40)帝會, 故帝字上當有五字

---

24) [亶父讓之단보양지] 古公亶父가 匈奴의 침입으로 豳빈 땅을 양보하고 岐山으로 옮겨 온 故事.

25) [岐기] 岐州. 岐山. 周나라가 처음 發興한 곳.

26) [樹都] 도읍을 세움. 樹는 竪수와 仝. ≪廣韻≫ 遇韻에, ‘樹, 立也.’라고 했고, ≪書經≫ 泰誓下篇에, ‘樹德務滋, 除惡務本’이라 했다. ≪漢書≫ 揚雄傳 下篇에, ‘皆稽顙樹頷’이라 했는데 顏師古 注에, ‘樹, 竪也.’라고 했다.

27) [里閭이려] 사람이 사는 곳. 동구 밖.

28) [紫宮자궁] 紫微宮. 별자리의 이름. 북극성이 있는 곳. 皇宮.

29) [伏漏石竇복루석독] 몰래 땅 밑을 뚫어 길을 냄.

30) [地戶] 땅집. 潛門잠문.

31) [陵門능문] 일반 城門. 陵은 陸과 仝. ≪越絶書≫ 外傳記 越地傳에, ‘陸門四, 水門一.’이라 했다.

32) [八風] 八風이란 東風은 곧 明庶風명서풍이요, 東南風은 淸明風이며, 南風은 景風이라 하고, 西南風은 涼風이며, 西風은 곧 閶闔風창합풍이며, 西北風은 不周風부주풍이라하고, 北風은 廣莫風이고, 東北風은 融風융풍이라 한다.

33) [內以取吳] 마음속으로 몰래 吳나라를 취하고자 함. ≪禮記≫ 禮器篇에, ‘無節于內者’라고 했는데 疏에, ‘內, 猶心也’라고 했다.

34) [琅琊낭야] 古代 地名. 지금의 山東省 膠南縣교남현과 諸城縣 일대. ≪史記≫ 李斯傳에, ‘始皇三十七年十月, 行出游會稽, 並海上北抵琅邪.’라고 했다.

35) [東武동무] 漢나라 때의 縣名. 지금의 山東省 諸城縣.

36) [崑崙之山곤륜지산] 西王母가 산다는 西方의 靈山.

37) [宇內] 天地間의 빈 곳.

帝處其陽陸, 三王居其正地. 吾之國也, 扁扁疑當作偏.天地之壤, 乘東南之維, 斗去極北,41) 非糞土之城,42) 何能與王者比隆盛哉?” 范蠡曰: “君徒見外, 未見於內. 臣乃承天門制城, 合氣於后土, 嶽象已設, 崑崙故出, 越之霸也.” 越王曰: “苟如相國之言, 孤之命也.” 范蠡曰: “天地卒號, 以著其實.” 名東武, 起游臺其上, 東南爲司馬門, 立增樓增與層同冠其山巔, 以爲靈臺.≪水經≫ 註: “怪山者, 越起靈臺於山上, 又作三層樓, 以望雲物.” 起離宮於淮陽,≪越絶≫曰: “離臺周五 百六十步, 在淮陽里丘.” ≪越舊經≫: “淮陽宮, 在會稽縣東南二里.” 中宿臺於高平,≪越絶≫宿 作指. 云: “中指臺馬丘, 周六百步, 在高平里.” ≪越舊經≫: “中宿在會稽縣東七里.” 駕臺在於成 丘,≪越絶≫: “駕臺馳於離丘.” 立苑於樂野,≪越絶≫曰: “越王弋獵之處, 大樂, 故謂樂野. 其山 上石室, 越王所休謀也.” ≪十道志≫: “樂野, 句踐以此野爲苑, 今有樂瀆村.” 燕臺在於石室,≪ 越舊經≫: “宴臺在州東南十里.” 齋臺在於襟山,按, 越境無襟山. ≪越絶≫曰: “稷山者, 句踐齋 戒臺也.” 旣曰齋臺, 則襟當作稷. 稷山在會稽縣東五十三里. 句踐之出游也, 休息食室於氷 廚.一曰: 氷室, 所以備膳羞也.

❖　　❖　　❖　　❖

　越王 句踐구천이 吳나라에 入臣했다가 풀려나 돌아온 것은 월왕 7年의 일이었다. 백성들은 모두 길에 나와 월왕에게 엎드려 절하며 말했다.

　“대왕께서 마침내 고난을 이겨내셨습니다. 이제 天福을 받아 越나라에 돌아오셨으니, 覇王패왕의 자취를 좇아 이로부터 월나라를 일으키소서.”

　월왕이 말했다.

---

38) [稟受품수] 天地의 氣를 받음.
39) [滋聖자성] 聖賢을 감싸 기름.
40) [嘔養구양] 감싸서 기르다. 嘔는 煦후[기르다]와 仝義.
41) [斗去極北] 北斗七星이 北極星과 떨어져 있음.
42) [糞土之城분토지성] 낮고 천한 변두리 땅에 쌓은 城. 糞土는 썩은 흙. ≪論語≫ 公冶長편에 ‘糞土之牆不可杇—썩은 흙으로 쌓은 담장은 흙손으로 바를 수 없 다.’는 구절이 있다.

"과인이 하늘의 가르침을 삼가지 못해 백성들에게 德을 베풀지 못하였습니다. 艱苦를 겪은 온 백성을 갈림길에서 끌어안아 어떤 德化로써 갚아야 할꼬?"

월왕은 范蠡범려를 돌아보고 물었다.

"오늘 12月 己巳日기사일에 해가 禺中우중[巳時]에 떠오르는 시각에 맞추어 과인은 越宮에 이르고자 하는데 吉凶이 어떻겠습니까?"

범려가 말했다.

"대왕께서 잠시 기다리시면 좋은 날을 점쳐 보겠나이다."

범려는 점을 쳐 보고 말했다.

"놀랍군요! 대왕께서 擇日하신 날은. 대왕께서는 서두르소서. 수레를 달리게 하시고 사람은 뛰게 하여 속히 越宮으로 드소서."

월왕은 말에게 채찍을 휘둘러 나는 듯이 수레를 몰아 마침내 다시 월궁으로 들어갔다.

吳나라가 越王을 封한 땅은 본래의 월나라 땅 중 百餘里였는데 동쪽은 炭瀆탄독에 이르렀고 서쪽으로는 周宗까지였다. 남쪽은 큰 山과 만났고 북쪽은 바다에 닿았다.

월왕이 범려에게 말했다.

"내가 捕虜포로가 되어 여러 해 동안 辱을 당할 때 지치고 힘에 겨워 죽었을 것이나 相國의 謀策을 힘입어 다시 南鄕의 내 나라에 돌아올 수 있었습니다. 이제 나라를 안정시켜 城을 세우고자 하나 백성이 많지 않아 그 功을 이룰 수 없으니 다시 나라를 일으키려면 어찌해야 하겠습니까?"

범려가 대답했다.

"堯요임금과 舜순임금은 점을 쳐서 살 곳을 정했고, 夏·殷은 흙을 쌓아서 도읍의 경계로 삼았으며, 古公亶父고공단보도 처음에는 흙으로 둘러 城을 쌓았지만 周나라 雒邑낙읍은 威儀위의를 萬里에 빛내고 德化는 八極에 미쳤습니다. 대왕께서는 이제 겨우 돌아오셨는데 어찌 곧 바로 彊敵강적을 깨치고 주변의 나라들을 服屬복속시킬 수 있겠습니까?"

越王이 말했다.

"나는 지난 날 前王의 國制를 받들지 못해 욕을 당했으니 德을 쌓고 스스로 분수를 지키겠습니다. 會稽山회계산에서 백성들은 죽고 흩어졌으며 과인은 항복하여 오왕에게 請命청명하고 은혜를 求乞하여 욕과 수치를 당해야 했습니다. 오나라 宮室과 石室에 갇혀 죽었을 몸이 다행히 살아 돌아와 百里의 땅에 封해 졌습니다. 앞으로 前王의 뜻을 좇아 다시 會稽 땅에 國都를 세워 마땅히 오나라의 束縛속박으로부터 벗어나겠습니다."

범려가 말했다.

"옛날 周 文王의 조상 公劉는 夏나라 桀王걸왕을 피해 대대로 封함을 입어온 邰태 땅을 떠나 戎狄융적의 땅으로 숨었으면서도 그 덕은 夏나라보다 더 빛나게 했으며, 고공단보는 살던 땅을 양보하고 岐山으로 가서 나라를 일으킬 수 있었습니다. 지금 대왕께서 都城을 쌓고자 하는 곳은 敵國의 地境에 닿아 있어 都邑으로 삼을 만한 平易한 도읍지가 아니며, 사방으로 통하는 곳에 자리 잡고 있지 못하니 이곳에서 어찌 覇王의 業을 일으킬 수 있겠습니까?"

월왕이 말했다.

"과인은 이 計劃을 아직 결정하지 못했으니 城을 쌓고 성곽을 세우며 里閭[里門] 세우는 일을 모두 相國께 맡기고자 합니다."

이에 범려는 天文을 관측하고 紫宮[북극성]의 별자리를 헤아려 작은 城을 築造축조했는데 둘레가 千百二十二步였다. 三面의 성곽은 모나게 쌓았고 한 쪽 면은 둥글게 성벽을 쌓았다. 서북쪽에는 龍이 나래를 펴고 날으는 누각을 높이 세워 天門을 상징했으며, 동남쪽에는 바위를 뚫어 땅속으로 물이 흐르게 하여 地戶를 상징하게 했다. 陵門능문은 사방으로 통하게 하여 八風을 받게 했다.

外城을 쌓으면서 서북쪽은 쌓지 않았는데 이는 오나라를 섬기는 것을 보여주기 위함이었다. 겉으로는 감히 오나라를 意識하여, 튼튼한 外城을 쌓지 않음을 보여주고, 안으로 가만히 오나라를 取하고자 하여 서북쪽에 성벽을 쌓지 않은 것인데 오나라는 월나라의 遠謀를 알지 못했다.

월나라는 北向하여 오나라에 대해 稱臣하며 吳나라의 命을 받고, 좌우의 신하들도 그 자리를 바꾸어 서게 하고, 제 자리를 얻지 않게 하여 오나라에의 服屬복속을 분명히 했다.

성이 모두 완성되자 怪山괴산이 하나 스스로 생겨났다. 이 괴산은 琅琊낭야의 東武山으로 바다 가운데 솟아 있던 산인데, 하룻 밤새 스스로 이 곳으로 옮겨왔으므로 山名을 怪山이라 했다.

범려가 말했다.

"臣의 築城축성을 하늘이 感應감응하여 崑崙곤륜의 氣象이 생겨났습니다."

월왕이 말했다.

"과인이 들으니, 崑崙山은 땅의 기둥으로 위로는 皇天을 받들고 서서 그 기운을 宇宙에 吐해내므로 아래에 있는 后土후토는 곤륜의 기운을 받지 않는 곳이 없다고 합니다. 곤륜산은 聖賢을 감싸 기르고 神仙을 낳아 기른다고 합니다. 제왕을 기를 만한 地勢인 까닭에 곤륜의 남쪽은 五帝가 살 만하고, 곤륜의 앞 땅은 三王이 살 만한 곳이라고 합니다. 그런데 우리나라는 天地의 東南 한 쪽에 자리잡은 땅덩어리로서, 북두칠성이 북극성과 떨어져 있듯 북쪽의 中原과 멀리 떨어져 있는 糞土之城이 아닙니까? 이 곳에서 어찌 능히 王者와 견줄 만큼 隆盛융성할 수 있겠습니까?"

범려가 말했다.

"대왕께서는 겉으로 들어난 것은 보셨으나 안에 있는 실질적인 것은 아직 보지 못하셨습니다. 臣은 天門을 받들어 城을 축조하고 后土의 기운에 부합되게 한 것입니다. 산의 상징이 이미 세워졌고 곤륜의 氣象이 솟아났으니 이는 越나라의 覇業을 상징하는 것입니다."

월왕이 말했다.

"진실로 相國의 말씀대로라면 이는 과인의 天命이라 하겠습니다."

범려가 말했다.

"천지가 마침내 그 名과 實을 드러냈으니 이로써 하늘의 뜻을 나타내신 것입니다."

월왕은 東武山에 游臺유대를 세웠다. 동무산 위 동남쪽을 司馬門이라 하고 增樓증루[層樓]를 세웠으며, 그 산꼭대기를 冠으로 삼아 靈臺영대라 했다. 淮陽회양에는 離宮이궁을 세웠고, 中宿臺중숙대는 高平에 세웠다. 駕臺가대는 成丘에 있고, 樂野낙야에는 苑을 세웠다. 燕臺연대에는 石室을 있게 하고, 齋臺는 襟山금산에 세웠다.

句踐은 城 밖에 나가 놀 때는 氷廚빙주에 음식을 저장해 놓고 쉬기도 하며 먹고 즐기기도 했다.

◈ 참　고

1. ≪國語－越語 上≫

句踐說於國人曰: "寡人不知其力之不足也, 而又與大國執讎, 以暴露百姓之骨於中原, 此則寡人之罪也. 寡人請更," 於是葬死者, 問傷者, 養生者, 弔有憂, 賀有喜, 送往者, 迎來者. 去民之所惡, 補民之不足. 然後卑事夫差, 宦士三百人於吳. 其身親爲夫差前馬.

◇　◇　◇　◇

[8-02] 越王乃召相國范蠡, 大夫種,[43] 大夫郢,[44]問曰: "孤欲以今日上明堂,[45] 臨國政, 專恩致令,[46] 以撫百姓, 何日可矣? 惟三聖謂聖臣也, 指上三人而

---

43) [大夫 種] 大夫 文種. 楚나라 南陽의 官吏. 후에 越王 句踐을 섬겨 會稽之恥를 씻게 하고 霸業을 이루게 했으나 句踐의 꺼려함을 받아 죽음을 당했다.
44) [大夫 郢영] 大夫. 諸稽郢제계영. ≪國語－吳語≫에, '越王許諾乃命諸稽郢行成於吳'라고 했는데 韋紹위소 注에 '諸稽郢越大夫'라고 했다. ≪史記≫ 越王句踐世家에는 柘稽자계라고 했다.
45) [明堂] 天子나 諸侯가 執務하는 宮室. ≪禮記≫ 明堂位篇에, '昔者周公 朝諸侯于明堂之位, 天子負斧依, 南鄕而立.'이라 했는데 注에, '明堂은 天子가 諸侯의 朝禮를 받고 높고 낮은 序列을 밝히는 宮殿이다'라고 했다.
46) [專恩致令] 오로지 은혜를 베풀고 바른 令을 頒布반포함.≪太平御覽≫ 卷五百三十三에는 '專'이 '布'로 되어 있다.

言, 子胥曰: "越有聖臣范蠡." 紀綱維持." 范蠡曰: "今日丙午日也, 丙陽將也, 是日吉矣. 又因良時, 臣愚以爲可. 無始有終, 得天下之中." 大夫種曰: "前車已覆, 後車必戒, 願王深察." 范蠡曰: "夫子故不一二見也. 吾王今以丙午復初臨政, 解救其本, 是一宜; 夫金制始, 而火救其終, 是二宜; 蓄金之憂, 轉而及水, 是三宜; 君臣有差, 不失其理, 是四宜; 王相去聲俱起, 天下立矣, 是五宜. 臣願急升明堂臨政." 越王是日立政, 翼翼小心,47) 出不敢奢, 入不敢侈. 越王念復吳讎, 非一旦48)也. 苦身勞心, 夜以接日, 目臥49)則攻之以蓼,50) 足寒則漬之以水. 冬常抱氷, 夏還握火, 愁心苦志, 懸膽於戶,51) 出入嘗之, 不絶於口. 中夜潛泣, 泣而復嘯. 越王曰: "吳王好服之離體,52) 吾欲采葛,≪詩≫毛氏箋: "葛所以爲絺綌." 使女工織細布, 獻之以求吳王之心, 於子何如?" 羣臣曰:53) "善." 乃使國中男女入山采葛,會稽縣東十里, 有葛山. ≪越絶≫曰: "句踐種葛, 使越女治葛布, 獻吳王." 以作黃絲之布.54) 欲獻之, 未及遣使, 吳王聞越王盡心自守, 食不重味, 衣不重綵, 雖有五臺之游, 未嘗55)一日登翫. "吾欲因而賜之以書, 增之以封." 東至於勾甬,56) 西至於檇里,57) 南至於姑末,即春秋越姑蔑之

---

47) [翼翼小心익익소심] 嚴正엄정하게 조심함.

48) [一旦] 어느 날 갑자기. 하루아침에.

49) [目臥목와] 눈이 감기다. 졸음이 쏟아짐.

50) [攻之以蓼공지이료] 여뀌 풀 즙을 눈에 넣어 졸음을 쫓음. 여뀌 풀은 물가에 自生하는 풀인데 毒氣가 있어 눈에 들어가면 쓰리다.

51) [懸膽於戶현담어호] 문에 쓸개를 달아맴. 여기서 '嘗膽상담'이라는 故事가 생겨났다.

52) [離體이체] 몸을 꾸밈. 離리는 麗려와 仝동. ≪廣雅≫ 釋詁二에, '離, 待也.'라고 했는데 王念孫 疏證에, '待者, 止也. 離讀爲麗. ≪春秋左傳≫ 宣公 十二年 注云, 麗, 著也. 著亦止也.'라고 했다. ≪玉篇≫ 隹部에는, '離, 麗也.'라고 했다.

53) [羣臣曰:] ≪太平御覽≫에는 이 句節을, '于是群臣曰: 君王何愁心之甚? 夫復讎謀敵, 非君王之憂, 自臣下急務也.'라고 했다.

54) [黃絲之布] 갈포로 짠 고운 옷감.

55) [未嘗미상] 아직 한 번도.

56) [勾甬구용] 春秋時代 越나라 地名. 夫差內傳第五에, '吾請獻勾甬東之地, 吾與君爲二君乎?'라고 했다.

57) [檇里취리] 春秋時代 越나라 地名. ≪春秋左傳≫ 定公 十四年條에, '吳伐越, 越子句踐禦之, 陣于檇李. 句踐患吳之整也, 使死士再禽焉不動. 使罪人三行

地. 姑蔑地名有二. 魯國下縣南有姑蔑城. 越之姑蔑, 至秦屬會稽, 爲太末縣, 今衢州. 北至於平
原, ≪越絶≫作武原. 今海鹽縣. 縱橫八百餘里.

越王乃使大夫種, 索葛布58)十萬, 甘蜜九党,59)≪韻會≫引≪吳越春秋≫: "越以甘
蜜九櫎報吳增封之禮. 謂櫎爲越椒. 今此書無九櫎二字, 詳下文文筍之類皆以數計, 則甘蜜當作九甃.
≪玉篇≫: "甃, 下盍切, 盆也." 此党字誤. 文筍60)七枚, 狐皮五雙, 晋竹十廀,61)廀當作搜
≪漢-溝洫志≫: "漕船五百搜." 今文作艘, 音騷, 船總名也. 或作㮧. 以復封禮.62) 吳王得之,
曰: "以越僻狄63)狄當作狹.之國無珍, 今擧其貢貨而以復禮, 此越小心念功, 不
忘吳之效也. 夫越本興國千里, 吾雖封之, 未盡其國." 子胥64)聞之, 退臥於
舍, 謂侍者曰: "吾君失其石室之囚,65) 縱於南林之中, 今但因虎豹之野, 而
與荒外之草. 於吾之心, 其無損也." 吳王得葛布之獻, 乃復增越之封, 賜羽
毛之飾,66) 机杖,67) 諸侯之服. 越國大悅.

荣葛之婦傷越王用心之苦, 乃作苦之詩,68)≪事類賦≫引≪吳越春秋≫曰: "乃作若

屬劍於勁 而辭曰: "二君有治, 臣奸旗鼓, 不敏於君之行前. 不敢逃刑敢歸死."
遂自到也. 師屬之目, 越子因而伐之, 大敗之. 靈姑浮以戈擊闔廬, 闔廬傷將
指, 取其一屨. 還卒於陘, 去檇李七里.'라고 했다.

58) [葛布] 칡섬유로 짠 옷감.≪史記≫ 太史公自序에, '夏日葛衣, 冬日鹿裘'라고
했다.

59) [甘蜜九党] 党은 櫎[나무통]과 같다.

60) [文筍] 무늬를 넣어 대로 짠 方形의 상자. ≪禮記≫ 曲禮 上에, '凡以弓劍苞
苴簞笥問人者, 操以受命, 如使之容.'이라 했는데 鄭玄 注에, '簞笥, 盛飯食
者, 圓曰簞, 方曰笥.'라고 하였다. <枚>는 <个>와 仝. 宋나라 梅堯臣의 ≪
答王德言遺柑≫에, '今王德言遺姑蘇者十枚'라고 하였다.

61) [晋竹十廀진죽십수] 晋竹은 箭竹과 仝義로써 화살. 晋은 箭과 同. ≪儀禮≫ 大
射篇에, '綴諸箭盖'라고 했는데 鄭注에, '古文 箭, 爲晋'이라 했다.

62) [封禮] 封地를 받은 데 대한 幣帛.

63) [僻狄벽적] 좁고 외진 곳.

64) [子胥] 姓은 伍, 이름은 員운. 字는 胥. 伍奢의 아들. 楚나라 사람. 文武에 뛰어
났으나 楚 平王이 아버지와 형을 죽이자 宋나라, 鄭나라, 陳나라를 거쳐 吳나
라로 달아나 闔閭를 만났다. 합려를 도와 합려가 오왕이 되자 군사를 이끌고
초나라를 쳐서 아버지와 형의 원수를 갚았다. '日暮路遠倒行而逆施之於道',
'掘墓屍鞭三百杖' 등의 故事를 남겼다. 후에 오왕 夫差에게 죽음을 당했다.

65) [石室之囚] 監獄에 갇힌 囚人. 石室은 獄과 仝.

66) [羽毛之飾] 諸侯의 수레를 장식하는 儀仗用 깃털.

67) [几杖궤장] 諸侯의 儀仗用 案席과 지팡이.

何之歌." ≪會稽賦≫註亦引此書曰: "乃作何苦之詩." 曰: "葛不連蔓葉台台,[69]音貽. 我君心苦命更之. 嘗膽不苦甘如飴,≪事類賦≫及≪越舊經≫所引皆作未若飴. 今我采葛以作絲.≪文選≫註引采葛婦詩, 有, "饑不遑食四體疲.[70]" 一句, 此書無之, 闕文也. 女工織兮不敢遲, 弱於羅兮輕霏霏,[71] 號絺素[72]兮將獻之, 越王悅兮忘罪除, 吳王歡兮飛尺書. 增封益地賜羽奇,[73] 几杖茵褥[74]諸侯儀. 羣臣拜舞天顏舒, 我王何憂能不移!"

◇　　◇　　◇　　◇

越王은 宮室이 완성되자 相國 范蠡와 大夫 文種, 대부 諸稽郢제계영을 불러 물었다.

"나는 이제 새로 지은 明堂에 올라 國政에 臨하고자 합니다. 恩惠가 백성들에게 고루 미치도록 하여 백성을 어루만지고자 하는데 어느 날이 좋겠습니까? 세 분 聖賢께서는 나라의 紀綱을 바로 잡아주시기 바랍니다."

범려가 말했다.

"오늘은 丙午日인데 丙은 陽將이니 吉日입니다. 또한 이 날은 良時를 품고 있으니 臣의 어리석은 생각에는 이 날이 좋을 것 같습니다. 시작은 보잘 것 없으나 끝마침은 훌륭한 결과가 있을 것이니 天下의 中心을 얻어 覇業패업을 이룰 것입니다."

---

68) [苦之詩] 아마도 越王의 苦楚와 칡 섬유를 잣는 여인네들의 애환을 함께 노래하여 이같은 제목이 붙여진 것 같다.
69) [葛不連蔓葉台台갈불연만엽이이] 不은 柎부와 소동. 꽃받침. 台台이이는 翼翼익익과 같은 뜻으로서 우거진 모양.
70) [饑不遑食四體疲기불황식사체피] 原文에는 이 내용이 없으나 ≪文選≫ 註에 準據하여 譯文에 포함시켰다.
71) [霏霏비비] 눈[雪]이나 실이 가볍게 쌓이는 것.
72) [絺素치소] 깨끗한 葛布.
73) [羽奇우기] 諸侯를 상징하는 儀仗用 깃털.
74) [茵褥인욕] 諸侯의 儀仗用 자리깔개.

대부 문종이 말했다.

"앞에 가던 수레가 엎어지면 뒤에 가는 수레는 반드시 警戒경계하고 삼가는 것이니 바라건대 대왕께서는 깊이 살피소서."

범려가 말했다.

"선생께서는 진실로 한두 가지만 보고 말씀하신 것이 아닙니다. 오늘 丙午日에 대왕께서 처음 國政에 臨하심에, 그 根本을 바르게 풀어나가게 되니 첫 번째 마땅할 일이고; 金德인 庚子日경자일에 明堂을 시작하여 火德인 丙午日에 마무리 하니 두 번째 마땅한 일이며; 刑殺형살을 주관하는 金德의 근심을 풀어 만물을 받아들이는 水德에 이르는 것이니 세 번째 마땅한 일이고; 君臣 間에 禮를 바로 세워 그 義를 잃지 않는 것이니 네 번째 마땅한 일이며; 대왕과 함께 일어나 천하에 覇業을 일으키는 것이니 다섯 번째 마땅한 일입니다. 바라건대 속히 明堂에 오르시어 國政에 임하소서."

월왕은 이 날부터 국정에 임하여 嚴正엄정하고 小心하게 삼가 밖에 나갈 때는 豪奢호사롭지 않았으며, 안에 들어와서는 奢侈사치하지 않았다.

越王의 오나라에 대한 복수는 하루아침에 이루어진 것이 아니었다. 몸은 苦痛스럽게 하고, 마음도 괴롭게 하여 밤을 낮처럼 새우며, 눈이 감기면 여뀌 즙을 눈에 넣고 쓰리게 하여 잠도 자지 않으며 몸을 辛苦에 시달리게 했다. 발이 시리면 더욱 차게 하기 위해 물에 담그고, 겨울이면 얼음을 안고, 여름이 돌아오면 불을 가까이 하여 마음속에 매일같이 복수에 대한 깊은 근심과 고통스런 뜻을 새겼다. 쓸개를 매달아 놓고 문밖에 나가고 들어올 때마다 맛보아 입 안에서 쓴 맛이 떠나지 않게 하였다. 밤이면 몰래 눈물을 흘리고 다시 한숨을 쉬기도 했다.

월왕이 신하들에게 말했다.

"吳王은 좋은 옷으로 꾸미기를 좋아하니 나는 칡을 캐어 女工들로 하여금 고운 葛布갈포[칡 베옷]를 짜게 해서, 이를 바쳐 오왕의 마음을 얻고자 하는데 어떻겠습니까?"

여러 신하들이 대답했다.

"좋은 계책입니다."

이에 나라 안의 백성들을 山에 들어가 칡을 캐게 했는데 칡 섬유로 짠 고운 갈색 베를 오왕에게 바치고자 하였다. 월왕이 아직 使臣을 보내기 前에 오왕은 월왕이 마음을 다해 스스로의 분수를 지키며, 밥을 먹을 때는 여러 가지 반찬을 먹지 않으며, 옷을 입을 때도 비단 옷을 껴입지 않으며, 비록 游臺유대가 있으나 한 번도 유대에 올라 놀지 않는다는 소문을 들었다.

오왕은 마음속으로 말했다.

"월왕이 謹愼근신하여 분수를 지킨다하니 월왕에게 書札서찰을 내려 封地를 더해 주리라."

오왕은 월왕의 封地를 늘려 주었는데 동쪽은 句甬구용에 닿았고 서쪽은 檇里취리까지 넓혔으며 남쪽은 始末에 닿았고 북쪽은 平原에 이르러 월나라 封地는 마침내 八百餘里에 이르게 되었다.

越王은 大夫 文種을 보내 칡 纖維섬유로 짠 고운 葛布 十萬疋필과 甘蜜감밀 아홉 통, 대로 엮어 만든 文笥문사 七枚, 여우가죽 다섯 쌍, 화살을 만들 수 있는 箭竹전죽 열 척을 오왕에게 바쳐 封地를 늘려 준데 대한 封禮를 올리게 했다.

오왕은 많은 幣帛폐백을 받고나서 말했다.

"월나라는 외지고 좁은 나라여서 珍貴한 寶物이 없을 터인데 貴한 貢物공물을 보내 禮를 갖추니 이는 월왕이 삼가하고 조심하여 오나라의 功을 잊지 않고 생각함이다. 대저 월나라가 처음 일어났을 때는 그 地境이 千里에 달했는데 내 비록 그 封地를 八百里로 넓혀 주었으나 처음의 월나라 疆域강역에는 미치지 못한다."

伍子胥는 이 말을 듣고 돌아와 집에 누워 侍者에게 말했다.

"우리 대왕은 石室에 가두었던 罪人을 풀어 南山[회계산] 숲에 놓아주었으니, 이제 이로 因해 월왕은 들판의 호랑이와 표범이 되어 거칠 것 없이 거친 풀밭을 마음껏 달리게 되었다. 오호라! 나의 마음은 근심을 덜 수 없게 되었구나."

오왕은 월왕이 바친 갈포와 감밀, 많은 珍貴한 폐백을 받고 나서 다시 월나라의 封地를 늘려 주었으며 제후의 游車유차에 다는 깃털 장식과 机杖궤장, 제후의 衣服을 내렸다. 월왕과 君臣, 온 백성은 함께 기뻐하였다.

칡을 캐던 越나라 여인들은 越王이 밤낮으로 고통스럽게 마음을 쓰며 傷心하는 것을 "苦詩"라는 노래로 지어 불렀다.

葛不連蔓葉台台
갈 불 연 만 엽 이 이
휘휘 칭칭 뻗은 넝쿨 잎새도 탐스러워

我君心苦命便之
아 군 심 고 명 변 지
우리 大王 마음 근심 天命으로 바꾸소서.

嘗膽不苦甘如飴
상 담 불 고 감 여 이
쓸개 맛을 바꿔 엿처럼 달게 하소

今我采葛以作絲
금 아 채 갈 이 작 사
지금 나는 칡을 캐서 葛布 실을 잣고 있네

饑不遑食四體疲*
기 불 황 식 사 체 피
굶주리고 먹지 못해 온 몸이 困苦해도

女工織兮不敢遲
여 공 직 혜 불 감 지
베 짜는 여인네들 게으름 감히 피울 수 없네.

弱於羅兮輕霏霏
약 어 라 혜 경 비 비
가는 실 고운 갈포 소복소복 가벼웁게 쌓이네.

號絺素兮將獻之
호 치 소 혜 장 헌 지
고운 갈포 絺素치소를 오왕께 바치려네

越王悅兮忘罪除
월 왕 열 혜 망 죄 제
기쁘실 손 우리 월왕 옛 허물 잊으소서

吳王歡兮飛尺書
오 왕 환 혜 비 척 서
오왕께서 기뻐하사 尺書 하나 날아 왔네

增封益地賜羽奇
증 봉 익 지 사 우 기
封地를 더 하시고 奇異한 羽毛 내리시니

几杖茵褥諸侯儀
궤 장 인 욕 제 후 의
새 털 깃, 자리깔개, 几杖은 제후의 儀仗일세

羣臣拜舞天顏舒
군 신 배 무 천 안 서
君臣 함께 拜禮하며 춤추고 기뻐하니

我王何憂能不移
아 왕 하 우 능 불 이
우리 대왕 무엇을 근심하랴
이제는 아무것도 못하실 일 없겠네

◆ 참　고

1. ≪國語−越語 上≫

句踐之地, 南至于句無; 北至于禦兒; 東至于鄞; 西至于姑蔑. 廣運百里.

2. ≪國語−越語 下≫

三年而吳人遣之. 歸及至於國, 王問於范蠡曰: "節事奈何?" 對曰: "節事者與地. 唯地能包萬物以爲一. 其事不失, 生萬物. 容畜禽獸, 然後受其名, 而兼其利. 美惡皆成以養其生. 時不至不可彊生. 事不究, 不可彊成. 自若以處, 以度天下. 待其來者而正之, 因時之所宜而定之. 同男女之功, 除民之害, 以避天殃. 田野開闢府倉實. 民衆殷無曠其衆以爲亂梯. 時將有反, 事將有閒, 必有以知天地之恒制. 乃可以有天下之成利. 事無閒, 時無反. 則撫民保敎以須之." 王曰: "不穀之國家, 蠡之國家也. 蠡其圖之." 對曰: "四封之內, 百姓之事, 時節三樂, 不亂民功. 不逆天時, 五穀睦熟. 民乃蕃滋. 君臣上下, 交得其志, 蠡不如種也. 四封之外, 敵國之制, 立斷之事. 因陰陽之恒, 順天地之常. 柔而不屈, 彊而不剛. 德虐之行, 因以爲常. 死生因天地之刑, 天因人, 聖人因天, 人自生之. 天地形之, 聖人因而成之. 是故戰勝而不報, 取地而不反, 兵勝於外, 福生於內, 用力甚少而名聲章明, 種亦不如蠡也." 王曰: "諾." 令大夫種爲之.

3. ≪說苑≫ 344편

魏文侯與大夫飮酒, 使公乘不仁爲觴政曰: "飮不嚼者浮以大白." 文侯飮而不盡嚼, 公乘不仁擧白浮君. 君視而不應, 侍者曰: "不仁退, 君已醉矣." 公乘不仁曰: "周書曰: '前車覆 後車戒' 蓋言其危, 爲人臣者不易, 爲君亦不易. 今君已設令, 令不行, 可乎?" 君曰: "善." 擧白而飮, 飮畢曰: "以公乘不仁爲上客."

◇　◇　◇　◇

[8-03] 於是越王內修其德, 外布其道, 君不名敎; 臣不名謀; 民不名使; 官不名事. 國中蕩蕩,75) 無有政令. 越王內實府庫, 墾其田疇,76) 民富國彊, 衆安道泰. 越王遂師八臣,77) 與其四友,78) 時問政焉. 大夫種曰: "愛民而已." 越王曰: "奈何?" 種曰: "利之無害, 成之無敗, 生之無殺, 與之無奪." 越王曰: "願聞." 種曰: "無奪民所好, 則利也;79) 民不失其時, 則成之; 省刑去罰, 則生之; 薄其賦歛,80) 則與之; 無多臺游, 則樂之; 靜而無苛, 則喜之; 民失所好, 則害之; 農失其時, 則敗之; 有罪不赦, 則殺之; 重賦厚歛, 則奪之; 多作臺游以罷音疲民, 則苦之; 勞擾民力, 則怒之.詳文意, 上文 '與之無奪'以下 當有'樂之無苦, 喜之無怒.' 二句. 臣聞善爲國者, 遇民如父母之愛其子, 如兄之愛其弟. 聞有飢寒之哀, 見其勞苦爲之悲." 越王乃緩刑薄罰, 省其賦歛. 於是人民殷富,81) 皆有帶甲之勇.82)

九年正月, 越王召五大夫而告之曰: "昔者, 越國遁棄宗廟, 身爲窮虜, 耻聞天下, 辱流諸侯. 今寡人念吳, 猶蹩者83)不忘走, 盲者不忘視. 孤未知策謀, 惟大夫誨之." 扶同84)曰: "昔之亡國流民, 天下莫不聞知. 今欲有計, 不

---

75) [蕩蕩탕탕] 꽉 차서 넘치는 모양.
76) [田疇전주] 밭두둑. 즉 농사를 짓는 것. 옛 사람들은 곡식을 심는 땅을 田이라 했고, 麻를 심는 땅을 疇라고 했다. ≪禮記≫ 月令篇에, '可以糞田疇'라 했는데 孔穎達공영달 疏를 인용해 蔡邕채옹이 말하기를, '穀田曰田, 麻田曰疇'라고 했다
77) [八臣] 여덟 신하. 范蠡범려, 文種, 計硯계연, 扶同, 苦成, 皐如고여, 曳庸예용, 皓호, 諸稽郢제계영 등.
78) [四友] 楚나라 申包胥 등을 말하는 것으로 보이는데 申包胥 外에는 자세하지 않다.
79) [也] 北京大 圖書館本에는 '之'라고 해 있다.
80) [賦歛부렴] 賦稅를 걷음.
81) [殷富은부] 넉넉하고 풍요로워 지는 것.
82) [帶甲之勇] 무기를 들고 적과 마주쳐 싸울 수 있는 勇氣.
83) [蹩者벽자] 앉은뱅이.
84) [扶同부동] 春秋時代 越나라 大夫. ≪史記≫에는 逢同이라 했다.

宜前露其辭. 臣聞擊鳥之動, 故前俯伏.[85]此上八字文衍. 猛獸將擊, 必餌餌當作弭.
毛帖伏.[86] 鷙鳥將搏, 必卑飛戢翼.[87] 聖人將動, 必順辭和衆. 聖人之謀, 不
可見其象, 不可知其情, 臨事而伐, 故前無剽過之兵,[88] 後無伏襲之患. 今大
王臨敵破吳, 宜損少辭, 無令泄[89]也. 臣聞吳王兵彊於齊晋,[90] 而怨結於
楚.[91] 大王宜親於齊, 深結於晋, 陰固於楚, 而厚事於吳. 夫吳之志, 猛驕[92]
而自矜, 心輕諸侯, 而凌隣國. 三國決權, 還爲敵國, 必角勢交爭. 越承其弊,
因而伐之, 犂 可克也. 雖五帝[93]之兵, 無以過此.” 范蠡曰: “臣聞謀國破敵,
動觀其符. 孟津之會,[94] 諸侯曰: “可.” 武王[95]辭之. 方令吳楚結讎, 構怨不
解. 齊雖不親, 外爲其救. 晋雖不附, 猶效其義. 夫內臣謀而決讎其策, 隣國
通而不絶其援, 斯正吳之興霸, 諸侯之上尊. 臣聞峻高者隕,亦作傾下墜也. 葉茂
者摧. 日中則移, 月滿則虧. 四時不竝盛, 五行不俱馳. 陰陽更唱,唱當作倡. 氣
有盛衰. 故溢堤之水, 不淹其量, 燼乾之火, 不復其熾. 水靜則無漚瀯之
怒,[96] 火消則無熹毛之埶.[97] 今吳乘諸侯之威, 以號令於天下, 不知德薄而

---

85) [俯伏부복] 업드려 숨다.
86) [帖伏첩복] 침착해지다.
87) [戢翼즙익] 나래를 접다.
88) [剽過之兵표과지병] 신속히 이동하는 군대.
89) [辭無令泄사무령설] 비밀이 새어나가지 않게 하다.
90) [齊晋] 齊는 周나라 初期 姜呂尙이 封받은 나라. 지금의 山東省일대. 晋은 周
　　나라 초기 成王의 동생 唐叔 虞가 封받은 나라. 지금의 山西省 부근. 戰國時
　　代 初期 趙, 魏, 韓 삼국으로 갈려 三晋이라고도 한다.
91) [楚초] 春秋時代와 戰國時代 양자강 유역에 창성 했던 나라. 羋姓.
92) [猛驕맹교] 驕慢교만이 극에 달한 것.
93) [五帝오제] 古代 帝王. 黃帝·顓頊전욱·帝嚳제곡·帝堯·帝舜.
94) [孟津之會맹진지회] 孟津에서 八百餘제후가 모였던 일. 殷나라 末期 周나라가
　　勃興하던 때 八百餘제후가 孟津에 모였다. 諸侯들은 ‘殷나라 紂王을 치면
　　이길 수 있다’고 하며 周나라 武王에게 紂를 칠 것을 요구했으나 九夷의 호
　　응을 얻지 못한 武王은 紂를 치지 못하고 3년을 더 기다린 후 紂王을 쳐서
　　殷나라를 멸하고 天子의 王業을 일으킬 수 있었다.
95) [武王] 周 文王의 아들로 文王이 죽은 후 아버지의 木主[位牌]를 앞세우고 제
　　후들을 모아 殷나라 紂王을 쳐서 滅하고 天子가 되었다. 在位는 七년인데 五
　　년은 天子인 紂王의 諸侯였고 天子의 자리에 오른지 二년만에 죽었다.
96) [漚瀯之怒구영지노] 질펀하게 흐르는 물의 氣勢.

恩淺, 道狹而怨廣, 權懸而智衰, 力竭而威折, 兵挫而軍退, 士散而衆解. 臣
請按師整兵, 待其壞敗,98) 隨而襲之. 兵不血刃,99) 士不旋踵,100) 吳之君臣
爲虜矣. 臣願大王匿聲, 無見其動, 以觀其靜.” 大夫苦成101)曰: “夫水能浮
草木, 亦能沈之. 地能生萬物, 亦能殺之. 江海能下谿谷, 亦能朝之. 聖人能
從衆, 亦能使之. 今吳承闔閭102)之軍制, 子胥之典敎,103) 政平未虧, 戰勝未
敗. 大夫嚭104)者, 狂佞之人,105) 達於策慮, 輕於朝事. 子胥力於戰伐, 死於
諫議. 二人權, 必有壞敗. 願王虛心自匿,106) 無示謀計, 則吳可滅矣.” 大夫
皓107)曰: “今吳君驕臣奢, 民飽軍勇, 外有侵境之敵, 內有爭臣之震, 其可攻
也.” 大夫句如108)≪左傳≫≪國語≫皆作皐如.曰: “天有四時, 人有五勝.109)五德迭相
勝也. ≪史－歷書≫: “秦滅六國, 頗據五勝, 而自以爲獲水德之瑞.” ≪前漢－律歷志≫同. 昔湯
武110)乘四時之利, 而制夏殷; 桓繆111)據五勝之便, 而列六國.112) 此乘其時

---

97) [熹毛之爇희모지열] 작은 터럭 하나를 태울 만한 불기. 爇은 熱과 仝.
98) [壞敗괴패] 허물어져 敗頹패퇴함.
99) [血刃혈인] 칼날에 필를 묻히다.
100) [旋踵선종] 발꿈치를 돌림.
101) [苦成고성] 春秋時代 越나라 大夫.
102) [闔閭합려] 春秋時代 吳나라 군주. 이름은 光. 諸樊저번의 아들. 四寸인 王僚
    를 죽이고 군주의 자리에 올라 覇者가 되었으나 欈里에서 越나라에 패해
    후퇴하던 중 취리에서 7里 떨어진 陘형에서 죽었다. 在位 19년(西紀前 51
    5～西紀前 497).
103) [典敎] 가르침.
104) [嚭비] 白嚭. 春秋時代 楚나라 사람. 白州犁의 孫子. 伯州犁는 晉나라에서
    楚나라로 망명했다. 本書 闔閭內傳에는 ‘白嚭’를 ‘白喜’라고 했는데 夫差內
    傳부터는 ‘白嚭’라 했고 ≪史記≫에는 伯嚭라 했다.
105) [狂佞之人광녕지인] 어리석은 아첨꾼.
106) [虛心自匿허심자닉] 마음을 비우고 스스로 策謀를 감추다.
107) [大夫 皓] 春秋時代 越나라 大夫.
108) [大夫 句如] 春秋時代 越나라 大夫. ≪春秋左傳≫과 ≪國語≫에도 모두
    皐如라 했다.
109) [五勝] 五德은 五行의 相生과 相剋. 木德, 火德, 水德, 土德, 金德.’
110) [湯武] 商나라 湯王과 周나라 武王. ≪千字文≫에는 商 湯王과 周 武王의
    故事를 가리켜 ‘弔民伐罪 周發殷湯’이라 했다.
111) [桓繆환무] 春秋時代 齊나라 桓公과 秦나라 穆公. 繆는 穆과 通함.
112) [六國] 秦 始皇帝가 天下를 통일하기 前 春秋時代와 戰國時代에 걸쳐 隆盛

而勝者也." 王曰: "未有四時之利, 五勝之便, 願各就職也."

◇ ◇ ◇ ◇

越王은 마음속으로는 德 쌓기를 힘쓰고 밖으로는 바른 政事를 펼쳤다. 군주는 敎令을 행함에 함부로 자기를 내세우지 않았고; 신하는 謀策을 꾸미되 제 이름을 앞세우지 않았으며; 백성은 일을 함에 자기 공을 내세우지 않았고; 官吏관리는 政事를 행함에 私心을 드러내지 않으니 나라는 날로 富强해지고 월왕의 政令은 행해지지 않는 것이 없었다.

월왕은 나라의 府庫를 內實 있게 채우고 백성들로 하여금 열심히 밭을 갈아 곡식을 심게 하니 백성들의 살림은 풍성해지고 나라는 튼튼하게 되어 온 백성과 나라 안이 泰平함을 누리게 되었다. 월왕은 여덟 신하와 네 친구를 불러 때때로 國政을 묻고 논했다.

대부 文種이 말했다.

"정치란 백성을 사랑하기를 내 몸 같이 하는 것입니다."

월왕이 물었다.

"어떻게 하는 것입니까?"

대부 문종이 말했다.

"백성을 이롭게 할 뿐 해치지 않으며, 성공하게 할 뿐 실패하게 하지 않으며, 살아 있는 것을 죽이지 않으며, 준 것을 빼앗지 않는 것입니다."

월왕이 다시 말했다.

"더 듣기를 願합니다."

문종이 대답했다.

했던 여섯 나라. 韓, 魏, 燕, 趙, 齊, 楚나라인데 이들 여섯나라가 秦나라에 망함으로써 戰國時代도 막을 내렸다.

"백성이 좋아하는 바를 빼앗지 않는 것은 백성을 이롭게 하는 것이며, 나라의 役事를 일으키지 않아서 백성들에게 농사지을 때를 잃지 않게 하는 것은 成功하게 하는 것이며, 刑을 잘 살펴서 罰주지 않는 것은 백성을 살리는 것입니다. 賦稅부세를 적게 걷는 것은 백성에게 주는 것과 같으며, 樓臺누대에 올라 즐기지 않는 것은 백성을 즐겁게 하는 것이며, 항상 고요하여 백성을 번거롭게 하지 않는 것은 백성을 기쁘게 하는 것입니다. 백성들이 그 좋아하는 바를 잃게 하는 것은 백성을 해치는 것이며, 백성이 나라의 役事에 動員되어 농사짓는데 씨 뿌리고, 김매며, 거둘 때를 잃게 하면 실패하게 하는 것입니다. 罪 있는 사람을 용서치 않으시면 그를 죽이는 것이며, 賦稅를 무겁게 하여 거두는 것은 백성의 것을 빼앗는 것입니다. 樓臺에서 자주 놀이를 벌이는 것은 백성을 망하게 하는 것이며, 백성들을 힘들게 하고 지치게 하는 것은 백성의 분노를 사는 일입니다. 신은 듣기를, 나라를 잘 다스리는 이는 백성을 대하기를 부모가 그 자식을 사랑하는 것과 같이 하며, 형이 그 아우를 아끼는 것과 같이 한다고 하더이다. 추위와 굶주림에 떠는 백성이 있다는 소문을 듣게 되면 찾아가서 그 苦難을 위로하여 惻隱측은히 여기는 것이라고 하더이다."

월왕은 文種의 말을 따라 刑을 줄이고 벌주기를 가볍게 하며 나라의 賦稅부세를 적게 거두도록 하니 백성의 살림은 더욱 殷富은부해지고, 兵士들은 모두 帶甲의 勇猛을 갖추게 되었다.

월왕 9년 正月, 월왕은 다섯 大夫를 불러 말했다.

"옛날 월나라가 망하여 宗廟는 허물어지고 나의 몸은 捕虜포로가 되어 부끄러운 所聞은 천하의 제후들에게 알려졌습니다. 이제 吳나라를 圖謀하고자 하는 과인의 마음은, 마치 앉은뱅이가 달리는 것을 잊지 못하고, 눈 먼 이가 보기를 잊지 못하는 것과 같으나, 과인은 策謀를 알지 못하니 오직 여러 대부의 가르침을 바랍니다."

대부 扶同이 말했다.

"옛날 越나라가 망하여 亡國의 흩어진 백성이 된 것은 천하에 그 소문을 모르는 이가 없습니다. 이제 吳나라를 圖謀할 計策을 세우고자 하시는데 그 말부터 먼저 드러나게 해서는 안됩니다. 신은 듣기를, 새는 나래를 쳐서 날아오르기 위해 먼저 엎드리고, 猛獸맹수가 먹이를 잡을 때는 먼저 털을 누이고 침착하게 엎드리며, 매와 같이 사나운 새가 먹이를 잡고자 할 때는 반드시 날개를 접고 낮게 나는 법이라고 합니다. 聖人이 움직일 때는 반드시 순리에 닿는 말로 백성과 和合하며, 성인이 策謀를 세울 때는 그 낌새를 드러내지 않고, 그 實情을 알지 못하게 합니다. 大事에 임해 적을 칠 때는 먼저 敵軍의 기습을 받지 않게 하고, 나중에는 伏兵의 襲擊습격을 당하지 않게 하는 것입니다. 이제 대왕께서 오나라를 깨뜨리고자 하신다면 마땅히 몸을 낮추고 말씀을 줄여서 그 비밀이 새어나가지 않게 해야 합니다. 신이 들으니, 오왕의 군사는 彊강하여 齊나라와 晉나라를 威脅위협하고 楚나라와는 怨讎를 맺고 있다고 합니다. 대왕께서는 마땅히 제나라와 친하시고, 晉나라와 깊고 두터운 관계를 맺으시며, 隱密은밀하게 초나라와 굳은 義를 맺으셔야 합니다. 그러면서 오나라 섬기기를 도탑게 하십시오. 대저 오왕의 뜻은 사납고 교만한 自矜心으로 제후들을 깔보고, 가까운 나라들을 업수히여기니 齊나라와 晉나라, 楚나라 등 삼국이 서로 동맹을 맺으면, 세 나라는 반드시 吳나라와 互角之勢호각지세를 이루어 서로 싸우게 될 것입니다. 월나라는 이 틈을 타서 전쟁에 지치고 疲弊피폐한 오나라를 치면 이길 수 있습니다. 이렇게 된다면 비록 五帝의 군사라도 이보다 더 나을 수는 없을 것입니다.”

范蠡범려가 말했다.

“신은 들으니, 다른 나라를 圖謀하고 敵을 깨뜨릴 때는 먼저 그 祥瑞로운 徵兆징조를 보고 움직이는 것이라 하더이다. 옛날 周나라가 殷은나라를 칠 때 孟津맹진 나루에 팔백여 제후들이 모였을 때 제후들이 말하기를, ‘紂王주왕을 치면 이길 수 있습니다.’라고 말했지만 武王은 이를 辭讓사양하고 군대를 물려 때가 무르익을 때까지 3년을 더 기다렸던 것입니다. 지금 吳나라와 楚나라는 원수를 맺어 얽힌 원한을 풀지 못하고 있습니다. 齊나라는 비록 吳나라와 친하지는 않으나 겉으로는 서로 救하며, 晉나라는 비록 가까운 사이는 아니나 그 義를 본받는 것처럼 하고 있습니다. 대저 안에서 謀策을 꾸미는 신하는 이웃나라가 서로 원수를 맺어 決別하게 하면서 자기는 이웃 나라들과 通하여 서로 도움이 끊어지지 않게 합니다. 지금 오나라는 覇者로 일어나 뭇 제후 위에 높임을 받고 있습니다. 신은 듣기를, 높은 것은 반드시 무너지는 법이고 잎새가 茂盛무성한 가지는 꺾이며, 해는 중천에 이르면 반드시 기울고, 달은 차면 이지러진다고 합니다. 사계절은 함께 盛할 수 없고, 五行은 함께 運行할 수 없으며, 陰과 陽은 번갈아 가며 盛하는 것이니 天地의 기운은 반드시 盛함과 衰쇠함이 있는 것입니다. 그래서 堤防을 넘은 물은 그 깊이를 헤아릴 수 있을 만큼 다시 고이지 않으며, 마른 乾草를 태운 불은 다시 盛하게 탈 수 없습니다. 물이 얕아서 고요하면 깊은 물의 기세로 怒할 수 없고, 불이 꺼지면 작은 터럭 하나도 태울 수 없습니다. 지금 오나라는 뭇 제후 위에 君臨군림하여 威嚴위엄으로써 천하를 호령하면서도 그 德이 얇은 것과 은혜가 얕은 것을 알지 못하고 있습니다. 오나라 정치는 偏狹편협하고 제후의 원망은 널리 퍼져 있습니다. 권위에만 매달리니 智謀는 衰쇠해지고 힘은 다해 그 위세는 꺾이고 말 것입니다. 士卒의 기세가 꺾이면 군대는 물러나게 되고 신하가 흩어지면 백성도 흩어지게 될 것입니다. 신은 바라건대 군사를 쉬게 하고 군대를 整備하며 오나라가 壞敗괴패하여 무너지기를 기다려 습격한다면 병사들은 칼날에 피를 묻히지 않고서도 이길 수 있으며 군사들은 발걸음을 물러서지 않고서도 오나라 君臣을 포로로 잡을 수 있습니다. 바라건대 대왕께서는 聲色을 감추어 그 움직임을 보이지 마시고 조용히 오나라의 動靜을 살피소서.”

대부 苦成고성이 말했다.

“물은 능히 草木을 뜨게 할 수 있고 또 잠기게도 할 수 있습니다. 땅은 능히 萬物을 낳고 또 죽게도 합니다. 강과 바다는 능히 그 아래에 溪谷을 용납하기도 하고 또한 능히 구름이 되어 위로 올라가 비가 되어 계곡을 타고 흘러내리기도 합니다. 聖人은 백성을 따르기도 하고 또 능히 부리기도 합니다. 지금 吳나라는 前王闔閭합려의 軍制를 이어받고 伍子胥의 典敎로 이를 지켜가고 있으므로 정치는 泰平하고 이지러진 곳이 없습니다. 戰爭에서는 이기기만 했을 뿐 敗한 적이 없습니다. 그러나 대부 白嚭백비는 욕심에 눈먼 狂佞之人으로써 아첨의 策謀를 꾸미는 데만 능할 뿐 朝廷의 일을 가벼이 여기는 자입니다. 오자서는 戰爭을 이겨낸 功이 있으나 또한 죽음을 무릅쓰고 오왕께 諫하니 이 두 사람의 권세는 머지않아 반드시 싸우게 되어 서로 괴패하게 될 것입니다. 바라건대 대왕께서는 마음을 비워 스스로를 감추고 計謀를 보이지 않게 하신다면 반드시 오나라를 滅할 수 있습니다.”

대부 皓호가 말했다.

“지금 吳王은 驕慢교만하고 신하들은 奢侈사치합니다. 백성은 배부르고 군대는 勇猛하지만 머지않아 밖에서는 여러 敵國이 오나라를 侵境하고 안에서는 신하들이 서로 싸우게 되어 나라가 어지러워지면 공격할 수 있습니다.”

대부 句如가 말했다.

“하늘에는 四時[四季]가 있고 사람에게는 五勝이 있습니다. 옛날 商나라 湯王과 周나라 武王은 四時의 利로움을 틈타, 탕왕은 夏나라 桀王걸왕을 制壓하고, 무왕은 은나라 紂王주왕을 이길 수 있었습니다. 齊제 桓公과 秦진 穆公목공은 五行相剋의 이치를 이용함으로써 六國을 거느려 覇者가 되었습니다. 이와 같이 그 때를 이용할 줄 아는 자가 勝者가 되는 것입니다.”

越王이 말했다.

“四時의 이로움과 五勝의 이로움이 아직 이르지 않았으니 바라건대 각기 돌아가 職務를 보도록 하오.”

◆ 참　고

1. ≪史記－越王句踐世家≫

二歲而吳歸蠡, 句踐自會稽歸. 七年拊循其士民, 欲用以報吳. 大夫逢同諫曰: “國新流亡, 今乃復毅給繕飾備利, 吳必懼. 懼則難必至. 且鷙鳥之擊也, 必匿其形. 今夫吳兵加齊晉, 怨深於楚越, 名高天下, 實害周室, 德少而功多, 必淫自矜. 爲越計, 莫若結齊親楚附晉, 以厚吳. 吳之志廣, 必輕戰, 是我連其權三國伐之, 越承其弊, 可克也.” 句踐曰: “善”

2. ≪六韜－武韜篇≫

“…故道在不可見, 事在不可聞, 勝在不可知, 微哉! 微哉! 鷙鳥將擊, 卑飛斂翼. 猛獸將搏, 弭耳俯伏. 聖人將動, 必有愚色.”

吳越春秋 句踐陰謀外傳 第九

◇　◇　◇　◇

[9-01] 越王句踐十年二月, 越王心念遠思, 侵辱於吳. 蒙天祉福, 得^{得下}
^{當有返字}越國. 羣臣敎誨, 各劃一策, 辭合意同, 句踐敬從, 其國已富. 反越五
年, 未聞敢死之友.¹⁾ 或謂諸大夫愛其身, 惜其軀²⁾者. 乃登漸臺,³⁾ 望觀其羣
臣有憂與否. 相國范蠡, 大夫種, 句如之屬, 儼然列坐, 雖懷憂患, 不形顏色.
越王卽鳴鐘驚檄⁴⁾^{驚疑當作警}.而召羣臣, 與之盟曰: "寡人獲辱受耻, 上愧周
王,⁵⁾ 下慙晉, 楚. 幸蒙諸大夫之策, 得返國修政, 富民養士. 而五年未聞敢
死之士, 雪仇之臣.⁶⁾ 奈何而有功乎?" 羣臣默然莫對者. 越王仰天歎曰: "孤
聞主憂臣辱, 主辱臣死.⁷⁾ 今孤親被奴虜之厄,⁸⁾ 受囚破之耻, 不能自輔, 須
賢任仁,⁹⁾ 然後討吳, 重負諸臣. 大夫何易見¹⁰⁾而難使也?" 於是, 計硯¹¹⁾年

---

1) [敢死之友감사지우] 군주를 위해 감히 죽음을 무릅쓰는 신하.
2) [軀구] 四體. ≪說文≫ 身部에, '軀, 體也'라고 했는데 段玉裁 注에, '體者十
二屬之總名也. 可區而別之, 故曰軀.'라고 했다.
3) [漸臺점대] 水中에 세운 樓臺. 古代 記錄에 漸臺라는 기록이 자주 나온다. ≪
烈女傳≫ 楚 昭貞姜傳에, '楚昭王出游, 留夫人漸臺之上, 江水大至, 臺崩, 夫
人流而死.'라고 했고, ≪漢書－郊祀志≫ 下에, '在陝西省長安縣. 漢武帝作
建章宮, 太液之中有漸臺, 高二十餘丈, 臺址在水中, 故名. 漢末劉玄兵從宣平
門入, 王莽逃至漸臺上, 爲衆兵所殺.'이라 하였다. 그 밖에 ≪烈女傳≫ 齊 鍾
離春傳과 ≪新序≫ 雜事篇에도 '齊宣王也, 建過漸臺五重.'이라는 구절이 보
인다.
4) [鳴鐘驚檄명종경격] 종을 울리고 檄文을 보내 신하들을 부름.
5) [周王] 天子인 周 敬王. 이름은 丏면. 在位 45년(西紀前 519～西紀前 476)
6) [雪仇之臣설구지신] 怨讐에게 雪辱하고자 하는 신하.
7) [主辱臣死주욕신사] 君主가 辱을 당하면 신하는 죽음을 무릅씀.
8) [奴虜之厄노로지액] 句踐이 吳나라에 入臣하여 困厄을 당한 것.
9) [須賢任仁수현임인] 현명한 이를 기다리고 어진이를 등용함. ≪書經≫ 多方篇
에, '天惟五年, 須暇之子孫.'이라 했는데 孫星衍의 疏에, '須者, ≪釋詁≫云,
待也'라고 했다.
10) [易見] 쉽게 任用됨. '見'은 '得'과 仝. ≪韓詩外傳≫에 '管燕作宋燕, 田需作
陳饒, 亦曰, 士何其易得而難用也.'라고 하였는데 '旱'은 '彳'이 생략된 '得'의
古字다.
11) [計硯계연] 計硯은 范蠡의 스승 計然과는 다른 사람. '計硯은 여러 大夫들중

少官卑, 列坐於後, 乃擧手而趨, 蹈席而前, 進曰: "謬哉! 君王之言也. 非大夫易見而難使, 君王之不能使也." 越王曰: "何謂?" 計硯曰: "夫官位, 財幣, 金賞者,[12) 君之所輕也. 操鋒履刃,[13) 艾音쳬命[14)投死者, 士之所重也. 今王易易字不通, 疑看字之誤. 看各同.財之所輕, 而責士之所重, 何其殆哉?" 於是越王默然不悅, 面有愧色. 卽辭羣臣, 進計硯而問曰: "孤之所得士心者何等?" 計硯對曰: "夫君人尊其仁義者, 治之門也. 士民者, 君之根也. 開門固根, 莫如正身. 正身之道, 謹左右. 左右者, 君之所以盛衰者也. 願王明選左右, 得賢而已. 昔太公九聲而足,[15)其義未嘗, 或恐字誤. 磻溪[16)之餓人也, 西伯任之而王. 管仲, 魯之亡囚,[17) 有貪分之毀,[18)管仲曰: "吾始困時, 嘗與鮑叔賈(고), 分財利多自與. 鮑叔不以我爲貪, 知我貧也." 齊桓[19)得之而覇. 故傳曰: '失士者亡, 得士者昌.' 願王審於左右, 何患羣臣之不使也?" 越王曰: "吾使賢任能, 各殊其事. 孤虛心高望, 冀聞報復之謀. 今咸匿聲隱形, 不聞其語, 厥咎安在?" 計硯曰: "選賢實

가장 나이 어리고 官職이 낮았다.'고 하였다.

12) [財幣金賞재폐금상] 재물과 선비를 부르기 위해 갖추는 禮物幣帛. 좋은 賞.

13) [操鋒履刃조봉이인] 창을 잡고, 칼날을 밟아 죽음을 무릅씀.

14) [艾命예명] 목숨을 베임. 죽음을 각오함.

15) [九聲而足구성이주] 八十이 넘도록. 聲은 聖과 소. 八十歲를 聖壽라고 한다. 足은 過와 소. ≪越絶書≫에는 九聲而足을 九十而不伐이라고 했다. 聖壽는 八十壽다. 李白의 ≪上雲樂≫에, "拜龍顔獻聖壽, 北斗戾南山摧, 天子九九八十一萬歲, 長傾萬壽杯"라는 내용이 있다. 或 九聲을 아홉 音階인 宮, 宮淸, 商, 商淸, 角, 角淸, 徵치, 徵淸치청, 羽우로 보아 九音을 즐겨 놀기를 좋아했다는 뜻으로 보기도 한다.

16) [磻溪반계] 지금의 陝西省섬서성 寶鷄市보계시 동남쪽에 있는 물이름. 南山에서 發源하여 渭水로 흘러든다. 周나라 文王은 사냥을 나갔다가 이 곳 磻溪에서 낚시를 드리우고 있는 姜呂尙을 만나 스승으로 삼아 王業의 기틀을 다졌다.

17) [管仲魯之亡囚] 齊나라 桓公을 도와 覇業을 이루게 한 인물. 桓公이 아직 公子의 신분일 때 管仲은 桓公의 형인 公子 糾규를 섬겼다. 후에 군주의 자리를 두고 小白[桓公]과 糾가 싸울 때 관중은 활로 小白을 쏘았으나 화살은 소백의 허리띠 장식을 맞췄는데, 小白은 죽은 체하여 관중을 속이고 형보다 먼저 齊나라에 돌아와 君主가 되었다. 규는 동생과의 싸움에서 죽음을 당했고 관중은 魯나라에서 포로가 되었다. 桓公은 처음에는 管仲을 데려다 죽이고자 했으나 鮑叔포숙의 설득으로 관중을 任用해 覇業을 이룰 수 있었다.

18) [貪分之毀탐분지훼] 이익을 나눔에 公平함을 허물어뜨림.

19) [齊桓제환] 齊나라 桓公.

士, 各有一等. 遠使以難,平聲. 試以難事. 以效其誠. 內告以匿, 以知其信. 與之論事, 以觀其智. 飮之以酒, 以視其亂.[20]酒能亂性, 論語: "唯酒無量, 不及亂." 指之以使,<曲禮>: "耆, 指使" 註, "指事使人也." 以察其能. 示之以色, 以別其態. 五色以設, 士盡其實, 人竭其智, 知其智盡實, 則君臣何憂?" 越王曰: "吾以謀士效實, 人盡其智, 而士有未盡進辭有益寡人也." 計硯曰: "范蠡明而知內, 文種遠以見外. 願王請大夫種與深議, 則霸王之術在矣."

◇　　◇　　◇　　◇

월왕 구천 10년 2월, 월왕은 지난날 오나라에서 당한 凌蔑능멸과 모욕을 생각했다. 하늘의 도움을 힘입어 월나라에 돌아온 후 君臣이 서로 가르치고 신하들은 각기 한 가지씩의 計策을 맡아서 의견을 모으고 뜻을 같이 하여 구천을 존경하고 따르니 월나라는 이미 넉넉한 富를 갖추게 되었다.

월왕은 월나라에 돌아온 지 5년 동안 감히 죽음으로써 怨讎원수를 갚고 耻辱치욕을 씻자고 하는 신하의 말을 듣지 못했다. 어쩌다 말하되 여러 대부들은 그 一身을 사랑하고 그 몸을 아낄 뿐이었다. 이에 월왕은 漸臺점대에 올라 여러 신하의 근심 與否를 바라보았다. 相國 范蠡범려, 대부 文種문종, 대부 句如 등이 儼然엄연히 벌려 앉았는데 비록 마음속에 근심을 품었으나 얼굴에는 근심하는 빛을 나타내지 않았다. 월왕은 곧 鐘을 울리고 檄文격문을 띄워 여러 신하들을 불러모아 더불어 盟誓맹서하여 말했다.

"과인은 辱을 당하고 羞恥수치를 받아 위로는 周王께 부끄럽고 아래로는 晋진 · 楚초의 제후에게 부끄러웠는데 다행히 여러 대부의 謀策을 힘입어 월나라에 돌아왔습니다. 그런데 政事를 바로잡고 백성을 배부르게 하면서 군대를 기르기 5년 동

---

20) [酒而視其亂] 술을 마시게 해 봄으로써 그 몸가짐의 다스림을 봄. 亂은 治와 통하므로 譯文에서는 '다스림'의 뜻으로 풀이했다.

안에, 감히 죽음으로써 怨讐에게 雪辱설욕하자고 하는 雪仇之臣설구지신의 말을 들어보지 못했으니 이러고서야 어찌 오나라를 쳐서 원수 갚는 功을 이룰 수 있겠소?"

여러 신하들은 아무도 대답하는 이가 없었다. 越王은 하늘을 우러러 嘆息하여 말했다.

"내 들으니, 君王에게 근심이 있으면 신하된 자는 스스로 辱이라 여기며, 군왕이 욕을 당하면 신하는 죽음을 무릅쓴다 하오. 지금 나는 친히 저 吳나라의 奴隷노예가 되고 捕虜포로가 되어 危厄을 당해 갇히는 몸이 되어 치욕을 당했으면서도 스스로를 도울 수 없어 賢明한 선비를 기다리고 어진 이를 任用한 연후에 오나라를 討滅토멸코자 여러 신하에게 의지하는 바가 큽니다. 그런데 대부들은 어찌하여 과인에게 쉽게 임용되었으면서도 오히려 나에게 쓰이기를 어려워하시오?"

이 때 計硯계연은 나이 어리고 官職이 낮아 列坐의 뒤에 있었는데 손을 들고 앞으로 달려 나오며 말했다.

"대왕의 말씀은 틀렸습니다. 대부들이 쉽게 나서기를 어려워하는 것이 아니라 대왕께서 능히 부리지 못하시는 것입니다."

월왕이 말했다.

"무슨 말인가?"

계연이 말했다.

"대저 벼슬의 官位와 財物과 幣帛폐백 등 좋은 賞은 君主된 이가 가벼이 여겨 아끼지 않는 것이며, 손에는 날카로운 창을 잡고 발로는 시퍼런 칼날을 밟으며 목숨을 베여 죽음에 몸을 던지는 것은 선비 된 이가 重히 여기는 바입니다. 그런데 지금 대왕께서는 가벼운 재물을 아끼시며 선비들의 責任만 무겁게 하시니 어찌 두렵지 않겠습니까?"

월왕은 默然묵연히 기뻐하지 않으며 얼굴에는 부끄러운 기색이 돌았다. 곧 여러 신하들을 물러가게 하고 계연을 나오게 하여 물었다.

"내가 선비를 얻어 쓰고자 하는 것과 선비들이 나서기를 두려워하는 것은 무슨 관계가 있소?"

계연이 말했다.

"대저 군주가 어진 선비를 높이는 것은 다스림의 門이며, 선비와 백성은 군주의 根本입니다. 政治의 문을 열고 근본을 튼튼히 하는 것은 몸을 바르게 하는 것만 못하고, 몸을 바르게 하는 正身之道는 삼가서 좌우의 신하를 잘 가려 쓰는 것입니다. 군주의 좌우에 있는 신하는 군주를 盛하게도 하고 衰쇠하게도 합니다. 바라건대 대왕께서는 좌우의 신하를 賢明하게 가려 어질고 착한 신하를 얻도록 힘쓰소서. 옛날 太公은 나이 九十이 넘도록 磻溪반계의 굶주린 閒士한사에 불과했으나 西伯은 그를 任用하여 王業을 일으킬 수 있었으며, 管仲은 魯나라에서 잡혀온 포로의 몸이었고 이익을 貪하여 鮑叔牙와 이익을 나눔에 욕심을 부렸으나 齊 桓公은 관중을 얻음으로써 覇業을 이룰 수 있었습니다. 그래서 傳에 이르기를, '선비를 잃는 者는 망하고 선비를 얻는 者는 盛한다.'고 하는 것입니다. 바라건대 대왕께서는 좌우를 살피소서. 어찌 신하 부리는 일을 근심하십니까?"

월왕이 말했다.

"나는 각자의 능력대로 賢臣을 任用하여 각기 다른 일을 맡게 하였소. 마음을 비워 높은 곳을 바라보며 신하들로부터 오나라에 대한 복수의 謀策을 듣기를 기다리고 있었소. 그런데 지금 모든 대부들은 목소리를 감추고 스스로 형체를 숨겨 그 하는 말을 들을 수 없으니 그 허물을 어찌하면 살필 수 있겠소?"

계연이 말했다.

"진실로 어질고 현명한 신하를 가려 쓰시려면 각기 다른 방법이 있습니다. 어려운 辯士의 일을 맡겨 사신으로 보내 그 誠實함을 비교할 수 있으며, 안에서는 은밀한 일을 맡겨 內政을 주관케 해 보면 그 믿음을 알 수 있습니다. 더불어 政事의 일을 論해 봄으로써 그 智謀를 살필 수 있으며, 술을 마시게 해 봄으로써 스스로의 다스림을 살필 수 있습니다. 사람을 부리게 해 봄으로써 그 능력을 살필 수 있으며, 色[女子]으로서 그 태도를 분별할 수 있습니다. 이 여섯 가지 誠, 信, 智, 亂, 能, 態의 기준을 세워 선비들의 진실을 다하게 하고 사람들의 지혜를 다 알게 된 후에야 君臣간에 무엇을 근심 하겠습니까?"

월왕이 말했다.

"나는 선비들이 전심전력으로 그 지혜를 다 해 주기를 바라고 있지만 그들은 아직 한번도 과인을 위해 그 지혜를 다하지 않고 있소."

계연이 말했다.

 "范蠡범려는 현명하여 안의 일을 잘 알고, 文種은 마음이 深遠하여 밖의 일을
멀리 내다보니 바라건대 대왕께서는 대부 문종과 더불어 깊이 의논하시면 覇王之
術패왕지술을 얻을 수 있습니다."

◆ 참 고

1. ≪六韜－龍韜篇≫

 "知之有八徵, 一曰問之以言, 以觀其詳. 二曰窮之以辭, 以觀其變. 三曰
與之間諜, 以觀其誠. 四曰明白顯問, 以觀其德. 五曰使之以財, 以觀其廉.
六曰試之以色, 以觀其貞. 七曰告之以難, 以觀其勇. 八曰醉之以酒, 以觀其
態. 八徵皆備, 則賢不肖別矣."

◇　◇　◇　◇

[9-02] 越王乃請大夫種而問曰: "吾昔日受夫子之言, 自免於窮厄之地.
今欲奉不羈之計,21) 以雪吾之宿讎,22) 何行而功乎?" 大夫種曰: "臣聞高飛
之鳥死於美食, 深泉之魚死於芳餌.23) 今欲伐吳, 必前求其所好, 參其所願,
然後能得其實." 越王曰: "人之所好, 雖其願, 何以定而制之死乎?" 大夫種
曰: "夫欲報怨復讎, 破吳滅敵者, 有九術,≪史記≫作七術. 君王察焉." 越王曰:
"寡人被辱懷憂, 內慙朝臣, 外愧諸侯, 中心迷惑, 精神空虛, 雖有九術, 安能
知之?24)" 大夫種曰: "夫九術者, 湯, 文25)得之以王, 桓, 穆26)得之以覇. 其

---

21) [不羈之計불기지계] 學識이나 재능이 뛰어나 남이 억지로 억누를 수 없음.
22) [宿讎숙수] 오랜 원수.
23) [芳餌방이] 향기로운 먹이.
24) [安能知之안능지지] 어찌 알 수 있겠는가? 安은 何와 仝.
25) [湯文탕문] 商나라의 湯王과 周나라 文王.

攻城取邑, 易於脫屣,27) 願大王覽之." 種曰: "一曰尊天事鬼,鬼下當有神字, 下文 亦兼鬼神言之. 以求其福, 二曰重財幣以遺去聲. 贈也下同.其君, 多貨賄以喜其臣. 三曰貴糴粟藁28)以虛其國, 利所欲以疲其民. 四曰遺美女以惑其心, 而亂其 謀. 五曰遺之巧工良材, 使之起宮室, 以盡其財. 六曰遺之諛臣29), 使之易 伐. 七曰彊其諫臣, 死之自殺. 八曰: 君王國富, 而備利器. 九曰利甲兵, 以 承其弊. 凡此九術, 君王閉口無傳, 守之以神, 取天下不難, 而況於吳乎?" 越王曰: "善." 乃行第一術, 立東郊以祭陽,30) 名曰東皇公.31) 立西郊以祭 陰,32) 名曰西王母.33) 祭陵山於會稽,陵山, 禹陵之山. 先秦古書, 帝王塚皆不稱陵, 陵之 名自漢始. 祀水澤於江州.今之江州, 春秋時爲吳西境, 楚東境, 越不得祀水澤於其地. 兼晉以前, 亦未有江州之名. 蜀之巴郡, 古有江州縣, 又去越遼遠, 亦非當時祀水澤之地. 州字疑當作洲. 按≪說 文≫: "州, 渚也." 字本作州. 水中可居者. 州, 今作洲, 皆後人加水, 以別州縣之字. 事鬼神一 年,34) 國不被災.

越王曰: "善哉! 大夫之術. 願論其餘." 種曰: "吳王好起宮室, 用工不輟. 王選名山神材, 奉而獻之." 越王乃使木工三千餘人, 入山伐木. 一年, 師無所 幸.35) 作士工作之士.思歸, 皆有怨望之心, 而歌＜木客之吟＞.36)≪水經≫註: "句踐

---

26) [桓穆환목] 齊나라 桓公과 秦나라 穆公.

27) [易於脫屣이어탈사] 신발을 빼앗는 것처럼 쉬움.

28) [貴糴粟藁귀적속고] 쌀을 귀하게 하고 곡식을 바닥나게 함.

29) [諛臣유신] 아첨하는 臣下.

30) [祭陽제양] 祭陽神. 男神을 상징하는 神物.

31) [東皇公동황공] 蔣光煦장광후의 ≪斠補隅錄각보우록 吳越春秋≫에, '宋本, 公下 有祠字'라고 했는데 東王公, 東木公 등으로도 불리며 西王母와 並稱된다. ≪ 神異經－東荒經≫에, '東荒山中有大石室, 東王公居焉. 長一丈, 頭髮皓白, 人形鳥面而虎尾, 載一黑熊, 左右顧望.'이라 했다.

32) [祭陰제음] 祭陰神. 女神을 상징하는 神物.

33) [西王母서왕모] ≪穆天子傳목천자전≫에, '吉日甲子, 天子賓于西王母, 乃執白 圭玄璧, 以見西王母'라고 했는데 注에, '西王母如人, 虎齒호치, 蓬髮봉발, 戴勝 대승, 善嘯선소'라고 했다. '勝'은 여인의 머리 위에 장식하는 草木의 꽃.

34) [一年] 北京大 圖書館本에는 '二年'이라고 해 있다.

35) [師無所幸作士사무소행작사] 師는 木工들의 隊伍. 幸은 바라는 것.

36) ≪列國志≫ 木客之吟

朝採木暮採木　　　　　아침에도 나무 찾고 저녁에도 나무 찾네
조 채 목 모 채 목
朝朝暮暮入山曲　　　　아침마다 저녁마다 산을 헤매 노래 부르네

使工人伐榮楯, 欲以獻吳, 久不得歸, 工人憂思, 作<木客吟>. 一夜, 天生神木一雙, 大二十圍,37) 長五十尋.38) 陽爲文梓,39) 陰爲楩柟.40) 巧工施校, 制以規繩, 雕治41) 圓轉, 刻削磨礱,42) 分以丹靑, 錯畫文章, 嬰以白璧,43) 鏤以黃金, 狀類龍蛇, 文彩生光. 乃使大夫種獻之於吳王曰: "東海役臣臣孤句踐使臣種, 敢因下吏聞於左右, 賴大王之力, 竊爲小殿有餘材,44) 謹再拜獻之." 吳王大悅徐天祜曰: 天生神木, 不可日夜之所息, 一夕而大二十圍, 長五十尋, 有是哉? 使玆事而信, 越嘗以其木致於吳, 而行人之辭乃曰: "東海役臣獻爲殿之餘材." 甚非所以禮吳, 而示有先也. 且越有五臺, 未嘗敢上吳王, 以爲畏法服威. 夫旣天之産材若是其異, 人之致飾若是其都,而名之曰餘材, 則越之爲殿, 亦已忕矣. 而特以其遺餘奉吳, 何越之失言而吳之易悅耶? 子胥諫曰: "王勿受也. 昔者桀45)起靈

조조모모입산곡
窮巖絶壑徒往復　　벼랑 끝 골짜기에 무리지어 헤매네
궁암절학도왕복
天不生兮地不育　　하늘은 神木을 내지 않고 땅은 기르지도 않는데
천불생혜지불육
木客何辜兮無受此勞酷　목수야 무슨 허물 있으랴 혹독한 이 고생이나 없었으면!
목객하고혜무수차로혹

37) [圍위] 圍는 엄지손가락과 집게손가락을 벌린 길이로 둘레를 재는 단위. ≪古今韻會擧要－微韻≫에, '圍, 一圍五寸, 又一圍三寸, 一抱謂之圍.'라고 했다.

38) [尋심] 깊이를 재는 단위로 4尺을 仞이라 하고 仞의 두 배를 尋이라고 한다. 대략 두 팔을 벌린 길이. 七～八尺.

39) [文梓문재] 결 고운 가래나무.

40) [楩柟편남] 綠나무科의 常綠闊葉喬木상록활엽교목.

41) [規繩雕治규승조치] 規矩準繩(콤파스, 直角 자, 水平器, 먹줄)에 맞춰 神木을 다듬는 것. 雕治는 깎고 다듬는 것. 規는 콤파스, 矩는 直角 자.

42) [磨礱마롱] 곱게 갈고 다듬는 것.

43) [嬰以白璧영이백벽] 白璧으로 둘러 꾸며서 아름다움을 더하다. 嬰은 빙 둘러박아 꾸미는 것. ≪山海經≫ 西山經에, '嬰以白圭白璧'이라 했는데 郭璞곽박 注에, '謂陳之以環祭也'라고 했다. ≪說文≫에, '嬰, 繞也'라 했다.

44) [爲小殿有餘材위소전유여재] 작은 殿閣을 짓기에 넉넉한 재목. '有'는 '取'와 같은 뜻으로, ≪廣雅≫ 釋詁석고에, '有, 取也'라고 하였고, ≪玉篇≫ 有部에, '有, 得也, 取也'라고 하였다. '餘'는 '饒'와 같이 '넉넉하다'는 뜻으로, ≪說文≫ 食部에, '餘, 饒也'라고 하였고, ≪莊子≫ 養生主에, '以無厚入有間, 恢恢乎, 其於遊刃必有餘地矣'라고 하였다.

45) [桀걸] 夏나라 마지막 王. 姓은 姒氏사씨, 이름은 履癸이규. 용감하고 잘생긴 軒軒丈夫헌헌장부였으나 妹喜말희에 빠져 政事를 돌보지 않았고 연못을 파서 술을 채운 酒池를 만들었다. 桀王과 紂王주왕의 淫佚음질에서 '酒池肉林'이라는

臺,46) 紂47)起鹿臺,48) 陰陽不和, 寒暑不時, 五穀不熟, 天與其災, 民虛國變, 遂取滅亡. 大王受之, 必爲越王所戮.” 吳王不聽, 遂受而起姑蘇之臺.49) 三年聚材, 五年乃成, 高見二百里, 臺始基於闔閭, 而新作於夫差. ≪吳地記≫曰: “高三百丈, 廣八十四丈.” 行路之人, 道死巷哭, 不絶嗟噫之聲. 民疲士苦, 人不聊生.50) 越王曰: “善哉! 第二術也!”

◇　　◇　　◇　　◇

越王은 大夫 文種을 불러 물었다.

“나는 옛날 선생의 가르침을 받아 이로써 위험한 窮厄궁액의 땅에서 벗어날 수 있었습니다. 지금 나는 선생의 뛰어난 不羈之計불기지계를 받들어 월나라의 오랜 怨讎원수에게 雪辱하고자 하는데 어찌하면 그 功을 이룰 수 있겠습니까?”

문종이 대답했다.

“臣은 듣기를, 높이 나는 새는 맛있는 먹이 때문에 죽고 깊은 물에 노는 물고기는 향기로운 미끼 때문에 죽는다고 하더이다. 이제 오나라를 치고자 하신다면 먼저 그 좋아하는 바를 求하고 그 원하는 바를 헤아린 후 능히 그 결과를 얻을 수 있을 것입니다.”

故事가 생겨났다.

46) [靈臺영대] 夏나라 걸왕이 세운 호화 樓臺누대.

47) [紂주] 殷은[商]나라 마지막 王. 姓은 子氏, 이름은 辛. 寵姬총희 妲己달기에 빠져 政事를 돌보지 않았으며 충신 比干을 죽였고 商容을 귀양 보냈다. 酒色에 빠져 고기를 숲처럼 달아매 놓고 벌거벗은 채 그 사이를 뛰어 다니며 놀았다. 周 文王이 民心을 얻는 것을 꺼려하여 文王을 羑里유리의 石室에 가두었으나 文王의 신하들이 珍貴하고 많은 寶物을 구해 바치자 文王을 풀어주었다. 후에 文王의 아들 武王에게 죽음을 당하고 殷나라도 망했다.

48) [鹿臺녹대] 象牙와 玉으로 꾸민 紂王의 豪華宮殿.

49) [姑胥臺고서대] 姑蘇臺. 前王 합려 때 姑蘇山에 지은 樓臺. 후에 夫差가 改築하여 높이가 三百丈이요, 넓이는 八十四丈이었다고 한다.

50) [不聊生불료생] 生을 의지할 데가 없음.

월왕이 말했다.

"사람이 좋아하는 바와 비록 원하는 바가 있다 해도 어떻게 그것을 決定하여 알 수 있으며 어떻게 써서 망하게 할 수 있겠습니까?"

대부 문종이 말했다.

"대저 원수에게 복수하고 오나라를 깨뜨리며 敵國을 滅멸하고자 하는 데는 아홉 가지 術策술책이 있사오니 대왕께서는 살피소서."

월왕이 말했다.

"과인은 욕을 당하고 근심을 품어 안으로는 朝廷조정의 신하들에게 부끄럽고 밖으로는 제후들에게 수치스러워 마음은 어지럽고 정신은 空虛하니 비록 아홉 가지 술책이 있다한들 어찌 능히 알 수 있겠습니까?"

문종이 말했다.

"대저 九術이란 商나라의 湯王이나 周나라 文王이 이 방법을 얻어 王業을 이루었으며, 齊제나라 桓公이나 秦진나라 穆公목공은 九術의 策謀로써 覇者패자가 되었던 것입니다. 구술로써 적의 城을 공격하여 그 고을을 빼앗는 것은 신발을 빼앗는 것처럼 쉬운 일입니다. 바라건대 대왕께서는 九術之策을 들어보소서.

첫째는 하늘을 恭敬공경하고 鬼神을 섬겨 그 福을 求하는 것이며, 두 번째는 많은 財物과 幣帛폐백을 敵國의 군주에게 바치고, 많은 뇌물을 보내 그 신하를 기쁘게 하는 것입니다. 세 번째는 적국의 쌀과 곡식을 많이 사들여 敵國에 쌀이 귀하게 하고 곡식이 줄게 함으로써 그 나라의 창고를 비게 하여 이익을 貪탐하는 백성들의 마음을 疲弊피폐하게 만드는 것입니다. 네 번째는 美女로써 그 나라 군주의 마음을 迷惑미혹케 하고 그 智謀를 어지럽게 하며, 다섯 번째는 재주가 뛰어난 工匠[木手]과 훌륭한 木材를 보내 華麗화려한 宮室을 짓게 하여 그 財貨를 모두 써 버리게 합니다. 여섯 번째는 아첨하는 신하로 하여금 우리가 아닌 다른 나라를 치게 하며, 일곱 번째는 彊直강직함으로 諫하는 적국의 바른 신하는 스스로 죽음에 이르게 하는 것입니다. 여덟 번째는 君王이 나라의 富를 날카로운 兵仗器병장기를 갖추는데 쓰게 하며, 아홉 번째는 그 나라 군대가 승리에 陶醉도취하게 하여 그를 疲弊피폐하게 하는 것입니다. 대저 이 九術之策은 군왕께서 입을 다물어 남에게 發說하지 않고 비밀만 지킬 수 있다면 天下를 얻는 것이 그리 어렵지 않을 것인데 하물며 吳나라 정도이겠습니까?"

월왕이 감탄하며 말했다.

"훌륭합니다."

월왕은 九術之策의 第一術을 써서 동쪽 城門 밖에 祭陽제양을 세워 東皇公이라 하고 서쪽 城 밖 郊外에는 祭陰제음을 세워 西王母라 했다. 會稽회계의 陵山능산에서는 祖上께 祭를 올리고 江州의 水澤에서는 天地神靈천지신령께 祀사를 올려 귀신 섬기기를 성심껏 하여 일년 동안 월나라는 災禍재화를 입지 않았다.

"훌륭하구나 大夫의 術策이여! 九術 중 나머지 術策을 말씀해 주시기 바랍니다."

문종이 말했다.

"吳王은 豪華호화로운 宮室을 짓기 좋아하여 工匠공장들을 動員해 궁궐 짓기를 그치지 않고 있습니다. 대왕께서는 名山의 神材를 가려서 오왕께 바치소서."

월왕은 木手 삼천 여명으로 하여금 깊은 산 속에 들어가 나무를 베게 했다. 일년이 되었으나 木匠의 隊伍대오는 바라는 神木을 얻지 못했다. 목수들은 집에 돌아가지 못한 채 모두가 집을 그리워하며 원망하는 마음을 품고 "木客吟목객음"이라는 嘆息탄식의 노래를 지어 불렀다. 그런데 어느 날 하룻밤 사이에 神木 한 쌍이 생겨났다.

그 神木의 크기는 둘레가 二十圍[十尺]요, 길이가 五十尋오십심[350尺]이나 되었다. 陽木은 文梓문재로서 결고운 가래나무였고, 陰木은 소나무 종류로서 常綠喬木상록교목인 梗柟木편남목이었다.

월왕은 솜씨 좋은 木手로 하여금 나무를 다듬게 하니 規矩準繩규구준승으로 재서 둥글게 깎고 다듬었다. 곱게 磨礱마롱질 하여 갈고 닦은 후 彩色채색으로 丹靑하고 그림을 그려 넣었다. 文章을 새겨 白玉으로 裝飾장식하고 黃金을 새겨 넣으니 마치 龍과 뱀이 꿈틀거리는 듯 하고 아름다운 光彩는 살아있는 듯 번쩍 거렸다.

월왕은 대부 문종을 보내 한 쌍의 神木을 吳王께 바치게 하여 말했다.

"東海 役臣역신 臣 句踐구천은 臣 문종에게서 감히 下吏하리로서 대왕의 소식을 들으며, 대왕의 德을 힘입고 있습니다. 여기 小殿을 지으실만한 넉넉한 材木이 있기에 삼가 再拜하여 올리나이다."

오왕은 크게 기뻐하는데 伍子胥오자서가 諫하며 말리고 나섰다.

"대왕께서는 받지 마소서. 옛날 夏하나라 桀王걸왕은 靈臺영대를 세웠고, 殷은나라 紂王주왕은 鹿臺녹대를 세웠는데, 이로 인해 陰陽이 調和되지 못하고 추위와 더위의 때가 뒤바뀌어 五穀오곡이 익지 않았습니다. 하늘이 災殃재앙을 내리시니 백성은 흩어지고 나라에는 變故변고가 생겨 마침내 멸망에 이르게 된 것입니다. 대왕께서 이를 받으신다면 반드시 월왕에게 죽음을 당하시게 될 것입니다."

그러나 오왕은 오자서의 말을 듣지 않고 마침내 월왕이 보내온 神木을 받아 姑蘇臺고소대를 짓기 시작했다. 3年동안 木材를 모아들여 5年만에 完成하니 높이는 三百丈삼백장[三千尺]이요 넓이는 84丈이나 되어 二百里 밖에서도 보일 정도로 화려했다.

고소대를 짓느라 疲弊피폐해진 오나라는 오가는 사람들이 길에서 굶어 죽어 거리에는 哭聲곡성이 구슬프고, 백성들의 탄식소리는 끊어지지 않았다. 백성은 피폐하고 벼슬아치들은 고생이 極甚극심하여 生을 의지할 데가 없었다.

월왕이 말했다.

"좋구나! 두 번째 술책이여!"

[9-03] 十一年, 越王深念永思, 惟欲伐吳, 乃請計硯問曰: "吾欲伐吳, 恐不能破, 早欲興師, 惟問於子." 計硯對曰: "夫興師擧兵, 必且內蓄五穀, 實其金銀, 滿其府庫, 勵其甲兵. 凡此四者, 必察天地之氣, 原於陰陽,51) 明於孤虛,52) ≪史−龜策傳≫: "日辰不全, 故有孤虛." ≪六甲孤虛法≫: "甲子旬中無戌亥, 戌亥卽爲

---

51) [原於陰陽원어음양] 음양에서 事物의 根源을 窮究함. ≪易−繫辭≫ 下에, '之
    爲書也, 原始要終, 以爲質也.'라고 했는데 孔穎達공영달 注에, '言 ≪易≫之
    爲書, 原窮其事之初始.'라고 했다.
52) [明於孤虛명어고허] ≪六甲孤虛法≫에, "甲子旬中無戌亥, 戌亥爲孤 辰巳卽爲

孤, 辰巳卽爲虛." 皆旬空爲孤, 對衝爲虛, 餘五旬可以類推. 劉歆 ≪七略≫有≪風候孤虛≫二十券.
審於存亡, 乃可量敵." 越王曰: "天地存亡, 其要奈何?" 計硯曰: "天地之氣,
物有死生. 原陰陽者, 物貴賤也. 明孤虛者, 知會際53)也. 審存亡者, 別眞僞
也." 越王曰: "何謂死生眞僞乎?" 計硯曰: "春種八穀,54) 夏長而養, 秋成而
聚, 冬畜而藏. 夫天時有生,以四時言則有生, 當作春生. 而不救種, 是一死也. 夏長
無苗, 二死也. 秋成無聚, 三死也. 冬藏無畜, 四死也. 雖有堯舜之德, 無如
之何? 夫天時有生, 勸者老, 作者少, 反氣應數, 不失厥理, 一生也. 留意省
察, 謹除苗穢,55) 穢除苗盛, 二生也. 前時設備, 物至則收, 國無逋稅,56) 民
無失穗, 三生也. 倉已封塗,57) 除陳入新, 君樂臣歡, 男女及信, 四生也. 夫
陰陽者, 太陰所居之歲, 留息三年, 貴賤見矣. 夫孤虛者, 謂天門地戶也. 存
亡者, 君之道德也." 越王曰: "何子之年少於物之長也?" 計硯曰: "有美之
士, 不拘長少." 越王曰: "善哉! 子之道也." 乃仰觀天文, 集察緯宿,58)天象, 定
者爲經, 動者爲緯. 故五星亦曰五緯. 宿音秀, 列星也. 曆象59)四時, 以下者上, 虛設八
倉,60) 從陰收著,61)陟略切. 置也. 望陽出糶,62) 笑笑通作策.其極計, 三年五倍, 越

虛. 甲戌旬中無申酉, 申酉爲孤, 寅卯卽爲虛. 甲申旬中無午未, 午未爲孤, 子
丑卽爲虛. 甲辰旬中無寅卯, 寅卯爲孤, 申酉卽爲虛. 甲寅旬中無子丑, 子丑爲
孤, 午未卽爲虛."라고 했다.
53) [會際회제] 六甲의 만나는 때.
54) [八穀팔곡] ≪本草綱目≫에, 黍, 稷, 稻, 粱, 禾, 麻, 菽, 麥을 팔곡이라 했는데
　　≪續古文苑－天文大象賦≫에는, 稻, 黍, 大麥, 小麥, 小豆, 粟, 麻를 八穀이
　　라 했다.
55) [苗穢묘예] 잡초의 싹.
56) [無逋稅무포세] 세금을 빠짐없이 거둠.
57) [封塗봉도] 倉庫를 열 수 없도록 封印함.
58) [集察緯宿집찰위숙] 天文을 살핌. 緯는 金, 木, 水, 火, 土 등 行星을 말하며, 宿
　　수는 二十八宿 등 恒星을 말하는데 經星이라고도 한다. 대개 二十八宿이십팔
　　수는 우측으로 도는데 經이라 하고, 五星은 좌측으로 도는데 緯라고 한다.
　　≪周易≫ 十翼 중 第三翼으로 卦의 總象이다.
59) [曆象역상] 天文이 운행하는 天象의 原理. 天象의 운행을 관찰하여 春夏秋冬
　　을 정하고 曆法을 推算함.
60) [八倉팔창] 곳곳에 세운 창고. 八方에 세움.
61) [從陰收著종음수저] 겨울이면 곡식을 거둬들여 貯藏함. 蔡邕채옹의 ≪獨斷≫
　　에, '冬爲太陰'이라 했다. 著는 貯와 같다.

國熾富.63) 句踐歎曰: "吾之覇矣, 善計硯之謀也."

十二年, 越王謂大夫種曰: "孤聞吳王淫而好色, 惑亂沈湎,64) 不領政事.65) 因此而謀, 可乎?" 種曰: "可破. 夫吳王淫而好色, 太宰嚭佞以曳心, 往獻美女, 其必受之. 惟王選擇美女二人而進之." 越王曰: "善." 乃使相者國中, 得苧蘿山鬻薪之女,66) 曰西施鄭旦67)《會稽志》: "苧蘿山在諸暨縣南五里."《

---

62) [望陽出糶망양출조] 여름이면 쌀을 내다 팜. 蔡邕채옹의 《獨斷》에, '夏爲太陽'이라 했다.

63) [熾富치부] 富가 쌓여 넉넉해 짐.

64) [沈湎침면] 酒色에 빠짐.

65) [不領政事불령정사] 政事를 돌보지 않음. 領은 理와 同. 《玉篇》 頁部에, '領, 猶理也'라고 했다. 《禮記》 樂記에, '禮樂偵天地之精, 達神明之德, 與上下之神, 而凝是精粗之體, 領父子君臣之節'이라 했는데 鄭玄 注에, '領, 猶理治也'라고 했다. 《仲尼燕居》에, '敢問禮也者, 領惡而全好者與?'라고 했는데 孔穎達 疏에, '領, 治也. 治去惡事而留全善事.'라고 했다.

66) [鬻薪之女육신지녀] 나무를 해서 파는 나뭇꾼의 딸. '죽신'은 誤讀.

67) [西施서시] 지금까지 西施는 중국 苧蘿山 기슭에 살던 나무꾼의 딸이라고 했는데 우리나라 英祖朝의 실학자 淸潭 李重煥 선생이 撰한 《擇理志－全羅道》篇에는 西施가 우리나라 西海岸의 沃溝郡 西施浦라는 浦口에서 태어났음을 밝히고 있다. 또 다른 古書에는, '越王이 美女 五十餘名을 가려 吳王에게 보냈다. 그 중 西施라는 한 미녀가 있었는데 이름은 鄭旦이라 했고, 西海 바닷가 漁父의 딸이다.'라고 했는데 중국에는 西海가 없다. 西施는, "서쪽으로 보내진 여인"이라는 뜻으로 쓰여진 宅號가 굳어진 것이 아닌가 한다. 전라북도 沃溝郡 西施浦에는 아름다운 여인에 대한 口傳이 전해온다. 鄭旦이 西施와 다른 여인이라면 왜 鄭旦의 이름은 따로 언급되지 않는가. 句踐이 西施를 데려다가 三年간이나 교육을 시켰다 했는데 무엇을 교육시켰기에 三年씩이나 걸렸는가? 그것은 言語와 풍습에 대한 교육이었을 것이니 말이나 풍습에 대한 교육이외에는 걸음걸이나 옷 입는 법을 가지고 三年씩이나 교육시켰을 리는 없다. 지금도 중국 蘇州 지방에는 '西施大足'이라는 말이 전해온다. 중국 여인네들은 纏足전족 풍습으로 因해 발이 기형적으로 작은데 서시의 발이 컸다는 것은 서시가 전족의 풍습이 없는 고장에서 낳고 자랐음을 示唆해 준다. 纏足전족은 南唐 東昏侯 때 시작된 것으로 전해지는데 《芝峰類說》에는 "格致叢書에 이르기를 '발을 싼 것은 妲己로부터 시작되었다.'고 하였으니 서시 때에 이미 중국 여인들에게는 전족의 풍습이 있었을 것이다. 西施에게는 중국으로 가지 않을 수 없었던 애달픈 사연이 있지 않았을까. 異國의 서러움 속에서도 西施는 남들이 그 찡그리는 모습까지 흉내 낼만큼 아

輿地志≫: "諸暨縣苧蘿山西施鄭旦所居." ≪十道志≫: "句踐索美女以獻吳王, 得之諸暨縣苧蘿山, 賣薪之女也." 西施山下, 有浣沙石. 飾以羅縠,[68] 教以容步, 習於土城,[69] ≪越舊經≫: "土城在會稽縣東六里." 臨於都巷, 三年學服, 而獻於吳. 乃使相國范蠡進曰: "越王句踐竊有二遺女,[70] 越國汚下困迫, 不敢稽留, 謹使臣蠡獻之大王, 不以鄙陋寢容,[71] 貌不揚曰寢, 通作瘦. 廣韻: "瘦, 陋, 又貌醜." 或作侵. ≪史-魏其傳≫: "武安貌侵." 短小謂醜惡也. 願納以供箕箒[72]之用." 吳王大悅曰: "越貢二女, 乃句踐之盡忠於吳之證也." 子胥諫曰: "不可, 王勿受也. 臣聞五色令人目盲, 五音令人耳聾. 昔桀易湯而滅, 紂易文王而亡. 大王受之, 後必有殃. 臣聞越王朝書不倦, 晦誦竟夜, 且聚敢死之士數萬, 是人不死, 必得其願. 越王服誠行仁, 聽諫進賢, 是人不死, 必成其名. 越王夏被毛裘,[73] 冬御絺綌,[74] 是人不死, 必爲對隙.[75] 臣聞賢士國之寶, 美女國之咎. 夏亡以妹喜,[76] 殷亡以妲己,[77] 周亡以褒姒.[78]" 桀伐有施, 有施氏以妹喜女焉, 有寵而亡夏. 紂伐有蘇, 有蘇氏以妲己女焉, 有寵而

름다웠을 뿐 아니라 조선여인의 貞淑함을 잃지 않았으니 東洋史 수천년 동안 여인으로써 宅號에 선생님을 뜻하는 "子"字가 붙어 '西子'라 불리운 여인은 西施 밖에 없다.

일부 중국 자료에, 鄭旦도 西施와 함께 吳王에게 보내졌으나 西施만 寵愛총애를 받게 되자 傷心하여 別宮에서 병이 들어 일찍 죽었다는 것 외에 鄭旦에 대한 기록은 나타난 것이 없다. 일본 古書에 "ソノ內一人ノ美女アリ西施ト名ヅタ－그 안에 한 사람의 미녀가 있어 西施라고 하는데 이름은 쯔다라고 한다"고 했는데 현대 일본어에서는 'ヅタ'를 'ヂョウタン'으로 표기한다. 중국 자료는 '西施鄭旦'을 두 사람으로 기록해 있는데 西施는 '서쪽으로 보내진 여인'이라는 緣由연유로 붙여진 宅號댁호이고 西施의 本名은 鄭旦이 아닌가 한다.

68) [羅縠나곡] 비단 옷.
69) [習於土城] 土城에서 慣習을 익히다.
70) [竊有二遺女절유이유녀] 하늘이 보내준 美人. ≪越絕書-內經≫ 九術에, '昔者越王句踐竊有天之遺西施鄭旦.'이라 했다. 有는 得과 仝.
71) [寢容침용] 妻妾의 용모.
72) [箕箒기추] 키와 빗자루. 쓰레받기와 빗자루를 들고 청소하는 여자, 즉 妻妾.
73) [毛裘모구] 털가죽으로 만든 옷.
74) [絺綌치격] 얇은 칡베옷.
75) [對隙대극] 怨恨을 갚다. 隙은 怨恨.
76) [妹喜말희] 古代 夏나라 桀王의 寵姬.
77) [妲己달기] 古代 殷나라 紂王의 寵姬.

亡殷. 幽王伐有褒, 有褒人以褒姒焉, 有寵生伯服, 逐太子宜臼, 太子奔申, 申人與繒, 西戎攻幽王, 周於是乎亡. 妹音末, 喜音嬉. 吳王不聽, 遂受其女. 越王曰: "善哉! 第三術也."

◇　◇　◇　◇

越王 11年 월왕은 마음속 깊이 오랫동안 오직 吳나라 侵伐만 생각하였다. 월왕은 計硯계연을 불러 물었다.

"나는 오나라를 치고자 하나 능히 깨뜨리지 못할까 두렵구려. 서둘러 軍事를 일으키고자 선생께 묻습니다."

계연이 대답했다.

"대저 軍事를 일으키고 군대를 움직일 때는 반드시 안에 五穀을 備蓄하고, 金銀을 채우며, 나라의 府庫가 가득 차야 하고, 甲兵[養兵]을 기르기에 힘써야 합니다. 무릇 이 네 가지가 갖추어지면 天地의 氣數를 살펴, 陰陽에서 근원을 窮究궁구하고, 孤虛고허에서 日辰을 분명히 하여 存亡을 살피면 적의 역량을 헤아릴 수 있습니다."

월왕이 말했다.

"천지의 氣數를 살피고 존망을 헤아리는 要點은 어떤 것입니까?"

계연이 대답했다.

"천지 음양의 氣數는 萬物로 하여금 낳게도 하고 죽게도 합니다. 陰과 陽은 만물을 貴하게도 하고 賤하게도 합니다. 孤虛고허라는 것은 六甲이 만나는 적당한 때를 아는 것이며, 존망을 살피는 것은 만물의 眞相과 假象가상을 분별하는 것입니다."

越王이 물었다.

"무엇을 일러 生死의 眞僞진위라 하오?"

---

78) [褒姒포사] 古代 周나라 幽王유왕의 寵姬총희.

계연이 말했다.

"봄에 벼, 보리, 조, 기장, 피, 수수, 콩, 깨 등의 八穀팔곡을 씨 뿌려 심고, 여름에 자라도록 가꾸며, 가을에 낟알이 익으면 모아들이고, 겨울이 되면 쌓아서 貯藏저장합니다. 대저 천지의 四時[四季]에는 生死가 있어서 봄에 種子를 구해 씨뿌려 심지 않는 것은 첫 번째 죽음이며, 여름에 만물이 자라는데 틔운 싹이 없어 자라지 못하는 것은 두 번째 죽음이고, 가을이 되어 낟알이 여무는데 모아들일 것이 없는 것은 세 번째 죽음이며, 겨울이 되어 저장하는데 쌓을 것이 없는 것은 네 번째 죽음입니다. 이러고서야 堯요임금이나 舜순임금의 德이 있다 한들 덕이 없는 것과 무엇이 다를 바가 있겠습니까? 대저 天時[자연법칙] 안의 生이란, 노인은 勸勉권면하고 젊은이는 힘써 일해서, 天時에 反照하고 曆數역수에 應해 그 理致를 잃지 않는 것이 첫 번째 生이며; 留意하고 잘 살펴서 삼가 雜草잡초의 싹을 뽑아버려 八穀의 싹이 잘 자라게 하는 것이 두 번째 生이며; 먼저 곳집[창고]을 지어 준비하고 낟알이 여물 때가 이르면 거두어들여서, 나라는 賦稅부세를 공평하게 하고, 백성은 추수할 때를 잃지 않게 하는 것이 세 번째 生이며; 倉庫를 채우고 封塗봉도[封印]하여, 오래된 곡식은 꺼내고 새로 거둔 곡식을 넣어두어 군주는 즐거웁고 신하는 기뻐하며 남녀가 서로 믿게 하는 것이 네 번째 生이라 합니다. 대저 음양이라는 것은 太陰인 北方의 歲位세위에 머무는 것인데 나라에는 3년 동안 貴賤을 나타내 보입니다. 대저 孤虛라는 것은 天門과 地戶라는 것이며, 存亡을 살피는 것은 군주의 道와 德에 달린 것입니다."

월왕이 말했다.

"어찌하여 선생은 나이도 어린데 만물에 대해 그리도 훌륭히 아오?"

계연이 말했다.

"훌륭한 선비의 德은 나이가 많고 적음에 있는 것이 아닙니다."

월왕이 감탄했다.

"훌륭하오!"

월왕은 天文觀測을 獎勵장려하고 별자리의 운행을 살펴 五行의 운행과 四時의 변화를 살피며, 위로 하늘의 八穀星팔곡성을 본떠 땅 위에 여덟 개의 빈 곳집을 지어, 겨울에는 곡물을 거둬들여 쌓아두고, 여름에는 곡물을 내다 팔아 계연의 계책을 충실히 따르니 3年만에 월나라의 富는 다섯

倍나 늘었다. 구천은 歎服하여 말했다.

"과인의 覇業패업은 계연의 모책에 힘입은 것이다."

월왕 12年, 월왕은 대부 文種에게 말했다.

"내가 들으니, 吳王은 淫亂음란하여 色을 좋아한다 하는데 어지러이 색에 빠지게 하면 政事를 바르게 펴지 못할 것입니다. 이를 이용하여 謀策을 쓸 수 있겠습니까?"

문종이 대답했다.

"깨뜨릴 수 있습니다. 오왕은 淫佚음질하여 색을 좋아하고 太宰 白嚭백비는 꾀로서 마음을 끌어들일 수 있습니다. 美女를 바치면 오왕은 반드시 좋아하며 받을 것입니다. 대왕께서는 미녀 한 두 사람을 가려서 오왕 앞에 나아가게 하소서."

월왕이 말했다.

"좋습니다."

월왕은 觀相을 잘 보는 사람으로 하여금 나라 안에서 미녀를 찾게 하여 苧蘿山저라산 기슭에서 나뭇꾼의 딸을 찾았는데 부르기를 西施 鄭旦이라고 했다.

월왕은 西施서시에게 고운 비단 옷을 입혀서 꾸미게 하고 土城에서 걸음걸이와 여러가지 姿態자태를 가르쳐 익히게 하고 번화한 거리에서 3년 동안 말을 배우게 하여 익숙해진 다음 오왕에게 바쳤다. 相國 范蠡범려는 오왕 앞에 나아가 말했다.

"월왕 句踐구천은 하늘이 보내주신 미녀를 얻게 되었으나 감히 汚下困迫오하곤박한 월나라에 머물게 할 수 없어 삼가 臣 범려로 하여금 대왕께 바쳐 올리게 했나이다. 寢容침용이 鄙陋비루하다고 물리치지 마시고, 바라건대 받아주시어 箕箒기추[妻妾]로 삼아 곁에 모시게 하소서."

오왕은 크게 기뻐하여 말했다.

"월나라가 두 미녀를 바쳐온 것은 구천이 오나라에 忠誠을 다하고 있는 證左증좌일진져."

오왕이 서시를 받아들이고자 하니 伍子胥가 諫했다.

"불가합니다. 대왕께서는 받지 마소서. 신은 듣기를, 五色은 사람의 눈을 멀게 하고 五音은 사람을 귀머거리로 만든다고 하더이다. 옛날 夏나라 桀王걸왕이 商나라 湯王에게 滅亡하고, 殷나라 紂王주왕이 周나라 文王에게 망한 것을 살피소서. 대왕께서 월나라가 보내온 美女를 받아들이신다면 후에는 반드시 災殃재앙이 있을 것입니다. 신이 들으니, 越王은 낮에는 朝廷일에 게으르지 않고 밤이 되어 어두워지면 밤새도록 삼가하여 册을 읽는다고 하나이다. 또한 감히 죽음을 각오한 數萬의 군사들을 기르고 있다고 하니 이 사람을 죽이지 않으면 반드시 그 바라는 바를 얻게 될 것입니다. 월왕은 몸을 숙여 誠心으로 仁을 행하고 諫하는 말을 들으며 賢明한 선비를 任用한다고 하니 이 사람을 죽이지 않으면 반드시 그 名望을 이루게 될 것입니다. 월왕은 여름에도 여우가죽으로 만든 털가죽 옷을 입고 겨울이면 칡 섬유로 짠 베옷으로 추위를 이기며 지낸다고 하니 이 사람을 죽이지 않으면 반드시 그 원한을 갚게 될 것입니다. 신은 듣기를, 현명하고 어진 선비는 나라의 寶杯이며 미녀는 나라의 災殃이라 하더이다. 옛날 하나라 걸왕은 妹喜말희 때문에 망했고 상나라 주왕은 妲己달기 때문에 망했으며 주나라 幽王유왕은 褒姒포사 때문에 망했습니다. 대왕께서는 깊이 살피소서."

오자서가 간곡히 간했으나 오왕은 오자서의 말을 듣지 않고 西施를 받아들여 後宮으로 삼고 寵愛총애했다.

월왕은 좋아하며 말했다.

"좋구나! 세 번째 계책이여!"

◆ 참고자료

1. 李睟光의 ≪芝峰類說≫에 "吳越春秋曰: 越王使相者, 求美女於國中, 得之苧羅山鬻薪之女西施鄭旦, 家飾而羅縠, 敎以行步, 三年而獻於吳, 會稽有東施家西施家, 姓施而在西 故曰西施…"라고 하였는데 지금의 吳越春秋와는 내용이 많이 다르다.

2. ≪吳志記오지기≫에 다음 기록이 있다. 嘉興縣가흥현 남쪽 백리 되는 곳에 語兒亭이 있다. 구천은 범려로 하여금 西施를 얻어 夫差에게 바치

게 하였다. 西施는 도중에 范蠡와 潛通잠통했는데, 三年 後 처음 吳나라에 갈 때 마침내 아들을 낳아 이 亭子에 이르렀을 때 한 살 박이 아기가 능히 말을 하므로 이 亭子를 語兒亭이라 부르게 되었다. 嘉興縣南一百里, 有語兒亭. 句踐令范蠡取西施, 以獻夫差, 西施于路與范蠡潛通, 三年始達吳, 遂生一子, 至此亭, 其子一歲能語, 因名語兒亭.'

3. ≪越絶書월절서≫에 다음 기록이 있다. 西施는 吳나라가 망한 後 다시 범려에게로 돌아가 함께 片舟편주를 타고 五湖로 나가 그 간 곳을 알지 못한다.(西施亡吳後復歸范蠡, 同泛五湖而去.)

◇ ◇ ◇ ◇

[9-04] 十三年, 越王謂大夫種曰: "孤蒙子之術, 所圖者吉,[79] 未嘗[80]有不合也. 今欲復謀吳奈何?" 種曰: "君王自陳越國微鄙, 年穀不登,[81] 願王請糴,[82] 以入其意, 天若棄吳, 必許王矣." 越乃使上聲大夫種使去聲吳, 因宰嚭求見吳王, 辭曰: "越國汚下, 水旱不調, 年穀不登, 人民飢乏, 道荐飢餒.[83] 願從大王請糴, 來歲卽復太倉. 惟大王救其窮窘.[84]" 吳王曰: "越王信誠守道, 不懷二心, 今窮歸愬,[85] 吾豈愛惜財寶, 奪其所願?" 子胥諫曰: "不可! 非吳有越, 越必有吳. 吉往則凶來, 是養生寇而破國家者也. 與之不爲親, 不

---

79) [吉길] 行하다. ≪廣雅≫ 釋詁篇에, '吉, 行也'라고 했는데 王念孫 疏에, '吉爲行者, 吉當爲佶'이라 했다.
80) [未嘗미상] 아직 한 번도. 未는 '아직 한 번도 하지 않다'처럼 複數否定의 의미를 갖는다.
81) [不登부등] 不熟과 같은 뜻으로 곡식의 낟알이 여물지 않음.
82) [請糴청적] 쌀을 사들이도록 허락해 주기를 청함.
83) [道荐飢餒도천기뇌] 굶어 죽는 백성이 길가에 널려 있음. ≪春秋左傳≫ 僖公十三年條에, '晉荐饑, 使乞糴于秦'이라 했다.
84) [窮窘궁군] 窮乏궁핍한 어려움.
85) [歸愬귀소] 와서 하소연함.

與未成冤. 且越有聖臣范蠡, 勇以善謀, 將有修飾攻戰, 以伺吾間.去聲下同. 觀越王之使使來請糴者, 非國貧民困而請糴也, 以入吾國, 伺吾王間也." 吳王曰: "寡人卑服越王, 而有其衆, 懷其社稷, 以愧句踐. 句踐氣服, 爲駕車却行馬前, 諸侯莫不聞知. 今吾使之歸國, 奉其宗廟, 復其社稷, 豈敢有反吾之心乎?" 子胥曰: "臣聞士窮非難抑心下人, 其後有激人之色. 臣聞越王饑餓, 民之困窮, 可因而破也. 今不用天之道, 順地之理, 而反輸之食, 固君之命. 狐雉之相戲也, 夫狐卑體, 而雉信之. 故狐得其志, 而雉必死. 可不愼哉?" 吳王曰: "句踐國憂, 而寡人給之以粟. 恩往義來, 其德昭昭, 亦何憂乎?" 子胥曰: "臣聞狼子86)有野心, 仇讎87)之人不可親. 夫虎不可餒以食, 蝮蟲名, 一曰虺善螫人蛇88)不恣其意. 今大王損國家之福, 以饒無益之讎. 棄忠臣之言, 而順敵人之欲. 臣必見越之破吳, 豸蟲無足曰豸, 或當作豕.鹿89)游於姑胥之臺, 荊榛蔓於宮闕. 願王覽武王伐紂之事也." 太宰嚭從旁對曰: "武王, 非紂王臣也. 率諸侯以伐其君, 雖勝殷謂義乎?" 子胥曰: "武王卽成其名矣." 太宰嚭曰: "親戮主以爲名, 吾不忍也." 子胥曰: "盜國者封侯, 盜金者誅.90) 令使武王失其理, 則周何爲三家之表?91)"意謂釋箕子之囚, 封比干之墓, 表商容之閭也. 太宰嚭曰: "子胥爲人臣, 徒欲干君之好, 咈君之心, 以自稱去聲滿. 君何不知過乎?" 子胥曰: "太宰嚭固欲以求其親, 前縱石室之囚,92) 受其寶女之遺,去聲

---

86) [狼子낭자] 이리 새끼.
87) [仇讎구수] 상대편 怨讎. ≪爾雅이아≫ 釋詁석고 上에, '仇, 匹也'라고 했다. ≪說文≫ 人部에, '仇, 讎也'라고 했는데 段玉裁단옥재 注에, '讎猶應也'라고 했고, ≪春秋左傳≫ 桓公十二年條에, '嘉偶曰妃, 怨偶曰仇. … 仇爲怨匹, 亦爲嘉偶'라고 했다. ≪玉篇≫ 言部에, '讎, 對也'라고 했는데 ≪詩經≫ 大雅 抑篇에, '無言不讎, 無德不報'라고 했는데 朱熹集傳에, '讎, 答'이라 했다.
88) [蝮蛇복사] 殺母蛇. 독한 뱀.
89) [豸鹿채록] 선과 악을 구별한다는 神獸신수. 뿔이 하나이고 소를 닮았다고 함. 豸는 廌채와 仝.
90) [盜國者封侯도국자봉후, 盜金者誅도금자주] ≪莊子≫ 胠篋篇거협편에, '彼竊鉤者誅, 竊國者爲諸侯'라고 했다.
91) [三家之表] 三家之表의 뜻을 풀이하면, 殷은나라 紂王주왕에게 直諫하다 갇힌 몸이 되었던 箕子를 諸侯로 봉한 일, 比干의 墓에 表를 세운 일, 紂王에게 直諫하다 귀양 갔던 商容의 고향에 旌閭門정려문을 세워준 것을 이른다.
92) [石室之囚석실지수] 吳나라에 入臣하여 臣奴가 되었던 越王.

外交敵國, 內惑於君. 大王察之, 無爲群小所侮. 今大王譬若浴嬰兒,[93] 雖啼無聽宰嚭之言." 吳王曰: "宰嚭是. 子無乃聞寡人言, 非忠臣之道, 類於佞諛[94]之人." 太宰嚭曰: "臣聞隣國有急, 千里馳救, 是乃王者封亡國之後, 五覇輔絶滅之末者也." 吳王乃與越粟萬石, 而令之曰: "寡人逆羣臣之議, 而輸於越, 年豊而歸寡人." 大夫種曰: "臣奉使返越, 歲登, 誠還吳貸." 大夫種歸越, 越國君臣皆稱萬歲. 卽以粟賞賜羣臣, 及於萬民.

二年, 越王粟稔,[95] 揀擇精粟而蒸還於吳, 復還斗斛之數.[96] 亦使大夫種歸之吳王. 王得越粟, 長太息, 謂太宰嚭曰: "越地肥沃, 其種甚嘉, 可留使吾民植之." 於是吳種越粟, 粟種殺而無生者, 吳民大飢.

◇ ◇ ◇ ◇

越王 13년, 월왕은 대부 文種에게 말했다.

"과인은 선생의 謀策을 힘입어 圖謀하는 바를 실행하여 한 번도 어긋난 적이 없습니다. 지금 다시 오나라를 도모하고자 하는데 어찌해야 합니까?"

대부 문종이 대답했다.

"대왕께서는 월나라가 弱하고 천하다는 것을 오왕에게 보이소서. 월나라에는 해마다 五穀오곡이 여물지 않아 흉년이 들었다는 이유를 대시고, 오왕께 穀物을 사들이고자 오나라에 들어가겠다는 뜻을 請하소서. 하늘이 만약 오나라를 버리신다면 오왕은 반드시 이를 허락할 것입니다."

이에 월왕은 대부 문종을 使臣으로 오나라에 보내 太宰 白嚭백비에게 부탁하여 오왕을 만나 懇請간청했다.

오왕 앞에 나간 문종은 말했다.

---

93) [嬰兒영아] 갓난아이.
94) [佞諛영유] 아첨하는 말.
95) [粟稔속염] 조가 익음. 낟알이 여물음.
96) [斗斛之數두곡지수] 말로 꾸어온 것을 휘〔十斗〕로 헤아려 갚음.

"월나라는 窮僻궁벽한 땅에 있어 洪水와 旱魃한발이 일정치 않아 해마다 오곡이 여물지 않고 흉년이 들어 백성들은 가난에 굶주리고 길거리에는 굶주려 죽어가는 사람들이 널려 있나이다. 바라건대 대왕께 곡물을 사들이도록 해 주시기를 請하오니 허락해 주시면 다음 해 다시 太倉[府庫]을 채워 갚겠나이다. 대왕께서 굶주리는 월나라 백성들을 불쌍히 여기시어 救恤구휼해 주소서."

오왕이 말했다.

"월왕은 信義와 精誠으로 바른 道를 지키고 두 마음을 품지 않았는데 지금 어려움을 당해 하소연하러 왔으니 내 어찌 財寶를 아까워하여 그 소원을 져버리겠는가?"

伍子胥오자서가 諫간했다.

"不可합니다. 越나라가 있게 되면 吳나라가 없게 될 것이며 월나라가 없으면 오나라가 있게 될 것입니다. 오나라에서 吉한 것이 가면 월나라에서는 凶한 것이 올 것이니 이는 怨讎원수를 기르는 것으로써 나라를 망치는 것입니다. 월나라는 더불어 가까이 해서는 안 되는 나라이니 월나라와 가까이 하지 않으신다면 冤痛원통한 일은 일어나지 않을 것입니다. 또 월나라에는 聖臣 范蠡범려가 있어 훌륭한 계책으로 장차 있을 오나라에 대한 공격과 전쟁을 그렇지 않은 듯 꾸며서 우리나라를 엿보는 것입니다. 월왕을 살펴보건대 使臣을 보내 곡물을 사 들이겠다고 請하고 있으나 이는 나라가 가난하고 백성이 困窮곤궁해서 곡물을 사 들이는 것이 아닙니다. 이는 다만 핑계일 뿐, 이로써 우리나라에 들어와 우리 대왕의 형편을 엿보는 것입니다. 대왕께서는 깊이 살피소서."

오왕이 말했다.

"과인은 賤천한 옷을 입고 臣奴신노가 되어 苦生하던 월왕을 그 백성에게 돌아가게 하였으며, 그 社稷사직을 돌려주어 句踐을 부끄럽게 하였소. 엎드린 구천을 붙잡아 일으켜 수레에 오르게 하여 떠나보낸 일은 제후 중 소문을 들어 알지 못하는 이가 없소. 나는 구천을 돌아가게 하여 그 宗廟종묘의 祭祀제사를 받들게 하고 그 사직을 다시 일으키게 하였는데 구천이 어찌 감히 나의 마음을 거스르겠소?"

伍子胥가 말했다.

"신은 들으니, 사람이 어려운 처지에 있게 되면, 그 마음을 억제하여 남에게 몸을 굽히는 것은 어려운 것이 아니나, 어려운 처지를 벗어난 후에야 격한 기색이 된다고 합니다. 신이 듣기로, 越王은 굶주림으로 백성들을 困窮곤궁하게 한다고 하니 지금 이를 치면 깨뜨릴 수 있습니다. 지금 하늘의 道를 쓰지 아니하시고 땅의 理數이수를 따르지 아니하시면 하늘의 道와 땅의 理數는 돌아서서 우리나라를 먹어버릴 것이며, 대왕의 命運을 그치게 할 것입니다. 이는 마치 여우와 꿩이 서로 戲弄희롱하는 것과 같은 것입니다. 대저 여우란 놈은 몸을 낮추어 꿩으로 하여금 자기를 믿게 함으로써 자기의 뜻 한 바를 얻게 되고 꿩은 반드시 죽게 되니 이는 꿩이 삼가고 조심하지 않았기 때문에 그리되는 것입니다."

오왕이 말했다.

"구천의 나라에 근심이 있어 과인이 穀物곡물을 도와준다면 은혜가 가고 義가 돌아오게 될 것이오. 그 德이 밝고 밝거늘 무엇을 근심을 하겠소?"

오자서가 말했다.

"신이 들으니, 이리의 새끼와 野心 있는 仇讎구수[怨讐]의 사람은 가까이 해서는 안 된다고 하나이다. 대저 범은 먹이로서 기를 수 없으며 살모사가 몸을 사리는 뜻은 짐작할 수 없습니다. 지금 대왕께서는 나라의 福을 덜어내 아무런 利益될 바 없는 원수를 豊饒풍요롭게 하시며, 忠臣의 諫言을 버리고 敵人의 바라는 바를 따르시니 신은 반드시 월나라가 오나라를 깨뜨리는 것을 보게 될 것입니다. 신의 諫言을 듣지 않으신다면 豸鹿채록이 姑蘇臺고소대에 뛰놀게 될 것이며 가시덤불과 개암나무 雜木이 우리 오나라 宮闕궁궐터에 茂盛무성하게 자랄 것입니다. 바라건대 대왕께서는 옛날 周나라 武王이 殷은나라의 紂王주왕을 치던 일을 비교해 살피소서."

태재 백비가 곁에 侍立시립해 있다가 말했다.

"武王은 紂王의 신하가 아닙니다. 제후를 거느려 그 군주를 쳤으니 무왕이 비록 殷나라를 이겼다하나 義롭다 할 수 있겠습니까?"

오자서가 말했다.

"무왕은 주왕을 쳐서 곧 그 名望을 이룬 것이오."

白嚭가 말했다.

"武王은 몸소 군주인 紂王을 죽여 명망을 얻은 것이니, 나는 그런 일은 차마 할 수 없소."

오자서가 말했다.

"나라를 훔친 자는 제후로 봉해지고 財物을 훔친 자는 죽음을 당하는 것이오. 무왕이 그 군주를 쳐서 道를 잃었다면 周나라가 어찌 箕子를 풀어주고, 比干비간의 墓에 碑石을 세워주며, 商容의 묘에 旌閭門정려문을 세워 三家를 表[模範]로 삼았겠소?"

백비가 말했다.

"오자서는 人臣된 자로서 그 군주의 좋아하는 바를 가로막으며, 군주의 마음을 거스르는 것으로써 스스로 만족해하는데 대왕께서는 어찌 자서의 잘못을 알지 못하십니까?"

오자서가 말했다.

"태재 白嚭백비는 더러운 욕심으로 대왕께 가까이 하고자 하는 자입니다. 전에는 石室에 갇혀 있던 죄인 구천을 풀어주게 하였으며, 구천이 보내온 보물과 美女를 받아들이게 하여 밖으로는 敵國과 交流하며 안으로는 대왕을 迷惑미혹케 하니 대왕께서는 깊이 살피시어 여러 사람의 업신여기는 바가 되지 않도록 하소서. 지금 대왕께서는 어린아이를 목욕시킬 때 어린아이가 운다하여 목욕시키지 않을 수 없는 것과 같이 비록 태재 백비가 울면서 부르짖을지라도 백비의 말을 듣지 마소서."

오왕이 말했다.

"태재 백비는 올바른 사람이오. 그대야말로 오히려 바르지 못하여 과인에게 忠臣의 道理가 아닌 말을 하고 있으니 시끄럽게 아첨하는 무리라 하겠소."

태재 백비가 말했다.

"신은 듣기를, 이웃 나라에 위급한 일이 있으면 천리의 먼 길을 달려가서 救한다고 하는데, 이제 王者[天子]가 封한 나라가 망한 후에는 五覇오패가 천자를 돕던 전통도 絕滅절멸되어 마지막이 될 것입니다."

吳王은 곡식 一萬石을 越나라에 주면서 말했다.

"과인은 여러 신하의 반대에도 불구하고 월나라를 위해 곡식을 보내니 월나라에 豊年이 들면 갚도록 하오."

大夫 文種이 말했다.

"臣은 대왕의 슈을 받들고 돌아갑니다. 다음 해 풍년이 들어 오곡이 여물면 삼가 꾸어간 곡식을 갚겠나이다."

　대부 문종이 오나라에서 곡식 一萬石을 얻어서 돌아오니 월나라 君臣과 백성들은 모두 萬歲만세를 부르며 좋아했다. 월왕은 곡식을 여러 신하와 백성에게 골고루 나누어주었다.

　2年 후 월나라에 豊年이 들자 월왕은 좋은 알곡을 가려 솥에 찌게하여 오나라에 갚았는데 말[斗]로 받은 것을 휘[斛:十斗]로 헤아려 또 다시 대부 문종을 使臣으로 보내 오왕께 갚게 하였다. 吳王은 越나라가 갚은 곡식을 받은 후 감탄하며 태재 백비에게 말했다.

　"월나라는 땅이 肥沃비옥하여 낟알이 매우 실하고 좋으니 우리 백성들에게도 월나라에서 보내온 종자를 갈무리하게 하여 내년에 심도록 하오."

　다음 해 봄에 오나라 백성들은 월나라가 보내온 씨앗을 뿌려 농사를 지었으나 솥에 찐 씨앗이 이미 죽었으므로 싹이 나지 않아서 농사를 지을 수 없었고, 흉년이 들어 굶주리지 않는 이가 없게 되었다.

◈ 참　고

1. ≪史記－越王句踐世家≫

　越大夫種曰: "臣觀吳王政驕矣. 請試嘗之貸粟. 以卜其事, 請貸." 吳王欲與. 子胥諫, "勿與." 王遂與之, 越乃私喜. 子胥言曰: "王不聽諫, 後三年, 吳其墟乎!" 太宰嚭聞之, 乃數與子胥爭越. 讒因讒子胥曰: "伍員貌忠, 而實忍人. 其父兄不顧, 安能顧王. 王前欲伐齊, 員彊諫已, 而有功用, 是反怨王. 王不備伍員, 員必爲亂." 與逢同共謀讒之王. 王始不從, 乃使子胥於齊, 聞其託子於鮑氏. 王乃大怒曰: "伍員果欺寡人欲反, 使人賜子胥屬鏤劍, 以自殺." 子胥大笑曰: "我令而父覇, 我又立若. 若初欲分吳國半予我, 我不受已. 今若反以讒, 誅我嗟乎! 嗟乎! 一人固不能獨立." 報使者曰: "必取吾眼, 置吳東門, 以觀越兵入也."

2. ≪說苑≫ 414篇 13-33

越饑句踐懼. 四水進諫曰: “夫饑, 越之福也, 而吳之禍也. 夫吳國甚富, 而財有餘, 其君好名, 而不思後患. 若我卑辭重幣, 以請糴於吳, 吳必與我. 與我, 則吳可取也.” 越王從之. 吳將與之, 子胥諫曰: “不可. 夫吳越接地隣境, 道易通, 仇讎敵戰之國也. 非吳有越, 越必有吳矣. 夫齊晉不能越三江五湖, 以亡吳越, 不如因而攻之, 是吾先王闔廬之所以霸也. 且夫饑何哉? 亦猶淵也, 敗伐之事, 誰國無有? 君若不攻, 而輸之糴, 則利去而凶至. 財匱而民怨, 悔無及也.” 吳王曰: “吾聞義兵不服仁人, 不以餓饑而攻之. 雖得十越, 吾不爲也.” 遂與糴, 三年, 吳亦饑, 請糴於越, 越王不與而攻之, 遂破吳.

◇　◇　◇　◇

[9-05] 越王曰: “彼以窮居其可攻也.” 大夫種曰: “未可. 國始貧耳. 忠臣尙在, 天氣未見, 須俟其時.”

越王又問相國范蠡曰: “孤有報復之謀, 水戰則乘舟, 陸行則乘輿. 輿舟之利, 頓於兵弩.[97] 今子爲寡人謀事, 莫不謬者乎?” 范蠡對曰: “臣聞古之聖君, 莫不習戰用兵. 然行陣隊伍軍鼓之事,[98] 吉凶[99]決在其工. 今聞越有處女, 出於南林≪越舊經≫: “南林在山陰縣南.” 國人稱善, 願王請之, 立可見.” 越王乃使使聘之, 問以劍戟之術. 處女將北見於王, 道逢一翁, 自稱曰袁公,[100] 問於處女:

---

97) [頓於兵弩둔어병노] 창과 쇠뇌가 날카롭게 整備되어 있지 못함. 頓은 鈍과 同. 兵弩는 창과 쇠뇌 등의 兵仗器. ≪篇海類編－身體 頁≫에, ‘頓, 同鈍’이라 했고 ≪漢書－翟方進傳≫에, ‘號遲頓不及事, 數爲椽史所詈辱’이라 했다.

98) [軍鼓之事군고지사] 군에서 북을 울리는 일, 즉 군대의 훈련이나 出兵 등 전쟁과 관련된 일.

99) [吉凶在其工길흉재기공] 그 사람이 지니고 있는 특출한 능력으로 사람을 고름. 吉凶은 능력을 살펴 분별하는 것.

100) [袁公] 劍術의 達人. 朝鮮朝 三唐詩人 蓀谷손곡 李達의 ‘漫浪舞歌’에,

"吾聞子善劒, 願一見之." 女曰: "妾不敢有所隱, 惟公試之." 於是袁公卽杖箖箊竹箖箊竹名. 箖, 直尋切. 箊, 央魚切. ≪吳都賦≫: "其竹則篔簹箖箊." 竹枝上頡橋[101] 未墮地,[102] 女卽捷末[103]≪藝文類聚≫引≪吳越春秋≫ 處女善劒事, 與此小異. 曰: "袁公卽挽林內之竹, 似枯槁, 未折墮地. 女接取其末." 按此書, 未字當作末, 捷通作接. ≪易≫: "晝日三接." ≪禮記: "太子生接以太牢." ≪左傳≫: "子同生接以太牢." 註竝音捷. 袁公則飛上樹, 變爲白猿, 遂別去. 見越王, 越王問曰: "夫劒之道則如之何?" 女曰: "妾生深林之中, 長於無人之野, 無道不習, 不達諸侯. 竊[104]好擊之道, 誦之不休. 妾非受於人也, 而忽自有之." 越王曰: "其道如何?" 女曰: "其道甚微而易, 其意甚幽而深. 道有門戶, 亦有陰陽, 開門閉戶, 陰衰陽興. 凡手戰之道, 內實精神, 外示安儀,[105] 見之似好婦; 奪之似懼虎. 布形候氣, 與神俱往. 杳之若日, 偏如膝膝當作騰. 兔;[106] 追形逐影, 光若彿彷.[107] 呼吸往來, 不及法禁.[108] 縱橫逆順, 直復不聞. 斯道者, 一人當百, 百人當萬. 王欲試之, 其驗卽見." 越王[109]卽加女號,

奇乎哉 漫浪翁	기이하다, 漫浪翁이여!
海山中	海山 가운데
栖霞弄月	노을을 보며 달을 희롱하고
神想雲鴻	생각은 구름 속 기러기를 그리네.
說劍白猿	白猿公과 검술을 논하고
學舞靑童	靑童君에게 춤을 배워
蓬山謁金母	蓬萊山 金母를 배알하고
却下乘天風	바람을 타고 하늘에서 내려왔네.

라고 하였는데 白猿은 흰 원숭이가 아니라 古代 劍術의 達人이다. 原文의 '白袁'은 전설 속 劍術의 達人 '白猿翁'이 아닌가 한다.

101) [頡橋힐교] ≪藝文類聚≫ 卷九十五에는 '枯槀'라고 했다.
102) [未墮地미타지] 四庫全書本에는 '未折墮地'라고 했다.
103) [女卽捷末여즉첩말] 本書 宋本에는 '女卽捷末' 다음에 '袁公操其本, 而刺處女, 女應卽入之, 三入, 處女因擧杖擊之.'의 二十三字가 더 있고, ≪藝文類聚≫에도 '袁公操其本, 而刺處女, 處女應卽入之, 三入, 因擧杖擊袁公.'의 二十三字가 더 있다.
104) [竊절] 가만히. 私와 仝. 楊樹達양수달의 ≪詞詮사전≫ 卷六에, '竊, 表態副詞, 私也. 凡事不敢公, 然爲之者爲竊.'이라 했다.
105) [安儀] 儀表가 안정되어 있는 것.
106) [偏如膝兔편여슬토] 偏은 翩翩편편과 같은 뜻으로 새가 가볍게 나는 모양.
107) [彿彷불방] 분간하기 어려움.
108) [法禁법금] 법으로 禁함. 日常의 검법으로는 미치지 못하는 지극한 劍法의 경지.

號曰越女. 乃命五板之墮長高習之敎軍士.[110]詩註, “一丈爲版, 五版爲堵.” ≪左傳≫:
“五版爲堵, 五堵爲雉” 版亦作板. 此墮字疑當作隊. 長疑是上聲, 高或人名也. 當世勝字上疑當有莫
能二字勝越女之劍.

　於是, 范蠡復進善射者陳音.[111] 音, 楚人也. 越王請音而問曰: “孤聞子善
射, 道何所生?” 音曰: “臣, 楚之鄙人, 嘗步於射術, 未能悉知其道.” 越王曰:
“然. 願子一二其辭.” 音曰: “臣聞弩生於弓, 弓生於彈, 彈起古之孝子.” 越王
曰: “孝子彈者奈何?” 陳音曰: “古者人民朴質,[112] 飢食鳥獸, 渴飮霧露,[113]
死則裹以白茅,[114] 投於中野. 孝子不忍見父母爲禽獸所食, 故作彈以守之, 絶
鳥獸之害. 故歌曰: ‘斷竹續竹,[115] 飛土逐害.[116]’之謂也. 於是神農皇帝,[117]皇
當作黃. 絃木爲弧, 剡木爲矢,[118]≪世本≫: “黃帝臣牟夷作矢.” 弧矢之利, 以威四方.
黃帝之後, 楚有弧父.[119] 弧父者, 生於楚之荊山, 生不見父母. 爲兒之時, 習用
弓矢, 所射無脫. 以其道傳於羿,[120] 羿傳逢蒙,[121] 逢蒙傳於楚琴氏.[122] 琴氏

---

109) [越王월왕] ≪太平御覽≫ 卷三百四十三에는, ‘越王’ 다음에 ‘大悅’ 두 글자
　　가 있다.
110) [乃命五板之墮長高習之] ≪事類賦≫ 卷十三에 ≪吳越春秋≫를 인용하여
　　‘王命五校之高才習之.’라고 하였다.
111) [陳音진음] 楚나라 사람으로 활을 잘 쏘았다고 함.
112) [朴質박질] 소박하고 꾸밈이 없음. 質朴한 것.
113) [霧露무로] 이슬. 山谷에 흐르는 물.
114) [白茅백모] 흰 띠풀.
115) [斷竹續竹단죽속죽] ≪藝文類聚≫ 卷六十에는 ‘斷竹屬木’이라 했다.
116) [飛土逐害비토축해] ≪太平御覽≫ 卷七百五十五에는 ‘飛土逐肉’이라 했다.
117) [皇帝] ≪文選≫에는 ‘黃帝’라고 했다. ≪易－繫辭≫에, ‘神農氏沒, 黃帝堯
　　舜氏作通其變, 使民不倦, 神而化之, 使民宜之. 易窮則變, 變則通, 通則久,
　　是以自天祐之, 吉无不利.’라고 했다.
118) [絃木爲弧剡木爲矢현목위호염목위시] 끈과 나무로 활을 만들고, 나무를 깎아
　　날카롭게 만들어 화살로 씀. ≪易－繫辭≫에, ‘黃帝堯舜垂衣裳而天下治…
　　絃木爲弧, 剡木爲矢, 弧矢之利, 以威天下, 蓋取諸睽.’라고 했다.
119) [弧父호보] 古代 활을 잘 쏘았던 사람.
120) [羿예] 古代에 활을 잘 쏘았다고 하는 사람. 堯임금의 신하. 夏나라 初期 한
　　때 實權을 쥐었으나 寒捉한착에게 죽음을 당했다. 제자인 逢蒙봉몽에게 죽음
　　을 당했다고도 한다.
121) [逢蒙봉몽] 古代에 활을 잘 쏘았다고 하는 사람. ≪荀子－王覇≫篇에, ‘蜂
　　門, 學射于羿, 善射.’라고 했다. ≪孟子－離婁下≫篇에, ‘逢蒙學射於羿, 盡

以爲弓矢不足以威天下. 當是之時, 諸侯相伐, 兵刃交錯, 弓矢之威不能制服. 琴氏乃橫弓着臂,123) 施機設樞,≪釋名≫: "弩柄曰臂, 鉤絃曰牙, 牙外曰郭, 郭下有懸刀, 合而名之曰機. 言機功也. 亦言如門戶之樞機, 開闔有節." 加之以力, 然後諸侯可服. 琴氏傳之楚三侯,≪文選≫註所引與此略同. 但云琴氏傳大魏, 大魏傳楚三侯, 小異耳. 所謂句亶, 鄂, 章, 人號麋侯, 翼侯, 魏侯也.熊渠三子, 長子康爲句亶王, 紅爲鄂王, 少子執庇爲越章王. 三侯者, 未僭王號時所稱也. 自楚之三侯傳至靈王,124) 自稱之楚累世,125) 蓋以桃弓棘矢126)而備隣國也.楚右尹子革曰: "唯是桃弓棘矢, 以共禦王事." 自靈王之後, 射道分流, 百家能127)人, 用128)莫得其正. 臣前人受之於楚, 五世於臣矣. 臣雖不明其道,

---

羿之道, 思天下惟羿, 爲愈己, 於是殺羿.'라고 했다.

122) [琴氏금씨] 古代 활을 잘 쏘았던 楚나라 사람.

123) [橫弓着臂횡궁착비] 옆으로 눕혀 만든 활에 손잡이를 달아 弩를 만든 것.

124) [靈王영왕] 春秋時代 楚나라 군주. 共王의 아들. 이름은 圍. 在位 12년(西紀前 540∼ 西紀前 529). 父王인 共王이 죽고 조카 郟敖겹오가 뒤를 이었는데 겹오가 병들어 눕자 鄭나라로 가던 圍는 되돌아와 問病한다는 핑계로 방에 들어가 겹오를 목졸라 죽이고 왕이 되었다. 후에 사냥을 나갔을 때 동생인 棄疾기질이 난을 일으키자 돌아오던 길에 스스로 목매어 자결했다.

125) [累世] 여러 代. 楚나라 世系, 熊繹→熊文→熊點→熊勝→熊楊→熊渠→熊摯紅[渠之中子]→熊延[紅之弟]→熊勇[延之子]→熊嚴[勇之弟]→熊霜[嚴之子]→熊徇[霜之弟]→熊咢[徇之子]→若敖熊儀[咢之子]→霄敖熊坎[儀之子]→蚡冒熊眴[坎之子]→武王熊通[眴之弟]→文王熊貲[通之子]→杜敖熊艱[貲之子]→成王熊惲[艱之弟]→穆王商臣[惲之子]→莊王侶[商臣之子]→共王審[侶之子]→康王昭[審之子]→郟敖名員[昭之子]→靈王圍[昭之弟]→平王棄疾[圍之弟]→昭王珍[壬, 棄疾之子]→惠王章[珍之子] 下略

126) [桃弓棘矢도궁극시] 복숭아나무로 만든 활과 멧대추나무로 만든 화살. 逐鬼축귀의 용도로 쓰였다. ≪春秋左傳-昭公四年≫條에, '其出之也, 桃弧棘矢, 以除其災.'라고 했다. ≪春秋左傳-襄公二十九年≫條, '강한 楚나라가 弱小國인 魯나라 군주에게 자기나라 군주의 屍身에 殮염을 하게 하므로 魯나라 군주와 신하들은, '殯所빈소의 惡氣를 몰아내는 푸닥거리를 하고서 염을 하면 산 사람에게 幣帛폐백을 드리는 것과 마찬가지입니다'라고 하며 복숭아나무가지를 묶은 비로 빈소의 惡氣를 몰아내는 푸닥거리를 한 후 염을 했는데 이는 군주가 신하의 屍身에 염할 때 하는 儀式이고(결과적으로 죽은 초나라 군주는 노나라 군주의 신하가 됨.) 죽은 楚나라 군주에게 惡氣악기가 있었던 것이 되므로 초나라 사람들은 곧 魯나라 군주에게 염을 하게 한 것을 후회했다.'고 하였다.

惟王試之." 越王曰: "弩之狀何法焉?" 陳音曰: "郭[129]爲方城, 守臣子也; 敎[130]爲人君, 命所起也; 牙爲執法,[131] 守吏卒也; 牛爲中將,[132] 主內裹也; 關爲守禦,[133] 檢去止也; 錡爲侍從,[134] 聽人主也; 臂爲道路,[135] 通所使也; 弓爲將軍,[136] 主重負也; 絃爲軍師,[137] 禦戰士也; 矢爲飛客,[138] 主敎使也; 金爲實敵,[139] 往不止也; 衛爲副使,[140] 正道里也; 又爲受敎,[141] 知可否也; 縹爲都尉,[142] 執左右也; 鏑爲百死,[143] 不得駭也. 鳥不及飛, 獸不暇走, 弩之所向, 無不死也. 臣之愚劣, 道悉如此." 越王曰: "願聞正射之道." 音曰: "臣聞正射之道, 道衆而微. 古之聖人, 射弩未發而前其所中._{射命中也.} 臣未能如古之

---

127) [能] 任과 仝. ≪廣雅－釋詁二≫에 '能, 任也'라고 하였다.

128) [用] 결과를 表示하는 連詞. ≪書經－益稷≫에 '朋淫于家, 用殄厥世.'라고 하였다.

129) [郭곽] 方形의 樞機. 방아쇠 뭉치.

130) [敎교] ≪太平御覽≫ 卷三百四十八에는, '敎爲人君'을 '螯爲人君'이라고 했다. 敎를 당기면 弩의 牙가 살짝 아래로 쳐지면서 牙에 걸려 있던 絃이 튕겨지면서 矢가 날아간다. 잘 겨누어진 弩를 최종적으로 발사하는 방아쇠인 까닭에 '敎令'이라하여 人君에 비유한 것이다.

131) [牙爲執法아위집법] 弩의 絃을 거는 고리. 執法은 법을 집행하는 관리.

132) [牛爲中將우위중장] 牛는 弓 안쪽에 부착하여 張力을 증대시키는 牛觔우근[쇠 심줄]. 中將은 中軍 장수.

133) [關爲守禦관위수어] 弩牙의 아래 있어 牙를 버팅겨 주는 制動장치.

134) [錡爲侍從기위시종] 錡는 쇠뇌를 거는 틀.

135) [臂爲道路비위도로] 쇠뇌 자루. 쇠뇌의 몸체.

136) [弓爲將軍궁위장군] 쇠뇌의 활[弧].

137) [絃爲軍師현위군사] 쇠뇌 시위.

138) [矢爲飛客시위비객] 화살.

139) [金爲實敵금위실적] 金은 살촉. 實은 貫의 誤記, 敵은 鏑과 同. ≪太平御覽≫ 卷三百四十八에, '金爲穿敵'이라 했다.

140) [衛爲副使위위부사] 화살 끝에 달린 깃털. 화살이 날아갈 때 방향과 중심을 잡아 준다.

141) [又爲受敎우위수교] 叉의 誤記. 화살이 시위에서 미끌어져 튕겨 나가는 것을 방지하는 화살 끝의 장식인데 모양이 叉와 비슷하게 생겼다.

142) [縹爲都尉표위도위] 弓의 左右에 玉을 장식해 絃을 고정시켜 주는 고리. 都尉 는 將帥를 곁에서 모시는 將校. 弣의 誤記라고 보기도 하는데 弣는 활 한가 운데 손으로 쥐는 부분.

143) [鏑爲百死적위백사] 우는 살촉. 鳴鏑명적.

聖人." "請悉其要." "夫射之道, 身若戴板, 頭若激卵.[144)] 左蹄右足橫,句. 左手若附枝, 右手若抱兒. 擧弩望敵, 翕心咽煙.[145)] 與氣俱發, 得其和平. 神定思去, 去止分離. 右手發機, 左手不知. 一身異敎, 其況雄雌. 此正射持弩之道也." "願聞望敵儀表, 投分[146)]平聲飛矢之道." 音曰: "夫射之道, 從分望敵, 合以參連,≪周禮≫: "五射, 二曰參連, 前放一矢, 後三矢連續而去也." 弩有斗石,[147)] 矢有輕重, 石取一兩,[148)] 其數乃平, 遠近高下, 求之銖分.[149)] 道要在斯, 無有遺言." 越王曰: "善. 盡子之道, 願子悉以敎吾國人." 音曰: "道出於天, 事在於人. 人之所習, 無有不神." 於是, 乃使陳音敎士習射於北郊之外. 三月, 軍士皆能用弓弩之巧. 陳音死, 越王傷之, 葬於國西,[150)] 號其葬所曰陳音山在山陰縣西南四里. ≪寰宇記≫曰: "屬上虞縣"非也.

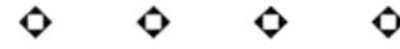

월왕이 말했다.

"오나라 백성이 저렇게 굶주리고 있으니 지금 오나라를 치면 이길 수 있을 것이다."

大夫 文種이 말했다.

"아직 이길 수 없습니다. 오나라는 이제 가난해지기 시작했을 뿐이며 훌륭한 忠臣이 있고 天氣가 아직 보이지 않으니 잠시 그 때를 기다리셔야 합니다."

---

144) [激卵격란] 물결 속에 맡겨진 물고기 알. 물결을 거스르지 않는 모양. ≪漢書≫ 王章傳에는, '不自激印'라고 했는데 本文 내용과는 맞지 않는다.
145) [翕心咽煙흡심인연] 마음을 가다듬고 숨을 고르게 함.
146) [投分투분] 분별함을 버림. 마음을 비우다.
147) [斗石] 쇠뇌의 무게 단위. ≪商君書≫ 外內篇에, '以此遇敵, 是以百石之弩, 射飄叶也.'라고 했다. 石은 百二十斤. 斗는 十二斤.
148) [石取一兩석취일량] 古代에는 十六兩이 한 斤. 한 섬 무게의 쇠뇌에 쓰는 화살.
149) [銖分수분] 銖는 한 냥의 1/24.
150) [國西국서] ≪水經≫注 浙江水篇에는 '葬於國西山上.'이라 했다.

越王은 또 相國 范蠡범려에게 물었다.

"나는 吳나라에 대한 報讎보복의 모책을 한시도 잊을 수 없습니다. 水戰을 한다면 배를 탈 것이며, 땅에서 싸운다면 수레를 타고 싸울 것입니다. 지금 우리에게 水戰과 陸戰의 地利는 있으나 軍隊와 武器가 整齊정제되어 있지 못하니 선생께서 이를 갖추어 주기 바랍니다. 선생으로 하여금 과인을 위해 모책을 세우고 도모하게 하려하니 잘못되는 것이 없게 할 수 있겠습니까?"

범려가 대답했다.

"臣은 듣기를, 옛날 聖君들께서는 戰法과 用兵術을 익히지 않은 이가 없었다고 하더이다. 그래서 陣을 벌리고 隊伍를 整然케 하여 軍鼓[戰役]의 일을 행했던 것이며 吉한 이와 凶한 이를 분별하는데 그가 지닌 長技를 살폈던 것입니다. 지금 소문을 들으니 월나라 南林에 한 處女가 나와 있는데 온 백성들이 모두 劍術이 훌륭하다 칭찬하니 바라건대 대왕께서 부르시면 곧 만나실 수 있을 것입니다."

월왕은 사람을 보내 그 처녀를 부르게 하여 劍術과 槍術창술에 관하여 묻게 하였다. 처녀는 北面하여 월왕을 만나러 오던 중 길에서 한 노인을 만났는데 노인은 스스로 이르기를 袁公원공이라 했다. 원공이 처녀에게 말했다.

"내가 들은 바, 그대는 검술이 뛰어나다는데 한 번 보기를 원하오."

처녀가 대답했다.

"妾은 감히 숨기는 바가 있지 않습니다. 公께서는 시험해 보소서."

원공은 곧 긴 箖箊竹임어죽을 꺾어 劍으로 삼아 마른 대의 가지를 밟고 서서 땅에 떨어지지 않으니 처녀 또한 재빠르게 그 끝을 밟고 서서 맞섰다. 원공이 처녀를 찌르니 처녀도 이에 應戰했다. 처녀가 三合을 막아낸 후 원공을 공격하니 원공은 당하지 못하고 곧 나무 위로 날아올라 흰 원숭이로 변해 멀리 가 버렸다.

처녀가 와서 越王을 뵈니 월왕이 물었다.

"대저 劍術의 道라는 것은 어떤 것인가?"

처녀가 대답했다.

"妾은 깊은 山中에서 낳고 사람이 없는 들판에서 자란 까닭에 無道하고 배운 바가 없어 제후들에게 알려지지 못했나이다. 그러나 스스로 擊術격술의 道를 좋아하여 외우고 익히기를 쉬지 않았나이다. 첩의 검술은 사람에게서 傳受 받은 것이 아니고 忽然홀연히 스스로 배워 익힌 것입니다."

월왕이 다시 물었다.

"그 道는 어떤 것인가?"

처녀가 대답했다.

"그 道는 매우 작고 쉬운 것이나 그 뜻은 매우 아득하고 깊은 것입니다. 검술의 道에는 天門과 地戶가 있으며 또한 陰과 陽이 있는데 天門을 열고 地戶를 닫으면 陰은 衰쇠하고 陽은 興하게 됩니다. 무릇 손에 兵仗器병장기를 잡고 싸우는 手戰之道란 안으로는 精神을 맑고 고요하게 하며, 겉으로는 편안한 儀表를 보여 아름다운 여인의 모습과도 같으나 공격할 때는 무서운 호랑이의 모습과 같습니다. 온 몸에 퍼진 候氣후기와 精神이 함께 통하면 정신은 마치 아득한 햇빛과 같고, 몸은 날세게 뛰어 오르는 들토끼와도 같습니다. 형체를 쫓을 때는 그림자가 몸을 쫓는 것 같고, 그 빠르기는 있는 것도 같고 없는 것도 같아서 마치 분간키 어려운 빛과 같습니다. 호흡은 한 숨에 오고가서 지극한 境地에 이르고, 縱橫종횡으로 검을 휘둘러 검법을 거스르기도 하고 順應하기도 합니다. 바로 찌르거나 몸을 돌려 공격해도 상대에게는 그 소리가 들리지 않습니다. 검술의 도를 터득한 道者 한 사람이면 백 사람을 당해낼 것이며, 道者 백 사람이면 萬人을 당해낼 수 있습니다. 대왕께서 試驗해 보고자 하신다면 즉시 시험해 보여드리겠습니다."

월왕은 처녀의 검술 시범을 보고 즉시 처녀의 號를 '越女'라 부르게 했다. 命을 내려 五校의 隊長들에게 월녀의 검술을 익히게 하고, 오교의 대장들로 하여금 다시 군사들을 가르치게 했는데, 당시 월녀의 검술을 당하는 者가 없었다.

范蠡범려는 다시 활을 잘 쏘는 陳音진음이라는 사람을 薦擧천거해 越王 앞에 나아가게 했는데 진음은 楚초나라 사람이었다. 월왕은 진음을 불러 물었다.

"내가 들은 바, 그대는 활을 잘 쏜다고 하는데 그대의 射道는 어떻게 배운 것인가?"

진음이 말했다.

"臣은 초나라의 賤천한 사람으로 일찍이 射術을 배웠으나 그 道를 모두 알지는 못하나이다."

월왕이 말했다.

"좋소. 그대가 배운 射術에 대해 한 두 마디 듣기를 원하오."

진음이 말했다.

"신은 듣기를, 弩노는 弓에서 나왔고 弓은 彈탄에서 나왔으며 彈은 옛날 孝子로부터 시작되었다고 하더이다."

越王이 말했다.

"孝子의 彈이란 어떤 것인가?"

陳音이 대답했다.

"옛날 백성들은 質朴하여 배가 고프면 새와 짐승을 잡아먹고 목이 마르면 이슬을 마시며 살았다고 합니다. 사람이 죽으면 흰 띠풀로 屍身을 싸서 들판에 던져버렸습니다. 그런데 어느 孝子 아들은 버려진 부모의 시신을 새와 짐승들이 먹는 것을 차마 볼 수가 없어 彈丸탄환을 만들어 던지며 지켜서 새와 짐승이 부모의 시신을 해치는 것을 지켰다고 합니다. 그래서 노래에 이르기를, '나무를 잘라 활을 만들고 대나무로 화살을 만들어 흙덩이를 날려보내 짐승 害를 쫓았네.'라고 했던 것입니다. 그래서 神農氏와 黃帝氏는 끈과 나무[弦木]로 활[弧]을 만들고, 나무 끝을 날카롭게 하여 화살을 만들었는데, 弧矢호시를 이용해 사방의 나라들에 威嚴위엄을 떨쳤던 것입니다. 黃帝의 後裔후예 중에 弧父호보라는 사람이 楚나라에 있었는데 호보는 초나라 荊山형산에서 태어났으며 날 때부터 부모를 보지 못했다고 합니다. 호보는 어린아이였을 때부터 활과 화살을 가지고 연습하며 놀았는데 활을 쏘면 과녁을 벗어나는 적이 없었다고 합니다. 호보는 弓矢의 道를 얻어 后羿후예에게 傳授했고 후예는 箭法전법을 逢蒙봉몽에게 전했으며 봉몽은 초나라 琴氏금씨에게 전했습니다.

그런데 琴氏 때에 이르러 활과 화살만으로는 천하를 호령하는데 부족했습니다. 그 당시는 여러 제후들이 서로를 征伐하던 때로서 병사들은 서로 뒤섞이어 창으로 찌르고 칼로 베는지라 활과 화살만으로는 제후들을 屈服시킬 수 없었습니다. 琴氏는 橫弓에다 쇠뇌자루를 달아 여러 개의 화살을 한꺼번에 쏠 수 있는 施機設

樞시기설추를 만들어 努의 힘을 補强보강한 후에야 제후들을 굴복시킬 수 있었다고 합니다. 琴氏는 초나라 三侯에게 箭法을 전했는데 이른 바, 句亶구단과 鄒악과 章장이라 합니다. 구단은 號를 糜侯미후라 하고 鄒은 翼侯익후라 하며 越章은 魏侯위후라 합니다. 초나라는 이들 三侯로부터 箭法을 傳受받아 靈王영왕에 이르렀고 代代로 弓矢를 전해왔습니다. 대개 복숭아나무로 만든 활과 멧대추나무로 만든 화살 즉 桃弓棘矢를 갖추어 國勢가 盛해져서 주변의 나라들을 이길 수 있었던 것입니다. 영왕이 죽은 후부터는 射道가 갈라져 나와 百家에서는 사람을 써서 射道를 얻고자 했으나 正道를 얻지는 못했습니다. 臣의 조상은 초나라에서 射術을 傳受 받았는데 臣은 그 五世孫입니다. 신은 비록 射術의 正道에는 밝지 못하나 대왕께서는 시험해 보시기 바랍니다.”

越王이 말했다.

“쇠뇌의 모양과 사용법은 어떤가?”

陳音은 쇠뇌의 한 부분 부분마다 擬人化의인화하여 대답했다.

“郭곽을 方城으로 삼으면 성을 지키는 臣子가 될 것이며; 敎를 人君으로 삼으면 君命을 일으키는 바가 될 것이며; 牙를 執法官집법관으로 삼으면 法을 執行집행하여 지키는 吏卒이졸이 될 것이며; 牛를 中將으로 삼으면 힘센 장수가 되어 군주를 안에 있게 하여 밖을 감쌀 것이며; 關을 守禦수어로 삼으면 罪人을 단속하여 도망치는 것을 막을 것이며; 錡기[쇠뇌틀]를 侍從시종으로 삼으면 主人의 명을 잘 따를 것이며; 臂비를 길[道]로 삼으면 使臣을 통행시키는 일을 할 수 있으며; 弓을 將軍으로 삼으면 君主의 중요한 任務를 책임질 것이며; 絃을 軍師로 삼으면 戰場의 병사들을 統禦통어할 것이며; 矢를 飛客으로 삼으면 날아가서 주인의 敎令을 전하는 使臣이 될 것이며; 金으로 貫鏑을 삼으면 적을 향해 날아가기를 그치지 않을 것이며; 衛를 副使로 삼으면 正使[矢]로 하여금 正道를 가게 할 것이며; 叉차[깍지]를 受敎로 삼으면 옳고 그름을 알게 할 것이며; 標표를 都尉도위로 삼으면 좌우를 안정되게 할 것이며; 鏑적으로 百死를 삼으면 이편 군사를 놀라지 않게 할 것입니다. 새라면 날아오르기 전에 쏘아 맞출 것이며, 길짐승이라면 달아날 겨를조차 없게 할 것이니 쇠뇌가 겨누는 바는 죽지 않는 것이 없을 것입니다. 신의 어리석고 賤천한 弓矢之道는 모두 이와 같습니다.”

陳音진음이 쇠뇌의 각 부분을 나라의 政事와 연관지어 설명하니 越王이 말했다.

"正射之道에 대해 듣기를 願하오."

진음이 말했다.

"신이 들은 正射之道라는 것은 여럿의 射道 가운데 하나의 작은 것입니다. 옛날의 聖人은 쇠뇌를 쏘는데 있어서 쏘기 전에 먼저 그 바라는 바를 命中시킬 수 있었다고 합니다. 신은 옛날 聖人들에 미치지는 못하오나 그 중요한 것을 아뢰어 보겠나이다. 대저 射術之道는, 몸은 나무판때기 위에 서 있는 듯 하고, 머리는 흐르는 물결 속에 맡겨진 물고기 알과 같으며, 왼 발을 밟은 채 오른 발은 왼 발 위에 걸치고, 왼 손은 줄기에 붙은 나뭇가지와 같으며, 오른 손은 어린아이를 안고 있는 것과 같이하여 쇠뇌를 들어 敵을 바라보면서 마음을 가다듬고 호흡을 고르게 하여 氣와 함께 가만히 내쉬면 그 마음은 和平함을 얻게 됩니다. 이렇게 되면 精神은 安定되고 생각[雜念]은 떠나 버려서 精神과 생각이 떠나는 것마저 멈추어 잊어버리게 됩니다. 오른 손으로 쇠뇌를 發射해도 왼 손은 알지 못하게 되니 한 몸이면서도 온 몸은 따로 나누인 것 같고, 그 모양은 수컷과 암컷이 다른 몸이면서도 調和로운 짝을 이룬 것과 같은 것입니다. 이것이 正射를 터득한 쇠뇌의 道라는 것입니다."

越王이 말했다.

"敵의 儀表를 바라보고 화살을 쏘아 보내는 飛矢之道에 대해 듣기를 願하오."

陳音이 대답했다.

"대저 射術之道라는 것은 敵을 바라보아서 모이고 흩어지는 敵을 좇아 적이 모여들었을 때 세 발을 連續연속해서 쏘는 것으로 參連삼연이라 합니다. 이는 ≪周禮≫ 五射의 두 번째로써 한 발을 먼저 쏘아 보낸 후, 연속해서 세 발을 쏘아 보내는 것입니다. 쇠뇌의 무게에는 한 말[斗]과 한 섬[石]이 있으며, 화살에는 무겁고 가벼운 것이 있으니 한 섬 무게의 쇠뇌에는 한 냥 무게의 화살을 쓰는데 멀고 가까운 곳과 높고 낮은 곳을 겨누어 한 치의 誤差도 없이 겨누는 것입니다. 射道의 중요한 바는 이와 같으니 이제 臣이 알고 있는 바를 남김없이 말씀드렸나이다."

월왕이 말했다.

"좋소. 그대의 射道는 모두 훌륭하오. 바라건대 그대의 射道로써 우리 군사들을 훈련시켜 주시기 바라오."

진음이 말했다.

"射道라는 것은 본시 하늘에서 나오는 것이며 사도를 익혀서 자기 것으로 만드는 일은 사람의 노력에 달려 있는 것이니 사람이 익히는 바는 神異하지 않은 것이 없습니다."

월왕은 진음으로 하여금 군사들에게 城 밖 郊外 북쪽에서 활쏘기를 훈련시키게 하니 석달이 지나자 군사들은 모두 활과 쇠뇌를 잘 쏠 수 있게 되었디. 진음이 죽자 월왕은 슬퍼하며 나라의 서쪽에 葬事지내고 장사지낸 곳을 일러 陳音山이라 했다.

◈ 참　고

1. ≪春秋左傳−昭公十二年≫

右尹子革夕, 王見之, 去冠被, 舍鞭, 與之語曰: "昔, 我先王熊繹與呂伋王孫牟燮父禽父竝事康王, 四國皆有分, 我獨無有. 今吾使人於周, 求鼎, 以爲分, 王其與我乎?" 對曰: "與君王哉. 昔, 我先王熊繹辟在荊山, 篳路藍縷, 以處草莽, 跋涉山林, 以事天子, 唯是桃弧棘矢, 以共御王. 齊王舅也, 晉及魯衛王母弟也. 楚是以無分, 而彼皆有. 今周與四國, 服事君王, 將唯命是從, 豈其愛鼎?"

2. ≪莊子−田子方篇≫

列御寇爲伯昏無人射, 引之盈貫, 措杯水其肘上, 發之適矢復沓, 方矢復寓. 當是時猶象人也. 伯昏無人曰: 是射之射非不射之射也. 嘗與女登高山, 履危石臨百仞之淵, 若能射乎? 於是無人遂登高山, 履危石臨百仞之淵, 背逡巡足二分垂在外, 揖御寇而進之, 御寇伏地汗流至踵.(열어구[列子]가 백혼무인을 위해 활을 쏠 때에, 시위를 가득히 당겨 팔뚝 위에 물잔을 얹은 채 화살을 쏘면 어느새 살이 재여지고, 화살이 떠났는가 하면 어느새 화살이 재여지니 마치 나무로 깍아만든 사람과 같았다. 이를 보고 백혼무

인이 말했다. "이것은 쏘기 위한 쏨이지, 쏘지 않기 위한 쏨이 아니다. 이제 너와 함께 높은 산에 올라 위태로운 돌을 딛고, 백길이나 되는 못 위에 臨해 서고자 하는데 그 때도 너는 능히 이와 같이 쏠 수 있겠는 가?" 이에 백혼무인은 열어구를 데리고 높은 산에 올라 위태로운 바위 를 딛고 백길이나 되는 못위에 서서 뒷걸음질치는데 발의 반은 벼랑 밖 에 나가 있었다. 그 위에서 열어구를 부르니 열어구는 땅에 업드려 땀이 발꿈치까지 흘렀다.)

吳越春秋 句踐伐吳外傳 第十

◇　◇　◇　◇

[10-01] 句踐1)十五年, 謀伐吳,按句踐七年歸自吳. 歸返國四年, 卽與范蠡謀伐吳. 自兹四年間必謀之, 蠡皆以爲未可. ≪國語≫記之稍詳. 至是始伐吳. ≪左傳≫見於哀公十三年, 正句踐十五年也. 謂大夫種2)曰: "孤用夫子之策, 免於天虐之誅, 還歸於國. 吾誠已說音稅下同於國人, 國人喜悅. 而子昔日云, 有天氣卽來陳之. 今豈有應乎?" 種曰: "吳之所以彊者, 爲有子胥. 今伍子胥3)忠諫而死, 是天氣前見, 亡國之證也. 願君悉心盡意以說國人." 越王曰: "聽孤說國人之辭: 寡人不知其力之不足, 以大國報讎, 以暴露百姓之骨於中原, 此則寡人之罪也. 寡人誠更其術. 於是乃葬死問傷, 弔有憂, 賀有喜, 送往迎來, 除民所害. 然後卑事夫差,4) 往宦士5)三百人於吳. 吳封孤數百里之地, 因約吳國父兄昆弟6)而誓之曰: '寡人聞, 古之賢君, 四方之民歸之若水. 寡人不能爲政, 將率二三子7)夫婦以爲藩輔.8)' 令壯

---

1) [句踐구천] 春秋時代 越나라 군주. 吳王 夫差에게 패해 5千 결사대를 이끌고 會稽山회계산에서 抗戰했으나 결국 포로가 되어 吳나라에 들어가 노예가 되었는 데 병든 夫差의 똥까지 맛보며 부차의 마음을 얻어 월나라에 돌아올 수 있었다. 그 후 겉으로는 吳王을 섬기는 척하면서 복수를 준비해 二十여년 만에 夫差를 죽이고 吳나라를 멸해 원수를 갚았다.
2) [大夫 種] 大夫 文種. 楚나라 南陽의 官吏. 후에 越王 句踐을 섬겨 會稽之耻회계지치를 씻게하고 霸業을 이루게 했으나 句踐의 꺼려함을 받아 죽음을 당했다.
3) [子胥자서] 姓은 伍, 이름은 員운. 伍奢오사의 아들. 楚나라 사람. 文武에 뛰어났으나 楚 平王이 아버지와 형을 죽이자 宋나라, 鄭나라, 陳나라를 거쳐 吳나라로 달아나 闔閭를 만났다. 합려를 도와 합려가 오왕이 되자 군사를 이끌고 초나라를 쳐서 아버지와 형의 원수를 갚았다. '日暮路遠倒行而逆施之於道', '掘墓屍鞭三百杖' 등의 故事를 남겼다. 후에 오왕 夫差에게 죽음을 당했다.
4) [夫差] 春秋時代 吳나라 군주. 闔閭의 孫子. ≪春秋左傳≫과 ≪史記≫에는 합려의 아들이라 했다. 在位 23年(西紀前 497~ 西紀前 475). 伍子胥의 挽留만류를 뿌리치고 白喜의 妖孽요얼을 받아들여 越王을 살려주었으나 후에 吳나라는 越王 句踐에게 망하고 부차도 죽음을 당했다.
5) [宦士환사] 남자로서의 기능을 去勢당하고 宮中에서 일하는 宦官.
6) [昆弟곤제] 兄弟.
7) [二三者] 여러분.
8) [藩輔번보] 밖에서 왕실을 돕는 諸侯. 여기서는 王室에서 養育을 돕는 것.

者無娶老妻, 老者無娶壯婦. 女子十七未嫁, 其父母有罪. 丈夫二十不娶, 其父母有罪. 將免者,免者免身脫也, 謂生子. 以告於孤, 令醫守之. 生男二, 貺9)之以壺酒, 一犬. 生女二, 賜以壺酒, 一豚.犬陽畜豚陰畜. 生子三人, 孤與乳母. 生子二人, 孤與一養. 長者死, 三年釋吾政, 季子10)死, 三月釋吾政. 必哭泣葬埋之如吾子也. 令孤子, 寡婦, 疾疹, 貧病者, 納官其子. 欲仕, 量平聲其居, 好上聲其衣, 飽其食, 而簡銳之. 凡四方之士來者, 必朝而禮之. 載飯與羹, 以游國中. 國中僮子11)戲而遇孤, 孤餔而啜之,12) 施以愛問其名, 非孤飯不食, 非夫人事不衣. 七年不收國, 民家有三年之蓄, 男卽歌樂, 女卽會笑. 今國之父兄日請於孤曰: ‘昔夫差辱吾君王於諸侯, 長爲天下所恥, 今越國富饒,13) 君王節儉, 請可報恥.’ 孤辭之曰: ‘昔者我辱也, 非二三子之罪也. 如寡人者, 何敢勞吾國之人, 以塞吾之宿讎?’ 父兄又復請曰: ‘誠四封之內, 盡吾君子. 子報父仇, 臣復君隙, 豈敢有不盡力者乎? 臣請復戰, 以除君王之宿讎.’ 孤悅而許之.” 大夫種曰: “臣觀吳王得志於齊, 晉.14) 謂當遂涉吾地, 以兵臨境. 今疲師休卒, 一年而不試, 以忘於我. 我不可以怠, 臣當卜之於天. 吳民旣疲於軍, 困於戰鬪, 市無赤米15)之積, 國廩空虛,16) 其民必有移徙之心. 寒就蒲嬴嬴當作蠃. 蒲水草, 蠃蚌蛤之屬. 於東海之濱. 夫占兆人事, 又見於卜筮.17) 王若起師, 以可會之利, 犯吳之邊鄙,18) 未可往也. 吳王雖無伐我之心, 亦雖動之以怒. 不如詮其間,去聲. 以知其意.” 越王曰: “孤不欲有征伐之心, 國人請戰者三年矣, 吾不得不從民人之欲. 今聞大夫種諫難. 去聲.” 越父兄又諫曰: “吳可伐. 勝則滅其國, 不勝則困其兵. 吳國有成, 王與之盟, 功名聞於諸侯.” 王曰: “善.” 於是乃大會羣臣而令之曰: “有敢諫伐吳者, 罪不赦.” 蠡, 種19)相謂曰: “吾諫已不合矣, 然猶聽君王之令.”

　越王會軍列士而大誡衆, 而誓之曰: “寡人聞古之賢君, 不患其衆不足, 而

---

9) [貺황] 賜와 仝. 내려주다. 下賜하다.

10) [季子계자] 막내아들.

11) [僮子동자] 아이들.

12) [餔而啜之포이철지] 밥과 마실 것을 먹임.

13) [富饒부요] 부유하고 넉넉해짐.

14) [齊晉제진] 齊나라와 晉나라.

15) [赤米적미] 질이 좋지 않은 쌀.

16) [國廩空虛국름공허] 나라의 창고를 비게 함.

17) [卜筮복서] 卜은 거북점, 筮는 산가지 점.

18) [邊鄙변비] 변경의 척박한 땅.

19) [蠡鍾려종] 范蠡와 文種.

患其志行去聲之少恥也.≪國語≫註: "少恥謂進不念功, 臨難苟免." 今夫差衣水犀甲[20]
者十有三萬人,徼外有山犀, 有水犀. 水犀之皮有珠甲, 山犀則無. 吳以水犀皮飾甲也, ≪周禮≫:
"犀甲壽百年." 不患其志行之少恥也, 而患其衆之不足. 今寡人將助天威, 吾不
欲匹夫之勇也, 吾欲士卒進則思賞, 退則避刑."[21] 於是越民父勉其子, 兄勸
其弟曰: "吳可伐也." 越王復召范蠡謂曰: "吳已殺子胥, 道道當作導.諛者衆.
吾國之民又勸孤伐吳, 其可伐乎?" 范蠡[22]曰: "未可. 須明年之春然後可
耳." 王曰: "何也?" 范蠡曰: "臣觀吳王北會諸侯於黃池,[23] 精兵從王, 國中
空虛, 老弱在後, 太子留守. 兵始出境未遠, 聞越掩其空虛, 兵還不難也. 不
如來春." 其夏六月丙子句踐復問, 范蠡曰: "可伐矣." 乃發習流[24]二千人,
俊士[25]四萬, 君子[26]六千, 諸御千人,≪史記≫俊士作敎士. ≪索隱≫曰: "≪虞書≫云:
'流宥五刑.' 習流 謂流放之罪人, 使之習戰. 敎士謂常所敎練之兵也. 君子謂君所子養有恩惠者. 諸御
謂諸理事之官, 在軍有職掌者." 徐天祜曰: 笠澤之戰, 越以三軍潛涉, 蓋以舟師勝. 此所謂習流, 是卽
習水戰之兵. 若曰使罪人習戰, 越一小國, 流放者何至二千人哉? 以乙酉與吳戰. 丙戌, 遂虜
殺太子. 丁亥, 入吳, 焚姑胥臺.[27] 吳告急於夫差, 夫差方會諸侯於黃池, 恐

---

20) [衣水犀甲의수서갑] 무소 가죽으로 만든 갑옷.
21) [避刑피형] 刑을 免除해 줌.
22) [范蠡범려] 春秋時代 越나라 大夫. 字는 小伯. 楚나라 南陽사람. ≪呂氏春秋≫
　　高誘의 풀이에는 三戶사람이라 했다. 句踐이 吳나라와의 전쟁을 시작할 때 이
　　를 말렸으나 越나라가 敗하자 越王과 함께 포로가 되어 吳나라 臣僕이 되어
　　奴隷생활을 했다. 三年 만에 풀려나 越나라에 돌아오자 君臣이 함께 切齒銘骨
　　하여 二十여년 만에 吳나라를 滅하고 원수를 갚았다. 吳나라와의 싸움에서 이
　　긴 후 范蠡는 相國이 되어 돌아왔으나 월왕을 떠났다. 五湖로 들어가서 三江
　　口로 빠져나와 제나라로 가서 鴟夷子皮치이자피라고 이름을 바꾼 후 몸을 숨겨
　　바닷가에서 농사를 지으며 數十萬金을 모았다. 齊나라에서 그 현명함을 알고
　　相國으로 삼자 재산을 친구와 마을 사람들에게 모두 나누어 주고 다시 몸을
　　숨겨 宋나라 陶 땅으로 가서 자리를 잡았는데 이 곳에서도 장사를 잘해 엄청
　　난 재산을 모았고 사람들은 그를 陶朱公이라 불렀다. 적당한 때 물러나지 않
　　고 있다가 죽음을 당한 文種과 對照的이다.
23) [黃池황지] 宋나라 地名. 지금의 河南省 封丘縣봉구현. 濟水와 닿아 있다.
24) [習流습류] 流刑兵으로서 훈련을 받은 군대.
25) [俊士준사] 精銳兵.
26) [君子군자] 君子兵. 越王이 어릴 때부터 거두어 아들처럼 기른 私兵.
27) [姑胥臺고서대] 吳나라 都城의 姑胥山에 있는 樓臺. 姑蘇臺라고도 한다.

天下聞之, 卽密不令洩, 已盟黃池, 乃使人請成[28]於越. 句踐自度未能滅, 乃
與吳平.

◇ ◇ ◇ ◇

越王 句踐구천 15年 월왕은 吳나라를 치고자 하여 大夫 文種에게 말했다.

"나는 선생의 計策을 써서 하늘이 내리신 모진 虐待학대와 죽음의 危難에서 벗어나 월나라에 돌아올 수 있었습니다. 나는 誠心을 다해 백성을 설득했으므로 백성들은 기뻐하고 있습니다. 선생께서는 옛날 이르기를, 天氣가 가까우면 하늘이 그 徵兆징조를 나타내 보일 것이라고 했습니다. 지금 天氣는 어떻게 應하고 있습니까?"

대부 문종이 말했다.

"오나라가 彊國강국이 되었던 까닭은 伍子胥오자서와 같은 忠臣이 있었기 때문입니다. 지금 오자서는 忠으로써 諫하다가 죽음을 당했습니다. 이는 天氣가 먼저 나타나는 것으로써 오나라가 망해가는 徵兆징조라 하겠습니다. 바라건대 대왕께서는 마음을 다하고 뜻을 다하여 신하와 백성을 說得하십시오."

월왕이 말했다.

"과인이 백성들의 말을 들으니, '과인이 스스로의 힘이 부족함을 알지 못하고 大國과 싸워 오나라의 복수를 당해 백성의 遺骨유골이 中原에 나딩굴게 되었다.'고 하니 이는 과인의 죄입니다. 그래서 과인은 삼가 그 방법을 바꾸어 백성들을 설득했습니다. 백성 중에 죽은 이는 葬事지내주고 다친 이를 찾아가며 근심이 있는 이는 위로하고 기쁜 일이 있으면 慶賀경하해 주었습니다. 가는 사람은 傳送하고 오는 이는 歡迎환영하며 백성에게 害되는 바를 없애버리기에 힘썼습니다. 그런 연후에 몸을 낮추어 吳王 夫差부차를 섬겨 宦士환사 三百명을 오나라에 보내 오왕을 받들게 했습니다. 과인은 오나라가 封한 數百里의 옛 월나라 땅을 돌보며 옛날 나의 백성이었던 오나라 부형과 昆弟곤제의 盟誓맹서를 맺어 말했습니다. '과인이

---

28) [請成청성] 和平을 청함.

들으니 옛날의 賢君은 사방의 백성이 모여들기를 물이 모여드는 것과 같았다고 하는데 과인은 그 같은 政事를 펴지는 못하나 장차 여러 夫婦를 藩輔로 삼아 양육을 도울 것입니다.' 그 후 젊은 사내는 늙은 여자에게 장가들지 못하게 하고, 늙은 이는 젊은 여자에게 장가들지 못하게 하였습니다. 여자나이 17세가 되도록 시집을 가지 못하는 것은 그 부모에게 죄를 묻고, 남자나이 20세가 되도록 장가들지 못하는 것도 그 부모에게 죄를 물었습니다. 자식 낳은 것을 과인에게 알리면 醫員으로 지키게 하여 보살폈으며, 아들 쌍둥이를 낳은 사람에게는 술 한 항아리와 개 한 마리를 내려 慶賀하였고, 딸 쌍둥이 낳은 사람에게는 술 한 항아리와 돼지 한 마리를 내렸습니다. 세 쌍둥이를 낳은 사람에게는 乳母를 보내 보살피게 하였으며 두 쌍둥이를 낳은 사람은 내가 함께 한 아이를 길렀습니다. 맏아들이 죽으면 3年동안 나랏일에서 쉬게 하였고, 둘째 아들이 죽으면 석 달간 나랏일에서 쉬게 하였으며, 반드시 哭해 울며 나의 자식과 같이 葬事지내 묻어주었습니다. 孤兒고아와 寡婦과부, 紅疫홍역이나 疫疾을 앓는 가난하고 병든 이는 치료하고 돌보아 주었으며, 그 자식은 官衙관아에 받아들여 사는 곳, 입는 것, 먹는 것을 주어 그 중 精銳의 장정들을 가려 뽑았습니다. 사방의 선비들이 찾아오면 만나서 禮를 다했고, 수레에는 언제나 밥과 국을 싣고 나라 안을 돌아다니면서 어린아이들이 놀고 있는 곳을 만나면 과인은 밥과 국을 먹이며 사랑을 베풀고 그 이름과 사는 곳을 물었습니다. 몸소 농사지은 밥이 아니면 먹지 않고, 부인이 몸소 지은 옷이 아니면 입지 않았습니다. 7년간 나라의 賦稅부세를 걷지 않으니 백성들의 집에는 3년을 먹을 수 있는 食糧이 餘蓄여축되어 남자는 노래 불러 즐기고 여자들은 수다스런 웃음 속에 모이니 이제 나라는 평안해지고 굶주리는 사람이 없게 되었습니다. 지금 全國의 父兄[元老]들은 과인에게 청하여 말합니다. '옛날 오왕 부차는 우리 대왕을 제후들 앞에서 욕되게 하여 오랫동안 천하의 羞恥수치스러운 바가 되게 하였습니다. 지금 월나라는 富饒하고 대왕께서는 節儉의 생활을 실천하고 계시니 바라건대 오나라를 쳐서 수치스러움을 갚으소서.' 과인은 辭讓사양하여 말했습니다. '옛날 내가 辱을 당한 것은 여러분의 죄가 아닙니다. 과인과 같은 사람이 어찌 감히 우리 백성을 수고롭게 하여 나의 오랜 원수를 갚고자 하겠습니까?' 부형들이 또 다시 請하여 말했습니다. '삼가 四方의 封地에 사는 사람들은 모두 대왕의 자식입니다. 자식이 아비의 怨讎원수를 갚고, 신하가 군주의 怨恨을 갚고자 하는데 어찌 감히 힘을 다하지 않겠습니까? 신들은 바라건대 다시 싸워서 대왕의 원수를 갚고자 하나이다.' 그래서 과인은 기뻐하여 이를 許諾했습니다."

대부 文種이 말했다.

"신이 살피건대 吳王은 齊나라와 晉나라를 칠 뜻을 가지고 있습니다. 생각컨대 오왕은 우선 우리 越나라 땅에 군대를 집결시킬 것이니 지금은 우리 군대가 지친 것처럼 일년 동안 병사들을 쉬게 하여 우리를 試驗하지 않게 하고 월나라에 대한 근심을 잊어버리게 하여 우리를 무시하게 하지 않으면 안됩니다. 신은 지금 점을 쳐서 天文을 보겠습니다. 오나라 백성은 이미 軍役에 지쳐 있고 계속된 戰鬪로 困逼곤핍해 있습니다. 오나라 市中에는 赤米조차 쌓여있지 않으며 나라의 곳집[府庫]은 텅 비어 있으니 그 백성들은 반드시 마음이 떠나 있을 것입니다. 추운 겨울에도 동해에 나가서 蒲草포초[부들초]를 뜯거나 소라를 잡아먹습니다. 대저 점의 徵兆징조는 사람의 일로 알 수 있으며 또 점괘에 나타난 징조와도 같습니다. 대왕께서 만약 지금 군사를 일으키신다면 오나라 邊方의 瘠薄척박한 땅을 조금 들어가실 수는 있으나 오나라 땅에 더 들어가실 수는 없습니다. 오왕은 비록 우리나라를 칠 마음이 없다 해도 또한 우리나라 군대가 움직이게 되면 怒할 것입니다. 부형들에게는 그 동안의 實情을 설명하여 기다리게 하는 것만 못하오니 부형들을 설득하여 그 뜻을 알게 하소서."

越王은 나라의 父兄들에게 말했다.

"나는 吳나라를 征伐하고자 하는 마음을 가지고 있지 않습니다. 백성들이 3년 동안이나 싸우기를 請했으나 나는 아직 따르지 않는 백성들의 마음을 모두 얻지 못했습니다. 지금 대부 文種의 말을 들으니 싸우기 어려움을 諫합니다."

월나라의 부형들은 다시 諫하여 말했다.

"오나라를 칠 수 있습니다. 勝利하면 그 나라를 滅멸할 수 있고 이기지 못한다 해도 그 군대를 지치게 할 수는 있습니다. 오나라를 쳐서 성공하면 대왕께서는 천하의 盟主가 될 것이며 제후들에게는 功名을 날리게 될 것입니다."

월왕이 말했다.

"좋습니다."

월왕은 여러 신하와 군사들을 불러모아 大會를 열어 신하들에게 슈을 내려 말했다.

"감히 오나라 치는 일을 반대하여 간하는 자는 죄를 용서치 않겠노라."

范蠡범려와 文種문종은 서로 말했다.

"우리들이 이미 諫했으나 듣지 않는구려. 그러나 대왕의 명령에 따를 수밖에 없지요."

越王은 군대를 집합시켜 列兵하면서 여러 사람들에게 크게 訓戒하여 盟誓맹서했다.

"과인이 들으니, 옛날 聖君은 그 백성의 數가 적은 것을 걱정하지 않고, 그 뜻을 행함에 나아가지 않으면서 功을 생각하고 닥친 어려움만 당장 모면하려는 少恥를 근심했다고 한다. 지금 吳王 夫差는 무소 갑옷으로 武裝한 군사가 十三萬이라고 하는데 나는 오나라를 치는데 있어 少恥를 걱정하지 않고 그 數가 부족한 것을 걱정한다. 이제 과인은 장차 하늘의 도움으로 성공할 것이니 나는 匹夫필부의 小勇을 바라지 않는다. 나는 병사들이 나아가면 賞 줄 것을 생각하고 후퇴해도 형벌을 피하게 하고자 한다."

월나라 백성들은 아비는 그 자식에게 나아갈 것을 勸하고, 형은 동생에게 나아갈 것을 勸勉권면하여 말했다.

"오나라를 치면 이길 수 있습니다."

월왕은 다시 范蠡범려를 불러 물었다.

"오나라는 이미 伍子胥를 죽였고 시끄럽게 아첨하는 무리들뿐입니다. 우리 월나라 백성들은 또 다시 나에게 오나라를 칠 것을 권하는데 오나라를 치면 이길 수 있겠습니까?"

범려가 말했다.

"아직 불가합니다. 바라건대 내년 봄 연후에 칠 수 있을 뿐입니다."

越王이 말했다.

"어째서입니까?"

범려가 말했다.

"신이 살피건대 吳王은 北伐북벌하여 黃池에서 제후들과 會盟을 가질 것입니다. 오나라 精銳軍은 오왕을 따라 北伐에 참가할 것입니다. 그렇게 되면 오나라는 텅 비게 되어 老人과 여자와 어린아이만 뒤에 남게 될 것이고, 太子가 뒤에 남아서 지킬 것입니다. 吳軍이 처음 出兵하여 國境에서 멀리 가지 않았을 때 越軍이 오나라의 빈틈을 타서 오나라를 쳤다는 소문을 듣게 되면 오왕은 군대를 돌려 돌아오기가 어렵지 않을 것입니다. 지금 오나라를 치는 것은 내년 봄까지 기다리는 것만 못합니다."

그 해 여름 유월 丙子日에 월왕은 다시 범려를 불러 물으니 범려가 대답했다.

"칠 수 있습니다."

월왕은 軍事를 일으켜 罪囚죄수 중 戰鬪訓練전투훈련을 받은 習流兵습류병 二千명과 精銳軍정예군 四萬, 월왕에게 養育의 恩惠를 입고 자란 君子兵 六千, 軍務를 管理하는 軍吏군리 千명으로 伐吳軍을 편성하여 乙酉日에 오나라와 戰爭을 시작했다.

유월 丙戌日병술일에 越軍은 마침내 오나라 太子를 捕虜포로로 잡아 죽이고 다시 다음날인 丁亥日에 吳城에 入城하여 姑胥臺고서대에 불을 질렀다. 오나라 사람들은 급히 월나라의 침입을 夫差에게 알렸다. 이 때 부차는 멀리 黃池에서 제후들과 만나고 있었는데 越軍이 오나라를 쳐들어온 것이 천하의 제후들에게 알려지게 될 것을 두려워하여 즉시 비밀이 새어나가지 않게 하고 黃池의 會盟을 서둘러 끝내고 곧 使臣을 보내 월왕에게 請成하니 구천도 한 번에 오나라를 멸할 수 없음을 스스로 헤아려 오나라와 和平을 맺고 돌아왔다.

◈ 참　고

1. ≪國語-吳語≫

吳王夫差還自黃池, 息民不戒. 越大夫種乃唱謀曰: "吾謂吳王將遂涉吾地. 今罷師而不戒以忘我. 我不可以怠, 日臣嘗卜於天. 今吳民旣罷, 而大荒荐饑市無赤米. 而囷鹿空虛, 其民必移就蒲蠃於東海之濱. 天占旣兆, 人事又見. 我蔑卜筮矣. 王若今起師以會奪之利無使夫悛. 夫吳之邊鄙, 遠者罷而未至. 吳王將恥不戰, 必不須至之會也. 而以中國之師與我戰, 若事夸而我從. 我遂踐其地, 其至者亦將不能之會也已. 吾用禦兒臨之, 吳王若慍而又戰, 奔遂可出, 若不戰而結成. 王安厚取名而去之?” 越王曰: “善哉!” 乃大戒師將伐吳.

2. ≪國語 – 越語 上≫

乃致其父母昆弟而誓之曰: “寡人聞, 古之賢君, 四方之民歸之, 若水之歸下也. 今寡人不能將帥二三子夫婦以蕃. 今壯者無取老婦, 今老者無娶壯妻. 女子十七不嫁, 其父母有罪. 丈夫二十不娶, 其父母有罪. 將免者以告, 公醫守之. 生丈夫二壺酒一犬, 生女子二壺酒一豚. 生三人公與之母, 生二人公與之餼. 當室者死, 三年釋其政. 支子死, 三月釋其政. 必哭泣葬埋之如其子. 今孤子寡婦疾疢貧病者, 納官其子. 其達士絜其居, 美其服, 飽其食, 而摩厲之於義. 四方之士來者, 必朝禮之. 句踐載稻與脂於舟以行, 國之孺子之遊者, 無不餔也, 無不歠也. 必問其名. 非其身之所種則不食. 非其夫人之所織則不衣. 十年不收於國民, 俱有三年之食. 國之父兄請曰: “昔者夫差耻吾君於諸侯之國. 今越國亦節矣. 請報之.” 句踐辭曰: “昔者之戰也, 非二三子之罪也. 寡人之罪也. 如寡人者, 安與知恥, 請姑無庸戰?” 父兄又請曰: “越四封之內, 親吾君也, 猶父母也. 子而思報父母之仇. 臣而思報君之讎. 其有敢不盡力者乎? 請復戰.” 句踐既許之. 乃致其衆而誓之曰: “寡人聞古之賢君, 不患其衆之不足也, 而患其志行之少恥也. 今夫差衣水犀之甲者, 億有三千, 不患其志行之少恥也, 而患其衆之不足也. 今寡人將助天威之, 吾不欲匹夫之勇也. 欲其旅進旅退, 進則思賞, 退則思刑, 如此則有常賞. 進不用命, 退則無恥, 如此則有常刑.” 果行國人皆勸. 父勉其子, 兄勉其弟, 婦勉其夫, 曰: “孰是吾君也, 而可無死乎?”

3. ≪春秋左傳 – 哀公 十三年≫

秋七月辛丑, 盟. 吳晉爭先, 吳人曰: “於周室我爲長.” 晉人曰: “於姬姓我爲伯.” 趙鞅呼司馬寅曰: “日旰矣. 大事未成, 二臣之罪也. 建鼓整列, 二臣死之, 長幼必可知也.” 對曰: “請姑視之.” 反曰: “肉食者無墨, 今吳王有墨.

國勝乎？ 太子死乎？ 且夷德輕不忍久, 請少待之.” 乃先晉人.

4. ≪史記－越王句踐世家≫

居三年句踐召范蠡曰: “吳已殺子胥, 導諛者衆, 可乎?” 對曰: “未可. 至明年春, 吳王北會諸侯於黃池. 吳國精兵從王, 惟獨老弱與太子留守.” 句踐復問范蠡, 蠡曰: “可矣.” 乃發習流二千, 士四萬人, 君子六千人, 諸御千人伐吳. 吳師敗, 遂殺吳太子. 吳告急於王. 王方會諸侯于黃池, 懼天下聞之, 乃秘之. 吳王已盟黃池, 乃使人厚禮以請成越. 越自度亦未能滅吳, 乃與吳平.

5. ≪國語－越語 下≫

四年, 王召范蠡問焉, 曰: “先人就世, 不穀卽位. 吾年旣少, 未有恒常, 出則禽荒, 入則酒荒. 吾百姓之不圖, 唯舟與車. 上天降禍於越, 委制於吳. 吳人之那不穀, 亦又甚焉. 吾欲與子謀之其可乎?” 對曰: “未可也. 蠡聞之, 上帝不考, 時反是守. 彊索者不祥, 得時不成, 反受其殃. 失德威名, 流走死亡. 有奪有于, 有不子. 王無蚤圖. 夫吳君之吳也, 王若蚤圖之, 其事又將未可知也.” 王曰: “諾.” 又一年, 王召范蠡而問焉, 曰: “吾與子謀吳, 子曰: ‘未可也.’ 今其稻蟹不遺種, 其可乎?” 對曰: “天應至矣, 人事未盡也. 王姑待之.” 王怒曰: “道固然乎? 妄其欺不穀邪? 吾與子言人事, 子應我以天時. 今天應至矣, 子應我以人事何也?” 范蠡對曰: “王姑勿怪. 夫人事必將與天地相參, 然後乃可以成功. 今其禍新民恐, 其君臣上下, 皆知其資財之不足以支長久也. 彼將同其力致其死, 猶尙殆. 王其且馳騁弋獵, 無至禽荒. 宮中之樂, 無至酒荒. 肆與大夫觴飲, 無忘國常. 彼其上將薄其德, 民將盡其力. 又使之望而不得食, 乃可以致天地之殛, 王姑待之.”

◇　◇　◇　◇

[10－02]　二十一年七月, 越王復悉國中士卒伐吳.按≪左傳－哀公十七年≫ "越伐吳, 吳禦之笠澤." 實句踐十九年事, 此書不當以爲二十一年也. 會楚使申包胥29)聘於越, 越王乃問包胥曰: "吳可伐耶?" 申包胥曰: "臣鄙於策謀, 未足以卜.30)" 越王曰: "吳爲不道, 殘我社稷, 夷31)吾宗廟, 以爲平原, 使不得血食.32) 吾欲與之徼天之中,33)≪國語≫作衷. 惟是輿馬, 兵革, 卒伍34)旣具, 無以行之. 誠聞聞當作問.於戰, 何以爲可?" 申包胥曰: "臣愚不能知." 越王固問,35) 包胥乃曰: "夫吳良國也, 傳賢於諸侯. 敢問君王之所戰者何?" 越王曰: "在孤之側者, 飮酒食肉, 未嘗不分. 孤之飮食不致其味, 聽樂不盡其聲, 求以報吳. 願以此戰." 包胥曰: "善則善矣, 未可以戰." 越王曰: "越國之中, 吾博愛36)以子之, 忠惠以養之. 吾今修寬刑, 欲≪國語≫欲作施.民所欲, 去民所惡,烏故切. 憎也. 稱其善, 掩其惡,遏各切. 不善也. 求以報吳. 願以此戰." 包胥曰: "善則善矣, 未可以戰." 越王曰: "越國之中, 富者吾安之, 貧者吾予之, 救其不足, 損其有餘, 使貧富不失其利, 求以報吳. 願以此戰." 包胥曰: "善則善矣, 未可以戰." 越王曰: "邦國南則距楚,37) 西則薄晉,38) 北則望齊,39) 春秋奉幣, 玉帛, 子女

---

29) [申包胥신포서] 春秋時代 楚나라 大夫. 姓은 公孫인데 申 땅에 봉해졌으므로 申包胥라고 한다. 伍子胥와는 同門修學한 친구. 楚나라가 吳나라의 침략으로 焦土化 되어 存亡岐路에 서자 秦진나라에 달려가 宮庭에서 七日七夜를 통곡해 秦나라 군주를 감동시켰으며, 秦나라 군대를 빌어 楚나라를 구했는데 나라가 회복된 후 楚 昭王이 勳功을 줄 때 사양하고 받지 않았다.

30) [卜] 거북 등을 구워 치는 점. ≪春秋左傳≫ 僖公 四年條에, '筮短龜長서단구장'이라하여 '숫대[算가지]점은 덜 맞고 거북점은 잘 맞는다'고 했다.

31) [夷] 허물어뜨려 廢墟폐허로 만들다.

32) [血食] 祭祀.

33) [徼天之中요천지중] 하늘의 도움을 바라다.

34) [馬革卒伍] 戰車와 武器, 군대가 갖추어 짐.

35) [固問고문] 辭讓하는 이에게 굳이 묻는 것.

36) [博愛단애] 측은히 여겨 사랑을 베푸는 것.

37) [距楚거초] 楚나라에 닿아 있음. ≪說文通訓定聲－豫部≫에, '距, 叚借爲岠'라고 했다. ≪管子－小問≫篇에, '止之以力則往者不反, 來者鷖距'라고 했다.

以貢獻焉, 未嘗敢絶, 求以報吳. 願以此戰.” 包胥曰: “善哉! 無以可斯矣,
猶未可戰. 夫戰之道, 知音智爲之始, 以仁次之, 以勇斷之. 君將去聲不知卽
無權變之謀, 以別衆寡之數. 不仁則不得與三軍同飢寒之節, 齊苦樂之喜.
不勇則不能斷去就之疑, 決可否之議.” 於是越王曰: “敬從命40)矣.”

　　冬十月, 越王乃請八大夫41)《國語》: “越王乃召五大夫, 問戰奚以而可?” 韋昭解: “五
大夫舌庸苦成大夫種范蠡皐如之屬.” 按此書其辭大略與《國語》同. 而云八大夫則異詳下文止七
人, 豈與楚大夫申包胥共爲八大夫也?曰: “昔吳爲不道, 殘我宗廟, 夷我社稷, 以爲平
原, 使不血食. 吾欲徹天之中衷, 兵革旣具, 無所以行之. 吾問於申包胥卽已
命孤矣. 敢告諸大夫, 如何?” 大夫曳庸42)曰: “審賞則可戰也. 審其賞, 明其
信, 無功不及, 有功必加, 則士卒不怠.” 王曰: “聖哉!” 大夫苦成43)曰: “審罰
則可戰. 審罰則士卒望而畏之, 不敢違命.” 王曰: “勇哉!” 大夫文種曰: “審
物則可戰. 審物則別是非, 是非明察, 人莫能惑.” 王曰: “辨哉!” 大夫范蠡曰:
“審備則可戰. 審備愼守, 以待不虞, 備設守固, 必可應難.去聲” 王曰: “愼哉!”
大夫皐如44)曰: “審聲則可戰. 審於聲音, 以別淸濁, 淸濁者, 謂吾國君名聞
於周室, 令諸侯不怨於外.” 王曰: “得哉!45)” 大夫扶同46)曰: “廣恩知分則可
戰. 廣恩以博施,47) 知分而不外.” 王曰: “神哉!” 大夫計硯48)曰: “候天察地,

---

38) [薄晉박진] 晉나라에 가까움.

39) [望齊망제] 齊나라와 마주 바라보고 있음.

40) [命] 가르침. 《爾雅이아》 釋詁석고에, ‘命, 告也’라고 했다. 《廣韻》 映韻
　　에, ‘命, 敎也’라고 했다. 唐 韓愈의 《歐陽生哀辭》에, ‘父母之命兮, 子奉以
　　行’이라 했다.

41) [八大夫] 曳庸예용, 苦成고성, 文種문종, 范蠡범려, 皐如고여, 扶同부동, 計硯계연,
　　諸稽郢제계영. 여기서는 諸稽郢이 빠져 있다.

42) [曳庸예용] 春秋時代 越나라 大夫. 《春秋左傳》에는, 曳庸을 后庸후용이라
　　했으며 《國語》에는 舌庸설용이라 했다.

43) [苦成고성] 春秋時代 越나라 大夫.

44) [皐如고여] 春秋時代 越나라 大夫. 후에 文種을 모함에 빠뜨려 죽게 함.

45) [得哉득재] 德스러움이여! 《荀子순자》 解蔽篇해폐편에, ‘宋子蔽於欲而不知
　　得’이라 했는데 兪樾유월의 平議에, ‘古得, 德字通用’이라 했다. 《漢書》 項
　　籍傳에, ‘羽乃曰: 吾聞, 漢購我頭千金, 邑萬戶, 吾爲公得’이라 했는데 《史
　　記》 項羽本紀에는 ‘得’을 ‘德’이라 했다.

46) [扶同부동] 春秋時代 越나라 大夫. 《史記》에는 逢同이라 했다.

47) [博施단시] 측은히 여겨 베풀어 줌.

參應其變則可戰. 天變地應, 人道便利, 三者前見則可." 王曰: "明哉!"

◇　◇　◇　◇

越王 21年, 월왕은 다시 온 나라의 군대를 動員해 吳나라를 쳤다. 이 때 楚초나라에서 申包胥신포서가 사신으로 와서 만났다. 월왕이 신포서에게 물었다.

"오나라를 치면 이길 수 있겠습니까?"

신포서가 대답했다.

"臣은 策謀에 어리석고 占으로도 알지 못하나이다."

신포서가 辭讓사양하니 월왕이 말했다.

"오나라는 不道부도하여 우리 社稷을 망가뜨리고 宗廟를 허물어 平原의 廢墟폐허로 만들어 월나라는 祖上께 祭祀조차 올리지 못했습니다. 나는 天心을 求하여 함께 하고자 합니다. 이제 수레와 馬兵과 갑옷으로 무장한 군대의 대오는 갖추어졌습니다만 아직 사용하지 않고 있습니다. 어찌하면 이길 수 있는지 삼가 전쟁에 대해 들려주시겠습니까?"

신포서가 대답했다.

"臣은 어리석어 알 수 없습니다."

월왕이 굳이 묻자 신포서는 말했다.

"대저 오나라는 良國입니다. 제후들에게는 현명하다고 전해지고 있습니다. 감히 여쭈어 묻건대 대왕께서는 무엇으로 싸우고자 하십니까?"

월왕이 말했다.

"나는 곁에 있는 사람들과 술과 고기를 먹을 때 한 번도 맛을 가리지 않았습니

---

48) [計硯계연] 范蠡범려의 스승 計然과는 다른 사람. '計硯은 여러 大夫들중 가장 나이 어리고 官職이 낮았다.'고 하였다.

다. 과인이 먹는 음식은 그 맛을 다 내지 않으며, 음악은 그 소리를 다 내지 않았습니다. 이렇게 謹身하며 오나라에 대해 원수 갚을 것을 준비해 왔으니, 바라건대 이로써 싸우고자 합니다.”

申包胥신포서가 말했다.

“훌륭하고 좋습니다만 이 정도로는 아직 싸워 이길 수 없습니다.”

월왕이 말했다.

“과인은 친자식을 근심하고 사랑하듯 월나라 子弟를 忠과 恩惠로 길러 왔습니다. 과인은 지금 刑罰을 너그럽게 行하고 백성들이 바라는 바를 베풀고 백성들이 싫어하는 바를 없애고 있습니다. 잘하는 것은 칭찬하고 그 나쁜 것은 가려서 덮어주고 있습니다. 이렇게 백성들에게 베풀며 오나라에 대해 원수 갚을 것을 준비해 왔으니, 바라건대 이로써 싸우고자 합니다.”

신포서가 말했다.

“훌륭하고 좋습니다만 이 정도로는 아직 싸워 이길 수 없습니다.”

越王이 말했다.

“월나라 안에 富者들은 편안하게 하고 가난한 者는 내가 사랑하여 그 부족한 것을 주어 救하며, 賦稅부세를 덜어주어 부자와 가난한 者가 그 바라는 바를 잃지 않도록 하며, 오나라에 대해 원수 갚을 것을 준비해 왔으니, 바라건대 이로써 싸우고자 합니다.”

申包胥가 말했다.

“훌륭하고 좋습니다만 이 정도로는 아직 싸워 이길 수 없습니다.”

월왕이 말했다.

“우리나라는 남쪽으로 楚나라와 닿아 있고, 서쪽으로는 晉나라와 接했으며, 북쪽으로는 齊나라를 바라볼 수 있습니다. 春秋와 四時[四季]마다 자식들을 보내 寶玉과 幣帛폐백을 드려 감히 한 번도 끊어지지 않게 했습니다. 이같이 이웃나라들과 가까이 하여 섬기며 오나라에 대해 원수 갚을 것을 준비해 왔으니, 바라건대 이로써 싸우고자 합니다.”

신포서가 말했다.

"훌륭하여 더 할 것이 없습니다만 지금도 역시 아직 싸워 이길 수 없습니다. 대저 전쟁의 道라는 것은 군주와 장수가 서로를 아는 것으로 그 으뜸을 삼으며, 어진 것을 그 다음으로 삼으며, 勇斷하는 것이 그 다음입니다. 군주와 장수가 서로를 믿지 못한다면 군주는 將帥장수에게 指揮權을 완전히 맡기지 않을 것이니 장수는 作戰의 智謀가 있어도 變化無窮변화무궁하게 싸울 수 없으며 이렇게 되면 병사의 數가 많고 적음을 분별하게 될 것입니다. 어질지 못하면 三軍[左·右·中軍]이 더불어 儀表를 함께 하고 추위와 굶주림을 함께 참으려 하지 않을 것입니다. 勇이 없으면 戰場에서 나아가야 할 때와 물러설 때를 판단하지 못하고, 우물쭈물 하여 과단성 있게 결단하지 못할 것입니다. 대왕께서는 신하들과 議論하여 決定하소서."

월왕이 말했다.

"삼가 가르침을 받들겠습니다."

그해 겨울 十月시월에 越王은 八大夫를 불러 말했다.

"옛날 吳나라는 不道부도하여 우리 宗廟종묘를 망가뜨리고 우리 社稷사직을 廢墟폐허로 만들어 월나라는 조상께 제사조차 올릴 수 없었습니다. 나는 하늘의 마음을 얻고자 하여 군대와 武器를 이미 갖추었으면서도 이를 사용하지 않았습니다. 이제 楚나라 大夫 申包胥의 가르침을 받아 여러분께 알리니 여러 대부들의 생각은 어떻습니까?"

대부 曳庸예용이 말했다.

"賞을 살펴 施行한다면 싸울 수 있습니다. 그 상을 살펴 믿음을 밝게 하고 공이 없으면 상을 주지 않고 功 있는 이에게 반드시 賞을 더하면 병사들은 게으르지 않게 될 것입니다."

월왕이 말했다.

"지혜로움이여!"

대부 苦成고성이 말했다.

"罰을 살피면 싸울 수 있습니다. 벌을 살피면 병사들은 나아가지 않고 바라만 보는 것을 두려워하게 될 것이며 감히 命을 어기는 者가 없게 될 것입니다."

월왕이 말했다.

"勇이여!"

대부 文種이 말했다.

"事物의 실질적인 내용을 살피면 싸울 수 있습니다. 사물을 살피면 是非를 분별할 수 있고, 시비를 분명히 살피면 남의 미혹에 빠지지 않을 것입니다."

越王이 말했다.

"분별이여!"

范蠡범려가 말했다.

"갖춘 바를 살피면 싸울 수 있습니다. 城柵성책을 갖추어 삼가 하여 지켜서 敵을 기다리면 걱정하지 않아도 될 것이며 城柵을 設備하여 굳게 지키면 반드시 어려움을 감당할 수 있을 것입니다."

월왕이 말했다.

"삼가함이여!"

대부 皐如고여가 말했다.

"소리를 살피면 싸울 수 있습니다. 소리를 살피고 흡을 分別하여 맑고 탁한 것을 알 수 있습니다. 맑고 탁한 종소리와 북소리를 따라 군대는 앞으로 나아가고 뒤로 물러서며 우리 대왕의 名望을 周나라 天子께 들리게 하고 제후들로 하여금 밖에서 怨望함이 없게 할 것입니다."

월왕이 말했다.

"德스러움이여!"

대부 扶同이 말했다.

"은혜를 널리 베풀고 分數를 알게 하면 싸울 수 있습니다. 큰 은혜로서 백성을 근심하여 베풀며, 분수를 알게 하여 넘치게 하지 않으면 이길 수 있습니다."

越王이 말했다.

"神妙함이여!"

대부 計硯계연이 말했다.

"天文을 헤아리고 땅을 살피며 천지의 變化에 應하면 싸울 수 있습니다. 하늘의 때가 이르고, 땅의 四時[四季]가 應하며, 사람의 책모와 兵革 등 天地人의 도리를 먼저 만나면 이길 수 있습니다."

월왕이 말했다.

"明哲함이여!"

◆ 참　고

1. ≪國語－吳語≫

楚申包胥使於越. 越王句踐問焉, 曰: "吳國爲不道求殘我社稷宗廟, 以爲平原, 弗使血食. 吾欲與之徽天之衷, 唯是車馬兵甲卒伍旣具, 無以行之. 請問戰奚以而可?" 包胥辭曰: "不知." 王固問焉, 乃對曰: "夫吳良國也. 能博取於諸侯. 敢問, 君王之所以與之戰者?" 王曰: "在孤之側者, 觴酒豆肉簞食, 未嘗敢不分也. 飮食不敢致味, 聽樂不盡聲, 求以報吳, 願以此戰." 包胥曰: "善, 則善矣. 未可以戰也." 王曰: "越國之中, 疾者吾問之, 死者吾葬之. 老其老, 慈其幼, 長其孤, 問其病, 求以報吳, 願以此戰." 包胥曰: "善, 則善矣. 未可以戰也." 王曰: "越國之中, 吾寬民以子之, 忠惠以善之. 吾修令寬刑, 施民所欲, 去民所惡. 稱其善, 掩其惡. 求以報吳, 願以此戰." 包胥曰: "善, 則善矣. 未可以戰也." 王曰: "越國之中, 富者吾安之, 貧者吾與之. 救其不足裁其有餘, 使貧富皆利之. 求以報吳, 願以此戰." 包胥曰: "善, 則善矣. 未可以戰也." 王曰: "越國南則楚, 西則晉, 北則齊. 春秋皮幣玉帛子女, 以賓服焉, 未嘗敢絶. 求以報吳, 願以此戰." 包胥曰: "善哉! 蔑以可焉. 然猶未可以戰也. 夫戰智爲始, 仁次之, 勇次之. 不智則不知民之極, 無以銓度天下之中寡; 不仁則不能與三軍共饑勞之殃; 不勇則不能斷疑, 以發大計." 越王曰: "諾."

越王句踐乃召五大夫曰: "吳國爲不道求殘我社稷宗廟, 以爲平原, 弗使血食. 吾欲與之徼天之衷, 唯是車馬兵甲卒伍旣具, 無以行之. 吾問於王孫包胥, 旣命孤矣. 敢訪諸大夫, 問戰奚以而可? 句踐願諸大夫言之, 皆以情告, 無阿孤. 孤將以擧大事." 大夫后庸乃進對曰: "審賞則可以戰乎." 王曰: "聖!" 大夫苦成進對曰: "審罪則可以戰乎." 王曰: "猛!" 大夫種進對曰: "審物則可以戰乎." 王曰: "辯!" 大夫蠡進對曰: "審備則可以戰乎." 王曰: "巧!" 大夫皋如進對曰: "審聲則可以戰乎." 王曰: "可矣."

2. ≪說苑≫ 163 [6−8]

魏文侯攻中山, 樂羊將. 已得中山, 還反報文侯, 有喜功之色. 文侯命主書曰: "羣臣賓客所獻書操以進." 主書者擧兩篋以進. "令將軍視之." 蓋難攻中山之事也. 將軍還北面而再拜曰: "中山之擧也, 非臣之功, 君之功也."

◇　◇　◇　◇

[10−03] 於是句踐乃退齋, 而命國人[49]曰: "吾將有[50]不虞之議,[51] 自近及遠, 無不聞者." 乃復命有司[52]與國人曰: "承命有賞, 皆造國門之期,[53] 有不從命者, 吾將有顯戮.[54]" 句踐恐民不信, 使以征不義, 聞於周室, 令平聲諸侯不恐於外, 令去聲. 以下令字皆同.國中曰: "五日之內, 則吾良人矣. 過五日之外, 則非吾之民也. 又將加之以誅." 敎令[55]旣行, 乃入命於夫人. 王背音倍. 下背垣

---

49) [國人] 나라의 卿大夫와 官吏.
50) [將有] 近日.
51) [不虞之議불우지의] 상상할 수 없을 만큼 중대한 결정.
52) [有司] 일을 맡아 주관하는 관리.
53) [皆造國門之期개조국문지기] 城門 앞에 모이는 期限. 造는 모인다는 뜻. 楊樹達의 ≪積微居小學述林 <詩> 造舟爲梁解≫에, '按, 注家設造舟爲比舟, 其義誠是, 然造訓爲比, 古書訓詁未見. 余謂造當讀爲聚. 造舟訓聚合其舟也.'라고 했다.
54) [顯戮현륙] 죄인을 죽여서 梟首효수함.
55) [敎令] 군주의 명령.

同屛, 夫人向屛而立, 王曰: “自今日之後, 內政無出, 外政無入. 各守其職, 以盡其信. 內中辱者, 則是子. 境外千里辱者, 則是子子當作我.也. 吾見子於是, 以爲明誡矣.” 王出宮, 夫人送王, 不過屛. 王因反闔其門,56) 塡之以土.57) 夫人去笄, 側席而坐, 安心無容, 三月不掃. 王出, 則復背垣而立, 大夫向垣而敬, 王乃令大夫曰: “食音飼士不均, 地壤不修,58) 使孤有辱於國, 是子之罪. 臨敵不戰, 軍士不死, 有辱於諸侯, 功隳59)於天下, 是孤之責. 自今以往, 內政無出, 外政無入. 吾固誡子.” 大夫敬受命矣, 王乃出, 大夫送出垣, 反闔外宮之門, 塡之以土. 大夫側席坐, 不御五味, 不答所勸. 句踐有命於夫人, 大夫曰: “國有守禦.” 乃坐露壇60)之上, 列鼓而鳴之, 軍行成陣, 卽斬有罪者三人, 以徇於軍, 令曰: “不從吾令者, 如斯矣.” 明日徙軍61)於郊, 斬有罪者三人, 徇之於軍, 令曰: “不從吾令者, 如斯矣.” 王乃令國中, 不行者, 與之訣而告之曰: “爾安土守職, 吾方往征討我宗廟之讎, 以謝於二三子.62)”

　令平聲國人, 各送其子弟於郊境之上.63)　軍士各與父兄昆弟64)取訣,65)　國人悲哀, 皆作離別相去之詞, 曰: “躒躒66)擢長惢兮, 擢戟馭殳.67)殳音殊, 兵器.≪詩≫: “伯也執殳.” ≪周禮≫: “殳以積竹, 八觚, 長丈二尺, 建於兵車, 旅賁以先驅.” ≪說文≫: “積竹, 謂削去白, 取其靑處合之, 取其有力.” ≪釋名≫: “殳, 殊也, 長一丈二尺, 無刃, 有所撞挃於車上, 使殊離也.” 所離不降兮, 以泄我王氣蘇. 三軍一飛降去聲兮, 所向皆殂.68)　一士判死兮,69)　而當百夫.70)　道祐有德兮, 吳卒自屠.71)　雪我王宿恥兮, 威振八

---

56) [反闔其門반합기문] 문을 반대로 닫아걸다.
57) [塡之以土진지이토] 흙으로 싸서 바름.
58) [地壤不修지양불수] 토지를 耕作하지 않음.
59) [功隳공휴] 공을 무너뜨림.
60) [露壇노단] 野外에 쌓은 査閱臺사열대.
61) [徙軍사군] 군대를 이동시킴.
62) [二三子] 여러분.
63) [郊境之上] 都城 밖 地境.
64) [昆弟곤제] 兄弟.
65) [取訣취결] 이별하다.
66) [躒躒역조] 급하게 떠나감.
67) [擢戟馭殳탁극어수] 창과 무기를 뽑아들고 말을 몰아 나아감.
68) [殂조] 죽음.
69) [判死판사] 죽음으로부터 벗어남.
70) [百夫백부] 백 명의 사내. 백 명의 吳나라 軍士.

都. 軍伍難更兮, 勢如貔貙.72)貔, 猛獸. 陸機曰: "似虎. 或曰似羆." 貙, 樁俱切. 似貍, 能抱獸祭天. 陸佃曰: "虎五指爲貙." 行行各努力兮, 於乎於乎!" 於是觀者, 莫不悽惻.73)

　　明日, 復徙軍於境上, 斬有罪者三人, 徇之於軍74)曰: "有不從令者, 如此." 後三日復徙軍75)於檇李,76) 斬有罪者三人, 以徇於軍曰: "其淫心匿行,77)去聲. 匿疑當作慝. 行, 去聲. 不當敵者, 如斯矣." 句踐乃命有司大徇軍曰: "其有父母無昆弟78)者, 來告我. 我有大事, 子離父母之養, 親老之愛, 赴79)國家之急. 子在軍寇之中,80) 父母昆弟有在疾病之地, 吾視之如吾父母昆弟之疾病也. 其有死亡者, 吾葬埋殯送之,81) 如吾父母昆弟之有死亡葬埋之矣." 明日, 又徇於軍曰: "士有疾病, 不能隨軍從兵者, 吾予其醫藥, 給其糜粥,82) 與之同食." 明日, 又徇於軍曰: "筋力不足以勝平聲甲兵83), 志行不足以聽王命者, 吾輕其重, 和其任." 明日, 旋軍於江南,84) 更陳嚴法, 復誅有罪者五人, 徇曰: "吾愛士也, 雖吾子不能過也.卽君所子養者. 及其犯誅, 自吾子亦不能脫也." 恐軍士畏法不使, 自謂, 未能得士之死力. 道見鼃張腹而怒,85) 將有戰爭之氣, 卽爲之軾. 其士卒有問於王曰: "君何爲敬鼃蟲而爲之軾?" 句踐曰: "吾思士卒之怒久矣, 而未有稱去聲吾意者. 今鼃蟲無知之物, 見敵而有怒氣, 故爲之軾.86)" 於是, 軍士聞之, 莫不懷心樂死,87) 人致其命. 有

---

71) [自屠자도] 자기편 군사끼리 殺傷살상함.
72) [貔貙비추] 삵 비슷한 맹수. 수달이나 담비가 아닌가 한다. ≪春秋左傳≫에, '수달이 물고기를 잡아 제사를 지낸다'고 하였다.
73) [悽惻처측] 마음 속에 가득찬 슬픔.
74) [徇之於軍순지어군] 全軍을 호령하다.
75) [徙軍사군] 군대를 이동시킴.
76) [檇里취리] 春秋時代 越나라 地名. 本書 內傳에는 '檇里'라고 했다. ≪越絶書≫에는 浙江省절강성 嘉興縣가흥현이라 했다.
77) [匿行익행] 淫佚음질한 행실을 숨김.
78) [昆弟곤제] 兄弟.
79) [赴부] 危難을 救하기 위해 달려옴.
80) [軍寇之中군구지중] 敵과 對峙하고 싸우는 軍中.
81) [葬埋殯送장매빈송] 殮하여 葬事지내 줌.
82) [糜粥미죽] 미음. 쌀죽.
83) [甲兵갑병] 甲冑를 입고 무장한 군사.
84) [江南강남] 松江 남쪽.
85) [鼃張腹而怒와장복이노] 두꺼비가 배를 부풀려 보이면서 노한 모습을 보임.

司, 將軍大徇軍中曰: "隊[88]各自令其部, 部各自令其士, 歸而不歸, 處而不處, 進而不進, 退而不退, 左而不左, 右而不右, 不如令者斬." 於是, 吳悉兵屯於江北,[89] 越軍於江南.

◇　◇　◇　◇

句踐구천은 물러나 몸을 齋戒재계하고 신하들과 백성들에게 命을 내려 말했다.

"나는 近日中 중대한 일을 결정 할 것이니 가까운 곳에서 먼 곳까지 듣지 못하는 자가 없게 하라."

다시 有司유사에게 命하여 백성들에게 알리게 했다.

"命을 받드는 자에게는 賞이 있을 것이니 모두 期限안에 國門[城門] 밖에 모이도록 하라. 명을 따르지 않는 자가 있다면 그를 죽여 梟首효수할 것이다."

구천은 백성들이 두려워하며 不信으로 動搖동요할 것을 염려하여 周王室에 使者를 보내 不義한 吳나라 征伐정벌을 알리고 제후들로 하여금 밖에서 월나라를 원망하지 않게 한 후 나라 안에 令을 내려 말했다.

"닷새 안에 出兵을 준비하여 城門 밖에 모이는 사람은 越나라 백성이고, 기일을 넘기는 자는 월나라 백성이 아니다. 또 닷새를 넘기는 자는 罪를 더해 罰할 것이다."

월왕은 이미 敎令[君命]을 내리고 나서 안으로 들어가서 夫人에게 명을 내렸다. 월왕은 屛風병풍을 등지고 섰고 부인은 병풍을 향해 섰는데 월왕이 말했다.

---

86) [軾식] 수레의 가로나무[손잡이]를 잡고 몸을 굽히는 禮.
87) [懷心樂死회심락사] 기꺼이 죽을 마음을 품음.
88) [隊대] 古代軍制. 隊: 一百人, 部: 二伍人.
89) [江北] 松江 北쪽.

“오늘 이후부터 婦女子의 內政에 관한 일은 밖에 알리지 말 것이며, 사내들의 外政에 관한 일은 안에 알리지 않을 것이니, 각기 그 職分으로서 믿음을 다 해야 하오. 안에서 부녀자들간에 辱된 일이 생기면 이는 당신의 책임이 될 것이며, 國境 밖 千里之境에서 욕된 일이 생기면 이는 나의 책임일 것이오. 내가 당신을 만나는 것도 이로써 분명히 삼갈 것이오.”

월왕이 內宮을 나가지 월왕 부인은 병풍을 넘어서지 않고 월왕을 送別했다. 월왕은 내궁 문을 반대로 닫고 흙으로 메워 발라 陽을 廢폐하고 陰을 幽玄유현하게 했다. 부인은 머리에 꽂았던 비녀를 빼고 곁의 자리에 앉아 마음을 편안히 하여 容貌용모도 꾸미지 않은 채 석달 동안 化粧도 하지 않고 謹身근신했다.

越王이 內宮을 나와서 다시 담장을 등지고 서니 內宮 大夫는 담장을 향해 敬拜하여 섰다. 월왕은 대부에게 영을 내려 말했다.

“백성들이 밥을 골고루 먹지 못하거나 나라의 토지를 耕作경작하지 않아서 나로 하여금 나라에 辱이 되게 한다면 이는 그대의 罪가 될 것이다. 敵軍과 마주쳐서 싸우지 않거나 군사들이 죽지 않고 제후들에게 욕이 있게 되어 천하의 功을 무너뜨리게 한다면 이는 나의 책임일 것이다. 지금부터 內政은 밖에 나올 수 없고 外政은 안에 들어올 수 없다. 나도 굳게 조심할 것이니 대부도 삼가하여 命을 지키라.”

내궁 대부는 삼가 명을 받들었다. 월왕이 나가니 內宮 대부는 내궁의 담장 밖에서 월왕을 送別했다. 월왕은 외궁 문을 반대로 닫고 흙으로 메워 발랐다. 내궁 대부는 곁의 자리에 앉아 五味를 맛보지 않으며 음식을 勸하는 바가 있어도 대답을 하지 않았다. 구천은 부인과 내궁 대부에게 영을 내려 말했다.

“나라를 굳게 지키라.”

월왕은 야외에 만들어 놓은 路壇 위에 앉아서 鐘鼓종고를 울려 軍隊를 행진시켜 陣을 이루게 하고, 죄 있는 자 세 사람을 斬참하여 軍中을 호령하고 令을 내려 말했다.

“나의 명령을 따르지 않는 자는 이와 같이 될 것이다.”

다음날 군대를 성 밖 郊外에서 행진케 하고 다시 죄 있는 자 세 사람을 斬하여 軍中에 호령하고 令을 내려 말했다.

"나의 명령을 따르지 않는 자는 이같이 될 것이다."

월왕은 나라안에 명을 내려 병사들에게 出戰하지 않는 가족들과 이별하게 하여 말했다.

"너희들은 안심하고 땅과 職分을 지키라. 우리는 吳나라를 征伐키 위해 떠나니 宗廟의 怨讐를 滅멸해서 여러분에게 謝禮할 것이다."

월왕은 백성들로 하여금 城 밖 地境에서 각기 그 자식과 형제들을 離別이별하게 하니, 군사들은 각기 그 父兄과 昆弟곤제를 이별하여 모두가 슬피 울며 이별 노래인 "相去之詞"를 지어 불렀다.

躒躒摧長恧兮 력조최장뉵혜	서둘러 떠나는 길 잡는 손길 민망해
擢戟馭殳 탁극어수	창칼[戟殳] 빼어들고 말을 몰아 떠나가네
所離不降兮 소이불항혜	재난이 있는 곳도 굴하지 않으시네
以泄我王氣蘇 이예아왕기소	이로써 耻辱치욕씻어 覇王之氣 되살리세
三軍一飛降兮 삼군일비항혜	三軍이 한 번 날아 敵을 향해 내려올 때
所向皆俎 소향개조	향하는 곳 창 끝마다 적군을 죽이겠네.
一士判死兮 일사판사혜	우리 군사 한 사람이 죽으면
而當百夫 이당백부	一當百 勇猛으로 吳軍 백명 죽이소서.
道祐有德兮 도우유덕혜	하늘은 德을 도와 우리 越軍 감싸시고
吳卒自屠 오졸자도	吳軍을 흩으시어 서로 찔러 傷케 하소.

<table>
<tr><td>雪我王宿恥兮
설아왕숙치혜</td><td>지난날 대왕 羞恥수치 雪辱설욕하여 갚겠네</td></tr>
<tr><td>威振八道
위진팔도</td><td>용감한 威猛위맹으로 八方에 떨치소서.</td></tr>
<tr><td>軍伍難更兮
군오난경혜</td><td>월군의 높은 기세 어려움도 바꾸고</td></tr>
<tr><td>勢如貔貙
세여비추</td><td>용맹한 기세는 비추 같게 하옵소서.</td></tr>
<tr><td>行行各努力兮
행행각노력혜</td><td>모두가 떠나가네 모두 다 살아오소.</td></tr>
<tr><td>於乎於乎
오호오호</td><td>오호! 오호!</td></tr>
</table>

子弟를 떠나보내는 父兄이나 보는 사람들이나 슬퍼하여 울지 않는 이가 없었다.

다음날 다시 행군하여 國境에 이르러 죄 있는 자 세 사람을 斬참하고 全軍을 호령하여 말했다.

"명령을 따르지 않는 者는 이와 같이 될 것이다."

삼일 후 다시 군대를 행진하여 橋里취리에 이르러 죄 있는 자 세 사람을 斬하고 全軍을 호령하여 말했다.

"淫心을 품고 淫亂음란한 행동을 하는 옳지 않은 자는 敵과 같이 여겨 이같이 斬할 것이다."

句踐구천은 軍吏들로 하여금 全軍을 크게 호령하게 했다.

"늙으신 부모님이 계신데 형제가 없는 자는 내게 와서 告하라. 우리들은 나라의 큰일을 앞두고 있다. 너희들은 너희들을 낳아주시고 사랑으로 길러주신 부모님의 곁을 떠나 國家의 危急위급을 도우려 달려왔다. 너희들이 軍中에 있어 원수와 싸우고 있는데 부모님이나 형제에게 疾病질병이 있으면 나의 부모나 형제가 질병에 걸린 것처럼 보살필 것이며, 죽는 사람이 있으면 내가 禮로써 殮염해 葬事장사내 줄 것이니, 나의 부모나 형제가 죽은 것처럼 장사지내 묻어줄 것이다."

다음날 또 全軍을 호령하여 말했다.

"사졸들 중에 질병이 있어 군을 따라 從兵하기 어려운 자는 내가 나의 醫藥의약을 주어 치료하게 하고, 죽과 미음을 주어 나와 함께 같은 음식을 먹게 할 것이다."

다음날 또 全軍에게 호령하여 말했다.

"筋力근력이 부족하여 甲冑갑주의 무게를 이기지 못하여 뜻한 바대로 몸을 움직이기 어려운 자에게는 내가 가벼운 것으로 그 무거운 임무를 바꾸어 줄 것이다."

다음날 군대를 江南으로 돌게 하여 陣을 고치고 軍法을 嚴히 하여 죄 있는 자 다섯 사람을 죽이고 호령하여 말했다.

"이들은 君子兵으로 내가 아끼는 병사들이다. 비록 내 아들이라 할지라도 잘못이 있으면 용서받을 수 없다. 그 犯한 잘못이 죽음에 해당된다면 내 아들이라도 또한 죽음을 벗어날 수는 없다."

월왕은 군사들로 하여금 軍法을 두려워하게 하여 어기지 않게 하였다. 그러고도 스스로 이르기를 '아직도 군사들은 死力을 다해 싸울 뜻을 가지지 못했다.'고 하였다.

월군은 행군도중 길에서 두꺼비를 만나게 되었는데 두꺼비는 배를 부풀리어 怒한 모습을 보여 자기를 방어하고자 하였는데 그 노한 모습에는 곧 벌어질 戰爭의 氣運을 품고 있었다. 구천이 곧 수레 위에서 수레 앞의 가로나무대를 붙잡고 몸을 굽혀 두꺼비에게 敬拜경배하니 병사들이 월왕에게 물었다.

"대왕께서는 어찌하여 두꺼비와 같은 蜖蟲類와충류에게 軾拜식배를 하십니까?"

구천이 대답했다.

"나는 군사들의 용기가 꺾일 것을 생각하여 나의 뜻을 말하지 않았는데 지금 두꺼비는 아무것도 모르는 無知之物로서 敵의 병사가 품고 있는 노기를 나타내 보여주니 그래서 두꺼비에게 軾禮식례를 한 것이다."

이 말을 들은 군사들은 기꺼이 목숨을 바쳐 죽고자 하는 마음을 품지 않는 자가 없었다. 월왕은 장군들과 軍吏군리들로 하여금 軍中을 크게 호령하게 하여 말했다.

"隊長은 각자 그 部長을 명령하고 部長은 각자 그 병사들을 명령하라. 돌아오

라 할 때 돌아오지 않으며, 있으라는 곳에 있지 않으며, 나아가라 할 때 나아가지
않으며, 물러서라 할 때 물러서지 않으며, 좌로 가라 할 때 좌로 가지 않으며, 우
로 가라 할 때 우로 가지 않아서 명령과 같이 행하지 않는 자는 斬할 것이다."

　오나라도 모든 군대를 동원하여 江北에 주둔하고 월나라 군사는 江南
에 주둔해 對峙대치하게 되었다.

◆ 참　고

1. ≪國語－吳語≫

　王乃命有司, 大令於國曰: "苟在戎者, 皆造於國門之外." 王乃命於國曰:
"國人欲告者來告.　告孤不審, 將爲戮不利.　及五日必審之.　過五日道將不
行." 王乃入命夫人.　王背屛而立, 夫人向屛.　王曰: "自今以後, 內政無出,
外政無入.　內有辱是子也, 外有辱是我也.　吾見子於此止矣." 王遂出夫人送
王不出屛.　乃闔左闔塡之以土.　去笄側席而坐不掃.　王背檐而立, 大夫向檐.
王命大夫曰: "食土不均, 土地不修, 內有辱於國是子也; 軍士不死, 外有辱
是我也.　自今日以後, 內政無出, 外政無入.　吾見子於此止矣." 王遂出, 大夫
送王, 不出檐.　乃闔左闔, 塡之以土, 側席而坐不掃.　王乃之壇列, 鼓而行之.
至於軍, 斬有罪者, 以徇曰: "莫如此以環塡通相問也." 明日徙舍斬有罪者,
以徇曰: "莫如此不從其伍之令." 明日徙舍斬有罪者, 以徇曰: "莫如此不用
王命." 明日徙舍至於禦兒.　斬有罪者, 以徇曰: "莫如此淫逸不可禁也." 王
乃命有司, 大徇於軍曰: "有父母耆老, 而無昆弟者, 以告." 王親命之曰: "我
有大事, 子有父母耆老, 而子爲我死, 子之父母將轉於溝壑, 子爲我禮已重
矣.　子歸殁而父母之世, 後若有事, 吾與子圖之." 明日徇於軍曰: "有兄弟四
五人, 皆在此者, 以告." 王親命之曰: "我有大事, 子有昆弟四五人, 皆在此.
事若不捷, 則是盡也.　擇子之所欲歸者一人." 明日徇於軍曰: "有眩瞀之疾
者, 以告." 王親命之曰: "我有大事, 子有眩瞀之疾, 其歸若已, 後若有事,

吾與子圖之." 明日徇於軍曰: "筋力不足以勝甲兵, 志行不足以聽命者, 歸莫告." 明日遷軍接龢. 斬有罪者, 以徇曰: "莫如此志行不果." 於是人有致死之心. 王乃命有司, 大徇於軍曰: "謂二三子歸而不歸, 處而不處, 進而不進, 退而不退, 左而不在左, 右而不在右, 身斬妻子鬻." 於是吳王起師軍于江北, 越王軍于江南.

❖　　❖　　❖　　❖

[10−04] 越王中分其師90)以爲左右軍, 皆被兕甲.91)≪爾雅≫: "兕似牛." 註: "一角靑色, 皮堅厚可制鎧." 鎧卽甲也. ≪周禮≫: "兕甲壽二百年." 又令安廣之人92)佩石碣之矢,93) 張盧生之弩,94) 躬率君子之軍95)六千人以爲中陣. 明日, 將戰於江, 乃以黃昏令於左軍, 銜枚96)遡江而上五里, 以須97)吳兵. 復令於右軍, 銜枚踰江十里, 復須吳兵. 於夜半使左軍涉江, 鳴鼓中水, 以待吳發. 吳師聞之中, 大駭, 相謂曰: "今越軍分爲二師, 將以使攻我衆." 亦卽以夜暗, 中分其師, 以圍越. 越王陰使左右軍與吳望戰, 以大鼓相聞, 潛伏其私卒六千人, 銜枚不鼓攻吳, 吳師大敗.≪左傳≫載笠澤之戰, 夾水而陣, 吳之禦越, 越之敗吳, 大槩與此略同. 越之左右軍乃遂伐之, 大敗之於囿.韋昭曰: "囿笠澤也." ≪史記正義≫≪吳地記≫皆曰: "笠澤松江之別名." 又敗之於郊, 又敗之於津. 如是三戰三北, 徑至吳, 圍吳於西城.98)

吳王大懼, 夜遁.99) 越王追奔攻吳, 兵入於江陽松陵.≪吳地記≫: "在松江, 松陌

---

90) [師] 古代 군대의 編制단위. 二千五百명을 師라 함.

91) [兕甲시갑] 무소 가죽.

92) [安廣之人] 정신이 건전하고 신체가 건장한 사람. ≪國語−周語≫에, '必廣其身'이라 했는데 注에, '廣, 大也'라고 하였다.

93) [石碣之矢석갈지시] 돌살촉을 낀 화살.

94) [盧生之弩노생지노] 盧 땅에서 나는 쇠뇌. 盧는 지금의 湖北省 襄陽縣에 있던 古代 國名.

95) [君子之軍] 월왕이 거두어 자식 같이 기른 孤兒들로 구성된 軍隊.

96) [銜枚함매] 군사들이 떠들지 않도록 입에 막대를 물게 함.

97) [須수] 기다리다.

98) [西城] 西門.

流溢至此, 故名." 欲入胥門,100) 來至六七里, 望吳南城,101) 見伍子胥頭, 巨若車輪, 目若耀電,102) 鬚髮四張,103) 射於十里. 越軍大懼, 留兵104)假道. 卽日夜半, 暴風疾雨, 雷奔電激, 飛石揚沙,105) 疾於弓弩.106) 越軍壞敗,107) 松陵却退, 兵士僵斃,108) 人衆分解, 莫能救止. 范蠡, 文種乃稽顙肉袒,109) 拜謝子胥, 願乞假道. 子胥乃與種, 蠡夢曰: "吾知越之必入吳矣, 故求置吾頭於南門, 以觀汝之破吳也. 惟欲以窮夫差, 定汝入我之國, 吾心又不忍,110) 故爲風雨, 以還汝軍. 然越之伐吳, 自是天也. 吾安能止哉?111) 越如欲入, 更從東門, 我當爲汝開道貫城, 以通汝路." 於是, 越軍明日更從江出, 入海陽112)

---

99) [夜遁야둔] 밤을 틈타 도망침.

100) [胥門서문] 吳城의 城門. 吳城에는 西門이 둘인데 그 하나는 閶門여문이고 하나는 胥門이다. ≪越絶書≫에, '胥門外有九曲路, 闔閭造以遊姑胥之臺.'라 했고, ≪吳地記≫와 ≪吳郡志≫ 卷三에는, '今蘇州城西猶有胥門之稱'이라 했다. 전하는 바에 따르면, '伍子胥의 집 가까운 곳에 있는 門이라서 胥門이라 했다고 한다.

101) [南城] 南門. 本書 吳越春秋 夫差內傳 第五에, '貝誠前死, 掛吾目於門, 以觀吳國之喪. … 吳王乃取子胥屍, 盛以鴟夷之器, 投之於江中言曰: <胥汝一死之後, 何能有知?> 卽斷其頭, 置高樓上謂之曰: "日月炙汝肉, 飄風飄汝眼, 炎光燒汝骨, 魚鼈食汝肉, 汝骨變形灰, 有何所見?" 乃棄其軀, 投之江中.'이라 했다. ≪史記≫ 伍子胥傳에는, '乃告其舍人曰: <吾墓上以梓, 令可以爲器, 而抉吾眼懸吳東門之上, 寇之入滅吳也.>'라고 했다.

102) [耀電요전] 번개처럼 빛남.

103) [鬚髮四張수발사장] 머리카락과 수염이 四方으로 뻗쳐 있음.

104) [留兵유병] 군대를 屯兵둔병시켜 머무르게 함.

105) [飛石揚沙비석양사] 돌이 날리고 모래바람이 세차게 붊.

106) [疾於弓弩질어궁노] 활이나 쇠뇌보다도 세참.

107) [壞敗괴패] 허물어져 敗退함.

108) [僵斃강폐] 쓰러져 죽음.

109) [稽顙肉袒계상육단] 이마가 땅에 닿도록 머리를 조아리고 웃통을 벗어부쳐 알몸을 드러내 사죄함. .

110) [不忍] 차마 두고 볼 수 없음.

111) [安能止哉안능지재] 어찌 멈추지 않겠는가. 安은 焉언과 같음.

112) [海陽] 三江口 근처의 上壇浦. ≪史記≫ 伍子胥傳에, '爲立祠於江上'이라 했는데 ≪史記正義≫에, '≪吳地記≫曰: <越軍於蘇州東南三十里三江口, 又向下三里, 臨江北岸立壇, 殺白馬祭子胥, 杯動酒盡, 后人立廟於此江上. 今其側有浦名上壇浦.>'라고 했다. 여기서 '海陽'이라 한 것은 三江口 동쪽

於三道113)之翟水,114) 乃穿東南隅以達, 越軍遂圍吳.

守一年, 吳師累敗,≪左傳－哀公二十年≫: "越圍吳." 是爲句踐二十二年. 哀公二十二年
'越滅吳.' 爲句踐二十四年. 蓋首尾三年也. ≪國語≫曰: "居軍三年, 吳師自潰." ≪越世家≫亦曰:
"留圍之三年, 吳師敗." 與≪左傳≫合. 此書繫其事於二十一年, 以爲圍守一年而滅吳, 誤也. 遂捿
吳王於姑胥之山.115) 吳使王孫駱,116)≪史記≫作公孫雄. 虞翻曰: "吳大夫." ≪國語≫作
王孫雄. 韋昭曰: "王孫, 姓也." 肉袒膝行117)而前, 請成118)於越王, 曰: "孤臣夫差,
敢布腹心, 異日119)得罪於會稽,120)　夫差不敢逆命, 得與君王結成121)以歸.
今君王擧兵而誅孤臣, 孤臣惟命是聽. 意者猶以今日之姑胥, 曩日122)之會
稽也. 若徼天之中,衷123) 得赦其大辟,124) 則吳願長爲臣妾.125)" 句踐不忍其

을 古代에는 '滬海호해'라고 했으며 陽은 滬海 북쪽을 가리킨 것. 山의 남쪽
과 물의 북쪽을 陽이라고 함. ≪春秋左傳≫ 僖公二十八年條에, '水北爲陽,
山南爲陽'이라 함.

113) [三道] 三江口.

114) [翟水적수] 三江口에서 서북쪽으로 내왕하여 蘇州로 통하는 물길.

115) [姑胥山고서산] 姑蘇之山이라고도 함. 합려 때 姑蘇山에 지은 樓臺가 있는데
　　후에 夫差가 改築하여 높이가 三百丈이요, 넓이는 八十四丈이었다고 함.

116) [王孫駱왕손락] 당시 吳나라 司馬. ≪史記≫ 越王句踐世家에는 公孫雄이라
　　했고 ≪國語≫에는 王孫雄이라 했다. ≪설원≫ 690 〔17－2〕에는 公孫雒
　　공손락이라 했다.

117) [肉袒膝行육단슬행] 웃통을 벗어 어깨를 들어낸 채 무릎걸음으로 기어 나아
　　감. 謝罪의 표시.

118) [請成청성] 和平을 청함.

119) [異日이일] 지난날.

120) [會稽회계] 지금의 浙江省 會稽縣에 있는 산. 越王 三年 월왕은 夫差가 檇里
　　취리의 싸움에서 죽은 祖父 闔閭합려의 원수를 갚기 위해 兵革을 정비하고
　　있다는 소문을 듣고 范蠡의 만류에도 불구하고 先手를 쳐서 吳나라를 쳤다.
　　그러나 월왕은 夫湫山부추산에서 패배하여 五천명의 결사대를 이끌고 會稽
　　山으로 들어가 抗戰했으나 끝내 패배하여 臣奴가 되었고, 吳나라에 入臣하
　　여 三年間 노예생활을 한 후 范蠡의 策謀를 힘입어 풀려났다. ≪史記－伍
　　子胥傳≫에, '夫差旣立爲王, 以伯嚭爲太宰, 習戰射二年後伐越. 敗越於夫
　　湫. 越王句踐乃以餘兵五千人棲於會稽之上.'이라 했다.

121) [結成결성] 화평을 맺음.

122) [曩日낭일] 지난날.

123) [徼天之中衷] 하늘의 福을 바람. ≪廣雅－釋詁 一≫ 에, '衷, 善也.'라고 했
　　다. ≪國語－晉語≫에, '以君之靈, 鬼神降衷'이라 했다.

言,126) 將許之成. 范蠡曰: "會稽之事, 天以越賜吳, 吳不取. 今天以吳賜越, 越可逆命乎? 且君王早朝晏罷,127) 切齒銘骨,128) 謀之二十餘年, 豈不緣一朝之事耶? 今日得而棄之, 其計可乎? 天與不取, 還受其咎. 君何忘會稽之厄乎?" 句踐曰: "吾欲聽子言, 不忍對其使者." 范蠡遂鳴鼓而進兵, 曰: "王已屬政於執事, 使者急去, 不時得罪." 吳使涕泣129)而去. 句踐憐之, 使令入謂吳王曰: "吾置君於甬東,130) 給君夫婦三百餘家, 以沒王世, 可乎?" 吳王辭曰: "天降禍於吳國, 不在前後, 正孤之身, 失滅宗廟社稷者. 吳之土地民臣, 越旣有之, 孤老矣, 不能臣王." 遂伏劍自殺.131) 上卷≪夫差傳≫亦曰: "引劍而伏之死." ≪吳世家≫云: "自剄死." ≪越世家≫: 止言"自殺." 按≪左傳≫: "吳王曰: 孤老矣, 焉能事君? 乃縊." 丘明春秋時人, 所聞當必不謬. ≪越絶書≫曰: "越王與之劍, 使自圖之. 吳王乃旬日而自殺." 意者句踐雖與之劍, 而夫差自以縊死耶?.

◇　◇　◇　◇

　　越王은 군대를 나누어 左軍과 右軍에게 모두 무소가죽으로 만든 두꺼운 갑옷을 입혀 武裝시켰다. 또 신체가 건장한 군사를 가려 돌살촉으로 만든 화살을 차게 하고, 盧노 땅에서 나는 강한 쇠뇌로 무장하게 했다. 그리고 자신이 養育해 키운 君子軍 六千명을 몸소 거느려 中軍으로 삼았다.

　　다음날 두 나라 군사들은 강을 사이에 두고 싸우게 되었는데 黃昏이

---

124) [大辟대벽] 죽음에 이를 만큼 큰 죄.
125) [臣妾신첩] 君主와 臣下가 모두 다른 나라의 노예가 됨.
126) [不忍其言] 그 말을 차마 끝까지 듣지 못함.
127) [早朝晏罷조조안파] 이른 아침부터 일을 시작하여 밤늦게 끝냄.
128) [切齒銘骨절치명골] 이를 갈고 뼈에 새김.
129) [涕泣체읍] 눈물을 쏟으며 욺.
130) [甬東용동] 春秋時代 地名. 甬江 동쪽 地境. 杜預두예는, '甬江 동쪽의 會稽에 句章縣이 있다. 東海에 있는 中洲인데 지금의 鄞縣은현 변경'이라고 하였다. 本書 夫差內傳 第五에, '越王對曰: "昔天以越賜吳, 吳不受也. 今天以吳賜越, 其可逆乎? 吾請獻勾甬東之地, 吾與君爲二君乎?"라고 했다.
131) [伏劍自殺복검자살] 검을 끌어 당겨 자살함.

되어 해가 넘어갈 즈음 월왕은 좌군에 슝을 내려 병사들로 하여금 막대기를 입에 물게 하여 떠들지 못하도록 銜枚함매시켜 강을 거슬러 올라가 강 상류 五里 되는 곳에서 대기하여 吳軍을 기다리게 했다. 다시 우군에게도 영을 내려 좌군과 같이 銜枚함매시켜 강을 건너 강 아래 五里 되는 곳에서 대기하여 吳軍을 기다리게 하니 월나라의 左右軍은 十里를 사이에 두고 양쪽에서 오군을 공격하게 되었다.

한 밤중 夜半이 되자 좌군으로 하여금 강을 건너며 북소리를 울리게 하여 강 위에서 기다리며 잠자는 吳軍을 일어나게 했다. 오나라 군사들은 북소리를 듣고 크게 놀라 서로 이르기를, "지금 월군은 두 부대로 나누어 곧 우리를 공격하려는 것이다."하고는 吳軍 또한 한 밤중 어둠 속에서 부대를 둘로 나누어 越軍을 포위하려 했다. 越王은 몰래 左軍과 右軍이 오나라 군사와 싸우는 것을 바라보고 있다가 양쪽에서 서로 큰 북소리가 울리자 中軍으로 埋伏매복시켰던 六千명의 私卒을 銜枚함매시켜 북소리를 울리지 않은 채 오군을 공격하게 하니 오나라 군사들은 크게 패했고 월나라의 좌군과 우군도 오나라 군사를 쳐서 囿유[松江]에서 크게 패배시켰다.

월나라 군대는 敗退하는 오군을 追擊추격하여 郊에서 또 오군을 패퇴시켰고 津에서도 오군을 패퇴시켰다. 월나라 군대는 이와 같이 세 번 싸워서 세 번을 모두 이기며 지름길로 오나라 군대를 추격하여 西城에서 오군을 포위 했다.

吳王은 크게 두려워하여 밤을 틈타 도망쳤다. 越王은 도망치는 吳軍을 쫓으며 江陽을 지나 松陵송릉에 들어갔다. 월나라 군대는 吳城을 포위하여 胥門서문으로 들어가고자 했는데 吳城에서 六,七里 떨어진 곳에 이르니 吳城 南門에 걸린 伍子胥오자서의 머리가 커다란 수레바퀴처럼 걸려 있는 것이 보이는데 눈은 마치 번쩍이는 번갯불 같이 炯炯형형히 빛나고 수염과 머리카락은 자랄대로 자라서 사방으로 뻐쳤는데 눈빛은 10리 밖까지 쏘아보고 있었다.

越軍은 크게 두려워하여 병사들을 臨時로 屯兵둔병시켜 머물게 했다. 한 밤중이 되자 폭풍이 휘몰아치고 장대 같은 빗줄기가 쏟아지며 천둥이 치고 벼락이 내리 꽂혀 돌과 모래를 날려 쇠뇌의 화살보다 세차게 월군의 머리 위에 쏟아져 월군을 괴롭혔다. 월나라 군사들은 魂飛魄散혼비백산하여 흩어지고 허물어져 월군은 할 수 없이 松陵으로 退却했다. 병사들은 쓸어져 죽고 사람들은 뿔뿔이 흩어져 능히 救하여 멈추게 할 수가 없었다.

相國 范蠡범려와 대부 文種문종은 웃옷을 벗어 伍子胥에게 肉袒육단의 禮를 갖추고 머리를 땅에 닿도록 조아려 절하며 謝罪하여 길을 빌려 줄 것을 哀乞애걸하였다. 밤이 되자 오자서는 범려와 문종의 꿈속에 現夢현몽하여 말했다.

"나는 越나라가 반드시 吳나라에 쳐들어 올 것을 알았노라. 그래서 내 머리를 吳城 南門에 걸어두도록 하여 너희들이 오나라 깨뜨리는 것을 보게 된 것이니, 오로지 夫差를 망하게 하고자 한 것이지만, 너희들이 우리 오나라 멸하는 것을 차마 볼 수 없는 까닭에 風雨로써 너희들을 돌아가게 한 것이다. 그러나 월나라가 오나라를 쳐서 滅멸하는 것은 하늘의 뜻으로 비롯된 것이니 내 어찌 막을 수 있으랴. 너희들이 吳城에 들어오고자 한다면 길을 바꾸어 東門으로 들어가도록 하라. 내 마땅히 너희들에게 길을 열어 城門을 통과하게 하여 길을 열어 줄 것이다."

이에 越軍은 다음날 길을 바꾸어 강을 따라 나와서 海陽으로 들어갔다. 월군은 세 갈래 水路 중 翟水적수의 물길을 찾아 열고 동남 쪽 한 귀퉁이를 뚫고 吳城 東門에 도달하여 드디어 吳城을 包圍했다.

월나라 군대가 吳城을 포위하여 일년을 지키니 오군은 여러 번 포위망을 뚫어 보고자 했으나 번번히 패할 뿐이었다. 吳王은 마침내 姑胥山고서산에 머물면서 王孫駱왕손락을 使臣으로 보내 肉袒육단의 禮를 갖추게 하여 무릎걸음으로 越王 앞에 나아가게 하여 화평을 請하게 하였다.

"孤臣 夫差는 감히 가슴과 배를 땅에 대고 옛날 會稽山회계산에서 저지른 죄를 謝罪하나이다. 그 때 부차는 감히 天命을 거스르지 않고 다시 대왕과 和平을 맺고 돌아갔습니다. 지금 대왕께서 군사를 일으켜 孤臣을 꾸짖으시니 孤臣은 오직 대왕의 命을 따르고자 합니다. 생각하여 비교하건대 오늘 姑胥臺의 일은 지난날 會稽의 일과 비교할 수 있습니다. 바라건대 하늘의 福을 바라는 것과 같이 孤臣이 저지른 큰 허물을 용서받을 수 있다면 오나라는 영원히 월나라의 臣妾이 되기를 바랍니다.”

구천은 사신이 傳하는 오왕의 懇曲간곡한 請願의 말을 차마 듣지 못하고 허락하고자 하니 范蠡범려가 말했다.

“지난 날 會稽의 일은 하늘이 월나라를 오나라에 주시는 것이었는데 오나라가 받지 않은 것입니다. 지금은 하늘이 오나라를 월나라에 주시는 것인데 어찌 天命을 거스르려 하십니까? 또한 대왕께서는 아침 일찍부터 저녁 늦게까지 이를 갈고 뼈에 새겨 切齒銘骨절치명골하시며 二十餘年을 별러 오셨는데 어찌 因緣인연을 끊지 못하고 雪辱설욕의 기회를 하루아침의 물거품으로 만들고자 하십니까? 오늘 얻어야 할 것을 버리신다면 이십여년을 별러온 그 계책이 옳은 것이었겠습니까? 하늘이 주시는 것을 받지 않으신다면 그 허물을 되돌려 받게 될 것인데 대왕께서는 어찌 會稽의 困厄곤액을 잊으려 하십니까?”

월왕이 말했다.

“나는 선생의 말씀을 따르겠소.”

하고는 차마 오왕의 使臣을 대하지 못했다.

범려는 마침내 북을 울려 군대를 進擊시키며 말했다.

“우리 대왕께서는 이미 陣中의 일을 나에게 맡겨 처리하게 하셨으니 使臣께서는 급히 돌아가시오. 이렇게 머물러 죄를 얻고 계실 때가 아닙니다.”

왕손락이 눈물을 쏟으며 돌아가니 구천은 측은히 여겨 使令을 오왕에게 보내 말했다.

“나는 오왕을 甬東용동에 살게 하고 오왕 夫婦에게 三百餘家를 稅邑세읍으로 주고 王號를 없애도 좋겠소?”

오왕은 辭讓사양하여 말했다.

“하늘이 오나라에 禍화를 내리시는데 宗廟종묘를 잃어버리고 社稷사직을 滅亡멸망케 한 사람이 내 한 몸의 앞과 뒤를 가릴 겨를이 없소. 오나라의 토지와 臣民이 모두 월나라에 있게 되었고 나는 이미 늙었으니 신하가 되어 월왕을 섬길 수는 없소.”

오왕은 마침내 스스로 검 위에 엎어져 죽었다.

◆ 참 고

1. ≪春秋左傳－哀公 十六年≫

三月, 越子伐吳. 吳子禦之笠澤, 夾水而陣. 越子爲左右句卒, 使夜或左或右鼓譟而進. 吳師分以禦之, 越子以三軍潛涉, 當吳中軍, 而鼓之. 吳師大亂, 遂敗之.

2. ≪春秋左傳－哀公 二十二年≫

冬十月丁卯, 越滅吳. 請使吳王居甬東, 辭曰: "孤老矣. 焉能事君?" 乃縊. 越人以歸.

3. ≪國語－吳語≫

越王乃中分其師, 以爲左右軍, 以其私卒君子六千人爲中軍. 明日將舟戰於江, 及昏乃令左軍銜枚, 泝江五里以須, 亦令右軍銜枚踰江五里以須. 夜中乃命左軍右軍涉江, 鳴鼓中水以須. 吳師聞之, 大駭曰: "越人分爲二師, 將以夾攻我師." 乃不待旦, 且亦中分其師, 將以禦越. 越王乃令其中軍, 銜枚潛涉, 不鼓不譟, 以襲攻之, 吳師大北. 越之左軍右軍, 乃遂涉而從之, 又大敗之於沒. 又郊敗之, 三戰三北. 乃至于吳. 越師遂入吳國, 圍王臺. 吳王懼使人行成曰: "昔不穀先委制於越君, 君告孤請成, 男女服從. 孤無奈越之先君何, 畏天之不祥, 不敢絶祀, 許君成以至于今. 今孤不道, 得罪於君王. 君王以親辱於弊邑, 孤敢請成, 男女服爲臣御." 越王曰: "昔天以越賜吳, 而吳不受. 今天以吳賜越, 孤敢不聽天之命, 而聽君之令乎?" 乃不許成. 因使人告于吳王曰: "天以吳賜越, 孤不敢不受. 以民生之不長, 王其無死. 民生於地上寓也, 其與幾何? 寡人其達王於甬東, 夫婦三百唯王所安, 以沒王年." 夫差辭曰: "天旣降禍於吳國. 不在前後, 當孤之身實失宗廟社稷. 凡吳土地人民越旣有之矣. 孤何以視於天下." 夫差將死, 使人說於子胥曰: "使死者無知則已矣. 若其有知吾何面目, 以見員也?” 遂自殺, 越滅吳. 上征上國, 宋鄭魯衛陳蔡執玉之君, 皆入朝. 夫唯能下其羣臣, 以集其謀故也.

4. ≪國語－越語 上≫ 上

是故敗吳於囿, 又敗之於沒, 又郊敗之. 夫差行成曰: “寡人之師徒, 不足以辱君矣. 請以金玉子女賂君之辱.” 句踐對曰: 昔天以越予吳, 不受命. 今天以吳予越, 越可以無聽天之命, 而聽君之令乎? 吾請達王甬句東, 吾與君爲二君乎?” 夫差對曰: “寡人禮先壹飯矣. 君若不忘周室而爲弊邑宸宇, 亦寡人之願也. 君若曰: ‘吾將殘汝社稷滅, 汝宗廟.’ 寡人請死. 余何面目以視於天下乎? 越君其次也,” 遂滅吳.

5. ≪國語－越語 下≫

至於玄月, 王召范蠡而問焉, 曰: “諺有之曰: ‘觥飲不及壺飱.’ 今歲晚矣, 子將奈何?” 對曰: “微君王之言. 臣故將謁之. 臣聞從時者, 猶救火追亡人也. 蹶而趨之, 惟恐弗及.” 王曰: “諾.” 遂興師伐吳, 至於五湖. 吳人聞之, 出而挑戰. 一日五反, 王弗忍, 欲許之. 范蠡進諫曰: “夫謀之廊廟失之中原, 其可乎? 王姑勿許也. 臣聞之, 得時無怠, 時不再來. 天予不取, 反爲之災. 贏縮轉化, 後將悔之. 天節固然, 唯謀不遷.” 王曰: “諾.” 弗許. 范蠡曰: “臣聞古之, 善用兵者, 贏縮以爲常, 四時以爲紀. 無過天極, 究數而止. 天道皇皇, 日月以爲常. 明者以爲法, 微者則是行. 陽至而陰, 陰至而陽. 日困而還, 月盈而匡. 古之善用兵者, 因天地之常與之俱行. 後則用陰, 先則用陽. 近則用柔, 遠則用剛. 後無陰蔽, 先無陽察. 用人無藝, 往從其所. 剛柔以禦, 陽節不盡, 不死其野. 彼來從我, 固守勿與. 若將與之, 必因天地之災. 又觀其民之饑飽勞逸, 以參之. 盡其陽節, 盈吾陰節, 而奪之利. 宜爲人客, 剛彊而力疾. 陽節不盡, 輕而不可取. 宜爲人主, 安徐而重固? 陰節不盡, 柔而不可迫. 凡陳之道, 設右以爲牝, 益左以爲牡. 蚤晏無失, 必順天道, 周旋無究. 今其來也, 剛彊而力疾, 王姑待之.” 王曰: “諾.” 弗與戰.

居軍三年, 吳師自潰. 吳王帥其賢良與其重祿, 以上姑蘇. 使王孫雒行成於越, 曰: "昔者上天降禍於吳, 得罪於會稽. 今王君其圖不穀, 不穀請復會稽之和." 王弗忍欲許之. 范蠡進諫曰: "臣聞之, 聖人之功, 時爲之庸. 得時不成, 天有還形. 天節不遠, 五年復反. 小凶則近, 大凶則遠. 先人有言曰: '伐柯者, 其則不遠. 今君王不斷, 其忘會稽之事乎?' 王曰: '諾.' 不許. 使者往而復來, 辭愈卑, 禮愈尊. 王又欲許之. 范蠡諫曰: '孰使我蚤朝, 而晏罷者非吳乎? 與我爭三江五湖之利者, 非吳也? 夫十年謀之一朝而棄之, 其可乎? 王姑勿許. 其事將易冀已.' 王曰: '吾欲勿許, 而難對其使者. 子其對之.' 范蠡乃左提鼓右援枹以應使者曰: '昔者上天降禍於越, 委制於吳, 而吳不受. 今將反此義以報此禍, 吾王敢無聽天之命. 而聽君王之命乎?' 王孫雒曰: '子范子, 先人有言曰: "無助天爲虐, 助天爲虐者不祥. 今吳稻蟹不遺種, 子將助天爲虐, 不忘其不祥乎?' 范蠡曰: '王孫子, 昔吾先君, 固周室之不成子也. 故濱於東海之陂, 黿龜魚鼈之與處, 而蛙黽之與同渚. 余雖覥然而人面哉, 吾猶禽獸也, 又安知是諓諓者乎?' 王孫雒曰: '子范子將助天爲虐, 助天爲虐不祥. 雒請反辭於王.' 范蠡曰: '君王已委制於執事之人矣. 子往矣. 無使執事之人得罪於子.' 使者辭反. 范蠡不報於王, 擊鼓興師以隨使者, 至於姑蘇之宮. 不傷越民, 遂滅吳.

6. 《史記-越王句踐世家》

居三年句踐召范蠡曰: "吳已殺子胥, 導諛者衆, 可乎?" 對曰: "未可. 至明年春, 吳王北會諸侯於黃池. 吳國精兵從王, 惟獨老弱與太子留守." 句踐復問范蠡, 蠡曰: "可矣." 乃發習流二千, 士四萬人, 君子六千人, 諸御千人伐吳. 吳師敗, 遂殺吳太子. 吳告急於王. 王方會諸侯于黃池, 懼天下聞之, 乃秘之. 吳王已盟黃池, 乃使人厚禮以請成越. 越自度亦未能滅吳, 乃與吳平. 其後四年, 越復伐吳. 吳士民罷, 弊輕銳盡, 死於齊晉, 而越大破. 吳困而留圍之三年. 吳師敗越, 遂復棲吳王於姑蘇之山, 吳王使公孫雄, 肉袒膝行, 而前請成越王曰: "孤臣夫差敢布腹心, 異日嘗得罪於會稽, 夫差不敢逆

命, 得與君王成以歸. 今君王玉趾, 而誅孤臣, 孤臣惟命, 是聽意者亦欲如會
稽之赦, 孤臣之罪乎." 句踐不忍, 欲許之. 范蠡曰: "會稽之事, 天以越賜吳,
吳不取. 今天以吳賜越, 越其可逆天乎? 且夫君王, 蚤朝晏罷, 非爲吳邪? 謀
之二十二年, 一旦而棄之可乎? 且夫天與弗取, 反受其咎. 伐柯者其則不遠.
君忘會稽之厄乎?" 句踐曰: "吾欲聽子言, 吾不忍其死者." 范蠡乃鼓進兵
曰: "王已屬政於執事. 使者去不者且得罪." 吳使者泣而去. 句踐憐之, 乃使
人謂吳王曰: "吾置王甬東, 君百家?" 吳王謝曰: "吾老矣. 不能事君王." 遂
自殺, 乃蔽其面曰: "吾無面, 以見子胥也." 越王乃葬吳王, 而誅太宰嚭.

◇　◇　◇　◇

[10-05] 句踐已滅吳, 乃以兵北渡江淮,[132] 與齊, 晋諸侯會于徐州,≪索隱
曰: "徐音舒. 徐州齊邑薛縣是也, 其字從人, 左氏作舒." ≪大事記≫解題曰: "徐州卽舒州也." ≪史
記正義≫曰: "音舒, 其字從人." 致貢於周. 周元王[133]使人賜句踐. 已受命號,[134] 去
還江南.[135] 以淮上地與楚, 歸吳所侵宋地, 與魯泗[136]東方百里. 當是之時,
越兵橫行於江淮之上, 諸侯畢賀.[137]≪初學記≫引≪吳越春秋≫曰: "越王平吳後, 立賀臺
於越," 此書無之, 亦闕文也. 越王還於吳, 當歸而問於范蠡, 曰: "何子言之, 其合於

---

132) [江淮강회] 長江과 淮水.
133) [元王] 東周시대의 天子. 姓은 姬씨, 이름은 仁. 在位14년(西紀前 476~469).
　　≪史記≫ 越王句踐世家에, '周元王使人賜句踐胙.'라고 했는데 '胙'는 天子
　　가 제사지낸 고기를 諸侯에게 내리는 것.
134) [命號명호] 天子가 諸侯의 盟主에게 내리는 方伯의 稱號.
135) [江南강남] 長江 남쪽의 吳나라와 越나라.
136) [泗사] 泗水. 山東省 泗水縣사수현 陪尾山배미산에서 發源함. 네 곳에서 發源
　　한 물길이 합쳐져 흐르다하여 泗水라고 함.
137) [諸侯畢賀제후필하] ≪史記≫ <越王句踐世家>에, "≪索隱≫에, '越在蠻夷,
　　小康之后, 地遠國小, 春秋之初, 未通上國. 國史旣微, 略無世系, 故≪紀年≫
　　稱爲, '於粤子어월자.' 据此文, 句踐平吳之后, 周元王始命爲伯, 后遂僭而稱
　　王也."라고 했다.

天?” 范蠡曰: “此素女之道,[138] 一言卽合大王之事. 王問爲爲當作爲.實,[139] 金匱之要,[140] 在於上下.” 越王曰: “善哉! 吾不稱王,[141] 其可悉乎?” 蠡曰: “不可. 昔吳之稱王, 僭天子之號, 天變於上, 日爲陰蝕.[142] 今君逐僭號不歸, 恐天變[143]復見.”

越王[144]還於吳, 置酒文臺,[145] 羣臣爲樂.音洛 乃命樂音岳下同作伐吳之曲. 樂師曰: “臣聞卽事作操,[146]去聲 功成作樂. 君王崇德, 誨化有道之國, 誅無義之人, 復讎還恥, 威加諸侯, 受霸王之功. 功可象於圖畫, 德可刻於金石,[147] 聲可託於絃管,[148] 名可留於竹帛.[149] 臣請引琴而鼓之.” 遂作章暢[150]辭曰:

---

138) [素女之道] 陰陽의 이치. 六壬占法. 黃帝는 九天玄女로부터 세 가지 天機占法을 전수 받았는데 그 첫 번째는 太乙이라 하고, 두 번째는 奇門, 세 번째는 六壬占法이라 한다. 太乙과 奇門은 너무 幽幻유환하여 잘못 사용하면 엄청난 잘못을 초래하게 되므로 옛날의 성현들은 太乙과 奇門을 重視하지 않고, 六壬의 五行相生과 相剋상극을 헤아려 吉凶을 점쳤다고 한다. ≪隋書≫ 經籍志에, ‘≪素女養生要方≫·≪素女秘道經≫·≪素女方≫’ 등의 書名이 보인다.

139) [王問爲實] 孫詒讓손이양이 이르기를 “以意推之, 當作 ‘玉門爲實.” ≪金匱≫는 册名, <玉門>은 卷名이 아닌가 한다. <夫差內傳>의 金匱第八이나 句踐入臣外傳에서 范蠡가 말한 ‘大王安心, 事將有意, 在玉門第一.’과 伍子胥가 말한 ‘且大王初臨政, 負玉門之第九’는 古代 六壬式 占術에 의한 五行曆數의 九宮 중 하나가 아닌가 한다.

140) [金匱之要금궤지요] 未詳.

141) [不稱王불칭왕] 王號를 僭稱참칭함. 不은 反語詞. ≪玉篇≫ <不>部에, ‘不, 詞也’라고 했고, ≪詩經─小雅≫ 車攻거공篇에, ‘徒御不驚, 大庖不盈’이라 했는데, ≪毛箋≫에, ‘舊說, 不驚, 驚也; 不盈, 盈也.’라고 했다. ≪中正形音義綜合大字典≫에는 “不亦, 亦也; 不有, 有也; 不寧, 寧也; 不難, 難也.”라고 하였다.

142) [陰蝕음식] 月蝕.

143) [天變천변] 하늘이 보여주는 變故변고.

144) [越王] 顧廣圻고광은의 ‘錄影녹영’ 宋鈔本에는, ‘越王’ 다음에 ‘不聽’ 두 글자가 있다.

145) [酒文臺주문대] 君臣이 戰勝을 축하하기 위해 벌이는 酒筵의 자리.

146) [作操작조] 거문고 곡조을 지음.

147) [金石금석] 鐘이나 鼎정, 碑碣비갈 등.

148) [絃管현관] 거문고와 피리.

149) [竹帛죽백] 竹簡과 帛書. 史記에 기록됨.

150) [章暢장창] 章은 彰과 同. 빛나는 功業을 거문고 곡조로 지음. 暢은 琴曲名.

“屯乎!151) 今欲伐吳, 可未耶? 大夫種, 蠡曰: 吳殺忠臣伍子胥, 今不伐吳人
_{人當作又}.何須?” 大夫種進祝酒其辭曰: “皇天祐助, 我王受福. 良臣集謀, 我王
之德. 宗廟輔政, 鬼神承翼. 君不忘臣, 臣盡其力. 上天蒼蒼, 不可掩塞. 觴酒
二升, 萬福無極.” 於是, 越王默然無言. 大夫種曰: “我王賢仁, 懷道抱德. 滅
讎破吳, 不忘返國. 賞無所恡, 羣邪杜塞.152) 君臣同和, 福祐千億. 觴酒二升,
萬歲難極.153)” 臺上羣臣大悅而笑, 越王面無喜色.

　范蠡知句踐愛壤土,154) 不惜羣臣之死, 以其謀成國定, 必復不須功而返國
也, 故面有憂色而不悅也. 范蠡從吳欲去, 恐句踐未返, 失人臣之義, 乃從入
越.155) 行謂文種曰: “子來去矣, 越王必將誅子.” 種不然言. 蠡復爲書遺種
曰: “吾聞天有四時,156) 春生冬伐. 人有盛衰, 泰終必否. 知進退存亡而不失
其正, 惟賢人乎? 蠡雖不才, 明知進退. 高鳥已散,157) 良弓將藏; 狡兔已
盡,158) 良犬就烹. 夫越王爲人, 長頸鳥喙,159) 鷹視狼步,160) 可與共患難, 而
不可共處樂. 可與履危, 不可與安. 子若不去, 將害於子, 明矣.” 文種不信其

　　≪風俗通≫ 聲音琴에, ‘其道行, 和樂而作者, 命其曲曰暢.’이라 했다.
151) [屯乎] 艱難이여! 월왕이 오왕을 섬기면서 당한 어려움을 상징한 것.
152) [杜塞두색] 틀어막음.
153) [難極난극] 茂盛하여 끝이 없음. ≪詩經≫ 小雅 隰桑篇에, ‘隰桑有阿, 其葉
　　　有難’이라 했는데 ≪毛傳≫에, ‘難然盛貌’라 했고 鄭玄의 毛詩箋에, ‘隰中
　　　之桑, 枝條阿阿然長美, 其葉又茂盛, 可以比廳人.’이라 했다.
154) [壤土양토] 나라의 토지.
155) [乃從入越] ≪國語≫ 越語에는, ‘돌아오는 길에 五湖에 이르자 범려는 월왕
　　　께 사양해 말하기를, 왕께서 허락하시면 臣은 다시 越나라에 돌아가고 싶지
　　　않습니다. 反至五湖, 范蠡辭於王曰: <王勉之. 臣不復入越國矣.>’라고 했다.
156) [四時] 변화하는 四季.
157) [高鳥已散고조이산] 높이 나는 새를 잡은 후. ≪方言≫ 卷三에, ‘散, 殺也’라
　　　고 했다.
158) [狡兔已盡교토이진] 재빠른 토끼를 잡은 후. ≪文選≫ 陶潛도잠 歸去來篇에,
　　　‘聊乘化以歸盡요승화이귀진’이라 했는데 李善 注에, ‘盡謂之死’라고 했다.
159) [長頸鳥喙장경조훼] 목이 길고 입술이 새처럼 뾰족함. ≪太平御覽≫ <人事
　　　部 六> ‘面’에 다음과 같은 기록이 있다. “尸子가 이르기를, 禹는 長頸鳥喙
　　　로서 얼굴이 못생겼는데 天下가 따르면서 어진 것을 배웠다. 尸者曰云云,
　　　禹長頸鳥喙 面貌亦惡 天下從而賢之者學也”
160) [鷹視狼步응시랑보] 매의 사나운 눈초리와 늑대의 조심스런 걸음걸이.

言越王陰謀. 范蠡議¹⁶¹⁾欲去徼倖.¹⁶²⁾

　二十四年九月丁未, 范蠡辭於王曰: "臣聞主憂臣勞, 主辱臣死, 義一也. 今臣事大王, 前則無滅未萌之端,¹⁶³⁾ 後則無救已傾之禍. 雖然, 臣終欲成君霸國, 故不辭一死一生. 臣竊自惟, 乃使於吳. 王之慙辱, 蠡所以不死者, 誠恐讒於太宰嚭,¹⁶⁴⁾ 成伍子胥之事, 故不敢前死, 且須臾而生. 夫恥辱之心不可以大,承上文而言, 則大當作久. 流汗之愧¹⁶⁵⁾不可以忍.. 幸賴宗廟之神靈, 大王之威德, 以敗爲成. 斯湯武¹⁶⁶⁾克夏商¹⁶⁷⁾而成王業者. 定功雪恥, 臣所以當席日久,¹⁶⁸⁾ 臣請從斯辭矣." 越王惻然, 泣下霑衣,¹⁶⁹⁾ 言曰: "國之士大夫是子, 國之人民是子, 使孤寄身託號, 以侯命矣. 今子云去, 欲將逝矣. 是天之棄越, 而喪孤也, 亦無所恃者矣. 孤竊有言, 公位乎,位當作住. 分國共之. 去乎, 妻子受戮." 范蠡曰: "臣聞君子侯時, 計不數音朔謀, 死不被疑, 內不自欺. 臣旣逝矣, 妻子何法乎? 王其勉之, 臣從此辭." 乃乘扁舟,¹⁷⁰⁾ 出三江,¹⁷¹⁾ 入五湖,¹⁷²⁾ 人莫知其所適. 范蠡旣去, 越王愀然變色,¹⁷³⁾ 召大夫種曰: "蠡可追

---

161) [議] 짐작하는 것. ≪國語－周語 中≫에 "故聖人之旅舍也議之, 其喜怒取與亦議之."라고 했는데 徐元誥 集解에 "議, 猶斟酌也."라고 하였다.

162) [徼倖요행] 운명적으로 뜻 밖의 무엇이 얻어지기를 바람.

163) [未萌之端미맹지단] 아직 싹이 나지 않았을 때. 아직 事端이 일어나기 전. ≪說苑≫ [689] 17－1에, '范蠡去越而易名, 智過去君弟而更姓, 皆見遠識微, 而仁能去富勢, 以避萌生之禍者也.'라고 했다.

164) [太宰 嚭비] 白嚭. 春秋時代 楚나라 사람. 白州犂의 孫子. 伯州犂는 晉나라에서 楚나라로 망명했다. 本書 闔閭內傳에는 '白嚭'를 '白喜'라고 했는 데 夫差內傳부터는 '白嚭'라 했고 ≪史記≫에는 伯嚭라 했다.

165) [流汗之愧유한지괴] 땀 흘리는 부끄러움. 吳나라의 臣奴가 되어 애쓴 일.

166) [湯武탕무] 商나라 湯王과 周나라 武王.

167) [夏商하상] 夏나라와 商[殷]나라.

168) [當席日久] 높은 자리를 차지하고 오래 앉아 있음.

169) [泣下霑衣읍하점의] 눈물을 떨구어 옷깃을 적심.

170) [扁舟편주] 작은 배. ≪國語≫ 越語에는 '輕舟'라고 했다.

171) [三江] 三江口. ≪吳郡賦≫의 註에, '松江 아래쪽 70里 되는 곳에서 강이 갈라져 흐르는데 동북쪽 바다로 흘러드는 강을 婁江이라 하고 동남쪽으로 흐르는 강을 東江이라 하며 송강과 함께 三江이라 부른다'고 했다.

172) [五湖] 貢湖공호, 游湖유호, 胥湖서호, 梅梁湖매량호, 金鼎湖금정호를 五湖라고 한다. 韋昭는, 胥湖, 蠡湖려호, 洮湖조호, 滆湖격호가 넓은 太湖를 이루어 五湖

乎?” 種曰: “不及也.” 王曰: “奈何?” 種曰: “蠡去時, 陰劃六, 陽劃三,[174] 日前之神,[175] 莫能制者. 玄武[176]天空[177]威行, 孰取止者? 度天關,[178] 涉天梁,[179] 後入天一,[180] 前翳神光, 言之者死, 視之者狂. 臣願大王勿復追也. 蠡終不還矣.” 越王乃收其妻子, 封百里之地, “有敢侵之者, 上天所殃.” 於是, 越王乃使良工鑄金象范蠡之形, 置之坐側, 朝夕論政. 自是之後, 計硯[181]佯狂, 大夫曳庸[182]扶同[183]皐如[184]之徒, 日益疏遠, 不親於朝.

　　가 되었다고 하였다. 虞翻우번은 太湖는 다섯 갈래의 물길로 다니므로 五湖라고 한다고 했다.

173) [愀然變色초연변색] 정색을 하고 얼굴 빛이 변함.

174) [陰六劃음육획 陽三劃양삼획] ≪易≫ 坤卦[☷]. ≪易≫ 乾卦[☰].

175) [日前之神] ≪元曲選－桃花女≫篇에, ‘今日他出門之時, 正與日游神相觸, 便不至死, 也要帶傷.’이라 했다.

176) [玄武현무] 六壬天將貴神 중 癸亥계해에 해당되며 五行은 水이고, 겨울철 석 달 동안 興旺하는 凶將. 純陰의 水로 乾에 의해 坎을 보좌하고 陰位의 極으로 邪氣의 神이며, 만물의 終이다. 奸盜賊과 不祥事, 奸邪 등을 主宰한다.

177) [天空] 六壬天將貴紳 중 戊戌에 해당되며 五行은 土이고, 사계절에 興旺하는 凶將. 중앙의 가장 낮은 神으로 天地의 雜氣이며 사람의 세상에서는 詐神이다. 玄武와 天后를 기뻐하고 靑龍, 六合, 太陰, 朱雀을 겁낸다. 奴婢, 公吏, 市井小人, 財帛 등을 主宰한다.

178) [天關천관] 하늘의 관문

179) [天梁천량] 하늘의 다리

180) [天一천일] 六壬天將貴紳 중 첫 번째로 紫微宮자미궁[北極星] 문 밖의 右星天帝의 神이다. 貴人에게는 金錢, 財寶, 詔命 등의 기쁨을 주재하고, 庶人에게는 토지, 가옥, 재물 등의 기쁨을 주재한다. 漢 甘公 石巾의 ≪星經 上－天一≫에 “天一星, 在紫微宮門外右. 曰, 南爲天帝之神, 主戰鬪, 知吉凶, 星明吉, 暗凶. 若離本位而乘斗, 後九十日, 必兵大起也. 光明陰陽和也, 萬物盛, 天子吉. 星亡, 天下亂, 大凶也.”라고 하였다.

181) [計硯계연] 范蠡범려의 스승 計然과는 다른 사람. ‘計硯은 여러 大夫들중 가장 나이 어리고 官職이 낮았다.’고 하였다.

182) [曳庸예용] 春秋時代 越나라 大夫. ≪春秋左傳≫에는, 曳庸을 后庸이라 했으며 ≪國語≫에는 舌庸이라 했다.

183) [扶同부동] 春秋時代 越나라 大夫. ≪史記≫에는 逢同이라 했다.

184) [皐如고여] 春秋時代 越나라 大夫. 후에 文種을 모함하여 죽게 함.

◇　◇　◇　◇

越王 句踐구천은 吳나라를 滅멸한 후 군대를 북쪽으로 돌려 長江과 淮水회수를 건너 徐州에서 齊나라 군주와 晉나라 군주를 불러 會盟을 갖고 盟主가 되어 天子인 周 元王에게 朝貢을 바쳤다. 천자는 구천에게 사신을 보내 功을 致賀치하하며 제사지낸 고기를 보내고 方伯의 命號를 내리니 구천은 명호를 받고 江南으로 돌아왔다.

월왕은 淮水 위쪽의 초나라 땅을 초나라에 돌려주고, 오나라가 침략했던 宋나라 땅을 돌려주었으며, 泗水사수 동쪽 백여리를 魯노나라에 돌려주었다. 당시 월나라 군대는 長江과 淮水를 橫行횡행하며 威勢위세를 떨쳤다. 월왕이 오나라를 平定한 후 賀臺하대를 세우니 뭇 제후들은 모두 월왕에게 와서 慶賀했다. 오나라로 돌아온 월왕은 范蠡범려에게 물었다.

"어찌하여 선생의 말씀은 그리도 하늘의 뜻에 잘 맞습니까?"

범려가 대답했다.

"이는 素女之道의 한 句節이 대왕의 일에 잘 들어맞은 것입니다. 玉門은 實像이라 하는 金匱금궤의 要訣요결입니다."

월왕이 말했다.

"훌륭합니다. 이제 寡人을 王이라 稱해도 되지 않겠습니까?"

범려가 말했다.

"불가합니다. 옛날 오나라는 王號를 칭하며 천자의 號를 僭稱참칭했으므로 하늘이 月蝕월식으로 天變천변을 나타내 吳나라를 망하게 한 것입니다. 만약 대왕께서 왕호를 참칭하면서, 謙讓겸양으로 돌아가지 않으신다면 두렵건대 하늘은 다시 天變의 禍화를 나타내 보일 것입니다."

吳나라에서 돌아온 월왕은 酒文臺를 설치하고 樂師에게 명하여 <伐吳之歌벌오지가>를 짓게 했는데 악사가 말했다.

"臣은 듣기를, 霸業패업을 이루심은 琴操금조로 짓고, 이루신 功은 樂舞악무로 짓는다 하더이다. 대왕께서는 德을 숭상하고 백성을 가르쳐 道가 있는 나라를 만드셨습니다. 의롭지 않은 이를 벌하고 원수를 갚으셔서 부끄러움을 씻으셨습니다. 위엄으로 제후를 따르게 하여 천자께 方伯의 名號를 받아 霸王의 공적을 이루셨습니다. 그 공적은 그림으로 그려서 남길만 하고, 그 德은 金石에 새길만 합니다. 그 聲望은 악곡을 지어 전하게 하고, 그 명성은 竹帛에 드리울 것입니다. 신은 한 곡조 거문고를 탄주해 노래하기를 청하나이다.”

樂師악사는 지은 악곡을 펼쳐 노래했다.

“艱難간난이여! 지금 오나라를 치려 하는 것은, 可한가 不可한가? 大夫 文種, 范蠡범려 말하기를, 吳는 충신 오자서를 죽였으니, 지금 吳를 치지 않으면, 또 어느 때이오리까?……”

대부 문종이 나서서 잔을 쳐서 올리며 祝願하여 노래했다.

皇天祐助 我王受福　　皇天이 도우셔서
황천우조 아왕수복　　우리 대왕 弘福을 받으소서
良臣集謀 我王之德　　賢臣의 良策을 모았으니
양신집모 아왕지덕　　霸業을 이루심은 우리 大王 鴻德일세

宗廟輔政 鬼神承翼　　宗廟를 받드니 烈祖께서 도우시고
종묘보정 귀신승익　　鬼神을 공경하니 社稷이 도우시네
君不忘臣 臣盡其力　　군주는 신하를 잊지 않고
군불망신 신진기력　　신하들은 힘을 다해 충성하네.

上天蒼蒼 不可掩塞　　위로는 하늘이 푸르고 푸르러
상천창창 불가엄색　　크신 덕은 덮어서 가릴 수 없네.
觴酒二升 萬福無極　　두 잔 술을 쳐서 올리니
상주이승 만복무극　　無極한 萬福을 누리소서.

월왕은 默然묵연히 말이 없었는데 대부 문종이 다시 노래했다.

我王賢仁 懷道抱德　　우리 大王 賢明하고 仁慈하사
아왕현인 회도포덕　　바른 道 품으시고 큰 德을 안으셨네
滅讎破吳 不忘返國　　원수를 滅하시고 吳나라를 깨뜨려
멸수파오 불망반국　　나라를 회복 할 일 잊으신 적 없으셨네

賞無所悋 羣邪杜塞　　賞을 베푸심에 아끼는 바 없으시고
상무소린 군사두색　　邪氣를 틀어막아 正德을 베푸셨네

君臣同和 福祐千億　　君臣 함께 和樂하니
군신동화 복우천억　　千億의 하늘 福 월나라를 도우시네

觴酒二升 萬歲難極　　두 잔 술 쳐서 올리오니
상주이승 만세난극　　萬歲難極만세난극 壽福을 누리소서

　　문종의 祝壽가 끝나니 여러 신하들은 모두 크게 기뻐하며 웃는데 월왕은 여전히 기뻐하는 기색이 없었다.

　　范蠡범려는 구천이 壞土양토만을 아낄 뿐 여러 신하의 죽음을 아까워하지 않음으로써 滅吳멸오의 謀策을 成功시키고, 나라를 안정시키자 신하들의 功을 다시 쓰지 않으려고 근심스런 氣色을 나타내 기뻐하지 않는 것을 알았다.

　　범려는 오나라가 망한 후 바로 구천의 곁을 떠나고자 하였으나 구천이 월나라로 돌아가지 않을 것이 두렵고, 신하로서의 義를 잃을 것을 두려워하여 구천을 따라 월나라로 돌아왔다. 범려는 문종에게 말했다.

　　"선생도 월왕을 떠나시오. 월왕은 반드시 선생을 죽일 것이오."

　　그러나 문종은 그렇지 않다고 말했다. 범려는 문종에게 다시 書札서찰을 보내 말했다.

　　"나는 듣기를, 하늘에는 四時[四季]가 있어 봄에 난 싹은 겨울이면 베어지진다고 합니다. 사람에게는 盛할 때와 衰쇠할 때가 있는 것이니 盛하면 마침내 否塞비색함이 있어 운수가 막히는 것입니다. 나아가고 물러날 때와 살고 죽을 때를 잘 알아서 그 바른 것을 잃지 않는다면 賢人이라 할 수 있지 않겠습니까? 범려는 비록 재주 없으나 나아갈 때와 물러날 때는 분명하게 알고 있습니다. 높이 나는 새를 잡고 나면 좋은 활은 머지않아 구석에 처박히고 재빠르게 달리는 토끼가 죽고 나면 빠른 사냥개는 삶아서 잡아먹게 되는 것입니다. 대저 월왕의 사람됨은 목이 길고 입술이 뾰족한 長頸鳥喙장경조훼의 모양으로써 말이 많고 信義가 없으며, 鷹視狼步응시랑보로써 매의 눈초리와 이리의 걸음걸이를 가지고 있으니 이런 사람은 患難환란은 함께 할 수 있으나 즐거움은 함께 할 수 없는 사람입니다. 이런 사람과 함께 한다면 危難에 처하게 될 것이며 함께 하지 않는다면 안전할 것입니다. 선생이 만약 떠나지 않으신다면 머지않아 선생께 害가 미칠 것이 분명합니다."

文種은 월왕이 자기를 죽일 것이라는 말을 믿지 않았다. 문종은 범려의 말을 '월왕의 음모'라고 여겼다. 범려는 월왕에게서 떠날 마음을 굳혔다.

월왕 24년 9월, 丁未日에 범려는 월왕에게 물러나기를 청하여 말했다.

"臣은 듣기를, 군주에게 근심이 있으면 신하는 수고롭고, 군주께서 辱을 당하면 신하는 죽는 것이 義의 첫 번째라 하더이다. 신이 대왕을 섬겨 먼저는 變故의 事端을 없애지 못했고, 후에는 나라가 기울어진 禍를 구하지 못했습니다. 비록 그렇더라도 신은 끝내 대왕으로 하여금 覇業을 이루게 하고자 한 번 죽고 한 번 사는 것을 사양치 않았습니다. 신은 오나라에서의 使役을 스스로 생각해 보나이다. 왕께서 慚辱참욕을 당하시는데도 신이 죽지 않은 까닭은, 삼가 太宰 白嚭백비가 대왕을 讒訴참소할까 두렵고, 대왕을 죽이자는 伍子胥의 말이 이루어질 것을 두려워했기 때문입니다. 그런 까닭에 감히 먼저 죽지 않고 다만 잠시 산 것입니다. 대저 오나라에서 받은 恥辱치욕의 마음은 오래 견딜 수 없고, 奴役으로 땀 흘린 臣奴신노의 부끄러움은 오래 참을 수 없었습니다. 다행히 宗廟의 신령께서 도우시고 대왕의 크신 덕으로 실패를 뒤집어 覇業을 이루었습니다. 이는 商나라 湯王과 周나라 武王이 夏桀하걸과 商紂상주를 이기고 王業을 이룬 것과 같습니다. 천하를 평정하고 부끄러움을 씻었는데 신은 이 자리에 너무 오래 앉아 있었습니다. 신은 지금 아뢴 대로 물러나기를 청합니다."

越王은 惻然측연히 눈물을 떨구어 소매를 적시며 말했다.

"越나라 사대부들이 선생을 따르고 나라의 백성들이 선생을 믿으며 과인은 선생께 의지하여 王業의 天命을 기다리고 있는데 지금 선생께서 물러나시겠다는 말씀은 과인에게서 멀리 떠나고자 하는 것입니다. 이는 하늘이 월나라를 버리고 과인을 망하게 하는 것이며, 또한 과인에게는 믿고 의지할 바가 없어지는 것입니다. 나는 선생께 말씀드리거니와 선생께 어떻게 해드리면 머물러 계시겠습니까? 나라를 나누어 다스리자 하여도 가시겠습니까? 선생의 妻子를 죽인다 하여도 가시겠습니까?"

范蠡범려가 대답했다.

"신은 듣기를, 君子는 때를 살핌에 모책을 자주 헤아리지 않으며, 죽음에 이르러 의심을 받지 않으며, 마음속으로는 스스로를 속이지 않는다고 하더이다. 신이 이미 떠난 다음 臣의 妻子를 무슨 죄로 죽이시겠습니까? 대왕께서는 힘쓰소서. 신은 물러가나이다.”

범려는 물러나와 작은 배를 타고 三江으로 나가서 五湖로 들어갔는데 아무도 그 간 바를 알지 못했다.

범려가 이미 떠난 것을 알자 越王은 愀然초연히 얼굴색이 변하여 正色을 하며 대부 文種을 불러 말했다.

“범려를 쫓을 수 있습니까?”

문종이 말했다.

“쫓아 갈 수 없습니다.”

월왕이 물었다.

“어째서 그렇습니까?”

문종이 대답했다.

“범려가 떠난 때는 陰爻음효 六劃육획[坤卦, ☷]과 陽爻양효 三劃[乾卦, ☰]이 합하여 泰卦태괘를 이루어 태양 앞에서 빛을 발하는 神將이니 누구도 막을 수 없습니다. 玄武와 天空 두 凶將흉장이 威光위광을 발하니 누가 감히 멈추게 하겠습니까? 天關천관의 斗宿두수를 건너고 天梁천량을 건넌 후 天一에 들어가 神光을 가리니 이를 말하는 자는 죽을 것이며 이 빛을 본 자는 미쳐버릴 것입니다. 신은 바라건대 대왕께서는 다시 쫓지 마소서. 범려는 끝내 돌아오지 않을 것입니다.”

월왕은 그 妻子를 거두어 百里의 땅에 封하고 감히 이를 침범하는 자가 있다면 위에서 하늘이 내리는 災殃재앙을 받게 될 것이라 했다. 월왕은 솜씨 좋은 工匠으로 하여금 金을 녹여서 범려의 像을 본 떠 만들게 하여 늘 곁에 앉혀 두고 아침저녁으로 함께 政事를 論했다. 이 때 이후 計硯계연은 미친 체 하며 몸을 보존하였고 대부 曳庸예용과 扶同부동, 皐如고여의 무리들은 날이 갈수록 疎遠소원해져서 월나라 朝廷에는 서로 간에 親함이 없어지게 되었다.

◈ 참　고

1. ≪史記－越王句踐世家≫

句踐已平吳, 乃以兵北渡淮, 與齊晉諸侯會於徐州, 致貢於周. 周元王使人賜句踐胙命爲伯. 句踐已去渡淮南, 以淮上地與楚, 歸吳所侵宋地於宋, 與魯泗東方百里. 當時時越兵, 橫行於江淮東. 諸侯畢賀, 號稱霸王. 范蠡遂去自齊遺大夫種書曰: "蜚鳥盡良弓藏, 狡兎死走狗烹. 越王爲人長頸鳥喙, 可與共患難, 不可與共樂, 子何不去?" 種見書, 稱病不朝. 人或讒種, 且作亂. 越王乃賜種劒曰: "子敎寡人伐吳七術, 寡人用其三而敗吳. 其四在子, 子爲我從先王試之." 種遂自殺……

范蠡事越王句踐, 旣苦身戮力, 與句踐深謀二十餘年, 竟滅吳報會稽之恥. 北渡兵於淮, 以臨齊晉, 號令中國, 以存周室. 句踐已霸, 而范蠡稱上將軍還反國. 范蠡以爲大名之下, 難以久居. 且句踐爲人, 可與同患, 難與處安. 爲書辭句踐曰: "臣聞主憂臣勞, 主辱臣死. 昔者君王辱於會稽, 所以不死, 爲此事也. 今旣以雪恥, 臣請從會稽之誅." 句踐曰: "孤將與子分國而有之. 不然將加誅于子." 范蠡曰: "君行令, 臣行意." 乃裝其輕寶珠玉, 自與其私徒屬, 乘舟浮海, 以行終不反. 於是句踐表會稽山, 以爲范蠡奉邑.

2. ≪國語－吳語≫

越滅吳. 上征上國, 宋鄭魯衛陳蔡執玉之君, 皆入朝. 夫唯能下其羣臣, 以集其謀故也.

3. ≪國語－越語 下≫

反至五湖, 范蠡辭於王曰: "君王勉之. 臣不復入越國矣." 王曰: "不穀疑, 子之所謂者何也?" 對曰: "臣聞之, 爲人臣者, 君憂臣勞, 君辱臣死. 昔者君王辱於會稽, 臣所以不死者, 爲此事也. 今事已濟矣. 蠡請從會稽之罰." 王曰:"所不掩子之惡揚子之美者. 使其身無終沒於越國. 子聽吾言, 吾與子分國, 不聽吾言, 身死, 妻子爲戮." 范蠡對曰: "臣聞命矣. 君行制, 臣行意." 遂乘輕舟, 以浮於五湖, 莫知其所終極. 王命金工, 以良金寫范蠡之狀, 而朝禮之. 浹日而令大夫朝之. 環會稽三百里者, 以爲范蠡地, 曰: "後世子孫有敢侵范蠡之地者, 使無終沒於越國." 皇天后土四鄕地主正之.

◇　◇　◇　◇

[10-06] 大夫種內憂, 不朝. 人或讒之於王曰: "文種棄宰相之位, 而令君王霸於諸侯, 今官不加增, 位不益封, 乃懷怨望之心, 憤發於內, 色變於外, 故不朝耳." 異日種諫曰: "臣所以在在當作蚤.朝而晏罷, 若身疾作者, 但爲吳耳. 今已滅之, 王何憂乎?" 越王默然. 時魯185)哀公186)患三桓,187) 欲因諸侯以伐之. 三桓亦患哀公之怒, 以故君臣作難.去聲 哀公奔陘,188) 三桓攻哀公, 公奔衛,189) 又奔越.哀公二十七年, 公如公孫有陘氏, 乃遂如越. ≪史記≫曰:"公如陘氏, 三桓攻公, 公奔于衛, 遂如越." 陘, 楚地也. 杜預曰: "有陘氏, 卽有山氏." 魯國空虛, 國人悲之, 來迎哀公, 與之俱歸. 句踐憂文種之不圖, 故不爲哀公伐三桓也.

　二十五年, 丙午平旦,190) 越王召相國191)大夫種而問之: "吾聞知人易, 自知難, 其知相國何如人也?" 種曰: "哀哉! 大王知臣勇也, 不知臣仁也. 知臣忠也, 不知臣信也. 臣誠數音朔以損聲色,192) 滅淫樂, 奇說怪論,193) 盡言竭

---

185) [魯노] 春秋時代 國名. 周나라 初期 成王의 叔父 周公이 封받은 나라. 周公은 직접 魯나라에 가지 않고 아들 伯禽을 보내 다스리게 했다.

186) [哀公] 魯나라 군주. 姓은 姬희씨, 이름은 蔣장. 在位 28년(西紀前 494~西紀前 467).

187) [三桓氏] 春秋時代 魯나라의 勢道家. 孟孫氏, 叔孫氏, 季孫氏.

188) [陘형] 春秋時代 魯나라 地名. 지금의 河南省 郾城縣언성현.

189) [衛위] 周나라 初期 武王의 동생인 康叔강숙이 封해진 나라. 지금의 直隷省직례성과 河南省일대.

190) [平旦평단] 어느 날 아침.

191) [相國상국] 春秋時代의 最高 宰相.

忠, 以犯大王, 逆心咈耳,[194] 必以獲罪. 臣非敢愛死不言, 言而後死. 昔子胥
於吳矣, 當夫差之誅也, 謂臣曰: '狡兎死, 良犬烹; 敵國滅, 謀臣亡.' 范蠡亦
有斯言. 何大王問犯≪玉門≫之第八?[195]　臣見王志也." 越王默然不應, 大
夫亦罷. 哺其耳成人惡.大溲. 其妻曰: "君賤! 一國之相, 少王祿乎. 臨食不亨,
亨當作享. 哺以惡何句? 妻子在側, 匹夫之能自致相國, 尙何望哉? 無乃[196]爲
貪乎? 何其志忽忽[197]若斯?" 種曰: "悲哉! 子不知也. 吾王旣免於患難, 雪
耻於吳. 我悉徙宅自投死亡之地. 盡九術之謀,[198] 於彼爲佞, 在君爲忠, 王
不察也. 乃曰: '知人易, 自知難.' 吾答之, 又無他語. 是凶妖之證也. 吾將復
入, 恐不再還, 與子長訣, 相求於玄冥之下.[199]" 妻曰: "何以知之?" 種曰:
"吾見王時, 正犯<玉門>之第八也. 辰剋其日,[200] 上賊於下, 是爲亂醜,[201]
必害其良. 今日剋其辰,[202] 上賊下, 止吾命須臾[203]之間耳." 越王復召相國
謂曰: "子有陰謀兵法, 傾敵取國. 九術之策, 今用三已破彊吳, 其六尙在子
所. 願幸以餘術, 爲孤前王於地下謀吳之前人." 於是種仰天歎曰: "嗟乎! 吾
聞大恩不報, 大功不還, 其謂斯乎? 吾悔不隨范蠡之謀, 乃爲越王所戮. 吾
不食善言, 故哺以人惡." 越王遂賜文種屬盧盧當作鏤.之劒. 種得劒, 又歎曰:
"南陽之宰,[204] 而爲越王之擒." 自笑曰: "後百世之末,[205] 忠臣必以吾爲喩

---

192) [聲色성색] 女色.

193) [奇說怪論기설괴론] 기이한 이야기나 怪談.

194) [咈耳불이] 어겼을 뿐.

195) [玉門第八] ≪六壬十二經≫ 중의 한 篇을 말하는 것으로 보임. 本書 句踐
　　　入臣外傳第七 范蠡의 말 중에 '玉門之第一', 伍子胥의 말 중에 '負玉門之
　　　第九' 등이 보임.

196) [無乃무내] 오히려.

197) [忽忽홀홀] 욕심이나 집착 때문에 마음이 어두워짐.

198) [九術之謀구술지모] 아홉 가지 術策. 本書 句踐陰謀外傳 第九를 참조.

199) [玄冥之下현명지하] 黃泉. 죽은 후.

200) [辰剋其日진극기일] 時辰이 日辰을 이기는 것.

201) [亂醜난추] 九醜 중에서 다스림에 어지러운 治醜.

202) [日剋其辰일극기진] 日辰이 時辰을 이기는 것. 丙午日은 五行의 火에 해당되
　　　고 平旦은 이른 아침 卯時에 해당 됨. 그래서 火克木으로써 日辰이 時辰을
　　　이긴다고 한 것.

203) [須臾수유] 잠시. 잠깐.

204) [南陽之宰남양지재] 南陽의 관리. 南陽은 楚나라. 本書 '句踐入臣外傳第七'

矣." 遂伏劍而死[206]) 徐天祜曰: 句踐脫囚虜之辱, 苦身勞思, 君臣相與謀報吳者二十餘年, 卒以越覇, 諸臣雖與有力, 而種, 蠡之功居多. 蠡見幾而作, 可謂明且哲矣, 種之死也, 無罪而越王誅之也. 無名其辭, 乃曰: "幸以餘術爲孤前王於地下謀吳之前人." 是何言歟? 令死者有知, 謀之地下何益? 如其無知, 焉用謀之? 夫大功不賞, 而淫刑以報, 此種所以仰天而歎, 又自笑也. 越王葬種於國之西山, 卽臥龍山, 又名種山, 一曰重山. ≪太平御覽≫ 曰: "種山之名, 因大夫種. 以語訛, 成重也." 樓船之卒三千餘人, 造鼎足之羨, ≪周禮－冢人≫丘隧註: "羨道也." 疏曰: "天子有隧, 諸侯已下有羨道." ≪史－衞世家≫: "共伯入釐侯羨." ≪索隱≫曰: "羨音延, 延, 墓道, 又以戰切." ≪始皇紀≫曰: "大事畢, 閉中羨, 下外羨." 上卷＜夫差傳＞, 羨門當亦與此同義. 或入三峰之下. 葬一年, 伍子胥從海上穿山脅而持種去, 與之俱浮於海, 故前潮水潘候者, 伍子胥也; 後重水者大夫種也.

◇　◇　◇　◇

대부 文種은 근심이 있어 朝會에 들어가지 않았다. 어떤 사람이 越王에게 문종을 讒訴참소해 말했다.

"문종은 일찍이 초나라의 벼슬을 버리고 한 마음으로 대왕을 도와 대왕으로 하여금 제후들 중에 覇王이 되게 했는데 지금 벼슬을 높여주지 않고 封地봉지도 늘려주지 않으니 원망하는 마음을 품어 속에 憤분한 마음이 일어나고, 겉으로는 얼굴색이 변해서 朝會에 들어오지 않을 뿐입니다."

다른 날 문종이 들어가 諫했다.

"신이 조정에 있어 편안함을 깨뜨리고 病이 나도록 힘쓴 까닭은 다만 오나라를 깨뜨리고자 할 뿐이었습니다. 지금은 이미 오나라를 滅멸했는데 대왕께서는 무엇을 근심하십니까?"

　　注에, '大夫種姓文氏字會, 楚之鄒人, 按鄒本邾子之國, 此云楚之鄒人蓋鄒爲楚所幷爾.'라 했다.

205) [百歲之末] 죽은 후. 本書 '越王無余外傳第六'에, '吾百歲之後, 葬我會稽之山.'이라고 했다.

206) [伏劍而死] 검을 끌어 당겨 자결함.

월왕은 默然묵연히 말이 없었다.

이 때 魯노나라 哀公애공은 三桓氏삼환씨의 專橫전횡을 근심하여 제후들의 힘을 빌어 삼환씨를 치고자 했는데 삼환씨도 애공이 자기들을 칠 것을 근심하여 君臣이 서로 亂난을 일으키게 되었다. 그러나 힘에서 밀린 애공은 有陘氏유형씨에게로 달아났는데 삼환씨가 애공을 공격하니 애공은 衛위나라로 달아났다가 다시 越나라로 달아났다.

그래서 노나라가 텅 비게 되자 나라의 여러 신하와 백성이 모두 근심에 잠겼다. 이듬해에 노나라 사람들이 와서 애공을 영접하여 함께 歸國하였는데 句踐구천은 대부 文種을 죽이지 못한 것을 근심하여 哀公을 위해 三桓氏를 치지 못했다.

越王 25년, 丙午日 아침 월왕은 相國 文種을 불러 물었다.

"나는 듣기를, 사람이 남을 아는 것은 쉬우나 자신을 아는 것은 어렵다고 하는데 그것을 아는 相國은 어떤 사람입니까?"

문종은 탄식하여 말했다.

"슬프다. 대왕께서는 臣의 勇을 아시면서 신의 어진 것을 모르십니다. 대왕께서는 신의 忠은 아시나 臣의 信義는 모르십니다. 신은 삼가 헤아려 대왕께서 女色과 歡樂환락을 줄이시고 淫亂음란한 음악을 줄이도록 했습니다. 이상한 怪說괴설이나 怪異괴이한 妖說요설의 꾀임에 빠지지 않도록 忠誠을 다해 간함으로써 대왕의 마음을 거스려 거꾸로 군주의 마음을 어겼을 뿐이 온데 반드시 이 때문에 죄를 얻었을 것입니다. 신이 감히 죽음을 아낀다면 말씀드리지 않을 것이나 신은 말씀드린 후 죽겠습니다. 신의 죽음은 옛날 吳나라에서 伍子胥오자서가 오왕에게 죽음을 당한 것과 같을 것입니다. 전에 오왕 夫差가 죽음에 이르러 신에게 말하기를, '재빠르게 달리는 토끼를 잡고 나면 잘 달리는 사냥개는 삶아서 잡아먹고 敵國을 滅한 후에는 智謀 있는 신하를 죽인다'고 했습니다. 范蠡범려 또한 같은 말을 했사온데 어찌하여 대왕께서는 신에게 第八玉門을 범하도록 물으십니까? 신은 이로써 대왕의 뜻을 알겠습니다."

월왕은 默然묵연히 대답하지 않았고 문종 또한 더 말을 하지 않았다.

문종은 집에 돌아와 어른의 똥을 입에 넣고 우물거릴 뿐 음식을 입에 대지 않았다. 그 妻가 말했다.

"君께서는 천한 몸으로 한 나라 宰相재상의 자리까지에 오르셨으며 祿奉녹봉은 少王에 이르셨습니다. 그런데 음식을 대하고도 들지 않으시면서 똥을 입에 넣고 우물거리는 것은 무슨 까닭입니까? 妻子가 곁에 있고 匹夫의 자리에서 일어나 相國의 자리에까지 이르셨는데 무엇을 더 바라십니까? 君께서는 오히려 더 큰 것을 貪탐하려 하십니까? 어찌하여 그 뜻이 이같이 어두워 지셨습니까?"

문종이 말했다.

"슬프다! 당신은 알지 못 하는 도다. 우리 대왕은 이미 어려운 患難환란에서 벗어나 吳나라에 대한 恥辱치욕을 갚으셨으니 우리 모두를 죽음의 땅으로 몰아넣어 죽일 것이다. 나는 월왕을 위해 九術의 智謀를 다 했으나 저들이 君王께 아첨하니 군왕께서는 거짓된 忠을 살피고 진실한 것을 살피지 못하고 있소. 그래서 '사람이 남을 아는 것은 쉬우나 자기를 아는 것은 어렵다(知人易自知難지인이자지난)는데 이를 아는 당신은 어떤 사람인가?'라고 묻고 나의 대답에 더 이상 두 말씀을 하지 않으신 것이오. 이는 凶妖흉요의 證據증거이니 나는 곧 다시 월왕의 부름을 받아 들어가게 될 것이며 아마도 다시 돌아올 수 없을 것이오. 내가 죽어 당신과 오랫동안 이별해 있을지라도 서로 구하여 [愛慕하여] 훗날 깊고 그윽한 곳, 저승에서 다시 만나기를 바라오."

妻가 말했다.

"君께서는 어떻게 이를 아십니까?"

문종이 말했다.

"내가 우리 대왕을 뵌 時辰시진은 '第八玉門'을 犯하는 때라오. 이는 十二支가 十干을 이기는 것이오. 이는 亂醜난추라고 하는 불길한 징조로서 반드시 군주가 良臣을 害치는 것이오. 그런데 오늘은 干支가 十二支를 이기고 日이 辰을 이기는 날이니 위의 군주가 아래의 신하를 죽이고서야 난추가 그치는 것이오. 내 命運도 잠시를 살아 있을 뿐이라오."

越王은 다시 相國 문종을 불러 물었다.

"선생에게는 陰謀음모와 兵法이 있어 敵國을 기울이고 나라를 얻는 九術之策이 있어 이제 세 가지는 이미 彊강한 오나라를 깨뜨리는데 쓰셨거니와 아직 여섯 가지의 책모가 남아 있습니다. 내가 바라건대 다행히 아직 남아 있는 여섯 가지 術策이 있으니 이로써 나의 前君을 위해 地下에 있는 오나라의 前人[前王]을 圖謀도모해 주기 바라오.”

문종은 하늘을 우러러 嘆息탄식하여 말했다.

“슬프다! 내가 들으니 큰 은혜는 갚지 않고 큰 공은 돌려주지 않는다 하더니 그 것은 이를 두고 이른 말인가? 내 일찍이 范蠡범려의 謀策모책을 따르지 않았음을 후회하며 월왕에게 죽음을 당하는 바 되었도다. 나는 교묘하게 나를 꾸미는 食言을 하지 않으려고 사람의 똥을 입에 넣고 우물거렸던 것이다.”

월왕은 마침내 문종에게 屬盧劍촉로검을 내려 죽을 것을 명령했다.

문종은 검을 받아 쥐고 嘆息하여 말했다.

“南陽[초나라]의 벼슬아치가 월왕에게 사로잡힌 바 되었구나!”

하고는 스스로를 웃으며 말했다.

“내가 죽은 후에야 내가 忠臣이었음을 깨닫게 될 것이다.”

문종은 마침내 검을 당겨 엎어져 죽었다.

越王은 文種을 越나라 都城 서쪽에 葬事 지내게 했는데 樓船누선의 병사 삼천여명을 동원하여 솥 발[鼎足] 모양의 羨道연도[墓門]를 만들게 하고 三峰의 아래로 들어가서 장사지냈다.

문종을 장사 지낸 지 일년이 지나자 伍子胥가 바다 위로 쫓아와 山脅산협을 뚫고 문종을 잡고 가서 바다 위에서 함께 떠다니니 사람들은 앞에 밀려오는 파도를 오자서라 했고 뒤에 밀려오는 파도를 문종이라 했다.

◈ 참　고

1. ≪春秋左傳－哀公　二十四年≫

公子荊之母嬖, 將以爲夫人, 使宗人釁夏獻其禮. 對曰: “無之.” 公怒曰: “汝爲宗司. 立夫人國之大禮也, 何故無之?” 對曰: “周公及武公娶於薛, 孝惠娶於商, 自桓以下娶於齊, 此禮也則有. 若以妾爲夫人, 則固無其禮也.” 公卒立之, 而以荊爲太子, 國人始惡之.

閏月, 公如越, 得太子適郢, 將妻公而多與之地. 公孫有山使告于季孫, 季孫懼, 使因太宰嚭而納賂焉, 乃止. 六月, 公至自越, 季康子孟武伯逆於五梧, 郭重僕. 見二子曰: "惡言多矣. 君請盡之." 公宴於五梧, 武伯爲祝, 惡郭重曰: "請飮彘也. 以魯國之密邇仇讐, 臣是以不獲從君, 克免於大行, 又謂重也肥." 公曰: "是食言多矣. 能無肥乎?" 飮酒不樂, 公如大夫始有惡.

公患三桓之侈, 欲以諸侯去之, 三桓亦患公之妄也, 故君臣多間. 公游于陵阪, 遇孟武伯於孟氏衢曰: "請有問於子, 余及死乎?" 對曰: "臣無由知之." 三問卒辭, 不對. 公欲以越伐魯, 而去三桓. 秋八月甲戌, 公如公孫有陘氏, 因孫于邾, 乃遂如越, 國人施公孫有山氏.

2. ≪史記－越王句踐世家≫

范蠡遂去自齊. 遺大夫種書曰: "蜚鳥盡, 良弓藏; 狡兔死, 走狗烹. 越王爲人, 長頸鳥喙. 可與共患難, 不可與共樂. 子何不去?" 種見書稱病不朝. 人或讒種且作亂. 越王乃賜種劍曰: "子敎寡人伐吳七術. 寡人用其三而敗吳. 其四在子, 子爲我從先王試之." 種遂自殺.

◇　　◇　　◇　　◇

[10－07] 越王旣已誅忠臣, 覇於關東,[207] 從瑯邪[208]起觀去聲臺,[209] 周七里, 以望東海, 死士[210]八千人, 戈船[211]三百艘. 居無幾,[212] 射求[213]賢士. 孔

---

207) [關東관동] 函谷關함곡관 동쪽 지방. 지금의 河南省 寶灵縣보영현 남쪽.
208) [琅琊낭야] 古代 地名. 지금의 山東省 膠南縣교남현과 諸城縣제성현 일대. ≪史記－李斯傳≫에, '始皇三十七年十月, 行出游會稽, 並海上北抵琅邪.'라고 했다.
209) [觀臺관대] 觀望臺.
210) [死士사사] 죽음을 각오한 병사.
211) [戈船과선] 배 아랫부분에 창날을 대서 무장한 戰船. ≪文選≫ 吳都賦에, '戈船掩乎江湖'라고 했는데 劉向 注에, '戈船, 船下有戈也'라고 했다.
212) [無幾무기] 얼마동안.

子[214]聞之, 從弟子奉先王雅琴[215]禮樂奏於越. 越王乃被唐夷之甲,[216]上卷<王僚傳>: "被棠銕之甲." 帶步光之劍,[217] 杖屈盧之矛[218]≪曲略≫曰: "周有屈盧之矛." ≪說文≫: "矛酋矛也, 建於兵車, 長二丈." ≪周禮≫: "酋矛長常有四尺, 蓋十六尺爲常, 盆四尺, 則二丈也." 出死士以三百人爲陣關下. 孔子有頃到, 越王曰: "唯唯,[219] 夫子何以敎之?" 孔子曰: "丘能述五帝[220]三王[221]之道, 故奏雅琴以獻之大王.徐天祜曰: 越滅吳之明年, 大夫種賜劍以死, 是爲句踐二十五年, 卽魯哀公二十三年也. 此書謂已誅忠臣, 居無幾, 求賢士, 孔子聞之, 奉雅琴禮樂奏於越. 皆是年事也. 竊獨以爲不然, 昔者夫子將見趙簡子, 聞竇鳴犢,

---

213) [射求사구] 求하기를 꾀함. 射는 '追求하다'와 같은 뜻. ≪管子≫ 國蓄篇에, '凡輕重之大利, 以重射輕, 以賤泄平'이라 했다.

214) [孔子공자] 姓은 孔, 이름은 丘. 字는 仲尼. 魯나라 사람. 아버지 叔梁紇숙량흘과 어머니 顔徵在안징재 사이에 태어남. 그 先祖 微子啓미자계는 殷은나라 왕족으로 姓은 子氏이며 宋나라에 봉해졌는데 六代 煬公양공 熙희 때 조카인 厲公여공에게 죽음을 당했다. 煬公 熙의 아들이 弗父何불보하인 데 이가 孔子의 直系 조상이다. 그 後孫인 孔父嘉공보가의 처는 매우 아름다웠는데 華督화독[송나라 권력자]이 이를 탐내 宋나라가 제후들과의 전쟁에 휘말린 책임을 공보가에게 덮어씌워 공보가를 죽이고 그 처를 빼앗았다. 그 아들 子木金父자목금보는 魯나라로 옮겨와 孔氏로 姓을 삼고 살게 되었는데 이가 孔子의 五代祖다. 그 아버지 숙량흘은 키가 十尺에 무예와 힘이 뛰어났다고 하는데 孔子 또한 키가 九尺 六寸이고 머리가 움푹하게 들어가 이름을 丘라 했다고 한다. ≪孔子家語≫에, '키는 9尺 6寸이나 되고, 눈두덩이 평평하며, 꼬리가 긴 눈에 툭 불거진 이마를 지녔다.'고 했다. 壽는 73歲(西紀前 551∼西紀前 479)인데 ≪春秋公羊傳≫과 ≪春秋穀梁傳곡량전≫에는 生年이 西紀前 552년으로 되어 있다.

215) [雅琴아금] 漆桶칠통과 거문고.

216) [唐夷之甲당이지갑] 棠銕당이와 同. 唐猊당예는 사납게 생긴 짐승인데 그 모양을 본 떠 만든 갑옷이 아닌가 함. 本書 '王僚使公子光傳第三'에는 <被裳銕之甲>이라 하였다.

217) [步光之劍보광지검] 화려한 무늬가 새겨진 春秋時代 名劍. ≪越絶書≫ 吳王占夢篇에는 '越王撫步光之劍, 杖屈盧之弓, 瞋目謂范蠡曰: 子何不早圖之乎?'라고 했다. 曹植의 七啓에, '步光之劍, 華藻繁縟.'이라 했다.

218) [屈盧之矛굴로지모] 屈盧 땅에서 나는 날카로운 창. 屈盧는 地名. ≪越絶書≫ 吳王占夢篇에는 '越王撫步光之劍, 杖屈盧之弓.'이라 했다.

219) [唯唯유유] 훌륭한.

220) [五帝오제] 黃帝황제, 顓頊전욱, 帝嚳제곡, 帝堯제요, 帝舜제순.

221) [三王삼왕] 夏 禹王, 商 湯王, 周 文王.

舜華之死, 臨河而不濟, 爲其殺賢大夫. 而諱傷其類也. 至作爲≪陬操≫以哀之. 文種非賢大夫歟? 使夫子尙在, 聞種之死, 愚知其不入越也, 而況奏雅琴以干時君乎? 按≪春秋－哀公十六年≫夏四月, 書孔丘卒. 由文種之死, 上距夫子之卒, 已八年矣. 謂夫子以是年入越, 非也." 越王喟然222)歎曰: "越性脆而愚,223) 水行山處, 以船爲車, 以檝爲馬,224) 往若飄然,225) 去則難從, 悅兵敢死, 越之常也. 夫子何說而欲敎之?" 孔子不答, 因辭而去.

　越王使人如木客山, 取元常之喪,226)木客山去會稽縣十五里. ≪越絶≫曰: "木客大塚者, 允常塚也." 欲徙葬琅邪.227) 三穿元常之墓, 墓中生熛風,228)熛火飛貌, 風熱如火飛也. 飛砂石以射人, 人莫能入≪水經≫註: "塚中分風, 飛沙射人, 不得近." 句踐曰: "吾前君其不徙乎?" 遂置而去. 句踐乃使使號令齊楚秦229)晋皆輔周室, 血盟而去, 秦桓公230)不如越王之命按≪史－年表≫句踐二十五年, 是爲秦厲共公六年. 此書爲秦桓公不如越王之命, 非也. 由句踐二十五年, 上距秦桓公之卒, 蓋一百有六年矣. 桓公當作厲共公云. 句踐乃選吳越將士, 西渡河以攻秦. 軍士苦之. 會秦怖懼,231) 逆自引咎, 越乃還軍. 軍人悅樂, 遂作河梁之詩,232) 曰: "渡河梁兮渡河梁, 擧兵所伐攻秦王. 孟冬十月多雪霜, 隆寒233)道路誠難當. 陣兵未濟秦師降, 諸侯怖懼皆恐

---

222) [喟然위연] 한숨을 쉼.

223) [性脆而愚성취이우] 성품이 부드럽고 순박함.

224) [檝爲馬즙위마] 삿대를 말로 삼음. 물길을 이용함.

225) [飄然표연] 회오리 바람처럼 빠름.

226) [元常之喪] 春秋時代 越나라 군주. 喪은 墓와 같다.

227) [琅琊낭야] 古代 地名. 지금의 山東省 膠南縣교남현과 諸城縣제성현 일대. ≪史記≫ 李斯傳에, '始皇三十七年十月, 行出游會稽, 並海上北抵琅邪.'라고 했다.

228) [熛風표풍] 불꽃이 일어남.

229) [秦진] 周나라 孝王 때 伯益의 자손인 非子가 封받은 나라. 군주의 姓氏는 嬴氏영씨. 처음에는 甘肅省 淸水縣 秦邑에 封받았는 데 周 平王이 洛邑으로 東遷할 때 이를 호위한 공로로 西紀前 771년 陝西省 서부지역을 맡아 정식 제후가 됨. 戰國時代인 西紀前 221년 始皇帝 26년 秦은 처음으로 중국을 통일하고 中央執權的 국가체제를 갖추었다.

230) [秦진 桓公환공] 徐天祜는 桓公이 아니라고 했는데 本書 '闔閭內傳第四'에도 역시 '桓公大驚, "楚有賢臣如是, 吳猶欲滅之, 寡人無臣若斯者, 其亡無日矣.'라고 했다. 徐天祜 말처럼 本書의 年代가 잘못되었거나, ≪史記≫의 越나라 紀年 算定에 문제가 있었을 것이다.

231) [怖懼포구] 두려워 함.

232) [河梁之詩하량지시] 河梁歌

233) [隆寒융한] 매서운 추위.

惶.234) 聲傳海內235)威遠邦, 稱霸穆桓齊楚莊.236) 天下安寧壽考長, 悲去歸兮何無梁?237)” 自越滅吳, 中國皆畏之.

　　二十六年, 越王以邾238)子無道而執以歸, 立其太子何.239) 冬魯哀公240)以三桓之逼來奔. 越王欲爲伐三桓, 以諸侯大夫不用命, 故不果耳.

　　二十七年, 冬句踐寢疾將卒241)≪通鑑外紀≫: “句踐三十三年薨.” 謂太子興夷242)曰: “吾自禹之後, 承元常243)之德, 蒙天靈之祐, 神祗之福, 從窮越之地, 籍楚之前鋒,244) 以摧吳王之干戈,245) 跨江涉淮,246) 從晉齊之地, 功德巍巍,247) 自致於斯, 其可不誠乎? 夫霸者之後, 難以久立, 其愼之哉!” 遂卒. 興夷卽位一年, 卒, 子翁.248) 翁卒, 子不揚.249) 不揚卒, 子無彊.250) 彊卒, 子玉.251) 玉卒, 子尊.252) 尊卒, 子親.253) 自句踐至于親, 共歷八主, 皆稱霸,

---

234) [恐惶공황] 두려움에 떠는 것.

235) [海內해내] 중국.

236) [稱霸穆桓齊楚莊칭패목환제초장] 齊 桓公, 楚 莊王, 秦 穆公.

237) [何無梁하무량] 四庫全書本에는 ‘河無梁’으로 되어 있다.

238) [邾주] 春秋時代 國名. 군주의 姓氏는 曹姓.

239) [何하] 邾나라 太子.

240) [哀公] 春秋時代 魯나라 군주. 姓은 姬氏, 이름은 蔣. 在位 28년(西紀前 494～西紀前 467).

241) [寢疾將卒침질장졸] 병들어 죽게 됨.

242) [興夷흥이] ≪春秋左傳≫ 哀公 二十四年條에는 ‘適郢’이라 했다. ≪史記≫ 越王句踐世家에는, ‘鼫與서여’라고 했다. ≪竹書紀年≫ 卷下에는 ‘鹿郢’이라 했고 ≪越絶書≫ 外傳에는 ‘與夷흥이’라고 했는데 모두 다르다.

243) [元常원상] 春秋時代 越나라 군주.

244) [前鋒전봉] 先鋒.

245) [摧吳王之干戈최오왕지간과] 吳王의 軍隊를 꺽다. 무찌르다.

246) [跨江涉淮과강섭회] 長江을 넘고 淮水를 건넘.

247) [巍巍외외] 높고 크고 웅장함.

248) [翁옹] 興夷의 太子.

249) [不揚불양] 翁의 太子.

250) [無彊무강] 不揚의 太子. ≪史記≫ 越王句踐世家에 이르기를, ‘無彊王 때에 楚나라 威王위왕이 군사를 일으켜 越軍을 크게 깨뜨리고 無彊王을 죽인 후 越나라 땅을 빼앗았으므로 이로써 越나라가 흩어지게 되었다.’고 하였다.

251) [玉옥] 無彊의 太子.

252) [尊존] 玉의 太子.

253) [親친] 尊의 太子.

積年二百二十四年.

親衆皆失, 而去琅邪,[254] 徙於吳矣. 自黃帝[255]至少康[256]十世, 自禹[257]受禪至少康卽位, 六世, 爲一百四十四年. 少康去顓頊[258]卽位, 四百二十四年.

黃帝 昌意 顓頊 鯀 禹 啓 太康 仲廬 相 少康 無余 無壬去無余十世

無皣 夫康 元常 句踐 興夷 不壽 不揚 無彊

魯穆[259]柳有[260]幽公爲名, 王侯自稱爲君.

尊, 親失琅邪, 爲楚所滅. 句踐至王親, 歷八主, 格格當作稱.覇二百二十四年. 從無余[261]越國始封, 至餘善返越國空滅, 凡一千九百二十二年.此書載, 越世次, 自句踐五傳至王無彊. 以≪世家≫考之, 則七世矣. 無彊王之侯之子, 所謂 "王侯自稱爲君." 或者卽王之侯也. ≪世家≫曰: "王無彊時, 楚威王興兵大敗越, 殺無彊, 盡取越地, 越以此散." 徐廣曰: "周顯王四十六年." 今自句踐卒至越亡, 凡一百五十三年. ≪通鑑≫書之顯王三十五年. 此云: "句踐至于親, 歷八主稱覇二百二十四年, 親衆皆失, 去琅邪, 徙于吳." 爲楚所滅. 與≪史－世家≫及≪紀年≫皆不合. 若如≪世家≫所載, 則無彊之死, 衆散久矣. 非王親時失衆亡國也. 又≪紀年≫曰: "王翳三十三年, 遷于吳." 則越之徙吳已久, 亦非王親時也.

---

254) [琅琊낭야] 古代 地名. 지금의 山東省 膠南縣과 諸城縣 일대. ≪史記≫ 李斯傳에, '始皇三十七年十月, 行出游會稽, 並海上北抵琅邪.'라고 했다.

255) [黃帝] 姓은 公孫氏. 姜水에서 일어난 神農氏와는 同母異父弟. 軒轅헌원 땅에 살았으므로 軒轅氏라고도 한다. 후에 姬水에서 살았으므로 姬氏로 姓을 삼았다. 중국 민족의 祖宗으로 推仰됨.

256) [少康소강] 古代 夏나라 군주. 한 때 諸侯인 后羿와 寒浞에게 빼앗겼던 夏나라를 다시 찾아 禹의 뒤를 이엇다.

257) [禹우] 古代 苗族의 나라인 夏나라 始祖. 이름은 文名. 당시 온 나라의 근심거리였던 洪水를 다스려 堯임금의 신임을 받아 司空이 되었고 舜임금 때는 司徒가 되었다. 堯임금에게서 '姒姓'을 下賜받았다.

258) [顓頊전욱] 古代 帝王. 五帝의 한 사람.

259) [魯穆노목] 魯나라 穆公. 在位 34년(西紀前 410〜西紀前 377).

260) [有] '以'와 같다. ≪商君書≫ 弱民篇에, '故民富而不用, 則使民以食出, 各必有力, 則農不倫'이라 했는데 高亨 注에, '有, 猶以也'라고했다.

261) [無余무여] 越나라 始祖로 일컬어지는 古代 君主.

◇　◇　◇　◇

　월왕은 문종을 죽인 뒤 關東의 覇者패자가 되어 瑯琊낭야에 觀臺관대를 세웠는데 둘레가 七里나 되었다. 여기서 東海를 바라보며 지냈는데 정예 군사 팔천명과 戈船과선[戰船] 三百艘소[척]를 띄워놓고 얼마동안 거처하며 賢士를 구했다.

　이 소문을 들은 孔子는 弟子들을 거느리고 越나라에 가서 雅琴아금을 演奏연주하여 先王의 禮樂으로 월왕을 感化시키고자 했다. 월왕은 唐夷당이의 갑옷에 步光劒보광검을 차고 屈盧槍굴로창을 짚고 死士 삼백명으로 문 아래 陣을 벌려 세워 威儀위의를 보이며 공자를 맞이했다.

　잠시 후 공자가 도착하자 월왕이 말했다.

　"훌륭하신 선생께서는 무엇으로 저를 가르치시겠습니까?"

　공자가 말했다.

　"丘는 능히 五帝와 三王의 道를 펼 수 있습니다. 그래서 雅琴아금을 演奏연주해 올리고자 합니다."

　월왕은 한숨을 쉬며 嘆息탄식해 말했다.

　"월나라 사람들은 성품이 무르고 순박해 물길로 다니며 산에서 삽니다. 배로 수레를 삼고 노 젖는 삿대로 말[馬]을 삼으니, 오고 가는 것은 飄然표연하여 바람과 같고 가면 좇을 수 없으며, 兵士들은 감히 죽기를 기뻐합니다. 이는 월나라에 늘 있는 일인데 선생께서는 어떤 말씀으로 가르치고자 하십니까?"

　이에 공자는 대답을 하지 않고 辭讓사양해 돌아갔다.

　越王은 사람들로 하여금 木客山에 가서 父王 元常의 墓를 파서 瑯琊낭야로 移葬이장하고자 원상의 묘를 세 번이나 파려고 했으나 그 때마다 묘 한 가운데서 세찬 회오리바람이 일어나며 돌과 모래를 날려 사람을 쏘는지라 아무도 묘에 들어갈 수 없었다.

　구천은 말했다.

　"우리 前君께서 묘를 옮기지 못하게 하시는가?"

구천은 이장을 포기하고 돌아갔다.

구천은 使臣으로 하여금 齊제나라, 楚초나라, 秦진나라, 晉진나라가 모두 天子인 周나라 王室을 돕는 血盟에 참여하도록 했는데 秦 桓公은 월왕의 명을 따르지 않았다. 구천은 吳나라와 越나라 병사들을 가려 뽑아서 서쪽으로 강을 건너 秦軍을 공격했다. 군사들은 嚴冬雪寒엄동설한에 행군하느라 말할 수 없는 苦楚고초를 겪었다. 진나라 군대와 만나니 秦軍은 스스로 허물을 謝罪하고 군사를 돌려 물러갔으므로 越軍도 그냥 돌아왔다.

군사들은 모두 기뻐하여 '河梁之詩하량지시'라는 노래를 지어 불렀는데 그 노랫말은 이러했다.

渡河梁兮渡河梁 도하량혜도하량	江을 건너갔다가 江을 도로 건너 왔네.
擧兵所伐攻秦王 병소벌공진왕	軍事를 일으켜 치는 바는 秦王진왕의 不義를 꾸짖음일세
孟冬十月多雪霜 맹동십월다설상	嚴冬엄동 十月시월 쌓이는 눈 세상 온통 흰 색인데
隆寒道路誠難當 륭한도로성난당	매서운 바람에 세상 꽁꽁 얼어붙고 戰場의 추위는 견디기 어려워라
陣兵未濟秦師降 진병미제진사항	越軍은 아직 강도 건너지 않았는데 秦軍진군은 두려워 항복하니
諸侯怖懼皆恐惶 제후포구개공황	제후들 소문 듣고 두려움에 떨었네
聲傳海內威遠邦 성전해내위달방	越軍의 명성 海內에 퍼져
稱覇穆桓齊楚莊 칭패목환제초장	齊 桓公, 秦 穆公, 楚 莊王 더불어 우리 越王 나란히 覇王패왕으로 불리시네.
天下安寧壽考長 천하안녕수고장	天下를 平定하여 편안케 하셨으니 오래오래 天壽를 누리소서.
悲去歸兮何無梁 비거귀혜하무량	슬픔을 버리고 돌아왔으니 강에 어찌 다리가 없다하리.

越나라가 吳나라를 滅멸한 후 中國의 나라들은 모두 월나라를 두려워했다.

越王 26年 월왕은 邾주나라 군주가 無道하여 이를 쳐서 바로 잡고 돌아왔는데 邾나라 군주인 隱公은공을 廢폐하고 그 太子인 何하를 군주로 세웠다.

겨울에 다시 魯나라 哀公이 三桓氏의 逼迫핍박을 피해 越나라로 도망쳐 왔다. 월왕은 제후들을 모아 삼환씨를 치고자 했으나 제후와 大夫들이 명을 따르지 않은 까닭에 결과가 없었을 뿐이다.

월왕 27年 겨울 句踐구천은 病으로 자리에 누워 죽게 되었는데 태자 興夷흥이에게 遺言유언했다.

"나는 禹우임금의 後裔후예로서 父王이신 元常의 德을 이어 天靈천령의 도우심을 힘입고 鬼神귀신을 공경하여 복을 받았다. 좁고 외진 越나라 땅에서 일어나 楚초나라의 前鋒[先鋒]이 되어 吳王의 干戈간과[軍隊]를 막기도 했으며 長江을 넘고 淮水회수를 건너 晉진나라와 齊제나라 땅을 호령하며 巍巍외외한 功德을 이루어 이로써 지금의 覇業패업을 이룬 것이니 삼가지 않을 수 있겠는가? 대저 패왕이 죽고 나면 패업을 이어가기 어려운 것이니 삼가하고 조심하도록 하라."

월왕도 마침내 죽었다.

구천을 이어 太子 흥이가 왕위에 올랐는데 일년만에 죽고 아들인 翁옹이 왕위에 올랐다. 翁이 죽으니 그 아들 不揚불양이 뒤를 잇고 不揚이 죽으니 그 아들인 無彊무강이 뒤를 이었다. 無彊이 죽으니 그 아들 玉이 왕위에 올랐고, 玉이 죽으니 그 아들 尊이 왕위를 이었으며, 尊이 죽으니 그 아들 親이 왕위를 이었는데 句踐에서 親까지 여덟 명의 군주가 覇王패왕으로 불리웠으며 歷年은 244年이었다.

親에 이르러 백성들이 모두 흩어져 버리자 瑯琊낭아를 버리고 吳 땅으로 옮겼다.

黃帝에서부터 夏하나라 少康소강까지 十世[十代]다. 禹우임금이 禪位 받고부터 少康까지 六世이며 歷年은 144年이다. 顓頊전욱이 卽位하여 少康때까지의 歷年은 424年이다.

월나라 군주의 世系는 다음과 같다.

黃帝황제→昌意창의→顓頊전욱→鯀곤→禹우→啓계→太康태강→仲廬중려＝
仲康→相→少康소강→無余무여→無玉무옥은 무여의 十世孫.→無皞무호→夫
康부강→元常원상＝≪史記≫曰: "允常"→句踐구천→興夷흥이→不壽불수→不
揚불양→無彊무강

魯노나라 穆公목공 때에 柳氏류씨가 있었는데 幽公유공으로 이름을 삼았
다. 王侯라하여 스스로 君이라 칭했다. 尊과 親 때에 이르러 瑯琊낭야를
잃었으니 이 때 楚나라가 越나라를 쳐서 멸한 것이다.

월나라는 句踐구천에서 親까지 八王에 歷年은 244年이고 無余무여가 월
나라에 封해 지고 월나라가 망하기까지 대략 千九百二十二年을 이었다.

◆ 보충자료

徐天祜서천호의 注에 '孔子가 越나라에 가지 않았다.'고 한 내용과 관련
하여 ≪說苑≫ 11권 24편에 다음과 같은 기록이 있다. '趙襄子조양자가 仲
尼중니[孔子]에게 물었다. '先生께서는 몸을 굽혀 만나보신 군주가 七十여
명이나 되지만 선생의 의견은 통한 바가 없었습니다. 이는 선생께서 세
상을 모르시기 때문인가요? 아니면 세상에 明君이 없기 때문인가요? 생
각건대 선생의 道는 진실로 통할 수 없는 것일까요?' 공자는 이 말에 대
답을 하지 않았다.…中略 趙襄子謂仲尼曰: '先生委質, 以見人主七十君矣,
而無所通. 不識世, 無明君乎? 意先生之道, 固不通乎?' ≪春秋－哀公 十六
年≫條에는 "夏四月己丑, 孔丘卒."이라 했는데 趙簡子는 哀公 二十年에
죽었고 이 후 趙襄子가 뒤를 이었다. 趙簡子가 살아있는데 아들인 趙襄
子가 나서서 孔子를 만날 수는 없다. 또 전에 孔子는 趙簡子를 만나러 가
던 길에 趙簡子가 竇鳴犢두명독과 舜華순화를 죽였다는 소문을 듣고 발길
을 돌렸으므로 哀公 二十年 이전에는 趙簡子를 만난 적이 없다. ≪吳越
春秋≫와 ≪說苑≫의 내용을 詳考해 보면 哀公 二十年 이후 孔子가 趙襄

子를 만난 것이 되므로 그 때까지 孔子가 살아있었거나 左傳의 年代가
잘못된 것이다.

◆ 참　고

1. 《說苑》 384篇

　趙簡子曰: "晉有澤鳴犢犨, 魯有孔丘. 吾殺此三人, 則天下可圖也." 於是
乃召澤鳴犢犨, 任之以政而殺之. 使人聘孔子於魯. 孔子至河, 臨水而觀曰:
"美哉乎! 洋洋乎! 丘之不濟於此, 命也夫!" 子路趨進曰: "敢問奚謂也?" 孔
子曰: "夫澤鳴犢犨, 晉國之賢大夫也. 趙簡子之未得志也, 與之同聞見, 及
其得志也, 殺之而後從政. 故丘聞之, '刳胎焚夭, 則麒麟不至; 乾澤而漁, 蛟
龍不游; 覆巢毀卵, 則鳳凰不翔.' 丘聞之; 君子重傷其類者也."

2. 《史記－孔子世家》

　孔子旣不得用於衛, 將西見趙簡子至於河. 而聞竇鳴犢舜華之死. 臨河而
嘆曰: "美哉! 洋洋乎. 丘之不濟, 此命也." 夫子貢趨而進曰: "敢問, 何謂
也?" 孔子曰: "竇鳴犢舜華晉國之賢大夫也. 趙簡子未得志之時, 須此兩人
而後從政. 及其已得志殺之乃從政. 丘聞之也, 刳胎殺夭, 則麒麟不至郊; 竭
澤涸魚, 則蛟龍不合陰陽; 覆巢毀卵, 則鳳凰不翔. 何則君子諱傷其類也. 夫
鳥獸之於不義也, 尙知辟之而況乎丘哉?" 乃還息乎陬鄉, 作爲陬操以哀之.

3. 《春秋左傳》 哀公 二十二年

　二十二年夏四月, 邾隱公自齊奔越曰: "吳爲無道, 執父立子. 越人歸之,
太子革奔越.

　邾子又無道, 越人執之以歸, 而立公子何. 何亦無道.

4. ≪史記－越王句踐世家≫

句踐卒, 子王鼫與立. 王鼫與卒, 子王不壽立. 不壽卒, 子王翁立. 王翁卒, 子王翳立. 王翳卒, 子王之侯立. 王之侯卒, 子王無彊立. 王無彊時 越興師北伐齊, 西伐楚, 與中國爭彊. 當楚威王之時, 越北伐齊. 齊威王使人說越王曰: "越不伐楚. 大不王, 少不伯. 圖越之所, 爲不伐楚者, 爲不得晉也. 韓魏固不攻楚. 韓之攻楚, 覆其軍殺其將, 則棄陽翟危; 魏亦覆其軍, 殺其將, 則陳上蔡不安. 故二晉之事. 越也不至於覆軍殺將, 馬汗之力, 不效所重. 於得晉者何也?" 越王曰: "所求於晉者, 不至頓刃接兵, 而况于攻城圍邑乎. 願魏以聚大梁之下; 願齊之試兵, 南陽莒地, 以聚常鄭之境. 則方城之外, 南淮泗之間, 不東商於析酈宋胡之地, 夏路以左. 不足以備, 秦江南泗上, 不足以待越矣. 則齊秦韓魏得志於楚也. 是二晉不戰分地; 不耕而穫之. 不此之爲頓刃於河山之間, 以爲齊秦用所待者. 如此其失計奈何? 其以此王也." 齊使者曰: "幸也, 越之不亡也. 吾不貴其用智之, 如目見豪毛而不見其睫也. 今王知晉之失計, 而不自知越之過. 是目論也. 王所待於晉者, 非其汗馬之力也. 又非可與合軍連和. 待之以分楚衆也. 今楚衆已分, 何待於晉." 越王問, "奈何?" 曰: "楚三大夫張九軍, 北圍曲沃, 於中以至無假之關者, 三千七百里. 景翠之軍北聚魯齊南陽. 分有大此者乎? 且王之所求者鬪晉楚也. 晉楚不鬪, 越兵不起. 是知二五而, 不知十也. 此時不攻, 楚臣以是知, 越大不王, 小不伯. 復讎龐長沙楚之粟也. 竟澤陵楚之材也. 越窺兵通無假之關, 此四邑者不上貢事於郢矣. 臣聞之, 圖王不王, 其敝可以伯, 然而不伯者, 王道失也. 故願大王之轉攻楚也." 於是越遂釋齊, 而伐楚. 楚威王興兵而伐之. 大敗越殺王無彊, 盡取故吳也. 至浙江北, 破齊於徐州, 而越以此散諸侯. 子爭立, 或爲王或爲君, 濱於江南海上, 服朝於楚. 後七世至閩君, 搖佐諸侯平秦, 漢高帝復以搖爲越王, 以奉越後. 東越閩君皆其後也.

大德十年歲在丙午三月音註
越六月書成刊板十二月畢工

前文林郎國子監書庫官　徐天祜音註

昭興路儒學學錄　留　　堅
昭興路儒學學正　陳昺伯
昭興路儒學教授　梁　　相
正議大夫昭興路總管提調學校官　劉克昌

解 題

   역사를 거슬러 올라 갈수록 지나간 역사는 돌아갈 수 없는 아득한 理想鄉이 되어 우리의 호기심과 꿈을 불러일으킨다.

   老子는 作爲함이 없는 다스림을 정치의 理想鄉으로 삼았다. 莊子는, "옛날 聖人의 다스림은 그 實體가 보이지 않았는데 三皇에 이르러 다스림의 作爲함이 생겨났으며, 五帝에 이르러 德이라는 人爲의 실체가 생겨났고, 三王에 이르러 禮니 仁이니 하는 것의 분별함이 생겨남으로써 사람들은 시대가 지날수록 善이니 惡이니 하는 것을 구별하게 되었고 無爲의 理想鄉으로부터 멀어지게 되었다."고 하였다.

   ≪吳越春秋≫의 시대적 배경이 된 春秋時代는 이 같은 善惡이 너무도 克明극명하게 구분되던 시대였다. 그러나 그 善과 惡은 모두 자기 기준에 의해서 설정된 主觀的 개념으로써 諸侯들이 남을 侵奪침탈하거나 남을 죽이고 謀陷모함하는 妥當타당치 않은 名分에 많이 사용되었다. 그래서 진정한 善惡의 의미와는 상관없이 백성은 늘 困苦곤고하고 나라는 疲弊피폐할 수밖에 없었다.

   그러나 학문적으로는 수많은 思想家들이 출현하여 동양의 위대한 思想 體系를 세운 시대이기도 했으니 老子를 비롯한 道家와 墨家묵가의 사상이 출현하였고 孔子는 진정한 大義를 밝힌다는 명분으로 ≪春秋≫를 著述저술하였으며 수많은 說客세객들이 나름대로의 명분과 논리로 富國强兵의 覇權패권 정치를 실현하려 하였다. 吳나라와 越나라는 바로 이 같은 시대에 중국과의 교류를 시작하였으며 中原의 나라들과 패권을 다투기 시작했다.

≪吳越春秋≫는 後漢 趙曄조엽이 撰찬하여 정리한 이래 여러 번 重刊되었는데 필자가 기초한 底本은 두 가지가 있다. 한 권은 紀元 4252년(1919) 上海 涵芬樓함분루에서 弘治本을 影印한 四部叢刊本이다. 元나라 成宗의 年號인 大德 十年(西紀 1306), 丙午 三月에 音註를 달고 六月유월에 活字體를 쓰기 시작, 12月에 版本活字를 완성하여 初版本을 인쇄하였다. 그 후, 明나라 孝宗의 연호인 弘治 十四年, 辛酉신유 五月에 重刊한 後版本이 필자의 底本이다. 大德 十年은 우리나라 高麗 忠烈王 三十二年이고 弘治 十四年은 우리나라 朝鮮 燕山연산 七年이며 紀元 三八三四年(1501)이다. 四部叢刊本은 맨 앞에 明朝의 松江 華亭人 錢福전복[字 與謙]의 "重刊吳越春秋序"가 있고, 그 다음에 별도의 제목 없이 元나라 徐天祜서천호의 序가 게재되어 있다. 注는 徐天祜의 注가 대부분이지만 '徐天祜曰:' 또는 '按…'으로 시작되는 것은 錢福의 注로 보인다.

또 한 권은 民國 十八年(1929)에 淸版本으로 重刊된 漢魏叢書本인데 맨 앞에 "漢 趙曄撰 臨川游 桂校"라고 하였다. 初版本은 활자가 언제 만들어져 인쇄했는지 年代는 확인할 수 없다. 다만 위 四部叢刊本이 越王無余外傳에서 '玄夷蒼水使者'라는 표현을 사용했으며 句踐伐吳外傳에서는 '玄武天空威行, 孰敢止者숙감지자' 등 '玄'字 표현을 사용한데 비해 漢魏叢書本은 '玄'字를 모두 같은 뜻의 '元'字로 忌諱기휘해 사용함으로써 淸나라 康熙帝의 본명인 '玄燁현엽'의 '玄'字를 피하고자 했음을 알 수 있다. 이로써 漢魏叢書本은 紀元 三九九五年부터 四〇五五年(1662－1722)까지 六十一년간 제위에 있었던 康熙帝 이후에 初版活字가 만들어진 것을 알 수 있다.

四部叢刊本의 徐天祜 序를 詳考해 보면 ≪吳越春秋≫는 趙曄 외에도 몇 사람의 撰述찬술이 있었다는 내용이 다음 기록에 보인다.

"≪吳越春秋≫는 趙曄이 著述한 바로써 ≪隋・唐 經籍志≫에는 모두 十二卷이라 했는데 지금은 열 권만 남아 있으니 이는 全書가 전해진 것은 아니다. 隋・唐 二志에는 또, '楊方 撰 ≪吳越春秋削繁오월춘추삭번≫은 다섯 권이고, 皇甫황보遵준 撰 ≪吳越春秋≫는 열 권이 전해졌다.'했는데 지금 두 사람이 撰한 ≪吳越

春秋≫는 보기 드물고, 趙曄이 撰한 책만 홀로 전해져 세상 사람들에게 읽혀지고 있다. 吳越春秋趙曄所著, 隋唐經籍志皆云十二卷, 今存者十卷, 殆非全書. 二志又云, 楊方撰吳越春秋削繁五卷, 皇甫遵撰吳越春秋傳十卷, 此二書今人罕見, 獨曄書行於世."

이밖에도 ≪太平御覽≫, ≪事類賦≫, ≪藝文志≫, ≪文選≫, ≪初學記≫, ≪北唐書鈔≫, ≪史記≫ 등에 이 책의 내용이 引用되어 있다.

後에 乾隆건륭 四十六년(1781)에 刊行되어 西紀 1986년에 臺灣 商務印書館에서 影印된 四庫全書本도 求해 볼 수 있었는데 일부 내용에 四部叢刊本과 다소 차이는 있으나 크게 다르지는 않다. 다만 '玄'을 '元'이라 한 것 등 四部叢刊과 같은 뜻의 다른 글자로 쓰인 곳이 여러 곳 있다.

그밖에 顧廣圻고광은의 所錄影宋鈔本[乾隆 甲寅, 西紀 1794], 徐乃昌 据明覆元 大德本校刊的 吳越春秋, 馮念祖풍념조本 吳越春秋[明 萬曆 丙戌, 西紀 1586] 등 몇 種이 있다고 하는데 직접 求해 볼 수는 없었다.

≪吳越春秋≫는 吳나라 史實을 기록한 內傳 다섯 권과 越나라 史實을 기록한 外傳 다섯 권 등 모두 十卷 二册이다.

內傳은 吳나라 史實로써 吳나라 始祖인 太伯과 父王인 古公亶甫, 堯임금 때 姬姓을 下賜받아 姬氏의 조상이 된 后稷후직의 탄생 說話 등에 관해 설명하고, 壽夢수몽 때부터 중국과 교류를 시작하여 吳나라가 中原의 覇者가 되기까지의 과정과, 夫差에 이르러 망하는 과정까지를 소상히 전하고 있다. 특히 闔閭합려 內傳이 시작되는 四卷부터 吳나라는 중국 天子의 정치적 지배권 아래 있던 중국의 여러 제후들과 본격적으로 패권을 다투기 시작하는데 마치 소설 같은 伍子胥의 行迹과 干將과 莫耶막야 夫婦의 애절한 이야기, 군주를 위해 자기 자신은 물론 처자식까지 죽여 가며 몸을 던지는 要離요리의 처절한 이야기 등은 이 책의 歷史的 가치와 더불어 소설적 재미까지 더해 주고 있다.

越나라 史實을 기록한 外傳은 고대 夏禹氏의 治水 과정에 관해 어떤 史書보다도 상세히 언급하고 있어 우리나라 古代史 연구에도 좋은 자료

가 될 것으로 보인다. 禹가 태어나는 과정과 治水를 맡게 되면서 苦心하
는 과정, 州愼주신의 蒼水使者로부터 金簡靑玉의 神書를 전해 받아 治水
에 성공하는 과정은 이제까지 중국의 史書들이 전했던 神話的 說話와는
전혀 다른 事實的 역사를 전하고 있다. 禹의 자손들이 越나라 땅에서 대
대로 나라를 전해 元常과 句踐 代에 이르러 중국의 제후들과 어깨를 겨
루기 시작하며 구천이 夫差에게 패하여 고난을 겪는 과정, 치욕을 딛고
切齒銘骨절치명골하여 결국 부차를 죽이고 覇者가 되기까지의 과정을 실
감 있게 전하고 있다.

禹의 治水를 전하는 중국 史書들이 모두 神龜신구가 黃河에서 등에 그
림을 지고 올라와서 그것을 보고 禹가 洪範九疇홍범구주를 지었다고 하여
禹의 治水를 神話化하였지만, ≪吳越春秋≫는 禹가 '玄夷의 蒼水使者로
부터 金簡靑玉의 神書를 전해 받아 治水에 성공하였다.'는 事實的인 기
록을 전하고 있다.

<越王無余外傳>에 보이는 "案黃帝中經曆, 蓋聖人所記曰: '在于九山
東南天柱, 號曰宛委. 赤帝在闕其巖之巓, 承以文玉覆以盤石, 其書金簡, 靑
玉爲字, 編以白銀, 皆瑑其文.' 禹乃東巡登衡嶽, 血白馬以祭, 不幸所求, 禹
乃登山仰天嘯. 因夢見赤繡衣男子. 自稱玄夷蒼水使者, '聞帝使文命于斯,
故來候之. 非厥歲月, 將告以期, 無爲戲吟. 故倚歌覆釜之山.' 東顧謂禹曰:
"欲得我山神書者, 齋於黃帝巖嶽之下, 三月庚子, 登山發石, 金簡之書存
矣." 禹退又齋, 三月庚子, 登宛委山, 發金簡之書, 案金簡玉字, 得通水之
理."의 내용과 "周行天下, 歸還大越. 登茅山以朝四方, 羣臣觀示, 中州諸
侯防風後至. 斬以示衆, 示天下悉屬禹也. 乃大會計, 治國之道. 內美釜山州
愼之功, 外演聖德以應天心, 遂更名茅山, 曰會稽之山."의 내용은 지금까
지 잘 알려지지 않은 國祖의 史實에 대해 昭詳소상한 실마리를 보여준다.

本書는 ≪史記≫나 ≪春秋左傳≫ 등 기존의 史書에 비해 훨씬 객관
적이고 진실한 내용을 전하고 있다.

≪吳越春秋≫ 맨 첫 장에도 언급해 있듯이 帝嚳제곡의 元妃인 姜嫄氏가 后稷후직을 낳은 과정을 事實 그대로 밝히고 있는 것처럼, 중국에 부끄러운 부분을 避諱피휘하거나 감추어온 중국 史書와는 다른 歷史 認識을 보여주고 있다. 또 ≪史記≫와는 달리 夫差가 闔閭합려의 아들이 아니라 孫子라는 새로운 사실도 이 책에 밝혀 있다. 중국 중심의 史觀으로 본다면 ≪史記≫나 ≪春秋左傳≫ 등에 더 가치를 부여할 수 있을 것이지만 역사의 객관적 事實에 접근하기 위해서는 모든 자료에 同一한 가치기준을 가지고 접근해야 할 것으로 본다.

≪吳越春秋≫와 ≪史記≫의 내용들을 비교해 보면 司馬遷사마천도 ≪史記≫를 집필하면서 本書와 같은 내용의 史料들을 참고해 옮겼을 것이라는 推論이 가능하다. ≪國語≫에, 吳나라의 史實은 '吳語'라 하고 越나라의 史實은 '越語'라 기록함으로써 위 史書들이 吳나라와 越나라에 각기 전해오던 기록을 趙曄이 수집 정리한 것임을 알 수 있다. 吳·越의 史實에 대해 ≪國語≫는 ≪吳越春秋≫만큼 상세하지는 않으나 ≪史記≫보다는 자세하며, 표현은 다르나 내용은 ≪吳越春秋≫와 비슷하다.

≪吳越春秋≫에는 수많은 학자들이 나름대로 註釋주석을 가했으나 대개 중국 중심의 中華思想에 準據준거하였다. ≪春秋左傳≫이나 ≪史記≫의 年代라고 해서 절대적 기준이 될 수는 없다. 당시 吳나라나 越나라는 中原 동남쪽에 위치한 나라로서 中原의 나라들과 거리상으로나 시간상으로 많은 間隙간극이 있었음을 看過간과해서는 안 된다. 邊境변경의 일이 곧 바로 중국에 전해져 ≪春秋≫나 ≪春秋左傳≫ 등에 기록되기는 어려웠을 것이다. 吳나라와 越나라, 楚나라까지 오랑캐라고 업신여겼던 중국 史家들이 吳·越 두 나라의 史實에 대하여 덜 중요하게 다루었을 것이라는 점은 짐작하기 어렵지 않다. 변방의 史書인 ≪吳越春秋≫와 中原의 史書인 ≪春秋左傳≫이나 ≪史記≫ 등의 年代에는 상당한 차이가 있을 수밖에 없다.

　최근 우리나라에도 國祖의 史實에 대한 관심과 연구가 상당부분 진행되고 있으나 객관적인 기록은 별로 없다. 이런 측면에서 本書의 '玄夷蒼水使者 云云'의 내용은 상당히 중요한 자료가 될 것이다. 필자가 淺學의 魯屯노둔함을 무릅쓰고 本書의 번역에 매달린 것은 바로 이 한 구절 때문이라고 할 수 있다.

　또한 우리는 이 책의 註에 밝힌 西施의 西行을 통해 당시 우리나라와 吳·越간에 상당히 활발했던 海上 교류 흔적을 더듬어 볼 수 있다. 옛 사람들이 현대인에 비해 교통수단이 형편없었을 것이라는 臆斷억단은 지금의 視角으로 古代를 貶下폄하해 보는 현대인의 傲慢오만이다. 당시에도 사람들은 지금 사람들과 다를 바 없이 交易도 했고, 婚姻혼인도 했으며, 다른 나라 文物을 받아들이는 慧智혜지도 있었다.

　역사적 事實에 접근함에 있어서 지나친 자기 陶醉도취나 國粹的국수적 민족주의 빠져서 근거 없이 자기 역사를 誇張과장해서는 안 된다. 아울러 엄연히 있는 事實을 否定的 視角으로만 보려 함도 잘못이다.

　이 책을 우리 古代史와 연관지어 접근한 필자에게도 위와 같은 잘못이 있을 수도 있을 것이다. 筆者의 寡聞과문으로 因한 初譯의 誤謬오류도 있을 것이다. 그러나 自尊的 時角에서 이 책에 접근한 필자의 衷情충정이 우리 古代史 연구에 조그만 轉機가 될 수 있다면 諸賢의 叱正질정을 받는 일도 보람으로 남지 않을까 한다.

四三三六 譯註者 謹識.

[徐天祜서천호와 錢福의 注에 引用된 參考圖書]

<古今人表> ≪漢書≫의 篇名.

≪古史考≫ 三國時代 蜀의 譙周가 ≪史記≫의 잘못을 바로잡은 책.

≪孔叢子≫ 孔子의 후손인 漢나라 孔鮒가 孔子 및 그 제자들의 언행을 수집하여 編纂하였다. 三卷 二十一册.

<溝洫志구혁지> ≪水經≫의 篇名.

≪國語≫ 春秋時代 左丘明이 周, 魯, 齊, 晉, 鄭, 楚, 吳, 越의 역사를 기록한 책. 三國時代 韋昭의 註解가 있다.

≪論語≫ 春秋時代 孔子와 제자들의 언행을 기록한 책.

≪大事記≫ 宋 呂祖謙 撰. 十二卷. ≪史記≫ 年表를 기준하여 周 敬王 三十九年부터 漢 武帝까지의 大事를 年, 月別로 分類했다.

≪塗山名序도산명서≫ 撰者, 年代 未詳.

≪孟子≫ 孟子의 제자들이 孟子의 언행을 기록한 책. 七卷 六册.

≪墨子≫ 春秋時代 墨翟묵적이 지은 책. 十五卷 六十三篇. 兼愛와 崇儉說을 주장.

≪文選≫ 梁 昭明太子 蕭統 編纂. 三十卷. 李善이 註를 붙여 六十卷이 됨.

≪范子≫ 范蠡의 著述로 보임. ≪國語－越語 下≫에, ‘王孫雒曰: 子范子, 將助天爲虐, 助天爲虐不祥’이라 하였다.

≪別錄燕義별록연의≫ 漢 劉向 撰. 二十卷. 秘書의 始末을 기록.

≪史龜策傳사구책전≫ ≪史記≫ 龜策傳.

≪史記≫ 漢 武帝 때 司馬遷이 저술한 史書. 古代 黃帝에서 漢 武帝까지를 紀傳體로 서술하였다. 十二本記, 十表, 八書, 三十世家, 七十二列傳으로 구성되었다.

≪史歷書≫ ≪史記≫ 律歷書.

≪事類賦≫ 宋 吳淑 撰. 三十卷.

≪史魏其傳사위기전≫ ≪史記≫ 魏其傳.

≪索隱색은≫ 唐나라 司馬貞의 ≪史記≫ 注.

≪釋名석명≫ 後漢 劉熙가 지은 책. ≪爾雅≫를 본떠 物名의 訓詁를 싣고 풀이한 辭典. 八卷.

≪先秦古書선진고서≫ 秦의 始皇帝 이전에 있었던 古書.

≪說文解字≫ 後漢 許愼이 지은 책. 漢字 한 글자 한 글자 마다 글자의 형성과정을 밝히고 註解하였다.

≪蘇鶚演義소악연의≫ 唐 蘇鶚이 지은 책.

≪素王妙論소왕묘론≫ ≪史記≫ 殷記의 내용.

≪水經≫ 撰者는 漢 桑欽. 晉의 郭璞이라고도 하나 筆者는 桑欽의 原本을 참고했다. 내용은 尙書 禹貢篇, 山海經, 禹本記, 河圖龍文, 河圖, 河梁書, 漢書, 溝洫志 등을 기초하여 黃河와 長江의 水路, 支流 등을 정리하였다.

≪詩經≫ 춘추시대 각 나라에 전해진 민요 三千餘篇 중 305편을 孔子가 정리한 것인데 漢의 毛亨과 毛萇이 註解하여 毛詩라고도 한다.

≪十道志≫ 撰者, 年代 未詳.

≪呂氏春秋≫ 秦 呂不韋가 賓客들을 모아 編纂한 史書. 八覽, 六論, 十二紀로 분류하여 儒, 道, 兵, 農, 刑名 등을 모았다.

≪輿地志여지지≫ 南宋 顧野王 時 撰. 三十卷.

≪連山經연산경≫ 三易의 하나. 一曰: 連山, 二曰: 歸藏, 三曰: 周易.

≪列仙傳≫ 漢 劉向 撰. 二卷.

≪藝文類聚예문류취≫ 唐 歐陽詢이 高宗의 명으로 編纂한 事典. 百卷.

≪吳地志≫ 唐나라 陸廣微 撰. 一卷, 後集 一卷.

≪玉篇≫ 梁나라 顧野王이 ≪說文≫을 敷衍해 편찬한 字典. 後에 唐 孫强이 增補하였고 宋代 陳彭年 등이 重修하였다.

<禹貢篇> ≪書經≫의 篇名.

≪韻會≫ 宋 黃公紹가 지은 字典.

≪元和郡縣志≫ 漢 元和郡의 地名을 기록한 책.

≪越舊經≫ 越나라의 史實을 기록한 책. 撰者와 年代는 未詳.

≪越絶書≫ 子貢이 지었다고 하는 책인데 春秋時代 越나라의 흥망을 기록한 책이

다. 혹 漢 袁康의 著述이라고도 한다. 十五卷.

≪六韜≫ 周나라 姜呂尙의 著書.

≪律歷志≫ 樂律과 曆法을 기록한 책. ≪史記≫ 律歷書, ≪漢書≫ 律曆志.

<律書율서> ≪史記≫ 八書의 하나.

≪爾雅이아≫ 十三經의 하나인 古代 字典. 각 분야별로 古今의 文字를 풀이함.

≪字林≫ 南宋 呂忱 撰. 七卷. 文字의 訓詁를 기록.

≪莊子≫ 戰國時代 莊周 述. 본래 五十二篇이었으나 지금은 內外篇 三十三篇만이
　　전해진다.

≪戰國策전국책≫ 漢 劉向이 엮은 책.

≪諸家墓제가묘≫ 書名. 各國 諸侯들의 墓地를 기록한 책으로 보이나 撰者와 年代
　　는 未詳.

≪左思賦≫ 三國時代 左思 撰. 蜀賦, 吳都賦, 魏都賦.

≪周禮≫ 周나라 周公이 지었다고 하는데 天地와 春夏秋冬의 六象에 따라 官制를
　　세우고 職掌을 기록하여 天官, 地官, 春官, 夏官, 秋官, 冬官 으로 나누었다. 42冊.

≪增韻≫ 宋나라 毛晃 撰. 五冊.

≪地理志≫ ≪漢書≫의 篇名.

≪晉語≫ ≪國語≫의 篇名으로 春秋時代 晉나라 史書.

≪纂要찬요≫ 未詳.

≪倉公傳창공전≫ ≪史記≫의 篇名.

≪初學記초학기≫ 唐 徐堅 등이 玄宗의 명을 받아 經典과 史書의 중요한 要典故事
　　를 모아 편찬함. 三十卷.

≪鄒子律추자율≫ 戰國時代 鄒衍의 吹律.

≪春秋≫ 魯나라 史官이 기록한 隱公(西紀前 722)에서 哀公(西紀前 481)까지의 역사
　　를 孔子가 筆削한 책.

≪春秋左傳≫ 左丘明이 ≪春秋≫의 내용을 풀이하거나 보완한 史書. 左丘明 著述
　　이 아니라는 異說도 있다.

≪七略≫ 漢 成帝時 劉歆이 지은 ≪七略別錄≫.

≪七命≫ 張協(張景陽) 撰.

≪太常≫ 九旗의 그림. 日月者 天子乘龍載大旆.

≪太平寰宇記태평환우기≫ 宋나라 樂史 撰. 地理類. 閩越, 北漢을 평정한 始末을 기록한 책. 一百九十三卷.

≪通鑑外紀통감외기≫ 宋 劉恕 撰. 十卷. 包義氏에서 시작하여 夏紀, 商紀, 周紀까지 八卷이며 周 威王 二十三年에 끝났는데 ≪自治通鑑≫과 이어진다.

≪漢書≫ 後漢 班固 撰. 一百二十卷. 十二帝記, 八表, 十志, 七十列傳.

≪韓詩≫ 漢나라 때 燕의 韓嬰한영이 지은 책. ≪韓詩故≫ 內傳, ≪韓詩說≫ 佚文일문, ≪韓詩外傳≫ 등이 전해지고 있다.

≪漢陽圖經≫ 撰者와 年代는 未詳.

≪項羽傳≫ 班固가 지은 ≪漢書≫의 篇名.

≪皇覽황람≫ 魏 劉詔集. 繆卜 等 撰. 一百二十卷.

≪會稽賦회계부≫ 宋 王十朋 撰. 風俗賦, 民事堂賦, 蓬萊閣賦. 三卷 모두 會稽語와 관련된 내용.

≪會稽志회계지≫ 撰者, 年代 未詳.

≪淮南子회남자≫ 漢 高祖의 손자인 淮南王 劉安이 학자들을 모아 짓게한 책으로써 道家的인 내용으로 구성되었다.

[譯註參考圖書]

≪孔子家語≫ 西紀 1991年 新華書店總店北京發行所發行, 影印本.

≪國語≫ 卷第十九<吳語>, 卷第二十<越語> 國立圖書館 貴重本, 天聖七年(西紀 1023) 開印, 明道二年(西紀 1033) 陰曆 四月 初 五日 眞本 凡刊正增減.

≪東史年表≫ 大正四年(西紀 1915年) 十二月 二十一日 寶文館 刊, 魚允迪 著.

≪東亞大百科事典≫ 西紀 1992年 東亞出版社 刊.

≪東亞漢韓大辭典≫ 西紀 1989年 東亞出版社 刊.

≪萬古名筆錄≫ 崇禎紀元后四己未(哲宗10年, 西紀 1859년) 朴文會.

≪孟子≫ 西紀 1993年 7月 20日 서울大學校 出版部 刊, 洪寅杓 譯註.

≪史記－孔子世家≫ 國立圖書館 貴重本.

≪史記－吳太伯世家≫ 國立圖書館 貴重本.

≪史記－越王句踐世家≫ 國立圖書館 貴重本.

≪史記－周本紀≫ 1996年 3月 20日, 進明文化社 刊, 金得洙 編著.

≪史記列傳≫ 西紀 1994年 2月 25日 保景文化社 刊, 影印本.

≪三一神誥≫ 昭和 13年 10月 30日(西紀 1938年) 三仁洞精舍, 申泰允.

≪書傳≫ 西紀 1986年 3月 25日 保景文化社 刊, 影印本.

≪說苑≫ 西紀 1996年 12月 10日 東文選 刊, 林東錫 譯註.

≪星經≫ 漢 甘公石巾 著.

≪孫子兵法≫ 西紀 1971年 7月 15日 玄岩社 刊, 南晚星 譯.

≪水經≫ 漢 桑欽 撰.

≪詩傳≫ 西紀 1994年 9月 10日 保景文化社 刊, 影印本.

≪神檀實記≫ 大正 12年 6月 30日(西紀 192年) 大倧敎靑年會 刊, 金敎獻.

≪新序≫ 東文選 四庫全書本, 林東錫 譯註.

≪禮記≫ 西紀 1991年 5月 20日 明文堂 刊, 李相玉 譯.

≪禮記≫ 西紀 1995年 7月 20日 保景文化社 刊, 影印本.

≪吳越春秋 輯校匯考≫ 西紀 1997年 7月 上海古籍出版社 刊, 周生春 撰.

≪吳越春秋≫ 西紀 1999年 8月 江蘇古籍出版社 刊, 薛正興 責任編輯.

≪六韜≫ 西紀 1971年 7月 15日 玄岩社 刊, 南晚星 譯解.

≪六壬正斷≫ 西紀 1990年 8月 20日 明文堂 刊, 李在南 譯.

≪朝鮮上古史≫ 西紀 1985年 4月 20日 인물연구소刊, 丹齋 申采浩 著, 陳鏡煥 注.

≪竹書紀年≫ 沈約註, 涇川 趙紹祖校補, 古墨齋藏板. 弘益齋 影印本.

≪中文大辭典≫ 中華民國 八十二年 十月 臺灣 中國文化大學 出版部.

≪芝峰類說≫ 萬曆 四十二年(西紀 1614年,) 李粹光 著. 仁祖 十一年(西紀 1633年) 刊.
　　西紀 1998年 3月 25日 乙酉文化社, 南晚星 譯

≪千字文 古典散策≫ 西紀 1995年 2월 15일, 朴光敏 編著.

≪春秋左傳≫ 西紀 1990年 11月 10日 保景文化社 刊, 影印本.

≪春秋左傳≫ 西紀 1992年 1月 15日 明文堂 刊, 文璇奎 譯.

≪擇里志≫ 紀元 4084[英祖 27]年 李重煥 著, 西紀 1992年 4월 20日 乙酉文化社 刊,
　　李翼成 譯.

≪漢語大辭典≫ 西紀 1994年 11月 漢語大詞典出版社.

≪漢語大字典≫ 西紀 1993年 11月 中國 四川辭書出版社·胡北辭書出版社 共刊.

≪漢和大辭典≫ 昭和 61[西紀 1986]年 4月 20日 日本國 大修館書店 刊.

≪海東歷代名家筆譜≫ 大正 15年(西紀 1926년) 4月 5日 翰南書林 圖書部, 心齋 白
　　斗鏞.

≪皇極一元圖≫ 檀紀 4107[英祖 50]年 秘書省藏板, 徐命膺 撰.

徐氏補註

第一卷

句吳

前註已引漢地理志顏師古註, 又按史記註勾吳大吳也. 索隱亦引師古註謂當如顏解, 但師古云勾吳猶越爲于越也. 索隱乃以于越爲於越, 于與於皆語之發聲耳. 淮南子註勾吳吳人語不正言吳而加以勾. 世本註勾吳太伯始所居地名. 史記正義曰:十九世壽夢始號勾吳與史記所載太伯時已號勾吳, 不同疑正義誤.

壽夢

已見前註, 又按史記索隱云, 系本曰:吳孰姑徙勾吳. 宋忠曰: "孰姑壽夢也, 壽孰音相近, 姑之言諸也. 毛詩傳舊讀月諸爲姑, 是以姑爲諸. 孰姑壽夢一人耳. 又名乘.

第四卷

陸門八以象天八風, 水門八以法地八聰

吳郡志引此書, 以爲陸門八以象天八風, 水門八以法地八卦. 吳郡圖經續記, 八聰亦作八卦爲是. 吳郡賦郛郭周帀重城結, 隅通門二, 公水道陸衢.

鄭定公大懼乃令國中

前註已正其誤. 按史年表, 鄭定公十一年書, 楚建作亂殺之, 是爲楚平王十年. 其後吳破楚入郢, 乃昭王十年盖鄭獻公八年, 非定公時也.

申包胥

史楚世家亦申鮑胥. 註服虔曰: 楚大夫王孫包胥. 劉伯莊曰: 包字亦作鮑.

史記正義包胥姓公孫, 封於申, 故曰: 申包胥. 戰國策以爲棼冒勃蘇.

秦桓公素沈

前註已正其誤. 按史年表秦哀公三十一年書, 楚包胥請救, 是爲楚昭王十年. 楚十一年書, 秦救至卽哀公三十二年也. 據此則請救, 在三十一年秦師至, 楚乃三十二年, 非桓公時也.

嚴王何罪國幾絶

嚴字義不通. 今詳當時莊王謂前王何罪, 幾至絶國? 按嚴本出羋姓. 其先卽楚莊王支孫, 以諡爲莊姓者也. 如前漢莊忌, 忌子助後漢莊光皆避明帝諱, 改姓嚴. 此以莊爲嚴, 亦避諱追改也.

第五卷

入五湖之中

已詳見前註. 又按張勃吳錄云, 五湖者太湖之別名, 以其周行五百里, 故以五湖爲名. 又楊泉五湖賦止爲太湖而作. 陸龜蒙云, 太湖上稟咸池五車之氣, 故一水五名, 今倂存也.

帶劍挺鈹

鈹字或作釫. 方言鏦謂之鈹. 或曰: 劍如刀裝者. 前漢功臣表周龜以長鈹擊項籍. 顏師古註長刃兵, 爲刀而劍形. ≪史記≫作長鈹, 鈹釫同.

重刊吳越春秋序≪四部叢刊≫

古者列國皆有史官以掌記時事，若孔子因魯史以脩≪春秋≫者是也．≪吳越春秋≫乃作於東漢趙曄，後世補亡之書耳．大抵本≪國語≫·≪史記≫，而附以所傳聞者爲之．元徐天祜謂其，"去古未遠."又，"越人宜知越之."故視他書所記二國事爲詳得之矣．天祜之所考註亦精當，第謂其，"不類漢文者."其字句間或似小說家．觀≪儒林傳≫稱其所著，復有所謂≪詩細≫者，蔡邕讀而歎息，"以爲長於≪論衡≫."今≪論衡≫故在也，鄙俚怪誕者不少，則東漢末亦自有此文氣矣．謂其，"非全書."則吳越顚末亦備矣．≪隋,唐經籍誌≫多二卷，意者西施之至吳，范蠡之去越乎．若府會於讖緯夢卜之說，則固當時所尙，而≪左氏傳≫·≪春秋≫亦多述焉，不可盡謂其無據也．其大旨，誇越之多賢，以矜其故都，而所編≪傳≫，乃內吳而外越，則又不可曉矣．自科擧聲律之學興，而古書散佚無留，意者雖好古博雅之士，歷代經籍志所載亦或不能擧其篇目，故有志於集古者，皆在所取也．去年秋，監察御使寧鄕袁公大倫奉命來按吳，體正而蠹剔威加而惠流，乃本古觀風之法，訪吳之故於吳邑侯任丘鄺廷瑞．侯素稱稽古尙文，歷擧郡乘所載者以對，公問其所本始，侯辭焉．公乃手出是編授之，侯讀之，曰："命之矣．古者使於其國，仕於其邦，不能擧其地之，君子恥焉．吾乃今知吳山川城郭之所名也；吾乃今知封疆因革之所始也；吾乃今知民情土俗之所由也．吾不忍自私，當重梓以行於吳人，俾無忘厥本."乃屬郡史馮弋等錄而刻之．旣成，走書屬予序．盖侯第進士時以予爲知己，而袁公亦吾榜進士之傑也．嗚呼！孟軻氏稱，"入則無法家拂士，出則無敵國外患者國恒亡，然後知生於憂患，而死於安樂也．觀二國之興而僨，僨而興斯昭昭矣．驕畏之殊興亡所繫忠讒之判，禍福修分．可畏哉！予竊怪夫大言無術自暇以怠，人者曰："大數已定，無庸人力."又曰："天子有道守在四夷."此英雄駕馭之言，非臣子思患豫防之策也．禹,益儆惕於三苗之師，成,康不忘乎戎兵之詰，其見遠

矣. 是書所載, 若胥之忠; 蠡之智; 種之謀; 包胥之論戰; 孫武之論兵; 越女之
論劍; 陳音之論弓; 句踐之畏天, 自苦臣吳之, 別辭伐吳之; 戒語五大夫之自
效, 世亦胡可少哉? 所載孔子, 子貢事不可據, 而其謀則在當時遊說之至高者
也. 相傳≪越絕書≫爲子貢撰, 抑亦有所本云. 噫! 書稱軾怒擁彗尚足以激士, 而
況讀其書論其世, 能不少動於衷者, 其亦非夫也. 夫至於司職方, 掌外史, 地里
所在, 必有所因而名, 附會以成其說者, 多不可辯驗. 然與其信乎. 今不若傳諸
古; 與其徵諸遠, 不若考乎近. 是又今日酈侯崇信此書之意, 而袁公博古之功
不可誣也. 因附予所欲言爲序.

弘治十四年歲在辛酉夏五朔旦

賜進士及第翰林

國史脩撰　儒林郎　華亭　錢福　與謙序

元 徐天祜序《四部叢刊》

吳越古稱東南僻遠之邦. 然當其盛彊, 往往抗衡上國. 黃池之會夫差欲尊天子, 自去其僭號稱. 子以告令諸侯及越, 旣有吳. 句踐大盟四國, 以共輔王室. 要其志, 皆歸於尊周, 其知所天矣. 孔子作《春秋》, 雖小國猶錄而書之, 而況以世言則禹稷之裔, 以地言則會稽, 具區其川其浸, 《周, 職方氏》列爲九州之首, 皆足以望天下故記, 可闕而不傳乎? 《吳越春秋》趙曄所著, 《隋唐經籍志》皆云十二卷, 今存者十卷, 殆非全書. 二志又云, "楊方撰《吳越春秋削繁》五卷, 皇甫遵撰《吳越春秋傳》十卷. 此二書今人罕見, 獨曄書行於世. 曄傳在《儒林》中觀其所作, 乃不類漢文. 按邯鄲李氏《圖書十志目》, 亦謂楊方嘗判削, 曄所爲書至皇甫遵, 遂合二家考正爲之傳註. 又按《史記》注, 有徐廣所引《吳越春秋》語, 而《索隱》以爲今無此語者. 他如《文選》注引季子見遺金事, 《吳志記》載闔廬時夷亭事, 及《水經》注嘗載越事數條, 類皆援據《吳越春秋》. 今曄本咸無其文, 亦無所謂傳註, 豈楊方所已判削, 而皇甫所未考正者耶? 曄書最先出東都時去古未甚遠, 曄又山陰人, 故綜述視他書所紀二國事, 爲詳取節焉可也. 其言上稽天時, 下測物變, 明微推遠, 憭若著蔡, 至於盛衰成敗之迹, 則彼已君臣反覆上下其論, 議種蠡諸大夫之謀, 迭用則覇. 子胥之諫一不聽則亡, 皆鑿鑿然, 可以勸戒萬世, 豈獨爲是邦二千年故實哉? 曄書越舊嘗鋟梓, 歲久不復存, 汴梁劉侯來治越, 獎厲學校, 蒐遺文修墜典, 乃輟義田, 廩羨財, 重刻于學. 不鄙諛聞屬以考訂, 且命序其左端. 夫越人宜知越之故, 則是擧也. 於所闕不爲無補, 遂不得辭. 厥旣判正疑訛, 過不自量復爲之音註, 倂考其與傳記同異者, 附見于下, 而互存之. 惜其間文義猶有滯礙, 不可訓知不敢盡用臆見更定. 又無皇甫本可證, 故從其舊以俟後之, 君子考焉. 侯名克昌, 世大其字云.

郡人前進士徐天祜受之序

徐乃昌 吳越春秋 節錄

　　《吳越春秋》十卷, 明繙元大德本, 題曰:後漢趙曄撰, 前有徐天祜序, 卷十末有大德十年歲在丙午三月音注, 越六月書成刊板, 十二月畢工, 兩行. 前文林郎國子監書庫官徐天祜音注, 一行. 正議大夫紹興路總管提調學校官劉克昌及儒學梁相, 等銜名四行. 每叶十八行, 行大小十七字, 板心分十卷, 字樣款式題名均與大德本同, 訛字甚少, 佳刻也. 而與元刻不同者, 一字數, 元小字二十六七字不等, 此大小十七字, 一板心, 元分上下二册, 此分十卷而已. 乃昌得此書, 愛其古雅, 變交鄂工繙雕, 并爲缺雠. 本書如餘祭, 夷昧之年, 鄭定公, 波太子之事, 均棄他書, 則漢人所見之書, 非令日所能强証. 徐注亦時時訂之.

清永瑢等 《四庫全書總目》 卷66

　　漢趙煜[按, 清 聖祖 玄燁의 諱를 避諱하고자 曄을 煜이라 했다]撰. 煜山陰人, 見後漢書儒林傳. 是書前有舊書稱, “隋唐經籍志皆云十二卷, 今存者十卷, 殆非全書.” 又云, “楊方撰 《吳越春秋削繁》五卷, 皇甫遵撰 《吳越春秋傳》十卷. 此二書, 今人罕見, 獨煜書行於世. 《史記》注有序廣所引《吳越春秋》語, 而《索隱》以爲今無此語. 他如《文選》注引季札見遺金事, 吳志記載闔廬時夷亭事, 及《水經》註嘗載越事數條, 類皆援據吳越春秋. 今曄本咸無其文”云云. 考証頗爲詳悉, 然不著名姓. 漢魏叢書所載, 合十卷爲六卷, 而削去此序并注, 亦不題撰人, 弥失其初. 此本爲元大德十年丙午所刊, 後有題識云, “前有文林郎國子監書庫官徐天祜音注.” 然后知注中稱, “徐天祜曰:”者, 則注者之自名, 非援引他書之語. 惟其後又列紹興路儒學學錄留堅, 學正陳昺伯, 教授梁相, 正議大夫紹興路總管提調學校官劉克昌四人, 不知序

出誰手耳. 煜所述雖稍傷曼衍, 而詞頗丰蔚. 其中如伍尙占甲子之日, 時加於巳; 范蠡占戊寅之日, 時加日出, 有'騰蛇', '靑龍',之語; 文種占陰畫六, 陽畫三, 有'元(按, 四部叢刊本作'玄', 淸聖祖諱玄燁, 而改)武', '天空', '天關', '天梁', '天一', '神光'諸神名; 皆非三代卜筮之法, 未免多所附會. 至於處女試劒, 老人化猿, 公孫聖三呼應之變, 無近小說家言, 然自是漢, 晉間≪稗官雜記≫之體. 徐天祜以爲'不變漢文', 是以馬, 班史法求之, 非其倫也. 天祜注於事迹棄同頗有考證, 其中如季孫使越, 子期私與吳爲市之變, 雖猶有未及詳辨者, 而原書失實之處, 能糾正者爲多. 其旁核衆說, 不徇本書, 猶有劉孝標注≪世說新語≫之遺意焉.

余嘉錫 ≪四庫提要辨証≫

嘉錫案, 吳壽暘≪拜經樓題跋記≫言, 其先人曾從元刻補鈔徐天祜序, 幷補注九條云云. 今案音注卽是天祜所作, 則序自宜出於天祜之手, 吳氏之說盖是也. 至於後列之留堅等四人之名, 不過因書刻於郡庠, 因而幸附驥尾耳, 惡得作此序乎? ≪提要≫於天祜事迹不詳. 考≪寶慶續會稽志≫卷六進士題名云, "嘉定三年壬戌, 方山京榜徐天祜." ≪萬姓統譜≫ 卷七云, "徐天祜字受之. 父耜, 朝奉大夫知惠州. 天祜初有慧質, 穎悟夙成, 以惠州任爲將仕郎, 詮試爲詞賦第一. 注歸安尉, 地近事煩, 而尉職猶劇. 天祜旣試以吏事, 衆皆惊服. 貴人居邑者, 將囑事, 出謂人曰: '吾見尉, 自不敢有所請.' 中進士第, 時年尙英妙, 聲華籍藉, 爲大州敎授, 日與諸生進經義, 聽者感發. 德祐二年, 以文林郎, 國庫書監召, 不赴, 退歸城南杜門續書, 與人交終不變. 四方學者至越, 必進謁. 天祜高冠大帶, 議論卓卓, 見者咸以爲儀形." ≪宋詩紀事≫ 卷六十八云, "徐天祜, 字受之, 山陰人, 嘉定三年進士, 與王修竹齊名." 至於天祜之序, 其所考證, 實不甚精, 今特擧正之於此. 案≪隋書, 經籍志≫有≪吳越春秋≫十二卷, 趙曄撰; 又有≪吳越春秋削繁≫五卷, 楊方撰; ≪吳越春秋削繁≫十卷, 皇甫遵撰. 天祜序謂, "此二書今人罕見, 獨曄書行於世." 盖因≪隋, 志≫楊及皇甫二書均題 '撰'字, 遂疑二人別有所撰, 與趙書不同也. 今考皇甫遵之≪吳越春秋≫十卷, ≪唐, 志≫作≪吳越春秋傳≫, ≪通考, 經籍考≫ 同, 并引≪藝文總目≫云, "唐皇甫遵注. 初趙曄爲≪吳越春秋≫十二卷, 其後有楊方者以曄撰爲煩, 又刊削之爲五卷. 遵乃合二家之書, 考定而注之."云云. 愚案, 楊方≪晉書≫附≪賀循傳≫後, 云, "字方回, 會稽人, 官至高梁太守, 更撰≪吳越春秋≫, 行於世." ≪藝文總目≫第云, "其後有楊方者, 而不言方爲何時人, 殆未檢≪晉書≫歟? ≪傳≫所言 '更撰'云者, 卽指削繁而言, 非別撰一書也. 皇甫遵之書, 名之爲傳, 卽是書之注, 第旣合曄與皇甫之書, 其意必以爲曄書太繁, 遵書大簡, 故合二書斟酌乎繁簡之間以求適乎其中, 故較原書少二卷. 二人之書卽曄書, 而云, "獨曄書行於世." 誤之甚矣. 此書十二卷之本, 至宋時尙存, ≪新唐, 志≫, ≪續書志≫, ≪通考≫并著於錄, ≪宋史, 藝文志≫別史類有此書, 已作十卷. 考將光煦≪斠補偶錄≫, 有所校影宋本亦止十卷, 則此二卷, 當亡於宋本, 皇甫遵之書正是十卷. 宋本疑卽用皇甫之本, 而去其注. 然則當云, "獨皇甫遵書行於世" 不當如序所云, "獨曄書行於世"也. 序又云, "徐廣≪史記≫注引≪吳越春秋≫, 而≪索隱≫以爲無其語." 考≪吳世家, 索隱≫云, "徐廣引≪吳越春秋≫云, '王僚, 夷昧子.' 今檢≪吳越春秋≫, 無此語." 序盖卽指此條. 考之本書<吳王壽夢傳>云, "吳人立餘昧子州于, 號爲吳王僚也." 餘昧卽夷昧, 徐廣所引, 殆卽因此二語而隳括之, ≪索隱≫以爲≪吳越春秋≫無此語, 已誤, 序從而疑此書, 更誤矣. 其餘若≪文選≫注者書所引, 亦當在所佚二卷之內. 序乃云, "今曄本咸無其文", 若疑其在方, 遵書內也者, 何其漫無考証哉! ≪提要≫內稱其考証頗爲詳悉, 過矣! 余十五歲時, 嘗作≪吳越春秋辨証≫, 旣悔其少作, 原稿又毀, 姑撮其大指如此.

黃云眉《古今僞書考補証》

眉按，徐天祜曰："《史記》注有徐廣所引《吳越春秋》語，而《索隱》以爲今無此語；他如《文選》注引季札遺金事，《吳地記》載闔閭時事，夷亭事，及《水經》注嘗載越事數條，類皆援据《吳越春秋》，今曄本咸無其文."《吳越春秋序》孫志祖曰："《隋，唐·志》俱云，《吳越春秋》十二卷；今本止十卷，則徐氏所擧佚文，或在二卷之中，未可知也. 余又考得《文選，豪士賦叙》注引，'文種者，本楚南郢人也，姓文，字少禽.' 及《太平御覽》吳王祠子胥事，幷今本所無，則此書之闕佚者多矣."《續書脞錄》王芑孫曰："《晉書，楊方傳》，'更撰《吳越春秋》行於世.' 則《吳越春秋》當爲晉楊方更撰；而世歸趙曄者，獨据《隋，志》及馬貴與《經籍考》耳. 今是書參錯小說家言，其文筆不變漢人，或竟出楊方之手."《愒甫未定稿》余謂《晉書》謂楊方，"更撰《吳越春秋》."《隋，志》，"楊方《吳越春秋削繁》五卷." 意所謂更撰者，卽就趙曄所撰，損益成書. 增者少而削者多，故十二卷減爲五卷. 其書當名《削繁》，《晉書》蓋簡言之耳. 惟其削者多，故諸書所引，今本多不見；惟其削而有增，故今本文筆不變漢人. 皇甫遵《吳越春秋傳》，《崇文總目》稱遵合趙曄，楊方二家之書，考定而注之，可証楊方更撰之書，棄同必多，非僅削繁而已. 然則今世所傳之《吳越春秋》，殆卽楊方更撰之本，經後人析五卷爲十卷，而又誤去其'削繁'之名；自宋以後，趙書旣失，《唐，志》二書俱錄.《宋，志》不著楊書，但著趙曄《吳越春秋》十卷，則趙書至宋以後始亡. 芑孫謂獨据《隋，志》及《通考》，恐非. 惟趙書在唐時亦有闕失，故《索隱》以爲今無此語. 遂以楊書歸之趙曄耳.

吳越春秋 佚文

趙曄이 撰한 ≪吳越春秋≫는 모두 十二卷이었다. 지금 전하는 것은 十卷만이 전하는데 이는 후세 사람들이 删改한데 그 원인이 있다. 唐, 宋 이전의 학자들이 編撰한 類書, 著作, 注釋 등에 ≪吳越春秋≫를 引用한 문장이 보이는데 그 중 상당 부분이 删削산삭되어 지금의 ≪吳越春秋≫ 에는 보이지 않는다.

다른 書册에 引用된 文章들은 斷片的이거나 次序가 덜 整齊된 것들도 있으나 이 資料들을 통해 지금의 ≪吳越春秋≫에서 散佚산일된 내용들 을 살펴볼 수 있다. 많은 이들이 本書의 佚文에 대해 자료를 수집하여 남겼는데 顧廣圻고광은도 일찍이 本書의 散佚된 문장을 수집하여 남긴 사람이다. 그러면서도 가장 널리 佚文을 輯錄한 功은 顧觀光고관광에게 돌리고 있는데 다른 곳에서 輯錄한 ≪吳越春秋逸文≫이 ≪武陵山人遺 書≫에 수록되어 있다. 後世에 와서는 王仁俊의 ≪經籍逸文≫에 ≪吳越 春秋佚文≫이 있고, 徐乃昌의 ≪隨庵徐氏叢書≫에 기록된 ≪吳越春秋 逸文≫이 있는데 모두가 ≪武陵山人遺書≫를 근거로 한 것이다. 이로써 지금의 ≪吳越春秋≫에서 散佚된 문장의 내용을 살펴볼 수 있게 된 것 이다.

1. 季札去徐而歸, 行於道, 逢男子五月被裘, 采薪於道, 傍有委金一器. 季札 見之, 忽不入意, 顧謂薪者曰: "來取此金." 薪者曰: "君擧止何高, 視何下 也? 五月被裘采薪, 宁是拾金者乎?" 札慚於斯言, 下車禮之, 曰: "何子衣 之鄙而言之雅也? 予姓爲何?" 薪者曰: "皮相之士, 何足以告姓字乎?" 札 有慚色.

   ≪太平御覽≫ 四百九十一, ≪藝文志≫ 八十에 인용되어 있다.

2. 眉間尺逃楚, 入山道逢一客. 客問曰: "子眉間尺乎?" 答曰: "是也." "吾能
   爲子報讎." 尺曰: "父無分寸之罪, 枉被荼毒. 君今惠念, 何所用耶?" 客曰:
   "須子之頭, 幷子之劍." 尺乃與頭. 客與王, 王大賞之, 卽以鑊煮其頭, 七日
   七夜不爛. 客曰: "此頭不爛者, 王親臨之." 王卽看之. 客於後以劍斬王頭,
   入鑊中. 二頭相齧, 客恐尺不腥, 自以其劍擬頭入鑊中. 三頭相咬, 七日後,
   一時俱爛, 乃分葬汝南宜春縣, 幷三冢.

   ≪太平御覽≫ 三百六十四에 인용되어 있다.

3. 楚王召風胡子而告之曰: "寡人聞吳有干將, 越有歐冶. 寡人欲因子請此二
   人作劍, 可乎?" 風胡子曰: "可." 乃往見二人, 作劍, 一曰:龍淵, 二曰:太阿.

   ≪史記≫ 蘇秦傳集解에 인용되어 있다.

4. 吳師入郢, 闔閭旣妻夫人, 又及於伯嬴. 伯嬴, 秦康公之女, 平王之夫人, 昭
   王之母也. 伯嬴操刀曰: "妾聞, '天子天下之表也; 公侯一國之儀也. 天子
   失制則天下亂, 諸侯失節則國危.' 今夫婦之道, 固人倫之始, 王敎之端也.
   今吳棄儀表之行, 從亂亡之欲, 犯誅絕之事, 何以行訓民乎? 妾聞, '生以辱
   者, 不如死以榮者.' 使吳王棄儀表, 則無以生存, 一擧而兩儀辱, 妾以死守
   之, 不敢聞命也. 且凡欲近妾者爲樂也. 近妾而死何樂之有? 先殺妾, 又何
   益於君王?" 於是吳王慚恥, 遂退迂舍.

   ≪太平御覽≫ 四百九十一에 인용되어 있다.

5. 闔閭死葬於國西北, 名虎邱. 穿土爲川, 積壤爲邱, 發五郡之士十萬人共治
   千里, 使象捷土鑿池, 四周水深丈餘, 銅槨三重, 澒水銀爲池, 池廣六十步,
   黃金珠玉爲鳧雁, 扁渚之劍, 魚腸三千在焉. 葬之已三日, 金精上揚爲白虎,
   据墳, 故曰:虎邱.

   ≪藝文志≫ 八과 ≪吳郡志≫ 三十九에 인용되어 있다. ≪北堂書鈔≫ 卷九十四에는
   ≪吳越春秋≫를 인용하여, '虎丘者吳闔閭墓. 夜, 桐槨三重, 金鳧玉鼠, 魚腸之劍皆送葬
   焉. 金精上出, 化爲白虎, 据墳, 故曰:虎丘.'라고 하였다.

6. 虎邱者, 吳王闔閭墓也. 下池廣六十步, 深一丈五尺, 銅棺三重, 中池廣六尺, 金雁玉鳧, 魚腸之劍以送焉, 取土臨海潮, 千萬人築治之.

　　≪太平御覽≫ 五百五十八에 인용되어 있다.

7. 吳王夫差聞孔子與子貢游於吳, 出求觀其形, 變服而行, 爲或人所戲而傷其指. 夫差還, 發兵索於國中, 欲誅或人. 子胥諫曰: “臣聞, 昔上帝之少子, 下游靑泠之淵, 化爲鯉魚, 隨流而戲漁者, 豫且射而中之, 上訴天帝. 天帝曰: ‘汝方游之時, 何衣而行?’ 少子曰: ‘我爲鯉魚.’ 上帝曰: ‘汝乃白龍也, 而變爲魚, 漁者射汝, 是其宜也. 又何怨焉?’ 今夫大王棄萬乘之服而從匹夫之禮, 而爲或人所刑, 亦其宜也.” 於是吳王默然不言.

　　≪群書治要≫, ≪太平御覽≫ 三百七十에 인용되어 있다.

8. 吳將伐齊, 北覇中國, 自廣陵掘江通淮.

　　≪太平寰宇記≫ 百三十四에 인용되어 있다.

9. 子胥諫吳王, 王怒. 胥暮歸, 攀衣出宮. 宮中群臣皆惊曰: “天無霖雨, 宮中無泥露, 相君攀衣行高, 何爲?” 子胥曰: “吾以越諫王, 王心迷, 不聽吾見. 宮中生草棘, 霧露沾我衣.” 群臣聞之, 莫不悲傷.

　　≪書鈔≫ 百五十二, ≪太平御覽≫ 十二에 인용되어 있다.

10. 吳王旣殺子胥, 問太宰曰: “子胥數以越諫, 遂以喪身. 從死以來, 若有所亡. 今欲祠之, 何日可也?” 曰: “三月癸未可也.” 及夫差帥諸群臣出國東門祀子胥於江水之濱, 諸臣幷在, 夫差乃言曰: “寡人蒙先王之遺恩, 爲千乘之主. 昔日不聽相國之言, 乃用讒佞之辭, 至令相國遠投江海. 自亡以來, 濛濛惑惑, 如霧蔽日, 莫誰與言.” 泣下沾衿, 哀不自腥. 左右群僚莫不悲傷. 忽見樂自觸酒, 又言曰: “相國! 其可留神, 一與寡人相見.” 胥卽從中出, 曰: “生時爲人, 死時爲神. 向遠大王復重祭臣.” 諸臣持杯, 杯動酒盡, 左右群臣, 莫不見之.

　　≪抄本書鈔≫ 卷八十八, ≪太平御覽≫ 四百五十六, ≪太平御覽≫ 五百卄六參定에 인용되어 있다.

11. 截骨之劍, 無削掇之.

≪書鈔≫ 百卄二에 인용되어 있다.

12. 堯聽四嶽之言, 用鯀修水. 鯀曰: "帝遭天災, 厥黎不康." 乃築城造郭, 以
爲國固.

≪初學記≫ 卄四, ≪太平御覽≫ 百九十三에 인용되어 있다. ≪初學記≫ 卄四에는
'修作脩', '國固作固國'이라고 하였다. ≪太平御覽≫ 卷一百九十三에는 '帝'字 아래
'之'字가 있고, '不'字 아래 '及'字가 있다고 하였다.

13. 鯀築城以衛君, 造郭以居人

≪初學記≫에는 居民을 守民이라 했는데 이는 城郭을 처음 만든 것이다.

14. 吳越春秋云: 禹案黃帝中經, 九山東南天柱, 號曰宛委. 赤帝左闕之塡, 承
以文玉, 覆以盤石. 其書金簡靑玉爲字, 編以白銀, 皆琢其文. 禹乃東巡登
衡山, 血白馬以祭. 禹乃登山仰天而笑, 忽然而臥夢, 見繡衣男子, 自稱玄
夷蒼水使者. 却倚覆釜之山, 東顧謂禹曰: "欲得我山神書者, 齊於黃帝之
岳岩岩之下, 三月季庚登山發石." 禹乃登宛委之山, 發石得金簡玉字, 以
水泉之脉." 山中又一穴, 深不見底, 謂之禹穴.

≪史記≫ 太史公自序 正義에 인용되어 있다.

15. 秦徙大越鳥語之人置潛.

≪太平寰宇記≫ 九十三에 인용되어 있다.

16. 吳越春秋云, 大夫種, 姓文, 名種, 字子禽. 荊平王時爲宛令, 之三戶之里,
范蠡從犬竇蹲而吠之, 從吏恐文種慚, 令人引衣而障之. 文種曰: "無障也.
吾聞犬之所吠者人. 令吾到此, 有聖人之氣, 行而求之, 來至於此. 且人身
而犬吠者, 謂我是人也." 乃下車拜, 蠡不爲禮.

≪史記≫ 越王句踐世家 正義에 인용되어 있다.

17. 文種, 荊平王時爲宛令, 不治官職, 有若狂顚, 惟嘆咮也

≪抄本書鈔≫ 七十八에 인용되어 있다.

18. 會稽興錄云, "范蠡字少伯. 越之上將軍也. 本是楚宛三戶人, 佯狂倜儻負
俗. 文種爲宛令, 遣吏謁奉, 吏還曰: "范蠡本國狂人, 生有此病." 種笑曰:
"吾聞士有賢俊之姿, 心有佯狂之譏, 內懷獨見之明; 外有不知之毀. 此固
非二三子之所知也." 駕車而往, 蠡避之, 後知種之必來. 謁謂兄嫂曰: "今
日有客, 願假衣冠." 有頃種至, 抵掌而談旁人, 觀者聳聽之矣.

≪史記≫ 越王句踐世家 正義에 인용되어 있다.

19. 越王旣栖會稽, 范蠡等曰: "臣竊見會稽之山有魚池, 上下二處, 水中有三
江四瀆之流, 九谿六谷之廣. 上池宜於君王, 下池宜於臣民. 畜魚三年, 其
利可以致千萬, 越國當富盈."

≪藝文志≫ 九十六, ≪太平御覽≫ 九百三十五, ≪事類賦注≫ 卅九에 인용되어 있다.

20. 范蠡曰: "夫人君, 勇者, 逆德也; 兵者, 凶器也; 爭者, 國之末也."

≪文選≫ 陸士衡의 東府詩 注에 인용되어 있다.

21. 獨女山者, 諸寡婦女淫佚犯過皆輸此山上. 越王將伐吳, 其士有憂思者,
令游山上, 以喜其意.

≪太平御覽≫ 四十七에 인용되어 있다.

22. 吳亡后, 越浮西施於江, 令隨鴟夷以終.

≪修文御覽≫에 인용되었다는 것이 ≪經史≫ 九十六에 보인다.

23. 越王平吳后, 立賀臺於越.

≪初學記≫ 卅四에 인용되어 있다.

24. 至句踐迁都山陰, 立禹廟爲始祖廟, 越亡遂廢也.

≪史記≫ 太史公自序 正義.

【ㅇ】

찾아보기 : 地名 및 物名篇

【ㄱ】

【ㄴ】

박광민(朴光敏)

紀元 四二八五年 陰曆 3月 7日 京畿道 廣州 出生
私塾에서 漢文 修學
東國大學校 行政大學院 修了
月刊 印刷文化 企劃室長 歷任
現 韓國語文教育研究會 理事
·　　同 研究委員

第26回 韓國雜誌言論賞 受賞(1992年)

▪ **著 書**

침묵의 書(1985년 靑談文學社)
千字文 古典散策(1995年 넥서스)
字源故事·成語三百選(1999年 臥牛)

吳越春秋

정가 : 25,000원

2004년 03월 15일　　초판 인쇄
2004년 03월 25일　　초판 발행

撰 輯 者 : 趙　　曄
역 주 자 : 朴 光 敏
회　　장 : 韓 相 夏
발 행 인 : 韓 政 熙
발 행 처 : 景仁文化社
편　　집 : 金 明 宣
　　　　　　서울특별시 마포구 마포동 324 - 3
　　　　　　전화 : 718 - 4831~2, 팩스 : 703 - 9711
　　　　　　E-mail : kyunginp@chollian.net
등록번호 : 제10 - 18호(1973. 11. 8)

ISBN 89-499-0232-X　93910
* 파본 및 훼손된 책은 교환해 드립니다.